浙江文獻集成

李慈銘日記

第十册

光緒五年三月二十九日起
光緒八年四月三十日止

〔清〕李慈銘 著
盧敦基 主編
何勇强 副主編

浙江大學出版社
ZHEJIANG UNIVERSITY PRESS
·杭州

本册目録

光緒五年三月二十九日至光緒八年四月三十日
（1879年4月20日—1882年6月15日）

荀學齋日記丙集上

荀學齋日記丙集下

荀學齋日記甲集上

光緒五年三月二十九日至八月初十日(1879年4月20日—1879年9月25日)

自己巳九月至己卯三月,爲《桃花聖解盦日記》二十册。余年五十一矣。《史記》謂荀卿年五十始來游學於齊,《顔氏家訓·勉學篇》亦言之。或以史言荀卿下逮李斯相秦,其年當至百三十餘歲,遂謂五十當作十五。無論古人就傅入學,皆有定歲,無十五游學之理。如其言,則史文何以有『始來』二字?周秦漢初之間,如竇公、張蒼年皆百餘歲,何獨疑於荀卿乎?周季大儒,孟、荀並稱,而荀卿傳經之功尤大。漢初六藝,皆由卿出。即所傳《荀子》三十篇,醇粹美富,無所不包。夙志鑽研,冀紹微緒。過時爲學,希仰大齡。爰以『荀學』名齋,自今以後,日記遂以系之。庶厲秉燭之光,竊附假年之義。阨窮終老,亦吾志焉。光緒五年,歲在屠維單閼,日在大梁閏月,慈銘自敘。

三月二十九日癸酉小盡　戌初一刻十三分穀雨。中氣晴暖,春光甚佳,下午微有風。是日上奉兩宫自東陵還宫。閲宋氏《過庭録》。作書致敦夫、子縝,得子縝復。爲敦夫書楹帖,且撰句云:『文高東海傳雄賦,居共西河是醴泉。』以與敦夫同居西郭,止隔一河,故用《南史·陸慧曉傳》語。得子縝書,饋龍井明前茗兩瓶,蘇州鰕子鮝魚二十苞,羙脯一肩,作書復謝,犒使四千,反其羙脯。得紱丈書,饋蒸鯉一尾,即復書謝,并賀伯寅尚書加宫保銜。禔盦來。敦夫、子縝來。始食黄花魚。比日庭中花樹繽紛，柳絲漾曳，海棠紅蕚，密綴滿枝。終歲之勤，此爲極賞。一畝之室，遂成小園。令圬人修墻屋。

閏月甲戌朔　陰，微晴。

閲宋氏翔鳳《四書古今訓釋》。前有嘉慶十八年九月自序。其書止采用群籍，而不更下己意，亦不全載經文。所列引用書目五十三種，然考其所采，未及列者尚有五十種。所引自集解、義疏外，以閻氏《四書釋地》、翟氏《四書考異》、淩氏《四書典故覈》爲最多，《日知録》《潛丘劄記》《群經補義》《潛研堂答問》諸書次之，而引錢獻之《論語後録》凡廿九條，引其自著《樸學齋札記》凡十一條。大氐務求古誼，爲徵實之學者也。惟於『博弈』下采《文選注》引桓譚《新論》論圍棋一條，近於無謂。考此先引見《史記集解》，以喻薛公策、黥布事，且較《選注》爲詳也。《論語》後附其『論語發微』五則，孱以附合《公羊》，小言破道，曲説侮聖，不可以訓。

是日付贖佩表銀五兩五錢四分，去年七月所質者。付賃屋銀八兩。付修墻屋錢十三千，順兒工食六千。

初二日乙亥　陰晴相間。是日穆宗毅皇帝、孝哲毅皇后升祔太廟禮成。閲《四書古今訓釋》。剃頭。得子縝書，即復。

邸鈔：前任陝甘總督楊岳斌奏請開去巡閲長江水師差使，在籍養親。許之。

初三日丙子　晨雨，上午溦雨，下午微晴，旋陰，傍晚小雨。褆盦來。子縝來。是日以閏三日，本與諸君期爲極樂寺之游，因海棠未開，又恐雨作，遂改擬近游。午詣子縝家，飯畢同游慈仁寺。山桃已過，杏花半落，海棠、丁香尚未開，惟欒枝榆葉梅作華正盛，金雀亦尚爛漫。疏雨初晴，嫩陽乍啓，設几花下，啜茗清談，久之始歸。庭中海棠紅萼已綻，得雨以後，益復鮮明，有一二作花者。傍晚偕飲宴賓齋，敦夫、子縝作主人，招霞芬諸郎，夜一更後歸。大風狂甚，終夕震撼，危墻作聲，不敢就寐。花事狼籍，亦甚縈懷。作書致紫泉詢行期。是日得詞二首。付車錢二千，霞車飯二千。

滿庭芳 己卯閏三月三日，小雨微晴，偕禔盦、敦夫、子縝游慈仁寺。坐欒枝花下，追憶庚申舊事，悵然有作，索諸君和。

花醒餘寒，柳蘇絲雨，閏春留作重三。倦游詞客，芳序恨長淹。爲約薇壺俊侶，鳳城畔，閑趁珂驂。輕陰裏，朱墻一抹，松影轉幢南。那堪思往事，廿年再禊，曾款精藍。問咸豐朝士，幾共言談。二字用《世説》晉朝賢褉洛水事。惆悵僧貧，樹老一株，雪猶照春衫。憑高望，斜陽燕麥，無恙是晴嵐。

一萼紅 庭中海棠一樹，今年作花甚繁。比日多陰，紅萼可愛。夕風大起，恐有所損，先倚曼聲賸之。

傍西墻，有猩棠一樹，含意上金堂。珊綴珍叢，脂勻粉朵，未許蜂蝶輕狂。看取次，將開復斂，似避人、嬌面怕端詳。散點朝霞，輕籠細雨，略逗斜陽。應記幾年栽就，似摩娑稚女，錦帶低暈。纔整搔頭，凝羞暈頰，尚怯輕洩春光。鎮贏得，回眸一笑，襯纖妍、垂柳萬絲長。只恐開時遇風，翻損紅妝。

邸鈔：上諭：前據御史鄭溥元奏參山東巡撫文格濫索節壽陋規各節，當經諭令廣壽、錢寶廉前往查辦。兹據查明具奏，該撫雖無濫索陋規確據，惟每逢節壽，司道府等致送禮物，輒即收受，殊屬不知檢束。家人收受門包，亦失於覺察。山東巡撫文格著交部議處。該省藩、臬兩司並查有收受節壽禮物門包情事，均屬不合。山東布政使余思樞，升任福建布政使、前山東按察使陳士杰，著一併交部議處。上諭：前據都察院奏知縣高仁保遣抱呈訴伊弟高文保被朱永康等謀殺身死，當交廣壽、錢寶廉親提嚴訊。茲據審明定擬具奏，此案已革署山東嶧縣知縣朱永康藉事勒捐、强借當商銀錢被控，提取人證，延不解交。後聽從伊姪朱寶森將委員高文保謀殺，並縱令朱寶森等逃逸，實屬貪險已極。朱永康著發往黑龍江充當苦差。已革巡檢李樹堅，貪圖朱永康賄囑，隨同揑稟，追回府銷差，又不將實情稟明，亦屬謬妄，著發往軍臺效力贖罪。已革千總趙孟彩，聽從朱寶森謀殺高文保從而加功，著絞監候，秋後處決。理問銜候補巡檢高文保，委提案件守正不阿，慘遭殺害，著照銜從優議恤。在逃之朱寶森、韓景琦，著一體嚴緝，務獲究辦。

初四日丁丑　晨晴，無風，日加巳大風復起，黄沙霾景，晡後稍止。曉起撫視花樹，尚無大損，惟杏花、櫻桃飄零已盡，海棠、丁香招摇相槸，亦有一二折者，而風沙不止，華葉黯慘。加以東鄰發屋，塵土坋集。以終歲之勤，爲數日之賞，亦復不得，可謂窮矣。紫泉來。仲白來。付闕媪丸藥錢三十千。

邸鈔：兩宫皇太后懿旨：恭親王等奏遵保在工人員開單呈覽一摺。惠陵工程自光緒元年八月諏吉開工，時經數載，在工人員均能敬謹將事，於迅速之中倍求詳慎，自應量予獎敘。參領花尚阿著仍歸卓異案内，遇有副都統缺出儘先題奏。記名道府郎中崧蕃、聯興均著專以道員用。道員廷彦著分發省分，歸候補班前即補。知府員鳳林著俟選缺後，以道員在任歸候補班前先即補。郎中蔣鎮嵩著俟知府得缺後，以道員在任候補。監督直隸候補道熙敬著以四五品京堂用。選用道長禄著以道員即選。工部候補員外郎椿枝著俟補員外郎後，以本部郎中無論咨留，遇缺即補。户部主事徐承煜著賞戴花翎。餘升賞有差。文武凡數百人。

初五日戊寅　晴，微風。海棠、紫丁香、榆葉梅俱盛開。得姜仲白書并前日紀游詞。得族弟品芳三月中書，告以東浦人全□□買光相寺僧謝墅山地葬其親，有故同知何燦之子何增爲之主。而西光相坊中人謂此山相傳漢會稽太守沈勳葬於此，沈捨宅爲光相寺西光相坊，遂奉爲土穀祠神。考沈之名姓，不見史傳；其捨宅爲寺，《嘉泰志》雖載之，其守郡則志無可考。近時郡縣志始系之漢桓帝延熹四年，不知何據。然《志》言捨宅在東晉義熙中，則去勳世已遠，所云墓地、土穀，皆是無稽之言。而山之屬寺僧，始於明代。國朝康熙中有買地者，坊人以爲關闔坊休咎，呈請封禁。縣令爲之立碑。今□□誘寺僧而得之，自爲謬妄。而居是坊者，遂與之訟，以爲盗發沈墓，圖禍於人，則尤謬矣！吾家世居城外，絶不相涉，而族人多居是坊。近日陳氏方盛，馬□□者，陳之戚，又與吾弟同開質庫於其地，乃合詞以控，且牽余名入之。人不可以無學，信哉！有諸生任□□者，本以幕客習訟事，近亦寓是坊，公牘首列其名。而二月下旬暴病嘔血死，一子一女相繼殞於是居。人益以爲地禍之徵。何□□者，素無賴，以招摇賄賂、朋比吏役爲生，力從臾□□速葬其親。陳葉封兄弟詣□□家詰之，□□匿不見，其家人爲惡語侵陳。陳氏怒，撞毁其客坐盆花而出。□□遂控陳等毁掠其家貲，失金玉器甚夥。葉封謀之余中書思照、金駕部四修，皆勸先壞全氏之墓，遷其柩。而坊之編户數百家，又欲毁何氏居宅。深恐釀成禍變，爲桑梓之隱憂。又聞全、何皆有奧援，而品芳總録兩造訟辭寄閲，似全氏之辭頗直。惟互控後，山陰趙令速諭封禁，而全反速葬，其圖占甚明，愚亦甚矣。傍晚坐花下，見柳枝有披拂妨花者，上樹芟翦之，又躬澆灌，執泥水之役。爲此勞力，亦結習不可除也。付黄媪庸賞錢十千，順兒賞錢四千。

初六日己卯　晴，午後又風，天色黄翳，傍晚霽。閲《説文》。比日疲於花事，讀書多輟。作書致禔盦，致子縝，各寫閏重三日詞與之。晚坐花下讀書。得子縝復、禔盦復。付洋布錢二十四千。

邸鈔：以太常寺卿瑚圖禮爲大理寺卿。編修何如璋補翰林院侍講。户部郎中常瑛選授陝西鹽法兼鳳邠道。

初七日庚辰　晨晴，上午微陰，下午陰。君表來。李子鈞來。禔盦來，以和昨日詞送閲。紅碧桃、白丁香盛開。今年庭中花事極盛，足慰羈懷，以詩四首紀之。傍晚子鈞招飲聚寶堂，坐爲禔盦、君表、正甫，夜二更後始散。君表邀飲霞芬家，固辭之，歸。敦夫、子縝來，不值。付車錢四千。

寓庭今年花事極盛得絶句四首

六年栽樹幸今成，紅紫濃香各擅名。爲照主人頭似雪，夕陽相映更多情。

常擬娱親闢小園，卜居難定一枝安。即今半畝垂垂朵，不及閑居奉母看。

迴環小徑緑生莎，别占春風錦一窠。贏得隸人沿路説，冷官無事種花多。

海棠粉褪柳絲斜，一樹穠桃爛似霞。蜂蝶不知人迹斷，也尋花事到貧家。

初八日辛巳　晨陰，上午薄晴，下午晴。得伯寅尚書書，惠銀十二兩，即復謝，犒使四千。得子縝書并和閏三日詞。上午坐車進宣武門，出阜成門，經西直門，過高梁橋，獨游極樂寺看花。海棠開未及半，而紅蕚滿林，猩艷尤絶。丁香方盛，紫荆、榆葉梅、壽檀亦尚有花者。佛殿前梨花一樹，蘋果數株，滴粉吹脂，正爲爛漫。所最可流連者，西偏荒圃中結勺亭，野趣塔光，林泉疏秀，極似江南平遠處耳。今日本以閏巳，景光可念，命儔未得，遂此獨游。而寺之闍黎，惡俗盡態，强相聒擾，殊敗清興。晡後歸。得紱丈書，借日記，即復。鍾西笏編修來。張子中同年來，自揚州解餉入都者，見惠《白虎通疏正》、新刻汪氏《述學》及銀一鋌，約五兩。殷蕚庭饋燒肉、黄花魚、粉麪、饅頭。再得紱丈書，即復。付車錢九千，寺賞六千，高梁橋脆餅四千，張使、殷使各二千。

邸鈔：禮部奏遵保總辦、襄辦、承辦、差務司員。詔：記名道府郎中王毓藻著專以道員用，並賞戴花翎。郎中綿善以四五品京堂補用。餘升賞有差。凡數十人。

初九日壬午　晴暖，微陰。庭前絳桃一樹，去年所栽，以旱故，不花，枝亦多萎，今年疑其不復能活；近日忽作花二十餘朵，艷如火齊，大者若杯，亦奇觀也。上午步詣敦夫談，即偕至對門看屋，午歸。杜葆初新選安徽繁昌縣知縣，來拜。剃頭。作書復品芳。晡後詣紫泉談。姜仲白來，邀飲聚寶堂，夜赴之，二更許歸。付車錢三千。

邸鈔：以通政司副使文暉爲光禄寺卿。

初十日癸未　晨晴陰相間，上午晴，下午多陰。作復三妹書，寄去絲紬三丈，髦被十張，及頭風膏、洋糖。又致内子書，寄銀八兩，蘑菌一斤。又寄二妹銀四兩，爲其去年四十之壽，及荷姑絲襦褌。紫泉來，言吴吏部可讀於初六日自縊於薊州野寺中，有遺疏及副封，交薊州知州以呈順天府轉咨吏部代奏。且以家書寄其子，言即葬薊州，已自擇墓地於某山。其意蓋以穆宗立嗣事，爲尸諫也。家書中有《惠陵風雨薊門東》一詩，中聯云：『抔土已成黄帝鼎，前星還祝紫微宫。』是猶廣安潘敦儼之言矣。聞其人素忼慨，喜爲詩歌，不飾邊幅。及以争成禄事鐫秩歸臯蘭，左湘陰甚重之，延主書院。比再入都補官，年已將七十，人竊以其再出爲疑，而閉門謝客，不復賦詩飲酒。前月十七日大雪，忽戒車告其子以獨游盤山，如久不歸，當至山相迎也。蓋其再出山時，志已早定，欲俟山陵畢後，從毅皇於地下。孤忠獨行，二百年來所僅見者。然其疏指，如專爲穆宗紹統，則帝王立後與臣庶異，凡嗣位者，皆爲子道。今上宫中已如世及故事，三年素服，又山陵告窆，已逾五年。奉安以前尚行遏密吉主祔廟，百世不祧。豈若民間必别立後人，承祧傳嗣，方爲父子乎！傍晚步詣敦夫，不值，作片致之。以所寄家書託陸湘泉轉屬人附至敦夫家，再交舍妹家也。夜雨。

邸鈔：是日山東欽差尚書廣壽、侍郎錢寶廉回京。上諭：吏部奏遵議巡撫文格等處分一摺。山東巡撫文格，布政使余思樞，福建布政使、前山東按察使陳士杰，身爲大員，輒敢收受節壽禮物，實屬咎有應得，均著照部議降三級調用，不准抵銷。文格等失察家人收受門包，應得降一級調用處分，均著准其抵銷。工部奏遵保襄辦典禮出力人員。詔：記名道府郎中恩良著專以道員用。文光著以知府在任候選，並俟得知府後賞加鹽運使銜。朱其煊俟得道員後賞加二品銜。餘升賞有差。凡數十人。掌京畿道御史奎光授甘肅甘州府知府。

十一日甲申　晨晴，上午陰晴飷飣，午小雨，旋晴，下午微雷密雨，晚晴。得弢夫二月十一日黄巖書。得子縝書，即復。始食卵鷄雛。閱《述學》。敦夫、子縝來夜談。

邸鈔：是日吉林欽差侍郎崇綺、馮譽驥回京。以直隸布政使周恒祺爲山東巡撫，即赴新任，毋庸來京請訓。以浙江布政使任道鎔調補直隸布政使。以浙江按察使增壽爲浙江布政使。以湖北荆宜施道孫家穀爲浙江按察使。以山西按察使薛允升爲山東布政使。以江安督糧道松椿爲山西按察使。以陝西按察使慶裕爲福建布政使。以陝西督糧道邊寶泉爲陝西按察使。詔：十三日親詣大高殿祈雨，時應宫等遣諸王分禱。

十二日乙酉　晴，下午甚清晏。作書致子縝，饋以玉雛團即浙俗所謂喜鰕，余爲之改名，見《丙寅日記》。二十枚，得復。午後出門，答拜張子中。晤徐壽蘅大理，久談而出。又拜數客，詣禔盦、敦夫、子縝而歸。付車錢四千。

邸鈔：惇親王等奏遵保内務府隨同恭理差務司員。詔：郎中錫祉著以副都統交軍機處記名，請旨簡放。武備院卿文璧、奉宸苑卿松琭均交部從優議敘。粤海關監督俊啓、福建延建邵道廣敏均賞給二品頂帶。已革總管内務府大臣茂林加恩釋回。餘升賞有差。凡百餘人。掌四川道御史董儁翰授湖北荆宜施兵備道。禮部郎中善聯授陝西督糧道。江蘇記名道師榮光陝西監生。授江安督糧道。掌山西道御史張道淵升兵科給事中。右春坊右贊善春溥升右中允。

十三日丙戌　晨晴，上午微陰，下午陰，微晴。得仲彝滬瀆書。紫藤花開。下午坐車出右安門，獨游花之寺，本三官廟也。余自壬申到此已八年矣。佛殿前海棠二樹，高竦繁盛，不異曩時，爛漫已過十分。花大於杯，鮮粲妍韵，宜於近玩，不宜遠觀矣。左院舊有四五樹，今衹存其一。右院即曾賓谷題額處也，室宇三重，廊廡宛轉，華潔如舊。海棠兩樹，亦尚娟蒨。惟山石半隊耳。寺外有花廠，可攬野趣，裴回久之。入城再游慈仁寺，丁香正盛，於花下設几，嚼茗吟香，夕陽在殿户間，緑蔭四照，華光如玉，徙倚臨風，寂無一人。此清游極樂境也。晚歸，寺僧送丁香十餘枝。付車錢四千，僧茶四千。

邸鈔：詔：廣西巡撫楊重雅來京另候簡。以貴州巡撫張樹聲調補廣西巡撫，即赴新任，毋庸來京請訓。以前雲南巡撫岑毓英爲貴州巡撫。重雅，江西德興人，辛丑翰林。嘗知成都府，頗有政聲。及爲監司，漸不振。撫粵西，以不職聞。十一月行至湖南病死。

十四日丁亥　晴，下午微陰。比日甚倦，讀書無緒。今日稍理經業，閲江慎修氏《群經補義》。作書致禔盦，并寫一公牘文字，屬轉呈張副都以致梅中丞。寫單約張子中、陳子蕃、鍾西筠、杜葆初、姜仲白及禔盦、敦夫、子縝明日晚飲。夜月甚佳，步詣子縝、敦夫談，即歸。

邸鈔：上諭：前因御史李璠奏參直隸通永道英良劣迹各款，當諭令李鴻章確查具奏。兹據奏稱，英良原有祖塋及祭田在大興三河縣屬並通州一帶。雖在轄境之内，旗員例無回避明文。此外並無經商生意，亦無平毁夏店民墳被人京控之事。通永道衙署係該員自行捐廉辦理，實無私换木料等情。該員每年携帶眷屬省墓數次，並無滋生事端，亦非任意閑游。所參將道庫振銀發商生息，利歸中飽，及屬員諱災，曲爲袒護，均查無其事。惟于河工、吏治均未能認真整頓，所屬境内莊田甚多，致招物議。英良著即行開缺，歸部另補。

十五日戊子　晨至午後晴，下午黄霾，有風，晚有急雨，旋止。是日本約子縝、敦夫再游慈仁寺及善果、法源、長春、崇效諸寺，爲送春之游，而諸君因循，以事不果，余亦敗興，爲看花十絶句以遺之。

閲《五經異義疏證》。《左傳・隱元年》正義引許慎《五經異義》：《戴禮》及《韓詩説》八尺爲板，五板爲堵，一堵爲雉。板廣二尺，積高五板爲一丈，五堵爲雉，雉長四丈。古《周禮》及《左氏》説：一丈爲板，板廣二尺。五板爲堵，一堵之墻，長丈高丈。三堵爲雉，一雉之墻，長三丈，高一丈。以度其長者用其長，以度其高者用其高也。案：八尺爲板，五板爲堵，一堵爲雉者，言其長之數，故下云雉長四丈也。板廣二尺，積高五板爲一丈者，言其高之數，其下五堵爲雉句，五堵乃『一丈』二字之誤，蓋雉之高一丈。諸説皆同，惟長則所言各異。如《戴禮》及《韓詩説》八尺爲板，一堵爲雉，則雉長四丈矣。如古《周禮》及《左氏》説一丈爲板，三堵爲雉，案：此五板爲堵，皆以縱計，合三堵之墻而成一雉，實止三板之長數，非横接五板爲堵。則雉長三丈矣。《詩・鴻雁》傳云：一丈爲板，五板爲堵。正義：五板爲堵，謂累五板也，板廣二尺，故《周禮》説一堵之墻長丈高一丈也。箋云：《春秋傳》曰：五板爲堵，五堵爲雉。雉長三丈，則板六尺。案：鄭君引《春秋傳》，即《公羊・定十二年》傳文，其云雉長三丈，則板六尺者，亦以堵爲縱數，五堵之長，即五板之長，五六得三丈也。何劭公《解詁》云：八尺曰板，堵凡四十尺，雉二百尺。是五板爲堵，亦以横數，五八得四丈，五四得二十丈，與諸説皆不合。故《鴻雁》正義引鄭駁《異義》云：《左氏傳》説鄭莊公弟段居京城，祭仲曰：『都城過百雉，國之害也。先王之制，大都不過三國之一，中五之一，小九之一。今京不度，非制也。』古之雉制，書傳各不得其詳。今以《左氏》説鄭伯之城方五里，積千五百步也。大都三國之一，則五百步也。五百步爲百雉，則知雉五步，五步於度長三丈，則雉三丈也。雉之度量，於是定可知矣。此鄭以三丈爲雉之堅據。杜氏《左傳集解》云：方丈曰堵，三堵曰雉。一雉之墻，長三丈，高一丈。《鴻雁》正義又引王愆期《公羊注》云：諸儒皆以爲雉長三丈，堵長一丈，疑『五』誤，當爲『三』。案：此謂《公羊傳》文『五堵爲雉』句，當作『三堵』也。是晉儒皆知五板爲堵是縱數，非橫數。三堵之長，仍三板之長，不從何氏之説，惟皆主板長一丈，欲破《公羊》『五』字爲『三』。鄭君則不欲破字，因爲板長六尺之説也。至《鴻雁》正義又引《周禮》説雉高一丈長二丈者，『二』乃『三』之誤。引《韓詩説》五堵爲雉者，『五』亦『一』之誤。其引何休注《公羊》云云，皆沖遠等自爲之説。而近世輯《五經異義》者，遂以爲許君之文，亦思許君豈得引劭公注乎？陳恭甫《疏證》止引隱元年《左傳正義》者，是也。孔巽軒《公羊通義》謂當以五堵者度長，三堵者度高，欲主《公羊》以爲調人，近於臆説。近人林惠常《三禮通釋》謂五板爲堵，計一板當長二尺，堵高廣各一丈，三堵爲雉以橫言者，尤謬。《周禮·匠人》疏引《五經異義》云：古《周禮》説云：天子城高七雉，隅高九雉。公之城高五雉，隅高七雉。侯、伯之城高三雉，隅高五雉。都城之高，皆如子、男之城高。案：此足爲雉高一丈之明證。陸農師《埤雅》云：雉飛崇不過丈，修不過三丈。故雉高一丈，長三丈也，説雖巧，亦非無理。

傍晚詣豐樓，子薌、子縝、葆初、仲白、敦夫、禔盦先後至，轟飲甚樂。禔盦謂吾輩之飲久矣，無此熱鬧也。夜三更始散歸。四更時雨。付車錢四千，酒保賞四千，客車三千。

邸鈔：以翰林院侍讀學士慶麟爲詹事府少詹事。

十六日己丑　卯正初刻十分立夏，四月節。晴，上午有風。子縝之姬人來。鍾西筠邀觀劇及夜飲，作片辭之。竹篔來。晚坐藤花下讀書。是夕望，月甚皎，以倦甚早睡，不得延賞之。蕭山人周嘉穎中書來見。

十七日庚寅　晨至午後晴，晡後黄晦。孺老來。胡光甫來。紫泉來。晚坐藤花下剃頭。夜大風。是日潘孺老言丙子十一月瓊州府知府丁浩死事。其言有關風教，特爲記之。瓊州定安人張鍾琇，字玉樵，故湖北巡撫翰山中丞岳崧之第四子，以舉人官内閣中書，出爲江西九江同知，與上官不合，調吴城，憂歸，遂不出。主講定安書院。定安有縣役，大爲奸利，挾重貲起宅，當學宫前，高如窣堵。縣之紳士控於令，張君力主其事，遂毁其宅，役大恨。縣人王三者，大理寺卿王漢橋映斗之弟，積爲惡，與守令比，唆役控之府。丁浩者，河南寶豐人，戊戌進士，咸豐壬子科以中書副曾文正典江西試，中道文正聞訃歸，丁獨主試事，大被嘲笑。及由御史出爲廣州知府，貪競無厭，大吏患之。移瓊州，益婪酷。既得役辭，王三爲之謀，遂悉捕士紳掠治之，人責數千金，發瓊山縣嚴限追比。王大理聞之，詣丁言其事。時大理年將八十矣，丁易其老，謾曰：『此事某與三哥熟議之，不煩老大人慮也。』大理無如何，歸召其弟，匿不見，大理長歎而已。張君故與丁同爲中書者，來謁丁，丁拒之。張君歸，不食兩日，遂發病嘔血死。未十日，王三見張君爲祟，暴死。丁聞之，方懼。一日坐客次，忽起立，亟揖曰：『四哥何來？此事王三哥主之，無與某也。』亟言不可解。家人覺其異，舁入内。遂急檄瓊山令，立出諸生遣之歸，而呼暑益急，不可止，未幾亦死。此可入《還冤記》者也。作書致張子中，問其疾，得復。

邸鈔：兩宫皇太后懿旨：吏部奏主事吴可讀服毒自盡，遺有密摺，代爲呈遞。摺内所稱請明降懿旨，豫定將來大統之歸等語。前於同治十三年十二月初五日降旨，俟嗣皇帝生有皇子，即承繼大行皇帝爲嗣。此次吴可讀所奏，前降旨時即是此意，著王大臣、大學士、六部、九卿、翰詹科道將吴可讀原摺會同妥議具奏。　右春坊右庶子鈕玉庚轉補左春坊左庶子，翰林院侍讀鍾駿聲升右庶子。

十八日辛卯　晴，上午風。

閲《三禮通釋》。中論隅阿雉一條，牽引衆説，出入無主，又多誤字。如云以高一丈、廣三丈爲雉，此爲不易之論，不必取六尺爲板、八尺爲雉之説。案：諸家從無有言八尺爲雉者，必是字誤。又云：鄭又云雉長三丈，是誤以堵爲雉也。案：此語不可解。雉長三丈，鄭君《詩箋》、《周禮·匠人》注、《禮·坊記》注、《尚書大傳》注皆同，安得云以堵爲雉？且惠常既云廣三丈爲雉，不易之論，廣即長也，《匠人》注：度高以高，度廣以廣。疏引《尚書大傳》鄭注作度長以長，長廣一也。惟《左傳正義》引《異義》板廣二尺，「廣」字作「高」字解。何又以鄭言雉長三丈爲誤？足見林氏此書，全是鈔集而成。

下午方倦卧，有族人嘗爲熱河巡檢者之妾來，備言窮老，携子寄食。余令家人見之，爲之設食。雖不能助，心爲悵然。

十九日壬辰　晨至午後晴，晡陰，晚有溦雨。得子縝書，餽醃鯽魚一小疊，即復。晡後坐紫藤下讀書。比日藤花盛開，較往年數倍，朱架一桁，累累萬珠。其南隅新藤一枝，蟠曲依槐樹而上，亦作花十餘穗，撫之欣然。張霽亭副都來，不見。付門僕李升庸直八千，更夫杜林庸直七千。

二十日癸巳　晨晴，上午風，下午陰。爲趙桐孫撰《左傳質疑》序，約二千餘言。桐孫此書本細密可傳，余所爲序，亦甚有關於學術。以文太長，別存之。得竹篔書。前日來見之周中書，今日忽以書來，餽新茗四瓶，且言即日將歸，可附書件。其人家在龜山，年甚少，與余絶無連系，亦不知余何名字，而忽有此贈。固辭不獲，因作片復之。此亦近日後生之知禮者。禔盦來。敦夫來。錢辛伯桂森來，不晤。作復桐孫書并《左傳質疑》，作片致竹篔轉寄。

二十一日甲午　晴熱。買榴花四盆，芭蕉一株。下午詣徐壽蘅師，唁其太翁之訃，於苫次久談，乞撰墓表。并晤其從弟叔鴻户部及其邑人李君，亦官户部，亦居保安寺街，而不相知聞，可笑也。答拜周中書，不值。詣紫泉談，見吴吏部疏稿，約千餘言，惟反覆謂：『今上將來有皇子，即繼穆宗，承萬世之統。皇太后先降懿旨，庶穆宗無子而有子，皇太后無孫而有孫。今上雖則百斯男，皆無預於統祚。而皇太后雖一誤再誤，可終歸於不誤。』餘多泛濫自敘之辭，未嘗有所它及也。詣何達夫，唁其兄之喪。詣族弟慧叔，詢前日來自熱河者居止，不值。詣天壽堂赴杜葆初劇飲之約，惡客已滿，遂不坐而出。歸，坐藤花夕陽下讀書。付花樹錢十二千，車錢四千。

二十二日乙未　晨及上午輕陰微晴，午後忽大風，有雨，晡復微晴，傍晚又大風，横甚。子縝來。姜仲白來。孺老來。袁爽秋來。何達夫爲其兄開吊，送奠分六千。作片致張子中。

今日與孺初言：迂儒不可與論古，尤不可與言今。《帝王傳序》：立適立長，禮之經也。帝王無子，必爲立子，不得立弟，《禮經》無此言也。《公羊》家謂質家兄終弟及，文家父以傳子，亦是後人揣測之言。殷之及弟，未必成湯有此訓，《詩》《書》中未嘗言之。周之傳子，何以懿王崩後，立弟孝王，孝王崩後，始立懿王之子夷王？且天子諸侯一也，魯爲宗國，《周禮》所出，何以伯禽之子考公酋薨，立弟煬公？此皆成周盛時，世臣多在。何以孝王之立，不聞太史有争，煬公之興，不聞王人有責？其時諸侯兄弟相繼者，《史記》多有特據。周魯最著言之亦可知矣。蓋天生蒸民而立之君，以能守位爲重。殷、周盛世，人心純壹，國家有故，以長以賢，順而立之，人無異議。後世分别文質之説，皆儒生妄生枝節也。凡嗣統者，柩前即位，告廟釋服，諒闇三年。冢宰攝政，無論爲子、爲弟，皆子道也，臣道也。即後世之以叔繼姪，亦子道也。子道者，非稱子也。先君在時，太子亦人臣也，諸祖諸父亦人臣也。崩而嗣位，臣子之服本一，而况國之承統，猶家之傳重。傳重者，繼體之禮也。至於廟數，則兄弟當同昭穆。《禮》云：天子祀七世，世限以七，非廟限以七也。世及者，七世七廟，《禮》之經也。弟及者，七世而不限廟，《禮》之權而不失經者也。江慎修亦有此説。夫《禮》嚴適庶，以辨分也；立必先適，以防争也。然立子必能主器，國以宗社爲先。果有神明之主，社稷之臣，知適嗣之不堪，擇賢而立，誰曰非宜？而古説傳訛，儒生滋惑，誤人家國，僂指難窮，始於《吕氏春秋》言帝乙立啓之争，終於明神宗時國本之議，喧呶噂沓，莫究其端。夫帝乙之事，《史記》止言微子長而母賤，不得嗣。少子辛母正后也。而《吕氏》乃云微子生時，母尚爲妾，已爲妻而生紂。紂之父欲以微子爲太子，太史據法而争之。此本出於周末雜家之言，詭造無理。而宋、元諸儒之輯古史前編諸書者，以其所言有契於素恉，務取而載之。果如其説，則明神宗王皇后無子，福王之生，其母鄭固爲皇貴妃也；光宗之生，其母王爲宫人也。是福王少而貴，光宗長而賤矣。何以舉朝悻悻，以光宗爲奇貨，争出閤，争建儲，争就國，争梃擊，至争紅丸，而尚耽耽於福王、鄭貴妃不止也？以均爲庶子争一日之長，至以醜言詆其君父，幾欲滅鄭氏之家，而自詡爲數千年忠臣義士，羽翼元良，蓋隱以定策國老自居矣。豈不謬哉！《吕氏》語見《當務篇》，而駁之曰：用法若此，不若無法。是固以其所據爲非理也。此篇所紀凡四事，其上言盜跖之辨不若無辨，直躬之信不若無信，齊勇士相啖之勇不若無勇，蓋其事皆非情理所有。本屬寓言，而俗儒誤信之。

二十三日丙申　晴，午微陰，有風。是日甚倦，多卧閲書。夜閲《過庭録》《周易考異》。皆明漢學各本流別，其辨析極細，於鄭讀亦多有所發明。夕惕若厲，謂當依惠氏棟説『厲』上增『夤』字。《説文》於『夤』下引《易》曰夕惕若夤』者，據古文《易》也。『⿰骨易』下云：『讀若《易》曰夕惕若厲』者，據博士《易》也。凡漢人言讀若者，必據通行之書，使人易曉。其説極精。

邸鈔：上諭：丁寶楨奏遵查臬司不能勝任一摺。四川按察使方濬頤性近優柔，習尚瞻徇，發審案件，既多延閣，且有收受陋規情事，實屬不能稱職。方濬頤著即行革職。以前貴州巡撫黎培敬爲四川按察使。上諭：何璟等奏海疆巡道要缺揀調乏人，請以遺缺道員補授一摺。福建興泉永道員缺著即以孫欽昂補授。上諭：前據廣壽、錢寶廉訊明山東委員高文寶被殺一案，當降旨將同謀縱凶潛逃之署嶧縣知縣朱永康發往黑龍江充當苦差。因朱寶森未獲，仍請監候待質。均照所擬辦理。兹據給事中王昕奏，朱永康係造意之犯，不科以謀殺之罪，元惡輕縱，請將該犯立正典刑，并將高文寶破格賜恤等語，著大學士會同刑部妥議具奏。察哈爾副都統奎昌奏請因病開缺。許之。以參領花尚阿爲察哈爾副都統。刑科給事中吴鎮補工科掌印給事中。

二十四日丁酉　晴，大風，晡稍止。得戴少梅杭州書，并寄贈劉楚楨氏《論語正義》一部。鄧獻之琛來，言前年冬蒲縣交替後，赴山東德州辦轉運漕振事，今始入都。

傍晚坐藤花下讀《論語正義》，共二十四卷。自十八卷衛靈以下，爲其子叔俛恭冕所續。末一卷爲何氏《集解序》及宋氏翔鳳所輯鄭君《論語序》逸文，皆叔俛爲撰。《正義》前有陳卓人立序，言此書之作，始於道光戊子江寧鄉試時，以十三經舊疏多踳駁，欲仿江氏、孫氏《尚書》，邵氏、郝氏《爾雅》，焦氏、孟氏例，別作疏義。楚楨任《論語》，劉氏孟瞻任《左傳》，而以《公羊》屬卓人。匆匆四十餘年，於《公羊疏》輯成稿本七十餘卷，尚未能寫定云云。案：此序作於同治己巳，時立人客浙撫李瀚章署，未幾，聞其下世。今揚州刻其《白虎通疏證》，不知《公羊疏》稿在何所也。後有叔俛後敘，言是書於咸豐乙卯秋將卒業，而其父以病足瘇，遂不起。又及十年，至乙丑秋始寫定。然十七卷以前所引書，有俞蔭甫《群經平議》及戴子高《論語注》等書，非楚楨所及見，則亦有叔俛所增入者。十八卷以下，采取不及以前之博，則學識又不及其父也。

邸鈔：上諭：前因恩承等奏川省官運鹽局經竈民呈控多款，請飭妥爲區畫，當諭令丁寶楨確查具奏。茲據該督奏稱，自上年開辦官運後，本年奏銷核計邊計各額引已全數銷清，復帶銷積引一萬餘張。所收税羨截釐及各雜款至一百餘萬兩。商人從前一切無名使費，悉予删裁。民皆食賤，私梟潛蹤，實屬商民皆便。現聞呈控各節，係富廠一二奸竈揑詞聳聽，意在阻撓。其揵射兩廠及富廠竈户不下千餘家，商人則黔邊及近邊十三廳州縣，計岸不下一二百家均無異詞等語。川省從前鹽務積弊甚深，亟應力圖整頓。惟裕課仍須便民，方可行之永久。既據丁寶楨查明官運商銷實爲有利無害，成效昭然，即著該督悉心經理，慎始圖終，勿以浮言而滋疑懼。

二十五日戊戌　晴，午又風，下午微陰，傍晚大風，旋止。以敝裘質錢三十六千。剃頭。壽蘅大理尊人漁臣封翁開吊，送奠分十二千。作書致紫泉，約午後來談，以其婦病，辭。作書致敦夫、子縝，約小飲。午詣宴賓齋，邀張子中、潘孺老諸君飲，至晚始散。孺初饋粤東白風丸。

邸鈔：上諭：左宗棠奏請將故員事迹宣付史館一摺。已故内閣中書安徽潁州府教授夏炘，學有經術，通知時事，曾在營幕代籌軍食，師得宿飽。已故刑部主事王柏心，學識過人，熟悉山川形勢，左宗棠督師關隴，多資其議。已故中書科中書吴士邁，治軍嚴整，同治年間隨同剿辦回匪，所向有功。已故翰林院編修吴觀禮，潛心書史，篤於由行，左宗棠治軍閩、浙、陝西等省，深資籌策。以上四員，均有裨軍務，志節可嘉，著照所請將事迹宣付史館立傳，以資觀感。

二十六日己亥　晴，晡後有風。

閲《論語正義》。其證引極博，而去取多未盡善。如左丘明不取段茂堂氏左名丘明之説，而據《史記·自序》「左丘失明」語，以左丘爲複姓，不知此以兩「明」字相犯，故變文云左丘，猶稱晉文公重耳爲晉重，古人屬辭所不拘也。老彭不用《大戴禮》及《漢書·古今人表》與仲虺並爲殷大夫之説，而據《楚辭》『彭鏗斟雉』注，謂『彭祖以雉羹進堯』，及《史記·五帝紀》以彭祖與禹、皋陶並言，遂定爲堯之史官。不知《天問》多屬寓言，《史》之彭祖，亦單文偶見。或因世傳彭祖壽八百，故以爲自堯直至商時。而夫子言『竊比於我』，則必近代賢人，不當上取堯臣也。殷因於夏禮，節取戴望附會《公羊》之説。『加我數年』二句，取戴望説，『加』當作『假』。假者，暇也。五十天地之數，謂安得數年之暇，用五用十以學《易》，皆曲説支離而謬取之，尤近於侮聖言。此等皆出叔俛之妄增耳。付萬禮部太翁七十壽分錢四千。

二十七日庚子　晨及上午微晴多陰，下午晴有風。讀《論語正義》。晡後坐藤花下，點閲《鮚埼亭詩集》。買芍藥花爲瓶供。

二十八日辛丑　晴。閲臧拜經日記及方升卿《論語偶記》諸書。傍晚坐藤陰下，點《鮚埼亭詩集》。

二十九日壬寅　上午晴，下午多陰。讀《論語正義》。敦夫來。子縝來。仲白來。比日漸熱，不能衣綿，今日尤熱。

邸鈔：詔：以京師雨少，山西尤甚，遴選光明殿道衆於大高殿祈禱，僧衆於覺生寺諷經，均於四月三日開壇。是日親詣大高殿拈香，仍遣諸王、貝勒分禱時應宫，昭顯、宣仁、凝和諸廟，並遣禮親王世鐸禱覺生寺，豫親王本格禱黑龍潭。仍分派大臣於大高殿、覺生寺直宿行禮。以太僕寺卿恩霙爲太常寺卿。

三十日癸卯　晨晴，巳至晡晴陰相間，晡後陰，傍晚雨，至夜漸止。閲《經義述聞》。晡詣敦夫、子縝，少坐而歸。夜得詩十首。補録是月所作文二首，詩廿四首。

趙新又同年左傳質疑序

己卯閏月，同年新又太守自津門寄示所著《左傳質疑》三卷。循而讀之，其言皆實事求是，不務爲攻擊辯駁之辭。每樹一義，必有堅據；每設一難，必有數證。其卓犖大者，如論《春秋》之託始隱公，以隱公賢而其後無聞，有魯國者皆桓公之裔，魯之君臣無道及隱公者，故《春秋》表章之，猶《論語》之稱泰伯爲至德。策書之與載書、簡書各不同。載書不同，以祝鮀述踐土之會次序，與《春秋》所書絶殊爲證。簡書不同，以慶封言楚公子圍弑其君麇，而《春秋》書楚子麇卒之類爲證。晉文公、周襄王之入不書，一以文之殺懷，例當如齊商臣之弑舍，書爲弑君；一以襄之出來告難，而魯卒不遣使，其入也亦不往賀：故皆爲之諱。弑君之賊非一人者，經不悉書。鄭公子歸生弑其君夷，傳以公子宋爲主者，時歸生當國，以此自解，傳從而述之。諸條皆大義微言，深裨經恉。論一車十人之制，申王氏《述聞》之説。春秋兵農已分，申江氏《群經補義》之説。及『以舟爲梁』『甸賦用牛』諸條，稽綜典制，創發宏議。論魯三家公宮所在；謂季氏居北門，與郈氏鄰；叔孫氏居西門，孟氏居南門，與臧氏鄰；公宮當居城中：皆鉤抉傳文及《水經注》諸書，極有依據。周王城成周之分；魯廟稱太室稱宮之異；鄭太宮之有兵庫；晉廟之在曲沃，駁《述聞》在絳之説；齊、魯南門皆名稷門，其内皆曰稷下，亦作棘下；魯之雩門以雩壇名，在南門之右，不當從《水經注》稷門即雩門之説；陳、鄭皆有墓門，以城門近墓而名；引陳侯扶其太子奔墓及晉葬厲公於翼東門外；齊側莊公於北郭；晉侯圍曹門焉，輿人曰稱舍於墓；及孟子言東郭墦間之祭：皆城門近墓之證。秦棫林當在今鳳翔縣境，以顧氏《大事表》謂在今華州者非；引《漢・地理志》右扶風雍下注云：棫陽宮，昭王起。是棫陽宮當以棫林之地得名。若在華州，則涇水不能至華，安得秦人奔涇之後，晉師更進，反在其境？及辨《大事表》謂春秋時楚地不到湖南之誤：以楚貢包茅，據《史記正義》稱辰州瀘溪縣有包茅山，《文選五臣注》菁第生桂陽，《水經・湘水篇》注零陵郡有香茅。辰州、桂陽等皆湖南地。皆足以決千古之疑，輔六經之訓。

其它辨析字句，疏證疑滯，如言君氏卒之當從《左氏》；齊仲孫來之不當從《公》《穀》；平王崩、陳哀侯卒，傳皆以經書曰在前者從赴爲不可信；都曰城，邑曰築；有鐘鼓曰伐，無曰侵之，散文可通；以及傳文引《詩》《書》之不同：皆折衷至當。考桃無山酈注之異讀；《水經・淄水篇》注以無爲山名，引《左傳》曰：與之無山及萊柞，是也。疑酈氏所見本當作：吾與子桃辭，與之以無山及萊柞，乃遷於桃。魯之郎有兩地，其『戰于郎』之郎在南門外；鄭之制有兩地，其稱虎牢者爲北制；鄫衍之當連讀；下平曰衍，即《周禮》之原隰墳衍。春秋時晉有瓜衍，魯有葛衍。《漢志》南陽郡有北衍，北地有眴衍，西河有廣衍。令狐刳首之屬晉，非屬秦：亦爲言輿地者之準埻。至言嘉父之爲黄淵字；叔羆之爲羊石虎字；公冶長之出於《襄二十九年》之公冶，蓋以王父字爲氏；徒人費之即御人，以《述聞》言徒人當作侍人爲非；引《莊二十八年》傳『御人以告子元』，杜注：御人，夫人之侍人。下文費曰『我奚御哉』，可知徒人即御人。《詩》：『徒御不驚。』『徒』『御』二字通用。暴妾使余，『暴妾』二字當連讀，以《述聞》言『暴』字當在上句『蔑』字上爲非；引《漢書・丙吉傳》『暴室嗇夫』，顔注：主織作染練之署。蓋古者女子有罪下暴室，即《周禮》之女子入於春槁。《晉語》有『女工妾』，即暴妾也。魯人之皋，『皋』與『覺』『蹈』爲韵，下文『書』『憂』爲韵，衡而委蛇必折，引《莊子・達生》篇注，以委蛇爲泥蝤，衡者横道而行也：皆善於持論，令人解頤。言春秋之曹未亡，故孟子時有曹交；以經書入不書滅，傳言滅者，君死曰滅。猶狄殺衛懿公，經書狄入衛，而傳云遂滅衛也；言《史記》趙氏立孤之事未必盡誣。以韓厥言『孟姬之讒，吾能違兵』，知當時諸大夫共攻趙氏，而晉殺先穀，盡滅其族，其討同括也當亦然。觀武畜宮中，田與祁奚，則搜宮索兒，滅趙分地，亦有其事：皆足以自申其説。

近日經學大師，碩果不存。間有雋異之士，又好爲高論，標舉《公羊》，攻擊《左氏》，兼及《穀梁》。昧是非之公，步蹈虚之弊。獨稽中宿彦，如李次白氏之《左傳賈服解輯述》，鍾子勤氏之《穀梁補注》，皆潛心考索，紛綸古誼。道光以後所出之書，以二書爲巨擘。君既稽之宿學，又爲鍾君弟子，淵原演深，博而知要，精研經史，兼擅詞章。庚午浙賦一科，秀彦魁奇，肩背相望。而立品之粹，爲學之醇，則以君與定海黄君元同爲最。元同承其家學，尤善《禮》《易》，山居不出，窮而益堅。君需次畿輔，昕夕在官。而鉛槧縱横，克究所蓄。余年與兩君相若，五十甫過，齒髪早衰，浮湛京師，冗食無事，而舊業荒廢，所著之書，無一成者。讀君此編，曷禁汗發累欷不能止也。至君所疑傳文有後人羼入，獲麟以後，皆出它人，論雖有據，然自處者，爲劉見疑《正義》『登臺』數語，致辨釋文，後世沿流，益滋異論。甚至桐城姚氏疑傳文多爲吴起所竄。故於君此言，不敢附和，恐啓學者以疑古之漸。

其辨叔孫穆子之卒，爲季氏所誣，以昭子爲忠於魯君，則鄙人素論，竊有未同。蓋叔孫氏實季氏之黨，觀指楹可去，及叔出，季處之言，其爲黨交，已可概見。而昭公之討季氏也，是春昭子方爲意如逆婦於宋。至於臨時如闞，明爲避君醆戾帥師，實由豫誡其後，不敢逆。昭公之喪，傳季孫之命，廢久立之太子，去從亡之故臣。是其父子爲意如私人，無所逃罪。故范獻子云叔孫氏懼禍之濫而自同於季氏。此其實録也。納君祈死之言，不敢等文之。意如亦以其素黨我而不忌。不然，昭子非季桓之比，醆戾非陽虎之儔，豈有主實忠君而臣敢首逆者乎？抑豈有婼實因季死而其子甘爲季用者乎！夫昭公之立，未有失德，易縗故衽，小節難言。而穆子當時，深致詆毁，且曰若果立之，必爲季氏憂。夫昭果不君魯之憂也？何稱季氏？如能害季，即强公家，慶之不違，何云爲患？ 此尤其世爲季氏死黨之明證也。

又據叔向譏景王之言，謂左氏議禮未協，誠深通典禮，扶持名教。然余以爲此左氏之微文見意，非真有取乎叔向之言也。蓋當春秋之季，諸侯之臣，多爲巨室私人，不知有君臣名義。如師曠之議衛孫林父出其君，爲其君實甚。史墨之謂魯君世從其失，季氏世修其勤，雖死於外，其誰矜之？女叔寬之謂萇叔違天，必有大咎。皆悖義傷教，公相訟言，而多出於世之所謂博聞通達之君子。左氏身當其世，蓋深惡之而不敢顯言，故備載其詞，以著其醜。俾後之有識者誦之，以知履霜堅冰之漸。而昭公之朝晉也，贈賄郊勞，無失禮。晉侯善之，而女叔齊以爲是儀非禮。夫以朝事言禮，則盡禮而止矣。乃必抑之，以爲不足言禮。魯之葬齊歸也，公不慼。史趙以爲歸姓不思，祖不歸也。夫葬親當慼，何論其母姓？使其母爲風姓、熊姓，則將何解乎？是不慼者，亦季氏之誣辭。而晉之士大夫皆背公相黨，以實其言。

《成十四年》傳曰：春秋之稱，微而顯，志而晦。烏虖！此左氏述夫子作經之恉，即自述其爲傳之恉也！良史苦心，貴在善讀。略舉平日一得之見，以復於君，願君之益有以教我也。

衛定姜論

余幼自先君子受《左傳》，至成公十四年，衛獻公之立，夫人姜氏見太子之不哀也，不內酌飲，歎曰：『是夫也，將不唯衛國之敗，其必始於未亡人。嗚呼！天禍衛國也夫。吾不獲鱄也使主社稷。』輒往復不能置。以爲其情文哀至，與《燕燕》之詩，思苦語深，蓋先後相同也。及後讀《列女·母儀傳》，所載與《左傳》悉合，而以《燕燕》之詩爲定姜送其婦歸所作，與《毛詩》不同。然益歎其高明絶人，而視獻公之惡，等於州吁。謂兩姜氏之所遭，其不幸蓋同，固宜其言之相似，而經師傳説，遂以各殊也。

既長而反覆先後之傳文，乃知定姜之賢否未可知，而孫林父實蓋世之巨奸，後世假國母之言以創制嗣君，而行廢弑者，此爲之權輿。而獻公之惡，實不至此也。蓋自定公卒年之春，晉侯强納孫林父於衛，定公欲辭，以定姜言而始許。姜之意，固以爲大國不可違，非有私於林父也。而先君宗卿之嗣之言，已啓林父之奸心，於是肆然以宗臣自居，又挾晉以自重，而内恃定姜之於己有恩，遂欲專衛以爲利。洎獻公立，益藐然於新立之孤，而又以獻公非定姜所生，且素失愛於姜也，遂構煽其間，使母子之隙日深，而獻公不孝之名遍暴於國人，以及鄰國。一旦悍然逐之，而國中不以爲疑，四鄰不以爲過。此其處心積慮，可於簡策中參會而得之者矣！

夫當定公立衎之時，以命孔成子、甯惠子，而不及林父，則定公固不以林父爲可信。而林父之不悦於嗣君，已爲明驗。及定姜『天禍衛國』之言甫出諸口，而林父即置重器於戚，以深結晉人，此所謂司馬昭之心，路人皆知者也。左氏特著之，以見其不臣之迹已始於此。至獻公之十四年，魯襄之十年也，林父卜追鄭師，而獻兆於定姜。夫獻公之立非幼，是時年益長矣，國之大事，何不請命於公而請之姜？是其目固無君，而稱夫人之命以行事。又令其子出師，以有功於是，威權益張，而獻公不復得安其位矣。獻公蓋積憤既深，而無如何。射鴻之召，《巧言》之誦，聊以小發其不平。而奔敗之辱，禍不旋踵。蓋獻公之初立，不過如魯昭之猶有童心，無大過也。定姜以適庶之嫌，又爲林父之讒所惑，浸以疏忌。迨獻公見逐，鱄亦出奔。甯氏黨奸，擁立疏遠。蓋至是時，姜亦爲其所制，而不得遂其立鱄之心。自古以來，强臣之假命專威，未有不至此者也。

夫始之罪之也，不過曰不哀；及既出而數之也，不過謂其失禮於孫、甯。而『暴妾使余』之言，則又林父之誣辭，非真出於定姜者。夫姜固先君之夫人，君之適母也，衎即無道，何至以暴妾使其母。洵斯言也，犬丘之師，祝宗之告，何以能稟命而行也？蓋權臣之廢立也，其誣其君多在家庭曖昧之事，以外人所不能辨，而又假君母之言以濟之。斯自託於社稷之大義、宗廟之隱憂，而人莫敢有異議。左氏於此事，蓋深慮後世之爲口實，故豫爲之防而直書之。其言獻公之失，僅日旰不召，不釋皮冠而已，誨嬖妾琴鞭師曹而已。而林父斥爲暴虐，定姜數其三罪。魯之臣以爲其言糞土，晉之臣以爲縱淫棄性。而中行獻子遂有『推亡固存』之言。所以見內外交通，肆爲誣衊，冠履倒置，同黨相護，併爲一談，以罔其君。此三晉、齊田之禍，其所由來者漸也。

由是推之，『不内勺飲』之數言，林父探定姜之旨而甚其辭者也；『無神何告』之數言，林父矯定姜之令，以斥其君者也。烏呼！後世若霍光之廢昌邑，矯上官太后之言也；司馬師之廢齊王，昭之廢高貴，皆矯明元郭后之言也；桓温之廢海西，矯康獻褚后之言也。沿及宋、齊、梁、陳，皆爲故事。其所宣之令，大氐指斥宮闈，加以不孝。而司馬昭之於高貴，并誣以將爲弑逆，是即本『暴妾使余』之言，而又甚之。而桓温之廢海西也，方慮崇德不同，流汗變色。及褚后有『我本疑此』之語，答詔既出，温始大喜。此即林父潛構定姜之故智。故獻公『使太師歌《巧言》之卒章』者，正指林父之巧言如簧，將爲亂階也。後人溺於章句，無能發明《左氏》之恉。經術不明，世變遂亟。故備論之，以告後世之讀《左氏》者。

己卯看花絶句二十四首

北地由來不見春，今年置閏恰當辰。百花次第三旬發，特慰黄楊劫裏人。

爭説千官扈蹕回，田盤馳道百花開。杜鵑一樹斜陽裏，獨向蒼梧泣血來。

閉門高枕有何功，同是無私雨露中。閑却裁量今古手，年年種樹課春風。
珠崖潘叟古獨行，十年長我謀歸田。先春豫約游諸寺，病過花時更可憐。謂孺初。
閏重三日嫩晴開，光向慈仁結隊來。幾樹鸞枝紅艷裏，夕陽和影落茶杯。
西直門西輦路長，獨垂鞭影過高梁。寺門未到春塍緑，時有雛花出短墻。
海棠百樹列東西，紅蕚千枝點綴齊。誰識畫廊迴繞意，獨來花下解偏提。
晨旭猩紅萬點葩，夕陽漸展碧城霞。不須羯鼓唐宫法，一杵齋鐘已放花。是日以亭午至，極樂海棠，開者僅十之一二。晡後回車，已十放四五矣。
梨花片片落蒲團，一樹輕籠佛院寬。似此不生閨閤裏，無人月下倚闌干。
六角空亭半畝荒，山烟塔影入林光。蒼深大有江南意，獨背花枝看夕陽。
西有極樂東花之，祇林雙樹繫我思。質衣又僦草驢去，十日不出嫌已遲。日讀諶。
韋公柰樹記前朝，鹿苑春風事已銷。獨有沉香傾國種，年年彈淚濕紅綃。
高度金輪足十尋，花身量比玉杯深。端相恨乏邊鸞手，寫上吴娘軟繡襟。都中海棠以千葉爲貴，花開極爛漫時，大皆如杯，暈粉吹脂，宜於静玩，畫家所未到也。花之寺佛殿左右兩樹，尤爲京師之冠。
出寺蒼然對遠山，鳳城又見折花還。獨行理詠平生慣，不似今年此日閑。
再向慈仁寺裏游，夕陽庭院足句留。丁香夾徑清陰裏，如雪花枝照白頭。
隱几清風松下生，偶來鳥雀絶人行。花蔭一縷茶烟絲，剛與諸天界晚晴。
細數名藍白紙坊，頗思排日遣春光。棗花法帖長椿畫，誰炷鑪香坐梵房？崇效寺本名棗花寺，汪容甫所得《定武蘭亭》，聞猶藏寺中。前年訪之，寺僧閟不肯出，僅見其《紅杏青松圖卷》。長椿寺方丈懸明孝純太后毗盧像，聞尚有真者一軸，及九蓮菩薩一軸，寺僧亦秘之。昔年嘗以劉侍郎師寓寺之對門，約共訪之，亦未果也。

爲約明朝共送春，撫琴動響寂無鄰。沈公與馬成雙攢，莫向淵明覓酒人。

欲貰東鄰下澤車，天寧去探牡丹芽。山姬爲語春衣盡，且自關門數落花。

手種朱藤一架餘，葳蕤深鎖子雲居。清香滿院無人至，日坐花間勘異書。

消得餘春十日間古閑切，緑陰如水動輕紈。不須乞求還書帖，一頓藤花足飽餐。

紅藥豐臺盡入城，滿街喧聽賣花聲。亂書堆裏香重疊，插遍瘿壺折脚鐺。

每怕花時風雨侵，及今花落盼甘霖。祈年共有蒼生望，豈獨關心到緑陰。

長日閑居待細論，李桃結子竹生孫。一年花史編詩訖，朝事從他到耳根。

末一首原作寓意甚深，因太著痕迹，改之，題曰『己卯看花』詩，自非泛作，不止記一時流連光景。古人詩題無一閑字也。凡連作絶句，皆有一定章法，前後虚實不可移動。故詩即文也。此法今人無知之者矣，特拈出之以示學者。近代選家於古人詩連數章者，往往摘録一二，致辭意斷缺，固由不知此義，而自晚唐以後作詩者，亦本無章法也。

邸鈔：上諭：都察院、刑部將李鍾銘訊明具奏。此案李鍾銘即李炳勳，由商人捐納監生、布政司經歷職銜，考充謄録。既得議敘，仍在市井營生。輒攀援顯宦，交結司坊官員，置買寺觀房屋，任意營造，侵占官街，匿税房契。又於差滿後擅入東華門内，進國史館尋覓供事，謀求差使，希圖再得議敘。實屬不安本分。著照所擬六十，徒一年，俟年滿後解回山西原籍，交地方官嚴加管束。聞李炳勳之罪，死不足贖。其私和命案、賄賣官職，俱鑿鑿有據。自惇邸以下，大學士寶鋆、載齡，尚書毛昶熙、萬青藜、李鴻藻等，皆與之親昵，而鴻藻尤狎之，不止賀壽慈一人也，滿洲大僚無不納交者。其造宅也，挾諸貴之勢，逼死其鄰之老漆工，人無不知之。凡奏參查辦之巨案，多爲之奩緣消弭，居間取賄。外省大吏入京，無不以重金委之。張佩綸之疏下，朝士過慰之者，車數百輛，廠市爲之塞道。今之定讞，投鼠忌器，避重就輕，所入爰書者，實皆市井本分之事，不特舍放飯流歠，而問無齒决也。

夏四月甲辰朔　上午晴，下午陰。戌初二刻五分小滿，四月中。得子縝書，即復。得雲門閏月二十日書，言薄游滬上，將返夷陵，寫寄壽余五十詩兩首，納姬詞一首，皆情文高綺，爲録於此。惟刻畫無鹽，殊可噴鼻耳。詩云：『聲華籍籍冠金閶，閉户虞卿歲月長。閑與娉婷商茗事，全疏朝謁對鑪香。蚤專博士談經席，晚試仙人服玉方。多少貴游愁白髮，獨留青鬢照縑緗。』『四十曾吟楚客詞，十年京邑更淹遲。孝標自敘何多恨，中散高情未入時。宦味那如蓴菜美，俸錢難足草堂貲。淮南叢桂瀼西水，都入先生自壽詩。』詞云：『柳外星三五。繡簾前、娟娟月樣，似人眉嫵。十斛明珠連乾馬，纔可輕盈換與。似解唱、微云詞句。一點靈犀芳心遠，是維摩側畔拈花女。微笑處，散花雨。鶯年燕月休輕負。翦芳蘭、玲瓏結佩，小紅辛苦。漫説藏春須金屋，伴取焦琴玉麈。問賀監、乞湖歸否？回首霞西波如鏡，定何時、同聽春江艣。團扇曲，爲伊度。』《金縷曲》。

初二日乙巳　晨至午陰晴埃䨴，下午陰，忽大風，有雷，驟雨，旋止，晡後多陰。得桐孫二十九日津門書，謝余爲作序，而以叔孫昭子黨季之説反覆辨論，終以余説爲過苛，蓋不失善善從長之義。然余説别有苦心，非欲爲申、韓刻覈。各存其是可也。張子中來，久談，以所作《説文引蒙》兩册、雜文一册、詩一册乞閱。

《説文引蒙》分《揭原》《訂習》《刊蕪》《類聲》《辨疑》五門，皆爲上下卷。《揭原》先隸次篆，舉〈五〉百四十部字原，系以考證。其次序以筆畫多少，爲便初學也。《辨疑》皆論諸家之異同得失。其餘三類尚未脱稿。雜文亦多考據之作。其《黍稷粱辨》，以程易疇言稷爲高粱者非；《老子非老聃辨》，以老聃與作《道德經》之老子爲兩人：皆與余説合。然汪容甫亦有老聃非作《道德經》者之辨，何不取以爲證？子中不應不見《述學》。其或以容甫謂老子爲老萊子，不以爲然耶？抑偶忘耶？

作書致敦夫，贈以《白虎通疏證》一部。傍晚坐庭下閲《道古堂集》。比日倦甚，不可支。敦夫來夜談。

初三日丙午　晴陰埃𩂆，晡後陰。閲《鲒埼亭外集》。剃頭。傭人澆花樹。付順兒工食錢六千，以是日罷。

初四日丁未　晨至午後澹晴，晡陰有風，頗涼，西昃時風益甚。閲沈西雝《説文古本考》。作書致伯寅宫保，得復。禔盦來。夜小雨即止。玫瑰花開。

邸鈔：上諭：恩承、童華奏遵旨訊明四川東鄉一案，分别定擬一摺。據稱已革提督李有恒，雖非蓄意誣民爲逆，惟不確查袁廷蛟所在，輒督隊攻搜尖峰等寨，致斃鄉民［民］數百命。已革提督劉道宗，携抱幼孩，擄掠牲畜及携眷隨營，均查明屬實。已革總兵雷玉春，所部勇丁亦有擄掠牲畜之事。已革知縣孫定揚，加派捐錢，復張皇請兵，釀成重案。提督王照南與李有恒會攻千金硐等處，殺斃數十命。總兵劉楚華攻搜鳳頭寨，致斃唐姓等男婦多名。游擊方榮陞搜捕袁廷蛟，將僧普集提訊掌責，致普集服毒斃命。知府張裕康、舉人冉巫杓具禀慫恿發兵，復禀請加收捐錢各情，按律定擬等語。著刑部議奏。所請文格、丁寶楨、李宗羲應否議處，著該部於定案時申明請旨。上諭：前據恩承等奏川鹽改歸官運開銷糜費等情，當經諭令確查具奏。兹據奏稱，查明官運局借撥成本數目不符，徵收款項亦多牽混，攤收雜款名目煩多，以致商民交困，開支薪水勇糧等項爲數甚鉅，提借庫款既未歸還，應收鹽價又不照章彙解，於國計民生兩無裨益等語。丁寶楨前奏川鹽官運商銷，有利無弊，成效昭然。兹覽恩承等所奏，與該督原奏情形種種不符。著户部將摺内所陳各節詳細酌核，妥議具奏。

初五日戊申　晨及上午大風，陰，午澹晴，下午風稍止，傍晚復陰，晚有霞，甚艷。得伯寅宫保書，即復，又連得三書。周嘉穎來辭行。此生來謁三次，今日見之，言以明日南還，拜辭而去。鄭盦屬代撰應酬文字，晡後草訖，即作書致之。

致伯寅宫保書

辱示黽勉王事，况瘁已甚，兼以憂貧，不暇謀刻《小浮先生集》，未得集貲。雅慕沈西雝《説文古本考》，今始得見，欲刻之而無由。又歎《鮚埼亭詩》甬上無人爲之重刻。以南省八坐之崇，東宫三孤之貴，而貧如此，良爲可賀。小浮先生之詩，是否已刻之外别有二十卷？先生天懷高澹，足以風世，詩境真寂，如其爲人。巨集裒然，彌深敬仰。它人得者，尚思爲之傳播，况執事以猶子之親，守傳家之集，棗梨璀燦，足增喬木之重，其刊行宜也。然弟以爲此不必亟。先生蕭然人外，本不急身後之名。其所刻詩幽絶恒蹊，已足與霽山、四靈並傳於後，置之《江湖集》中，尤無愧色。然竊謂此等文字，不必以多爲貴。譬之瘦竹孤花，娟然塵表，危峰奇石，卓立江中，勝流悦其静妍，雲客賞其寥逸。儻使接葉駢葩，連山疊嶂，則見者必不以爲奇矣。弟於近人所刻詩文，多以覆瓿。惟先生此集，庋之别架，以爲適性陶情之助，然尚嫌其稍多。能再别擇之爲一二卷，供之瓶花研格間，常資吟諷，彌爲佳耳。今復有二十卷之刻，其中名什必多，萬不可聽其泯没。而執事此時，清况未裕，似可留爲後圖。何不即以所謀，刻沈氏之《説文》？則利益後學，其功甚鉅！俟寫清本後，以原書還黄編修。弟當爲之悉心校勘，並悉補其空字未填者，以副執事表揚先正之盛舉。至謝山詩集，版已久毁，卷帙無多，能并刻之，則不特四明文獻之所僅恃，而殘明南宋滄海精衛之心，亦藉存其十一。此所關於世道人心尤非淺鮮。弟天之僇民，世所共棄，而區區抱殘守墜之志，一息尚存，不容少解，非故欲以相强也。

比日廷有大議，聞執事爲之主持，已有成議，未見邸鈔，不得其詳。竊以爲吴御史之死，震動人心，古今僅見，而其言則甚謬。國家統緒，授受甚嚴。凡嗣服者即爲子道，千古一揆，何嫌何疑！豈如小民之家，操田宅之券，爲血食之計，必明立繼書，定其稱謂，以杜争訟，絶侵吞乎？吴君未悉古今，昧於經義，孤行壹意，赴死如歸，其忠可矜，而不免於庸人自擾。弟日記中『有迂儒不可與論古』一條，爲此發也。執事處此，宜審慮始終，申明大義，固不可爲揣測調停之言，而尤當豫防數十年後之或有異論。漢明故事，皆一孔之儒激成之者也。漆室瞽談，伏惟垂察。

邸鈔：以太常寺卿許庚身爲大理寺卿。次日詔仍在軍機章京上行走。上諭：沈葆楨奏請將行止有虧之知府革職一摺。安徽在籍知府程興棨，前隨伊父雲南按察使程誠任所，竟敢誘致寡婦黄氏爲繼室。旋因正妻在室，壓令爲妾，因而鎖禁，致黄氏逃出興訟，實屬有玷冠裳。分省前先補用知府程興棨著即行革職。

初六日己酉　晴，下午有風。張子中來。得禔盦書，即復。作書致敦夫，得復。禔盦招夜飲宴賓齋，辭之。夜風益甚。

初七日庚戌　晴，下午有風。

閲張子中《説文引蒙·辨疑》。其於許書極爲貫穿，所引大小徐及近儒段、嚴、錢、王諸家之説，皆能有所折衷。辨析指事、象形異同之恉，及讀若之例，頗有創發。其論『舊』之本字爲『久』，『難』之本字爲『乃』，『答』之本字爲『對』，皆與予舊説合，而引據獨詳。論『笑』之本字爲『娱』，『蕿』之本字爲『懋』，『履舄』之『舄』本字爲『昔』，皆前人所未言。

作書致鄭盦尚書。得吴碩卿三月二十四日廣州書，并寄贈《古經解小學彙函》一部，託姚君晉蕃附來，犒以錢三千。姜仲白來，夜飯後去。

邸鈔：以翰林院侍講學士黄體芳轉補侍讀學士，以左春坊左庶子鈕玉庚爲侍講學士。

初八日辛亥　晴，晡後有風，時止。陳子香來辭行。得張子中書。孺初來談，晡後同至賈家胡衕訪鄧鐵香。傍晚詣敦夫、子縝，小坐而歸。夜閱陳恭甫所輯《尚書大傳》。

邸鈔：上諭：前據松溎奏請以阿旺甲木巴勒楚稱甲錯爲已革諾門罕阿旺札木巴勒楚勒齊木轉世之呼弼勒罕，迎接回藏。經該衙門議奏，該已革諾門罕前於道光年間犯案，情節甚重，係永遠不准再出呼弼勒罕之人。所請應不准行。兹據金順、錫綸奏，西藏剌麻嘉木巴曲圖木等並吐爾扈特各部汗王等呈稱，該部落願捐馬一千匹，請准阿旺甲木巴勒楚稱甲錯爲僧等語。阿旺甲木巴勒楚稱甲錯著准其爲僧，赴藏學習經典。仍不准妄請開復名號職銜稱爲轉世呼弼勒罕。該部落所捐馬匹，著毋庸賞收，以示體恤。案：諾門罕亦作那門汗，屬中藏達賴剌麻阿旺札木（亦作布）。巴勒楚勒齊木，洮州人，常代理達賴事，賞噶勒丹錫呼圖薩瑪第巴克什十二字名號。前後代理事二十餘年，跋扈不法。第十輩達賴剌麻之死，或謂其謀毒。按問無左驗，遂益驕。道光二十四年，駐藏大臣始奏其不法，革之，發往黑龍江拘管。

初九日壬子　晨至午後晴，下午忽陰，晡後復晴。閲《尚書大傳·辨譌》，其辨盧氏文弨、孔氏廣林之誤，極爲精細。然陳氏皆據他書所引，不言《大傳》，以證其誤，安知盧氏不別有所據乎！大約近儒之學，遞考遞密，而前輩所見之書，亦往往有未見者。金銀藤花開。

初十日癸丑　晴。雜閲史書。作致若農學士廣州書。作書致禔盦，得復。作片致陳子蕃送行。邸鈔：兩宫皇太后懿旨：本日王大臣等遵議已故主事吴可讀請豫定大統之歸一摺，並尚書徐桐、翁同龢、潘祖蔭，翰林院侍讀學士寶廷、黄體芳，國子監司業張之洞，御史李端棻另議各摺，覽奏大略相同。前於同治十三年十二月初五日降旨，俟嗣皇帝生有皇子，即承繼大行皇帝爲嗣。原以將來繼緒有人，可慰天下臣民之望。第我朝聖聖相承，皆未明定儲位。彝訓昭垂，允宜萬世遵守。是以前降諭旨未將繼統一節宣示，具有深意。吴可讀所請豫定大統之歸，實於本朝家法不合。皇帝受穆宗毅皇帝付託之重，將來誕生皇子，自能慎選元良，纘承統緒。其繼大統者爲穆宗毅皇帝嗣子，守祖宗之成憲，示天下以無私，皇帝亦必能善體此意也。所有吴可讀原奏，及王大臣等會議摺，徐桐、翁同龢、潘祖蔭聯銜摺，寶廷、張之洞各一摺，並閏三月十七日及本日諭旨，均著另録一分，存毓慶宫。至吴可讀以死建言，孤忠可憫，著交部照五品官例議恤。詔：本月十四日再詣大高殿祈雨。仍命王公、貝勒分禱覺生寺、時應宫，昭顯廟、宣仁廟、凝和廟、黑龍潭、白龍潭。　山東鹽運使傅觀海告病，直隸永定河道李朝儀升山東鹽運使。

十一日甲寅　晴。作書致鄭盦，取還《説文》，得復。作片致敦夫，問其疾，得復。作書致紫泉。張子中來。鄧鐵香來。得紫泉書，即復。夜月甚佳。

邸鈔：詔：兩江總督沈葆禎加恩在紫禁城騎馬。　以太常寺少卿懷塔布爲通政使司副使。以冠軍使玉衡爲鑾儀衛漢鑾儀使。工部郎中文沛授直隸永定河道。

十二日乙卯　晴，比日頗熱。爾來濕疾復發，終日喜卧，今日尤疲劇。得張子中書，津津言其《説文辨疑》一書，自喜特甚。欲余篇篇夸美之，此措大習氣也。然其書却有心得。剃頭。蓴庭來。夜月甚佳。

邸鈔：副都統銜庫倫辦事大臣英奎卒。詔旨褒惜，照副都統例賜恤。以前山東巡撫文格賞給二等侍衛，爲庫倫辦事大臣，馳驛前往。以翰林院侍講學士貴恒轉補侍讀學士，以左春坊左庶子福錕爲侍講學士。

十三日丙辰　晴，午後微陰，下午有風。閱《經義叢鈔》。作書致張子中，還所著書。又作書致姜仲白，致殷蕚庭還《鮚埼亭詩集》，俱得復。禔盦來。仲白來。

十四日丁巳　晨陰，上午晴，午後有風，下午陰。

閱《過庭録》。其謂《子夏易傳》，據《漢書·儒林傳》言，韓嬰亦以《易》授人，推《易》意而爲之傳。燕、趙間好《詩》，故其《易》微。惟韓氏自《傳》之後，其孫商爲博士，孝宣時涿郡韓生，其後也，以《易》徵，待詔殿中，曰所受《易》即先太傅所傳也。嘗受韓《詩》，不如韓氏《易》深。司隸校尉蓋寬饒本受《易》於孟喜，見而好之，即更從受焉。子夏當是韓商之字，與卜子名字正同。蓋韓氏之《易》，至是始顯。故傳韓氏學者，取最後者題之爲《子夏易傳》。其説甚確，爲近儒所未及。其《周易考異》，謂陸氏《釋文》凡言某家作某者，多其注中改讀之義，非徑改經文。其言一本作某者，皆王弼注之别本。又據『或錫之鞶帶』，《音義》云：鞶，徐云王肅作『槃』。按：徐者，東晉徐邈，爲《易音》。知陸氏亦未能遍見諸家本，有即據舊音載之者。又據『明辯晳也』，《音義》：晳，鄭作『遰』，陸作『逝』，虞作『折』。按：《史記·賈生傳》『鳳漂漂其高遰』，《索隱》音逝。《三蒼》郭璞注云：《古文奇字》以爲古文『逝』。則古文《易》作『遰』，博士《易》作『逝』。虞據博士《易》改古文『遰』爲『逝』，而讀爲折，知漢以後人注經不如漢儒之謹。虞氏雖傳孟氏《易》，其改《易經》字多出後定，不可盡據爲孟氏古文。皆别白甚精。

其《尚書譜》，以《尚書》皆孔子所撰集，故《論衡・書（須）〔虚〕篇》以『欽明文思』以下爲孔子篇家之言，而漢時所得古文十六篇，亦未必真。故伏生能引《大誓》之文，而所傳《尚書》，仍闕是篇。劉歆所引諸文，太史公不著於《史記》；馬、鄭亦不爲逸十六篇作注：皆知其不可信。又謂《舜典》本合於《堯典》，别無佚文，《大禹》《皋陶謨》《益稷》本合爲一篇，故序云：『皋陶矢厥謨，禹成厥功，帝舜申之，作《大禹》《皋陶謨》《益稷》。』今經文《皋陶謨》《益稷》本合，後人强分之，而别無《大禹謨》。又謂『大禹』下本無『謨』字，僞書所加；『益稷』本不作『棄稷』，篇名皆孔子所定，當諱稷名。皆意必之談，所謂『卮言日出』者矣。

鄧獻之來。夜陰。

十五日戊午　晨晴，上下午微陰，晡晴。得鄭盦尚書書，惠銀十二兩，即復謝，犒使四千。爲胡光甫書扇訖，即作片致之。作書致楊正甫。是日部院諸員考試差者二百八十人，潘尚書擬題，四書文『信而好古』，經文『望于山川』，詩題『進賢興功得官字』。夜月皎甚，是夕望。作書致敦夫、子縝。

十六日己未　晨及午後晴，晡後陰，有風，溦雨，即止，傍晚復晴。是日甚熱。楊正甫來。敦夫來。子縝來。付李升工食八千，杜林七千，福兒四千。夜陰。

十七日庚申　午初初刻八分芒種，五月節，晴。是日炎熇驟甚，不可當。鄧獻之來。繆小山來，以宋氏四書《古今訓釋》《過庭録》還之，并借《讀書脞録》去。作書致禔盦，致姜仲白，俱約今日晚飲。紫泉來。傅子蓴來，不晤。傍晚詣豐樓，邀獻之、子鈞、君表、正甫、禔盦飲，至二更後散。君表復邀飲霞芬家，五更後歸，比睡已日出矣。付客車飯錢八千，車錢六千，酒保賞四千，霞車二千。

邸鈔：詹事孫毓汶爲安徽學政。本任學政工部右侍郎龔自閎病故。自閎，字叔宇，仁和人，尚書守正之子。甲辰翰林。吾浙人今日之官京師者，左都御史一人：童華，鄞人。侍郎七人：吏部夏同善，仁和人；户部王文韶，仁和人；兵部朱智，錢唐人；刑部錢寶廉，嘉善人；工部孫詒經，錢唐人；及自閎，仁和人；而錢唐許庚身以大理卿署禮部，爲近來之極盛。今龔之亡，弱一个矣。雖然，是八人者，合其學不及一當家之秀才，萃其力不敵一服田之老農。娖娖斗筲，何足算乎！

十八日辛酉　晨至午晴，下午陰，有風，雲合，至晚竟不雨，熇暴特甚。張子中來，言明日行。季士周爲子娶婦，送賀錢八千。

邸鈔：以都察院左副都御史張澐卿爲工部右侍郎，兼管錢法堂事務，仍兼署吏部右侍郎。上諭：勒方錡奏遵查在籍道員劉成忠，傷疾痊癒，步履如常，精神尚健，應否起用，請旨辦理。前任河南南汝光道劉成忠著送部引見。

十九日壬戌　晴，下午有大風，旋止，晚少涼。陸漁笙編修來。李爽階來，以錢唐縣署山陰，丁母憂，今服闋赴部候選。敦夫、子縝來。晚子縝邀同汝翼飲宴賓齋，夜一更後歸。卧内始換涼席。

邸鈔：以翰林院侍讀張家驤爲侍講學士。

二十日癸亥　晴，午後微陰，酷熱。鄧獻之饋阿膠一匣，北魏高貞碑、王偃碑各一通，即復謝，犒使二千。潘譜琴來，乞爲星丈撰墓志。晡後答拜鄧獻之、李爽階，送張子中行，俱不值，晚歸。付車錢四千五百。是日剃頭。

邸鈔：詔：二十四日再親詣大高殿祈雨，分遣王公、貝勒禱覺生寺、時應宮、昭顯等廟、黑龍潭、白龍潭、清漪園、静明園、龍神祠。

二十一日甲子　晨至午後晴，晡後陰，旋雲合，有雷，驟雨，即止，晚晴，有風，微涼。雜考天文諸書。同年馮編修光遹爲其尊人賡廷學正開吊，送奠分四千。夜少涼。

二十二日乙丑　晴，酷熱。雜考天文諸書。作書詢張子中行期。族弟慧叔來，此人新補兵部主事，與考試差。此次試於廷者二百七十六人，惟六人知詩題出《周禮》，押夏官字。慧叔與其一，以兵部堂上有扁題此四字也。其四人皆部曹，一人爲内閣中書，蓋轉相告語得之，而翰林聞其語者皆不信。張香濤謂《周禮》必無此成句，或數語中有此四字，而唐宋人詔疏中合而用之，遂於押官字韵云古意合《周官》。一時以爲口實矣。大司馬掌建邦國之九法，其三曰：『進賢興功，以作邦國。』鄭注：起其勸善樂業之心，使不惰廢。是進賢興功者，以詔諸侯各進其賢臣、興其功臣也。九法皆所以爲諸侯之法。疏中申釋甚明。而入試諸人剽聞《夏官》之語，以爲必指武功。雖不敢明點《夏官》皆主武事爲説，其徑用《夏官》者，又誤仞『九法』爲『九伐』，遂明點九伐字。夫記誦之學本難，雖博覽多聞，而於經典正文，或亦不能悉記。其留心名物訓詁者，往往攻其所難，略其所易也，固不足爲詬病。然如此之扣槃捫燭，亦太覺朝無人矣。

二十三日丙寅　晴，下午有風，稍凉。聞比日寒暑表已至百分，已入大暑分矣。雜考天文諸書。作書致子縝。傍晚坐庭下讀書，甚樂。敦夫、子縝來，遂留夜飯，談至一更後歸。

邸鈔：以内閣侍讀學士耀年爲太僕寺卿。

二十四日丁卯　微晴，多陰。午後詣子縝談，晡同訪竹質，不值。遂詣禔盦，談至晚。子縝邀飲萬福居，敦夫亦來。夜二更後復偕飲霞芬家，比散登車，已天明矣。日出始睡。付霞芬酒錢四十千，僕賞十千，車錢九千。

二十五日戊辰　晨晴，上午後陰，晡後小雨，晚晴。得秦鏡珊四月二日江寧書。作書致敦夫，得復。作書復紱丈。鍾西筠來。閲段氏《周禮漢讀考》。孺初來。今日稍凉，夜卧去簟。

二十六日己巳　晴。張子虞來自通州。得張子中辭行書，即復。朱蓉生來，久談。

邸鈔：上諭：大學士會同刑部議奏朱永康改爲斬監候等語。詳加披覽。王昕所援李毓昌被害成案，情形固有不同，而朱永康情節重大，實屬罪浮於法，著即改爲斬監候，歸入本年秋審辦理。廣壽等原奏將朱永康發往黑龍江各節，既係按照本律定擬，即著毋庸置議。理問銜巡檢高文保著再加恩照四品官賜恤。

二十七日庚午　陰晴霎䨟，下午多陰，夜一更後風，二更時雨，數作數止。杜葆初來辭行。

仁和人有曹籀者，以諸生被斥，窮老險詖，杭人皆賤之。前年以争其族人財産事，爲有司所辱，遂著《三世聞見録》，評論浙之官吏，分陰黨、陽黨，力詆學政黄侍郎倬、布政衛君榮光，而頗頌巡撫梅君。袖其書見巡撫，請爲序。巡撫諾之。遂刻以行。布政怒，以白巡撫，巡撫奏請究治。會其人已死，得不竟。

其人固亡賴，文字亦未甚通，然及與杭之前輩游，頗讀雜書。余嘗見其所著《籀書》二卷，雖多荒唐可笑，不足言著述。其有釋『中』字者一首，以『中』爲男子之私，象形字，人尤以爲怪異，余謂此實有據。惟籀不能援引，其所言多妄耳。《逸周書·武順解》云：『人有中曰參，無中曰兩，兩争曰弱，參和曰彊。男生而成三，女生而成兩。五以成室，室成以生民，民生以度。』孔晁注云：『有中必有兩，故曰參。陽奇陰耦，五謂相配成室。』近儒謝氏墉申之云：『有中無中，即謂男女，皆以形體言之。男成三，女成兩，皆下體形象。合三兩而成五，交構成室以生民。』案：『兩争曰弱』者，謂兩爲陰數，陰性柔，柔相比則争而益弱。『參和曰彊』者，謂參爲陽數，陽性剛，以陽之三參陰之兩，則陰陽和而化生，陽益以彊。此《易》之『參天兩地而倚數』，故曰有中必有兩。蓋人道者，五行之精，萬物之本，聖人不以爲諱。乾道成男，坤道成女。天地絪緼，男女構精，皆中和之理也。《左傳》曰：『民受天地之中以生，所謂命也。』《中庸》曰：『中也者，天下之大本也。』《漢書·律曆志》曰：『夫五六者，天地之中合，而民所受以生也。』凡此皆『中』字最初之詁。《説文》『中』字从口从丨，其義本難通。近儒改从口爲从囗，音圍。説自較勝。而以此説參之，亦猶『水』本从巜，象衆水並流；从乚，象中有微陽之氣。而《春秋元命苞》以爲巜，從二人，一男一女，乚者水，二人合而生水，亦以交構化生之理言之。《管子·水地篇》云：『人，水也。男女精氣合而水流形。』皆三代相傳制字之精義，不可爲拘儒道者也。以『中』字爲象形者，較之取『[illegible]』字爲象形者，淺深迥判矣。

二十八日辛未　晨至午微晴，多陰，下午微雨，即止，傍晚晴，復陰。剃頭。作致陶心雲書，并還其近詩一册，贈以漢武宅山孔子見老子畫象拓本一通，託杜葆初附去。夜走詣敦夫、子縝談，初更歸。

二十九日壬申　晨陰，巳後密雨至夜。是日甚涼，晚需綿衣。

邸鈔：以刑部尚書翁同龢爲工部尚書，以工部尚書潘祖蔭爲刑部尚書。禮部左侍郎、順天學政祁世長奏病難速痊，懇請開缺調理。許之。以太僕寺少卿徐用儀爲大理寺少卿。次日詔仍在軍機章京上行走。

三十日癸酉　晨晴，上午晴陰相間，下午忽暴風雨，有雷，旋止，傍晚晴。是日本生祖父忌日，以乏絶，僅供香燭，餟於下月八日補上饋。作書致子縝，借翁覃谿《復初齋文集》，得復。趙桐孫自津門寄贈平湖顧訪谿廣譽《學詩詳説》三十卷，《正詁》五卷，《悔過齋文集》七卷，附《劄記》一卷。訪谿字惟康，由優貢生舉孝廉方正。同治三年四月卒，年六十八。光緒三年新刻成者。桐孫已隨周巡撫恒祺赴山東矣。子縝來。得伯寅尚書書，惠銀二十兩，即復謝。印結局送來兩月公費銀七十二兩。

閲《復初齋文集》。共三十四卷，自卷一至卷十五爲序、記、論、説、書札、贈序、傳、贊、銘、志、祭文、雜考之屬，卷十六以下皆跋書籍、碑帖、字畫之文。覃谿之學，長於簿録，其評法書，尤爲專家，考求印記，辨别點畫，南宋姜、岳以來一家之學也。文亦頗有真意，議論亦有佳者。惟於經學甚淺，而好詆訶，往往謬妄。又知並世經儒輩出，力不能敵，遂遁而言宋學，以程、朱壓人。實於宋學，尤無所知也。

其卷十六有《跋求忠祠記》及《書方忠文公憶釣舟詩草》，言董文敏撰書松江書院方正學祠記，云徐中丞之先，有善安公者，官僉事於浙，奉詔收方氏族，脱其娠婦，事發，斷一臂，家戍保安衛，語具《浦城志》。又云僉事公於立孤事未躬閲。又云復姓始末，予友陳布衣能言之。又云吾郡之方有亢，則必是其遺孤之賢，能昌大亢宗者，是則寧海方氏存一綫之遺孤，託於他氏，後寄居松江，有復姓之事。董記作於萬曆三十九年，其文若隱約未盡者。蓋其時尚多忌諱，不敢詳也。覃谿因謂此事所關甚鉅，而惜無所考。案：明崇禎間知寧海縣盱江張紹謙重刻正學《遜志齋集》，首載餘姚盧文言演所撰《年譜》及《方氏本末記略》，謂洪武二十七年甲戌，正學年三十八，爲蜀獻王世子師。幼子憲生於官舍，後被匿，更名德宗。正學致命時，德宗方九歲。金陵魏司寇澤謫寧海尉，匿之，後潛託天台人余學夔航海抵雲間，捕魚以活。復走華亭，依正學門下士俞祠部允，以女妻之。尋改姓余。傳九世，有名采者，官南昌訓導。臨海葉明經琰刺得其狀，欲要之歸寧海，未果。琰著《振發幽奇》一書以志之。王弇洲兄弟各傳其事。至萬曆己酉，南學使楊廷筠爲方氏復姓建祠，牒其裔忠枝、忠奕、樹節三人歸寧海，文學翁櫝爲謀居宅。後忠奕貢太學，官四川井研令。忠枝子振節，登崇禎己卯賢書。振節有子城及岳。其所敘正學有後事甚詳。又國朝康熙中，知寧海縣淮南俞化鵬再刻《正學集》序言歲戊寅，有門人葉大魁自郡携其族祖文巖先生《振發幽奇》一册，及正學裔孫潛家藏文集善本，喜不自禁。是正學適裔固在寧海，俱有明證。覃谿蓋未之知。且存者即正學之幼子，非其族之娠婦，亦不出於徐善安所爲。思白之記，蓋傳聞異辭。惜寓齋無元美、敬美兩家集，不得一考也。

邸鈔：以湖南巡撫邵亨豫爲禮部左侍郎，未到任以前，仍以許庚身署理。以福建巡撫李明墀調任湖南巡撫。以江蘇布政使勒方錡爲福建巡撫。邵亨豫俟李明墀到任後來京供職。以內閣學士徐致祥爲順天學政。以刑部左侍郎馮譽驥兼署吏部左侍郎。上諭：前據都察院奏倭興額呈訴各情，與崇綺等所奏歧異，當派志和、恩福馳赴吉林復審。茲據奏稱，崇綺等所派承審司員並無濫刑情事，齊廣貞之死，距刑訊已逾十二日，並非當堂逼斃。其原驗官檢舉不符，亦無情弊。徐花所供，實非刑逼。齊廣貞栽贓，毫無疑義。倭興額無可置辯，因與文忠阿等揑造徐花假供，將傅姓牽入，多方狡展等語。降調侍衛倭興額著即革職，發往軍臺效力贖罪。領催文忠、阿訥舒勒、常慶均杖九十，徒二年半，照例折枷，鞭責發落。崇綺因前次審擬未能詳細，自請議處，著加恩寬免。

五月甲戌朔　晴。竹篔來，談至晚去。紱丈饋節物，復謝。

邸鈔：以湖南按察使譚均培爲江蘇布政使，以衡永郴桂道孫翹澤爲湖南按察使。命翰林院編修李郁華新化，戊辰。爲雲南正考官，黄卓元安順，甲戌。爲副考官。秦鍾簡靈川，戊辰。爲貴州正考官，涂慶瀾莆田，甲戌。爲副考官。詔：初六日再親詣大高殿祈雨，仍分命王公、貝勒禱各宮廟及龍潭、龍神祠。

初二日乙亥　晴，微陰，酷熱。子縝招同子虞、敦夫午飲，談至晚歸。饋蓴庭、禔盦、敦夫、子縝節物。署吏送夏季養廉銀十二兩五錢來。蓴庭饋節物。

邸鈔：刑科給事中游百川授湖南衡永郴桂兵備道。

初三日丙子　寅正初刻八分夏至，五月中。晨至午後陰晴霎靆，晡後雲合，有小雨，旋止，晚晴。聞内城東南皆有大雨。紫泉來。禔盦來。族叔海觀巡檢之妾□氏及其子培榮來，言海觀以豐寧縣黄姑屯巡檢，於同治五年正月奉委赴順天府，歸至承德境，遽物故，時培榮生甫三日，艱苦萬狀。其適子培之任山東掖縣典史，聞訃不奔喪。□氏屢寄信促其迎柩，竟不至。今十四年矣。培之嘗再娶妻，其後妻掖人也，已生子，頗有所蓄。海觀亦嘗再娶，培之其前婦子也。□氏本京師王氏婢，爲簉於海觀，及海觀之繼妻死，遂以爲妻，故培之不肯母之也。本年承德山水大發，冲海觀柩去。□氏募人迹得之百里外，需費百十緡，無以償，母子又乏絶。始於季冬乞貸入都，將求親族謀迎柩以來，且乞存活，而都中無可告者。今日述其孤苦流離之狀，爲之累欷，令家人留之夜飯後去。

初四日丁丑　晨晴陰相間，上午晴，午後陰，晡後大雨，傍晚止。紱丈以初六日七十初度，伯寅來告，不稱壽，不受禮物，因爲《家慶圖序》駢文一首，寫横幀以詒之，且書楹聯十六字云：『籛聃大齡，本之學問；韋平代業，中有神仙。』仲白來。得子縝書，饋越茗燒鰕。作書致紱丈，并饋節物。作書致敦夫、子縝。得敦夫書，即復。是日付同茂米鋪錢四百二十千，裕隆石炭鋪錢一百七十二千，豐樓酒食錢一百二十一千，宴賓齋酒食錢五十千，清華齋聯幅錢五十千，京兆南物錢二十三千，德茂衣鋪銀二兩，吉慶號南物錢八十三千，耿賣花家衣物錢六十千，燈油錢七十二千，僕媪賞四十八千。

邸鈔：翰林院侍講張登瀛轉侍讀，司經局洗馬王先謙轉侍講。

初五日戊寅　晴。得禔盦書，饋僥脯、龍眼、龍井茶，受茶，餘復書反之。作書致季士周，付賃屋銀十兩，得復。霞芬來，贈以二金，賞其僕十千。子縝來。敦夫來。仲白來。剃頭。

初六日己卯　晴，酷熱。謝夢漁今日開吊，送奠分八千。夢漁名增，字孟餘，儀徵人，未堂侍郎溶生之孫。幼及見乾嘉諸宿，有時名。道光甲午舉人，庚戌進士第三人。官給事中，二十年不遷。以前月十三日卒。其訃云年六十九，聞其實已七十外也。余與之交游廿餘年矣，雖性情非契，而文字可談。老輩凋零，亦爲可惜。其子素不識，故不吊。夜復換凉席。

初七日庚辰　晴，酷熱。祀曾祖考妣、祖考妣、先考妣，補夏至之饋也。初三日以迫於節務，未能治具。俗有前三後四之説，故以今日補薦肉肴、菜肴共十豆，瓠絲煎餅一豆，薄荷冰雪糕一豆，皆家鄉節物也。菜羹一豆，杏酪一巡，杏子兩大盤，饅頭一盤，酒三巡，飯兩巡，祔以仲弟，晡後畢事，焚楮泉四挂。又祀屋之故主，饋以雙魚。作書致敦夫、子縝，饋祭餘四器，得復。夜敦夫、子縝來，邀過霞芬家飲，呼車往，而霞芬入城，遂歸。

初八日辛巳　晨及上午陰晴埃暟，下午多陰。是日鬱悶熇蒸，酷暑異常。五更睡中，熱不可堪，即起坐庭中待旦。至日出，復就卧。校注《漢書·禮樂志》。夜熱甚，盡去裹窗，終夕但卧。但，《説文》「袒」字。袒者，衣綻也。

邸鈔：兩廣總督劉坤一奏參衰庸乖謬各員。廣東試用道張崇恪、候補知府陳玉書、潮州運同喬文蔚、山東進士。新興縣知縣卓誠、廣西進士。候補知縣楊先榮，均請勒令休致。試用通判梁有爲，捐升選用道、候補通判吴家興，補用同知松山，准升儋州知州劉彬，廣西舉人。昌化縣知縣魏留光，湖南增貢。均請降爲縣丞，仍留廣東補用，並將吴家興捐升道員之案撤銷。前署嘉應州事、候補直隸州知州李敦厚，前署澹州知州、試用通判余信芳，臨高縣知縣完繼美，雲南舉人。補用知縣嚴霖等，均請革職。嚴霖行止不端，並請永不敘用。從之。先一日坤一奏廣東在籍刑部主事吕元勳，庇匪在家，開設花會總廠，誘賭漁利，請革職拏辦。詔即提同現獲各犯質訊。元勳，鶴山人，乙丑進士。近日士夫無行，衣冠掃地，挂彈章者，多出科甲，亦世變之極矣。上諭：周恒祺奏耆紳重遇鹿鳴，懇與筵宴一摺。道銜前署江西瑞州府知府王嘉麟，早年登第，由知縣洊保知府，養親回籍。現在年届八秩，鄉舉再逢，洵屬藝林盛事，加恩賞加按察使銜，重赴鹿鳴筵宴，以惠耆年。王嘉麟，費縣人，嘉慶乙卯河南舉人，道光乙未進士。由江西知縣洊升知府，告養歸。今年八十歲。

初九日壬午　晨日出，旋陰，上午密雨，下午雨甚，入夜不絶聲。凉甚，可衣薄棉。得竹筼書，招往才盛館觀劇，不能往。得敦夫、子縝書，邀飲霞芬家，不能往。傍晚霞芬復來，速作書致敦夫辭之。夜雨，至三更始止。復去箑。

邸鈔：以太僕寺卿夏家鎬爲太常寺卿。

初十日癸未　晴，復鬱溽，熱甚。供本生祖考妣饋，補前月晦忌日之奠也。肉肴八豆，菜肴一，菜羹一，冰雪糕一，杏醬一，以本生祖考平生所嗜也。芡實湯一巡，杏兩盤，饅頭一盤，酒三巡，飯兩巡，晡畢事。作書致子縝，得復。夜禔盦來，敦夫、子縝來。是日始换泠布窗。

十一日甲申　晴。徐懋立兵部來，壽蘅大理之子也，重致大理意，乞撰其太翁神道碑，交來大理所撰行述。得族弟國琇書，以雅齋病，求爲覓醫。雅齋與余同歲生，聞其病將不起。雖余與之意趣乖異，同在京師不相見者已四五年，然兄弟也，《禮經》：小功以下稱兄弟。同本凋零，甚爲憂之。是日雖熱而夏气稍清，晴色已定。病體漸可，讀書頗佳。夜月甚好，有風微凉。

潘紱庭封翁七十家慶圖序

光緒祝黎蟬嫣之歲，律中蕤賓月之六日，爲紱庭先生七豑壽辰。時則長君鄭盦尚書甫登五十。而先生以過耆之歲，别栽新荔，重茁雛蘭，玉雪之年，適今十稔。因屬畫師繪《家慶圖》，所以揖靈徵，彰樂喜，握豈弟之純則，祛曼延之釀辭也。

夫斟雉晉堯，推筴左帝，雖云福竺，亦覺神勞。先生夙擅鳳池，早辭鵷列。花磚草制，推老輩者卌年；采緺視卿，程止足以千石。遂得坐躋耆艾，疏榮公槐。以近闕之身，寓泛湖之樂。此其可紀者一也。伊、巫世臣，不聞皆壽；周、召代輔，未克咸年。先生家嬗酈菊之泉，屢見綏桃之實。鄉老國老，傳爲箕裘；東眷西眷，迭推耆碩。宴蓬山之島，再至爲常；披觀河之圖，一門俱出。此其可記者二也。赤伏金、張之盛，土德韋、杜之華，固亦人珥金貂，門殷珂馬。然而逍遥大小，壙代爲昭；招國北南，異枝合美。所以衮衣視膳，宣陽是誇；露冕導輿，崔邠爲著。先生則蘭陔之奉，式轂三公；鯉庭之趨，象賢八坐。侍晉公之客，祁國已久垂魚；立諫議之庭，堯叟亦將撰杖。靖恭舊第，逵桃李以稱觴；相韓鼎門，望桐木而知瑞。此其可紀者三也。金玉友昆，率皆比齒；棣華先後，差亦十年。故凡五竇連珠，四穆先酪。大氏鴒原並峙，雁序相參。未有法護據鉉，僧彌方就外傅；伯霜垂老，仲雪甫過勝衣。一則雍容珥蟬，文昌再入；一則嬰怡蠟鳳，塾序初分。引文度於膝前，坐阿奴於懷抱。黑頭内相，將齊絳亥之年；絲鬌嬌兒，方對黄童之日。此其可記者四也。述祖之詩，每慚燕翼；傳家之集，或誚蜂腰。即彼瓌頙文章，止隆堂構；顥固科第，偏靳藻華。先生闕幘稱詩，已驚老宿；扶鳩理詠，翻健少年。傳紫薇之百篇，補緑野之千首。集逾李乂，言陋王筠。尚書得其鳳毛，成爲麟角。仲寶益興實學，永興足敵秘書。跨丞相五隸之編，隘究公集古之録。此其可紀者五也。

凡斯楊榷，胥絶浮諛，得其一耑，恒情驚異。而旋馬之廳如昔，來鶴之筵不開。衛公精思，屏絶乎音樂；君實獨樂，優游乎户庭。敏中無宴客之廚，稚圭絶祝嘏之例。東坡戒殺，輔董生求雨之方；龍舒誦經，懺謝傳居期之過。尚書承膺庭誥，曲體親歡，夙戒賓游，不干清净。絶門生之羔雁，但贊文章；移静者之山林，不聞笳鼓。盛陽以至，同通明之降生；景風正行，封務觀以開國。沙堤看築，不待八袠之齡；洛社同游，長見百城之晝。斯圖之益，庸有既乎！紱翁以旱故，且從子期喪未除，不稱觴，故有董謝之語。

余於文字，多不起草，應酬之作，寫出即忘。此亦壽序也，尤不足言，文格亦頗卑。然屬辭比事，皆清切無一氾濫語。以方北江謨觴，尚無愧也。追録存之。前日書幀時，以紙盡，自可紀者五以下腹稿已具者，皆節去，詞氣少促矣。

邸鈔：上諭：國子監司業張之洞奏重案定擬未協，請旨覈議，並聲明文武員弁功罪各摺片。據稱四川東鄉縣一案，皆由知縣孫定揚違例苛斂，以致聚衆鬧糧。又蓄意誣民爲逆，具禀請剿，實爲此案首惡。尚書恩承等審擬覆奏，不引誣告叛逆本例，而牽合告重事不實之條，擬發邊遠充軍。又删去『干係重大事情』『臨時酌量辦理』二語，實未得其關鍵等語。著刑部歸入全案覈議具奏，應行調查案卷，並著酌量咨取。所稱前綏定府知府易蔭芝、前署太平縣知縣祝士芬、總兵謝思友，辦理此案，尚知政體，宜予褒獎等情，著刑部於定案時聲明請旨。

十二日乙酉　晴，酷熱，晡後微陰。再得族弟慧叔書，言雅齋病甚，屬余亟轉請陳、姜兩君往診。即作書致仲白，仲白亦以病辭。復作片致慧叔。以碑本易聽事所懸書畫，復躬自曬之，甚苦暴烈。剃頭。閲楊氏傳第《汀鷺文鈔》。中《正祭次序備忘之記》，據《特牲》《少牢》士大夫饋食禮，以推天子諸侯之祭，證引經注，極有細心。

邸鈔：命通政司副使周瑞清臨桂，己未。爲廣東正考官，翰林院編修黄彝年商城，丙子。爲副考官。李聯芳平利，辛未。爲廣西正考官，潘寶鐄番禺，丙子。爲副考官。工部左侍郎文徵滿洲，癸亥。爲福建正考官，編修費延釐吴江，乙丑。爲副考官。兩宮皇太后懿旨：寶鋆、沈桂芬奏前撰册文，請旨更正，並請議處各摺片。據稱光緒三年六月翰林院奏，醇親王世襲罔替，册文循照舊式撰擬，詞氣究有未安。現擬於册内恭録懿旨，另行鐫刻。即著照所擬辦理。掌院學士寶鋆、前掌院學士毛昶熙，於前撰册文未能斟酌盡善，究屬疏忽，均著照例議處。聞此醇邸意也。初撰册文仍用『奉天承運，皇帝詔曰』及『咨爾醇親王』之文，光緒三年刻成齎送醇邸，醇邸謂穆宗山陵未畢，不宜受册，遂却回。至此以惠陵事竣，復齎往醇邸，受而啓讀，怒曰：『我亦須今上誥命耶！』復不受。故寶鋆懼，而請更正矣。上諭：前據軍機大臣奏請將辦事得力章京刑部郎中馮光勛註銷記名御史，仍留軍機處行走，當經降旨允准。兹據御史梁俊奏稱言官關係緊要，請飭嗣後務將得力之員保送記名後，概不准保留註銷，飭部嚴定章程等語。軍機處事務繁重，得力人員向有保留及註銷御史成案，自應仍照向章辦理。此外各衙門堂官嗣後保送御史，務當慎選其人，不得以不甚得力之員充數，保送記名後概不准保留註銷。即著吏部嚴定章程，以杜取巧。至軍機大臣保留章京，亦須慎重，毋稍冒濫。

十三日丙戌　晴，酷熱。上午詣紫泉談。將便詣陳汝翼、王可莊兩君，一爲雅齋乞診，一爲海觀族叔歸柩事也。可莊曾館於今熱河都統延君者數年，欲託可莊寫書都統謀之。而二君皆它出，因以屬紫泉轉言之。遂詣孺初小坐，午後歸。付車錢四千。

邸鈔：詔：山西未報得雨，十七日再親詣大高殿拈香，仍派王公、貝勒分禱各宫廟潭祠及覺生寺。

十四日丁亥　晨至午晴陰相間，下午酷暑，鬱溽，晡後陰，傍晚有雷雨，晚晴。得弢夫去年十月江寧所寄書，并湖北新刻《隋書經籍志史部考證》四册。作書致汝翼，致紫泉。汝翼來。子縝來。子縝邀同汝翼、竹篔、禔盦午飲宴賓齋，傍晚始歸。再得慧叔片，言雅齋病益劇，屬急請汝翼往治。余兩走書邀之，而汝翼又它出矣。得紫泉書。夜月甚清。

十五日戊子　晴陰霎靆。比日黴䵕殊甚，躬料檢藥物曝之。督僕童掃床榻。慧叔來，告雅齋以昨日酉時卒矣。雅齋名國彬，族伯父芸圃觀察之第二子，以監生入訾爲刑部主事。同治丁卯順天舉人，初補福建司主事。丁母憂，服闋，復補廣西司主事。嘗三娶婦，竟無子。年五十一，長余數月耳。其人愿而愎，不理於衆口。余與不相見者六七年。近聞其病，屢欲往視之而未果，不謂其遽死也。以喝甚，不能送其斂，遣人齎楮幣往。作書致品芳。作片致竹質。作書致子縝。夜陰，是夕望。

邸鈔：太常寺寺丞明桂升太常寺少卿。詹事府右庶子英煦轉補左庶子，司經局洗馬寶昌升右庶子。刑部郎中吉昌交軍機處記名以道府用。蔭生江孝詒以主事分部行走。

十六日己丑　昧爽密雨，至晨益甚，上午溙沛滂沱，午後少止，日出，旋復雷雨，晚又略止，旋作，終夜不絶。檐霤濕溽浸淫，床床屋漏，䨓聲雜沓，日夕怗危。閲《隋經籍志考證》。

邸鈔：編修陳寶琛升翰林院侍講。黄武賢補授雲南臨元鎮總兵。

十七日庚寅　黎明雨止，晨復雨，旋止，午微有日景，下午小雨間作。得潘紱翁書，問雨後荷花消息，此公殊有興趣，即復。是日困劣殊甚，多卧畏凉。晚坐庭際，閲顧訪谿《學（時）〔詩〕詳説》。兼綜漢宋，而多攻擊鄭箋；然涵泳經文，頗有意説得理之趣。夜又雨。

十八日辛卯　亥初三刻小暑，六月節，晴陰霎靆。

閲顧訪谿《悔過齋文集》七卷，附《劄記》數葉，《續集》七卷，附《補遺》九首。其文喜言理學，私淑桐城而以姚春木爲本師。雖邊幅窘陜，時落庸俗，而心平氣𠀤，頗多篤實之言。所作志、傳諸文，不出村師里婦，而多紀善言苦節，足爲觀法。其《與高伯平書》論寶應成心巢所著《儀禮釋宮箋》之得失，爲之辨正六事，多駁近儒之説，皆有據依。《齊必變食説》《辨志説》《春秋字義三傳異同考》，皆持論甚覈。《金縢有亳姑逸文辨》駁孫氏星衍據《史記》以『秋大孰』以下爲亳姑文之非，亦有見地。《兼祧説》折衷古今，其誼最善。此有裨於經學者也。開卷《劉向揚雄優劣論》上下篇、《唐李郭戰功爲中興第一論》上下篇，皆言所不必言，枯率無謂。《士希賢論》，亦浮游無著。《訓練沿海水師議》，亦紙上常談也。

作書致子縝，得復。敦夫、子縝來。

十九日壬辰　終日霃陰，下午小雨時作，凉甚，夜晴。付李升工食八千，杜林七千，福兒四千。雅齋首七，送燭楮錢六千。

邸（作）〔鈔〕：熱河都統延煦奏病難速痊，懇請開缺。許之。

二十日癸巳　嫩晴，多陰，下午漸熱。作書致敦夫、子縝。汝翼來。子縝來。汝翼邀至宴賓齋午飲，竹篔亦來。下午飯畢，子縝邀飲景慶堂，夜三更始歸。鍾芷汀來，傅子蓴來，俱不值。

邸鈔：以吏部左侍郎崇綺爲熱河都統。上諭：國子監司業張之洞奏四川東鄉一案，當事起兵集之時，文格批飭各營痛加剿洗，並非專指外匪吴奉山一股，而言致李有恒等，以奉札剿殺爲藉口。據稟批行，實屬粗率，不量予罪名，不足以服李有恒、孫定揚等語。著刑部歸案一併核議具奏。文格著開庫倫辦事大臣缺，來京聽候部議。

二十一日甲午　晨至午後晴，晡後陰。校《史記·貨殖傳》。是日疲甚。敦夫來。子縝來。鍾芷庭來。季士周來。剃頭。

邸鈔：以吏部右侍郎成林轉補吏部左侍郎；以户部左侍郎志和調補吏部右侍郎；以户部右侍郎

麟書轉補户部左侍郎，兼管三庫事務；以兵部左侍郎崑岡調補户部右侍郎，兼管錢法堂事務；以禮部左侍郎奎潤調補兵部左侍郎；以禮部右侍郎松森轉補禮部左侍郎，仍兼署工部左侍郎；以理藩院左侍郎桂全調補禮部右侍郎，麟書、崑岡、奎潤、松森、桂全，皆宗室。以理藩院右侍郎阿昌阿轉補理藩院左侍郎，以内閣學士鐵祺爲理藩院右侍郎。以前吉林將軍宗室奕榕賞給二等侍衛，爲庫倫辦事大臣。

二十二日乙未　晴。

邸鈔：命國子監祭酒景善滿洲，癸亥。爲四川正考官，翰林院編修許景澄嘉興，戊辰。爲副考官。華金壽天津，甲戌。爲湖南正考官，修撰曹鴻勛濰縣，丙子。爲副考官。侍講陳寶琛閩縣，戊辰。爲甘肅正考官，掌道御史周開銘益陽，乙丑。爲副考官。前順天府府尹梁肇煌補原官。周家楣丁憂。

二十三日丙申　晨陰，上午晴，晡後陰。是日中暑，困劣不食。得秦澹如四月中書，并寄來浙中新刻子書十九種，言已往衢州署金衢嚴道兵備矣。英廉署按察使，故澹翁攝其任耳。余於去年十月致書託代購《莊》《管》《文》三子，并屬轉告書局，求《太玄》善本刻之。今寄至十九種，而獨闕《莊》《文》兩子。澹如甚貧，累其清奉，既甚不安，而其書又皆夙有，得之同鷄肋也。榹桃一樹枯，更栽紫薇兩樹。又買玉簪花兩盆。作書致孺初，致姜秉初，各饋以白菊花一瓶。作書致子縝，屬其轉辭廣東鍾芷庭後日雲龢之宴。仲白來診脉。

二十四日丁酉　終日清陰，微凉，夏中極難得。而病甚，多昏睡，可惜也。得竹篔書，即復。校《史記·龜策列傳》。其衍宋元君得龜事二千五百餘言，古今奇作也。其用韵或三句或兩句，皆因其自然，多存古音，而傳寫頗有誤衍者，不能盡正也。竹篔來。夜小雨。敦夫、子縝來，已卧，不晤。二更後雨漸有聲。

二十五日戊戌　晨雨，巳後雨大作，滂沱，過晡始少止，晚晴。作書致敦夫、子縝。得敦夫書，言昨得家書，牧莊以是月六日暴患氣逆，辰刻遂卒。爲之驚愕，出涕不止。素心將盡，吾道益孤，悲哉！余之識牧莊，在丙辰、丁巳間。介孫子九以過余，借日記數册以去。嘗相質經義十餘事。識面在甲寅，然未相過從。此所謂識者，學問相知也。己未各在都，相見甚稀。庚申後别去，不相聞者數年。乙丑牧莊復入都，一再相見。而余旋出都，又不相聞者六七年。辛未余再入都，過從猶未數也。壬申以後，則日密，比年蓋無三四日之間隔者。其寓常在城東，去余居三四里，隆冬盛暑，輒徒步來過，雖溽雨冰雪不少止。來輒盡日至夜，商榷疑義，綜涉四部。常苦日之不足，深夜必反其所居。或泥淖没髁，嚴霜載涂，余欲止之宿，或爲具車，必力辭。去年嘗謂余曰：『比不解何故，一二日不來，則心爲之不寧也。』至秋以病歸。今春聞其稍愈，余方日望其復來，而竟永訣矣！其學以邃密爲主，絶不爲外襮，喜搜抉隱義，鉤校散逸，尤喜《説文》。聚書甚夥。又好掌故之學，綴輯無間。余於學散而無紀，健忘而無恒，牧莊獨篤好之。余每著一文字，輒能循其始終，道其甘苦。嘗曰：『近百年來，本末鉅細，無不臻極者，君一人而已。』其言偏嗜過情，固萬非余之所敢當。然實能知余之所得者，君之外固無人也。而今何言哉！余之一生，交游甚稀，而静念三十年來，戚好遠近間，凡有相知愛者，無不先就零落，甚者或夭絶亡後，其家爲虚。每清夜思之，悲慘交集，蓋不獨天倫骨肉之間痛心之甚也。烏虖！莊子所謂『人之小人，天之君子』者，何至於余，而并所親愛者，亦均爲天之小人歟！

邸鈔：翰林院編修解煜授浙江衢州府知府。工部候補郎中吴重憙選河南陳州府知府。江西巡撫李文敏奏甄别庸劣不職各員。江西補用知府王家賓、試用通判蔡敏春、萍鄉縣知縣方鉞、宛平，舉人。前署上饒縣事候補知縣楊葆宸等均請即行革職。上猶縣知縣晏温、湖口縣知縣殷禮均請以府經歷縣丞降補。雩都縣知縣陳翔墀福建，進士。請以教職銓選。從之。

二十六日己亥　晴溽酷暑，鬱悶異常。作書致敦夫，以牧莊所寄《三禮通釋》八函，屬其收入遺笥，將還其家。敦夫，牧莊之婦弟也。牧莊有書數篋，尚留都中，皆節衣縮食，辛苦得之。平日屢與余言，恨所蓄之不備，而不知心血已盡矣。蠹魚未化，明膏自煎，窮精敝神，究何爲哉！

邸鈔：詔：近日迭獲甘澍，郊原沾足。山西亦奏報省城於本月初九日得雨四五寸。仰荷昊慈，實深寅感。六月初一日親詣大高殿敬謹報謝，分派諸王、貝勒詣覺生寺及諸宫廟潭祠，同申報謝，均先期齋宿。大高殿、覺生寺即行徹壇。山西得雨尚未深透。大光明殿供奉邯鄲縣龍神廟鐵牌，已昭靈應，著順天府派員恭送至山西省城，並發去大藏香十枝，交曾國荃祇領，敬謹祈禱。

二十七日庚子　微晴，多陰，稍覺涼爽。始食西瓜。作書致敦夫、子縝。得敦夫復。爲竹篔擬策問一道，即作書致之，得復。鄧鐵香來。子縝來。是日初伏，晚用故事作湯餠食之。夜雨，一更後大雨，有雷，終夜雨聲不絶。

邸鈔：上諭：御史孔憲瑴奏碩輔不宜遠離，請收回崇綺外補成命一摺。國家用人，内外並重。熱河素稱繁劇，治理需人，特簡崇綺爲都統。該御史謂使之效用邊隅，甚爲可惜，殊未悉朝廷用人之意。至所稱請置左右，俾資啓沃，是欲使崇綺在毓慶宫行走，豈臣下所宜妄預？且前此崇綺任京職時，該御史何以不言？所奏殊屬冒昧，著不准行。憲瑴疏稱，正人不可遠離，聖德宜資碩輔。同治初元皇太后聽政，召倭仁於遠方，起翁心存於病籍，濟濟師師，一時稱盛。所以光輔毅皇帝十三年隆平之治，未必不在於此。方今老成凋謝，如崇綺之忠鯁亮直，亟宜留以自輔。可否仍令以京秩待用？並請置諸皇帝左右，俾資啓沃。未嘗指崇綺爲碩輔，亦未嘗請置之毓慶宫也。上諭：御史孔憲瑴奏捐納指省，弊難枚舉，請旨停止。著户部議奏。上諭：都察院奏福建職婦林戴氏，以伊子林文明被殺冤抑，京控三次，延不訊結。該氏之姪林文鸞，以伊父奠國、伊兄萬得均被羅織等詞，赴該衙門呈訴。此案於同治十年七月，光緒二年正月、三年十月，迭經降旨，何以日久尚未奏結？實屬延玩。著閩浙總督、福建巡撫親提研訊，務得確情，迅速具奏，並將林文鸞所控情節，一併訊結，毋再遲延。工科給事中張觀準轉補户科掌印給事中。

二十八日辛丑　晴，暑復熾。印結局送來是月公費銀六十七兩四錢。

邸鈔：上諭：前據李瀚章、邵亨豫、羅大春聯銜奏稱，常德地方緊要，請添設練勇一營，以資鎮守。當經諭令，以該省現無緊要軍務，勇營足資彈壓，所請添設練勇之處，著不准行。兹據羅大春奏兵單添練，並湘省營政疲敝，一時難期整頓各一摺，詳加披覽，率係粉飾空言，豪無實際。如所稱於常、辰七協營内加添練兵五百名，其原營所出底缺，挑選精壯餘丁充補，以供原營差操。加練之兵，一年期滿，發回原營差遣，仍挑選精壯兵丁，更换訓練。不數年間，全標皆成勁旅等語。該省標、協各營，多係該提督所轄，儘可就現有額兵，隨時認真訓練，何以必欲設立加練名目，張大其詞，以爲開支餉項地步？且兵之强弱，在乎將得其人，豈一經該提督訓練之後，即令换歸原標，仍食原餉，便可永成勁旅耶？至謂邵亨豫前奏，以練勇爲題，並非撫臣初意，係該提督公同酌議等語，以練兵而食勇糧，是欲借整頓緑營之名，而收招募勇營之利，尤屬膽大取巧。且此次兵單添練一摺，輒敢單銜具陳，將督撫會銜於後，更與定制不符。湖南提督羅大春所請加添練兵，仍著不准行，並交部議處，以示儆儆。

二十九日壬寅小盡　晴。作書致敦夫，得復。作書致紫泉。紫泉來。敦夫來。族叔海觀之妾王及其子來。

邸鈔：以盛京刑部侍郎銘安爲吉林將軍。上諭：閻敬銘奏奉使大臣過境擾累殊甚，據實直陳一摺。據稱恩承、童華上年奉使四川，行至山西境内，每處酒席門包及各項支應，一日之費，官供民派，需銀千數百兩。聞其行至陝西漢中，諸更加厲。復據華州民人呈訴，恩承等過該州時，所用視過晉境尤加。並聞恩承等家丁在華陰縣有需索雜費鬧至縣署之事。謹將恩承等經過山西安邑縣及陝西華州支應各項開單呈覽等語。大員奉命出差，沿途經過地方，豈容絲豪擾累？况山、陝正在辦賑，尤當體恤灾區。乃恩承等並不約束，家丁需索情事豪無覺察，咎實難辭。恩承、童華均著交部嚴加議處。

六月癸卯朔　微陰，間晴。得敦夫書，即復。得竹篔書，即復，以《説文釋例》借之。再得竹篔書，言明日即行。閲《易漢學》。夜雲合欲雨，旋大風，即星見。剃頭。

邸鈔：以刑部右侍郎啓秀調補盛京刑部侍郎，以工部左侍郎文澂調補刑部右侍郎，以内閣學士師曾爲工部左侍郎。詔：曾國荃奏稱，五月初八九日，山西得雨者七十七州縣，榆次等八州縣業已深透。十四等日，太原等三十七州縣續沾膏澤。二十三等日，省城大雨滂沱。可望遠近普沾，毋庸再申祈禱。覽奏深慰。邯鄲縣龍神，再加封靈應昭佑宏濟永澤聖井龍神，即著順天府委員恭送鐵牌至邯鄲縣龍神廟，毋庸送往山西省城。

初二日甲辰　晨陰，上午晴陰相間，午晴，下午小雨時作，晚晴。鍾西筠來，方早食，不見，以梁九圖畫蘭册乞題。上午詣敦夫談，頃許歸。雅齋開吊，送奠分八千。晚敦夫、子縝來，邀同禔盦宴賓齋夜飯，一更後邀諸君飲霞芬家，四更後歸。付酒賞錢五十千，車錢六千。

邸鈔：上諭：恭鏜奏續查烏魯木齊等處殉難員弁一摺。同治三年間，新疆回匪竄陷各城，庫爾喀喇烏蘇領隊大臣文永，赴援庫車，沿途轉戰陣亡，最爲慘烈，著交部從優議恤。都司張維昶等六十三員，或接仗陣亡，或不屈自盡，均堪憫惻，著一併從優議恤。

初三日乙巳　晴，晡後微陰，酷暑。閲《易漢學》。鄧鐵香來，方晚食，不見。夜讀《史記》。賣花庸忽病暍於道欲死，予以藥及錢三千。又付紫薇、石榴、玉簪等錢十一千。童奴福兒夜盗佩表去，詭呼有賊破窗入，窮詰得之，因罷庸，予以錢三千。

初四日丙午　陰，時有小雨。讀《史記》。夜大雨，徹曉不絶。四更後聞西箱壞檐聲，懼不敢寐。付司馬廚人酒饌錢三十八千。

邸鈔：右春坊右庶子鍾駿聲轉補左春坊左庶子，以翰林院侍讀朱逌然爲右庶子。

初五日丁未　申初初刻十一分大暑，六月中。晨雨，至巳稍止，傍午有日景，下午晴，微陰。比日疲甚，喜卧。都下入伏，始黴變。余素有濕疾，兼以凉暍不時，中虚多感，積滯重膇，飲食多廢，今日尤甚，幾不能讀書。豈老之將至，生氣先盡邪？然不可不自振也。晡後力疾坐庭下讀《易》。

初六日戊申　晨及午後晴陰埃皚，傍晚雨，有雷，旋止，溽暑非常。比日覺感沴不適，讀書多惛忘，今日閲《論衡》以自遣。剃頭。禔盦及鍾芷汀約今晚設霞芬家，爲敦夫、子縝、汝翼及陸漁笙作夢局，雨後力疾男赴之。肴饌甚精，而鬱熱不可耐，夜四更時歸。付車飯等錢三十五千。

邸鈔：國子監司業文興升補内閣侍讀學士。皆蒙古缺。右中允春溥升補司經局洗馬。

初七日己酉　晴，酷暑，晡後微陰。感凉不快，風火内發，咽痛，大嗽。得紱丈書，即復。再得紱丈書。付齡兒工食四千，以是日起庸。

邸鈔：以前工部尚書賀壽慈爲都察院左副都御史。上諭：前據丁寶楨遵查雲南提督胡中和等催糧遣勇，意存見好等情，當經降旨照辦。嗣據劉長佑奏該提督等遞呈咨稟，各稱屈抑，請再飭查，復經諭令恩承、童華確查具奏。茲據奏稱，胡中和勇營尚無潰散情事，因四川協餉未解，無從墊發，遂咨請將楚勇兩營裁徹。其發給兩月全餉藉充經費，仍係補還舊欠，並非另給行糧，含混支領。前任雲南鹽法道沈壽榕，查無與魏鼎勳等私事干求、親密太甚各情，亦無聲名平常實據等語。胡中和著賞還黄馬褂、勇號。沈壽榕著仍以道員留於雲南補用，毋庸送部引見。已革知府魏鼎勳、已革知州李光舒，仍著該督撫隨時察看，如果始終奮勉，再行酌量奏請開復。

初八日庚戌　中伏。晴，晡後微陰，酷暑不可堪。身熱嗽甚，不食。得紱丈書，即復。作書致子縝。

比日讀顧惟康《學詩詳説》。其書雖自稱不專漢、宋，然實墨守《集傳》，攻擊『鄭箋』。於鄭間有取者，而不敢直言其是。於朱亦有一二異者，而不敢顯言其非。蓋嘉興守張楊園、陸三魚之學者，惟恐以一語背朱爲得罪聖門，猶不出學究之見。觀其札記中稱一吴下少年著《止敬編》，其學於顯處都已勘透，微處都已加功。然其人余曾識之，乃一聲氣之士，好言經濟，於學實全無所解。惟康所言，尚在余識之者十年以前，而推許等之聖人，則其識卑可知矣。其説《詩》所采諸書，頗亦不陋，亦間涉考據。然止獺祭諸家，擇其文從字順有當於私臆者，以爲折衷。自詡實事求是，以意逆志，而於恉趣之博、制度之精、名物之賾，皆未能探討。於治亂升降、風會政事之大，四始六義微言之緒，及漢儒專門授受之業，尤所未知。故其論《小序》，亦出入依違，忽疑忽信。雖如《鄭風》，亦不敢斥爲淫詩。而終横一朱子之辯説於胸，謂《序》所指刺忽者不可盡據，其它無論矣！惟其涵文會意，亦頗有得於經恉，尤甚便於初學，不可廢也。

初九日辛亥　晴，微陰，酷暑。始以瓜薦先。得子縝書。鍾西筠來，辭以疾。庚午同年來，告十二日才盛館張樂公宴安徽巡撫裕禄，其弟編修裕德，庚午舉人也，故宴之。余亦辭以疾。京官貧不自存，逢一外吏入都，皆考論年世鄉誼，曲計攀援，先往投謁，繼以宴樂，冀獲微潤。彼外吏者，少分其朘削所得，以百之一輦致權要，粲其豪末，遍散部院諸司，人得錙銖，以爲慶幸。於是益冥搜廣詢，得一因緣，動色相告，趨之若鶩。百餘年來，已成故事。近日訾郎多於蟣虱，窮不聊生，膻附腥鑽，其卑彌甚。彼外吏者，益偃蹇倨侮，凡同鄉同年之乏聲氣者，輒拒不見，亦不答拜，至有涓滴不及者。余深惡其事，前後官京師十餘年，從不投此曹一刺，即來拜者，亦不答之，非以矯枉鳴高也。冗官末秩，即大聲疾呼，户到爲説，人孰從而問之？惟區區之心，廉耻不能盡喪。故自行吾意，以存幾希。而彼之過我者，以車馬之便，隨例遍拜，其意亦本不知有我。我即不答，彼亦不知。故假杜門之辭，以省僦車之費，不夷不惠，爲拙爲工，豈思表蓬稞以孤麻，堙江河於一掌哉！晚始飯。夜熱如焚，不得瞑。付麥粉錢四十六千四百文，王媪工食錢十四千，楊媪工食銀二兩。

邸鈔：上諭：翰林院侍讀學士寶廷奏獲咎大員聲名甚劣，請旨開缺另簡一摺。賀壽慈前因與商人李鍾銘往來一案，降三級調用。都察院左副都御史一缺，吏部開列在前，是以補授。該副都御史既未孚衆望，年力亦究就衰，著即行開缺。至所奏賀壽慈復用，係樞臣之意。賀壽慈回奏不實，則爲欺罔；恭演龍輴車順道購書，則爲大不敬。樞臣擬旨，不曰欺罔，不曰大不敬，而渾其詞曰殊屬非是。及都察院、刑部定案，竟免置議等語。朕沖齡踐阼，恭奉兩宮皇太后垂簾訓政，軍機大臣於承旨時仰蒙垂詢，建言獻替，亦職所當爲。賀壽慈覆奏各節，與初次回奏不符，業已有旨宣示。至恭演龍輴車順道購書，固屬不應，豈能即加以大不敬之罪？都察院會同刑部覆奏此案，聲明李鍾銘與賀壽慈交易往來，訊無干預公事情弊，應否免議，請旨定奪。當以賀壽慈業經降調，降旨免其再行置議，並非軍機大臣爲賀壽慈開脱處分也。惟綫務甚煩，關係至重，軍機大臣承書諭旨，嗣後務當益加勤慎，毋得稍有疏忽。上諭：御史鄧慶麟奏風聞有因案參革之内務府銀庫郎中連蔭，賄屬庫掌薩隆阿代謀庫缺，饋送署理印鑰大臣安興阿銀四千兩，即點該員擬正。安興阿所管各處，遇有行領事件，伊子福森布、門丁馮姓暗向承辦之人任意勒索。又郎中廣善、員外郎寶勳、庫掌薩隆阿，往來干預公事。今春廣善、寶勳私饋安興阿騾頭銀兩，即准廣善臨差告假，派寶勳補廣善出圍之差。又有軍功應補驍騎校四次之人，因安興阿不准挑補，當堂跪喊負屈，請旨飭查等語。著派廣壽、潘祖蔭確切查明，據實具奏，不得稍有徇隱。上諭：御史梁俊奏提臣奏事獲咎，請將會銜督撫一併議處一摺。據稱湖南提督羅大春奏兵單添練摺，奉旨交部議處，而李瀚章、邵亨豫曾經會銜，請一併議處等語。前次羅大春摺尾有會同李瀚章、邵亨豫銜名。該提督是否與該督撫商明定稿，抑係出奏在先，會稿在後，著李瀚章、邵亨豫據實覆奏。至現在各省留防勇營尚多，未免虛糜餉項，著各該督撫懔遵迭次諭旨，體察情形，分別裁徹歸併，毋得稍涉瞻徇，藉詞延宕。俊疏言各省督撫，惟李瀚章不洽輿論，其節制兩湖最久，於歷奉裁併勇營之諭置若罔聞，坐視湘省營政疲敝，且與撫臣始終附和羅大春，張大其詞，以爲開支餉項地步，其罪固不在羅大春下也。若僅將羅大春一人議處，恐李瀚章等自恃恩眷隆重，更無忌憚云云。亦天下之公言也。

初十日壬子　晴，酷暑，午微陰，有風，旋止。鍾芷汀邀飲龍樹寺，聞其設饌甚豐，其意亦甚誠，且已三次見招矣。以余喜眺望、樂閑静，特置廚於此。然疾未愈，不敢往，而心甚愧之。作書致謝，并致書子縝屬代道意。閱顧訪谿《學詩詳説》。孺初來，言近日又舉一子。付箋札錢九千七百。

十一日癸丑　晨陰，旋小雨，上午後大雨屢作，頓凉，可袷衣，晚晴。鍾芷汀來，方飢甚，待食炁粥，不見。敦夫來。子縝來。姜仲白來。比日疾，因内熱感凉而發，體羸中虚，遂肺胃交病，因食西瓜及荷葉蓮子粥以疏導之，少覺清爽，勝於服藥也。今日屬仲白診脉。

邸鈔：上諭：刑部奏遵議四川東鄉縣案内罪名一摺。此案袁廷蛟引賊劫掠罪犯應斬。惟起衅鬧糧仇鬥，並非叛逆，衆寨民自非逆黨。已革知縣孫定楊誣袁廷蛟爲叛逆，致兵勇妄殺寨民數百命。已革提督李有恒奉札剿辦，並不確查袁廷蛟所在，妄殺寨民數百，實與疑賊逞忿故殺無異。孫定楊、李有恒均著斬監候，秋後處决。知府張裕康、冉正杓始則禀請加捐，繼復慫恿請兵，敗壞撫局，非尋常妄預官事可比，均著革職發往新疆充當苦差，永遠不准釋回。張裕康避不到案，著四川總督嚴飭緝獲。提督劉道宗、王照南、雷玉春隨同李有恒會攻寨硐，縱軍殺掠，草率冒功，均著革職發往黑龍江充當苦差。總兵劉楚華隨同攻剿，任兵勇焚掠，亦難辭咎，著革職發往軍臺效力贖罪。眉批：十一月十五日左宗棠奏劉楚華統帶律武全軍，防守漢南有年，深得兵民之心。現在防務緊要，請留防暫緩赴戍。詔：劉楚華准其繳清索費銀兩，免其赴戍，在防效力，以贖前愆。知府王元晉、知縣國瀚襄辦此案，始終瞻徇，不據實禀覆，實屬溺職，均著即行革職。監生李開邦、吴芳體勒抽斗釐，釀成巨案；貢生向若璠屢次索詐，擾累平人。該犯等均充團首，挾嫌慫恿發兵，實爲釀事之尤，均著革去貢監，發極邊足四千里充軍，永遠不准釋回，並毋庸查辦。留養游擊方榮升搜捕袁廷蛟，將僧普集迭責受傷，致服毒斃命，著革職發往軍臺效力贖罪。辦理此案之前，護理總督文格函札内曾有『痛加剿洗』一語，且既經總兵謝思友禀報，查無叛逆情形，文格並不飭令會辦，仍行檄調回省，實屬辦理粗草。總督丁寶楨擬罪輕縱，曾面諭兩司將原詳内『李有恒輕視民命』等語删去。迨經覆查，又不悉心斟酌，實屬始終偏執。前兩江總督李宗羲，於雷公、鳳頭二寨律武營籌辦情形，未能分析敘明，亦屬疏忽。文格、丁寶楨、李宗羲著交部分别議處。恩承等原議罪名不符，惟請飭部詳核，未經定案，著免其議處。至司業張之洞請奬各員，前綏定府知府易蔭芝，前後各禀請撫請兵，迄無定見，辦理亦屬游移，業經降爲通判，著毋庸議。署太平縣知縣祝士棻、總兵謝思友，據實稟報，亦屬分所當爲，均著毋庸置議。李有恒、孫定楊俱於六年秋審勾決。

上諭：翰林院編修何金壽奏瀝陳時弊，請分別查飭一摺。詳加披覽，大率以中外臣工瞻徇情面，非止一端。所奏自爲破除積習起見。朝廷總理庶政，一秉大公，内而部院堂官，外而封疆大吏，皆素所信任，遇有陳奏事件，情形顯然者，自應隨時駁斥，若必事事逆億，過於吹求，亦非政體。何金壽所奏各節，或應查辦，或毋庸議，不可不明白宣示。倉場侍郎畢道遠失察虧短倉米，經該部議以分賠，並照防範不嚴例降一級留任，係屬照例辦理。該編修所稱僅議薄罰俸三月，自係傳聞之誤。東華門外北池子匪徒搶劫一案，經刑部審結，將案内各犯分別發遣，惟首犯李一子尚未弋獲，著步軍統領衙門、順天府、五城御史一體嚴拏，毋任漏網。尚書廣壽宅内被盜傷人案犯未獲，業經步軍統領衙門將翼尉等奏請議處，仍著勒限嚴緝，並將捕務實力整頓，以靖地方。刑部員外郎朱蔭穀，因承審劉金華案牽涉被控，特派毛昶熙等會同刑部訊明，並無藉端恐嚇等情，業經照請撤去差使，予以處分，並非竟不參處。御史鄧慶麟被控爲絞犯詹啓綸營脱罪名，詹啓綸業經勾決，著刑部將鄧慶麟被控之案，即行查議奏結。兵馬司指揮韓士俊，未據該堂官奏參，如果貪鄙妄爲，豈可稍事姑容？著都察院堂官查明，據實參奏。王海係屬商人，非賤役可比，因承辦陵工，著有微勞，歷有保獎成案，不爲濫保。至各衙門當差人員，但當考其勤惰。大員子弟固不當徇情，如果差使奮勉，亦應一體獎勵，若不准列保，亦不足以昭平允。道員胡光鏞因左宗棠奏稱該員購辦西征軍火、籌運餉項勞績，與前敵無異，是以賞穿黃馬褂。此次沈葆楨等及周恒祺先後奏稱知府李金墉及胡光鏞等辦賑出力，自爲鼓勵起見。惟沈葆楨等請將李金墉送部引見，係照胡光墉所稟入告，現經吏部查明，核與定章不符，請旨更正，並請將胡光鏞、沈葆楨議處，業經照准。福建職婦林戴氏以伊子林文明被殺冤抑，京控三次，前月又遣抱赴都察院呈訴。此案時逾八年之久，延不奏結，殊屬不成事體，著勒限三個月，責成該省督撫將此案秉公訊結。如仍前泄沓，逾限不能結案，必將該督撫予以處分。上年御史唐樹楠奏湖南各屬莠民滋事，未能認真整頓，當派李瀚章前往查辦。旋據奏稱，湖南通省地方現均綏靖，邵亨豫迭次辦匪，尚無貽誤。至湖南提督羅大春所奏兵單添練一摺，係於折尾會李瀚章、邵亨豫之銜，昨已有旨詢問。該督撫俟覆奏到日，再行辦理。前因叛將李揚才呈訴廣州將軍等文有撫道挾詐之語，當令劉坤一查奏。嗣據覆奏，該逆因楊重雅不肯奏留西省，所稱挾詐，係屬虛誣。是李揚才之叛，不得謂爲楊重雅激變。馮子材督軍剿賊，迭克者巖等處賊巢，並將李揚才家屬拏獲，辦理尚屬得手。該編修所稱劉坤一不將巡撫、提督參劾，實於辦理情形未能深悉。雲南提督胡中和被參之案，現經恩承等查明，該提督並無含混支領勇糧情事，業賞還黄馬褂、勇號，毋庸置議。雲南東川府知府孔昭鈖被戕一案，經前任巡撫岑毓英審明，將楊汝楫奏請治罪，楊玉科並無同謀情弊，業於同治十三年二月奉旨照刑部所議辦理，案結多年，毋庸再議。至所稱楊玉科以重金交通京官，爲之游説，竟得免於彈奏，安然赴任。究竟交通者何人，著何金壽指實覆奏。提督王照南，係四川東鄉案内應行治罪之員。本日據刑部奏擬，發往黑龍江充當苦差。著丁寶楨於奉到諭旨後，迅速解往。浙江衢州鎮總兵喻俊明，駐劄衢州，自有職守。何以梅啓照派令兼統杭嘉湖水師？是否必須該員統帶，抑或另行派員接統，著該撫酌度情形，奏明辦理。至所稱各部院堂官派差保舉、各省督撫委差委缺，大半皆徇情面；吏部於議敘保案不敢執奏，議處事件避重就輕；刑部於讞獄議罪，出入任情；都察院坐視欺蒙，不知糾劾；内外大臣於覆奏查辦事件，欺罔彌縫等語。該堂官及督撫等皆受國厚恩，膺兹重任，其中實心任事、守正不阿者，固不乏人，而瞻徇私情者，亦在所難免。嗣後務當力除積習，秉公任使，毋得稍有欺飾。軍機大臣贊畫樞務，亦宜認真察核，宏濟艱難，用副諄諄訓誡至意。國家廣開言路，原期裨補闕失，若捃摭歷年已定之案，雜以傳聞失據之辭，率臆呈奏，適足以淆朝廷之觀聽。嗣後言事諸臣，務當於重要事件，有關國計民生者，盡言獻替，不得毛舉細故，信口詆諆，致開攻訐之漸。懍之慎之。金壽疏大略謂：五月十八日上諭訓誡各督撫破除情面，而近日内外大臣，量能授任、爲事擇人者，百中之一；循資格者，十中之二三；徇權貴之情面，與自己之情面者，十中之七八；其能略存公道，不甚徇私者，數人而已。謹就事迹顯著者約略言之。其最切要者，如云工頭王海屢年承辦大工，頓成不貲之富，保至三品。以瑣瑣工匠，既獲横財，又膺爵賞，不亦褻名器乎！保奏大臣何以不加察核駁斥？襄辦典禮諸保舉，何以多大員子弟？果皆人才乎？抑皆情面乎？諸臣反己自思，當自喻之，無待臣之指摘也。上海局員候補道胡光墉，本一錢商市儈，累保至二品銜、黄馬褂，不過以重利借貸西餉。其實他人爲之，尚可省利銀數十萬，何功之有！福建林文明誣判被殺一案，衆口稱冤，乃京控多次，時逾八年，不爲奏結，明係冤情顯著，欲斥其曲而不能，欲伸其直而不敢，專待林文明老母速死而已。廣西叛將李揚才，因楊重雅政令不公，激變出關，提督馮子材剿辦無功，部勇多潰降於李揚才，何以兩廣總督劉坤一不將巡撫、提督露意參劾？所言皆出人心之公。至其言南新倉虧米至九萬石，何以倉場總督不行查參？聾聵徇庇如此，事發後何以僅議薄罰？三月内東華門外北池子匪徒百餘，白晝搶掠，密邇宫禁，至今首犯未得。在廷諸臣豈遂忘教匪林清之事乎？本以『僅議薄罰』爲句，意以降留爲薄罰也，『三月』以下自爲句，而樞府誤讀爲『薄罰三月』，後金壽覆奏中附辨其事，遂爲笑柄矣。

上諭：吏部奏遵議大員處分一摺。恩承、童華以特派查辦事件大員，未能屏絶供應，致有失察家人需索情事，僅照部議予以降三級留任處分，尚不足以示懲儆。禮部尚書恩承、都察院左都御史童華，均著改爲革職留任。本日御史鄧承修奏恩承等被劾嚴議，有關政體，敬陳管見一摺。朝廷賞罰，總期功過分明，豈有中外之别？使臣既有應得之咎，何能曲爲寬宥？該御史奏稱須俟覆命之日，始行究辦，亦非政體所宜，著毋庸議。承修疏略云：近來查辦事件有關督撫者，率皆敷衍了事。恩承等查辦東鄉數年之巨案、百姓之奇冤，一旦平反，雖於國家有裨，而於奸人斂怨必多。今言者不察，以小民一紙之呈訴，摭以入告朝廷，未加詰問，便蒙罪責。彈壓臣如撼山，參廷臣如拉朽。臣恐自此以後，使臣習爲畏阻，遇事務相徇隱。疆吏知其易動，妄生揣測，輕量朝廷，長其驕蹇恣肆之心，馴至内輕外重之勢。臣之區區，實在於此。其言甚切。

上諭：户部奏遵議曾國荃請展緩停捐一摺，所籌甚是。本年停止捐輸，原爲澄清吏治起見。曾國荃因振撫需款，懇將京職光禄寺署正以下，外省同知、通判等官捐例展緩半年，亦屬萬不得已。爲此統籌兼顧之計，但既經停捐，未便照請施行。惟念山西頻年灾重情形，實爲近今所未有，現在得雨深透，補種秋稼，可望有收，而一切賑撫事宜，尚難稍緩。豈因小民稍有生機，遂不力圖振濟？著照部議，於部庫撥銀二十萬兩，即由該撫迅速派員赴京領回，以資應用。再撥山東省地丁銀三萬兩，安徽、江西兩省釐金銀各三萬兩，湖北省釐金、鹽釐銀各二萬兩，湖南省釐金銀二萬兩，四川省鹽釐津貼銀三萬兩，浙江、廣東、福建、江蘇四省欠解山西餉項各提銀三萬兩，共銀三十萬兩，即著各該督撫迅籌解濟，不准稍有遲緩。上諭：春福等奏蒙古捐輸請仍照案辦理一摺。蒙古捐輸，雖係請賞翎頂虛銜，與捐納實職者不同，惟現在業經停捐，所有蒙古捐輸，自應一律停止。春福等所請，著毋庸議。上諭：恒訓、丁寶楨奏署提臣因病出缺，請旨優恤一摺。署四川提督、重慶鎮總兵、世襲一等子聯昌，前在河標副將任内剿辦粤匪，卓著戰功，歷任總兵，辦理防剿，不遺餘力。自署理提督以來，潔己整躬，兵民稱頌。兹以舊傷時發，因病身故，殊堪憫惻。著交部從優議恤，並將戰功事迹宣付史館。伊孫振格，俟及歲時帶領引見。上諭：丁寶楨奏請飭催四川提督宋慶到任及簡放總兵各摺片。宋慶現在河南軍營，著即馳赴四川提督本任，以重職守。未到任以前，著劉寶國署理。四川重慶鎮總兵，著田在田補授。七月間涂宗瀛奏請宋慶暫留河南辦理操防，俟接統有人，即赴本任。許之。陝西學政、詹事府左贊善陳翼奏請因病開缺，編修樊恭煦仁和，辛未。爲陝西學政。

十二日甲寅　晴，下午微陰，有雷，旋止。今日山谷先生生日，以果茗祭之，左以膽瓶插荷花，右以鴨鑪焚柏子香，設牧莊位於旁。作書約敦夫、子縝、汝翼諸君來共小集，汝翼不至。朱蓉生來。作書致姜仲白取方，得復。有鄉人章炳來，言自河南赴京兆試者。得紱丈書。仲白來，下午戲擲采選格數周，晚坐庭下小飲，二鼓時散。微凉，有佳月。

邸鈔：命兵部右侍郎烏拉喜崇阿滿洲，丙辰。爲浙江正考官，翰林院編修惲彦彬陽湖，辛未。爲副考官。右春坊右中允汪鳴鑾錢唐，乙丑。爲江西正考官，編修吴樹梅歷城，丙子。爲副考官。陸繼煇太倉，辛未。爲湖北正考官，趙爾巽漢軍，甲戌。爲副考官。上諭：何景梅、啓照奏遵查浙江湖州府知府景隆，辦事尚屬勤慎，惟於煩要之區，不甚相宜。著開缺留於浙江，遇有相當中簡缺出，酌量補用。刑部郎中桂斌授浙江湖州府知府。

十三日乙卯　晴，比日咳嗽未愈，昨夜舊疾忽又連動，憊甚，多卧。閲《管子》。前日雨中西室檐壞，墻一堵傾，今日聽事窗壁又圮。夜凉，月甚清。

邸鈔：上諭：編修何金壽覆奏楊玉科以重貲開設雲豐泰銀號。該總兵以邊省之人，遠來京城，安一匯號，又以數萬金交商人李鍾銘書鋪，結交拜盟，往來親昵。又與禮部主事高蔚光認作親戚，恣其揮霍，委曲結納，皆重金交通之明證等語。著刑部將高蔚光、李鍾銘等傳訊，務得確情，據實具奏。至所奏孔昭鈖以拏匪被戕，楊玉科、楊汝楫戕殺四品大員，凶悖已極，楊玉科即非主使，亦係知情等語。此案前已辦結，該編修所稱應否查辦之處，著刑部此次訊明具奏，聲明請旨。

十四日丙辰　晴，下午遠聞雷聲。讀《管子》。兩得紱丈書，即復。作書致季士周，付賃屋銀九兩，催修墻屋。夜月甚佳，頗凉，五更有雨。

十五日丁巳　晴，復蒸溽，晚陰有雷，夜大雨，旋止，月出，未幾暴雨更甚，而月如故，三更後晴。是夕望。剃頭。袁爽秋來。

十六日戊午　晴陰相間。節孝張太太生日，供素饌十器，菜羹一，新蓮子湯一，西瓜兩盤，桃子、柰子各一盤，饅頭、麵各一盤，晡後畢事，焚楮泉。陸漁笙招飲福興居，辭之。晚浴。

邸鈔：上諭：丁寶楨奏查明道員操行貪劣，辦事蒙混，請旨革職一摺。四川鹽茶道蔡逢年，身任監司，既有索取鹽釐解費及局員規禮，並著親故勒索幫費情事。采辦貢緞被人呈告，該道輒敢向該督索回遞呈之人，辦理鹽務，於改配、改帶、發引各事，又有蒙混情弊。實屬貪劣不職。蔡逢年著即革職。其承辦引張，如查有不實不盡，再行從嚴參辦。吏部郎中崧蕃授四川鹽茶道。福州將軍慶春奏病難速痊，懇請開缺。許之。

十七日己未　晴。作書致伯寅尚書，爲牧莊賻事也。牧莊嘗館瑞邸，授貝勒載漪讀者十餘年。貝勒本惇親王子，瑞敏郡王無嗣，以貝勒爲後。敏郡王之福晉，文露軒侍郎文蔚女，今吏部侍郎志春圃志和之姊也。牧莊去館後，貝勒猶月致脩脯，至今年三月始止。今牧莊既卒，不可以不告，而其家不具訃。余曾語敦夫屬甬人張家驤學士轉告貝勒，以學士與牧莊乙卯同年，方直毓慶宮，與貝勒内廷相習也。而學士言牧莊未嘗仞同年，固不肯；且言嘗屢詣之，不一答，意若甚近愠者。余因念尚書與志侍郎同年也，故以乞尚書輾轉致之，且爲求賻。得尚書復，許爲之言。君子哉！作書致紫泉。蓴庭來，送去年其從兄墓志潤筆銀四十兩。得禔盦書，言游十刹海，歸饋荷花、蓮蓬及藕，即復謝。

邸鈔：以察哈爾都統穆圖善爲福州將軍。以密雲副都統景豐爲察哈爾都統。上諭：翰林院侍講王先謙奏言路宜防流弊，請旨飭諭，以肅政體一摺。國家廣開言路，遇有陳奏事件，無不采擇施行，原期廣益集思，有裨政治。近來言事諸臣，雖頗有攙赴陳奏者，念其遇事敢言，亦無不虚懷聽納，分别辦理。第恐無識之人，以朝廷從諫如流，遂至逞其私見，率意上陳，必至是非淆亂，漸開攻訐之端，甚至此唱彼和，議論紛騰，亦恐啓黨援之漸，於風俗人心，大有關係。乾隆八年，因給事中鄒一桂奏發交部議事件，科道不待部覆，攙越瀆陳，徒兹煩擾。欽奉諭旨，自宜永遠遵守。嗣後言事諸臣，於政事闕失、民生利病，仍當各抒所見，剴切敷陳。至交部議奏之事，不得率爾攙越陳奏，更不得以雷同附和之詞，相率瀆陳，致滋流弊，用副實事求是之至意。

十八日庚申　晴，間陰，酷暑不可當。作書致禔盦、敦夫、子縝、汝翼、紫泉，約二十一日同集寓齋，作歐陽文忠公生日，爲紫泉餞行。姬侍輩亦治具，邀汝翼、禔盦、子縝諸姬。得禔盦、汝翼、紫泉、子縝復。讀《管子》。夜月殊佳，而熱灼甚，不能熟寐。五更陰。付李升是月工食錢八千，杜林工食七千。

邸鈔：以前杭州副都統濟禄爲密雲副都統。貴州候補道羅應旒發往直隸，交李鴻章差遣委用。户部郎中秦煥授廣西桂林府遺缺知府。翰林院侍講何如璋轉補侍讀，左春坊左中允張鵬翼升侍講。掌雲南道御史樓譽普升刑科給事中。掌京畿道御史胡聘之升工科給事中。刑部郎中奎良交軍機處記名以道府用。前貴州貴西道奇克慎原品休致。延煦奏熱河道英謙，前因邊俸期滿奏留一年，在任四載，勤勞倍著，請賞加二品頂帶。詔：英謙所辦督捕馬賊等事，均屬分所當爲，所請著毋庸議。曾國荃奏廟神功德及民請將寧武府明臣周遇吉祠、虞鄉縣昭佑廟積仁侯各敕賜封號。詔禮部議奏。

十九日辛酉　晨及上午，密雨數作，傍午後陰晴靉靆。閲《管子》。服湯藥，以嗽不止也。夜半後有雨。

邸鈔：上諭：都察院奏遵查坊官，劣迹昭著一摺。北城正指揮韓士俊，遇事鋪張，勒派錢文，自製扁額及萬民衣傘，任意票傳，職官違禁，挾優觀劇，復以實缺人員充當萬年吉地工程處供事差使，著即行革職，以儆官邪。巡視北城給事中舒璧、余上華，豪無覺察，未能先事糾參，亦有不合，均著交部議處。

二十日壬戌　昧爽大雨數作，加辰稍止，已後晴，酷暑。禔盦來。

邸鈔：詔：已故署福建臺北府知府林達泉、安徽廬州府知府李炳濤均遺愛在民，將事蹟宣付國史館立傳。從兩江總督沈葆楨請也。林達泉，廣東大埔人，由舉人保舉得官。四年十月丁父憂，未及更代，卒於官。李炳濤河内人，以捐職州判，投效曾文正營得官。三年丁母憂，五年五月卒。

二十一日癸亥　辰初二刻一分立秋，七月節。晨多陰，上午晴，晡後陰，酷暑，極悶。是日歐陽文忠生日，仍以荷花、瓜、桃、糖、藕、蓮子及鮮核桃湯、清酒供之，焚柏子香，祔以牧莊。治具邀敦夫、子縝、禔盦、汝翼同飲，並爲紫泉餞行。姬侍輩亦設食，邀子縝姬人文湘、汝翼姬人聞樨。至夜一更後始散。黄昏大雨，有雷電，至夜分數作，四更後稍止，終夕熱甚。付廚人下賞錢十六千，陶、陳媪婢錢六千，客車飯四千。

邸鈔：上諭：御史李端棻奏莠言亂政，請旨懲戒一摺。朝廷日理萬幾，惟恐政事偶有闕失，迭經諭令有言責諸臣各抒所見，以備采擇。近來言事諸臣，洞悉利弊、切實陳奏者固不乏人，而摭拾吹求、率意瀆陳者亦所不免。雖是非可否，朝廷自有權衡，若每遇一事，或各執一説，議論繁興，或隨聲附和，相率瀆奏，衆口紛騰，亦足以淆觀聽。至黨援攻訐之風，乃前明臺諫惡習，我朝向無此等風氣，然亦不可不防其漸。侍講王先謙前奏言路宜防流弊，所見未嘗不是。是以降旨宣示，且仍令言事諸臣於政事闕失、民生利病，剴切敷陳。言路何嘗阻塞？乃李端棻輒以王先謙爲莠言亂政，請將該侍講立予斥革治罪，措詞過當，適開攻訐之漸。所奏殊屬冒昧，著毋庸議。嗣後言事諸臣，仍當遇事直陳，不得自安緘默，亦不得稍存私見，任意妄言，毋負諄諄誥誡至意。詔：翰林院編修李用清、貴州補用道凌彝銘均發往廣西差遣委用。從巡撫張樹聲請也。户部郎中宜霖授直隸保定府遺缺知府。保定府知府李培祜升通永運河兵備道。十月，以天津府知府馬繩武調補保定府，以河間府知府札克丹調補天津府，以宜霖補河間府。

二十二日甲子　晨至午密雨數作，下午陰，時有溦雨。晚又雨，稍凉。終日倦甚，多卧。夜雨，數有聲，四更後益密。

邸鈔：命刑部左侍郎馮譽驥高要，甲辰。爲江南正考官，翰林院編修許有麟仁和，戊辰。爲副考官。尹琳基日照，癸亥。爲陝西正考官，修撰陸潤庠元和，甲戌。爲副考官。

二十三日乙丑　密雨霢霂，晡後稍止，晚又雨，夜雨益甚。五更大雨，徹曉有聲。是日凉，可夾衣。倦甚，多卧。夜需薄被。

邸鈔：上諭：吏部奏遵議東鄉案内大員處分一摺。前護理四川總督、二等侍衛文格草率定案，於帶兵員弁縱兵焚掠，隱匿不參；三品頂帶、革職留任四川總督丁寶楨擬罪輕縱，並面諭兩司，將原詳删改，始終偏執：均著照部議革職。前任兩江總督李宗羲於飭查事件未能分晰敘明，著照部議降一級留任，不准抵銷。丁寶楨平日勇於任事，操守尚好，惟性稍偏急，遇事操切，是其所短。四川吏治廢弛，風氣浮靡，該督到任後竭力整飭，不避怨嫌，且於鹽務力排衆議，變通辦理，規復滇、黔引地，即爲復還淮岸之計，自應責成一手經理，以觀後效。丁寶楨著加恩賞給四品頂帶，署理四川總督。該督當仰體朝廷棄瑕録用之意，於力求整頓之中，仍勿操之過蹙。凡用人行政，一切虚心體察，實事求是，務令吏治奮興，商民樂業，方爲不負委任。儻辦理無效，辜負殊恩，必當重治其罪。懍之慎之。兩宫皇太后懿旨：惇親王奕誴等、醇親王奕譞等奏吉地工程告竣一摺。普祥峪、菩陀峪萬年吉地，本年三月間親詣閲視，工程悉臻妥協，現在一律告竣。在工王大臣等敬謹將事，自應優加恩賚，以獎勤勞。惇親王奕誴著賞食親王雙俸，並交宗人府從優議敘。醇親王奕譞交宗人府從優議敘，並頒發御書『天工寅亮』扁額一方，以示優異。步軍統領榮禄賞給大卷八絲緞二匹，並交部從優議敘。户部右侍郎宜振賞給頭品頂帶，並交部從優議敘。餘優敘有差。兩宫皇太后懿旨：醇親王奕譞奏懇裁撤差使，家居養疾一摺。醇親王奕譞舊疾未痊，即著安心調理，所有神機營一切事宜，毋庸會同商辦，以示體恤。一俟病體稍愈，即行具折請安。詔：朱智兼署刑部左侍郎，馮譽驥缺。錢寶廉兼署吏部左侍郎。馮譽驥署缺。詹事府右春坊右贊善張楷轉補左春坊左贊善，翰林院編修張端卿升右贊善。

二十四日丙寅　淫霖匝布，霿晦滯凉，晡後稍霽，傍晚日見。

閲《孔子集語》。孫氏星衍所輯，凡十七卷，分勸學至寓言爲十四類，以宋人薛據之書不免挂漏，爲之博稽群書，分篇綴録，各注出處，其用意甚善。惟孫氏意在著明先聖遺訓，垂爲格言，自宜擇取精粹，凡《莊》《列》雜家依託之語，悉從裁汰，或辭而闢之，不使亂真。乃别立《雜事》《遺讖》《寓言》三門，多載讖緯異端不經之談。《事譜》二卷，亦與《集語》無涉。即《勸學》至《博物》十篇中，亦有不當采而采者。蓋漢學諸家愛博之過，往往以多爲貴，不肯割棄，有寧令人譏其雜，不可令人議其漏者，此其通病也。

邸鈔：上諭：廣壽、潘祖蔭奏遵查總管内務府大臣安興阿參款情形一摺。據稱御史鄧慶麟原參連蔭賄囑薩隆阿謀缺一摺，内務府揀選銀庫郎中，原單所開俸深及京察一等人員甚多。連蔭俸僅二年，又非一等，且該員前在銀庫任內，曾因蒙混具稿撥銀革職，安興阿遽將該員擬正。茲據安興阿覆稱，因一等人員經管繁要處所，難於揀選；各處庫掌無薩隆阿其人。原參安興阿之子福森布及門丁馮姓勒索一節，咨行安興阿將馮姓看守，並咨內務府派役押送。日久始據安興阿覆稱，馮姓於去歲因瘋辭工，找尋無著。內務府片稱：據安興阿聲覆，馮姓自奉文看守，即不知去向。原參軍功應補驍騎校喊屈一節，據選單原有馬甲鳳安之名，當經傳訊。據該佐領圖片覆稱，鳳安患病不能到。該馬甲旋即報案，並無患病情事。原參廣善臨差告假，安興阿添派寶勳補差一節，查係屬實等語。薩隆阿有無其人，著內務府詳查咨送廣壽等核辦。至家人馮姓，既早經辭工，安興阿何以遲至多日始行具覆？且內務府據安興阿覆稱馮姓不知去向，在奉文看守之後，覆文不符，其中顯有不實不盡。一等人員既均管理煩要處所，何以揀選銀庫，又將一等人員擬陪？銀庫攸關緊要，又何以將曾在該庫獲咎之連蔭率行擬正？鳳安保案，係以驍騎校儘先即補，安興阿覆稱鳳安應補本佐領下驍騎校之缺，與原保奏案不符。該旗佐領揑報鳳安患病，情弊顯然。以上各節，著安興阿逐一明白回奏，並著將家人馮姓即行交出，不准稍涉遲延。侍衛福森布，郎中連蔭、廣善，員外郎寶勳，均著暫行解任，聽候傳質。以詹事府詹事宗室桂昂爲內閣學士，兼禮部侍郎銜。

二十五日丁卯　晴，酷暑復熾。作書致紫泉詢行期。得紱丈書，即復。跋直隸永年縣趙廿二年群臣上醻石。

邸鈔：上諭：李鴻章奏紳士捐輸鉅款，全數繳清，請破格優獎一摺。福建紳士、三品銜候選道林維源等，因臺灣試辦礦務等事，認捐洋銀五十萬圓。嗣因山西、河南辦賑需款，將此項銀兩提前措繳。該員等實屬好義急公，自應破格加恩，以昭激勸。林維源著賞給三品卿銜，並一品封典。林爾昌等均著照所請給獎。

二十六日戊辰　晨陰,旋晴,上午烈景酷暑,下午陰,溦雨,旋止,晡後晴陰相間。是日鬱悶異常,夜尤甚。剃頭。得葆亭六月十一日書,言越中久不雨,頗患旱。得禔龕書。張霽亭侍郎以龔守嘉儁復書送閲,自矽與全□□姻連,以其買地爲是,而以同里諸君之控爲無據之辭。聞□□需次雲南時,其妻曾拜龔姓爲父,亦猶賀壽慈、李炳勳之故智也。此輩不知羞耻,鬼蜮朋比,公相訟言,亦可醜矣。得敦夫書。校《北史》西域、北狄傳。

二十七日己巳　晴,微陰,頗涼。昨夕書室頂隔忽墜,塵土滿几席,書籍盡污。早起躬料理之,三時始畢,頗覺勞倦。作書復禔龕。作書致敦夫、子縝,得復。得紱丈書。紫薇、玉簪花皆盛開。校《北史·僭僞附庸傳》。敦夫來。子縝來。朱蓉生來。姜仲白來。印結局送來是月公費銀四十三兩。

二十八日庚午　終日陰涼,時有小雨。今上萬壽節。校《北史》高麗、百濟至流求、倭國傳。作書致敦夫、子縝,約同詣紫泉送行。紫泉來别,言明早奉其母夫人及眷屬下潞河至臨清,再向順德扶柩同下,反葬杭州。子縝來。敦夫來。袁爽秋來。

魏時高麗康王璉年百餘歲,魏隋時吐谷渾王夸吕在位百年,魏初北燕馮跋有子男百餘人,魏周時大將軍、襄州刺史、安康郡壯武公李遷哲男女六十九人,皆史册中僅見者。

今日紫泉言數日前有儒生某者,年四十餘矣,館於西四牌樓某家。一日偶至西城西草廠胡衕與余舊寓鐵門相連。一尼庵游憩,見一少尼,頗有姿,目之,覺心動。是夕返館。夜夢出城,復至是庵,見此尼方坐蓐,不覺身入其懷,轉顧間已爲小兒矣。欲言不得,方惶遽間,一老尼入,搤其咽殺之。即覺身復出庵,憊甚,行步甚艱。至正陽門,逢一相識者車,附其後軫行,凡數易車,得返所館。蘧然而覺,則死已兩日矣。釋氏輪回之説，紀文達《槐西雜志》中論之甚有理。要此與地獄，皆由人心爲之。鬼神是人之精氣所聚，遂因之以示果報。故輪回之事，往往千百中有其一二。其上者，列星之精，感而下降。次則賢聖之英靈，或山川之精氣，凝而爲神者。間氣所鍾，成爲偉人。又次則名山古德錬師之屬，或水石之怪、老物之精，轉世寓形，亦昭靈異。凡此皆降生不偶，與運相符，濟世覺民，非同恒例。其下者則或一節之士，一事之善，專心念佛之村媪，苦志決科之塾師，或平生歆慕於一人，或極感恩施而未報，一靈不昧，從而轉生。又或負債待償，鍾情偶至，惑溺不解，冤孽以胎以至，淫者爲蛇，暴者化虎，或嗜味而變魚鼈，或背恩而成馬驢。此皆儒者所不談，實爲物理所恒有，無關生機之不息，因乎人心之自然，有莫之爲而爲，莫之致而致者，非錢竹汀氏輪回一説所能盡也。

夜凉，去簟，需棉被。

二十九日辛未　晨陰，上午晴陰相間，午後晴，烈景甚熱。得紱丈書，饋冬菜、橘餅，即復謝，贈以壽星等箋紙百番。得族弟品芳是月十八日書，十日之中自越達燕，輪船書郵，神速極矣。

三十日壬申　晨至上午晴，間微陰，午至晡晴景甚烈，晡後陰，酷暑，入夜益悶。林國柱編修來，不見。作書致禔盦，得復。晡步詣鄧鐵香久談，又詣敦夫、子縝小坐，晚歸。得弢夫是月六日黄巖書。

秋七月癸酉朔　終日陰雨，下午尤密。是日頗凉，秋思黯然。李爽階新選雲南晉寧令，來辭行。

偶閲《會稽掇英集》，略爲校之。此書吾鄉杜吉甫明經丙杰據文瀾閣所録澹生堂舊鈔本手寫付刊，校讎頗精。末附札記數葉，考證極審，然尚有誤字。《唐太守題名記》：『王奉慈，永徽二年正月自潭州都督授。五年，拜秦州都督。』案：此必是勃海王奉慈，高祖兄蜀王湛之子也。《舊唐書・隴西王博乂傳》言：奉慈顯慶中爲原州都督，薨，謚曰敬。時代正合。惟史文從略，止言其所終之官耳。此記據宋時石刻，誤作王奉慈。《嘉泰志》踵其誤，以後諸志遂皆沿作王奉慈矣。

夜雨瀧瀧，至四更稍止，五更星見。

初二日甲戌　晴，復熱。校《舊唐書》李密、竇建德諸傳。作書致繆小山，借陸祁孫《崇百藥齋集》，得復。寫單約李爽階、鄧獻之諸君明晚飲豐樓。

陸務觀《南唐書·後主本紀》：太平興國三年七月辛卯殂，年四十二。是日七夕也。後主蓋以是日生。《舊唐書·喬琳傳》：琳居相位八十餘日，罷爲工部尚書。德宗幸梁、洋，琳污賊泚僞命。官軍收京師，琳已七十餘，臨刑歎曰：『喬琳以七月七日生，亦以此日死，豈非命歟！』古人以七夕生卒者，有此兩事，而皆非令終。

鄧獻之來，不晤。得鍾西筠書。姬人等詣天寧寺禮佛。付車錢十六千。

邸鈔：上諭：安興阿奏明白回奏，並請從重治罪一摺。著廣壽、潘祖蔭將所奏各節並提案内應訊之人即行確切查詢，據實具奏，毋稍含混。

初三日乙亥　晴，午後復熱。今年屢擬至十刹海净業湖觀荷，嘯侣命儔，往往不應。又苦溽暑，兼阻淫霖，病與懶俱，花時儵過。比日秋氣漸至，微凉可親，遂决意獨游。今日早起，呼舊役騶人王九至，詢以道濘略平，城涂已坦。因净業湖少回遠，仍游十刹海。晨飡而往，午至其地，則夫容略盡，萬荷在風。扶渠華爲夫容，葉爲荷。舞緑中間，偶見殘紅一二而已。往歲花時，車馬如織，茶檣貨儈，錯雜柳陰。今年以某王孫與尚書某之子争要平一妓，釁妝墜珥，絲幘毆脅，幾成沸場。金吾禁之，人迹遂闃，不待金風之起矣。余輒湖行樹陰中一匝，微覺輖飢，款一曲湖樓，憑窗獨飲，酒保割鮮爲饌，解蚨而出。回車入神武門，過金鼇玉蝀橋，則南北海中，朱華萬柄，交倚翠蓋，紅敷絳笑，耀日正鮮，得非壺中之景特長，蓬萊之色久駐，偏承雨露，固若是耶！ 裴回石欄，赤曦方炙，不得久佇而歸。 子縝來，不晤。朱懷新同年來，不晤。 孺老第二郎彌月，作書賀之，贈涂金環珥等十一事。 孺初復書反所饋，而速余飲。 再以書致之，且辭飲。 晚詣豐樓，爽階、鐵香、獻之諸君已先至，禔盦後來，同招霞芬，夜二更歸。付涂金壽星、八仙錢十七千，車錢十四千，酒食錢九千，酒保賞四千，霞車二千。

邸鈔：上諭：御史田翰墀奏請將司坊各官改用正途，著吏部議奏。 翰墀疏請將正副指揮仿照考試國子監學正學録章程，專由舉人考取，歸部銓選。 其吏目一項，准由廪增附生報考録用。

初四日丙子　晴熱。

閲陸祁孫《崇百藥齋集》。《初集》詩十二卷，分《寒檠》等十集。 詞一卷，文六卷，其所生母《林太孺人年譜》一卷，共二十卷。《續集》詩二卷，分《箏柱》《香適》兩集。 文二卷，共四卷。《三集》詩十卷，分□□□等□□□集。 文二卷，共十二卷。 附其婦錢惠尊誂宜《五真閣吟稿》詩一卷，都爲三十七卷。 祁孫少交其同邑張翰風、惲子居、洪孟慈諸君，及後入都，又與徐星伯、包慎伯諸君游，聲氣遍海内。 由嘉慶五年舉人官合肥訓導，爲阮文達、鄧嶰筠諸公所稱重。 以修《安徽省志》保舉，升江西貴溪縣知縣，病歸。道光甲午卒，年六十三。 嘗修《郯城縣志》，有名於時，余未及見也。 其文筆頗簡老，法度亦謹嚴。 而平生最致力者在詩，自憙特甚。 其詩亦頗有風力，近體學晚唐者，亦清婉可誦，而痕迹未化，意趣太淺，實不能遠過常流也。

剃頭。下午浴，今年第二次也。 得紱丈書，借《望谿集》，即復。

邸鈔：副都統崇禮補内閣學士，兼禮部侍郎銜。

初五日丁丑　晴，微陰。朱苗生饋金華彘脯、豆豉，作書復謝，犒使二千。敦夫、子縝來。是日鄭君生日，欲邀同人設奠，不果，以詩志之：『己卯溯炎漢，先生去冀州。一年隕喬嶽，鄭君卒於建安五年庚辰，時已以病自乞還家，爲袁譚所逼，載病至元城縣。計先一年己卯，正由袁紹所被徵爲大司農，給安車，所過送迎，蓋已去冀州矣。千古障洪流。獨抱遺經感，常深老病憂。秀眉如可見，寤寐此生求。』眉批：題爲『己卯歲鄭司農生日作』。

邸鈔：以黑龍江副都統伊克唐阿調補新設呼蘭副都統，以盛京協領文緒爲黑龍江副都統。

初六日戊寅　晴，下午陰，熱甚。亥正初刻一分處暑，七月中。得敦夫書，以余昨託其覓越中匯銀處也。作書致子縝，爲天寧寺宴集事，得復。得紱丈書，還《望谿集》。

《望谿集》有《贈右副都御史趙公神道碑》，云公諱良，字維林，浙江紹興府瀝海所人，處士臨若公之子。國初避亂，東游齊魯，遇族父於泰安，遂旅其地，以醫自活。娶淮陰江翁女。康熙癸丑，生子國麟，甫數月，而臨若公來就養。公與江夫人力致魚菽，雖居窮巷，遠方畸人老宿多造門。豫章吴慎庵嘗歎曰：『臨若之室僅容膝，可旋身，而入其中，則曠如也。』康熙二十三年臨若公卒，公及江夫人相繼没。又二十餘年，國麟巡撫安徽，以乾隆元年覃恩誥贈如其官。案：國麟，字仁圃，康熙四十八年己丑科進士。乾隆四年正月拜文華殿大學士兼禮部尚書，六年六月降調，七年正月起爲禮部尚書，七月免。十六年卒。其事國史名臣傳不具，亦未見其碑志。而全謝山《結埼亭集·方侍郎神道碑》言河督高君案：高斌。思傾公。會新拜泰安爲輔臣，而召河間魏尚書案：魏廷珍。爲總憲。朝廷争相告曰：『是皆方侍郎所爲。若不共排之，將吾輩無地可置身矣。』是趙公固一時之名臣，與望谿爲執友，望谿稱之爲君子，惜其事未有表見者。瀝海所屬會稽，而越人無知有趙公者。幸望谿此碑著之，當向山東人求其碑狀及泰安郡縣志考其行事，補入吾邑志傳。即望谿此文，述贈公窮約養親之樂，亦自油然有真味，當附載趙公傳中者也。

作致内子書，寄去銀二十兩。作書致敦夫之兄益夫，託敦夫屬陸薌泉，由一阜康賈人附致益夫，轉寄余家也。拮据所留，艱辛遠寄，無補采蘋之祭，聊慰織素之悲耳。敦夫來。

邸鈔：上諭：左宗棠奏甘肅東南各州縣地震情形，現籌撫恤一摺。甘肅階州等州縣五月十日地震，至二十二日始定。其間或隔日微震，或連日少震即止，惟十二日階州、文縣、西和等處大震有聲，城堡、廟宇、官署、民房率多傾壞，傷斃多人。覽奏實深矜憫。著妥爲撫恤，毋任失所。階州教諭魯尊孔、訓導栗遇寅闔家陷没，著即查明請恤。左宗棠以奉職無狀請賜罷斥，具見遇灾省過之意。該督惟當時深儆惕，盡心民事，用副委任，所請著毋庸議。

初七日己卯　晴，晡後陰，鬱熱彌甚。先君子生日，上午供饋肉肴、菜肴各四豆，特皃一俎，菜羹一鉶，饅頭兩大盤，蓮子湯一巡，瀹麵一巡，梅雪糕兩盤，時果四盤，西瓜四判，茗飲一巡，祔以仲弟、叔弟，晡後畢事。方供饋過半時，因晨午未飯，飢渴頗甚，謹取二親位前茗飲餘滴及已獻之麵瀹而飲食之，即覺饜足，歡欣有逾常分。求甘索飫，宛若膝前。展對几筵，彌深感動。案：《儀禮·少牢饋食禮》：獻尸之後，有祝以尸命致嘏之辭。《詩·楚茨》：『工祝致告，徂賚孝孫。』鄭箋謂：嘏之禮祝，徧取黍稷牢肉魚擩于醢，孝孫前就尸受之，此天子及士禮之所同也。蓋餕在尸出以後，上下長幼以次徧及之，所以飽福也。嘏在正獻尸以後，加爵獻尸以前，惟主人得承之，所以受福也。今之祭禮，無一事合於古。自惟貧賤，不特牲器缺，然不足以祭，亦不足以薦。又寓廬逼仄，無寢無庭，春秋之事，鋪席無地。僅此生日之饋，差附吉事，放佛生平，僾愾幾希，略存孺慕耳。得紱丈書。姜仲白來，不見。作書致敦夫、子縝，饋餕四器。夜四更後有雨。付肴醴等錢廿二千，司馬廚人錢四十千，姬人羅衫銀七兩五錢。

邸鈔：編修裕德升詹事府右贊善，邵曰濂補江南道御史。裕德，裕禄之弟，丙子進士。邵曰濂，餘姚人，燦之子，本名維城，戊辰進士。

初八日庚辰　晨密雨數作，日加辰大雨，巳稍止，傍午漸晴，下午小雨數作，晡後晴，夜人定時密雨，初更大雨甚暴，有雷電，二更星見，旋又密雨，三更後稍止。是夕苦雨不寐，擬譜《渡江雲》一闋，詠灑淚雨，唐人所謂洗車雨也，詞未成。

邸鈔：命修撰洪鈞吴縣，戊辰。爲山東正考官，編修張百熙長沙，甲戌。爲副考官。周晉麒慈溪，甲戌。爲山西正考官，禮部主客司主事吴峋海豐，乙丑。爲副考官。編修曹煒甘泉，癸亥。爲河南正考官，朱文鏡漢軍，辛未。爲副考官。以内閣侍讀學士鍾佩賢爲太僕寺少卿。

初九日辛巳　晴，下午有風，頗凉。爲梁福草封翁題蘭册二律。閲《學詩詳説》。子縝來。姜仲白來。姬侍輩詣天寧寺，赴子縝姬人之招，傍晚歸。付車錢十六千，僕犒六千。袁爽秋來夜談。

題順德梁福草封翁九圖**仿鄭所南書蘭册二首**

老筆出塵外，閉門歌楚些。天懷想高澹，詩思見萌芽。空谷琴能語，香叢石是家。應教五嶺畔，不長素馨花。梁君自號十二石山人。

思肖不畫土，高風無與儔。承平根久著，入。烟墨外何求。海上夷花怒，庭前帶草幽。誰將千畝茜，自比富民侯。梁君爲鴻臚少卿僧寶之父，素以詩名，有人倫鑒識。李學士文田幼孤，貧甚，一見决其不凡，爲飲食教誨之。今年七十餘矣。此詩用意微妙，非世人所知。

邸鈔：上諭：兵部奏遵議提督處分一摺。湖南提督羅大春著照部議即行革職。詔：截留本年江北漕糧六萬石，賑恤直隸安州、雄縣等被水州縣。從李鴻章請也。詔：降調道員、前福建布政使陳士杰，著湖南巡撫飭令迅赴福建差遣委用。從何璟奏，臺灣各路防務需人也。

初十日壬午　晴。孺初來。鍾西筠來。閱《鮚埼亭集》。比日覺志氣衰茶，閱此以自振竦。付門僕劉順工食八千，更夫張升工食八千，皆以是日起庸。

邸鈔：以湖北提督李長樂調補湖南提督，以前湖北提督郭松林爲湖北提督。兵部左侍郎郭嵩燾奏病難速痊，懇請開缺調理。許之。

十一日癸未　晴。感凉，身熱不快，服薄荷防風湯。得族弟品芳六月廿八日書。閱《望谿集》。其文多君子之格言，實吾輩之刑書也。夜五更有雨。

邸鈔：以内閣學士許應騤爲兵部左侍郎。上諭：前據翰林院編修何金壽奏雲南知府孔昭鈖被戕一案，當諭令刑部將高蔚光等傳訊具奏。兹據奏稱，將禮部候補員外郎高蔚光及雲豐泰銀號商人王體乾、徒犯李鍾銘詳加嚴訊，均供並無其事。何金壽所奏孔昭鈖以拏匪被戕，楊玉科、楊汝楫挾衆仇法，該省督撫曲爲開脱，與原奏情節不符。且該編修所稱楊玉科交通京官，因圖脱罪名起見，此案當以楊玉科曾否同謀知情戕殺孔昭鈖爲緊要關鍵，請飭覆查等語。劉長佑、杜瑞聯均先未承審此案，無所用其回護，著即會同詳查孔昭鈖被戕實在情形，並楊玉科究竟有無同謀知情，及交通京官開脱罪名情事，徹底根究，訊取確供，秉公定擬具奏，不得因案已審結，稍涉遷就。上諭：劉坤一奏請調員差委。廣西候補知府熊壽山、貴州補用知州德福，均著發往廣東差遣委用。

十二日甲申　晨陰，上午後晴，復熱。慈安皇太后萬壽節。閱《望谿集》。身熱不愈，咽吻乾燥，支體重滯，時若眩瞀，知是濕火浮淡，俗作『痰』。外感邪氣也。自撰方藥，飲子用通草一錢，薄荷一錢五分，清木香一錢，半夏一錢，枇杷葉二錢，防風一錢。傍晚服之，入夜即覺心神開爽，所患如失，晚食頓進，咳嗽亦止，可謂神效者矣。凡藥與病合者，近口即香，入吻不苦，下咽甚爽；反是者，必無效也。趙心泉爲孫娶婦，賀錢六千。夜月殊佳，凉意可繪。

十三日乙酉　晴陰相間，頗凉。閲鍾子勤《穀梁補注》。剃頭。作書致子縝，以嫩陰釀秋，致有爽氣，約薄游城南諸寺，得復。晡時步詣子縝，仲白亦在，遂同至南下窪，行野田中。積雨乍乾，微徑多潤，斜穿仄畦，時遇餘潦。穈黍飽穗，蒿艾遠香，木稷竦以颭紅，《廣雅》：藋粱，木稷也，即高粱。華葭秀而未雪。《釋草》：葭華又曰葭蘆，皆一物也，即今之葦，與蒹薕爲異。先游龍泉寺。花砌晚艷，松院秋清。寺多貴家寄殯之所。道場慈律，以華屋爲山丘；京華舊風，趁盂蘭作麥飯。益飾幢花之坐，時颺紙錢之風。小憩方丈間，裴回而出。遂詣龍樹寺，坐蒹葭簃，斜陽在空，凉碧如畫，人跡罕至，蛩聲遠聞，流連竹下之陰，想像山中之趣，真樂獨悟，微言共聞，病穌知秋。日晻已夕，因沿蹊間而歸。

十四日丙戌　晨及午晴，下午陰，夜雨。閲《穀梁補注》。祀故寓公。

十五日丁亥　終日密雨，加巳益甚。先君子忌日，以素饌祀曾祖考妣、祖考妣、本生祖考妣、先妣，爲中元之供。別設茶果特牲，祀先君子。共用菜肴十五器，桃、林檎、蒲桃各一大盤，頻婆果兩盤，饅頭三盤，杏酪一巡，酒兩巡。晡後畢事，焚金銀紙錁千枚，楮錢一挂。作書致禔龕，饋蒸皂、頻婆、林檎，得復。作書致子縝，饋素饌四器，得復。夜雨徹旦，凉甚。

十六日戊子　晨小雨，上午霽陰，間有微雨，午後微見日景，下午陰。潘譜琴送肴饌一席來。使者言，主人已於今早挈眷南還，此其昨所致饋者。魚餒肉敗，十九臭腐，固却之不得，犒以二千。命家人簡擇所饋，稍以薑酒調治之。作書邀敦夫、子縝、仲白三君來共飲，以遣雨窗凉晦。酒止一行，清談彌永。鄧鐵香來。

子縝贈《詞律拾遺》四册，今人德清徐本立誠庵所纂，前有俞蔭甫序，共八卷。以拾萬紅友之遺也。卷一至卷六爲補調及補體，補萬書未收之調、未備之體也，凡補一百六十五調、四百九十五體。卷七、卷八爲補注，訂萬注之未盡也。綴輯考證，俱有據依。

十七日己丑　晴，午後有風自西。仲白來，閑話竟日。子縝姬人饋月餅。晚坐庭下閱雜書。

《老學庵筆記》中有『賜無畏』一條，謂唐季五代功臣多賜無畏，引韓偓《金鑾密記》云云，當是始於唐末。案：唐孟棨《本事詩》載，玄宗召李白賦宫中行樂詩，白頓首曰：『寧王賜臣酒，今已醉。儻陛下賜臣無畏，始可盡臣薄技。』是唐初早有此語也。無畏，蓋即漢時入朝不趨等事之遺意。

邸鈔：上諭：國子監司業張之洞奏請修省以弭灾變，敬陳管見一摺。本年六月以來，金星晝見；五月中旬甘肅地震，陝西毗連處所同時震動。自應恐懼修省，以弭灾沴。著在廷諸臣有言事之責者，於政事闕失、民生利病，懔遵歷次諭旨，剴切敷陳，用備采擇。至中外臣工，務當振刷精神，實事求是，毋蹈因循疲玩之習。如有因事獲咎者，非平日官聲卓著之員，各該督撫均不得奏請調遣，及乞恩釋回。其來京另候簡用人員引疾歸田，朝廷原不欲故爲逆億，第該員等受恩深重，病體痊癒，即應赴闕候簡，豈可稍耽安逸，自外生成？近來廉吏罕聞，甚至病國以肥身家，剥民以媚大吏。著各該督撫認真訪察，秉公舉劾。如有清操卓著者，即當據實保薦，特加獎擢，以風其餘。又據稱本年河汛甚猛，河南省城外險工可危，請築月堤並挑挖引河，以資保衛一條，著河東河道總督、河南巡撫會商妥辦。所稱地震情形，東至西安以東，南過成都以南，何以未見丁寶楨奏報？著該督查明據實具奏。疏分納直言、肅臣職、厚民生、謹河防四事。其『肅臣職』略云：比年習氣，往往有大員奉旨貶黜，而督撫旋即奏調者；有大員謫戍未久，而邊臣旋即設法乞恩者；有大員奉旨來京另候簡用，而旋即引疾竟不入京者。即曰人才可惜，何妨稍遲歲月，俟朝廷果不録用，再列薦章？即曰志在退閑，何不俟入都展覲後再爲陳請？循此流弊，必至惟感臣門之私恩，而不復知朝廷之威福。其言頗悚切云。以廣東惠潮嘉兵備道張銑寧鄉舉人。爲廣東按察使。本任按察使金國琛於六日病卒。國琛，江陰人，以諸生從軍，積功至今官。

十八日庚寅　晴，有風自西。自聞牧莊之訃，屢欲作詩哭之，以情事甚紛，不忍追理。比日秋風漸起，燈火新涼，蛩聲滿階，悲懷棖觸，夜爲詩六首，語頗無次，情不勝哀，蓋無一字之虚，差盡平生之概。牧莊往日嘗爲余言：君詩無一不備，惟無五言長律，此固君所不喜，要當存此體製。故近頗欲爲百韻詩以哭君，不特以塞相愛之意，亦以十年以來，蹤迹合并，深談密意，非此不能盡也。而羸疾未已，心思散亂，排比爲難，且俟後時追公垂之昔游，寓子期之思舊耳。

哭孝仲六首

一别相思日百回，隔年竟慟訃書來。抱經心苦宜遭忌，與我情親亦召灾。差幸餘生見妻子，并無薄福卧蒿萊。一身老病知交盡，似此窮途倍可哀。

去年寒雨出都城，我亦沉痾輟送行。常恐眼前成死别，相期夢裏話平生。君去冬書來，言自歸後，無日不夢至余家。百年遂盡論交分，萬語難窮感舊情。愁絶草堂燈火下，照君形影尚分明。

拙宦長安百病支，廿年筋力盡奔馳。無田豈識生還樂，薄禄翻深戀闕思。寂寞官銜題素旐，叢殘手稿付孤兒。六書訓詁千家譜，都是春蠶未盡絲。君於《説文》《蒼》《雅》及人物、氏族、經籍、掌故之學，尤所致意，而書皆未成。

人仇鬼嫉待如何，憤世孤行歷轗軻。老受推排終不悔，死嬴涕淚亦無多。君訃至，其同年甬人某學士尚追怒君之不加禮。九閶此事應難問，一節傳君定不磨。清議獨嚴從賊律，有人蒙面避撝訶。同邑某翰林嘗受僞職，而家富於貲，鄉人多從之游，争爲之諱。一日遇君廣坐，甫揖君，君叱之曰：『若敢與我揖邪！』其人失色去。

十年蹤迹最相親，過我從無隔一旬。各愧天倫懷隱痛，互期學問慰長貧。深談每苦霄晨促，脱粟常誇飲饌新。君過余，必留小食，君輒盡飽，以爲都中莫及也。誰分履綦從此絶，頗聞驚歎到家人。篋中準備寄新篇，噩耗猶疑是誤傳。夏中有説經文二首，方擬以稿草寄君，而君訃至。藺蝶生涯先自了，蓼蟲心事更誰憐。千番手札看淒絶，一束生芻尚缺然。後死銘君前諾在，并將老淚達重泉。君於余一言一字無不欣賞，嘗謂此生無它求，死後乞爲志銘耳。

邸鈔：以江寧布政使孫衣言爲太僕寺卿。右春坊右中允汪鳴鑾升司經局洗馬。廣東廉州府知府鹿傳霖升惠潮嘉道。

十九日辛卯　晴，下午微陰。禔盦約晚飲宴賓齋，辭之。得子縝書，邀游夕照寺。仲白來。午後出門答拜鍾西耘，不值。詣金華館朱蓉生、苗生兄弟，久談。欲便游夕照寺及萬柳堂，以子縝約在安化寺午飯，不知其處，又日景已昃，道迂多濘，遂歸。作書致子縝。付車錢五千。

邸鈔：以福建按察使盧士杰爲江寧布政使，以降調福建布政使陳士杰署理福建按察使。兵部郎中蘇佩訓授廣東廉州府知府。

二十日壬辰　晴。比日秋氣漸佳，而鬱伊多感，倦㑹思卧，閲雜書以自遣。得子縝書。得袁爽秋書。食蟹，已佳。今年秋早，禾粟已成也。

邸鈔：上諭：御史黄元善奏山西、江蘇等省荒地甚多，請旨飭查，籌撥旗人耕種一摺。著户部會同八旗都統妥議具奏。

二十一日癸巳　晨及上午晴陰相間，午後雨，下午薄晴。

唐詩及小説，往往有可以證古訓者。如《詩·桑柔》：『誰能執熱，逝不以濯。』執熱，猶言當暑。故

《左傳》北宮文子之釋《詩》云：『禮之於政，如熱之有濯也。濯以救熱，何患之有？』言當熱時必濯水以求涼也。杜甫集中有《多病執熱奉懷李尚書》詩云：『衰年正苦病侵凌，首夏何須氣鬱蒸。』可知唐以前皆如是解矣。

《漢書·張良傳》：良閒從容步游下邳汜上。服虔注：『汜，音頤，楚人謂橋曰汜。』今本皆改作『圯』，由宋初張佖妄校改。此以『汜』通作『圯』也。《太平廣記》卷二百九十八《神部》引《廣異記》：『垂拱中太學進士鄭生曉度洛橋下，見一艷女欲赴水，遂載與歸，號曰汜人。是亦以得之橋下，故曰汜矣。』

得敦夫、子縝書，約明晚飲聚寶堂，即復。剃頭。敦夫、子縝來，子縝贈羊豪筆兩枝。夜半雨，四更後尤暴。

二十二日甲午　巳正初刻三分白露，八月節。晨雨，上午間晴，傍午後霒陰，晡後晴。作書致敦夫，辭今夕之飲。夜二更後雨聲漸密達旦。

邸鈔：以詹事府少詹事慶麟爲詹事。

二十三日乙未　晨淋雨，至巳日出，下午又密雨，有雷，晡復晴。秋潮黯淡，晴雨不恒。念新舊知交，大半蕭索。仲彝以今春三月赴江蘇，四月即聞其尊人安軒太守之訃，重趼返楚，顛沛可知。雲門久無書來，未知游泊何所。程雨亭相識最淺，誠篤可念，去冬江上寄來一書，久未答之。聞其需次金陵，亦甚寥寂。因各賦一律寄之，聊發邠卿阨屯之歌，用當都尉河梁之什、勞者之唱，當令聽者不怡耳。作書致紱丈，饋月餅、豆豉。晚又雨，旋止，夜有風。

寄懷程雨亭太守儀洛**江寧去年以母老由吏部郎改外**

一辭神武走江關，羞老山公啓事閒。將母錦帆千里舫，迎人手版六朝山。即看真摯論交獨，莫道循良作吏艱。家法上元遺愛在，勉持清白起痌瘝。

答雲門自春中連得滬上書今未知消息

萬里秋風起索居，遥思樊子益愁予。小山叢桂三年别，春水桃花二月書。鴻雁久遲君怨否，江湖覓食近何如。柴薪論語都無有，東治何勞賦鑊魚。

唁仲彝銜恤歸夷陵將謀返越尊人安軒太守病中望仲彝歸甚切，及仲彝抵吴門，而太守已歿於楚矣。

捧檄勞勞未息柯，星奔徒跣越關河。零丁慟絶中塗帖，思子傷心遠道歌。吴祐寫書寧有恃，皋魚帶索待如何。君家兄弟相關甚，重感孤生廢蓼莪。

邸鈔：上諭：廣壽、潘祖蔭奏查訊大員被參各款，先行擬結一摺。據稱御史鄧慶麟奏參總管内務府大臣安興阿納賄營私各款，以安興阿之家人馮姓及薩隆阿爲緊要關鍵，馮姓不知去向，薩隆阿查無其人，未便懸案久待，就現在情形先行擬結等語。安興阿於廄長文連將各圈應領草束等項銀兩例外加扣一成有餘，毫無覺察。郎中連蔭前充銀庫差使，因蒙混具稿撥銀革職。本年揀選銀庫，安興阿輒將該員擬正。揀選單内連蔭名下已注明『開復』字樣，安興阿回奏輒稱未知該員劣迹。馬甲鳳安經傳訊，該佐領景恩捏報鳳安患病。據景恩供由都統安興阿面諭，該大臣又奏稱並不知情。且其回奏摺内稱無門丁，而咨文内又稱門丁劉姓，覆奏不實。種種回護，實屬咎有應得。安興阿著交部議處。連蔭以銀庫獲咎人員復充銀庫差使，甫經到任，即招物議，其平日不知檢束，已可概見，著開去銀庫差使，並交部議處。侍衛福森布、郎中廣善、員外郎寶勳，雖供無勒索餽送各情，難保非恃無質證希圖掩飾，著暫令各回本任，與連蔭均俟拏獲馮姓、薩隆阿後，聽候質訊。景恩因安興阿面諭爲鳳安出具圖片報病，亦有不合，著交部議處。薩隆阿雖查無其人，難保無刁徒假冒情事，並馮姓即馮起，著步軍統領衙門、順天府、五城御史一體嚴拏務獲。上諭：已革指揮韓士俊，前由榮禄派充萬年吉地工程處差使，經何金壽參奏後，業由都察院奏參革職。兹據御史甘醴銘奏，榮禄徇情濫調，且經都察院行查該大臣含混移覆，請治以應得處分。著都察院堂官將前此如何行查，及榮禄如何移覆有無含混之處，據實具奏。上諭：御史甘醴銘奏各部院書吏凡係有官職者，請一律勒令離署；既保官職，復遞保升階者，概將保升之案撤銷，並嗣後書吏既保一次者，不准再保等語。著吏部議奏。户部郎中洪緒授江西廣饒九南兵備道。

二十四日丙申　晨雨，旋日出，即陰，終日小雨時作。得紱丈書，饋南中鹽烘青豆、蜜漬青梅、金橘，即復謝。作書致程雨亭江寧，致雲門宜昌。得仲彝六月廿八日宜昌書，告其尊人閏三月廿八日之訃。余昨方以詩唁，今日正擬作書寄去，而彼書適至。同心之言，固有神明相通者乎？作書致子縝，作片致褆龕、楊正甫，皆爲仲彝送所附書去。自率庸僕上屋刈蓬蒿。夜時有小雨。

邸鈔：詔：福建臺灣道夏獻綸，前隨左宗棠入閩，贊襄營務，嗣在汀漳龍道署任及臺灣道本任内，均有惠政，辦理海防及撫番、開山諸務，不辭勞瘁，尤資得力。兹以積勞病故，殊堪憫惜。著照軍營立功後積勞病故例從優議恤，以彰藎績。從何璟請也。命福建臺灣府知府張夢元署理臺灣道。

二十五日丁酉　晨陰，上午晴雨不定，下午晴。得袁爽秋書，約明日飲樂椿花園。寫致仲彝書。蓴庭饋甌錦被裁、武夷茶、魚鬆，犒使六千。孺初來。爽秋來。敦夫來。子縝來。付醵盆錢十六千三百。

邸鈔：命吏部尚書靈桂充崇文門正監督，左侍郎成林充副監督。

二十六日戊戌　晨至午晴，午後陰，有溦雨，晚又小雨。補作山谷生日小集詩。作片問紱丈疾，復言已愈。下午赴爽秋樂椿園之招，同坐爲孺老、朱蓉生、王廉生、許仙坪編修、龍松岑户部。園中頗有桂花秋卉。傍晚詣蕚庭，小坐歸。付車錢五千。

二十七日己亥　晨小雨，上午陰，傍午晴，下午又陰，有溦雨，即止。補作六一生日小集及獨游十刹海詩。得天台陳子香參將書。得曉湖六月廿八日書，言近館上虞連氏。得王子獻是月十七日甬上書。得子縝書，饋糟鷄卵四枚，且招午飲。下午步詣之，晤敦夫、汝翼、朱蓉生、陸漁笙、鍾芷汀，晚歸。印結局送來是月公費銀三十四兩一錢。夜有小雨。

山谷生日偕敦夫子縝鼎甫諸君小集

涪皤一去不可期，文章風節百代師。我非瓣香心實儀，敬公行事歌公詩。年年生日當炎曦，誦公詩句清心脾。龍井緑茗槍一旗，洪州雙井相等夷。荷花坼坼開紅衣，西瓜脆切黄琉璃。蜜桃碗大流瓊脂，雪藕片片靈玉犀。佐以山陰酒一卮，篆香漾漾吹明漪。恍見惆悵來須眉，嗚呼騎鯨天人姿。城頭濯足揮手辭，八荒被髮隨敖嬉。小桃源口鞭文螭，朱幡清潁遥逶迤。我勸公醻公應知，薦無百瓮酸黄齏。客無襬襶病夏畦，高談清詠公所怡。願公松扇携高麗，風罏石研隨事宜。緑陰户牖藤一枝，草堂諰諰生凉颸。神之歸兮賓亦飢，小庭丁倒陳盤匜。紫薇花影相猗靡，鷄臛水餅烹黎祁。明月穿樹映淖糜，力貧一飯誠難希。明年更憶今年時。

六月二十一日歐陽文忠公生日偕敦夫汝翼禔龕子縝紫泉小集

漢後文章韓歐陽，群兒毀傷毋乃狂。月宿南斗日無考，究公月日言能詳。公之説詩吾無取，公疑繫辭毋乃魯。獨有師法契康成，搜剔叢殘出詩譜。立朝大節尤嶙峋，韓富文范相比倫。政事煇映已千古，風流遍被人寰春。鐘鼓清時暫行樂，叶。閑情還譜墮釵曲。荷花深恐驚鴛鴦，卓莢今猶夢鸜鵒。有琴一張酒一壺，銀槍捧盞我亦無。坐中不乏蘇梅徒，公今不樂胡爲乎。

七月三日獨游十刹海荷花已盡小飲酒樓還至金鼇玉蝀橋看花作

數月不出轅局駒，花期負却紅芙渠。連旬不斷濯枝雨，汀洲夜泣千明珠。蘭秋三日旭始曉，亟走柴車北湖道。亭亭翠蓋迎人來，兩岸垂楊數棱稻。悄然獨酌湖之濱，湖光俯照青簾新。金銀歷歷見宮闕，蓬萊縹渺疑無人。回車更沿苑墻去，宛宛玉虹隔烟霧。朱華掩冉波中央，艷帶斜陽尚無數。瀛臺瓊島望中過，水殿遥聞笑語和。賦詩馬上何年少，衹覺風光天上多。

邸鈔：詔：禁王公子弟於廟廠等處微服冶游，徵逐優伶。著王、貝勒、貝子、公等將子弟嚴加約束。及京官設局聚賭者，步軍統領衙門、五城御史嚴密訪察，無論寓賭同賭，係何職官，一體拏究。從御史文鐍請也。

二十八日庚子　晨及上午時有小雨，午後陰，晡後晴。作書致子縝，得復。發寄雲門書，以致仲彝書交子縝，致雨亭書交敦夫。

《太平廣記》卷三百十六《鬼部》引陳國張漢直一事，卷三百十七《鬼部》引鄭奇一事，皆本《風俗通・怪神篇》。近時盧抱經氏《風俗通拾補》，於張漢直條僅據元槧校，於鄭奇條僅據《御覽》校，皆未及引《廣記》。其文頗有互異可訂補者。

姜仲白來夜飯，至二更後去。其談包村事頗詳。言包立身初不知書，其稱壬戌十二年，以尚不知有同治之號，故從咸豐十一年數之。或言其意有異者，非也。自稱東安義軍，旗分五色，以白爲主。以『東』『安』『忠』『義』四字分四大營，而各統小營四，分屯四面。立身自稱統領，有文案、支應等局。外築土城僅數尺，環之，出入者皆持符以勘驗。路中多埋弩機、剡木。其地四面天險，又林木蒙翳，故賊不得近。後以薪盡，伐其樹，村保悉露，礮火得入，始不可守。其妹美英，纖頎弓足，能用雙刀，每分領部伍出盪，軍中稱英姑娘。壬戌五月，賊大隊環攻，立身自捍其北，而令美英督守東、西、南三面。村中無馬，烈日中巡行，堵禦凡三晝夜，不少息。賊幸退，而美英遂病暍死。蔣益澧疏稱村破後與立身同死馬面山者，誤也。村有包孝肅祠，爲包氏合族祠堂。立身以此爲營門，儲軍械、點視操防，皆於此。衣皆白，有斜領，器多用鳥槍。立身自用大刀，重八十斤。軍火糧食，越西南諸村落多爲之饋送。火藥槍礮，則南門外王家峰人有胥儈鮑廿二某者，爲賊軍帥，潛爲之主。後事發，賊車裂，以徇。立身遂失所恃。而縫袋者陳趙雲守古塘，與立身相犄角。賊攻古塘，陷之。有小包村者，與立身所居隔一嶺，亦屯結以守兩村，以古塘爲轄要。古塘失，遂不相聞，小包村亦陷。而馬面山者，最高峻，村之屏翳，賊又先攻破之，事益不可爲。火藥久盡，不能戰，糧亦絶。賊掘斷山脉，谿水竭，又久不雨，闔村三四里中，墻屋悉糜碎，僅餘一間屋。立身悉令婦女栖其中，男子環其外。七月朔，立身麾大旗，持刀大呼曰：『欲生者從我！』壯勇隨之者，尚七百餘人。遂潰圍出，奮死登馬面山。馬面山之賊皆棄壘走，不敢逼。山下諸守隘賊聞之，猶震恐，有思遁者。立身既登山，旗忽倒，賊圍而蹙之，士盡殲，僅一二脱。老弱婦女從之者萬餘人，皆死，或擠填阬塹爲滿。其不出者，賊悉屠割之。然終不得立身屍，有云逸去者。余所聞鄉人言包村事，言大略同。其守禦制度，仲白以嘗兩入村中，故能言之。鮑廿二事多稱道者，而不知其名，可惜也。余於壬戌冬有《書包立身事》文一首，久失其稿。又著《吊包村文》，亦言之未詳。書此以存其略。

邸鈔：上諭：前據御史甘醴銘奏榮禄濫調指揮，含混移覆，當交都察院詳查。兹據奏稱，詳核移覆原文，尚無含混等語。韓士俊於本年正月派充差使，當時未經知照，經該城查詢，始據聲明調工年月，且韓士俊係屬職官，輒派充供事差使，均屬不合，榮禄著交部議處。上諭：都察院奏，據已革四川候補同知宋大奎呈訴被參冤抑等款，除事不干己，照例不行。所控前於署名山縣任内交代未清，同案被參者十二員，丁寶楨獨將該革員押赴司監，皆由奏請回避盤踞省城之知縣丁道良從中播弄所致。又疑該革員有教令職員王余照用銀賄串言官吴鎮情事，委員將該革員守提解省，實屬冤抑等語。著丁寶楨據實明白回奏。六年正月丁寶楨覆奏：宋大奎狡詐惡劣，爲川省最不安分之員。其因虧空拏問監追，係照例辦理。丁道良爲臣緦麻姪，照例回避，因在川年久積累，一時未能起行，臣又實無力資助，困守省垣，並不出入衙署。宋大奎所誣控，不辨自明。至竈商王余照，以魚肉井廠，多養棍徒，交通京外，被自流井職員李春霖等控告。且言王余照因臣開辦黔邊鹽務，不遂其私，與黨友宋大奎等串謀，措寄巨資，致信京官，奏撤官運，並參撤唐炯。臣以宋大奎因拏問在逃通緝，即委員會同富順縣往自流井鹽廠確查，果將宋大奎拏獲。乃於既發司監之後，絶無忌憚，竟敢憑空捏控，冀圖傾陷。似此藐玩挾制，應否治以應得之罪，伏候聖裁。二十四日奉上諭：宋大奎交部議罪。丁道良勒令即速離省，不准逗留。　翰林院侍講王先謙轉補侍讀，司經局洗馬汪鳴鑾升侍講。

二十九日辛丑小盡　晴暖。作書致敦夫、子縝，以今日地藏佛生日，風日頗佳，欲偕游茶園，觀演神鬼諸劇。子縝已它出，敦夫復以無暇，遂罷。讀《爾雅正義》。子縝來夜談。

八月壬寅朔　晴，稍熱。步詣敦夫、子縝，俱不值。聞子縝已得湖南學差，遂歸。作書問禔盦疾，得復。剃頭。讀《爾雅正義》。夜得子縝書。

邸鈔：詔：本年值更换學政之期，除安徽學政孫毓汶甫經到任，陝西學政樊恭煦甫經簡放，順天學政徐致祥、江蘇學政夏同善、河南學政廖壽恒毋庸更换外，以翰林院侍講汪鳴鑾爲江西學政，工部右侍郎張澐卿爲浙江學政，户部右侍郎宗室崑岡爲福建學政，編修臧濟臣諸城，辛未。爲湖北學政，陶方琦會稽，丙子。爲湖南學政，戴鴻慈南海，丙子。爲山東學政，黄玉堂順德，甲戌。爲山西學政，鄭衍熙英山，丙子。爲甘肅學政，陳懋侯閩縣，丙子。爲四川學政，鴻臚寺少卿馮爾昌安丘，癸亥。爲廣東學政，編修秦樹春遵化，甲戌。爲廣西學政，盧崟江寧，辛未。爲雲南學政，林國柱蕭山，辛未。爲貴州學政。順天府府丞潘斯濂調補奉天府府丞兼學政，奉天府府丞王家璧調補順天府府丞。近年所差學政多政府主之，雖徇私情，亦兼采時望。此次則似不甚經意，而一孔乳臭，穢雜尤甚！幸有子縝，足以解嘲耳。以宗人府府丞陳蘭彬爲都察院左副都御史。蘭彬時出使海外，以太常寺卿夏家鎬署理。以河南按察使德馨爲浙江布政使，本任布政使增壽於七月七日病卒。以山東濟東泰武臨道豫山爲河南按察使。浙撫奏以署按察使、本任金衢嚴道英廉署布政使，温處道温忠翰署按察使。

初二日癸卯　晨及上午陰，傍午晴，午後復陰，傍晚大雨，入夜漸止。邸鈔：刑部左侍郎長敘兼署户部右侍郎。崑岡缺。户部右侍郎宜振兼署吏部右侍郎。張澐卿所署夏同善缺。都察院左副都御史程祖誥署理工部右侍郎。張澐卿缺。

初三日甲辰　晨晴，旋陰，傍午復晴，午後陰，傍晚晴，晚霞。讀《爾雅正義》，兼讀《説文段注》。子縝來。

初四日乙巳　晴，有風。詣敦夫久談。讀《爾雅》及《説文》。初食炒栗。作片致蓴庭，饋鴨一隻，鵝油月餅四斤，及蘇州蜜餞、金華鹽豉。得紱丈書。付鴨及餅餞十一千。

初五日丙午　晴。作書致袁爽秋，饋紅緑縐紗一丈，補賀其生男，得復。作書致子縝，得復。復紱丈書。付車錢六千，殷、陶媪使五千。

初六日丁未　晴暖。兩日來又覺小極，點讀陶、謝諸家詩。蓴庭饋節物，犒使兩千。作書致紱丈，饋節物。付劉順工食八千，齡兒四千。

邸鈔：命禮部尚書徐桐爲順天正考官，吏部右侍郎志和、禮部右侍郎殷兆鏞、刑部右侍郎錢寶廉爲副考官。浙江得同考官三人，編修馮文蔚、馮金鑑，御史邵曰濂。

初七日戊申　秋社日。晴，午間陰。校讀《荀子》郝蘭皋補注。頗多穿鑿迂曲之處，其精確者，王氏《讀書雜志》已采之。

邸鈔：國子監司業張之洞轉左春坊左中允。□□□賡音布授湖北武昌府遺缺知府。本任武昌府方大湜以道員留湖北補用。

初八日己酉　戌初初刻九分秋分，九月中。晴陰相間。祀曾祖考妣、祖考妣、本生祖考妣、先考妣，菜肴六豆，肉肴六豆，加特鳬，時果四盤，饅頭一盤，新栗湯一巡，晡後畢事。讀《荀子》。作書致敦夫，還《郝氏遺書》一帙。夜患嗽。

初九日庚戌　晴。得雲門五月十五日武昌書，并寄贈湖北近刻《周易姚氏學》等九種。

《荀子·成相篇》，盧抱經氏引《禮記》『治亂以相』，相乃樂器，所謂春牘。古者瞽必有相。審此篇音節，即後世彈詞之祖。篇首稱『如瞽無相何倀倀』，其義已明。《漢·藝文志》『《成相雜辭》十一篇』，大約託於瞽矇諷誦之詞，亦古詩之流也。按：盧説甚確。《爾雅》『和樂謂之節』，即《書》之『搏拊』，古用以爲歌舞之節，故曰節。以其相樂之成，故曰相。以其可拊而擊，故曰拊。鄭君注《書》及《周禮》，俱曰拊形如小鼓，蓋猶後世之鼓板。古者瞽矇諷誦，皆取法戒之語，爲有韵之文，以音節感人，使其易入。《禮》言瞽之無相，倀倀何之，後世皆解爲相師之人。古説蓋不如是。太師、少師所屬者，隸於公家，其散在民間者，亦如今之以諷誦覓食。其以相者，猶今之或以弦或以鼓。非此則人不得知，故曰倀倀何之。若云相師之人，師始有相，瞽不能皆有相也。此篇《成相》三章，第一章首云『請成相』，末云『成相竭，辭不蹶』；第二章首云『請成相，道聖王』，中云『願陳辭』，末云『治亂是非亦可識』，託於成相以喻意；第三章首云『請成相，言治方』。則相自爲樂名。成相蓋古有斯語，猶鐃歌鼓曲之比。劉子政《敘録》言孫卿『遺春申君書，刺楚國，因爲歌賦，以遺春申君』。歌即《成相篇》，賦即此篇下之賦篇也。楊注及盧説皆引《漢志》《成相雜辭》爲僻，可謂切證。而王氏引之駁之，以成相爲成治，斯不辭矣。

得紱丈書，饋節物，即復。鍾芷庭饋銀十二兩，却之。饋蓴庭節物。子縝來。禔盦來。

邸鈔：通政司參議李宏謨升内閣侍讀學士。

初十日辛亥　陰，微晴。閲朱亮甫右曾《周書集訓校釋》。剃頭。鄧獻之來。潘遹庶常來。是日順天鄉試題：『如有博施於民』至『必也聖乎』；『德爲聖人』三句；『孔子聖之時者也』；『郊原遠帶新晴色得晴字』。夜雨。

邸鈔：涂宗瀛奏參庸劣不職各員：河南郟縣知縣吕葵陽、山東，拔貢。項城縣知縣李慰喬、前署西平縣知縣佟永標、前代理濟源縣知縣宋夢蛟、商丘縣縣丞晏海湖北，附生。等均請革職，永不敘用；西平縣知縣李策清、湖北，進士。新鄭縣知縣張懷仁、甘肅，舉人。葉縣知縣鄒國寬湖南，舉人。均請改教職。從之。

荀學齋日記甲集下

光緒五年八月十一日至光緒六年三月十六日(1879年9月26日—1880年4月24日)

光緒五年己卯八月十一日壬子　雨,下午漸止。作致曉湖書,并去年十二月一書寫去。夜晴。

邸鈔:致仕大學士單懋謙卒於家。懋謙,字地山,襄陽人,道光壬辰進士,在翰林以不學聞。廣東英夷之警,懋謙以祭酒爲學政,託疾歸。宣宗甚怒之,密記御屏,有永不起用之旨。咸豐末,以見惡於巡撫胡文忠,不得已入京,馴至大用,庸庸粥飯,尸位而已,朝論亦輕之,乃告歸。詔旨褒惜,贈太子太保,照大學士例賜恤。其子郎中大經擢知府,孫啓藩賞舉人。謚文恪。詔:總管內務府大臣安興阿照吏部議革職。兵部所議降三級調用處分,照例註册。郎中連蔭照部議降三級調用,並申飭。吏部堂官以於安興阿失察各節,概以『規避』二字定擬,不分晰聲敘也。

十二日癸丑　陰,上午時見日,下午霒陰。作復王芝仙書。傍晚詣敦夫,小坐即歸。晚有雷,夜雨,五更雨甚。

十三日甲寅　終日密雨,下午益漆沛。作致秦澹如觀察書,致吴碩卿廣州書,皆謝其寄贈書籍也。復秦鏡珊江寧書,復雲門宜昌書。致薛慰農江寧書,并寫去冬自壽詞三闋寄之。得季士周催租書,即復。夜雨。料檢一年來知好簡札,見牧莊零片甚多,悽愴久之。

邸鈔:以詹事府詹事孫毓汶爲內閣學士,兼禮部侍郎銜。以額駙公棍楚克林沁補授正黄旗漢軍都統。安興阿缺。

十四日乙卯　晨晴，旋陰，復雨，至午止，日出，復陰，傍晚風起，晴。作書致袁爽秋，得復。作致王弢夫黃巖書。禔盦來。得伯寅尚書書，饋銀三十兩，即復謝，犒使十千。得禔盦書，饋節物，即復謝，犒使三千。作書饋禔盦節物。作書饋子縝節物。署吏送秋季養廉銀十二兩來。夜晴，月甚涼綺。

邸鈔：吏部左侍郎成林卒。成林，鑲白旗滿洲人，字竹坪，咸豐乙卯舉人。貪競猾鄙，士林羞伍。其語言猥褻，京師多傳之以爲笑柄。年甫四十，忽暴疾死。詔：成林由司員洊升卿貳，在總理各國事務衙門行走，補授總管內務府大臣、左翼總兵，練達勤能，克盡厥職。兹聞溘逝，軫惜殊深。加恩賞給太子少保銜，照侍郎例賜恤。伊子主事懷清賞給員外郎，俟及歲時分部學習行走。以吏部右侍郎志和轉補左侍郎。以兵部右侍郎烏拉喜崇阿調補吏部右侍郎。以內閣學士恩麟爲兵部右侍郎。户部左侍郎麟書補左翼總兵。副都統、三等承恩公照祥充崇文門副監督。詔：志和、廣順均補授總管內務府大臣。

十五日丙辰　晴。以致薛慰農、秦鏡珊書託袁爽秋轉寄金陵，作書與之，得復。作書致季士周，付房租十金，計今年已付四十六金矣。陋巷之居，真不易哉！霞芬來叩節，設果茗小款之，贈以二金，予其僕錢十千。子縝來。得禔盦書。子縝饋節物。夜月甚清皎，而頗寒。家人設月宫符見□□□《北京歲華記》所謂『兔如人立』者也。果餅飣餖，又摘庭際新産甜瓜二，以青白小磁碗託之，此京華獨步者也。是夕望。是節還逋券及犒賞等，共費銀二十兩有奇，錢五百七十千有奇。

十六日丁巳　晨及上午陰，午後晴。作書致陳培之，屬轉寄吴碩卿粤東書。作書致禔盦，屬轉寄秦澹如衢州書。又以致弢夫書交三台館，及發雲門宜昌書、王芝仙甬上書，以致曉湖書屬芝仙轉寄上虞。作片問姜仲白出闈。得禔盦復。讀《特牲饋食禮》。

邸鈔：上諭：清凱奏奉天張士林、王永慶、武鳳三犯，既已犯法，應斬無疑，乃臨刑時僅辦王永慶一人，張士林、武鳳釋回擬軍，有違國典，請飭岐元明白回奏一摺。此案昨據岐元奏馬兵王永慶離營聚賭，當經正法，並請將徇情不舉之該管員弁革職發遣，當降旨將都司張士林、千總武鳳革職發往新疆充當苦差。原因張士林、武鳳係王永慶之該管官，任聽所部兵丁擅自離營聚賭，從嚴懲辦。該署將軍所擬革職發往新疆，不爲輕縱。該副都統任意瀆陳，殊屬多事。清凱著傳旨申飭。

十七日戊午　晴。先妣忌日，供饋菜肴八簋，加肉肴二簋，爲先君也。饅頭兩大盤，肉餡、糖覈饅頭各一盤，時果四盤，蓮子湯一巡，酒三巡，清茗飲一巡，飯兩巡。又以後明日爲仲弟忌日，祔饋於右，加肉肴二豆，菜羹一器，饅頭一盤。晡後畢事，焚楮泉二挂。王弢夫之弟通判彦瀓來，不見。子縝、敦夫、姜仲白來，亦不見。今日例謝客也。得敦夫之兄益夫八月一日書，言阮孝林福昌物故。孝林己未舉人，嘗入貲爲刑部主事，頗不修邊幅，而才鋒雋穎，文筆清雅，經史小學，亦都略涉，尤善作畫，人物山水，俱工致秀麗。吾邑之才美，實無逾之者。惜嗜好太多，不能專精，鄉人以狂士目之。而極服膺於余，每與之言學問詩賦，皆能悉其閫奥。以母年逾八十，辛未後不赴會試。今年甫過四十，遽從委化，可歎惜也！其婦爲故山東巡撫陳慈圃慶偕之女，美而甚賢，孝林數爲余言之。作書致蕚庭，饋以饅頭、魚肉。作書致敦夫、子縝。敦夫、仲白來夜談，以素食款之，二更時去。付肴饌果醴等錢二十千。更夫楊以是日上庸，付錢七千又二千。付製絮被錢三十千。

邸鈔：上諭：都察院奏，孔昭鈖之子生員孔憲瀛，遣抱以伊父被殺，顯係楊玉科主謀，倚仗財勢，巧爲營脱等情，赴該衙門呈訴。著劉長佑、杜瑞聯將所控各節歸案訊明具奏。以内務府郎中錫祉爲上駟院卿。

十八日己未　晨至午後晴，晡陰，復晴，晡後霒陰，晚晴。讀《特牲饋食禮》。族叔海觀之妾某氏及其子比數數來，余必令家人待以酒食，且少資以錢。今日復來乞貸，又爲設食，給以錢二十千。

邸鈔：上諭：銘安奏請將前調來營候選知府高同善留於吉林差委一摺。高同善著發往烏魯木齊，交恭鏜差遣委用，所請著毋庸議。

十九日庚申　陰，上午微有日景，晡後霒陰。仲弟今日再期之忌，服除已稔，悲痛何言。念其家中，婦既不賢，又苦貧窶，不特大祥之祭，無子克承，一碗菜羹，亦不易得。因爲更設肉肴四豆，一羹二醴，集以茶飯奠醊。逮晚，爲焚紙繈，冀其天涯魂魄得以一飽耳。作書致汝翼。夜雨。

邸鈔：上諭：吏部奏邊疆大臣擬在都中設局，派員轉運，據咨請旨一摺。烏里雅蘇臺將軍春福等，以該城采買皮衣軍裝、調取火藥等事，擬於京城設轉運局。又未奏明請旨，遽派刑部員外郎希賢、長春二員兼辦局務。向來無此辦法，實屬任意妄爲。烏里雅蘇臺將軍春福、參贊大臣車林多爾濟、杜戛爾均交部嚴加議處，所擬設局，著不准行。九月十四日兵部等議奏，春福、杜戛爾俱降四級調用。詔春福改爲降三級調用，與杜戛爾均罰俸六年，照例暫停開缺；卓林多爾濟罰扎薩克俸六年。

二十日辛酉　晴。汝翼來。閲錢溉亭《淮南天文訓補注》。剃頭。敦夫、子縝來夜談。夜風，頓寒。

邸鈔：以翰林院侍讀學士寶廷爲詹事府少詹事。左贊善張楷升右春坊右中允。

二十一日壬戌　晴。子縝、敦夫、仲白來。

下午偕至琉璃廠閲市，見《植物名實圖考》六十卷，固始吴瀹齋中丞其濬著，蒙自陸稼堂中丞蔭穀校刻，有道光二十六年陸所作序。圖繪極精，考亦援證博雅。其三十八卷以上，分穀、蔬、山草、濕草、石草、水草、蔓草、芳草、毒草、群芳、果、木十二類；以後爲長編，别爲卷數，分類如前。

是日至聖先師生日，本欲約同人陳經以拜，因聽事穿漏，未能絜黝，故適市閲書，以當羹墻之見耳。子績邀至東研齋夜飲，二更後歸。族弟小圃來，不值。

二十二日癸亥　晴。比日漸寒，西山蒼翠，時形夢想。前夕夢在會稽過城北洺桑村社，廟前丹楓一樹，紅艷獨絶。余歎詫曰：『霜葉已紅至此耶！』左顧間，忽見隔水一山，近時若屏嶂，秋林竦立，青紅相間，疏秀静妍，無異畫圖。余指示舟中人曰：『此山川勝絶，人間仙府。曩在京師，聞西山秋望之美，恨不一游之。』復指祠前樹曰：『山前紅葉雖佳，不及此樹尤爲麗矚。』舟行漾漾，俄頃已失，而眷戀甚至，頓以醒寤。亟欲待旦起，約同人爲襆被之游，而以語諸君，無能應者。生乏濟勝之具，不能獨游，結念虚殷，時爲惝罔。

二十三日甲子　晨晴，午後微陰，晡陰。患暴下，不食。姜仲白來。閲李香子《説文辨字正俗》。

邸鈔：上諭：丁寶楨奏查明都江堰之分水大魚嘴勢難向後退修一摺。據稱四川都江堰之分水大魚嘴，從前創設，原在安瀾索橋之下。嗣因河道遷改靡常，節次興修，向前移置，已歷五六十年。内外兩江自此畫分，使下流水勢稍殺。恩承等勘工之時，正在冬令水涸，於江流漲漫情形，未經目睹。若如所議，退修四十餘丈，則上流之急湍狂瀾，并力直注，恐新工無從下手，而人字堤當衝更甚，尤易潰決。現據該省官紳耆民等僉請毋庸更議退修，以免内江漫淹等語。都江堰之大魚嘴，爲四川十四屬分水緊要關鍵，既經該署督查明實在情形，即照所請，毋庸退修。至淘去外江淤沙，平墊内江深槽各工，仍著丁寶楨督飭所屬，悉心妥辦。倘有疏虞，必惟該署督是問。上諭：丁寶楨奏遵查道員勞文翽管理籌餉局務，並未私提銀兩，該員與前署華陽縣知縣、瀘州知州田秀栗亦無交結門丁黄瑞廷之事，據實覆陳等語。道員勞文翽，既據丁寶楨責成兩司查明，委無違例濫支情事，平日亦無别項聲名，業經撤去籌餉局差使，即著毋庸置議。知州田秀栗，雖據奏稱並無庸劣聲名，仍著留省隨時察看。門丁黄瑞廷已否驅逐出境，未據該署督聲明。著懔遵前旨，即行驅逐出境，毋任逗留。

二十四日乙丑　丑初初刻二分寒露，九月節。終日霒陰，午後微見日景。

閲晉江陳頌南侍御慶鏞《籀經堂集》。十四卷，其門人光澤何比部秋濤所編，《補遺》二卷，其同邑龔編修顯曾所編，而以活字版印行之。何氏所輯，在道光丙午，有跋，言：先生所作，恒爲人持去，篋中僅存數十篇，又得乙巳冬至丙午夏所作數十篇，合而綴之，蓋不復别擇。故其第二卷所載奏疏，雖寥寥數行，公事公牘亦具列之。又詩文共百三十七首，而第十卷載壽序至十九首，顯曾所補詩文共十七首。時侍御已久歿，而僅得此數，蓋遺佚者多矣。侍御一代偉人，窮經博覽，所著有《三家詩考》《穀梁通釋》《古籀考》《説文釋文校本》《齊侯罍銘通釋》，皆未見於世。是集雖僅一斑，而所收策問、鐘鼎、考跋諸篇，湛深古義，彌可寶貴。其《與李子迪檢討光彦書》論等韵雙聲之學，尤晐洽絶倫。

二十五日丙寅　終日霒陰，頗寒。齒痛不怡，寒色蕭然，取《周》《隨書》及《北史》雜校之，以遣晦窗病景而已。得紱翁書，即復。夜雨至曉。

二十六日丁卯　雨，終日不絶。作書致敦夫、子縝，得子縝復。邑館告今日秋祭，不往。潘孺老簡廿九日飲樂椿園。召裝潢匠人表糊廳事。朱亮生采來，以客次無坐處，不見。是日對雨得詩一首，又補作三首。

仲弟再周忌日夜坐聞雨作

逝者不可作，歲月忽已積。音容漸以渺，形骸去空宅。貧賤難家居，出門若驅迫。别爾已傷心，况今泉下客。除服倏逾期，悲懷耿猶昔。質衣營一奠，蕭寥具肴核。冀爾就形影，無爲餒魂魄。顧予日就衰，五十髮早白。同氣無殊稟，豈能久駒隙。徒抱家國憂，疾疢苦百役。長安秋氣深，荒巷斷行迹。槭槭雨聲至，一燈澹將夕。遠聞鴻雁聲，念爾獨何適。幾時歸計成，買山面林澤。葬爾先隴旁，列隊樹松柏。其前環丙舍，安予嘯歌席。首丘庶可遂，神理應不隔。百年歸有期，嗟痛亦何益。

夜夢經會稽明桑村見秋山紅樹其實村本無山也

久與故山别，秋來鄉思盈。夜夢里中出，漾舟東北行。言過明桑社，一樹霜華晴。艷逾春葩發，綺映丹霞明。左顧一山起，立水如相迎。秋林粲以峙，青黄雜鮮頳。圖畫豈云過，仙區亦難名。越中谿山美，東南靈秀并。平生烟霞懷，此地非所營。胡爲入我夢，巖壑生幻情。外家澄湖埭，去此三里程。幼少屢經過，村落多紆縈。卧或枕母膝，識此鷄犬聲。壯歲事游宦，慈蔭悲俄傾。諸舅久凋謝，門户委棘荆。廿年絶行迹，寤寐常怦怦。馬山不可見，園林有餘清。眼前得此境，凄然傷我生。馬山，鎮名，在明桑、陸家埭之間。相傳鎮市中隆慶寺廚下，有石脊起，即其山也。《嘉泰志》：『馬山橋，在縣東北二十里。』『二』當作『三』。

簡同人爲西山之游

倦客厭塵境，秋色歸名山。一陘太行秀，西作神京環。其中富巖洞，精藍宅金仙。清谿絡潭柘，高樹表戒壇。時見白雲出，相與飛鳥還。頗聞秘魔崖，楓槲交黄丹。鐘磬出其下，微露斜陽殷。偶聞踏葉聲，一二歸僧閑。栖心宿此境，密坐圍飛泉。尋幽乏濟勝，即此堪躋攀。香山與翠微，了了林麓間。爲語笻屐侶，惜兹烟景鮮。

秋日對雨追悼牧莊之作

積晦凄素秋，霢霂續晨雨。去。静對空齋中，蕭條數庭樹。落葉漸阤平，寒卉尚籬護。陰霃覺檐低，閑澹得窗曙。偶聽寒鴉過，時見流云度。焚香黯經帷，幽獨此焉處。素書空復披，塵琴積已故。言念平生歡，開徑幾人與。張子獨余愛，時時枉芒屨。風雨聞叩門，跫然識君步。析疑鉤幽深，搜遺榷訛誤。紛綸十經義，覼縷百家注。得理無游談，深衷絶浮慕。頻見墮燈燼，亦或設寒具。流淖交九衢，笠屐自來去。何期斯人亡，予懷復誰許。默學爲世尤，力貧亦天妒。寂寥虎賁飲，凄惻思舊賦。敢云達者希，孰識静中趣。滴歷蓬蒿深，惆悵閑庭暮。夜雨聲達曉。

二十七日戊辰　晨密雨，上午少止，午後略見日景，旋復霃陰，時有溦雨。閲《隋書》刑法、百官諸志。鄧鐵香來，以客次表糊未完，不見。是日作《包英姑歌》，嘗見浙撫奏疏中作包美英，近日姜仲白言，曾兩入包村，深稔其事，人皆呼爲英姑娘，未聞其名美英也。余久欲以詩著之，今日雨中無事，遂成斯作。

包英姑歌

諸暨人，包立身妹也。署浙江巡撫布政使蔣益灃疏言：包村之破，英姑偕立身同戰死馬西山。辛酉、壬戌間，余在京師，不知其詳。今年己卯，客有談英姑事者，作此正之，而立身事亦附見焉。眉批：諸暨人云云當另行低一格書，而於題下注『有序』二小字。

包家有女名英姑，娉娗二十頗有餘。纖纖玉皙彎雙趺，生小不著羅綺襦。朝汲澗中水，暮爨山下蘇。包山一村外，不識陌與衢。一解。

一朝狂寇沸江汜，先屠郡縣次鄉里。彈丸一村毒烽指，百萬連營猰與兕。阿兄奮呼裂裳起，悉集耰矜誓諸市。市人讙言各效死。豈有城與墉？環以六尺枳。豈有濠與隍？塹以一歸水。兄力拔山衆所恃，妹從兄兮力是視。二解。

夜縫戰士裳，朝作軍中漿。出門驅賊如驅羊。阿兄巨刃摩天揚，小妹雙刀明月光。甲繒茶白繡裲襠，揮刀先後如雪霜。紛紛頭落千貪狼，血滿褒褶不洗妝。歸來語女伴，照水匀鴉黄。盈盈入門去，上膳耶與娘。三解。

東安忠義各分伍，桓桓四營悉貔虎。阿兄統領四軍主，妹領中軍督所部。壬戌五月賊大舉，礮火殷天矢如雨。兄呼妹言亟集旅，北當賊衝賊所聚。我捍其北落賊距，東西南面屬之汝。阿妹聞兄言，嘯隊齊出堵。是好男兒死此土，有不出者視我斧。四解。

赫赫炎曦燒火雲，附循保壁恃一軍。崎嶇晝夜無停奔，弓足戍削曳布裙。出不騎馬入守門，渴無水飲飢無飧。忠義苟不失，辛苦非所論。五解。

賊尸蔽野血漂筏，賊圍幸開女力竭。矢石不死死以暍。耶娘已終女事卒，語兄好爲視無忽。是爲穆宗元年之六月，青山一抔首埋骨。兩旬村破氣沖孛，血海屍林莽同窟。使者入告女戰歿。死非女重事當核。我作此詩補貞碣。六解。

邸鈔：編修周德潤臨桂，壬戌。升國子監司業。冬官正陳希齡升欽天監右監副。刑部郎中章乃畬補江南道監察御史。禮部郎中綿善仍以四五品京堂補用。刑部郎中文綬、剛毅、謝鉞均交軍機處記名以道府用。

二十八日己巳　晴。表糊東房，料檢書籍，日夕紛紜。買菊花二十四盆。點閱《籀經堂集》。作書致袁爽秋，以朱亮生寓其家也。得是月朔日家書。得仲彝是月十四日書，言已於十三日扶柩歸里。

得陶心雲十三日書，并寄來吴滔山水一紙。作書致禔盦，作書致子縝，俱爲仲彝、心雲轉致書。兩得子縝書。付表糊錢七十五千，菊花錢五千七百，賞庸僕搬書理具錢五千。

二十九日庚午　晴，有風，頗寒。兩得禔盦書，爲九日天寧寺餞子縝事也，即復。閱《古經解鉤沉》。剃頭。下午詣禔盦，不值。詣樂椿園，赴孺初之招，坐客爲許編修振禕、劉光禄錫鴻、潘編修衍鋆、鄧鐵香、袁爽秋，晡後散。詣殷蕚庭，傍晚歸。得紱丈書，借日記，即復。得禔盦書。是日小盡。印結局送來是月公費銀二十一兩一錢六分。付車錢五千。

傷逝四首有序

爲謝給事增、阮刑部福昌、楊工部仲愈、家兄刑部國彬作也。四君皆於今年夏以次物故。雖蹤迹不恒，情好或異，然親故之感，不能已也。詩以傷之，非特使其名見，亦以歎老死之易耳。給事字孟餘，儀徵人。刑部字孝林，會稽人。工部字子恂，侯官人。家兄字雅齋，大興人。孝林年最少，而有志於古，其死尤可惜也。

黄門吾老友，廿載不遷官。玩世詼諧熟，求人面目難。中年登上第，早歲列詞壇。學佛窮途事，生天亦未安。

不見阮生久，清狂一代才。忤人因笑駡，養母竟蒿萊。舊恨縈瑶瑟，奇書探玉杯。霜紈金碧畫，展玩有餘哀。孝林善畫，爲余扇頭作工細山水三事，至今藏之。

楊生少予二，擢第盛年時。揮斥萬金盡，疏狂四海知。平生多狎妓，餘事亦爲詩。與爾稱兄弟，先凋倍可思。子恂壬戌由中書成進士，咸以鼎甲待之，時宛平王發桂侍郎爲磨勘官，素稔其狹邪縱酒，摘其小疵，罰停一科。次年癸亥選庶常。假歸，久不敢入都十餘年。散館，改工部，皆以薄游累也。

與兄爲袒免，己丑歲同生。同竊貲郎籍，同題乙榜名。杜門憐共病，無子各傷情。垂死不爲別，忍聽嫠泣聲。雅齋病篤時，屢致聲余爲延醫，竟不果，而遽殁。蓋不相見者五六年矣。嘗三娶妾，卒無子。其今婦去年新娶，與余納席姬同日，年甫二十餘也。

邸鈔：詔：浙江巡撫梅啓照來京另候簡用。以陝西巡撫譚鍾麟調補浙江巡撫，以刑部左侍郎馮譽驥爲陝西巡撫。刑部右侍郎錢寶廉轉左侍郎，以山東布政使薛允升爲刑部右侍郎。薛允升前有旨令署漕運總督，俟文彬陛見回任後來京供職，未到任以前，以兵部右侍郎朱智兼署。薛允升，陝西長安人，咸豐丙辰進士，以刑部郎中出爲江西饒州府知府，五六年間遂爲刑部侍郎，近來罕見者也。聞其人頗長案牘，在刑部司員中刑名稱最。蓋能吏而速化者，近日如福建巡撫勒方錡以江蘇候補道六年而致閩撫，湖南巡撫李明墀以湖北漢黄德道未五年而撫閩、撫湘。方錡，江西新建人，以拔貢舉人爲刑部郎，直軍機。咸豐九年，出爲廣西知府。遭回十餘年，始補江南鹽巡道。明墀，江西德化人，以生員承其兄難蔭雲騎尉，得改主事，選知府。同治十年，湖廣總督李瀚章等題補漢黄〈德〉道，吏部再駁不准。瀚章入覲面陳，特旨補授，而旋皆越次驟進。薈蔚朝隮，莫知其由也。

九月辛未朔　晴。感凉，不快。得紱丈書，即復。閲《古經解鉤沉》。姜仲白來。禔盦來。服仲白方藥。

邸鈔：以甘肅布政使崇保調補山東布政使。以四品頂帶、前浙江巡撫楊昌濬賞給三品頂帶，署理甘肅布政使，仍幫辦甘肅、新疆善後事宜。

初二日壬申　晴。身微熱，肝氣逆上，小極，多卧。

閲朱伯原長文《墨池編》。雍正間吴下刻本，猶二十卷之舊，其中『真』字皆缺筆，避宋仁宗嫌名，蓋本宋槧翻刻者。《四庫》僅收六卷合并本，未見此本也。然亦多誤字。前有玉若霖澍序，後附明朱象賢《印典》八卷。

初三日癸酉　晴和。整理臥室，糊墻移榻，終日勞攘。兩得紱翁書。傍晚詣鄧鐵香，久談。夜作書致紱丈。咳嗽甚劇。付糊房錢十四千。

初四日甲戌　晨及上午陰，午微晴，復陰，下午間有日景，晡後陰。出門答拜朱亮生，久談。亮生新自山左還保定，仍以知府分發直隸也。答拜王弢夫之弟彦澂，不值。詣浙江學政張霽亭侍郎、浙江按察使孫家穀兩家送行。侍郎本相識，按察之弟庚午同年。此輩昏昏，本不煩酬醋，以桑梓所託，姑爲之厚也。各報以一刺而歸。姬人輩詣禔盦家，其細娩招飲也。朱蓉生來，不晤。敦夫、子縝來夜談。付車錢十二千，羊家僕犒八千。

初五日乙亥　晴暖如春中。孺初來。鄧鐵香來夜談。昨日咳嗽兼身熱，今日小愈。以日間芟整花樹，小覺勞倦，又多談傷氣，夜復多咳，不快。

邸鈔：以盛京副都統清凱調補鑲白旗漢軍副都統，以鑲白旗漢軍副都統謙德調補盛京副都統。

初六日丙子　晴和。菊花漸開。作書致敦夫，得復。作書致弢夫之弟清夫，約晚飲，以事辭。洗足。閲《隋書》。得子縝書。兩日天氣甚佳，不得游西山，甚以爲恨。付劉順工食錢八千，齡兒四千。

邸鈔：詔：湖北督撫將來歲新漕三萬石提前辦運，趕於封河以前由輪船運赴天津，應直隸今年冬間振撫急需。從李鴻章請也。詔：遇缺題奏按察使劉盛藻，現經李鴻章奏調差委。該員現在安徽本籍，著安徽巡撫飭令來京，由吏部帶領引見，再赴天津交李鴻章差委。上諭：太僕寺少卿鍾佩賢奏秘審緩決人犯，定擬似未允當，請飭覆核一摺。據稱會議各省秋審，有河南斬犯李金木一起，情節甚重，法無可貸，刑部照擬緩決，與例不符。著刑部將所奏及前次籤商各節詳細覆核，務期允當，毋得稍存成見。李金木因其小功服姪李淦年甫五歲，項有銀圈，欲誘取之。不得，遂聽李泳杜之言，致淦死。泳杜以繩拉淦，金木助之。河南擬金木、泳杜皆抵死。泳杜斃於獄，戮其屍。金木依功服尊長圖財殺害卑幼，照平人謀殺律擬斬監候。巡撫徐宗瀛酌入緩決。讞上刑部，如所擬請旨。詔覆議。

初七日丁丑　晨霡陰，上午溦雨，午後漸密，有風，傍晚雨益甚，入夜北風寒勁，雨止星見。得禔盦書，即復。殷萼庭來，邀飲宴賓齋，不往。比日嗽劇，又屢患疾動，今日罷乏殊甚。校《隋書》及《北史》。

初八日戊寅　晴，風甚寒。校《隋書》及《北史》。作書致禔盦，得復。作書致子縝。俱以明日作重九事也。剃頭。鄧鐵香邀同孺初晚飲宴賓齋，夜一更後歸。

邸鈔：上諭：刑部奏稱李金木以功服尊長，圖財聽從謀殺年甫五歲小功服姪。因例無首從明文，是以照擬緩決。現據鍾佩賢奏稱該犯蔑理忍心，法無可貸，覆加查核，請旨改入情實等語。著照所擬辦理。刑部堂官照擬緩決，並此次摺內所引四川張啓志一案，係竊盗拒殺，與李金木圖財謀殺之案，情罪不符，均屬未能妥協，著交部議處。刑部援道光十四年四川張啓志以竊盗拒殺緦麻服十歲幼童，秋審入緩決一案爲比，云張啓志以緦麻爲首之犯，既可從緩，李金木係功服爲從之犯，亦可原情。

督辦福建船政光禄寺卿吴贊誠奏病難速痊，懇請開缺調理。許之。以前直隸按察使黎兆棠賞給三品卿銜，督辦福建船政事宜。

初九日己卯　晴，下午微陰，上午有風，晡有大風。敦夫、仲白來。鄧獻之來，以中秋日游龍樹寺詩送閲，并約今日飲松筠庵，辭之。午後出廣寧門，詣天寧寺，集山下禪房，偕禔盦、敦夫、仲白餞子縝之湖南，且作重九也。曾君表後至，霞芬亦來。晚歸。禔盦招同敦夫、仲白至文昌館聽燈戲，乙丑團拜也。張芝圃贊善爲主人。夜三鼓歸。付廚傳下賞十二千，車錢八千五百，霞車飯四千。

初十日庚辰　寅正二刻十三分霜降，九月中，晴。寓中菊花大開，玩賞無多，經營殊苦，此亦虛費日力之一事也。族弟小圃來。

邸鈔：以鑾儀衛鑾儀使岳林爲内閣學士，兼禮部侍郎銜。左春坊左中允張之洞升司經局洗馬。

十一日辛巳　晨至午晴，午後微陰，晡後陰。

《韓詩外傳》九所載孔子聞皋魚哭聲事，《説苑·敬慎篇》作丘吾子。蓋『皋』『丘』雙聲，『魚』『吾』疊韵，古皆通用。《南史·孝義·韓懷明傳》云：懷明師南陽劉虯。虯嘗一日廢講，獨居涕泣。懷明竊問虯家人，答云是外祖忌日。時虯母亦已亡矣。懷明聞之，即日罷學，還家就養。虯歎曰：『韓生無丘吾之恨矣。』正用丘吾子云『吾少好學問，周遍天下，還後吾親亡』之語。《梁書·孝行傳》作『虞丘』，『虞』『吾』亦同音通用。本當作『丘虞』，校刻者不知其義，妄乙爲『虞丘』耳。《周書》及《北史·儒林·樊深傳》云：『嘗讀書見吾丘子，遂歸侍養。』亦是誤倒。《梁書·孝行傳》論云：『至如丘吴，終於毁滅。若劉曇净、何炯、江紑、謝藺者，亦二子之志歟。』『吴』『吾』亦通用字。惟云『二子』，則似分丘吴爲兩人，蓋姚氏偶誤耳。

十二日壬午　晴，風。得朱肯夫七月七日長沙書，并惠銀二十兩。换聽事所懸書畫。付篆幅裝池錢八千，喜兒工食四千。

閲宋于廷《小爾雅訓纂》。《浮谿精舍叢書》之一也。凡六卷，其第六卷爲序録及逸文之類。其書視王氏《疏》雖較精密，然王氏逐字爲疏，無一遺漏，此則於習見及不可强通者略之。又在王氏之後，繼起者易爲功，亦猶郝氏《爾雅疏》繼邵氏《正義》而作，雖視邵加精，而邵之用力爲尤難。此非鄉里之私言也。王氏於本書，字字謹守，務申其誼。宋氏則謂此書既掇入《孔叢》僞書，必有竄亂，須别擇言之，此其用意之少殊耳。近儒爲《小爾雅》學者，王汾原氏及此書外，胡氏承珙有《義證》，嘉定錢氏東垣有《校證》，葛氏其仁錢氏同邑人。有《疏證》。胡氏墨莊遺書早刊行，葛氏書近日姚彦侍刻入《咫晉齋叢書》，惟錢氏書未見刻本耳。

子縝姬人文湘來辭行。買石炭二千斤，付錢九十二千二百八十。

邸鈔：翰林院編修何金壽授江蘇揚州府知府。

十三日癸未　晴，有風。校《周書》及《北史》宇文護、尉遲迥、獨孤信、王雄、楊檦、此俗『標』字，然北朝皆如此作，碑版可證，楊在當時公私書名亦必作此，不得以俗字改『標』。達奚武齊、王憲、王軌、宇文孝伯、神舉等傳，終日考索，以細書附注，入夜不息，頗覺疲勞，咳嗽復劇。作書致子縝，饋以柰、梨、餅餌、杏人、核桃人、藕粉，并贈以《集韵編雅》，還所借《小爾雅訓纂》《長安獲古編》。得敦夫書，即復。得子縝復。付楊媪工食銀三兩，陶宅禮物錢三十二千。

十四日甲申　晴，稍和。課僕澆花。閲《隋書》。敦夫、仲白來，留之久談，夜共食湯餃，二更時去。比夕月甚佳，今夜尤皎。

邸鈔：以太常寺卿夏家鎬爲宗人府府丞。

十五日乙酉　晴和。校《隋書》及《北史》列女傳。是日順天榜發，紹興中三人：馮彬蔚、石庚、沈楨，皆會稽籍，不知何處人也。王廉生獲雋，出繆小山房。作書致敦夫，得復。作書致繆小山。子縝來夜談。

邸鈔：上諭：詹事府少詹事寶廷奏明刑弼教，當遵經訓，寬嚴互用一摺。自古用刑，惟期明允，律例之意，原與經義互相發明。秋審各案，刑部及各衙門會議後，案律定擬，朝廷仍確加酌覈，分别施行。此次李金木一起，因鍾佩賢奏請，經刑部覆覈改實，並非有意從嚴。嗣後内外問刑衙門辦理刑獄，務須詳慎持平，固不得過於寬縱，亦不得因有此案，相率苛求，致失罪疑惟輕之意。

十六日丙戌　晴和如春。終日坐客次南窗，對菊讀《周書》。何達夫來，新改江西知縣，來辭行。夜過子縝家，同至霞芬家飲，敦夫爲主人。是夕望，月皎於晝。三更後歸。得繆小山書。汪升以是日受庸，付錢五千。

邸鈔：廣西巡撫張樹聲奏特參庸劣各員：龍勝通判陳紹奎，署凌雲縣知縣、補用同知陳泰裕，補用通判李可權，補用知縣張海平，新寧州學正張燦奎等八員，均請革職，永不敘用；歸順州知州何應祥，卸任凌雲縣知縣、試用同知羅長華，署富川縣知縣、試用同知崔桐，署靈川縣知縣、試用知州方功濬，補用同知梁學義，候補通判程銑，柳州府學訓導周發春，永福縣教諭邱静觀，候補布政司經歷劉楷等十三員，均請即行革職；補用知縣王瑞霖、崇善縣知縣陳榮洙，均請改以教職銓選。從之。

十七日丁亥　晨微陰，上午後晴。讀《隋書》。剃頭。得張子中是月八日吴興書。姜仲白來。夜乘月過敦夫、禔盦、子縝諸君談，二更歸。三更後大風。

邸鈔：湖北候補道方大湜授湖北安襄鄖荆道。

十八日戊子　晴，有風，午後漸止。據南窗校《北史》，適有熟客來談，終日不去，甚以爲恨。繆小山來，不晤。

邸鈔：上諭：都察院奏編修廖壽豐等呈請代籲永免加漕銀兩一摺。據稱江蘇嘉定、寶山二縣，因賦則較輕，於辦理減漕案内，未減分豪，而統計應解漕銀，名輕實重，民力竭蹶，請飭將應解江安道庫加漕一項核議寬免，抑或另籌體恤等語。江蘇普減漕糧一案，出自特恩，何以嘉定、寶山二縣未經議減？該二縣賦則輕重，究較各屬何如？道庫加漕一項，能否寬免？著沈葆楨、吴元炳酌度情形，奏明辦理。

十九日己丑　晨至上午晴，微陰，下午陰。終日閱《隋書》，并揭櫫。以銀七兩六錢五分贖丙子十一月所質珠毛袍褂一襲，又以京錢二百八十五千贖今年春中所質狐裘三領。禦寒所賴，剜肉以謀，薪米之資，又無所出矣。作書致朱亮生，約其過談，得復。作一文字致子縝。夜得紱丈書，即復。

邸鈔：上諭：步軍統領衙門奏已革提督李有恒之母李易氏，遣抱以伊子被罪冤抑，赴該衙門呈訴，據情代奏一摺。此案經刑部議奏，將李有恒照議斬監候，秋後處決。案經迭次查辦議結，何得再有翻控？所呈著不准行。

二十日庚寅　晨溦雨，上午時作時止，下午稍密，晡後霃陰。

校《隋書·音樂志》及牛弘、鄭譯、何妥傳。據《音樂志》下卷，牛里仁等議樂，引《東觀書·馬防傳》『大予丞案：今本誤作太子丞。鮑鄴等上作樂事』，凡一百八十二言，一字爲一言。今《東觀記》輯本止『防上言聖人作樂』云云五十四言，而《後漢書·馬防傳》惟『是冬始施行十二月迎氣樂，防所上也』一語。又引《順帝紀》云『陽嘉二年冬十月庚午，至作樂器如舊典』共四十九言，而今本《東觀記》乃無一字。知掇拾遺落，蓋亦多矣。《馬防傳》云云，《續漢書·律曆志》注引作薛瑩書，其文較《隋志》尤詳而微異。知里仁等所引，實出《東觀記》也。薛瑩，晉散騎常侍，撰《後漢記》一百卷，見隋唐《志》。

有昆明人傅培基，甲戌進士，官刑部主事。其姊許字同邑潘俊。時傅之父官於山東，而俊之父知江西九江府。寇亂道阻，不得成嘉禮，俊遂納妾生子。未幾，俊卒。培基之姊聞訃，慟哭請死，家人禁之，乃縗服，誓終身不嫁。今十九年矣。俊子樹勳已長，入都來迎母。涓吉以今日適潘氏之門。培基，庚午同年也，致柬於余。余深感其事，本欲贈以楹帖，且親往。既觀其柬，雖不言喜酌，且別紙詳其事，然無不受分資之語，蓋猶是請人情常例也。送以禮錢四千，書曰『松筠之敬』。朱亮生來。付槁陶宅婢媪錢五千，更夫楊庸錢七千。

邸鈔：欽天監左監副周鴻賓升欽天監監正。右春坊右贊善裕德升右中允。兵部郎中貴成授直隸熱河兵備道。

二十一日辛卯　晨霧陰，午小雨，終日陰。校《隋書·宇文愷傳》及《北史》牛弘、宇文愷傳。子縝來話别，以銀五十兩爲贈。

二十二日壬辰　晴，下午微陰，地氣潮潤。得紱丈書，即復。午出門答拜朱亮生、何達夫，皆晤。詣敦夫、子縝，小坐詣王可莊修撰晤談，爲託延崇兩都統謀族叔海觀熱河歸柩事。詣王廉生，不值。小坐歸。是日知浙榜消息，會稽中十一人，山陰中三人，皆不知誰何少年也。解元李鵬飛，仁和人。紹興共二十二人，蕭山一，嵊縣五，諸暨二。付賸質物錢二十七千，司馬廚人肴饌錢四十千，車錢四千五百。傍晚詣子縝話别，以明日行也，夜飯後談至二更而歸。晤陳晝卿錦之子諸生昌沂，頗留心金石。

邸鈔：以前都察院左都御史胡家玉爲通政使司參議。上論：前因御史朱以增奏參江蘇糧道英樸貪劣各款，當經諭令步軍統領衙門及直隸、江蘇各督撫確切查明具奏。兹據榮禄等奏稱，查明京城松盛長銀號、裕豐金珠店，均有英樸本銀。至伊宅内戲臺，係京城木廠蓋造。另有自蓋木臺各等語。英樸身任職官，輒以重資夥開店鋪，與民争利，實屬不知檢束，著先行開缺，聽候查辦。至所參逗留在京一節，該家丁所稱該道因病回京，具禀請假，是否屬實，著倉場侍郎、江蘇巡撫據實覆奏。其餘被參各款，俟該督撫覆奏到日，再降諭旨。嗣李鴻章等奏稱，惟天津、上海松盛長銀號確有英樸本銀，又在滬驗米時坐小轎微服冶游。十一月十五日，雖英樸業已病故，仍著革職，以示懲戒。

二十三日癸巳　晨至午陰，下午雨。校《隋書》。近買得菊花一種，名金鳳翅者，極佳，以藍地戧金瓷盆蓄之。今日爲人竊去，此偷亦不俗矣。

邸鈔：詔：户部左侍郎麟書、内閣學士崇禮，均在總理各國事務衙門行走。上諭：錢寶廉奏服制命案，例無明文，請飭議專條一摺，著刑部議奏。禮部郎中王毓藻授江蘇蘇松糧儲道。

二十四日甲午　終日霠陰，午後微晴。朱亮生來。袁爽秋來。亮生以明日行，留之小飲，暢談至傍晚去。作書致敦夫，得復。敦夫、仲白來夜談，二更去。校《隋書》及《北史》。三更後風。

邸鈔：上諭：昨據刑部左侍郎錢寶廉奏，本年秋審，河南省李金木一起，定案時已屬從嚴問擬斬候，秋審未便從嚴擬實，並請飭議專條等語。兹據尚書文煜等奏秋審命案，意見兩歧，請派大員再行覆核定擬一摺。斬犯李金木，聽從圖財，謀殺年甫五歲小功服姪，係照平人謀殺律問擬，既經刑部改擬情實，實屬法無可貸。惟念該犯係爲從，加功例無明文，衡情定罪，若照平人謀殺加功律，亦應問擬絞候，入於情實。李金木一犯，著即改爲絞監候。現届勾到之期，即行處決，毋庸另派大員覆核。錢寶廉所請飭議專條，仍著刑部議奏。以詹事府少詹事徐郙爲詹事。

二十五日乙未　寅初一刻六分立冬，十月節。晨風陰，上午風少止，午晴。校《北史》。得雲門是月朔日宜昌書。爲何達夫篆『謙卦六爻皆吉；恕字終身可行』十二字楹帖。篆書先莊簡公家訓一百四十一言，將勒之宗祠。是日甚寒，復以京錢四十一千四百，贖閏三月中所質敝裘一襲。

邸鈔：劉坤一奏前任山東登州鎮總兵陳擇輔懇請續假。詔：陳擇輔上年十月間降旨開缺，送部引見。嗣經文格代奏，請假回籍修墓，賞假兩月。兹復任意瀆請，殊屬不成事體，著即以原品休致。工部員外郎蔡同春選授貴州思州府知府。

二十六日丙申　晴，稍和，午後有風，旋止。作書致敦夫、汝翼，作片致仲白，俱約今晚飲豐樓。

剃頭。敦夫來，下午偕詣仲白，同至慶樂園觀劇。傍晚邀兩君及汝翼、褆盦、蓴庭、姚寶勳、族弟小圃飲豐樓，招霞芬，夜二更後歸。是日疲於行路，復觀惡劇，晚又誤招俗客，酒直甚昂，可謂四惡具矣。付車飯錢七千一百，酒保賞四千。

邸鈔：右春坊右贊善張端卿轉左春坊左贊善，編修高萬鵬升右贊善。

二十七日丁酉　晴和。作書致仲白，託其詣廠市購六尺描金紅箋楹帖一聯，四寸圓石有味研一枚。

閱桐鄉馮孟亭御史浩《玉谿生詩詳注》三卷，《樊南文集詳注》八卷。詩有錢香樹尚書序及自序。文有錢茶山尚書序，又有王西莊閣學詩文注總集序。詩集前爲史傳、藝文志、年譜、贈詩、詩話，曰首卷。詩文各有發凡。其書極一生之力，多正朱長孺、徐藝初兩家之誤，屢有補訂，極爲細密。文後又附輯逸句，然頗傷蔓引，又多辨舊注不甚關係之事，且喜推測詩意，議論迂腐，筆舌冗漫，時墮學究之習。至求詳太過，往往複沓瑣碎，轉淆檢閱。其弊亦與其子星實鴻臚應榴所注蘇詩正同。自宋迄國初，錢蒙叟、朱長孺注詩文家，皆斷制簡括，不如是也。然考玉谿詩文者，詳博無逾之矣。

印結局送來是月分公費銀四十兩。浙江布政調任直隸任君道鎔送來別敬銀八兩，犒使二千。陳培之户部爲其弟婦開吊，送奠分二千。

朱氏極推義山之忠愛，有知人論世之識。馮氏頗詆之。西莊爲馮之門人，乃益言其浮薄。馮、王皆非知詩者，宜其言之過矣！

邸鈔：詔：派兵部尚書廣壽馳驛往東陵查辦事件，隨帶司員一併馳驛。以御史鄧慶麟奏馬蘭鎮營務廢弛，奏案支離，營書把總盧斌等把持蒙蔽也。

直隸候補道吴毓蘭補授天津河間兵備道。本任道員劉秉琳告病。

二十八日戊戌　晴，下午有風，旋止。作書致敦夫。仲白來。爲霞芬書楹帖，以娶婦乞余贈聯也。敦夫來。汝翼來。敦夫邀同諸君及禔盦夜飲聚寶堂，吃冬笋、膾絲、菊花魚羹，均甚佳。招霞芬，予以助妝八金。二更歸。

閲《玉谿詩注》。馮氏不通訓詁，所解時失之鑿，又未深知義山詩旨，蓋用力勤而識不足也。

二十九日己亥　晨晴，巳陰，上午晴陰相間，下午多陰。是日復寒。蕚庭來，晡時同出市换銀。欲詣廠肆閲書，路經海昌館，遂訪禔盦，談至晚歸。

閲《樊南文集》。此書余於甲寅、乙卯間觀之甚熟，意頗輕之。今已二十五年，殊覺其可取者多也。

三十日庚子　晴，風。校《隋書》。作書致敦夫，得復。作書致仲白，還楹聯錢廿千六百，圓研錢九千六百。夜風止。

邸鈔：上諭：前因給事中吴鎮奏四川地震情形，丁寶楨諱灾不報，並南部因加釐啓釁，蓬溪因設卡滋事情形，當諭令該署督詳查具奏。兹據奏稱，四川省城五月十二日微覺地動，重慶等府及梓潼等縣共十九屬禀報五月初十、十二等日地動，情形尚輕。閬中等七屬城墻間有坍塌，惟南坪城署房屋倒塌甚多。珠河被山巖墜壓，河身壅塞，後復衝開，水勢洶涌，致河北街民房盡行淹壞，傷人甚衆。實因委查禀報未齊，是以具奏稍遲等語。著丁寶楨迅即分别撫恤，毋令一夫失所。至南部抽釐，既據奏稱舉辦多年，此次照前從減，並未加增。其蓬溪設卡，實有不能不辦之勢。現經妥定盤查章程，不致再有滋事。該署督當隨時切實稽察，毋得稍涉疏虞。

冬十月辛丑朔　晴。校《隋書》及《北史》。敦夫來，仲白來，留之小食。下午敦夫邀至廣和樓觀劇，晚歸。鄧獻之來，不值。付米錢四十千，洋紬錢四十千。

邸鈔：吏部郎中春岫授安徽徽州府知府。

初二日壬寅　晴，上午微陰。祖母倪太恭人忌日，又初六日爲祖母余太恭人忌日，今日并供饋，菜肴八豆，肉肴四豆，饅頭兩大盤，菜羹一器，時果四盤，栗子湯一巡，酒三巡，飯兩巡，傍晚畢事，焚金銀楮錁。王可莊修撰來。浙江譚中丞鍾麟饋銀十六兩，作片復謝。近日譚、任兩君之饋，雖遍及浙人，然於余則出意外也。譚來投刺而不答，任則未來投刺。此亦食籍之横財矣。計十年來受浙吏饋者，辛未李總督鶴年與此共三事耳。付肴饌酒楮等錢二十四千，更夫皮襖錢十千，醯醬小疊錢二千，譚使四千。

初三日癸卯　晨及上午晴和，午有風，微陰，下午陰寒。得紱丈書，饋饅頭二十枚，即復。雜校群書。

初四日甲辰　晨及巳晴，午晴陰相間，下午陰。終日校《隋書·天文志》，并及《續漢》《晉》《宋》天文各志。剃頭。

邸鈔：以翰林院侍講學士福錕轉侍讀學士，以左春坊左庶子英煦爲侍講學士。

初五日乙巳　晴。作書致敦夫，饋以粉肉及饅頭。午後詣東小市金華館，視朱蓉生疾，則已移寓法源寺矣。遂順道詣曾君表、鄧獻之，久談。西至法源寺視蓉生，其病甚深，語言無次。蓋因風温入臧，痰生陰厥，邪錮益深，遂成心疾，時若發狂。甚爲憂之。晚歸。陳茀堂昌沂來，仲白來，皆不值。姚伯庸招夜飲，辭之。付車錢六千。

初六日丙午　晴。得敦夫書。午詣敦夫、汝翼談，即偕敦夫詣陸薌泉小坐。邀敦夫同至寓午飯。

姜仲白來。比日張姬病肝鬱兼風温。余初令其服沉香、通草湯，不效；更服連翹、蘇葉湯，亦不效。今日請仲白診之，服括蔞、麻仁湯。

初七日丁未　晴。得孺初書，言其第二郎患淡嗽，屬爲延汝翼、仲白往診，即復。并作書分致仲白、汝翼及鄧鐵香，屬其爲汝翼借車以往。孺初來。作書致陳茀堂，贈以《越三子集》一册。詣鐵香、敦夫談，晚歸。夜敦夫邀同汝翼、仲白飲宴賓齋，二更歸。

邸鈔：上諭：前據翰林院侍讀王先謙奏已故革職雲南巡撫徐之銘，情罪重大，請追奪官爵，不准其子出仕應試，當諭令劉長佑、杜瑞聯、岑毓英將該侍讀所陳徐之銘罪狀確查奏聞。兹據該督撫先後覆奏，所陳大略相同。徐之銘身膺疆寄，當雲南回匪變亂之時，遇事失措，畏葸無能，咎無可辭。至原任陝西巡撫鄧爾恒被戕一案，經前署雲貴總督查辦，將副將何有保等正法，並非徐之銘主謀。徐之銘爲逆党馬榮説和一節，當時該革員曾改裝赴岑毓英軍營計議，因岑毓英一意進剿，旋即會商戰守事宜，肅清省城，亦非甘心從逆。徐之銘前已奉旨革職，王先謙所請不准其子出仕應試之處，著毋庸議。

初八日戊申　晨陰，上午晴。仲白來。吴玉粟來。孺初來。下午詣法源寺視蓉生病，差愈，而風氣不止。苗生言已定計，即日南歸矣。詣雷陽館視孺初第二郎而歸。王廉生來，不值。曾君表邀飲雲龢堂，夜詣之。霞芬偕其新婦出拜，贈以花鈿四金。同坐爲同年李玉舟禮部，及李子鈞、楊正甫諸君。酒再行而歸，已二更矣。付車錢九千。

邸鈔：浙江候補道惲祖貽授浙江督糧道。本任道員胡毓筠丁憂。祖貽，陽湖人，戊午舉人，由户部郎中記名海關道分發浙江。

初九日己酉　晴。

閲金華張丹村太守作楠《翠薇山房數學》。共十五種，爲《量倉通法》五卷，《方田通法補例》六卷，《倉田通法續編》三卷，《八綫類編》三卷，《八綫對數類編》二卷，《弧角設如》二卷，《弧三角舉隅》一卷，《揣籥小録》一卷，《揣籥續録》三卷，《高弧細草》一卷，《新測恒星圖表》一卷，《新測中星圖表》一卷，《新測更漏中星表》三卷，《金華晷漏中星表》二卷，《交食細草》三卷。其《弧三角舉隅》，爲全椒江雲樵臨泰所撰。《揣籥續録》之中、下卷，亦江氏所撰。《高弧細草》，丹村與江氏合撰。《弧角設如》，江氏爲補對數。其《倉田通法》諸圖，皆江氏所補。《恒星表》之圖，亦出於江氏。蓋與丹村論算最相契合者也。丹村之學，雖兼中西，然自《八綫類編》以下，皆專明西學。大恉以八綫馭弧角，以對數馭八綫。謂八綫以加減代乘除，最爲簡妙直截。凡古之開方、三乘方、求矢、重差、綴術諸法，皆可不用。即其《倉田通法》，雖以少廣、勾股、御粟、布方田，亦多以三角、八綫、借根方釋之，實西學之專門也。西人借根方，即古立天元術，錢、戴、李、阮諸通儒皆言之矣。丹村更謂歐羅巴名借根方爲阿爾熱巴拉，即華言東來法也。是西人本不諱所自。所著《倉田通法續編》，專明立天元與借根方相通之例，爲答麗水俞愛山俊之問而作。

吴玉粟贈台州新刻《水道提綱》一部，作片復謝。殷莩庭姬人三十初度，饋禮物八色，收四。付聽事東箱糊房錢二十四千，殷宅送禮錢十三千，劉順工食錢八千。

邸鈔：上諭：前據御史孔憲穀奏浙江餘姚縣紳衿謝瑞及其姪謝錫恩，豪霸一方，種種作惡，被人告發。經委員於謝錫恩家内起出洋槍、銅鐵礮等不下千餘件。該縣知縣高桐納賄，將謝錫恩藏匿。該紳等并有霸占沙地等情。當經諭令梅啓照查奏。兹據奏稱，此案於未奉諭旨之先，被人訐告，派員密查，於謝錫恩家内起出舊銅鐵礮、洋槍共二十餘件，又鐵矛多件，係謝瑞之弟謝敬曾辦團練，漏未呈繳。謝錫恩等旋亦投案也。奉諭旨後，另派委員確查，謝錫恩並無霸種沙地、威逼人命、强占婦女案。

據餘姚縣知縣高桐有無徇私納賄，飭司提究等語。即著梅啓照、譚鍾麟飭提人證案卷，徹底根究，務得確情。至民間具領槍礮，事竣自應呈繳，何得日久藏匿？此案既經查出，恐他省亦所難免，著各直省將軍督撫飭屬遍行曉示，勒限繳還。

初十日庚戌　子正一刻七分小雪。十月中，慈禧皇太后萬壽節。晴。作書致仲白，屬其以《翠薇山房數學》兩帙還書賈。仲白來，爲張姬診脉。讀《周書》。夜飯後鐵香來，族弟小圃來，汝翼來。弢夫來，今晚方至京者。是夕月皎甚。

十一日辛亥　晴，下午微陰。袁爽秋來，談竟日。姜仲白來，夜飯後去。夜月，微陰雨。作書致爽秋，爲署中小事。

邸鈔：京畿道御史曹秉哲授甘肅蘭州兵備道。本任道員琫武病故。

十二日壬子　晴，午後微陰。敦夫、仲白來。作書致弢夫。作書致繆小山。得弢夫書。小山來。夜月，微陰。閱《明紀》。

十三日癸丑　晨陰，上午後晴，午有小風。閱《明紀》。剃頭。作書致孺初，致禔龕。孺初來。得禔龕復。偕孺初過爽秋，叩門，久不應，遂歸。敦夫來。下午答詣吴玉粟，不值，作片約其明日晚飲。詣金華館視朱蓉生疾，風似少止，語多得理，而迥異平生，亦時雜荒忽之辭，蓋譫悟各半也。苗生言定期，後明日行矣。晚詣天壽堂，偕敦夫、仲白、潘百馴、徐仲佳等觀劇，孫姓爲主人。夜三更偕敦夫歸。禔龕來，不值。得紱丈書。閱《校禮堂集》。兩得爽秋書。付車錢十一千。

邸鈔：命刑部左侍郎錢寶廉爲武場正考官，詹事徐郙爲副考官。

十四日甲寅　晨陰，上午後晴。弢夫來，不晤。作書復紱丈。閱《校禮堂集》。作書致弢夫兄弟，約今晚飲豐樓。仲白來。作書致朱蓉生兄弟，饋以蒸豚、蘋果、冬菜、餅餌。傍晚詣小圃、小山，俱不值。至寶森堂閲書。遂詣豐樓，邀玉粟、弢夫、清夫、仲白飲，招霞芬，夜二更歸。付果餅等錢十一千，車錢七千，霞車四千，客車三千，酒保三千。

十五日乙卯　微晴，多陰。敦夫移寓齋頭。爽秋來。仲白來。孺初來。得紱丈書。爽秋饋梨，作小啓復謝。比日精神頗王，時亦出門，作無謂應酬。昨夜四更，甫就睡，忽咳嗽大作，嘔血滿前，今日不止。又有一惡客高姓來擾，心煩語亂，夜遂感疾，咽痛。

邸鈔：詔：昨日召見大理寺卿瑚圖禮，年力就衰，著原品休致。

十六日丙辰　晴。得弢夫書，饋宜興壺一事，龍井茶一瓶，甌錦被裁一段，笋乾一瓶。受壺、茶及紬，作書復謝，犒使四千。弢夫來。汝翼來，請其診脉，服杏仁、蜜橘紅、枇杷葉湯。得爽秋書，以所作詩文各一首見示，即復。是日兼苦痔發，舊疾復動，嗌痛胸懣，不能讀書，午後坐南窗磨墨自遣。夜閲《明紀・世宗紀》及《莊烈帝紀》。是夕望。付升兒庸直四千。

邸鈔：詔：刑部尚書潘祖蔭、都察院左都御史童華、正紅旗滿洲副都統熙拉布，均加恩在紫禁城内騎馬。　修撰洪鈞升翰林院侍講。　上諭：御史邵曰濂奏請整頓鄉會試謄録並分别内外簾責成一摺，著該部議奏。

十七日丁巳　晨微晴，上午大風，黄曀，午後風益横，晡少殺，薄晴，晚風復怒。曾王父忌日，供饋肉肴六豆，菜肴四豆，羹一，饅頭一盤，春餅一盤，杏酪一巡，果四，酒三巡，飯兩巡，晡後焚楮。雲門來，言以午前入城，車箱被送税務所矣。爲作書致鐵香及仲白謀之。遂留暢談，仲白亦來。夜共飯止宿。是夕月甚佳，而風不止，寒甚。故人新至，情話温勤，至四更不覺也。然多言傷氣，達旦不能寐，咳嗽益劇。付肴饌等二十千，鮑僕三千。

十八日戊午　晴。終日諍坐南窗讀書。劉順罷庸。

十九日己未　晴。得弢夫書，借日記及花盆，即復。始設火鑪。作書致繆小山，還《崇百藥齋集》，借張介侯《養素堂集》。仲白來，止宿。雲門來夜談。夜再得繆小山書，并丁儉卿《頤志齋叢書》二十種。鄭司農、陳思王、陶靖節、陸宣公四年譜合爲一種，《百家姓》三編合爲一種。即復。敦夫饋卵卷、椒鹽餅，犒使二千。

邸鈔：詹事府右庶子寶昌轉補左庶子，左中允永順升右庶子。欽天監右監副陳希齡轉補左監副，李瑋升右監副。裕祥升詹事府右贊善。掌山東道御史劉曾升禮科給事中。刑部郎中翁曾桂交軍機處記名以道府用。

二十日庚申　晨及午晴，午後風，下午多陰。得弢夫書，惠家製蘭花玫瑰糖一瓷合，即復謝。得雲門書，即復。徐愨立兵部來。弢夫來。禔盦來。禔盦邀同弢夫、敦夫、雲門、仲白夜飲豐樓，招霞芬，二更後歸。李升以是日復庸，付白泥火鑪錢七千，付霞車錢四千。

邸鈔：上諭：御史文鐍奏順天候補知州王堃，本係鋪夥，由捐納典史，續捐通判、知州，歷署治中等缺十餘次。在京師通州開設店鋪，與寧河縣知縣丁符九兒女姻親，匿不呈報。上年十二月間，經前順天府府尹周家楣奏參，揑病請假。周家楣甫經去任，即行起病，現又署理三河縣事。候補通判石賡臣，於署宛平縣知縣後，在順義縣置買田産。候補知縣蔣嘉泉，在京師開設茶行，請飭認真查辦等語。著派沈桂芬、志和會同萬青藜、梁肇煌，認真查辦，以肅官常。嗣後順天府所屬州縣缺出，務須爲地擇人，秉公委署。至所稱無缺可補之同知、通判，概令回直當差，著一併查議具奏。上諭：文鐍奏翰林院勞績升轉，請仿照内閣等衙門補缺章程辦理，著吏部議奏。内閣、六部皆資深與勞績間用。上諭：禮部奏繙譯鄉試，監臨等官未能詳查例案，請交部議處一摺。本年己卯科福建繙譯鄉試，投卷僅止九名，未能足額，例應停止。該監臨、提調等官輒將題目拆封考試，實屬疏忽，均著交部議處。至試卷業經送部，即著閱卷大臣一併校閱，如實有可中之卷，即行取中一名。以後不得援以爲例。以通政司副使周瑞清爲光禄寺卿。記名按察使劉盛藻補直隸大順廣兵備道。

二十一日辛酉　微晴，多陰。錢笣仙來。敖金甫來。得雲門書，饋銀十兩、蘄州艾兩簍、武昌水烟筒一具，即復謝。金忠甫來，言自去年冬赴蜀讞獄，至今春赴滇，往反十月道涂之苦。雲門來。

二十二日壬戌　晨及上午陰，午後大風，入夜不止，寒甚。雲門來。陳袚堂昌沂來辭行，不見。留雲門宿齋頭。夜偕諸君圍鑪茗話，至三更後寒益甚，始散。

邸鈔：上諭：都察院奏降調四川東鄉縣知縣路朝霖，以被參冤抑，赴該衙門呈訴。該員於本年正月初九日奉到札文，即於十五日將人證傳齊起解，二月初四日申解到省。奉札日有達縣移文可憑。嗣奉續提人證，亦均依限解到，並無遲誤等語。是否屬實，究由何處遲延，著丁寶楨查明具奏。上諭：都察院代奏江蘇試用道楊琪光請屯田開礦，以裕餉源一摺，著該部議奏。邵亨豫奏湖南永順協副將韓廷貴之母高氏四川華陽縣人，附生韓正清妻，生於乾隆四十三年。實年一百二歲，請旨旌表。

二十三日癸亥　晴，風寒冽。

陳昌沂以所拓兩漢六朝石刻小品三十二種求題，中有北魏崔鴻兄弟題名一種，無年月，云在青州某山。其文云：『魏員外散騎常侍、中堅將軍、三公郎中、中散大夫、高陽王右司徒府右長史崔鴻。平西府益州長流參軍、盪寇將軍、齊州别駕、司徒府城局參軍、東中郎九州二郡、賈板臺□使、徐州倉曹參軍崔鷫。齊州録事參軍、廣川太守崔鶡。』案《魏書》崔鴻本傳，鴻以世宗延昌四年加中堅將軍，常侍、領郎中如故。鴻先以永平中徙三公郎中，加輕車將軍，遷員外散騎常侍，領郎中。遷中散大夫、高陽王友，仍領郎中，其年爲司徒長史。正光元年加前將軍。考世宗以延昌四年殂，肅宗立，明年改元正光。此石結銜云中堅將軍、中散大夫、高陽王友，則爲延昌四年無疑也。『王』字偏左，而右石剥泐，蓋先誤書，而後磨去之。『友』作『右』，亦誤字。『宼』即『寇』字，北朝俗體。『司徒府城局參軍』下當更有一人姓名而缺損者。東中郎九州二郡，『九』『二』字當有誤。當時東中郎將所統州或有九，然系銜無此法。賈板臺□使，『賈』蓋即『假』字。自晉以來，有正參軍、板參軍，朝命者爲正，公府板授者爲板也。以後又有板正參軍、板行參軍。假板者，蓋即板行參軍也。『臺』下泐一字。臺使爲當時朝命銜使者之通稱。鴻之兄弟，《魏書》《北史》惟云鴻子子元爲其叔鶡所殺，餘俱不載，亦不言鶡爲何官，此可以補史闕。

寄牧莊奠儀八金，仲彝賻儀二金。又與禔龕、敦夫、汝翼同送一浮毛輓幛，分錢九千。俱交敦夫轉致其兄益夫，爲之分送兩家。傍晚詣興勝寺，答拜安徽按察使胡玉坦。此君是順天通州舉人，前日來拜，自言本山陰之張漊人也，故報以一刺。詣茙夫、清夫兄弟，並晤汝翼、雲門。敦夫邀同諸君飲聚寶堂，招霞芬，付車錢五千。夜二更歸。

邸鈔：詔：四川西充縣建立肅武親王專祠，列入祀典，春秋致祭。從總督丁寶楨請也。西充爲順治三年肅武親王陣斬張獻忠處，廟祀宜也。然此請由於今成都將軍恒詁亭恒訓爲武王之裔。

二十四日甲子　戌初一刻三分大雪，十一月節。晴。閲張介侯《養素堂集》。作書致繆小山，問《頤志齋叢書》之直。作書致禔龕，賀移居，并約明晚之飲。作書致王可莊，爲族人謀歸柩事。有邑子應大坤來。邑中此姓甚稀，不知何鄉里。聞其久在都，充部吏帖寫，今新舉浙江鄉試者，不見。得雲門書，以銷假屬轉求其湖北同鄉印結，爲作書致鄧獻之、陳雲舫兩刑部。族叔海觀之妾王，比日屢來言禦寒之苦，予以錢十二千，絮衾一具，餅餌一苞。夜陳祓堂來辭行，即昌沂。爲其石墨兩本各系一跋。余最愛其北齊承光元年張思文、北周建德元年鄒道隆妻爾僧香兩造像記，屬祓堂爲購之，又以印石兩方託刻。是夕五更始睡。付李升工食八千，更夫楊工食七千，筆錢三千二百。

邸鈔：丁寶楨奏四川都江堰堤工失修多年，此次挑挖江身，修砌兩岸，河道一律深通。連年水勢極大，但有灌溉之利，並無氾濫之患。灌縣、温江、崇慶等州縣，從前淹没田地已涸，復八萬二千九百餘畝，比較前數十年利害懸殊。請特降明諭。詔：該督仍當嚴飭該管官隨時察看情形，認真辦理，毋得日久生懈，致墮前功。寶楨疏力爲丁士彬訟冤，謂灌縣寶瓶口立有水則，從前水勢極大，不過至十八九畫，而十餘年來，灌縣、崇慶、温江、崇寧、金堂等州縣屢被水灾，冲毁田畝、民居甚多。同治二年，前督臣駱秉章派成錦道何成宜督修離準，誤鑿堵水之三道巖石，以致直衝離準，失去一角。又堰工歲修遞增至十一萬兩，均未奏報。此次丁士彬掏挖江身至七十里，深至一丈七八尺，而去年江水暴長，没過水則十九畫以外，又高出八九尺，然衹從金剛墻冲决而出，宴然順軌，不特各州縣無決溢之患，且涸出已淹田畝八萬二千九百餘畝云云。

二十五日乙丑　晴。鄧獻之來。宜都楊惺吾守敬來，以所拓漢《熹平石經》六紙、《定武蘭亭》一本爲贈，言新得之明桂王大學士文安之故宅者。有餘姚人吴□□來，本滬上錢儈也，爲杭人故上海兵備吴煦主肆，新負其金數萬入都，報捐江蘇試用道者，不見。曾君表來。李子鈞來。詣袁爽秋，小坐即歸。夜偕敦夫詣聚寶堂，邀雲門、弢夫、汝翼、禔盦、仲白飲，招霞芬，二更散。君表邀同子鈞、正甫飲霞芬家，四更後歸。付車錢七千，酒保賞三千。

邸鈔：詔：馬蘭鎮總兵景瑞、游擊萬禄等失察把總盧斌挪用公款至六千餘兩，並有豫用空白之事，著交部分别議處。餘斥革有差。嗣後該營千總、把總，不准充當稿書。從兵部尚書廣壽查辦覆奏也。工部郎中潘駿猷選廣東肇陽羅兵備道。本任道員方濬師勒告終養，以貪劣衆著也。駿猷，涇縣人，故河督錫恩子，監生貲郎，奔競之魁。

二十六日丙寅　晴。

閲丁氏《頤志齋叢書》。凡二十一種，《周易述傳》二卷，《周易訟卦淺説》一卷，《尚書餘論》一卷，《禹貢集釋》三卷，《禹貢蔡傳正誤》一卷，《禹貢錐指正誤》一卷，《毛鄭詩釋》四卷，《詩考補注補遺》三卷，《鄭氏詩譜考正》一卷，《毛詩陸疏校正》二卷，《周禮釋注》二卷，《儀禮釋注》二卷，《禮記釋注》四卷，《孝經述注》一卷，《北宋二體石經記》一卷，《金天德大鐘款識》一卷，《子史粹言》二卷，鄭司農、陳思王、陶靖節、陸宣公《年譜》各一卷，《石亭紀事》二卷，《百家姓韵語三編》一卷，《讀經説》一卷，共四十卷。今日先畢其《周易述傳》二卷，述程子之傳也。《北宋二體石經考》一卷，咸豐丁巳五月得之淮安書肆者。《周易》二十八紙，《尚書》四十二紙，《毛詩》二十紙，《春秋》二十四紙，《禮記》二百十二紙，《周禮》二十八紙，《孟子》三十七紙，共三百九十一紙，每紙八行，每行十字，一行篆書，一行真書，約存三萬三百字有奇，裝爲四大册。蓋汴宋石經之存，莫多於此矣。丁氏爲記一首，略考其與唐石經及今本之異同。而附何子貞紹基長歌一首，丁氏和韵一首，葉潤臣名澧跋一首。汴宋石經之有《孟子》，《宋史》及《玉海》無言之者，尤足以廣異聞也。《金天德大鐘款識》一卷，道光壬寅得之淮安北門城樓者。丁氏爲之考，且系以詩及黄樹齋爵滋詩各一首。又附《淮安府學元鑄祭器録》并至正蓮華寺大銅鑪、大銅瓶款識。《淮安府城南宋古磚記》《淮安府署東報恩寺高麗古鼎歌》《淮河銅鼓歌》《元移相哥大王銅印歌》，皆以類編入者。事關地志掌故，非爲苟作。《百家姓韵語三編》一卷，因明人周九煙名星。户部原文，重加綴緝。凡爲三編，其一以複姓列之篇後，其二以複姓散附文中，其三不因周氏而自爲之文。然三篇皆以『咸豐萬壽』句起，文字亦大略相同。前有自序，言命其第三子壽辰爲之注釋，蓋亦授意爲之者。又《讀經説》一卷，僅不盈三葉，示人讀書之法，兼取漢宋，簡而有要，切而不苟，乃其道光庚寅主講鹽城表海書院時，作以勸學者也。

汝翼邀同弢夫、雲門諸君夜飲聚寶堂，晚偕敦夫赴之，招霞芬，二更後歸。付車錢四千，霞車四千。

二十七日丁卯　晴。殷蓴庭來。王鼎丞定安來，以直隸候補道奉旨送部引見，由山西入都者。門者辭以它出，遂致所惠三十金而去。余與此君交甚疏，而忽有此饋，亦可感也。爽秋來。閲《丁氏禮記釋注》，嫥明鄭義，而亦偶有異同。得王可莊書。

邸鈔：張樹聲奏關外官軍擒李揚才於隴登山。詔：上年秋間總兵李揚才在原籍廣東靈山縣及欽州等處，捏稱募勇，糾集匪徒萬余人，竄至關外，滋擾越南國地方。當降旨將李揚才革職，諭令劉坤一、楊重雅派兵馳襲，並特令提督馮子材統師出關，克期會剿。各軍星馳前往，連次克捷，將該國者岩等處一律收復，餘黨搜捕殆盡。現經張樹聲、馮子材分兵兜拏於隴登山上，將該逆李揚才搜獲，辦理尚爲得手。李揚才以武員糾匪滋事，實屬罪大惡極。朝廷命將出師，迅速蕆功，生擒首惡，洵足申國憲而靖藩封。馮子材前因首逆未獲，自請議處，著加恩寬免，並交部從優議敘。其在事出力員弁，升賞有差。十一月七日，詔李楊才即在廣西省城正法，傳首越南國，懸竿示衆。

二十八日戊辰　晴。雲門來。弢夫來，邀同敦夫、雲門飲聚寶堂，夜招霞芬，初更歸。付車錢三千四百，霞車二千。印結局送來是月公費銀三十兩有八錢。

夜閲《丁氏禮記釋注》，至四更始寢。丁氏此書，辨析詁訓，最爲典密。其第四卷中《犧象辨》，駁王肅之妄；《王制非漢文博士作辨》，正盧植之誤，尤持論精審。又《禮記六國時作論》，以爲多七十子之徒所記，非出漢儒，亦援證明通。

邸鈔：以翰林院侍講學士張家驤轉補侍讀學士，以左春坊左庶子鍾駿聲爲侍講學士。詔：坐糧廳漢監督何桂芳，准其接辦一年。從倉場侍郎繼格等請也。

二十九日己巳小盡　晴，自大雪節後，漸減寒威，比日彌以温和，今日尤暖，道凍盡釋，地氣上蒸，風雪將至。同年江西縣令許繹來，不晤。午後出門答拜王鼎丞，不值。賀禔盦新居，晤。詣雲門、孺老、楊惺吾、錢笣仙，俱不值，傍晚歸。得弢夫書，即復，并饋以鯗煮肉一器，玫瑰緑豆飴鯽酒一瓶。閱《丁氏周禮釋注》。亦鄭學之顓門，與段氏《周禮漢讀考》多可參證。付車錢四千。

邸鈔：致仕大學士英桂卒。英桂，赫合哩氏，字香巖，道光辛巳繙譯舉人。今年以重宴鹿鳴，加太子少保。年七十九，以前日卒。其弟英樸先十餘日死。桂、樸兄弟驕淫貪鄙，而樸尤劣云。詔：英桂恪慎持躬，老成練達，由中書歷膺外任，洊陟封圻，督辦三省軍務，晉擢綸扉，懋著勤勞。前因微痾開缺，賞食全俸。茲聞溘逝，悼惜殊深。著賞給陀羅經被，派貝勒載治帶領侍衛十員，即日往奠。加恩晉贈太子太保，照大學士賜恤，入祀賢良祠。伊孫恩釗以員外郎用，曾孫鋆惠以主事用，以示篤念耆臣至意。諡文勤。

十一月庚午朔　晴，傍午風起，晡後益甚。得弢夫書，惠糟鴨卵一器，即復謝。作書致王鼎丞，致姚伯庸。張香濤以婦喪來赴，已三娶矣，王廉生之妹也。前日屬雲門來乞輓聯，今日書予之云：『蜀錦浣桃花，正晝筱西來，繡帡東至，指官閣猩棠開日，翟帔催妝，話昔賢三娶邀封，偕老將同歐兗國；宮眉伴蓮燭，奈金鑾甫晬，玉燕重懷，趁蓐房黄菊斜時，鸞釵遽判，贏垂老六如補偈，悼亡還續魏城君。』香濤任四川學政時，親迎於婦翁龍安太守署，生兩女，以娩後亡。爲弢夫書七言楹帖云：『笛譜已銷隋苑月；經帷長映赤城霞。』皆有本事也。夜風愈怒。閲《周禮釋注》。付洋布輓聯錢四千，名片錢三千，小函錢一千。

邸鈔：詔：烏里雅蘇臺將軍春福、駐藏辦事大臣松溎均著來京供職。以廣州漢軍副都統吉和爲烏里雅蘇臺將軍；以駐藏幫辦大臣色楞額爲駐藏辦事大臣；以成都副都統維慶賞副都統銜爲駐藏幫辦大臣；以齊齊哈爾副都統托克瑞爲成都副都統。以署烏魯木齊都統領隊大臣恭鏜賞給二品頂戴，補授烏魯木齊都統。兩廣總督劉坤一奏請開缺回籍養親。詔賞假兩月省親，毋庸開缺。以廣東巡撫裕寬暫兼署兩廣總督。

初二日辛未　晴。

閲張丹村《方田通法補例》。論畝法云：梅勿庵謂古法步百爲畝，畝百爲夫。今二百四十步爲畝，相傳起於唐太宗。楠按《鹽鐵論》，桑弘羊曰：古者制田百步爲畝，先帝哀憐百姓，制田二百四十步爲畝。又《唐書·突厥傳》：杜佑謂周制步百爲畝，商鞅佐秦，以爲地利不盡，更以二百四十步爲畝。則秦漢時已然矣。又竇儼云：小畝步百，周制也。中畝二百四十，漢制也。大畝三百六十，齊制也。今所用者，漢之中畝。又《明史·食貨志》亦有大畝、小畝之名。國朝畝法，凡丈量按部頒弓尺，廣一步、縱二百四十步爲一畝，見《大清會典》。又論步法云，按《司馬法》《前漢志》均稱六尺爲步。《小爾雅》：跬，一舉足也。倍跬，謂之步。《白虎通》：人踐三尺，法天地。人再舉足爲步，備陰陽也。又《考工記》：六尺有六寸，與步相中。鄭注謂緣外六尺六寸，內弦六尺，應一步之尺數。案：此指車人爲耒，庛長尺有一寸，中直者三尺有三寸，上句者二尺有二寸，自其庛緣其外以至於首，以弦其內六尺有六寸。鄭注謂此數據緣外而言，緣外得六尺六寸，則內弦六尺，應一步之數。皆足爲古步之證。古積步皆起於車。秦車六尺，即以六尺爲步。漢車六尺四寸，亦以六尺四寸爲步。《王制》出於漢儒，故云今以周尺六尺四寸爲步。商君治秦，步過六尺者有罰。是因古八尺爲步，則畝寬。改爲六尺，則田數增，而賦稅加益。《史記·始皇本紀》稱數以六爲紀，六尺爲步，實祖鞅法也。周尺當今營造尺六寸四分，則今方五尺爲步，在周尺止方三尺二寸。周步百爲畝，今二百四十步爲畝，則周百畝當今二十五畝六分。此兩條考證詳晰，有裨經學，張氏算書中所僅見。至其解《王制》周尺爲盡十尺之數，故謂之周尺，非周代之尺。於十尺中去二尺，故以八尺爲步。十尺中去三尺二寸，故以六尺四寸爲步。則不特無此文法，亦未有稱一丈爲周尺者。且如其説，何必加『周尺』二字，自爲累贅乎！近於臆决無理矣。

作書致弢夫，得復。雲門來。

倪豹岑太守文蔚贈新刻其從曾祖迂存進士模《古今錢略》一部。眉批：迂存號韭瓶，望江人，嘉慶己未進士，官鳳陽教授。卷首一百四十葉，爲國朝錢法。卷一至卷二十三，備載古幣、鏟、布、古刀、齊刀、古布、古圜錢、分正品、副品、僞品、奇品。外國品、雜品，而冠以國朝制錢。卷二十四、卷二十五爲古錢存疑、存異。卷二十六爲錢範，皆圖其式而模其文。卷二十七爲楮幣源流。卷二十八爲歷代譜録。卷二十九、卷三十爲歷代錢制。卷三十一爲古錢附録。卷三十二爲古今收藏姓氏。卷末爲敘傳。

邸鈔：以都統銜吉林防禦薩凌阿爲烏魯木齊領隊大臣。以□□□□禄彭爲齊齊哈爾副都統。以□□□□經文泰爲廣州漢軍副都統。金州副都統誠廉奏舊疾增劇，籲懇開缺。許之。以恩佑爲金州副都統。刑部右侍郎文澂奏假期已滿，病仍未痊，懇請開缺。許之。文澂典試福建，中涂忽病風。强入闈，狂惑益甚。乃以八月十六日出闈。督撫爲奏聞，先還京，請假一月養疾。其人輕佻浮窳，不通文理，今爲科場去一灾星矣。次年二月病死。

初三日壬申　晴。校《隋書》百官、地理志。禔盦來。雲門來。

邸鈔：以工部右侍郎錫珍調補刑部右侍郎；以内閣學士興廉爲工部右侍郎，兼管錢法堂事務。以□□□嵩山補鑲黄旗漢軍副都統。鑲黄旗滿洲副都統武備院卿克興阿奏病難速痊，懇請開缺。許之。

初四日癸酉　晴。外祖父倪公忌日，又外祖母孫恭人初八日忌日，以今日併饋食。肉肴六器，菜肴四器，火鍋一，饅頭一大盤，蓮子湯一巡，時果四盤，酒三巡，飯兩巡，茗飲一巡，祔以三舅、四舅，晡後畢事，焚楮泉三挂。弢夫來，雲門來，留共晚飯，談至夜二更去。付肴饌果楮等錢二十二千。

邸鈔：志和調補鑲黄旗滿洲副都統。麟書調補鑲白旗滿洲副都統。德銘補授鑲藍旗漢軍副都統。岳林補授武備院卿。

初五日甲戌　終日霒陰，午微見日景。倪豹臣太守來。閱《周禮釋注》。得袁爽秋書，饋閶門宋氏所製參貝陳皮一小合，即復謝。署中告初十日圜丘倍祀。夜校《隋·地理志》。

邸鈔：右春坊右中允張楷轉左春坊左中允，左春坊左贊善張端卿升右春坊右中允。

初六日乙亥　晴。剃頭。作書致雲門，得復。爲姚寶勳撰其祖母八十壽序。此丙子歲姚氏先託肯夫以五十金説定者。至丁丑秋，復以金屬許竹篔來轉致。今索債矣，爲一了之！姚氏自明以來，爲嘉興望族。有名瑄者，以洪武庚午舉人爲監察御史，殉建文之難。見《朱竹垞集》，而《明史》不著其事。弘光時贈建文死節諸臣謚。及國朝乾隆中，特詔分專謚、通謚建祠，皆不及其人。蓋未足深信也。余文無苟作者，文中即姚氏家世立論，皆有意義。寶勳之父文枏，以貲官長蘆運同，旋以道員用，加布政使銜。寶勳童騃，以貲得户部郎，亦擢道員，加二品銜，皆鑽穴之尤。文中勉以承祖德、娱壽母，亦忠厚之義也。此等文字，荀子所謂以爲禽犢者，例不存稿。聊記其恉，以見立言之無所苟而已。

初七日丙子　晴。閲丁氏《尚書餘論》。凡二十三條，條爲一篇，皆明《古文尚書》及孔《傳》之爲王肅僞作。曰餘論者，以申閻、惠諸君之説，暢發其所未及也。作書并文致姚伯庸。楊正甫來，不晤。孺初來。鐵香來。是日買裘二，皆故物也，一男子狐袍，一婦人狐絓。付銀二十一兩有奇。移紫薇一樹於外東院。雲門來，留共夜飯，談至二更去。洪右臣編修約十一日飲。

初八日丁丑　晴。弢夫來。作片致黄漱蘭學士。下午出門答拜倪豹臣太守，不值。詣曾君表、楊正甫談。詣鄧獻之，不值，晚歸。

閲丁氏《鄭氏詩譜考正》。以歐陽文忠《詩譜補亡》爲本，而録《正義》所載譜文於前。其下旁行之譜，據《正義》所言，鄭氏左方世次，排比綴緝。正歐本之脱誤，又譜其所闕三頌之譜，而末别爲總譜。據《史記·年表》，起共和以來，上溯厲王元年，下汔定王八年，以附於後。於鄭君譜學，極爲有功。考《詩》之世次者，莫詳於此矣。

初九日戊寅　晴。雲門來。得王可莊書，并延都統致熱河書兩緘，即復。延君之意甚厚，然族人以後日冬至，先祀屋之故主。付肴饌錢十千，車錢四千。

孤嫠，迫於凍餒，不復爲迎柩計矣。

初十日己卯　午正三刻七分冬至，十一月中。晴。祀曾祖考妣、祖考妣、本生祖考妣、先考妣，肉肴八豆，菜肴六豆，餛飩三盤，饅頭兩大盤，火鍋一器，時果四盤，杏酪一巡，酒三巡，飯兩巡，晡後畢事，焚楮泉五挂。是日以兩弟祔。得弢夫書。雲門來。獻之來。夜邀雲門同敦夫、仲白小飲。兩夕月色如晝，今夜尤佳。付肴饌果餅等錢三十五千。又族人爲糊楮鏹，予以錢十一千。又賒酒一甕，銀九錢。

十一日庚辰　晴。閲丁儉卿氏《儀禮釋注》。得雲門書，爲倪粲甫以彭子壽年《百鳥圖》屬篆額。

山陰舉人沈惟善來，不見。洪右臣來催飲，下午赴之，晤獻之、陳雲舫比部錦、敖金甫、王鼎丞、許仙坪諸君。右臣出所藏蔡忠惠七言楹帖真迹，字極雄偉，又黄石齋爲胡瞻明中丞八十壽序行書長幅。夜一更後歸。弢夫來，不值。夜月暈。

十二日辛巳　晨陰，上午晴陰相間，午後晴。閲丁氏《毛詩草木鳥獸蟲魚疏校正》。以毛晉《津逮秘書》本爲主，參考群書所引，補正闕誤，比列異同，甚爲詳密。午後敦夫邀至三慶園觀劇，晚歸。夜月皎甚，佳如中春，裴回庭院，頗有清興，而詩思不屬。因復閲丁氏《陸疏校正》，并取段氏《説文》草木鳥隹部校之。

十三日壬午　晴。雲門來。許編修振禕來。夜初二更微陰，三更後月復皎甚。客去意倦，仍煎韭和餅作食，食訖讀書，五鼓始寢。

邸鈔：以大理寺少卿徐用儀爲太常寺卿。

十四日癸未　陰，午微晴，下午霠陰欲雪。

閲丁儉卿氏《毛鄭詩釋》。兼釋傳箋之古義雅訓也。此爲丁氏少年所輯述，本曰《毛詩古學》，後以兼申鄭恉，改題今名。其首仍冠以《毛詩古學》原序，備載《毛詩》之本於子夏、荀卿，及所采《古文尚書》《周官》《儀禮》《禮記》《左傳》《孟子》之文，又與《國語》合者七條，與《吕覽》《淮南》合者各一條，又兼取《韓詩》者十四條，皆羅列證明，以著其學之最古而尤博。治《毛詩》者，不可不讀此序也。

弢夫來。張中允端卿來。夜陰，閲近人文字數首。

邸鈔：兩江總督沈葆楨卒。葆楨，字幼丹，侯官人，道光丁未進士。由編修轉御史，出爲浙江杭州府遺缺知府，授江西九江府知府，以功驟擢江西巡撫。丁母憂歸，起兩江總督。卒年六十，謚文肅。詔：沈葆楨秉性沉毅，練達老成。由翰林外任知府，洊擢江西巡撫，籌辦軍務，悉協機宜。朕御極後，擢任兩江總督，於地方利弊，認真整頓，不避勞怨。因舊疾增劇，賞假兩月，方冀調理就痊，長資倚任。兹聞溘逝，悼惜殊深。加恩追贈太子太保銜，入祀賢良祠。照總督例賜恤。靈柩回籍時，沿途地方官妥爲照料。伊子附貢生瑋慶賞給舉人；附生瑩慶、瑜慶均以主事用；璘慶、璿慶、瑶慶、琬慶均俟服闋後，由吏部帶領引見。用示眷念藎臣至意。

十五日甲申　晴。風。作書致繆小山，還《頤志齋叢書》直四金。作書致弢夫。寫單約倪豹臣、許仙坪、敖金甫、鄧獻之、王鼎丞、陳雲舫、洪右臣十八日飲寓齋，并作書致雲門。得繆小山復，并還孫頤谷《讀書脞録》，且以張介侯《續黔書》兩册見借。爲倪粲甫題彭子壽《百鳥圖》卷五古一首，且爲篆其匣蓋。夜風益甚，月微陰。得弢夫書。爲清夫書楹聯。付升兒工食錢八千，支至明年正月十五日。

邸鈔：以兩廣總督劉坤一調補兩江總督，兼辦理通商事務大臣；以廣西巡撫張樹聲爲兩廣總督；以福建布政使慶裕爲廣西巡撫；以順天府府尹梁肇煌爲福建布政使；以山東鹽運使李朝儀爲順天府府尹。以太常寺卿恩霙爲大理寺卿。工部郎中恩良授直隸霸昌分巡道。

十六日乙酉　晴，大風，嚴寒。作書致弢夫，致雲門。得雲門書。得弢夫復、雲門復。作書致楊惺吾，約後日之飲。再作書致雲門，約明日之飲。洪右臣來。陳雲舫來。剃頭。得繆小山書，即復。夜月皎潔，毛髮畢鑒，而寒光凛然，不可近。作片致鄧鐵香，約明夕小飲。得弢夫書，即復。

邸鈔：新授福建布政使梁肇煌奏與現任閩浙總督何璟兒女姻親。詔：梁肇煌調補江寧布政使，以江寧布政使盧士杰爲福建布政使。以前長蘆鹽運使林述訓爲山東鹽運使。上諭：吴元炳奏耆員重遇恩榮筵宴一摺。前江蘇常鎮道周頊，本年因鄉舉重逢，賞加二品銜，現屆重遇恩榮，洵屬藝林盛事，加恩賞給頭品頂帶，重赴筵宴，以惠耆年。詔：十八日親詣大高殿祈雪，分遣親王、貝勒禱時應宫，昭顯、宣仁、凝和等廟。

十七日丙戌　晴。祖妣倪太恭人生日，供饋菜肴八豆，加肉肴三豆，爲祖考及祖妣余太恭人也。又火鍋一器，饅頭兩大盤，時果四盤，杏酪一巡，酒三巡，茗飲一巡，飯兩巡，傍晚畢事，焚楮泉。弢夫來。雲門來。禔盦來。作書致孺初，致汝翼。夜邀鐵香、汝翼、弢夫、清夫、雲門、敦夫小飲。是夕望，月色皎甚。二更後客散，雲門留宿，五鼓始寢。而覺飢甚，復起食炰粥。付肴饌等錢三十千。

邸鈔：杭州將軍承恩公廣科卒。詔：廣科由御前侍衛補授副都統，簡放西安將軍，調任杭州將軍，供職勤慎，於旗營事務，均能整飭。兹聞溘逝，悼惜殊深。加恩照將軍例賜恤，賞銀二千兩，由浙江藩庫給發。靈柩回旗時，沿途地方官妥爲照料。准其入城治喪。伊子恩濤俟百日孝滿後，承襲公爵。其餘子孫俟及歲時由該旗帶領引見。前任鑲黄旗滿洲副都統克興阿卒。詔：克興阿由侍衛洊升副都統，咸豐年間曾在直隸、山東等省帶兵剿賊，歷著戰功。本月因病開缺調理。兹聞溘逝，悼惜殊深。加恩照副都統例賜恤。其左翼監督任内欠繳盈餘銀兩，免其陪繳。並賞銀五百兩治喪，由廣儲司給發。伊孫瑞銓俟及歲時由該旗帶領引見。上諭：岑毓英奏拏獲哥老會匪首要各犯，訊明正法一摺。已革總兵楊海泰，即楊開泰等，膽敢在貴州省城歃血結盟，謀爲不軌。於本年十月間糾集多人，約期舉事。經岑毓英等訪聞，派副將何雄輝等先後拏獲逆犯多名，並起獲號衣、旗幟、軍器等件。當將楊海泰等八犯訊明後，均凌遲處死，地方一律安静。辦理尚爲妥速。所有出力員弁，准其擇尤請奬。

十八日丁亥　晴。閲丁儉卿氏《詩考補注》。以王厚齋《詩考》乃草創之本，或前後重出，或編次失當，或援據未精，且多傳寫訛舛。世無善本，因爲之補正，著其所出，詳其所略，加『案』字以别於舊。復爲補遺一卷。較王氏原書，詳密過倍。得紱丈書。愢吾來，獻之、右臣來，仙坪來，金甫來，鼎丞來，夜飲至二更散。月皎如前。倪豹臣饋别敬二十金。付廚人賞錢十三千，客車從飯錢八千，倪使二千。

邸鈔：以綏遠城將軍瑞聯調補杭州將軍，以黑龍江將軍豐紳調補綏遠城將軍，以荆州將軍希元調補黑龍江將軍，以察哈爾都統景豐爲荆州將軍，以山海關副都統祥亨爲察哈爾都統。以盛京户部侍郎、署盛京將軍岐元實授盛京將軍兼兵部尚書、奉天總督。

十九日戊子　晴，少和。

閲張壽穀澍《續黔書》。共八卷，續田綸霞侍郎雯《黔書》而作也。前有自序及朱文正珪題辭五古一首，其詩有云：『十四歌鹿鳴，十九登麟囿。』考壽穀爲嘉慶四年進士，此書序題嘉慶九年，則年僅二十四也。所紀自星野形勢、風俗古蹟，以至草木鳥獸蟲魚，共一百條。多飾以文語，間亦效田書，而體例頗病錯雜。多附游記及所作詩，尤近蕪漫。然考證詳密，文章爾雅，每取古事，比附儷語，博麗自喜，情恉斐然。其中如《茂學篇》，勉黔士以學，辭極詠褱。『竹王』『盤瓠』二條，『化虎』一條，俱證佐紛綸。其辨建置沿革，亦皆精確。刻狀山水，多用《水經》酈《注》及六朝麗語，俱有可觀。惟《十八先生墓論》，責吴貞毓等之於永曆，不能如召公之衛姬靖、丙吉之養病已，雖義烈可稱，而惜其未能戢晦，則殆全未知當日安籠事勢，幾如寱語。《游白雲山記》附《建文帝君臣論》，不特輕信《從亡》《致身》諸録，且謂當成祖崩於榆木川，俺答外闚，高煦内覦，可藉沐氏以圖興復，尤近無稽兒戲之言。『川字』一條，言黔人呼牛馬之竅爲穿，當即『川』字，引《山海經・北山經》『倫山有獸，其川在尾上』郭注『川，竅也』及《廣雅》『川，臀也』、《釋名》『川，穿也』爲證，而以畢氏沅《山海經》校本據《爾雅》『白州驠』改『川』爲

『州』爲非。不知『州』『豖』一音之轉，『豖』亦作『豚』，《説文》：『豖，流下滴也。』《三國·蜀志·周群傳》：『諸毛繞涿居乎？』正以下體爲戲。又去陰之刑曰斀，龍尾曰豝，皆是同音義近。《相馬經》有『馬白州』，與《爾雅》正同。《廣雅·釋親》本作『州，豚，臀也』。『州』即『豖』之借字。『川』乃『州』之誤文也。『釐字』一條，言黔人呼『不來』爲『釐』。古『釐』字本有來音，《儀禮》鄭注曰：『貍之言不來也。』即反切之音，其學起於高誘《吕氏春秋》《淮南子》注。而韋弘嗣注《國語》，亦有音切，非始於孫叔然。按高氏但云急氣閉口，未嘗云反切。弘嗣、叔然本同時，亦不免失之眉睫也。

得禔盦書，約今夕飲萬福居，即復。敦夫邀至天樂園觀劇，禔盦亦來。傍晚偕雲門及李玉舟禮部飲萬福居，偕羊、鮑二君招霞芬，一更後禔盦邀飲霞芬家，二更後偕敦夫先歸。季士周來，索賃屋銀，付以十金。陳雲舫送所刻近詩一册。此君湖北羅田人，癸亥庶常，今官刑部員外郎。與吾鄉陳晝卿同姓名，同時刻集，而俱不能工。付車錢十千，霞車二千。付更夫楊庸直七千，支至十二月十七；楊媪八千，支至是月末；王媪七千，支至明日。

邸鈔：以奉天府府尹、二品頂帶兼巡撫銜恩福爲盛京户部侍郎。以奉天馹巡道松林爲奉天府尹兼巡撫。以正白旗蒙古副都統姚田調補山海關副都統。

二十日己丑　風，薄晴，晡後陰，夜風益甚，嚴寒。

邸鈔：福建延建邵道廣敏調補奉天馹巡道。詹事府右中允裕德轉補左中允，工部主事承翰補右中允。右贊善高萬鵬轉補左贊善，編修曹焯升右贊善。前陝西鳳邠道方鼎録以道員選用。直隸候補道何崧泰仍以道員遇缺儘先即補。方鼎録以被劾開缺，送部引見。於例應得同知，最優得知府。此出特恩，所僅見也。

二十一日庚寅　風，澹晴，午微陰，下午日少晶，風益勁。兩日雜校群書。晚風止。曾君表招飲霞芬家，辭之。付姬人車錢十千，諸家僕媪賞八千，禮佛香燭果食等錢九千六百。

邸鈔：上諭：都察院左都御史崇厚奉命出使，不候諭旨，擅自起程回京，著先行交部嚴加議處，開缺聽候部議。其所議條約章程及總理各國事務衙門歷次所奏各摺件，著大學士、六部、九卿、翰詹科道妥議具奏。

二十二日辛卯　晴，有風。

閱徐彝舟鼒《讀書雜釋》。其聞見雖不甚殫洽，然實事求是，於經典名物詁訓之牽互者，亦頗能鉤析分明。如『籧篨戚施』一條，謂《說文》：『籧篨，粗竹席也。』『䵺鼅，即『戚施』正字，䵺本作鼁。詹諸也。』薛君《韓詩章句》：『戚施，蟾蜍，喻醜惡也。』蟾蜍即詹諸之俗。此爲第一義。《國語》：『籧篨不可使俯，戚施不可使仰。』韋注：『籧篨，偃人。戚施，僂人。』《毛傳》用《國語》。此爲第二義。《爾雅》：『籧篨，口柔也。戚施，面柔也。』鄭箋用之。此爲第三義。言其義展轉相生之故，極爲明晰。

鐵香來。

邸鈔：以吏部左侍郎志和爲都察院左都御史。

二十三日壬辰　晨及上午晴，午微陰，下午陰。閱徐氏《讀書雜釋》。雲門來。許仙坪來。䜣夫來。李子均來，不晤。同鄉沈吏部源深以妻喪來赴，送奠分四千。

夜閱丁儉卿氏《禹貢集釋》。凡三卷，節取自馬鄭注、僞孔傳以至國朝諸儒之説，而後低一格爲之疏通，或加辨正，務取簡明切要，便於循省，初學所宜首從事者也。末附《禹貢蔡傳正誤》一篇，又《胡氏錐指正誤》一篇，大指以胡氏之言三江、九江皆爲非是。謂胡氏於三江引鄭注，左合漢爲北江，會彭蠡爲南江，岷江居其中爲中江，本於徐堅《初學記》。以書疏引鄭云『三江分於彭蠡，爲三孔東入海』證之。則《初學記》所引實非鄭注，《初學記》本作鄭玄、孔安國注，語不可解。三江自當以《漢志》所言爲確。胡氏於九江主宋人胡旦謂在洞庭之説，東陵亦取宋人説以爲巴陵。據《史記·河渠書》『余南登廬山，觀禹疏九江』，則九江在尋陽無疑。班《志》廬江郡尋陽『《禹貢》九江在南，皆東合爲大江』，應劭注云：江自尋陽分爲九派。《水經·淮水注》：秦立九江郡，治壽春縣，兼得廬江、豫章之地，故以九江名郡。則宋人謂在洞庭者，自爲臆説。慈銘案：三江之説，紛如聚訟，鄭注是非，不能輒決。九江之辨，自爲確覈也。

夜食炰粥，和菜，少加鹽，以椒糝之，香美不可言，暖滿大宅。因語家人：『此時享用，視墻外擊柝者爲何如？我生無一長，亦無一事有益於人。汝曹皆生貧賤，而隨我得此食，已爲過矣。人生菜飯飽，布衣暖，豈易得耶！知足二字，最受用，亦最警惕。蓋知足則天下無不可安之境，隨時可樂；亦天下無一應得之福，隨事可憂。』付裝池先世神坐圖及家訓横幅錢十三千，修佩表錢四千。

邸鈔：以户部左侍郎麟書調補吏部左侍郎。以户部右侍郎崑岡爲左侍郎，兼管三庫事務。崑岡時任福建學政。以兵部左侍郎奎潤兼署户部左侍郎。以刑部左侍郎長敘爲户部右侍郎，兼管錢法堂事務。以前駐藏大臣松溎爲刑部左侍郎，未到任時，以内閣學士崇禮署理。熙拉布調補鑲黄旗滿洲副都統。烏拉喜崇阿調補正紅旗滿洲副都統。永德補授鑲藍旗漢軍副都統。以翰林院侍讀學士黄體芳爲詹事府少詹事。詔：本日召見之直隸候補道王定安，發往山西，以道員補用。

二十四日癸巳　晴。詣袁爽秋談。詣鐵香談。詣汝翼，不值。午後歸。孺初來，不值。得雲門書。

閲《禹貢集釋》。『雲土夢作乂』，古本作『雲夢土作乂』，沈括言宋太宗得古本始改之。近儒王西莊以『雲土夢』爲是，謂雲、夢，二澤名，雲在江北，地尤卑，故始見土；夢在江南，地稍高，已可耕治。僞孔傳連言雲夢之澤，蓋始誤『夢』字於『土』上。今注疏本作『雲土夢』，又是後人所改。段茂堂則謂作『雲夢土』者古文，作『雲土夢』者今文。《史記》《漢志》皆用今文，本皆作『雲土夢』，據索隱本作『雲土夢』。今作『雲夢土』者，後人誤改之。又謂雲土即雲杜，古『土』『杜』字通用。漢有雲杜縣，雲土與夢爲二澤名。王、段皆經學大師，而此事則同爲意必之談。王又誤以宋太宗爲唐太宗，謂所得必馬、鄭古本。段以《史》《漢》作『雲夢土』，皆後人妄改，尤爲武斷。丁氏分析言之，以雲夢爲一澤，或連言雲夢，或單言雲，或單言夢，實一而已。且謂唐以前無作『雲土夢』者。慈銘案：其說甚確。若如王說，謂雲始見土，夢已作乂，全襲蔡《傳》，正丁氏之所謂支離。若如段說，謂伏生以雲土連言爲澤名，亦甚不辭。丁氏謂自沈括、羅泌等創江南爲夢、江北爲雲之說，於古無徵，是也。

二十五日甲午　卯初三刻五分小寒，十二月節，晴。

閲《禹貢集釋》。解經有不可一例求者。揚州之『厥包橘柚錫貢』，此當從孔傳謂錫命乃貢，以橘柚難致，不可常也。鄭君注以錫爲金錫之錫，自不必從。豫州之『錫貢磬錯』，『錫貢』二字，當連上『厥篚纖纊』讀之，與『厥包橘柚錫貢』句一例。以纖纊是細巧之物，故亦不爲常貢。其下『磬錯』二字自爲句，上文『厥貢』二字直貫此句言之。顔師古《漢書注》及林之奇《尚書全解》，謂磬錯亦待錫命而貢者，非也。治玉石之錯，並非珍異，何致慎重乎？至荆州之『九江納錫大龜』，馬注：『納，入也。』《史記》作『入賜』。『錫』『賜』義同音轉，古皆通用。命龜國之重寶，世不易得，故別異之，言若天錫者，然不敢同之於貢，此屬辭之體也。蘇子瞻《書傳》謂若以下錫上者，則不辭矣。丁氏於三者，概指爲錫命而後貢，亦欠分明。

作書致雲門，送還書架一，箱架二，得復。下午步詣許仙坪，不值，即歸。蓴庭來，不值。許仙坪約廿八日飲謝公祠。夜點閲《文選》諸詩。

邸鈔：大學士等恭進《穆宗實録》三百七十八卷、《聖訓》一百六十卷於太和殿。詔：本日穆宗毅皇帝《聖訓》《實録》告成，朕於卯刻吉時御殿受書，祇肅禮成，百僚畢賀。維時卿云糺縵，瑞靄繽紛，吉事有祥，彌增欣慶。進書執事之親王、郡王，均紀録四次。惇親王加賞御書『受福多年』扁額一方。恭親王加賞御書『輔政扶德』一方。監修總裁大學士寶鋆在館四年，始終其事，著加恩伊子工部候補員外郎景澧以本部郎中即補，伊姪工部候補郎中景星賞給舉人。副總裁禮部尚書徐桐辦理稿本，妥慎精詳，著賞加太子少保銜，伊孫培芝賞給舉人。總裁吏部尚書靈桂，副總裁禮部尚書恩承、理藩院尚書察杭阿、禮部右侍郎殷兆鏞，均係始終其事。靈桂著賞加太子少保銜。恩承之子太僕寺候補員外郎托克托善著以郎中分部即補。察杭阿之孫兵部候補主事錫璋著遇缺即補。殷兆鏞之孫刑部額外主事柏齡著賞給舉人。餘加級紀録有差。提調、纂校、收掌、繙譯等員查例議敘。其餘文武大小各員概行施恩紀録一次。

二十六日乙未　晨陰，已後晴。作書致雲門。袁爽秋來談竟日。王鼎丞送來《曾文正公事略》四卷，《求闕齋讀書録》十卷，《弟子記》三十二卷，皆鼎丞所編輯者。得禔盦書，饋蚶子、玉田脯，即復謝。弢夫、雲門來，留共飯夜談，二更去。是日詔二十八日再祈雪大高殿，仍命諸王分禱時應宫等。

二十七日丙申　晴，大風，嚴寒。閲《求闕齋讀書録》。皆於文正所閲書籍中録其隨時評識之語。雖多非經意，或雜録舊説，頗不免淺近複出之病，然時有心得，亦有細密可取者。剃頭。鼎丞來，不晤。

夜閲《求闕齋弟子記》。分恩遇、忠讜、平寇、剿捻、撫降、李世忠事。馭練、苗沛霖事。綏柔、洋務。志操、文學、軍謨、家訓、吏治、哀榮十三門，每門仍按年編輯，皆從文正軍書、公牘、文集、日記中采綴而成，頗爲詳盡。然《弟子記》之名，始於宋之劉公是，乃《論語》之支流，自宜詳言而略事。《阮文達年譜》稱《雷塘盦主弟子記》，本爲不恰。鼎丞意以《事略》爲綱，而此書爲目，尤近駢枝。恩遇、哀榮兩門，本可於《事略》包之。哀榮僅載碑志祭文，尤爲無謂。碑志宜附《事略》之後，祭文或亦擇其一二佳者附之。平寇、剿捻、撫降、馭練、綏柔五事，可敘入於軍謨、吏治兩門。文正剿捻無功；天津洋務，晚節大玷；其於苗逆，亦無甚設施：三事皆宜於《事略》見之。即欲著其深慮，表其苦心，或取其書牘、日記中語，綴於軍謨、吏治中可矣。至文集、奏議，業已刊行，此書不容複贅。王君孖耆雖勤，惜尚未知著書體例。所編《事略》，亦多詳略失宜。付司馬廚子酒饌錢七十四千，付李升工食錢八千。

邸鈔：内閣侍讀王憲曾授貴州貴陽府遺缺知府。

二十八日丁酉　晴，寒甚。閲段氏《周禮漢讀考》。本擬以今日始温讀《周禮注疏》，而人事未絶，又苦咳嗽，心氣虚耗，遂不能堅，炳燭之光，深虞莫及。因先讀段書，以求小補。下午答拜鼎丞，遂詣弢夫，走使邀雲門，欲相偕閲市。以日已入，仙坪頻來催飲，乃詣謝公祠，與仙坪、鼎丞、金甫、獻之、右臣、雲舫等作消寒第三集。夜二更歸。付車錢五千。

二十九日戊戌　晴，嚴寒。始於室中用火鑪。

得張公束九月十九日南昌書，并寄來攸縣龍汝霖所刻新化鄒叔績《斆藝齋遺書》，共六種，爲《讀書偶識》八卷，《五韵論》二卷，《顓頊曆考》二卷，文三卷，詩一卷，《紅崖刻石釋文》一卷。叔績名漢勛，其事蹟已見余癸亥日記。其《讀書偶識》中《書》《周禮》《儀禮》《禮記》及《説文》諸條，手稿共三册，余於癸亥春得之廠肆。至辛未再入都，周荇農言與叔績故交，謀刻其遺書，因屬徐壽蘅、張薌濤求余所得以付梓。余已語潘伯寅將刻之，以伯寅方刻它書，而荇農求之切，遂付薌濤以轉畀。有妄人趙□□者，亡賴險詐，素不知書，以從戴望、胡澍等游，略知一二目録，謂漢學可以當腐鼠也，亦竊購奇零小書以自誇炫。嘗得錢竹汀《庸言録》寫本，不知其已刻也，深秘之，改造書名，冒爲己作以示人。又嘗購陳碩甫《毛詩疏》，書賈索直十金，乃以五金購其所附《毛詩音》《毛詩説》等四種，而還其疏，且告人曰：陳氏菁華在此，其疏不必讀也。薌濤既得叔績書，不遽畀荇農。妄人一日詣薌濤，見其爲寫本，以世人多未見也，直篡以去。荇農屬薌濤固索之，不肯還。余亦頗怒薌濤之好怪召侮，致此書遭墮溷之污，屢責還於薌濤。薌濤窘甚，然卒無如何也。今龍君刻之南昌，其跋言與叔績故相知，録得其副。近官江右，遇趙某，言在京師日嘗得殘册於周荇農閣學，因屬其校勘而刻之。蓋妄人得此書，既不能句讀，又知龍君有副本，不得據爲己作，其技遂窮，而猶詭言得之於荇農，以自夸其與二品官往還。是鬼蜮之面，而狗彘之心矣！此等委瑣，本不足冤楮穎，以世之愚而售其欺也，聊附記之。

紅崖刻石在貴州永寧州東諸葛營旁紅巖曬甲山最高處，約二十餘字，非篆非籒。黔人目爲諸葛碑。叔績爲之釋文，謂是殷高宗伐鬼方還紀功所刻，亦荒怪無稽之言。

爽秋來，不見。雲門來談，至夜二更去。徐仲佳樹蘭來。得弢夫書。印結局送來是月公費銀十八兩。

邸鈔：上諭：御史孔憲穀奏大員昏庸貪縱請飭查辦一摺。據稱吏部尚書萬青藜，身任兼尹二十年，平日惟以納賄攬權爲事，按缺肥瘠，收受節壽。有能格外賂遺，立予調劑。縱容家丁，在外招搖，勒索規費。其門丁朱二即朱韻山，捐有五品官職，尤爲跋扈，竟敢指缺説情。該兼尹認候補通判張兆豐爲義子，迭次委署固安、順義等縣。府尹衙門公事，率由該兼尹獨斷。請旨飭查。又御史文鐍奏參順天州縣王堃等各款，奉旨查辦，萬青藜並不奏請回避。現在派出查辦之兵部司員季邦楨，係萬青藜之婿。人人竊議，該尚書靦然不顧等語。所參是否屬實，著派載齡、翁同龢會同都察院堂官確切查明，據實具奏，毋稍徇隱。王堃等被參各款，萬青藜即毋庸會同查辦，沈桂芬所派司員季邦楨亦一併撤去。仍著沈桂芬、志和會同梁肇煌詳晰查明具奏。上諭：孔憲瑴奏前直隸任丘縣知縣馬河圖以甄別革職之員，派充萬年吉地工程差使，傳言以三千金拜於榮禄門下，由程五峰筆墨店商人程姓代爲過付，設法開復各情。馬河圖著即撤銷保案，由刑部傳同商人程姓，確切嚴訊，據實具奏。馬河圖前在知縣任内，如何玩視民瘼，著李鴻章查明具奏。上諭：孔憲瑴奏實録館奬敘，請飭查照新章辦理等語。此次在館人員保案，著吏部查照奏定章程辦理。步軍統領榮禄奏假期屆滿，病仍未痊，懇請開缺。許之。以禮部尚書恩承補授步軍統領，貝勒奕劻管理神機營事務。

三十日己亥　晴。閲馬竹吾《周禮目耕帖》。其書多輯録舊説，以備遺忘，少所發明，故自比帖經而已。下午詣西鄰劉鎸師家賀新居。即詣弢夫，走使邀雲門，同至同樂軒觀劇。雲門更邀敦夫、敦叔晚飲聚寶堂，招霞芬。夜二鼓畢，余邀諸君飲霞芬家，酒醲香温，清談雋永，亦近日不易得之暫歡也。四鼓後歸。付霞芬酒局四十千，僕賞十千，車錢十二千。

續傷逝二首有序

余於八月之末，著傷逝詩四章。逮九月至今，故鄉人來，言余煇庭舍人以八月十九日殁於家，王杏泉教諭以十一月三日殁於鄞學署。二君皆余中表也。老病日至，同輩盡喪，即有歸田之日，已無過從之人，悲哉！更爲詩以傷之，蓋以寓話舊於吊亡，冀通魂於來夢也。舍人名恩照，乙卯舉人；教諭名英瀾，紹興府學廩貢生：皆會稽人。

昔我先王母，於君實祖姑。舊姻比盧李，修好異程蘇。田宅勤增業，文章老識塗。生年同甲子，强碩竟先徂。

王子族親黨，先余生十年。知交同胏附，貧病益周旋。有子才能傑，儒官老不遷。訃音相逮至，獨立倍潸然。

十二月庚子朔　澹晴多陰。温《周禮》，點《注疏》五葉，《義疏》七葉，《王氏新義》七葉，兼考釋文、校勘記等書。此後能無間，亦可謂晚學也已。孺初來，方午飯，不遽見，而孺初徑去，心甚愧之。爲姬人購一狐裘、一緺衫，付銀十六兩五錢。

邸鈔：上諭：翁同龢奏伊與萬青藜誼屬姻親，查辦事件應否回避，聲明請旨一摺。萬青藜被參各款，仍著翁同龢會同載齡等確切查明具奏，毋庸回避。以太僕寺卿耀年爲内閣學士，兼禮部侍郎銜。以内閣侍讀學士吴廷芬爲通政司副使。

初二日辛丑　晴。温《漢書》，略取剛經柔史意也。下午詣劉仙洲夫人，爲其嗣子延師事。余欲屈敦夫往，今日説定，以初十日上館。傍晚詣孺初，不值。即赴敖金甫消寒第三集之招，仙坪、獻之、右臣、雲舫、鼎丞及泰州陳硯香郎中文田，夜二鼓歸。

閲鄒叔績文集。其《王制周尺解》《三江彭蠡東陵考》《九江考》《漢長沙零陵桂陽武陵四郡考》《汝淮泗注江説》《貳軫釋》，皆足以自持其説。《寶慶疆里圖説》，備言方志繪圖之法及舊圖之病，極爲精確。它文亦多有本之言。其家書有云：年三十有畸，尚未青一衿。則其入學甚遲。又有云：榜發落解，卌年守經，不能寸進。考叔績爲咸豐辛亥舉人，癸丑從江忠烈殉難，年當已五十許矣。遺書前刻楚人王闓運所爲傳，意求奇崛，而事蹟全不分明，支離蕪僿，亦多費解。此人盛竊時譽，脣吻激揚，好持長短，雖較趙之謙稍知讀書，詩文亦較通順，而大言詭行，輕險自炫，亦近日江湖偽客一輩中物也。日出冰消，終歸朽腐。姑記吾言以諗後來而已。付車錢八千。

初三日壬寅　晴。作書致弢夫，致雲門。敦夫邀至裕興園觀劇。孺初來，惺吾來，雲門來，弢夫來，均不值。敦夫邀同弢夫、雲門夜飲聚寶堂，招霞芬，一更後歸。許仙屏招飲廣和居，辭之。夜點《周禮注疏》三葉。付霞芬車飯六千。

初四日癸卯　陰，微雪。閱鄒叔績《讀書偶識》。袁爽秋來。夜點《周官新義》五葉。

邸鈔：上諭：都察院代奏江蘇揚州府知府何金壽請推廣會議人員一摺。國家遇大政事，飭下廷臣會議，自有定制。若如所奏，大小各員一併會議，向來無此政體。所有此次會議事件，中外臣工及在籍大員，如有所見，或自行具摺，或呈請代奏，均可據實直陳。所請推廣會議人員，著毋庸議。

初五日甲辰　晴，微和。終日無事，亦無客至，又温暖，不患手瘃，得静坐讀書。點《周禮注疏》十五葉，《義疏》十四葉。得紱丈書，即復。雲門來夜談。近日因議俄羅斯條約，部院庶僚多發憤相約合疏擊崇厚，知好中亦有與其事者。此亦公議之僅存也。

邸鈔：上諭：翰林院代奏修撰王仁堪等及庶吉士盛昱所奏各一摺，並詹事府代奏洗馬張之洞所奏一摺，均交此次會議之大學士等一併妥議具奏。

初六日乙巳　晨晴，旋雪，午後止，日出，晡溦雪，復止，夜雪大作，三更後止。湖北知府瞿同年廷韶來。王侍讀先謙送來所輯《續東華録》乾隆一朝共四十八册，計一百二十卷，作書復謝，犒使二千。雲門來，夜飯後去。

是日閲崇厚所上會同俄羅斯外部尚書格古斯、駐京使臣策布所定條約十八事，陸路通商章程十七事，及奏疏兩首。其大害者約有七事：一，交還伊犂後，仍留歸俄回民隨俄國兵官分地而居；一，俄國分界直至塔爾巴哈臺；一，俄國兵民船直至松花江上游伯都訥界，任便貿易；一，北路通商由蒙古諸旗地進張家口至通州東壩；一，西路通商由新疆進嘉峪關至漢中以達漢口；一，嘉峪關設領事官二員，統轄漢中、漢口商民；一，俄人入關者，各帶隨身洋槍或長矛一竿。而崇厚疏中尚稱格古斯等要索多端，今擇其必不可行者力與争論，尚無妨礙者，量爲通融。每議一事，往復十餘次，辯論數萬言，動涉兼旬，始成一議。又乘火輪車至其國南省黑海地，始獲定約畫押蓋印。備漢文、俄文、法文三通，候御筆施行。潰心腹以召癰，啓扃鐍以餌盜，而自居於有功無過。宜志士爲之裂眦，勞臣争欲食肉矣！

邸鈔：詔：遴選光明殿道衆，在大高殿祈雪，於初九日開壇。仍親詣拈香，派王大臣等分班直宿行禮，仍命親王、貝勒分禱時應宫及昭顯諸廟。詔：已故兩江總督沈葆楨於江南省城及立功各省建立專祠。從江蘇巡撫吴元炳請也。

初七日丙午　晴，下午微陰。得雲門書，即復。劉仙洲夫人來。午後偕敦夫詣弢夫小坐，雲門亦來，遂同詣天樂圓觀劇。有西伶十三旦者，演《珍珠衫》，盡態極妍，勝觀周昉畫美人矣。弢夫邀晚飲聚寶堂，招霞芬，夜二更歸。禔盦來，以李壬叔善蘭新譯《幾何原本》十五卷見贈。袁爽秋來，不值。

初八日丁未　大雪連日夜。劉曾枚來，摯見於敦夫。禔盦來。得紱丈書，即復。許竹筼自蜀中還京，來談。得獻之書，以今日大雪，憂余絶火，贈十金。其書云：『以爲先生壽。』此老年已六十餘，棄介休劇縣，入爲郎官子，居寺中，清絶塵表，而念余不已，分其橐齎，極可感也。作書復謝，犒使三千。煮臘八粥供先人。劉仙洲夫人饋臘八粥。

夜閲吴穀人祭酒集中游泰山、焦山、西山記，及諸書論、碑銘。自二十一二歲時閲《有正味齋集》，意便輕之，後遂絶不厝懷。今老矣，客氣盡去，頗覺其辭旨清切，亦有過人處。今日即所見論之：穀人才弱，筆不能舉其氣，蹊徑亦太凡近。焦山境窄，尚能傳其幽峭，摹其葱蒨。惟收處二語，云『依依相送，脉脉有情』，全是俗筆，亦結不住，最爲通篇之累。岱、西兩記，瑣碎散漫，絶不相稱，間有考據可取耳。與人書善於言情，頗有佳篇。論亦病在體弱。碑銘尤不知唐以前人法。

邸鈔：上諭：前據刑部奏革員俞應鈞等殺斃旌善營弁丁多命一案，左宗棠原奏案情未確，當照該部所議，令左宗棠再行提訊。兹據該督奏稱，悉心覆覈，將部駁各情分晰聲敘，此案故殺無辜多命，實革員俞應鈞爲首，罪無可減，請飭三法司核議等語。著刑部、都察院、大理寺會同覆核，定擬具奏。

初九日戊申　雪，至午後止，嚴寒甚厲，晚大風，益凜冽。夜子初初刻五分大寒，十二月中。得紱丈書，即復。殷蕚庭生日，饋以桃、麪。夜點《周禮注疏》三葉。比夕鷄鳴始睡，而多閲雜書，略無真際，玩物喪志，與玩時愒日等，徒耗心神與膏油而已。

邸鈔：右春坊右庶子朱逌然轉補左春坊左庶子，翰林院侍讀王先謙升補右庶子。

初十日己酉　晴，大風，嚴寒益厲，滴水皆凍。得竹篔書，惠銀四十兩，并章碩卿新刻《拜經樓藏書題跋記》五卷，陳簡莊《經籍跋文》一卷，皆據《別下齋叢書》本也。余與竹篔交誼本疏，聞其此行，蜀裝非富，而分斯厚饋，深感過情。慚口腹之累人，報瓊瑶以何日！作書復謝，犒使十千。敦夫今日詣劉氏之館，仙洲夫人來請小飲，下午歸。晡詣爽秋，詣鐵香，俱晤談。讀鐵香今日所上疏稿，晚歸。夜偕敦夫共飯。點《周禮注疏》四葉，《周禮義疏》九葉，《周官新義》四葉。作書致雲門，以雲門與弢夫約爲余作生日，敦夫、禔盦兩君亦與其事。古人以周歲爲一歲，余今年五十一，於古法正得五十耳，故諸君援此爲言。然以孤露之餘生，直始衰之暮景，正當《蓼莪》廢讀，桑榆視陰，何敢重嬻故人，累分清奉？愛我之切，銘心而已。是日寒不可忍，始於室中置火鑪。

邸鈔：兩宮皇太后懿旨：前有旨將崇厚所議條約章程等交大學士、六部、九卿、翰詹科道妥議具奏。兹據大學士等遵議覆奏，並侍郎長敘等説帖三件，又尚書萬青藜、侍郎錢寶廉、司業周德潤等，少詹事寶廷、中允張楷、給事中郭從矩等，余上華、吴鎮、胡聘之等，御史孔憲瑴、黄元善、田翰墀等，鄧承修、都察院代遞員外郎張華奎等所奏各摺片，又前據贊善高萬鵬、御史鄧慶麟、侍讀烏拉布、王先謙，編修于蔭霖，御史葉蔭昉，先後陳奏各摺，著一併交親郡王、御前大臣、軍機大臣、總理各國事務衙門王大臣、大學士、六部、都察院堂官，再行詳細妥議具奏。醇親王亦著一併會議具奏。先是會議總理各國衙門王大臣皆回避，軍機皆兼總理者亦回避，而今復詔與議，蓋政府以避事爲取巧也。今日召見大學士載齡及六部堂官、三四品京堂，而獨不及萬青藜，朝廷亦燭其隱矣。少詹黄體芳被召不至，次日請議處。五品京堂亦有召見者，科道惟傳余上華一人。

十一日庚戌　晴，嚴寒，冰壯，風少止。得雲門書，言生日稱觴之不可少。情辭極婉摯，要亦强相排解耳。

閲《周禮釋文》。『以擾萬民』，鄭音：擾，而昭反。此因擾本从『夒』，故與犬旁之『獶』同音。此音最古。鄭君本不作反語，蓋相傳爲鄭學者作此讀也。又云徐、李音尋倫反，則是讀作馴。鄭注：擾，猶馴也。是李軌、徐邈據注義爲音耳。擾向無馴音，未必即改讀馴也。

雲門來。下午出門答拜徐世允。詣竹篔晤談。詣孺初、惺吾，不值。詣弢夫，適雲門、汝翼皆在，南窗日滿，几席皆春，瀹茗擁鑪，清談遂永。傍晚答拜瞿同年廷韶，不值。詣李子鈞、曾君表，晤君表。詣獻之及陳雲舫，皆晤。佛燈已上，始出寺門。雲門邀同敦夫、弢夫、禔盦飲聚寶堂，招霞芬，夜二更歸。閲《續東華録》，至四更始寢。比曉疾動。付車錢八千。

十二日辛亥　晴。鄧鐵香來。是日以疾發畏寒，時近火，覺體中不適，終日閲《東華續録》。

邸鈔：正紅旗蒙古都統托雲卒。詔旨褒惜，賞銀一千兩治喪，照都統例賜恤，伊子工部員外郎阿克占以郎中用。以貝勒載澂爲正紅旗蒙古都統。以内閣侍讀學士敬信爲太常寺卿。上諭：沈桂芬、志和、梁肇煌奏遵查知州王堃等被參一案，並請將順天當差之同知、通判酌予限制一摺。此案御史文鐍原參王堃由鋪夥納職，開設店鋪，均查無其事。其在寶坻縣任内催徵不力，經萬青藜、周家楣會銜奏參，並非周家楣單銜具奏。旋經奏請開復，亦無捏病請假情事。該員與知縣丁符九姻親，不在應行迴避之列。惟該員在京置買住宅，係署大興縣任内所買，殊屬不合。知縣蔣嘉泉，查非開設茶行。惟該員在順天當差，商託族人賃居茶行房屋，亦有不合。王堃、蔣嘉泉均著飭回直隸當差，並交部分别議處。同知、通判，順天並無應補之缺。嗣後分派順天當差之員，著順天府會同直隸總督嚴定章程，酌擬員數，以示限制。

十三日壬子　晴。寫單約竹篔、汝翼、禔盦、弢夫、敦夫、雲門，以十五日夜集寓齋。别作書致雲門，致弢夫。得弢夫復。剃頭。曾君表來。姬人詣劉仙洲夫人。弢夫來，留共夜飯，談至二更去。

邸鈔：詔：昨日肅親王隆懃所奏，及本日翰林院代遞檢討周冠等摺，都察院代遞户部員外郎陳福綬等摺片，均交會議之親郡王等一併議奏。

十四日癸丑　晴，有風。李玉舟禮部來。弢夫、雲門饋海棠花兩盆，冰雪冱寒中，猩紅艷發，唐花之巧，足爲奇觀。夜點《周禮注疏》兩葉，《義疏》八葉。比夕月佳甚，輒至四更，始就瞑。

十五日甲寅　晴。閲《東華續録》。雲門來，弢夫來，禔盦來，汝翼來，竹篔來。今日爲敦夫生日，十二日爲弢夫生日，既治竹箕軟脚之筵，兼稱兩君覽揆之辰。而雲門以十一月朔日生，汝翼次日生，禔盦七日生，亦皆相去月餘。同岑歲寒，松茂柏悅，天涯良會，人生極歡。因招霞芬諸郎，點綴燈燭，飛花行酒，圍鑪續談，月皎於春，宵永似歲。宜傳圖畫，共紀詩歌。此樂難常，它日請念。二更客散，復與敦夫談一時許，四更始寢。付庖人賞錢十四千，客車僕四千，霞車四千。

邸鈔：哈密幫辦大臣德克吉訥因病懇請開缺。許之。以頭品頂帶長順爲哈密幫辦大臣。

十六日乙卯　晴和。得伯寅尚書書，饋銀二十四兩，即復謝，犒使八千。午詣弢夫談，即走使邀雲門及禔盦同閱廠市。禔盦邀飲豐樓，招霞芬。是夕望，月色皎甚。夜一更後歸，街巷通明，略無寒氣。冬夜得此，百年幾見者也。付車錢六千，霞車四千。

邸鈔：上諭：吏部奏遵旨嚴議，請將前都察院左都御史崇厚照違制例，議以革職。崇厚奉命出使，並不聽候諭旨，擅自起程回京，情節甚重，僅予革職，不足蔽辜，著先行革職拏問，交刑部治罪。聞吏部此奏以初六日上。今日少詹事寶廷、黄體芳，洗馬張之洞各疏陳。兩宫召見，三人者言頗切，因有此諭云。

十七日丙辰　晨陰，旋晴，上午微陰。孺初來談，且招夜飲。午詣雲門，不值。即詣弢夫，邀之閱市。見南海陳蘭浦澧新刻《東塾叢書》。初函凡四種，曰《漢儒通義》七卷，取漢儒之言性理者，分條編輯，蓋本阮文達性命古訓而推廣之，然不下己意，以待人之自悟；曰《音律通論》十卷；曰《切韵考》六卷；曰《漢書地理志水道圖説》七卷，附《辨正胡朏明禹貢圖》一卷。索直三金，諧價不成。以錢十五千購得俞理初《癸巳存稿》一部。晚詣聚寶堂，赴孺初之招，夜一更後歸。月皎如前。二更陰，三更後雪。付車錢八千。

邸鈔：以太常寺少卿曾紀澤爲大理寺少卿。

十八日丁巳　雪，至午止，晡後微晴。得紱丈書，饋彘脯、橘餅、豆豉、饅頭，返彘脯，受其餘，作書復謝。作書致雲門。兩得弢夫書，皆復。得竹篔書，還《說文釋例》。雲門來談竟日。作書致鄧鐵香。鐵香來夜談，至三更去。

邸鈔：以翰林院侍讀學士宗室福錕爲太僕寺卿。李鴻章奏參貪劣不職各員：直隸保安州知州張毓生、東光縣知縣陶治安、候補同知龔嘉楨、另補知縣楊文濤、候補知縣張承福、故城縣縣丞許兆瑞、新河縣教諭侯善鈞等九人，均請即行革職；河間縣知縣凌顗德、鉅鹿縣知縣鍾德輔、定興縣知縣毛羽豐，均請開缺，酌量另補；赤城縣知縣宋尚文、沙河縣知縣李福田、樂亭縣教諭單宗張、臨榆縣訓導高漢墀、獻縣典史李灝等六人，均請勒令休致。從之。李灝爲余緦服兄，字濬川，幼孤貧。爲吏部書吏，稱謹慎。垂老得獻縣典史，有惠政。同治戊辰，捻賊陷獻縣，令、丞皆逃，兄携印匿署旁民家。及事定被劾，紳民以尉能守民，籲上官，屢斥屢申理不止。曾文正來督直隸，察其賢，爲請開復，竟還任。前年以與獻縣知縣爲姻親回避。解文安，遂得疾。今竟以久患癱瘓被劾去矣。上諭：都察院奏同知景煥芸遣抱呈稱，本年十月分吏部缺單，並無同知之缺。二十五日選缺内有戴綸選授廣東潮州府同知一缺，是缺應歸六月分開缺，乃遲至十月分，以七月初一日投供之戴綸選授。且戴綸未經起復，不應赴部投供。是否挪前壓後，違例蒙選，請飭詳查等語。著吏部詳細查明具奏。

十九日戊午　終日密雪，至夜。本生祖考生日，供饋。得雲門書，送來新繪先世神位圖，即復。曾君表、楊正甫約廿一日夜飲，李子鈞、李玉舟約廿二日夜飲，俱在聚寶堂。是日封印。

二十日己未　終日大雪。得弢夫書，以吳玉粟所贈《台州叢書》一函轉致余，并饋洋燭、海蟶，即復謝，犒使二千。敦夫饋酒兩壇，彘脯一肩，冬笋一小簍，犒使六千。竹篔柬約後日觀劇，且飲福興居。作片致蕚庭，饋歲物。

閱臨海宋确山縣令世犖《周禮故書疏證》六卷，《儀禮古今文疏證》兩卷。蓋未見段茂堂氏之《周禮漢讀考》、胡墨莊氏之《儀禮古今文疏義》兩書，掇拾補苴，罕所貫通。以視段、胡，無能爲役。然硜硜考核，亦篤好之士矣。其書成於嘉慶戊寅，考段書成於乾隆癸丑，《儀禮漢讀考》一卷成於嘉慶甲戌。宋氏遠宦滇南，故不能知。胡書成於道光乙酉，又在其後，益不及見耳。

夜雪積至五六寸。

邸鈔：上諭：銘安奏吉林差遣需人，請飭閻敬銘薦舉賢員一摺。吉林分地設官，以資治理，需才孔亟。著李鴻章於直隸候補人員内，遴選爲守兼優之道、府、州、縣各一員，奏明發往吉林，交銘安差遣委用。所請飭閻敬銘保員，著毋庸議。

二十一日庚申　陰。剃頭。洗足。同鄉許編修有麟爲子娶婦，朱刑部式穀丁母憂，各送分四千。得紱丈書，借日記及鄒叔績《敦藝齋遺書》，即復。得雲門書，即復。夜赴聚寶堂，本已辭飲，君表固催往，不得已詣之，一更後歸。禔盦來。四更具牲醴果茗糕黍，報祀門行户井之神，五更始畢，放爆杖，飲福嘏，天明始睡。付車錢五千五百，霞車四千。

二十二日辛酉　晴和。殷蕚庭饋歲物。雲門來，仲白來，留共午飯。作書致禔盦，饋歲物。下午詣同樂園，赴竹篔觀劇之約。四喜部演《雁門關》，諸色皆佳。又演甲子圖燈戲。蓋今年劇場，以此日畢，故變演極盛，兼寓吉祥以娱人也。晚竹篔邀同弢夫、禔盦、敦夫、雲門諸君飲萬福居，招霞芬諸郎，飲極歡。玉舟再信催飲聚寶堂，復赴之。君表、子鈞皆早至，敦夫、禔盦、弢夫亦繼來。二更後歸。夜陰。付車錢八千，霞車八千。

二十三日壬戌　雪復大作，至夜。連日閱《東華續録》，不能自休。族叔海觀之妾來，給以錢三十千，羊肉四斤，年糕八千，故衣一領。夜祀竈，以爆杖送之。夜大雪，至曉積七八寸。得陳晝卿觀察錦濟南書。

二十四日癸亥　酉初一刻七分立春，庚辰正月節。晨及上午晴，午後日景中飛雪，旋陰。作書致紱丈，饋以頻果、海魚、雙凫、年糕。晚雪復大作。偕敦夫飲春酒，食春餠。夜書春帖子，大門云：『春生門巷傳佳語；老戀京華讀異書。』客坐云：『軒窗燕坐亦堪畫；賓主清談多入詩。』室户云：『履屐隨宜見經濟；草花無處不精神。』楣聯云：『庚貝是續；辰會爲晷。』夜大雪，復積三四寸。付春聯錢七千二百。

二十五日甲子　陰，午微見日景，傍晚晴。作書致弢夫，饋以角黍煼凫。雲門饋紗燈四事。弢夫饋十錦磁器八事。

邸鈔：詔：穆宗毅皇帝《聖訓》《實録》慶成，優敘在館提調等官。侍講學士嵩申賞加二品銜；侍講學士鍾駿聲，侍講祥麟，贊善高萬鵬，編修劉廷枚，庶子王先謙，編修錢桂森、于蔭霖、梁仲衡，檢討王邦璽，侍讀學士廖壽恒，司業周德潤，均遇有應升之缺，開列在前。編修崔國因原有遇缺題奏之案，俟升任後仍遇缺題奏。司經局洗馬葉大焯俟服滿補缺後，遇有應升之缺，開列在前。記名道府、中允張端卿，檢討童棫均專以道員用，並俟升道員後賞加二品銜。編修龍湛霖、温紹棠均遇缺題奏。侍讀洪鈞、五品銜檢討鄭賢坊均賞戴花翎。餘升賞有差。凡閣部諸員超擢者二百餘人。

二十六日乙丑　陰，下午微見日景。敦夫、弢夫、雲門、禔盦、汝翼諸君以余明日生辰，饋酒兩壜，燭四斤。徐仲佳來。得子縝十一月二十六日長沙書，言以廿三日接印視事。答拜李玉舟，即歸。雲門來，留飯，夜談至二更後去。阿珊昨又以事忤余，今日悍益甚。此婢賤骨野心，不可化導，徇縱之過，自撾無及。使我有子如嚴季鷹，當授之以戈矣。古人云：閨門之中，儼若朝廷。又云：妻妾不見有惰容。以余之性近矜嚴，力自矯飾，而語言無節，喜慍多流，遂爲此輩所窺，馴至稱名不正。此知細行之宜謹，家道之難成也。買紗燈四，錢二十九千。

二十七日丙寅　薄晴，間微陰，下午日景殊麗，氣和如春。余生日。禔盦、敦夫、雲門、汝翼、弢夫合饋酒饌、梅花，犒使十千。弢夫、清夫兄弟來。禔盦來。汝翼來。雲門來。禔盦、少房來。霞芬、壽春諸郎來。李子均來。蕚庭來。楊正甫來。午後飲酒，繼以張燭，至夜二更始散。是日禔盦等五君爲主人，竹篔作陪，素心惠來，盡歡極醉。天涯良友，此會稀逢；暮歲窮途，高情曷報。深恐趙孟之樂不繼，諸公之壽偏多。用紀長篇，聊傳佳話。是日付霞芬銀十兩，拜壽銀二兩，僕賞十千，諸同人儀使十千，鮑僕八千，諸僕媪叩壽二十七千，王升、順兒、蔣升十八千。

己卯生日敦夫汝翼禔盦弢夫雲門諸同人携酒枉過醉後放歌

我生總在憂患中，五十倏過頭已童。石槃鑽木百不遂，止坐骨相生奇窮。平生幸得文字友，一聞叩門笑開口。歲寒落落千尺松，世蓼沉沉一杯酒。生日稱祝古所無，况我龍鍾丁蓼荼。强排積慘謀暫樂，欲嘘春氣迴窮途。長須掃門雪堆屋，凍雀驚飛亂穿竹。行廚駱驛酒滿缸，壓擔肥羊白如玉。金絲鬣鬣鯨鰤須，王鮪萬里行頭顱。毚脯盉餳琥珀凍，鴨肪裹秫琳琅腴。腐儒十年菜園腹，百賫一豆萬緣足。豈從閔叔求猪肝，却笑杜陵殉牛肉。君不見，北門相國操璇機，年年上壽開黄扉。珠履未散漏將盡，尸居瑟縮同鷄栖。西郊冢宰亦當軸，三日後堂恣絲竹。彈章一紙天顔嗔，匿景仄行學藏六。又不見，御史大夫稱貴彊，連天椒畹皆金張。虜廷屈伏比良嗣，朝議爭欲烹弘羊。一朝鋃鐺入請室，婢子丁寧挽衣泣。却思伏臘田家歡，躑躅蘁蘭俯銅歷。吾曹不結君房交子公，亦無趙李相過從。嫣然霜落萬木表，猶能嫵媚生春風。眼前玉壺自傾倒，緩帶輕裘盡英妙。坐看紅燭高花擢，四照屏風玉顏笑。諸君通籍蓬萊宫，金門游戲從衰翁。努力早用彭祖杖，同探王母桃花紅。

二十八日丁卯　晴，下午微陰。焚香敬書三代考妣神位圖。得趙桐孫同年津門書，并惠銀十兩，從竹篔轉寄。即片復竹篔。君表來，亦以余生日爲禮也。衰年覽揆，多勞記録，先施禮敬，愧負彌懷。仲白携襆被來寓度歲，饋彘脯一肩，豚肉一方，滑鷄一對。

邸鈔：詔：河南布政使長賡來京另候簡用。以廣東布政使覺羅成孚調補河南布政使。以湖北按察使姚覲元爲廣東布政使。以兩淮鹽運使歐陽正墉爲湖北按察使。山西冀寧分守道王溥蒲城，戊戌。升兩淮鹽運使。

涂宗瀛奏甄别庸劣各員：河南遂平縣知縣倪福謙，順天，舉人。前署澠池縣知縣周壽朋，陽武縣教諭康紹文、河南，舉人。訓導宋玉瑗，河南，歲貢。均請即行革職；鄭州知州王蓮塘、山東，進士。太康縣知縣杜翊，山東賓州，舉人。均請勒令休致；温縣知縣孫厚均、江蘇，供事。輝縣知縣鄒景恩，四川，舉人。均請開缺，酌量另補。從之。

二十九日戊辰　除夕。晴和。雲門來。清夫來。剃頭。祭竈迎神，祀屋之故主。夜祀先，肉肴六豆，加特牲菜肴六豆，加火鍋年糕一盤，角黍一盤，時果四盤，蓮子羹兩鍘，酒三行，飯再行，一更畢事。點燈照耗。是日付同茂米錢四百千，興仁石炭錢八十五千，同興石炭錢八十三千三百，裕隆石炭錢四十千，豐樓酒食錢一百千，聚寶酒食錢七十千，司廚酒食錢八十六千，季員外屋租銀六兩，寶森書銀五兩，松竹紙錢二十千，京兆酒錢二十千，吉慶乾果錢一百十四千，賣花婦耿衣物錢五十七千，燈油錢五十三千，年糕錢二十千，李升年賞十二千，鮑僕、李英八千，升兒七千，更夫五千，王媪七千，楊媪七千。

觀宣府伶人侯紉珊演仕女圖劇是月七日

鬌髻登場百媚加，柘枝鼓趁舞腰斜。翠裙宛轉籠初月，珠袚玲瓏罩薄霞。差似秘圖張素女，頗傳宫體出唐家。六朝金粉飄零盡，獨出胭脂塞上花。

臘八日大雪中獻之走使惠銀賦謝

故人辭劇縣，索米學山郎。佛火依禪榻，詩情到雪堂。獻之，黄州人，去介休令爲郎，寓城東僧寺。高風能念我，廉俸爲分囊。欲款松關夕，同參缹粥香。

竹篔自蜀中奉使歸厚致饋歲賦詩奉謝是月十日

文章銀筆冠南州，特簡掄才擁蜀輶。使節回瞻金闕雪，歸裝清帶劍門秋。頗聞珊網無餘士，剩有瑶筐軫舊游。自是相如今渴甚，一杯露抵錦江流。

冬日坐彶夫齋頭偕汝翼雲門茗話是月十一日

短晷衝寒出，圍鑪話倍長。虚窗收日暖，小室養花香。世事閑能樂，交情淡可常。茶烟如有意，故故繞書床。

彶夫雲門冬日饋海棠是月十四日

九衢積雪冰嵯峨，誰開紅錦春一窠。層城忽見玉妃笑，頓覺天宇圍緋羅。朱鳥窗深緑綺户，阿環翠裘弄冰筯。三郎枉自夸天公，雨點催花亂撾鼓。巧工能奪造化奇，兩君嗜奇争典衣。揭來買送篳門下，窺墻驚集鄰家姬。袁安僵卧得奇福，貯此傾城乏金屋。終朝平視更夜看，爲減烏薪買紅燭。

十二月十五日邀汝翼敦夫禔盦弢夫竹篔雲門夜飲草堂是日敦夫生日前三日爲弢夫生日汝翼禔盦雲門生日亦相先後因用東坡集中子由生日詩韵柬諸君

老梅入雪揚天芬，松柏耐凍含麝薰。歲寒蓋識冬心群，下上相逐龍與雲。環視萬木禿若焚，山烟欲凝水不紋。奇幹鬱糾枝葉分，能令天地迴氤氳。中年求友得數君，高談瀛海羅典墳。各以所得抒爲文，世士語言等蠅蚊。旁探萬類窮魂云，不願燕然山勒勛。不羨黃龍馳水軍，五千卷軸各自勤。歲晚治酒相歡醺，欲歸亦無田可耘。且借帝里爲榆枌，華燈四照花繽紛。盧兒行炙椒桂焄，醉歌喝月天應聞。

謝敦夫太史饋歲酒二首是月二十日

温克如君少，醇醪不待沽。爲予澆磊塊，傾意佐屠蘇。小户經年足，春筵有客需。祇嗟張竦逝，無物潤黃壚。謂牧莊，君之姊夫也。牧莊不飲，而屢致余佳釀。

故里城西社，衡門對水開。市橋茶幔隔，江驛稻船來。何日歸三徑，相從倒百杯。山陰家釀法，焦杜不須推。山陰酒始見梁元帝《金樓子》。君家善釀，故云。

歲暮得子縝長沙書是月二十六日

簪豪珠玉動明光，持節承恩下九閶。使者星輝聯越嶠，君與肯夫庶子交代。美人秋思屬瀟湘。君携姬人文湘往。皇華驛遠詩頻寄，來書言道中懷余詩頗多。蘭芷箋傳字亦香。自古楚材詞賦地，好羅屈宋在門墻。

光緒六年（一八八〇）

光緒六年太歲在上章亦作商横。執徐春正月在厲陬元日己巳　晴和，無風。余年五十二歲。蚤起，焚爆竹。叩先像，供湯圓子。拜竈神。以朱筆點《尚書古文撰異》五葉、《尚書後案》三葉。禔盦來，敦夫來，仲白來，俱留小食。蕚庭來，雲門來，復共小食。是日交游來賀者三十餘家。夜共姜仲白飯。是夕得詩一首。

庚辰元日試筆

麗日朝正啓九閽，中興宣廟繼神孫。孤生得見猶爲福，晚景無多怕受恩。京雒衣冠元會盛，故鄉耆舊幾人存。自慚斗食千官末，誰發盈廷白虎尊。

初二日庚午　陰，微雪。先像前供炒年糕、茗飲、清酒。點《經義述聞》五葉。弢夫來，留共敦夫、仲白小飲。偕敦夫、仲白擲采選格。今日吉日也，書春勝云：『光緒六年歲在辰，四夷賓服職貢均。蠢兹鄂洛頑不臣，皇怒一赫雷霆震。首誅共驩息嚚嚚，天戈所指罔弗馴。六合清壹無堮垠，鬼影匿迹野馬湮。海帖波濤郊不塵，和風甘雨雲槭輪。家給人足嬰陽春，八紘羅俊歸陶甄。大廷對策言天人，讀書恩遇超等倫。主聖臣直上治臻，高爵厚禄長子孫。』是日來賀者二十餘家。

初三日辛未　晴和。先像前供紗帽餡子及茗飲。是日來賀者十餘家。

初四日壬申　微晴，多陰。先像前供饅頭、清茗。雲門來，留共夜飯，至二更去。是夕補作二詩。三更後雪。

初五日癸酉　晨雪積至三寸許，上午止，下午薄見日景。曉卧中疾動，傍午始起，料檢家常器物，屏當洗滌，歷兩時許。聊云作苦，兼以習勞，然余老矣，既不以此身爲朝廷用，又不以此手扶犁教子孫，而凌雜米鹽，下儕婢僕，無柯竊歎，運甓終窮。惜哉！霞芬來，與之茗話。紅顔小駐，白髮能春，豈曰遣愁，藉以作達，閑情偶寄，温噱何傷！予以錢三十千，賞其僕八千。是日爲了新年之夜，先像前供饋肴饌八豆，及杏酪酒茗，黄昏上燭，初更畢事。兩日來賀者二十餘家。

初六日甲戌　晴和。得弢夫書，即作復。雲門來。鄧獻之來。

邸鈔：兩宫皇太后懿旨：王大臣等會議崇厚所議條約章程，詳細具奏。並據醇親王另摺奏，意見相同。此次崇厚奉命出使，所議條約等件，有違訓越權之處。並據京外大小臣工陳奏，均稱事多窒礙。著派一等毅勇侯、大理寺少卿曾紀澤前往，將應辦事件再行商辦，以期妥協，而重邦交。兩宫皇太后懿旨：刑部奏革員案情重大，請派王大臣會同辦理，並據會議王大臣等聯銜覆奏各一摺。崇厚違訓越權，情節重大，所有應得罪名，著親郡王、御前大臣、軍機大臣、總理各國事務衙門王大臣、大學士、六部、都察院堂官會同定擬具奏，醇親王一併會議具奏。

初七日乙亥　陰。以人日，先像前供春餃子。爽秋來，不晤。作書致弢夫。比日閱《東華續録》。弢夫來，夜同敦夫、仲白小飲説餅，并擲采選格，二更後散。復補作一詩。兩日來賀者三十餘家。

初八日丙子　上午微晴，午後陰，晡後晴。出門賀歲，投刺者約三十餘家。於雲門處小憩，借得武昌新刻嘉定陳孝廉瑑《説文引經考證》兩册。又詣君表及李子鈞、楊正甫，俱晤談，諸君及雲門、弢夫、清夫、禔盦、汝翼、蓴庭，皆并謝去年爲壽也。是日道濘特甚，車行頗危，至夜始歸。夜復補作兩詩。付車錢八千，賞升兒二千，王升叩年二千。

邸鈔：詔：前工部尚書李鴻藻仍在軍機大臣上及總理各國事務衙門行走。

初九日丁丑　終日陰寒。雲門來。得紱丈書，即復。是日補作近體詩五首。夜雪。

初十日戊寅　未初一刻十一分雨水，正月中。晴，下午微陰。寫單約竹篔、汝翼、禔盦、弢夫、清夫、雲門、敦夫、仲白元夕飲草堂。并作書致竹篔，作片致雲門、弢夫。剃頭。夜焚香，謁先像，供茗飲。以明日先妣生日，供饋，故今夕暫收三代神位圖也。夜月甚佳，二更後有風。咳嗽復劇。三日來賀者三十餘家。

十一日己卯　晴，有風。先妣生日，饋食菜肴六豆，加特凫肉肴三豆，爲先君也。蓮子羹一器，菜羹一器，杏酪一巡，瀹麵一巡，時果兩盤，饅頭一盤，酒三巡，飯再巡，晡後畢事。雲門來，鄧鐵香來，袁爽秋來，俱以上食不晤。得紱丈書。得竹篔書。得弢夫書，即復。得陳子香參將廣州書。族叔海觀之妾王來，爲之設食，予以錢十二千。夜月甚佳，偕弢夫、雲門、敦夫、仲白小飲。寫兩詩致弢夫。作書致爽秋，饋焵凫、蘋果，得復。

邸鈔：詔：湖北提督郭松林與直隸提督傅振邦對調。　裕禄奏甄别庸劣不職各員：安徽桐城縣知縣王澤普、當塗縣知縣張攀桂、候補知縣王道平等，均請即行革職；婺源縣知縣楊春富，請開缺另補。從之。

十二日庚辰　晴，有風。上午出門答賀三十餘家。午後詣弢夫，許晤汝翼、雲門。遂偕敦夫、仲白、弢夫、雲門游廠市，至火神廟，以錢十千購得朱武曹《禮記訓纂》四十九卷。前有侯官林文忠序及自序。此書朱氏成於晚年，故《學海堂經解》未收。雖卷帙無多，而簡潔雅覈，讀本之善者也。惟《大學》《中庸》無注，以意主鄭學，而又壓於紫陽，不敢爲異耳。又於書攤上以錢三千買得周理衷柄中《四書典故辨正》二十卷，百文敏刻孫文定《南游記》一册。傍晚仍至弢夫處小憩，坐車歸。夜月甚佳。雲門來。付車錢十五千，姬人出門犒賞錢十七千。

邸鈔：上諭：前據都察院奏，吉林貢生魏晉康以學政食言飾奏、破壞舊規等詞，赴該衙門呈訴，當諭令銘安查奏。兹據奏稱，學政按臨吉林考試，向由紳捐生息項下提銀供應。王家璧兩次按臨，需用浩繁，提用生息銀暨吉林廳同知賠款，歲試用至九千三百餘兩，科試用至六千三百餘兩。王家璧前以書院經費缺乏，奏明將生息餘銀作爲束修膏火之需，繼又將此項提作考費，致書院經費無出，不能延師課士等語。王家璧按試吉林，供應煩瑣，其奏提書院款項，語多支飾，殊屬不合，著交部議處。嗣後奉天學政前往吉林考試所有動用之項，務當力求撙節，不得逾奏定數目。其所餘紳捐生息銀一千二百兩，即作爲書院經費。

十三日辛巳　晴。早起，敬復懸三代神位圖。上午入城詣徐蔭軒師處投刺，順涂答賀四五家。至工部觀燈，僅大門至儀門，綴連百餘，中設波黎榜額。儀門之左爲財神廟，以波黎製方燈爲壁帶，約二百餘，頗爲璀粲。其右設燈山一座，下爲水轉之形，中藏自鳴鐘，亦隱隱可聽。復觀燈於兵部，則寥寂益甚。儀門之柱，設蟠龍紙燈二，略爲點綴。帝城燈事，盡於此矣。下午歸。雲門來。得紱丈書。姬人等詣廠甸觀市。夜以試燈節，謁先像，供棗紅銀杏湯。弢夫來。月皎於晝。兩日來賀者二十餘家。付車錢十五千。

十四日壬午　晴。孺初來。仲白饋紅梅兩株。午後偕敦夫步詣弢夫，許再同游廠市。至土地祠觀畫紗壁燈，憩於書坊，購明刻小字本《藝文類聚》不成。復巡行攤肆，逮暮而歸。先像前供炙糕、煎黍及清茗飲子。夜月益皎。付酒鍾錢十三千，茶杯錢十二千，有耳茶杯錢三千。

十五日癸未　陰，下午微雪，即止，晚大雪。禔盦來，偕敦夫、仲白擲采選格。晚祀先，肉肴三豆，果羹一鉶，菜肴四器，浮圖子及酒飯各一行。竹篔、雲門、汝翼、弢夫、清夫來，夜設飲，酒三行，霞芬來，一更後散。夜雪時作，偕家人小放花爆。付花爆錢二十八千六百，庖人賞錢十三千，客車飯錢四千，霞車錢四千。

庚辰元夜汝翼竹篔弢夫雲門禔盦敦夫諸同人集寓齋

百年此夜漏聲催，折柬招邀舊雨來。竹竈茶香宜雪後，畫紗燈影見花開。清時禁陌稀歌管，中歲貧家足酒杯。猶有閑情賺兒女，鄉風還説火楊梅。客去後小放花爆。火楊梅見《乾淳歲時記》，浙杭之舊俗也。

邸鈔：上諭：御史周開銘奏廓爾喀貢使來京，崇文門員役詐索，理藩院辦理失體，並蒙古王公年班來京，理藩院、崇文門縱容員役，任意勒索各摺片。外藩王公及使臣到京，該衙門自應仰體朝廷德意，妥爲辦理，並約束官役，毋許稍有擾累。若如該御史所奏，殊屬不成事體。且其中情節支離。著派廣壽、潘祖蔭確切查明，據實具奏，毋稍徇隱。

十六日甲申　晴陰相間。先像前供紗帽餡子及茗飲。客次中海棠猶盛，紅梅將放，擁鑪負日，啜茗讀書，亦初春一樂事也。夜月，微雲。

十七日乙酉　晨雪大作，至午後稍止，晡後微晴。作書致禔盦，辭今日文昌之宴。又致弢夫，辭明日聚寶之飲。先像前供饅頭及酒。

閲《廣川書跋》，毛氏津逮本，凡十卷。此書考據家多稱之，然辭筆冗拙，意恉多晦。所論三代彝器，多揣測武斷，引據不確。又好違鄭注，時或臆造制度。當分別觀之也。

下午禔盦、雲門再自文昌館走使相邀，因坐車往晤李壬叔員外善蘭，夜二鼓歸。三更月出。付車錢五千。是夕望。

十八日丙戌　晨雪復大作，午止，下午漸霽。先像前供饋，肉肴、菜肴共十豆，紅棗、扁豆湯一巡，酒再巡，飯再巡。晡後畢事，焚楮泉六挂，收神位圖，滌器皿藏之。付肴饌錢二十二千，紙泉［泉］十千。

十九日丁亥　晴。閲周氏柄中《四書典故辨正》。其書雖采取未博，而反復詳盡，多折衷於義理，間駁朱注，皆有據依。末附録其弟姪問答之辭十餘條，亦頗精審。劉仙洲夫人來。是日開印。

邸鈔：上諭：本月十五日保和殿筵宴經管宴大臣，以膳房執事人等擁擠入殿，奏明將管膳房大臣等交部議處。兹據恩承、廣壽奏稱，十六日遇見靈桂言，所參實係冤抑。靈桂等明知冤抑，故意妄行參奏，是何居心等語。管宴大臣於執差人等入殿擁擠，理應參奏，靈桂何以輒向恩承等故作周旋之詞？恩承等復執靈桂之言，嘵嘵置辯，措辭尤爲失當。靈桂、恩承、廣壽均著傳旨申飭。嗣後殿廷筵宴，著管宴大臣明定章程，以昭嚴肅。

二十日戊子　晨陰，上午晴，下午多陰，傍晚晴。弢夫來。敦夫今日上館，劉氏柬請午飲，辭之。傍晚忽感寒，發熱，不快，咳嗽大作。

邸鈔：上諭：劉長佑等奏尋甸州教匪滋事，就地擊散，擒斬首要各逆一摺。雲南尋甸州地方，教匪高春等挾嫌將武生舒景春全家殺害，裹脅二千餘人，妄立僞號，攻圍州城。游擊張自發等奮力迎剿，該督等復派參將向逢春等管帶練軍，馳往剿辦。該匪率衆抗拒，兵團合力兜捕，陣斬僞天師張頌等各頭目，格殺賊党三百餘人，裹脅之衆棄械投誠，立將賊壘悉數鏟平。辦理尚爲妥速。所有出力之都司李正起等，升賞有差。陣亡之游擊張自發、都司周尚材等及舒景春，均交部從優議恤。

二十一日己丑　晴。作書致弢夫，以糟魚、燒餅餽清夫，爲行路之需。得弢夫復，還糟魚。得紱丈書，借日記，即復。得朱蓉生去年十一月廿六日義烏書，言以是月十三日抵家，所恙已除，尚須静攝。然觀其詞氣，似風疾尚未盡去也。身熱困甚，終日不食，以朱印編識所得書，且題籤。

二十二日庚寅　上午晴，下午陰。作書致鄧獻之，饋以糟魚一瓻，并寫臘八日詩與之。雲門來。弢夫來。身熱多涕，終日題籤識印以自遣。同司同鄉譚郎中寶琛喪母來赴，送奠分四千。付李升是月工食錢十千，升兒四千；更夫葉七千，以十九日起庸。

邸鈔：詔：通政使司通政使劉錦棠幫辦新疆軍務。詔：西寧辦事大臣喜昌來京陛見。詔：河南河北道吴大澂賞給三品卿銜，赴吉林隨同將軍銘安幫辦一切事宜。詔：兵部左侍郎署户部左侍郎。奎潤、宗人府府丞署都察院左副都御史。夏家鎬充會試知貢舉。上諭：前因時事多艱，需才孔亟，迭經諭令各直省督撫保薦人才，以備任使。惟恐奇材異能之士，伏處尚多，著大學士、六部、九卿、各直省將軍督撫及曾任統兵大臣彭玉麟、楊岳斌加意訪求。其有器識閎遠，通達治體，爲守兼優，長於吏事，以及才略過人，足任將帥，驍勇善戰，足備偏裨，熟悉中外交涉事宜，通曉各國語言文字，善製船械，精通算學，並諳練水師事宜者，無論文武兩途、已仕未仕，均著各舉所知，出具切實考語，秉公保薦。不得徒采虚名，濫竽充數，亦不得以無人可保，一奏塞責。將此通諭知之。

二十三日辛卯　晴。昨夜食粥後，體中小適，又爲惡婢阿珊忤逆致怒，肝氣大上，終夜不瞑。今日益憊，且畏寒。坐客次南窗負暄，仍印書自遣。弢夫來，以台州兵制公疏稿相商。夜嗽益甚。

邸鈔：兩宫皇太后懿旨：禮親王世鐸等奏會議已革都察院左都御史崇厚罪名，比律定擬斬監候一摺，著照所議辦理。上諭：丁寶楨奏瀝陳歷年辦事情形等語。丁寶楨自簡任四川總督以來，將地方事宜刻意講求，竭力整頓。祇因圖治太急，以致怨謗滋生。此中功過是非，朝廷自能洞鑒。該署督惟當殫竭血誠，破除情面，期於始終不渝。至所稱該省京官有請託情事，殊干例禁，丁寶楨何以不及時舉發？現在事屬既往，姑免深究。嗣後各省大小京官，務當各知自愛。如再有交通屬託者，即著該督撫據實參奏，毋稍徇隱。

二十四日壬辰　晴。姜仲白今日赴所館，贈以《經義述聞》兩函，《龔定盦文集》一部，張臯文《詞選》一册。弢夫邀今日才盛館樂宴，又庚午同年亦以今日於此團拜，俱以病不往。作書致弢夫，并還摺稿。獻之來。得紱丈書，即復。終日不食，病甚，夜始覓飯，少覺可支，而嗽益甚。

二十五日癸巳　午初三刻七分驚蟄，二月節。晴，微陰。終日坐客次閲書。精神少佳，而嗽不止，且畏寒。夜弢夫來。終夕嗽不能寐。

邸鈔：湖北巡撫潘霨丁母陶氏憂。以江西布政使彭祖賢爲湖北巡撫。丁寶楨奏參庸劣各員：四川西陽直隸州知州劉啓鏞，湖北，拔貢。資州直隸州知州孫元超，歸安，監生。成都府通判林寳光，福建，監生。岳池縣知縣范懋，直隸，監生。珙縣知縣吴羹梅，河南，舉人。候補知縣吴培棠，均請即行革職；候補知府張轓新，請以同知降補；冕寧縣知縣葉交，廣東，拔貢。候補知州劉炳淮，均請以府經歷縣丞降補；雅安縣知縣韓道原，江蘇，舉人。請勒令休致。從之。

二十六日甲午　晨陰，上午微晴，午晴，下午陰。是日寒，復用火鑪。書《東華續録》四十八册籤題，以便檢閲。下午坐客次閲書。夜嗽復大作，食杏酪後少差。二更後雪，至曉積二寸許。

邸鈔：以陝西按察使邊寳泉爲江西布政使，以陝安兵備道沈應奎平湖人，附貢生。爲陝西按察使。詔：以籌解新疆軍餉有勞，前江西巡撫劉秉璋，江西巡撫李文敏，前湖南巡撫衛榮光，前浙江巡撫梅啓照，安徽巡撫裕禄，禮部左侍郎、前湖南巡撫邵亨豫，署甘肅布政使楊昌濬，前福州將軍慶春，粤海關監督俊啓，均賞加頭品頂帶。李文敏、俊啓並賞給正一品封典。閩浙總督何璟、兩江總督劉坤一、署四川總督丁寶楨，均交部優敘。從左宗棠請也。向例三品以上敘勞，督撫不敢擅擬。近雖稍弛，而督撫同官則必奏請御裁。今以將軍督撫保頭品者八人，皆指定上請，亦創見也。其疏言楊昌濬自同治六年任浙江布政使，至光緒三年罷巡撫任，共解西征實餉數逾千萬兩，較各省尤多，朘剥如膾。

二十七日乙未　晨雪，上午後雨雜作，入夜不止。弢夫來。閲俞氏《癸巳存稿》。

二十八日丙申　晴，上午微陰，地氣潮濕。剃頭。作書致弢夫。閲陳氏《説文引經考》。凡七卷，末附《説文引經互異説》一卷。其書大體謹嚴，較吴氏雲蒸書爲詳，而亦不似吴氏玉搢之泛雜。鄧鐵香來。雲門來，留共夜飯，談至二更去。閲《癸巳存稿》。

邸鈔：上諭：載齡等奏遵查大員被參各款一摺。吏部尚書萬青藜，前經御史孔憲㲄奏參攬權納賄各節，均查無其事。惟門丁朱二，雖無招摇勒索等弊，輒敢收受州縣賞銀，實屬有干例禁。朱二著杖八十，遞解回籍，嚴加管束。萬青藜失於覺察，著交都察院議處。上諭：萬青藜奏懇恩續假並請派員署缺一摺。萬青藜著賞假二十日，吏部尚書著李鴻藻署理，兼管順天府府尹著童華署理。翰林院侍講學士鍾駿聲轉補侍讀學士，以左春坊左庶子朱逌然爲侍講學士。右春坊右中允張端卿授陝西陝安兵備道。王定安補山西分守冀寧道。

二十九日丁酉　晴。

閲陳孝廉《説文引經考證》，略爲附注數條。孝廉嘉定人，素以小學名。道光甲辰，平湖徐惺庵侍郎士芬典試江南，與孝廉素識。出都日，以此行必得陳君自任。及入闈，以『庠者養也，校者教也，序者射也』命題。物色其文，榜發果雋。一時傳爲佳話。其文闈墨中曾刻之，詁訓紛綸，洵佳作也。

作書致雲門。夜閲《癸巳存稿》。得雲門書，饋怡府舊造角花箋百番，鄂洛蘇糖半餅，即復謝，犒使一千。印結局送來十二月及是月公費銀十五兩四錢。

邸鈔：以工部郎中鄂禮、工科給事中胡聘之俱爲内閣侍讀學士。浙江提督黄少春請開缺養親。許之。

三十日戊戌　晨及上午陰，午微晴，下午晴。作書致雲門，并五律一首。再致雲門七古一首。爽秋來。清夫來辭行。仲白來。

邸鈔：以直隸正定鎮總兵官吴長慶安徽廬江人。爲浙江提督。兵科掌印給事中克什布授直隸河間府知府。札克丹故。

二月己亥朔　晴，晡後陰。得雲門書，再惠怡邸角花大箋十番，中箋十番。爽秋來，惠百合三斤，談竟日去。作書致弢夫、清夫，并龍眼肉一器。得弢夫復。是日校《隋書》本紀五卷。以錢十六千向清秘閣買得怡邸角花中箋百番。夜陰。是日得詩一首，又補録昨詩兩首。

謝雲門惠怡邸舊造角花素箋用山谷次韵王炳之惠玉版紙韵

我家會稽萬頃竹，露斫雲沉滿阬谷。拙工逐利失堅好，杵擣千山不成玉。名紙所走萃都市，溢廛問價轉華轂。魚網厚靭出東瀛，蠶繭鮮明自西蜀。承平賢王有素尚，獨裁新意斲冰幅。不使纖紋侵行理，小鏨樣花辨角曲。寫書實事此見端，驕孫簡彈莫點辱。翰林樊子惠我百，欲試蛇蚓愧拙俗。承平視草老無分，著述覆瓿罕可録。何當歸去買五畝，只種琅玕不藝菽。日求製法參玉版，餉君詞源倒千斛。

再題怡邸所造角花大箋

玉璽裁盈尺，猶承若木華。盛時想清暇，一事必名家。白硾明光雪，紅呈押角花。摩挲文獻舊，莫僅藝林誇。

病起

病起閑難得，温尋茗一杯。南窗對晴日，緗帙映紅梅。暖覺微香度，風知隙幔來。此中有幽事，覓句畫鑪灰。

初二日庚子　晴。校《隋書·刑法志》一卷，及《地理志》數葉。雲門來，談竟日，至夜二更去。是日温暖，盆中紅梅大放，香意拂人。

邸鈔：翰林院侍講學士英煦轉侍讀學士，以右春坊右庶子永順爲侍講學士。以江南淮揚河務道龐際云寧津人，壬子庶吉士。爲湖北按察使。歐陽正墉正月中故於兩淮運使任，尚未聞湖北之命。上諭：給事中樓譽普奏内閣漢侍讀請專用科甲人員，其特旨録用貢生出身之中書典籍量予升途各摺片，著該部議奏。

初三日辛丑　晴。李玉舟來。弢夫來。寄桐孫詩一首。

同年趙桐孫太守自歷下還津門歲暮辱書問却寄

五馬猶聞按部遲，燕齊幕府老驅馳。析津互市天驕國，靈憲高談地動儀。君主西洋機器局事。赤手誰籌防海法，白頭難就買山貲。金門執戟憐衰暮，多感梅花寄一枝。

初四日壬寅　薄晴，間陰。蕚庭來。同邑新舉人陳華漢、陳元章來投行卷，俱不見。華漢，國子監助教章錫之子。元章，故直隸兩江總督、兵部尚書大文之孫，諸生慶倬之子。得弢夫書，即復。是日得詩二首，又寫去年傷逝六詩，寄王子獻。

昔昔鹽爲始寧婦作也有序

余舊日庸媪陳者，上虞人，嘗言其鄰婦某事有可感者，詩之以備采風。

妾家東山下，門指上妃湖。蔓草侵行徑，垂楊覆路隅。采桑從女伴，汲水媚清渠。擊纓屬田豎，擔酒入村閭。待年羞見面，低頭日縫襦。交年寧阿母，上堂告尊姑。耀首飾銀璫，稱身試繐褕。羃離自加景，生恐塵土污。纖纖束細步，崎曲屢踟躕。何來里中郎，狹路故相須。妾非佩瑱子，君豈援琴徒。請歌墓門鴞，爲謝大夫車。言辭不可説，（徒活切。）逼迫近曳摟。自惟守禮嚴，金玉豈能渝。轉計謂年少，野田非所圖。前溪有磐石，團團蔭青榆。藉此當短垣，爲爾解明珠。語低氣益婉，頳顔掠牙梳。少年聞之喜，促步不須臾。急揚皓腕力，推墮夾陵瀆。疾行返家去，不敢迴清矑。何期感帨尨，竟作溝中枯。父老共驚訝，吏卒日揶揄。閔嘿自彷徨，常恐人鬼狙。因茲重約素，履綦絶前塗。櫝鏡辭眉黛，緘合謝脣朱。良人漸成長，花燭設青廬。匹配幸伊始，尊章旋告徂。藁砧忽見怒，箠楚苦相驅。妾身蒲葦韌，妾貌蓮花腴。冶容匪云誨，葰扶自含藪。凶殘魏老生，輕薄魯秋胡。所遇幸非此，薄命失歡娛。力作甘笞辱，終不怨狂且。

樂府與古詩音節迴别，六朝初唐，自有正格，當細味得之。

寄唁王子獻子詒兄弟

甬江天末渺生芻，返葬山中望素車。銜恤定知生孝重，驚心翻怪訃音疏。百年盡有丘吾恨，一卷期傳禮服書。還問鄰墻相和哭，東華西里近何如。（謂牧莊之二子。時與子獻兄弟比鄰居。）

初五日癸卯　晴。曾祖考忌日，供饋八豆，菜羹一器，百合湯一巡，時果兩盤，饅頭一盤，酒三巡，飯再巡，清茗飲一巡，晡後畢事。得紱丈書，饋魚麵一合，甜醬佛手柑一瓶，作書復謝。褆盦來。山陰新舉人顧慶章、許在衡來，不見。族叔海觀之妾來，送楮陌，爲之設食，予以錢十千。

邸鈔：上諭：廣壽、潘祖蔭奏查崇文門於廓爾喀貢使到京，並無栽賦詐索、傳見噶箕及私造木戳等情。惟貢使所帶土物例應免税，海巡倭什渾等輒以漏税禀報，實屬妄拏。委員博啓、祥普不加詳查，輒行批罰看押，辦理失當。理藩院承辦廓爾喀進貢事宜，尚無不合，亦無勒索規禮。蒙古王公年班來京，理藩院、崇文門均無縱容員役勒索情事。崇文門海巡領催倭什渾、外委李逢源、内管領吉瑞、守備龍光裕等，均照所擬，杖一百。李逢源等革去職銜委員。吏部郎中博啓、正藍旗護軍參領祥普，均交該衙門議處。崇文門監督靈桂、照祥失於覺察，均交該衙門察議。

初六日甲辰　陰，上午薄晴，午後晴。弢夫來，偕之詣鄧鐵香，小談即歸。雲門來夜談。

兩日校《隋書·地理志》一卷。此志於小注分述梁、陳、齊、周四代沿革，訛脱彌甚。錢竹汀氏《隋書考異》於此志訂正最多，然尚不及十之四。余復參考各書，爲之補訂，計兩卷中不下三十餘條，亦未能盡正也。

作片致季士周，付賃屋銀六兩。又付司廚人肴饌錢四十千。比日窘甚，而索債麇集。今日弢夫饋京錢百千，雲門饋白金十二兩。兩君皆出典質之餘，以救其窮。累及貧交，深用自愧，辭之不得，彌疚於懷。

邸鈔：上諭：吴元炳奏耆紳重遇恩榮筵宴一摺。前任户部右侍郎温葆深早年登第，由翰林洊擢卿貳，退老林泉，重遇恩榮，洵屬藝林盛事。加恩賞加太子少保銜，重赴恩榮筵宴，以惠耆年。葆深，壬午進士，故事宜歸癸未。詔：順天府府丞王家璧照吏部議，降三級調用，不准抵銷。詔：前甘肅提督曹克忠交李鴻章差遣委用。　翰林院檢討童椷授廣東雷瓊遺缺道。

初七日乙巳　晴，和暖，可衣綿。剃頭。弢夫來。校《隋書·禮儀志》一卷。汲本此卷多誤字。爲李玉舟尊人緘奩年丈書扇，即作書致玉舟。同邑新舉人秦德埏來，鏡珊之子也，不見。夜風。

邸鈔：上諭：都察院奏降調順天府府丞王家璧遣抱赴該衙門呈訴，據呈奏聞一摺。王家璧前被貢生魏晉康等控告，經銘安查明，該前學政兩次按臨，需用繁瑣，士心不洽各節。當因該前學政語多支飾，交部議處。乃王家璧輒以該將軍所奏與前次函咨不符等語，嘵嘵瀆辯。若不再行確查，不足以折服其心。著潘斯濂詳細查明，據實具奏。　前江蘇松江府知府楊霽授山西平陽府知府。

初八日丙午　晨及上午霒陰，傍午雪大作，至傍晚始止。是日寒甚。

校《隋書・禮儀志》。其《禮儀一》言：隋代夏至之日，祭皇地祇，從祀有神州、迎州、冀州、戎州、拾州、柱州、營州、咸州、陽州九州。又云：神州東南方，迎州南方，冀州、戎州西南方，拾州西方，柱州西北方，營州北方，咸州東北方，陽州東方。按《淮南子・墜形訓》云：何謂九州？東南神州曰農土，正南次州曰沃土，西南戎州曰滔土，正西弇州曰并土，正中冀州曰中土，西北台州曰肥土，正北泲州曰成土，東北薄州曰隱土，正東陽州曰申土。《隋志》所言，大略本此，即鄒衍所謂大九州也。而其中州名不同者五：拾州蓋即台州，《周禮・夏官・職方氏》疏云：自神農以上，有大九州，柱州、迎州、神州之等。至黄帝以來，德不及遠，惟於神州之内分爲九州。此等皆出緯書，其從祀地祇，實始隋代。北周始於方丘之外，別有神州之壇，以當古之北郊。《舊唐書・禮儀志一》云：太宗初，房玄齡等議禮：『有益於人則祀之。神州者，國之所託；餘八州則義不相及。近代通祭九州，今除八州等八座，惟祭皇地祇及神州，以正祀典。』是八州之位，唐初尚存。至高宗永徽中，并廢神州之祀矣。

又《禮儀二》云：『春迎靈威仰者，三春之始，萬物稟之而生，莫不仰其靈德，服而畏之也。夏迎赤熛怒者，火色熛怒，其靈炎至明盛也。秋迎白招拒者，招集拒大也，言秋時集成萬物，其功大也。冬迎叶光紀者，叶拾光華，紀法也，言冬時收拾光華之色，伏而藏之，皆有法也。中迎含樞紐者，含容也。

樞機有開闔之義，紐者結也，言土德之帝，能含容萬物，開闔有時，紐結有法也。此五帝之號，皆以其德而名焉。』案：五帝之名，出《春秋緯》《文耀鉤》，鄭君《周禮·小宗伯》注首稱之，惟『叶』字作『汁』。此云叶拾也，叶、汁皆從十得聲，古音本同，故以拾爲訓。拒訓爲大，則拒乃鉅之借。《禮記·曲禮》正義引作矩，亦借字也。《曲禮正義》《周禮·天官·掌次》疏及《大宗伯》疏皆云本《文耀鉤》。惟隋蕭吉《五行大義》謂出《河圖》，蓋《易緯》《河圖括地象》亦有此文，其義訓則惟此志有之。雖所釋亦近望文生義，要之五帝之名，不過如《爾雅》歲陽、歲名、月陽、月名之比，有此古稱，非同名號。故《掌次》疏『赤熛怒』作『赤奮若』，尤爲顯證。宋以後人不知古義，以緯書爲怪誕，妄詆鄭君，亦夏蟲之見矣。

弢夫來。夜晴，有月。

邸鈔：翰林院侍講洪鈞轉補侍讀，司經局洗馬張之洞升侍講。

初九日丁未　晴，有風，寒甚，午後稍和。作書致紱丈，饋糟魚及饅頭，得復。作書致雲門，饋以糟魚、燖鷄。席姬生日，殷蕚庭之姬人來，晡後吃麵，飲酒大醉。雲門來夜談。付鞋錢十一千四百。

初十日戊申　未初初刻十一分春分，二月中。晨及上午薄晴，午晴，下午陰，晡後霒陰，寒甚。

閱《拜經樓藏書題跋記》。共五卷，海寧吴虞臣壽暘録其父槎客騫題跋所藏書之文。其同邑蔣生沐光煦録得其副，刻入《别下齋叢書》。槎客本收藏賞鑒專家，以校勘目録、辨别版印爲事，不甚留心考據。其所校書，亦於别集、説部爲多。故此書縷述卷數、印記、傳鈔、翻刻源流舊聞，與錢、顧諸家殊判優絀。然承平好尚，多資雅談，徵引所及，時有考證。其版本異同、收藏先後，亦足以裨聞見。末爲附録一卷，載虞臣所作《宋金蒙古印記考》三首，云見《富春軒雜著》；又雜詩十五首，云見《蘇閣吟卷》；又虞臣子之淳詩五首，云見《雲根室偶存稿》。蔣氏刻書時，以虞臣父子已逝，故録存其詩文，寓懷舊之思也。此本章碩卿去年翻刻於成都，誤字甚多，今日略爲勘正。

得雲門書，即復。得紱丈書，借日記，即復。

十一日己酉　晨及上午陰，午晴，午後微陰，下午晴和。閱陳簡莊《經籍跋文》一册，亦別下齋本，章碩卿翻刻者，所記皆經典文字異同，考辨致精，極爲有用。得紱丈書，即復。陳雲舫來。同年鄭鹿門自黄巖來。整理花樹，芟其枯者，移李樹一株於外。移置書籍，略用部居。夜月出甚皎，旋有暈。署中知會保送倉場監督，注以不願。是日補作詩一首。二更風作，旋止。

香山二月五日花下詩云二月五日花如雪五十二人頭似霜聞有酒時須笑樂不關身事莫思量余今年五十二矣誦之有感亦系以詩

人生五十還贏二，惆悵香山今日詩。老物尚爲羈旅客，餘年幸及太平時。并無北地花經眼，剩有東風雪上髭。莫惜典衣謀一醉，此生能得幾銜卮。

十二日庚戌　陰，上午晴，下午有風，甚寒。作書致雲門，得復。午後（詔）〔詣〕三慶園，偕敦夫、雲門觀侯拾珊演《醉仙樓》。傍晚敦夫邀同雲門、禔盦、弢夫飲聚寶堂，招霞芬，夜二更歸。是日花朝也，以詩二首紀之。寶應劉君恭冕來。此君字叔俛，早傳家學，爲江南經生之冠。去年始舉於鄉，年已五十七矣。余尚未還，不及見之。夜月甚佳。

庚辰花朝日作

踏青挑菜過逡巡，第二花朝接上旬。風帽猶看京輦雪，畫船誰占鏡湖春。銀罌翠管嘶驄路，鈿扇紅裙撲蝶人。多少少年行樂事，不堪回首鬢如銀。

是日偕敦夫雲門兩太史尋歌貰酒逮夜而歸復用前韵

相携裙屐遺韶辰，閑向城南步鈿塵。十隊鼓催銀鵲舞，一枝花占碧鷄春。新豐斗酒高歌客，洛下疲驢障面人。猶有風情燒燭看，特教明月逐歸輪。

十三日辛亥　晨陰，上午薄晴，有風，午後晴。閲宋确山《儀禮古今文疏證》。寫單約李子鈞、李玉舟、曾君表、楊正甫及褆盦、敦夫、弢夫、鄭鹿門十六日飲豐樓。鄭鹿門饋敻脯、茶葉，犒使二千。下午風甚寒，夜月彌佳。付李升工食錢十千，升兒兩月工食錢八千。

邸鈔：右贊善曹煒授安徽潁州府知府

十四日壬子　晴。杝桃花開。夜月佳甚。糊補舊書，入夜始輟。

邸鈔：禮部尚書徐桐、刑部左侍郎錢寶廉、大理寺卿許庚身、通政司副使吴廷芬爲各省舉人覆試閲卷大臣。

十五日癸丑　晴和。寫昨日作『相携裙屐』一詩，分致敦夫、雲門。剃頭。閲《癸巳存稿》。作致仲彝書，唁王芝仙書。敦夫、弢夫邀飲聚寶堂，晚坐車往，玉舟、子鈞、君表、正甫、鹿門俱先至，偕曾、鮑、王三君招霞芬。是日肴饌頗佳，飲酒甚樂，夜二更歸。月皎於晝。作復桐孫天津書，并謝其前年寄贈鍾子勤《穀梁補注》，去年寄贈顧訪谿《學詩詳説》。

十六日甲寅　晨陰，上午晴，傍午復陰，午後霒陰，溦雨，旋止，晡後晴。作片致玉舟。姜仲白偕秦德埏來，不見。午後答拜邵御史曰濂、朱户部丙壽、樓給事譽普、朱侍郎智及邑館公車五人。詣殷萼庭小坐。便道答秦德埏，晤。答拜繆小山、鄭鹿門、張芝圃，并賀其擢陜安兵備，俱不值。又至東頭答同鄉爲吏者二人。詣傅子蓴，壽其正月中五十初度。詣西河沿旅店訪劉叔俛，久談，以其所著《廣經室文鈔》一册，及時人孔力堂廣牧所著《先聖生卒年月日考》二卷爲贈。并出示所説《公羊》十餘篇稿本，大氏右左氏而駁何劭公諸家之謬，多與余意合也。詣吉安二忠祠，答拜同司陳主事家瓊。詣竹篔西珠市口新居，以致桐孫書託其轉交，談至上燈，始詣豐樓，玉舟、君表、正甫、鹿門、弢夫、敦夫、禔盦已俱在矣。過街新築紅樓六間，環以畫廊，明燈四照，頗有江南風景。招霞芬諸郎，飲至三更而歸。是夕望，月皎尤甚，有風。得秦鏡珊正月初旬書。得雲門書及和詩一章。付車錢十一千，昨夜車錢四千，霞車二千，酒保賞六千。

邸鈔：翰林院侍讀洪鈞爲江西學政。侍講汪鳴鑾丁憂。

十七日乙卯　晴，有風，甚寒。

閲孔力堂《先聖生卒年月日考》。其書上卷考生年月日，下卷考卒年月日，備列衆説，而後折衷之。謂生年當從《史記》爲襄公二十二年，月從《穀梁》，日從《公羊》《穀梁》。又據成氏蓉鏡字芙卿。《經義駢枝》，取《周曆》古四分術、《三統曆》推之，爲十月二十八日庚子，於今爲八月二十八日也。卒年據吴氏程取《大衍曆》見《四書大全》所引。推之，爲哀公十六年四月十一日己丑，於今爲二月十一日也。

庭中花樹含蕊待放，而桃杏多瘁，近去其已枯者，碧桃、小桃、櫻桃各一。其半生者，今日爲之翦除餘枿，芟落枯枝。竟晷營營，良堪自笑。得秦鏡珊二月八日甘泉書。夜月，多陰。洗足。作致子縝湖南書。

邸鈔：上諭：兵部奏遵議開缺大員處分，請旨遵行一摺。前步軍統領榮禄著照例降二級調用，不准抵銷。以聽從已革知縣馬河圖干求，擅准留工，奏充監修。比照提督總兵徇情濫舉匪人例，降二級調用私罪。

十八日丙辰　晨陰，上午後霒陰，下午微見日，旋陰，傍晚晴。是日寒甚。作書致劉叔俛，還其所著《公羊雜説》一册。閲叔俛《廣經室文鈔》，多考據之作，甚有可取。叔俛來久談。黄同年福楙及其弟福珍來，蓋去年新得舉者，不見。爽秋來，不晤。是日微感寒，小極，多卧。夜晴。閲俞氏《癸巳存稿》。

邸鈔：萬青藜奏病難速痊，懇請開缺調理。詔賞假兩月，毋庸開缺。浙江巡撫譚鍾麟奏太僕寺卿孫衣言假期已滿，因病懇請開缺。許之。署江蘇巡撫譚鈞培奏國子監祭酒吴仁傑假期已滿，因病籲懇開缺。許之。引年之典，古今通義；知足之傳，仕宦美談。如三人者，皆非其比。萬素無行檢，冒利嗜進，頑鈍無耻，賄賂公行，小人之歸，朝野同辭。近被臺抨，事皆有據。翁尚書以葭莩之威，力相左右，得以倖脱，遂從輕議。自知爲公論所不予，前日續請二旬之假，姑請簡員暫署，以爲嘗試。朝旨竟如其請。倉黄失措，至於涕泣。今請開缺，不得已也。孫自命清流，性耽文詠。洎爲藩臬，以老自恣，吸食鴉片，廢弛公事。一聞内轉，遽乞病歸。鄙夫殉財，素望盡喪。吴本寒人，甲子之歲，來應京兆，連捷春秋，遂入翰林。常熟龐文恪以女弟妻之，富貴頓來，干進益甚。政府寶、沈兩公，一爲乙丑座主，一則震澤同鄉，助之速化，躐躋坊局，司成督學，滿志而歸。原情不同，負國則一。吁！可悲矣！

十九日丁巳　陰，午後暫見日景，寒甚，如中冬。校《隋書·禮志》。得雲門書，約明日飲豐樓，即復書辭之。再得雲門書，改二十一日飲。校《舊唐書·禮儀志》《儒學傳》及《唐會要》，以與《隋志》相涉及之也。山陰新舉人陳壽清、葛獻清來，不見。壽清爲珊士族人，其名片及行卷面呈，『政』字俱大，書作北碑體，惡劣謬妄之甚。獻清前日覆試，聞其詩中用『銘』字作仄，『矩』字作平，此等奇異，十餘年前山、會兩縣童試中所絶無者。主司馬、惲兩人，皆聾瞽首坐，傳此謬種，可憤絶也。聞此次詩題『度己以繩得繩字』，闈中平仄錯繆者至百餘卷。葛獻清及一江西人全用十二侵韵者，皆列三等無恙。然尚有四等停科者十一人，不列等斥革者一人。真奇絶矣。

邸鈔：浙江杭嘉湖道方鼎鋭升浙江鹽運使。

二十日戊午　大風黃霾，午後益甚。先祖忌日，及節孝張太太忌日，以逼清明之祭，今日供饋六豆，菜羹一，饅頭一盤，蓮子湯一巡，酒三巡，飯兩巡，茗飲一巡。晡後焚楮泉，終日素服。黃同年福楙饋彘脯、茶葉，受茶反脯。弢夫來，言明日移寓官帽胡衕，待試期。陶伯英來，子縝之兄也。其人已有心疾，兄弟皆不禮之。今日留之夜飯後去。夜風少止。

邸鈔：上諭：前據丁寶楨奏參傅慶貽前在四川鹽茶道任内辦事錯謬，敗壞鹽務，請旨革職，當交吏部議奏。兹據奏稱，傅慶貽職司鹺政，創爲撥釐作羨，以致收數短絀，實屬有辜職守，應照溺職例革職等語。安徽布政使、前四川鹽茶道傅慶貽，著照部議，即行革職。　以前奉天府丞張緒楷爲太常寺少卿。理藩院郎中豐紳泰授浙江杭嘉湖兵備道。

二十一日己未　晴，時有風。作書致傅子蓴，贈以自書紈扇一柄，燭一斤，麵五斤，爲其五十之壽，得復。雲門來。晡後詣爽秋，不值。以橘脯、佛手柑醬饋之。詣許仙坪，并晤陳同叔，新自江右來者。答詣黃氏兄弟及同鄉數人而歸。夜詣豐樓，赴雲門之招，二更初偕敦夫歸。付車錢六千，霞車二千。

邸鈔：以福建布政使盧士杰調補安徽布政使，以署福建按察使陳士杰爲福建布政使，以廣東惠潮嘉道鹿傳霖爲福建按察使。户部員外郎朱丙壽授廣東廣州府遺缺知府。原任廣州府馮端本被御史鄧承脩疏糾貪劣各款，詔令督撫查辦，部議降調。　李明墀奏特參庸劣不職各員：湖南桂陽直隸州知州吕邦俊、陽湖人，進士。岳州府教授周譓、長沙，進士。善化縣縣丞劉秉清，均請勒令休致；署道州事湘陰縣知縣於學琴、江蘇，副貢。藍山縣知縣唐景濤，廣州，舉人。請分別開缺改教；署瀏陽縣事候補通判昌沅、署攸縣事候補知縣王國賓、貪狠異常，紳民切齒。署漵浦縣事候補知州陳瑞霖、署龍陽縣事候補知縣劉振坎、縱盜殃民，聲名惡劣。臨湘縣訓導邊壽山等八人，均請革職。從之。

二十二日庚申　晴，午少暖，下午間有風。傅子尊來，饋酒肴一席。爽秋來。作書致爽秋，託其代入署請假，得復。比日壽檀花開，丁香、欒枝亦俱綻萼。往往裴回樹下，撫摩澆灌，輒至竟日。閲《癸巳存稿》。夜得爽秋書，即復。付署吏辦送試文件錢八千。

邸鈔：刑部郎中剛毅授廣東惠潮嘉兵備道。

二十三日辛酉　晴。作片致雲門，以復子縝書屬轉寄。竹筼來。夜得爽秋書，即復。

二十四日壬戌　薄晴，間陰。剃頭。得爽秋書，即復。以寒食祀屋之故主。雲門來，留共夜飯，談至二更去。比日看《癸巳存稿》。

二十五日癸亥　酉初二刻八分清明，三月節。微晴，多陰。祀曾祖考妣、祖考妣、本生祖考妣、先考妣，懸神位圖，饋食肉肴六豆，菜肴六豆，菜筍羹一，饅頭兩大盤，時果四盤，杏酪一巡，酒三巡，飯兩巡，清茗飲一巡，晡後畢事。梅卿入都，來寓卸車。孺初來。心雲自越來。夜偕敦夫、梅卿、心雲及梅卿之戚陳姓小飲。付肴饌等錢二十五千，族人王節母送楮鏹錢十千。買食籃一對，付錢八千五百。

邸鈔：前河南河北道吴潮選安徽寧國府知府。

二十六日甲子　晨及上午陰，微見日景，午後晴。梅卿饋暹羅燕窩八兩，燕屑一匣，東洋橋表一坐，漳紗一匹，宜興茶壺三事，汪謝城《荔墻叢刻》一部，計十四種，内惟江氏《四聲切韵表補正》五卷、《長術輯要》十卷爲佳，皆謝城自撰。鯗脯兩肩，龍井茶四瓶，廣東餅餌兩匣，犒使十千。印結局送來是月公費銀二十二兩四錢。得何竟山書，及賈琴巖之父燮堂書。内子寄來筍乾、乾菜、茶葉、龍眼肉、桂花糖，三妹寄來龍眼、桂花糖。移置書架，理帙及積楮。塵坋散亂，甚費料檢。

邸鈔：詔：前綏遠城將軍定安署理黑龍江將軍，加恩在紫禁城内騎馬。　户部郎中紹榮授廣東肇慶府知府。

二十七日乙丑　晨陰，上午薄晴，下午多陰。杏始華，紫丁香開。始衣綿。表弟屠子疇壽田來，以龍眼、松花卵爲饋。得表姪江西新淦尉馬春圃炳榮去年七月十五日書。江西同年江敬所式來，以筆二十枝及所刻詩集爲贈。爽秋來。得紱丈書，即復。

邸鈔：詔：工部左侍郎孫詒經仍在南書房行走。

二十八日丙寅　晨至午後薄晴，微陰，晡後晴。閱《唐會典》。作書致紱丈，饋粤中餅餌一盤，得復。作書致爽秋，亦饋餅餌，得復。陳葉封、玉泉來。得沈曉湖去年九月書。得鍾慎齋正月十七日書，寄贈甌紬被裁一事，雁蕩茶芽一筒。得心雲書，饋筍尖、筍乾各一簍，龍井茶兩瓶，鯗脯一肩，魚乾一尾，即復謝，犒使六千。晡後詣邑館答拜諸公車，晤心雲、田杏村、陶伯英。傍晚詣陳雲舫、鄧獻之，俱晤。詣江敬所，并見其子，亦舉於鄉矣。夜詣聚寶堂，赴敦夫之招，二更歸。史寶卿來，朱肯夫學士來，俱不值。付車錢八千。

二十九日丁卯小盡　晨及午晴陰相間，午後陰，晡後霒陰。得肯夫書，饋銀二十兩，即復謝，犒使四千。梅卿饋銀三十兩，及百子被裁。許仙坪來。孫彦清來，以昨日至京者。寫單約心雲、寶卿、屠子疇、敦夫及杭州黄氏昆季明晚飲豐樓。作書致雲門。鄧獻之、陳雲舫柬訂上巳集洪右臣家，爲敖金甫餞行。得王眉叔正月二十日書，馬幼眉正月十八日書。得仲彝書。得心雲書，并送紫泉所寄《墨子》《晏子》來，即復。得雲門復。得三妹正月廿四日書，寄來食物兩簍，番銀十圓，大妹附寄龍眼肉一合，俱由陳氏昆季携至。天涯骨肉，家事單寒，致此殷勤，祝加餐飯，冀科名之一得，庶團聚之有期。同氣相關，俗情難曉，夫豈知黄口登第，賤比蝱蟲，白首蹋門，酷逾牢户哉。今年本決計不入試，兹以家人屬望之切，當又勉爲一行耳。夜黄昏雨，二更益密有聲，三更後稍止。付禮部買卷錢十八千。

三月戊辰朔　晨晴，旋陰，辰後復晴，有風，下午陰。作片致陳葉封、屠子疇。秦秋伊來，以𩻭脯、笋乾見饋。得孫子九二月九日書，今年七十矣，眼花不能作字，貧老可念。禔盦來。李子鈞來。姜仲白來，昨日已赴孝廉方正廷試。史寶卿來。晡後詣肯夫久談，並晤徐太常用儀。晚詣豐樓，秋伊、彦清、禔盦、雲門、敦夫、心雲、寶卿、子疇俱至，招霞芬諸郎。談諧鋒起，飲酒甚樂，夜二更後歸。付車錢九千，客車錢十千，酒保賞四千，霞車二千。

初二日己巳　晴間陰。寫卷頭履歷付禮部。得雲門書，即復。終日大風，甚寒，仍著敝裘。閲《唐會要》。始食黄花魚。仲白來。夜風不止。付賃屋銀八兩。

初三日庚午　晴，大風，寒如故。寶卿饋會稽山雪芽茶兩瓶及龍眼米糕，即作復片，還龍眼。得弢夫書，饋鯗魚、海脯，即復謝，犒使二千。陸一謌孝廉來，得曉湖今年二月書。下午詣邑館訪寶卿、子疇，不值。與心雲、玉泉久談。晡詣右臣家，赴獻之、雲舫之招。晤金甫及范鶴生鳴龢，由吏部郎改官江西觀察者，以所著《澹災蠡説》一册爲贈，言湖北樊口建閘事也。范君，武昌人，習知其地勢利害，謂樊口所以泄湖水，非以泄江水。余詢之湖北士大夫，多同此論。未必皆務鄉里之私，故右彭而左李也。又晤羅田人周錫恩，去年新舉於鄉者。傍晚詣才盛館，赴雲門之招，夜三更歸。朱苗生饋金華薑菜、鹽豉各一包，竹骨摺扇一柄。霞芬饋黄花魚，犒使四千。付車錢十千。

邸鈔：詔：前甘肅安肅道奎斌交李鴻章差遣委用。從鴻章請也。

初四日辛未　晴。得紱丈書，饋蜜漬含桃、五色小糖，即復謝。作書致敖金甫，以詩二首送行，并饋以筍乾、茶葉、松卵、薑豉。得心雲書，饋銀四兩，即復，犒使二千。心雲寫示去年寄懷五律三章，風格甚佳。周同年郇雨來，不晤。心雲來。子疇來。得金甫復。饋梅卿羮燉肉、乾菜肉、茶葉卵、栗肉粽。以米糕、棗粽、茶葉卵、乾菜、肉饋子疇、寶卿。以醬燖豕臑一器饋心雲。梅卿邀同敦夫夜飯。付李升工食十千。

送敖金甫郎中册賢**還蜀省覲二首**金甫，榮昌人，癸丑翰林，一字典皆。

卅年郎署厭華簪，一紙當歸抵萬金。白髮三朝違世好，君京察三次，保舉一等，俱未記名。采衣千算樂山林。尊翁年已八十餘。寂寥冠蓋東門餞，繾綣江湖北闕心。正是聖明憂國事，高陽徒侶惜分襟。

岷江春水正初生，萬樹猩棠壓錦城。千首詩篇充宦橐，全家畫舫穩歸程。傳經同有商瞿祝，守拙差希柱下名。曾是薦雄文似者，君屢言余於湘鄉曾文正公。衰羸執戟不勝情。

初五日壬申　晴。李始花，柍梅、欒枝花俱開。閱《唐會要》。作書致弢夫，饋以肉粽、茶卵、羮肉、黄魚。得禔盦書，饋浙局新刻《莊子》一部，白菊兩包，即復謝，報以蘭桂糖一器。得弢夫復，饋鯗脯一肩。料檢移寓書籍、入闈器具。

初六日癸酉　晨陰，上午有風，午溦雨，晡微見日，仍陰。早聞敦夫得房考差，午飯後入闈。雲門來。得爽秋書，饋湖蓮、南棗、桐君菌、子陵魚，作書復謝，犒使四千。剃頭。楊定旉庶常來。夜二更後雨。

邸鈔：命户部尚書景廉滿洲，壬子。爲會試正考官。工部尚書翁同龢、常熟，丙辰。吏部左侍郎宗室麟書、癸丑。兵部左侍郎許應騤番禺，庚戌。爲副考官。内閣侍讀學士胡聘之，天門，乙丑。右春坊右庶子王先謙，長沙，乙丑。左春坊左中允裕德，滿洲，丙子。翰林院修撰陸潤庠，元和，甲戌。編修錢桂森、泰州，庚戌。

陳啓泰、長沙，戊辰。王祖光、大興，辛未。龔履中、侯官，辛未。廖壽豐、嘉定，辛未。袁善、丹徒，辛未。韓文鈞、義州，辛未。鮑臨、山陰，甲戌。林紹年、閩縣，甲戌。謝祖源、豐寧，丙子。陳翥、閩縣，丙子。李桂林、臨榆，丙子。陳琇瑩，侯官，丙子。宗人府主事龔鎮湘善化，戊辰。爲同考官。

初七日甲戌　雨，至午後稍止，下午晴。兩作書致爽秋，俱得復。得雲門書，即復。下午入城，寓筆管胡衕侍衛連某家。梅卿、心雲同寓。弢夫來，子疇、寶卿來，俱不值。付車錢十三千。

初八日乙亥　晨大霧，上午陰，下午晴。巳刻入闈，蓴庭、雲門來送。坐東露字第十八舍。弢夫來視。晚早睡，寒甚，需重裘。

邸鈔：詔：撥江蘇浙江漕米十萬石，振給直隸被水州縣。詔：陝西延榆綏道李慎署理西寧辦事大臣。

初九日丙子　晴和，微陰。子刻得題：『子曰吾與回言終日』一章、『柔遠人則四方歸之』二句、『又尚論古之人』五句、『静對琴書百慮清得清字』。日加辰起，加巳作文，至晚加亥草正皆完，即就卧。寒如昨。

初十日丁丑　晨晴，上午微陰，下午陰。午出闈。雲門來。弢夫來。夜患咳嗽。付賞號軍錢五千。

邸鈔：詔：前江西九江鎮總兵程文炳發往江南，交劉坤一差遣委用。國子監司業周德潤升右春坊右中允。

十一日戊寅　晨陰，上午後晴。巳刻入闈，坐東暑字第十六舍，與鄭鹿門及吴人許鶴巢連舍。弢夫來。禔盦來。心雲來。夜早睡，月甚佳。

邸鈔：吴元炳奏參江蘇候補知府田祚山陰人，甲辰舉人。蒙昧衰庸，請以原品休致；候補直隸州知州黄國光膽大妄爲，奉賢縣知縣韓佩金蕭山監生。闒茸無能，均請即行革職；陽湖縣知縣梁鵬廣東舉人。身弱多病，請以教職銓選；荆溪縣知縣潘樹辰歸安舉人。因循不振，請開缺另補。從之。

十二日己卯　丑初一刻一分穀雨，三月中。晴。子刻得題：『聖人養賢以及萬民頤之時大矣哉』『月之從星則以風雨』『其餉伊黍其笠伊糾』『秋九月齊侯宋公江人黄人盟于貫』僖公二年。『黄目鬱氣之上尊也』。日加辰起，巳後振筆寫之，不起草，至晚，五藝成。是日見膠州人莊姓，自云年九十二，實年八十四，戊辰入學，庚午賜副榜，去年賜舉人，今年例得賜檢討銜。近來風氣，老困童子試者，往往冒增年歲至二十餘年，夤緣入學，或捐監生以冀恩澤。故各省鄉試後，大吏奏年老舉人動至數十，公然誣妄，不爲怪也。此人眉髮皆黄，當是八十外人。而貧甚，籍官給粥飯以食，號軍復揶揄之，不爲供炊爨。余因贈以糖炒米粉一合，柑子兩枚，庶結耄耋之緣，聊志雪泥之印。夜月甚佳，補稿至二更畢，就寢。

十三日庚辰　晴暖，午後有風，下午陰。黎明結束待發，日加辰始啓門繳卷，此際正庚辰年庚辰月庚辰日庚辰時也。出闈後，即顧車出城。檢視寓庭花樹，海棠、碧桃、紫丁香正盛開，楔梅一樹已零，一樹正穠，丁香尚止半放，惟鸞枝已過爛漫，杏花、李花俱落耳。裴回花下，風日晴佳，以視矮屋灰堆，奚啻天上。作書致爽秋，得復。作書致雲門。梳頭，槌背。晡後入城。付賞號軍錢七千，車錢八千。

十四日辛巳　晴暖。巳刻入闈，坐西柰字第十二舍，本在第七十六舍，臭穢不可入，立俟扃門，幸空一舍，因得居之，已過午矣。心雲、弢夫、彦清爲助料檢，杭人朱石卿爲之左右，皆可感也。黄元同、管惠農、婁秉衡來。夜月甚佳，早就卧。

十五日壬午　晨微陰，午晴熱，晡後陰，溦雨，即止。辰刻起對策，至戌刻真草皆完，即就卧。

十六日癸未　晴熱。黎明出闈。舊僕岑福隨監試御史朱以增在闈中，三場出入，提携考具，多此僕爲之。今早復來結束將送，其勞不可没也。上午出城。剃頭。雲門來，邀至中和園偕彦清、禔盦、竹篔觀劇。西伶侯紉珊演《盜仙草》，甚佳。夜飲豐樓，梅卿、心雲、秋伊亦來，余招霞芬，二更歸。得子縝去年十一月廿八日書，由肯夫附來，并寄贈湖北新刻《太玄經》及陳氏《説文引經考》二書，尚未到也。付賞號軍錢七千，出城車錢四千，出飲車錢九千，霞車二千。

荀學齋日記乙集上

光緒六年三月十七日至十月十四日（1880年4月25日—1880年11月16日）

光緒六年庚辰三月十七日甲申　晴，下午有風，微陰。獻之來，爽秋來，金忠甫來，黄福珍來，均不晤。竹篔來。下午詣劉仙洲夫人，言請心雲爲敦夫攝館事。屠子疇來。任秋田孝廉來。心雲來，雲門來，共夜飯，談至二更去。夜有雨。是日望。

邸鈔：右春坊右庶子王先謙轉左春坊左庶子，翰林院侍讀洪鈞升右庶子。

十八日乙酉　晨小雨，終日薄陰。午前出右安門，詣花之寺，赴竹篔之招。坐有劉叔俛、雲門、錢笣仙、王懿榮。是日天氣輕陰，極宜游賞。惜今年海棠花事甚簡，佛殿前高者二樹，止作數十花耳。晡後入城，迂道至白紙坊，游崇效寺。自壬申至此，已八年矣。殿院新修，工作未已。花樹掩映，金碧璨然。再觀《青松紅杏圖卷》，傍晚歸。竇卿來，族弟慧叔來，吴介堂來，均不值。得紱庭丈書。殷蕚庭餽肴饌四器。邑館約二十五日團拜。户部陝西同司約廿四日文昌館團拜。夜有大風。付車錢十千，賞李升四千，升兒六千，葉更五千。

邸鈔：鑲黄旗蒙古都統明慶奏請因病開缺。詔：該都統年逾八旬，在御前侍衛當差，及管理神機營等處事務，歷有年所。前在各路軍營打仗，著有功績。加恩賞給人參六兩，藉資調攝，並賞食全俸，准其開缺，安心調理。上諭：御史世泰、秀文奏庫儲支絀，放款不敷，請量爲變通一摺。據稱内務府銀庫款項入不敷出，必應寬爲籌備。各省捐例已停，惟户部尚有常捐之例。擬將内務府三旗人員報捐虚銜各等花樣，均歸内務府自行酌辦。該捐生上兑後，即將實收赴該御史衙門换照，以便互相核對等語。覽奏實堪詫異。國家節制謹度，量入爲出，自有常經。如果内務府放款不敷，該總管大臣自當斟酌情形豫籌。何得該御史越俎代謀，瑣屑言利？况常捐向由户部核辦，世泰等輒請於内務府設局報捐，由該衙門核對换照，紛更舊章，尤非政體。世泰、秀文不勝御史之任，均著回原衙門行走。翰林院侍講祥麟升右春坊右庶子。

十九日丙戌　晴，大風。上午詣劉鐫山師家，陪心雲上館。孺初來，仲白來，不值。身熱，多卧。金忠甫柬約廿一日飲豐樓，楊正甫柬約廿五日飲其家，俱辭之。弢夫來。雲門來，彦清來，夜留共飯。邸鈔：以江寧將軍穆騰阿爲鑲黄旗蒙古都統，管理神機營事務。以黑龍江將軍希元調補江寧將軍。以定安實授黑龍江將軍。

二十日丁亥　晴，風。身熱不止。閲徐星伯先生《西域水道記》。季士周來，錢笣仙來，楊雪漁庶常來，陳雲舫來，張子虞來，鄧鐵香來，朱同年光榮來，駱云孫來，楊優貢同�來，俱以病謝。孺初來。姜仲白來。夜得子蓴書，爲其婿陶君搢綬寄惠八金。陶君南昌人，祖籍會稽，以丙子庶常爲四川德陽令，與余未謀面，此饋實非意及者也。作書復謝，犒使五千。

二十一日戊子　晴，大風，下午少止。胡肖梅孝廉來，以杭州新刻郭頻伽《靈芬館詞》及七紫三羊筆五枝爲贈，尚卧，不晤。昨夜咳嗽大作，今日復謝客。爽秋來，朱同年炳熊來，謝惺齋來，施敏先來，仲白及其徒孫咸壽來，俱不見。禔盦來。夜禔盦邀同梅卿、竹篔、心雲飲豐樓，招霞芬，三更後歸。付車錢四千。

邸鈔：詔：前福建布政使王德榜交左宗棠差遣委用。以内閣侍讀學士李宏謨爲順天府府丞。

二十二日己丑　晴，有風。作書致弢夫，致雲門，致秋伊、彦清。下午步詣爽秋、心雲，俱不值。坐劉氏齋頭，爲曾枚講《檀弓》兩章，唐詩一首，留書致心雲而出。陳同年熙治來，朱同年毓廣、葉同年秉鈞來，王子裳來，姚棫卿來，江敬所同年之子孝才來，曾君表來，俱不見。得弢夫復、秋伊復。夜卧疾動，憊甚。付族人王節婦錢六千。付更夫劉二起庸錢八千。

邸鈔：大學士載齡奏請因病開缺。詔賞假兩月，安心調理，毋庸開缺。江西廣信府知府孫鳳翔升廣東督糧道。

二十三日庚寅　晨微陰，上午晴，下午多陰。潘鳳洲來。剃頭。作書致爽秋，饋以曼生壺一柄，龍井茶兩瓶。得雲門書。下午出門答客。詣邑館，晤屠子疇、任秋田、馮吉雲乃慶，久談而出。詣錢笣仙晤談。詣胡肖梅，不值。至餘姚館晤劉介臣及馮同年瑩，至晚歸。彦清來，爽秋來，楊正甫來，陳同叔景綸來，管惠農來，均不值。是日疲苶本極，晚又苦肝氣脅痛，委頓之甚。得爽秋書。付車錢四千。買袷衣一領，付銀三兩五錢。

邸鈔：前福建延平府知府董兆奎授江西廣信府知府。

二十四日辛卯　晨及午晴，下午陰，晡後復晴。午後答客數家，即詣才盛館同司團拜。熱客争席，殊不可耐。而演劇頗佳。侯紉珊兩齣尤爲濃至。日旰而歸。比日寓室東舍紫藤一架作花甚繁，其側别有一本附槐而上，花亦垂垂。槐葉參差，映緑彌艷。適直幽憂之疾，兼以人事不克，坐詠其下，今乘餘映，小作勾留，庶不負婆娑此樹也。付團拜分資十千，車錢六千。

二十五日壬辰　晴，微陰。比咳嗽殊劇，甚欲杜門。昨已辭楊正甫飲，今日又作書辭錢笣仙飲，而主客分疏，復承招致，不得不力疾相應，亦無謂之人事矣。午前督童僕整理藤架，欲使兩本枝條糾互，花葉相當。手自扶攀，頗覺勞勩。彦清來。同鄉沈孝廉維善來，不見。午後出門答客十餘家。晤胡肖梅，小坐，即赴正甫、調甫兄弟之招。肴饌頗精，中酒先反。意圖愒息，而痰上氣逆，嘔吐滿前，遂不得瞑。夜詣廣和居，赴繆、錢兩君之招，不舉箸而出。詣彦清、春馥之飲，招霞芬，酒一行先歸，已三更矣。疲苦之甚。朱同年炳熊來，王同年蘭來，俱不值。夜嗽益劇，徹曉不瞑。付車錢十二千。

二十六日癸巳　薄晴，多陰。疲甚，多卧。作書致心雲。鄧鐵香約飲。心雲來。午後輕陰，藤花尚盛，强起坐花下，以《漢書・西域傳》至《舊唐書》回紇、西戎諸傳互勘徐星伯《西域傳補注》。禔盦來。雲門來。姜仲白來，不晤。此次考試孝廉方正，於昨日引見，得知縣者九人，仲白得教職，無以佐雜用者。馬同年寶瑛來，四川新舉人廖登廷來，俱不晤。傍晚出，答客七八家。即詣霞芬家，與禔盦、弢夫、心雲、彦清、梅卿、王子裳、胡光甫爲萝局。竹篔、雲門作趾離，余勉徇同人孱隨作樂，豈敢敗卿輩之意，聊亦發少年之狂。惆悵金尊，流連綺燭，正梁簡文所謂『不圖爲樂一至於斯者』也。酒未半，乙夜歸。付車錢八千。

邸鈔：陝西巡撫馮譽驥奏參西安府知府林士班病軀衰憊，請以原品休致。從之。刑部郎中張岳年授陝西西安府遺缺知府。岳年，鄞人，壬子舉人。六月馮譽驥奏以漢中府知府李楹調西安，以岳年補漢中。

二十七日甲午　午初三刻十三分立夏，四月節。晴，微陰，有風。上午病甚，多卧。得竹篔片，招觀劇文昌館。下午風小止，坐藤花下閲黄長睿《東觀餘論》。其首爲《法帖刊誤》二卷，甚有名言。肯夫來，雲門來，久談至晚，肯夫去。偕雲門、梅卿詣文昌館，赴竹篔聽劇之招，夜二更後歸。疲困尤劇，五更疾動。是夕寒，可裘。爽秋來，不晤。

邸鈔：詔：前雲南巡撫潘鼎新前往直隸，隨同李鴻章辦理營伍事宜。此皆以俄夷換約事。召者鼎新及劉秉璋、閻敬銘、定安、程文炳、曹克忠、王德榜等凡十餘人。秉璋以養親辭，敬銘以疾辭，皆不至。詔：定此次會試中額三百二十三名，浙江得二十五名。命肅王隆懃、豫王本格、禮部尚書徐桐、兵部尚書廣壽、侍郎朱智、副都御史程祖誥大挑各直省舉人。上諭：裕禄奏已革江蘇候補道許厚如前經遞解回籍，交地方官嚴加管束，仍復不安本分，被控有案，輒敢託稱貿易，潛往廣東。實屬故違法紀。著兩廣總督、廣東巡撫，迅將該革員查拏，委員押赴安徽，由裕禄訊明嚴行治罪，以肅功令。詹事府左贊善高萬鵬升司經局洗馬。

二十八日乙未　晴。嗽甚，腰痛。得雲門書。禔盦邀後明日飲豐樓。劉同年福升來，朱同年宗祥來，皆爲浙江庚午團拜事。姜仲白來。下午坐藤花下，閱《西溪叢語》。錢篪仙來，鍾尚賢來，均不晤。尚賢蓋太僕少卿佩賢之弟，以捐官入都者。是日頗寒，須重綿。

二十九日丙申　晴，傍晚陰。閱《東觀餘論》。得紱丈書，借日記，且言外間傳余五策多及時事，然余實無此事也，即作復。秦秋伊來，商王孟調歸櫬事，公啓率資，余因作書致謝惺齋鉞、桑叔雅彬，以惺齋壬申歲曾共議此事。叔雅是孟調疏戚，己未歲孟調棺斂事，皆其經理，不可不告之也。再得紱丈書，即復。雲門來。張芝圃以赴陝安道任來辭行，且索詩爲別。傍晚赴鐵香宴賓齋之招，坐爲孺初、獻之、陳雲舫、楊惺吾。惺吾將赴日本何如璋侍講之招。聞何君辦東洋事，頗有骨力。流求滅國之事，漸有轉機。又聞俄夷有内變，又有土耳其構釁之勢，故知我之翻約而不怒，其復辭頗巽，大氏和議可成。此兩事差可喜。然我不謀自强而恃人，大臣持禄養交，藉口成格，輾轉以便其私。小臣以夤緣爲大道，骫法舞文，鬼蜮百出。士之進身者，皆以無耻爲進德，作奸爲修業。上下以不狂爲狂，昌言不諱。人材愈壞，風俗日下，恐其憂方大也。夜初更歸，偕雲門等談至三更後散。紱丈贈吴中新刻鈕匪石等三布衣詩。

三十日丁酉　晴熱。聞西洋寒暑表已到□□矣。作送張芝圃詩，并補作詩五首。殷蓴庭來，不晤。晡後出，答客數家。晚赴禔盦豐樓之招，與竹篔、彦清、胡光甫及張觀準給事等商四月十日團拜演劇事。夜雷雹，初更後大雨。亟驅車歸，水滿衢中。至櫻桃斜街，雨聲尚緊，出大街漸小，抵家則地已燥，僅得小雨也。潘自彊主事開吊，送奠分四千。作片致秦德埏孝廉，辭明日之飲。心雲來，不值。付車錢六千。剃頭。

春夜飲豐樓酒家同禔盦敦夫䂬夫招霞芬

新幟酒人家，紅樓四面霞。燈光添綺户，欄影出名花。密坐香能隔，虚爐月易斜。金尊好顔色，相與惜芳華。

入城七日歸視寓園花樹示童奴

離家纔七日，庭花多半開。向人如笑語，馴雀亦裴回。暫時林下坐，好風天上來。殷勤謂童僕，莫便掃莓苔。

竹篔邀同雲門飲花之寺晚游白紙坊崇效寺觀智朴青松紅杏卷二首

選侣城南出，微風導遠林。緑侵經院窄，花隔畫廊深。罫水緣鐘轉，拳山受樹陰。片時禪榻語，應證最初心。

夕照輕陰郭，迴車訪棗花。山門分野色，經閣帶林霞。香篆穿籬細，旛風曳柳斜。摩娑紅杏卷，觴詠想王查。卷中漁洋詩四首，初白五古一首。

春盡藤花盛開日坐其下

手種朱藤本，垂垂一架餘。知余扶植意，及爾長成初。葉嫩侵甌茗，花輕落几書。時聞香掩冉，風動緑陰疏。

張中允端卿**備兵陜安索詩爲别**

山南雄鎮古梁州，特詔詞臣擁碧油。鎖鑰平分秦地半，文章高挹漢江流。百函金匱勞增秩，以實録國史敘勞加二品銜。千隊銀刀静運籌。共道點蒼三戟貴，棠花卿月照征輈。謂令兄侍郎時督學吾浙。張君，雲南太和人。

偕禔盦雲門心雲坐藤花下作

跂脚藤陰見主賓，書床茗几雜然陳。他年定有高人畫，一架襛花壓墊巾。

邸鈔：上諭：前諭李瀚章傳旨飭令已革雲貴總督張凱嵩來京。兹據奏稱，業已啓程，著俟到京後交吏部帶領引見，聽候諭旨，豫備召見。上諭：都察院奏舉人邱敏光等以臺灣在籍副將林文明被殺冤抑，伊母林戴氏迭次京控，案懸未結，懇爲奏請，提京申雪等詞，赴該衙門呈訴。此案迭經降旨，令該督撫迅速辦結。嗣據何璟奏明案情，復諭令勒限嚴緝林萬得等歸案訊辦。現在逸犯是否弋獲，未據奏報。仍著何璟等嚴行飭緝，依限訊結，毋再遲延。該舉人等所懇提京審訊，著毋庸議。直隸永平府知府游智開升永定河道。本任道文沛告病。

夏四月戊戌朔　晴熱，微溽，晡後有風。謝惺齋、吴介堂、周介甫、施敏先柬飲樂椿花園，辭之。史寶卿來。得桑叔雅書，送來王孟調賻銀四兩，即復。彦清來。仲白來。心雲來。朱同年毓廣來，不晤。付季士周房租銀六兩一錢。洗足。

初二日己亥　晨陰，上午晴陰相間，下午微陰，傍晚陰，有激雨。久嗽，憊甚，多卧，閲《東觀餘論》《宣和畫譜》。寫單二紙，一以初六日約肯夫、竹篔、禔盦、梅卿、雲門、心雲及秦芝孫諸君飲齋中，一以初八日約江敬所父子、胡嘯梅、王子裳、朱苗生、管惠農、任秋田諸君飲豐樓。印結局送來前月公費銀五十五兩六錢。傍晚神觀稍清，坐庭中讀《爾雅正義》。夜雨。

初三日庚子　雨，至午稍止，下午時有日景。復感寒身熱，兼患齒痛，卧閲《莊子》。梅卿邀飲雲龢，辭之。爲梅卿及陳翔翰書扇。始以芍藥花插瓶中。雲門來。劉曾枚柬請初八日文昌館樂宴。心雲約後明日飲豐樓。是日頗寒，夜病甚。

初四日辛丑　晴。病齒甚。黄元同來。梅卿贈朱墨各一笏。作書致肯夫。劉介臣約初九日飲。得四川德陽令陶搢綬書。作片致心雲，以竇卿致鎸師家銀二兩屬轉交。下午有風。

邸鈔：前鑲黄旗蒙古都統明慶卒。詔：明慶自道光間出征喀什噶爾，歷經轉戰臺灣、山東、河南、安徽、江浙、直隸等省，懋著功績。兹聞溘逝，悼惜殊深。加恩賞給陀羅經被，派輔國公載濂帶領侍衛十員往奠，並賞銀一千兩經理喪事，照都統例賜恤，伊子乾清門二等侍衛愛隆賞給頭等侍衛。

初五日壬寅　晨陰，上午晴陰相間，午晴，下午多陰。台州同年范許珍來，不晤。寫蕉葉致心雲。雲門來，共午飯。得心雲書。爲心雲書銅墨合銘一首。施敏先來，不晤。弢夫來。晚詣豐樓心雲之招，夜二更歸。付車錢四千六百。

初六日癸卯　晴景清和。閲《漢書西域傳補注》。秦芝孫來。肯夫來。竹篔、雲門來。禔盦來。彦清來。心雲來。傍晚邀諸君及梅卿飲，至夜一更後散。劉介臣、馮繹芳來，不晤。咳嗽不止，仍患齒痛，支離㕣户，禍邪福邪。付餘慶堂廚人賞錢十四千，酒錢十一千，客車飯六千。

初七日甲辰　晨陰，上午後晴陰相間，有風。魯芝友柬約初九日飲福興居，辭之。得黄元同書。以所儲粤東竹絲冠胎付一品齋帽肆製紕武加纓，此甲戌歲姻戚張子芳所詒者。子芳以三十年進士部曹，垂老改江西同知。需次三四年，窮甚自縊。死已數年矣！余於前年詢之馮子因，始得其耗。舊姻零落，仕路奇窮。睹物思人，彌增悲歎。付製冠錢三十七千六百八十。

初八日乙巳　晴，上午微陰，有風。讀徐星伯《新疆賦》。殷蕚庭柬十一日飲，辭之。作書致心雲。作片致劉介臣，屠子疇。得朱苗生書。蕚庭來，爽秋來，胡肖梅來，潘鳳洲來，黄元同介其群從孝廉以恭及胡君祖芳來，俱不晤。周介甫來，不晤。傍晚答拜王者香蘭，不值。即詣豐樓，偕管惠農、任秋田、王子裳、弢夫、介臣、江凡士士才飲，招霞芬，夜二更歸。付車錢六千，酒保賞五千，霞車四千。剃頭。

邸鈔：詔：河南開歸陳許道貴珊、廣東高廉道孫楫，濟寧人，壬子庶吉士。湖南寶慶府知府侯晟、無錫人，副榜。衡州府知府武廷珍、平利人，庚戌進士。辰州府知府劉曾撰、陽湖人，監生。貴州遵義府知府倪應復，昆明人，庚子庶吉士。均開缺送部引見。

初九日丙午　晴。作書致介臣，辭飲。得爽秋書，饋廣東蜜漬青果一器，即復謝。得紱丈書，即復。吴松堂約十一日飲，辭之。傍晚答拜六七客。過迮子橋嵩雲草堂，前年河南士夫所築爲觴詠地者。累逢招飲，迄未一往。今日見其㝢宇竫深，似有佳觀。又過教場二巷萬青藜尚書所辟小園，闌檻幽折，花樹掩冉。皆擬停車一入，匆匆已過。至皮庫營四川新館訪一蜀客，門庭爽塏，頗亦神往。蓋由比日久病，又苦酬應，神情昏濁，困不自任。今乘餘映，天氣清和，遂覺觸處營情，句留佳興，此昔人所謂因心造境者也。晚歸。雲門來。朱石甫孝廉煜來，不晤。

邸鈔：湖北荆州府知府倪文蔚望江人，壬子庶吉士。升河南開歸陳許河務兵備道。前熱河分巡道英謙補廣東高廉兵備道。翰林院編修劉燡湖北廣濟人，癸亥。授湖南衡州府知府。刑部郎中文綬授湖南辰州府知府。户科給事中余上華平利人，丙辰進士。授貴州遵義府知府。吏部郎中葉廷杰光州人，乙巳進士。授雲南曲靖府知府。

初十日丁未　晴熱，晡後陰，傍晚小雨，有雷。上午詣文昌館，以是日合浙江辛酉、壬戌、甲子、丁卯、庚午五科團拜，演三慶部外傳諸部名色。禔盦、梅卿與余主其事，請張叔平給事爲提調。同人云集，選藝徵歌，備極一時之勝，至夜四鼓方散。終朝達夕，營神酬應，兼爲杭州同年朱西泉率賻資，約得百金。歸家憊甚。付車錢十六千，江西人丁孝廉賻錢五千，付廣東籐椅子錢五十千。

邸鈔：湖北候補知府蔣銘勳授荆州府知府。

十一日戊卯　晨及上午薄晴，有風，午風益甚，下午陰，有㵐雨，即止。彦清來。肯夫邀午飲，日加未往，加酉散。傍晚詣孺初，不值。詣雲門談，同訪禔盦、弢夫，皆不值。雲門邀同彦清飲同興居，招霞芬，夜二更歸。禔盦來，子蕁來，楊正甫來，俱不值。付司馬廚人錢四十千，餘慶堂廚人余饌錢二十千，車錢八千。

十二日己酉　晴。上午岑福自闈中遣人報信，云内中已填榜，余中第一百名。日加午琉璃廠報紅録。加未報喜人至，名數皆同。雲門來。蕚庭來。仲白來。心雲來。彦清來。爽秋來。弢夫來。孺初來。肯夫來。作家書，報内子、季弟、三妹、大妹夫、族弟品芳。

邸鈔：詔：十四日親詣大高殿祈雨，諸王分禱時應宫等處。

十三日庚戌　丑初一刻八分小滿，四月中。晴。晨敦夫出闈，知余卷在林編修紹年房。初不知所謂，以問其鄉人陳編修琇瑩，陳君力贊之，猶不信。更質之錢辛伯，辛伯謂通場無此卷也，始請陳君代擬評語，呈薦於翁尚書。尚書大喜。二十五六日，即以次三藝發刻。本中高魁後，以景尚書取本房一卷作元，乃置第十九名。既翁尚書欲以余卷束榜，始置一百名，而仍刻入闈墨，意别有在也。王益吾在闈中見余首場及三場，即决爲余作。辛伯亦以爲然。屆填榜時，兩君及敦夫、汝翼營企之甚。甫填十餘名，益吾即出告外收掌官先取墨卷視之，知爲余書，亟入語敦夫，共以欣然。衰頽暮齒，得此何所加損？而諸君之意甚厚，雖無以報，感不能忘，故備書之。劉叔俛來。雲門來。張香濤來。錢秋蔆來。下午謁房師，送贄銀八兩，門茶九千。入城至東華門外燒酒胡衕，謁翁叔平師，送贄銀四兩，門茶九千。相見殷然，極致謙挹。出訪張子虞及諸右臣兄弟，不值。詣庶常館答拜楊定旉、楊雪漁、潘伯循三庶常。出城訪秋伊、彦清。至五老胡衕，答詣黄元同兄弟，不值。晚歸。江敬所來，方勉甫來，吴介堂來，朱蕢花來，張叔平來，陳雲舫來，馬芸臺來，楊蓉初來，諸右臣來，周介甫來，桂浩亭來，俱不值。族弟慧叔來。

邸鈔：司經局洗馬高萬鵬升翰林院侍講。

十四日辛亥　晴。寫禮部親供一紙，作書致詹黼庭禮部，以昨日黼庭來，託其料理也。汝翼來，王子裳來，繆小山來，秦秋伊來，心雲來，彦清來，金忠甫來，蔡偁臣來，王益吾來，傅子尊來，雲門來，錢笣仙來，金元直編修壽松來，徐小雲太常來，吴清卿來，洪右臣來，姚伯庸來，謝惺齋來，吴景祺來，傅培基來，金毓麟來，胡廷幹來，周晉麒來，黄户部元文來，廖編修廷相來，兩君皆昨日來。均不晤。實卿來，不晤。弢夫來。夜月甚佳。偕雲門、弢夫、敦夫、子尊共飯暢談，覺甚疲倦。得方勉夫書，即復。

十五日壬子　晴熱。作書致心雲。作書致李玉舟。禔盦來，心雲來，弢夫來，鄧鐵香來，樓廣侯給事來，沈退庵守謙來，許仙坪來，李玉舟來，季士周來，均不晤。朱桂卿同年福詵來，晡後同入城，進東華門，至實録館，宿文移處。付李升叩喜錢十四千，升兒十千，王媪、楊媪各十千，更夫六千，鮑僕李英十千，胡僕王元十千，馬升八千，車夫四千，報子賞錢十二千，文移處住宿錢十九千，飯錢十千，僕房飯七千，茶二千。

邸鈔：詔：浙江鹽運使方鼎鋭開缺，送部引見。

十六日癸丑　晴，微陰，晡後風。黎明赴中左門接卷，詣保和殿覆試。題爲：『伊尹以割烹要湯』一句、『賦得日久蓬萊深得深字』。巳初作文，未初繳卷。申初返至實録館小憩。旋坐車出城，酉初還寓。心雲來。傍晚困甚，早睡。今年本病甚，闈後益劇，比殆不可支。付車錢十六千，叩喜二千。

邸鈔：湖南長寶道惠年升浙江鹽運使。

十七日甲寅　晴。肯夫來。爽秋來。彦清來。午後走詣心雲齋頭小談。弢夫來。覆試報至，余列入一等第十七名。弢夫來。竹篔來，鍾雨人學士來，吴文塤、馬錫祺兩工部來，均不晤。心雲來。再發家書。

邸鈔：詔：河南河北道吴大澂現赴吉林幫辦一切事宜，著即行開缺。以通政司副使吴廷芬爲太僕寺卿。左春坊左中允裕德升翰林院侍講。編修于蔭霖升右春坊右贊善。吏科掌印給事中郭從矩授湖南鹽法長寶道。河南候補道陳寶箴補河北兵備道。

十八日乙卯　微晴，多陰，下午陰，傍晚有急雨，旋霽。爲呈請歸郎中本班事，作書致肯夫轉詢吏部，又致爽秋轉詢翰林院，又致李玉舟詢之禮部，以或云向章在殿試後，或云去年新例在殿試前，言人人殊也。得禔盦書，即復。爽秋來。作書致彦清，得復。得肯夫復、玉舟復。夜得王益吾書，言呈請可俟朝考後。蓋益吾諸君必欲致余入翰林耳。作書致爽秋，得復。再得肯夫書，即復。桑叔雅來，吴户部協中來，俱不晤。是日庶吉士散館，賦題『位一天下之動以題爲韵』，山谷有此賦，不知所出。詩題『穿林自種茶得茶字』。張籍詩。

邸鈔：上諭：此次新貢士覆試，列入一等之陳與冏等六十名，二等之王詠霓等一百二十六名，三等之廖鏡伊等一百三十二名，俱准其一體殿試。　吏部尚書萬青藜奏假期已滿，病勢難痊，懇請開缺。詔：萬青藜再賞假兩月，毋庸開缺。

十九日丙辰　晴。作書復王益吾。作書致雲門，詢昨日散館考試事。敦夫饋銀二十兩。雲門來。彦清來。心雲來。遣人至伯寅尚書處，詢雲門散館名次，知在二等三十名，蓋卷爲侍郎錫珍所閲也。子蒪來。禔盦來。是日寫大卷四開。付景、翁、麟、許四坐師家人道喜錢四十八千，付新同年廿三日財盛館張樂請坐師率資錢二十八千。

邸鈔：以左春坊左庶子王先謙爲國子監祭酒。

二十日丁巳　晴，傍晚陰。作書致詹黼庭，送去禮部填親供及覆試卷、殿試卷費，共銀十二兩。作書致心雲，得復。温棣華編修紹棠來，言新章呈請歸本班，必須殿試前在翰林院具呈。即寫履歷一紙，託其料檢。　爽秋來。劉仙洲夫人來。施刑部啓宗來，徐户部鼎琛來，鄭編修賢坊來，錢笣仙來，黄漱蘭少詹來，潘伯馴來，六君皆昨日來。楊雪漁來，寶卿來，張叔平給事來，徐兵部慤立來，均不晤。得寶卿書，贈紫豪兩管，作書復謝。朱桂卿來，晡後同入城，仍宿實録館文移處。王子裳亦宿館中，來夜談。夜陰，四更雨。

二十一日戊午　雨，至日加辰少止，巳後復雨。昧爽赴中右門接卷入殿，辰刻跪受題紙。巳刻對策，直書不起草，首尾俱不同俗例。灑灑二千餘言，不落一字。未刻交卷，頗自憙也。申刻出中左門，肯夫派收卷官，陳伯潛侍講派彌封官，俱未相見。出東華門，晤雲門、香濤，即坐車歸。弢夫邀飲聚寶堂，不往。付文移處住宿茶飯等錢四十二千，車錢十六千。

邸鈔：詔：二十三日再詣大高殿祈雨，仍分命諸王、貝勒禱時應宫等。

二十二日己未　陰。終日疲劣之甚，卧閲雜書。霞芬來叩，賞其僕十千。付景、翁、麟、許四家輿皂叩喜錢三十二千，邑館長班賞錢六千。

二十三日庚申　晴。雲門來。

邸鈔：吏部左侍郎黄倬在湖南原籍假滿，因病乞開缺。許之。

二十四日辛酉　晴。五更呼車入城，聽候小傳臚。敦夫、雲門相偕進長安左門闕左門下車，由左掖門、昭德門、左翼門入景運門，至乾清門下，久待廊陛間。日加巳始傳出前十本姓名。狀元黄思永，江寧人；榜眼曹詒孫，茶陵人；探花譚鑫振，衡山人：皆委茶無算者也。午前還寓。汝翼來。作書致爽秋，得復。下午知余名在二甲八十六名，同試者三百三十人，余得賜進士出身，已爲幸矣。玉舟來，錢辛伯來，鄭鹿門來辭行，均不晤。付車錢二十千，族人王節婦道喜錢二十千。

邸鈔：以禮部左侍郎邵亨豫調補吏部左侍郎，以禮部右侍郎殷兆鏞轉補左侍郎，以前禮部左侍郎祁世長爲右侍郎。上諭：御史彭世昌奏請將已故儒臣宣付史館立傳一摺。原任三品京堂銜翰林院修撰劉繹，道光年間入直南書房，旋任山東學政，任滿陳乞歸養，主講吉安鷺洲青原書院，崇尚正學，培植人材甚衆，洵足爲後學模楷。該故員學行事蹟，著宣付國史館，列入《儒林傳》，以彰碩學。

二十五日壬戌　晴歊，下午多陰。梅卿饋銀百兩。雲門來。厝子疇來辭行。馬蔚林禮部來。陸修撰潤庠來。是日聞余卷在侍郎烏勒喜崇阿手，先畫一『△』。繼徐蔭軒師見之歎賞，亟畫一『○』。以後董尚書恂、王侍郎文韶等六人皆畫『○』。以有一『△』在先，遂名第在後。然向來七圈者，可列前十本，亦有得鼎甲者。聞今年八圈者，至七十五卷，蓋亦不愛惜之甚矣。其實余文亦未必真有賞音也。

二十六日癸亥　晴。殷蓴庭來。雲門來。彦清來。下午答拜方勉夫、錢笵仙，不值。詣邑館送屠子疇行。詣台州館送鄭鹿門行，并晤弢夫、子裳、惠農、蔚林。答拜徐太常、温編修、王祭酒、桑叔雅、張香濤、錢辛伯、朱肯夫、張叔平、李玉舟，俱不值。晚歸。得張子中揚州賀捷書。

二十七日甲子　晴，下午陰。作書致爽秋，以轉託温棣華代納翰林院朝考卷也，得復。作書致弢夫。得馬蔚林禮部復。再作書致爽秋，得復。得爽秋書，即復，并朝考納卷銀五兩，託其轉交温棣花。彦清來。爽秋來。晡詣繩匠胡衕，謁坐師兵部許侍郎應騤。此公素以不學名，語言甚鄙，而驟由翰詹躐躋九列，甫以甘肅學政還都，即主會試。國朝兩廣人無得會總者。順天主試亦止道光甲辰羅侍郎文俊，同治壬戌、甲子羅尚書惇衍兩人。外間皆言其有捷徑，所未詳也。送贄敬四金，門禮九千。晡後入城，詣翁尚書師拜壽，送禮二金，不收。傍晚進東華門，仍宿實録館文移處，朱桂卿亦來。徹夜爲蚤虱所擾，不得瞑。

二十八日乙丑　晨及午晴，午後雨，晡後稍止。昧爽赴中左門接朝考卷，卯刻入保和殿。董恂尚書擬題爲『取財於地取法於天論』、『耕耤田疏』、『芳郊花柳遍得芳字』五言八韵詩。巳初振筆直書，午初繳卷。余以既請歸本班，必欲入三等，遂僅書三開有半。論疏皆止十八行，較他人各少六行。以今年浙人無上第，而高等高甲亦甚鮮，儻列一二等，雖陳情猶當改庶常也。午後出東華門登車，未刻歸。作書致雲門，致心雲，皆還墨合及筆。心雲來。雲門來。向姚伯庸借銀百兩，從竹篔轉交。是日丁丑庶吉士散館引見，雲門竟改知縣，同縣潘伯馴改主事。桑柏儕尚書來，沈孝廉維善來，不晤。是日申正三刻十一分芒種，五月節。萼庭饋節禮四色，即作書轉饋汝翼。付文移處食宿錢三十九千，車錢十四千。

邸鈔：直隸提督郭松林卒。詔：郭松林忠勇性成，功績懋著。遽聞溘逝，憫惜殊深。照提督例賜卹，加恩予謚，將事迹宣付史館立傳。其湖南原籍，江蘇、福建、山東立功省分，建立專祠。靈柩回籍時，地方官妥爲照料。伊子人濟、人鴻、人彥，俟及歲時帶領引見。以湖南提督李長樂調補直隸提督，以前浙江提督鮑超爲湖南提督。詔：鮑超仍遵前旨，來京陛見。上諭：御史鄧承脩奏已革雲貴總督張凱嵩，辜恩負咎，忽蒙甄録，廷臣中必有妄加薦剡者，請毋庸録用，以杜取巧，并將原保之員，照例議處等語。前據侍郎殷兆鏞將張凱嵩保薦，當以該革員曾膺疆寄，雖經獲咎於前，尚可棄瑕録用。是以諭令來京，交吏部帶領引見，察其才具是否可用，再降諭旨。此中自有權衡。張凱嵩到京，仍著吏部帶領引見。該御史所請將原保之員照例議處，著毋庸議。嗣後中外大小臣工，仍當秉公汲引，各舉所知，毋得徇私濫保，用副朝廷延攬人才至意。以刑部郎中劉緒南豐，庚申。爲内閣侍讀學士。編修錢桂森升國子監司業。

詔：此次散館之修撰王仁堪，業經授職外，二甲庶吉士吴郁生、周鑾詒、程夔、于鍾霖、胡湘林、吕鳳岐、崔舜球、吴大衡、治麟等四十五人，俱授爲編修。三甲庶吉士翁斌孫等四人，俱授爲檢討。潘遹等十人，俱以部屬用。趙樹禾等十九人，俱以知縣即用。周鑾詒，湖南人；胡湘林，江西人，前左都御史家玉之子；翁斌孫，常熟人，修撰曾源之子：三人年皆甫逾二十。于鍾霖，奉天伯都訥廳人，前通政使凌辰之子；大衡，大澂之弟；治麟，户部尚書景廉之子；又宗室會章，前熱河都統延煦之子；盛昱，故副都御史恒霖之子；丁立瀛，丹徒人，故太僕卿紹周之子；龐鴻文，常熟人，故刑部尚書鍾璐之子；胡孚宸，江夏人，前兵部侍郎瑞瀾之子；孫宗穀、孫宗錫，善化人，故侍講學士鼎臣之子；張仲炘，江夏人，前雲貴總督凱嵩之子：皆授編修。湘林、會章，皆丙子進士。立瀛，辛未庶常；鴻文，甲戌庶常：皆以遭父艱補散館。宗錫，丁丑二甲一名進士，與弟宗穀連名。仲炘與弟叔熯，丁丑同榜進士。叔熯今年補朝考用部屬。二孫、二張年皆甚少。宗錫、仲炘散館皆二等後列而俱得留。浙江留館者五人：張嘉禄、楊文瑩、張楨、戴兆春、楊農。

上諭：御史鄔純嘏奏正途州縣各班壅滯，請量爲變通一摺，著吏部議奏。疏略云：舉人進士，或因場屋之困，投筆從戎；或念時事多艱，指困助餉。有以永無選期之舉人知縣而不得與挑者，有以部曹資斧不繼改就州縣而不得選補者。此等人員，一經得有勞績，或過入捐班，部臣輒謂原資已斷，一體歸入異途選補，更形遲滯。若不與貢監出身之軍功捐納稍示區别，似無以仰體朝廷疏通正途之意。查内選定例，甲班舉班與捐納各班内外升班，各館議敘，相間輪用。軍功之遇缺五缺，分别插用。擬請内選班次，凡由進士舉人出身之遇缺五缺及捐班升班，各館議敘，均於各原班中與貢監相間輪用，則内選之甲班舉班較爲推廣矣。外補班次，凡由進士舉人出身保入軍功候補及歸入捐納試用者，俱於各原班中以甲班舉班與貢監相間輪用，則外補之甲班舉班較爲推廣矣。查外補章程，升調遺之缺，即用候補與軍功候補相間輪用，大挑與議敘捐納相間輪用；病故休之缺，以即用候補、軍功候補與大挑相間輪用；參劾之缺，專歸軍功，終養改教，專歸即用。斟酌本屬盡善，各班均不偏枯。推原正途各班所以遲滯者，緣省會要缺、府縣，各督撫喜用軍功捐納，以致升遷調署，異途捷足先登，而正途少與焉。夫正途之趨蹌應對，誠不若異途之工。一旦身膺民社，凡所以培養民氣者，必自讀書稽古中來。雖其中迂疏寡效學無根柢者亦不乏人，古所謂拔十得五，今未必不拔十得一也。查省會府縣，向章專用正途。擬請嗣後補署首縣，省會一首縣者，必實缺候補科甲不足十人，方准於異途貢監酌用一人；兩首縣者，必科甲不足二十人；三首縣者，必科甲不足三十人，方准於異途貢監酌用一人。違則將各督撫議處。至首府有表率之責，更宜專用正途。擬請嗣後補署首府，必實缺候補之知府及同知。直隸州得有升班者，科甲不足五人，方准於異途貢監酌用一人。不得以正途各班非現居要缺，即人地未宜，空言塞責。違則將各督撫議處。則外補之正途府縣感恩自奮矣。似此于正途州縣推廣疏通，仍於選補班次毫無窒礙。至省會府縣，不過申明舊制。際此時艱，實有關於大局。

二十九日丙寅　晴。彦清來，雲門來，心雲來，潘伯循來，終日暢談。雲門饋銀二十兩，心雲贈牙柄，秋伊畫團扇一柄。爽秋來。子蓴來。下午得報，朝考在三等二十二名，是吾心也。竹篔來，王可莊來，方勉甫來，田杏村來，胡光甫來，均不晤。汝翼來。夜梅卿邀飲福興居，敦夫招飲壽春堂。晚飯後往福興，已散，遂至壽春。彦清、雲門、心雲皆在。偕梅卿、敦夫招霞芬，酒半先歸，已三更後矣。四更始睡。是日初聞朝考通場無三開者，余恐以違式置三等末，向例殿試三甲後十名、朝考三等後五名，皆歸部銓選，頗爲營惑，亦甚可笑也。

邸鈔：詔：兩江總督劉坤一加恩在紫禁城内騎馬。

三十日丁卯　晴。本生祖考忌日，上午供饋。近日以試事，敬懸三代神位圖於堂，朝夕上香。因并設曾祖以下杯箸，陳肉肴六豆，菜肴六豆，羹一，冰梅糕一盤，玉麵餅一盤，櫻桃兩盤，杏子兩盤，杏酪一巡，酒三巡，飯再巡，晡畢事。得紱丈書，饋兔脯一肩，麵桃一盤，作書復謝，受桃反脯。作書致爽秋，饋以玉麵餅及杏，得復。陳雲舫來，不晤。晡後答拜劉叔俛，已南還矣。詣獻之、雲舫久談。雲舫言自余中進士，喜不自勝者三日，可以厲世之有志讀書者。獻之言在通州聞榜信，通州僑居及奉使士大夫少有耳目者，無不同聲相慶。余衰病無狀，讀書鮮得，而虚聲至此，彌可愧悚。詣寶卿，問其行期。詣竹筤，久談。答謁桑尚書。欲詣子蓴，以路遠天晚而歸。秋伊來。彦清來。雲門來。心雲來。以秋伊、彦清明日行，故邀之薄餞也。秋伊贈所繪團扇一柄，花卉一幅。夜設飲，梅卿、敦夫偕招霞芬諸郎，三更始散。

五月戊辰朔　晴，熱甚。肯夫來，繆小山來，俱尚卧，未晤。雲門來。作書致弢夫，催子裳前宴赤城夢局公費，得復。作書致鍾仲龢，送交朱西泉賻銀四兩，得復。得伯寅尚書書，饋銀十六兩，即復謝，犒使人六千。禔盦饋節物。以節物饋蓴庭。禔盦來。夜偕雲門諸君共飯，談至二更，倦甚先卧。房師林編修來。張編修嘉禄來。吴兵部金輅來。

邸鈔：詔：大學士寶鋆、禮部尚書徐桐教習庶吉士。

初二日己巳　晨及午晴，下午多陰。補寫日記。嚴鹿谿來，不晤。同鄉馮乃慶、葉金詔、徐慶安孝廉來，任進士塍來，歙縣同年汪進士宗沂來，均不晤。付文奎齋刻字鋪刻同門姓氏録銀二兩，房師門僕叩喜錢六千，浙紹鄉祠長班叩喜四千，庚辰長班叩節三千。

初三日庚午　晴。心雲來。雲門來。周介甫來。章舍人桂慶來。夜偕敦夫、梅卿、陳子新中庭共飯。徐亞陶刑部寶謙來。此君石門人，年六十餘矣，辛亥舉人，余舊識之。今年中進士第三百二十三名，爲龍尾。

邸鈔：翰林院侍講張之洞轉補侍讀，左春坊左中允張楷升侍講。

初四日辛未　晴，熱甚。上午入城，至徐蔭軒師賀節，送節敬二金，不晤。蔭軒師本甲子房師也，今年覆試、殿試皆派閲卷。聞其頗以余不得鼎甲爲惜，故加禮親之。詣東單牌漊三條胡同，謁坐主吏部左侍郎宗室麟素文師，極承推挹。詣安定門新街口嘎嘎胡同，在三不老胡同内。謁坐主户部尚書景儉卿師，不值。兩家皆送贄敬四金，門禮九千。過十刹海，見荷葉漸高，緑樹陰成，爲之神往。答拜數客。詣東華門外燒酒胡同翁叔平師賀節，送節敬二金，不值。出城答拜數十家，晤錢辛伯司業。又詣房師林編修家賀節，送節敬二金，不值。下午歸。弢夫來，不值。陳葉封邀觀劇，不往。以燒鴨一雙、松花卵一簍饋紱丈。作書致禔盦，送去庚午文昌館團拜公分錢一百千。伯寅尚書饋節物，即復謝。作書致弢夫，饋節物。禔盦來。心雲來。夜共敦夫、梅卿小飲。新同年會稽朱承烈來，山陰何汝翰來，秦芝孫來，王同年金彝來，均不晤。寶卿來辭行。付車錢十三千。

邸鈔：詹事府右春坊右贊善于蔭霖轉補左春坊左贊善，翰林院編修劉廷枚升右贊善。

初五日壬申　晴。心雲來，饋銀四兩。剃頭。祀先。雲門來。午偕梅卿治具，同敦夫、雲門、陳子新小飲。霞芬來叩節，予以銀十兩有奇，賞其僕十千。是日付米錢三百千，石炭錢一百二十千，乾果物錢九十千，豐樓酒食錢一百千，寶森書鋪銀四兩，京兆南物銀一兩八錢又錢十千，松竹齋紙錢二十千，福興居酒食錢二十千。賞諸庸僕李升十二千，升兒十千，王媪、楊媪各十千，更夫八千，胡僕、王元八千，馬升四千，車夫二千，鮑僕、李應三十千，陶僕四千，舊僕王升六千，岑順兒八千。岑福來叩，賞以銀四兩。付季士周賃屋銀八兩。得温移花編修書，送引見排單，犒其僕二千。陸一謿來，馬寶田來，楊正甫來，新同年曹榜眼詒孫來，均不晤。

初六日癸酉　晨雨，終日多陰，時有小雨，夜有雹。二更後顧車入城。

邸鈔：詔：翰林院編修李用清、前江蘇徐州道段起，均調赴廣東差委。從張樹聲請也。

初七日甲戌　昧爽有雷，晨大雨，至午後稍止。四更至東華門下車，入景運門，待漏九卿朝房。卯刻進乾清門，引見於養心殿。天顔咫尺，香惹御鑪。二聖垂簾，黄雲夾扆。時方雨甚，水溢玉除，陛衛盛陳，諸貴露立，冠服如濯。同班中有傾跌者。向例東華門止燈，景運門止傘扇，今日引見諸人，有携燈入景運門者，有持傘上乾清門者。至傳宣時，大臣或持傘至養心殿門，而乾清宫御前侍衛皆戴雨帽班立門下。蓋朝儀之寬，爲已極矣。辰刻出東華門上車，巳刻歸。比日上方禱雨，得此甘澤，甚可喜也。付車錢十四千。

初八日乙亥　晨陰，上午後陰晴䨴䨮。同房吴樹棻、黄思永、戴彬元等請房師飲餘慶堂，率資每人三十四千，如數付之，而辭疾不往。雲門來。心雲來。鄧鐵香來。陳葉封來。許仙坪來。比日疲劣之甚，對客小極，讀書多廢。兩日來閲温《禮記注疏》以自警省，而精神散瞀，要亦時過輒忘也。得家中二十八日書，言十八日酉刻報捷人至。

邸鈔：詔：初十日親詣大高殿報謝得雨，並命諸王、貝勒分謝時應諸宮廟。

初九日丙子　晨及上午陰，午後小雨，晡漸密，晡後止，晚晴，甚凉。弢夫來。禔盦約今晚飲福興居。孺老來。作書致雲門，還四月霞芬夢局下賞錢五十三千，以此局得雋者兩人，余與子裳分任也。未刻報至，得旨准以户部郎中原資敘用。訾郎回就，桑榆之景已斜；流品既分，蓬瀛之路遂絶。虚望後車之對，長循選格之名。雖出陳情，實非雅志。羞與少年爲伍，乃與俗吏隨波乎？金榜一題，玉堂永隔，當亦知己所累欷，後人所深喟者也。得雲門書。晡後詣邑館，送陳葉封明日南還，并答拜陸一諤、馮吉雲乃慶、徐慶安、任秋田、朱成烈。又至吴興館答拜王醉香蘭、朱少蓮炳熊，嘉興館答拜朱桂卿，全浙館答拜金毓麟。醉香、桂卿今日皆得庶常，秋田、少蓮得部屬。朱、金皆得知縣。金，諸暨人也。詣仙坪、鐵香談。詣汝翼，不值。答拜黄漱蘭少詹，并賀其郎君紹箕選庶常。晚赴禔盦福興居之招，敦夫、雲門、梅卿、心雲俱已至，偕招霞芬，夜二更後歸。是日還敦夫十金，又京錢八十三千。付車錢八千。

邸鈔：詔：新科進士一甲三名黄思永、曹詒孫、譚鑫振業經授職外，戴彬元、龐鴻書、吕佩芬等八十九人。俱授爲翰林院庶吉士。潘作霖等八十四人。俱分部學習。李威等十二人。俱以内閣中書用。王雋頤等一百十六人。俱交吏部掣籤，分發各省，以知縣即用。户部候補郎中李慈銘、工部候補郎中蔡枚功，均以郎中即用。吏部候補主事王儆、兵部候補主事孫汝梅，均以主事即用。刑部儘先題補主事徐寶謙，仍歸原班補用。内閣中書薛浚，仍以内閣中書用。分部學習員外郎何晉德，俟分部學習報滿作爲候補員外郎後，以該部員外郎即補分發省分，儘先補用。知府鄧嘉純，分發省分補用。同知直隸州知州謝廷澤、知縣俞（此處塗抹），均各以原班用。餘著歸部銓選。浙江得庶吉士十人：黄紹箕、朱福詵、盛秉緯、湯繩和、王蘭、徐琪、褚成博、蔡世佐、袁鵬圖、汪受礽。袁、汪皆覆試三等，殿試三甲，以朝考一等得之。紹興進士五人，補殿試者二人，自余外，任塍、洪勳、何汝翰皆用部屬，朱成烈、金毓麟皆知縣。庚午得進士八人，自余外，王蘭、汪受礽得庶常，王詠霓、朱炳熊、葛詠裳用部屬，方儒棠、何鎔用知縣。知好中，山東王懿榮、江蘇楊崇伊（本名同禮）。得庶常。安徽汪宗沂，邃於『三禮』之學，意甚望部屬，得以著書，竟用知縣。仁和夏庚復，侍郎同善之子，覆試、朝考皆二等，殿試二甲，王子裳等甲與夏同，皆甚望館選而俱用部屬。王傚，山西平定州人。薛浚，陝西長安人，侍郎允升之子。王、薛覆試、朝考皆一等，殿試與余名第相先後，次而俱呈請歸本班，皆得所請。蓋近年凡引見單中注呈明原資者，不論等第，皆從其請。余初未之知也。龐鴻書，常熟人，故尚書鍾璐之子；李經世，合肥人，大學士鴻章之弟子；趙曾重，太湖人，嘉慶丙辰狀元文楷之曾孫，鴻章婦兄之子：皆入翰林。

初十日丁丑　晨及午晴熱，下午大風，驟雨雷，晡後稍霽。蔡俌臣庶常來，不晤。弢夫來。雲門來。得心雲書，言明日準行。兩作書致心雲，并爲書怡邸角花箋三紙，得復。

邸鈔：前任陝甘總督、正白旗漢軍副都統布彦泰卒。詔：布彦泰由嘉慶元年蔭生、藍翎侍衛，歷升喀什噶爾參贊大臣、伊犁將軍、陝甘總督，因案革職，旋補副都統。咸豐間因病開缺，在旗養疴，年屆九旬。茲聞溘逝，悼惜殊深。加恩照都統例賜恤。

十一日戊寅　晨及午晴，晡時雨，傍晚晴。作書致心雲，饋以杏人、乳餅、冬菜芥頭各五斤，得復。肯夫來。心雲來別。得紱丈書，即復。黄漱蘭少詹來。傍晚讀惠氏《易漢學》，略以諸書所引者校之。秦芝孫來，述其父鏡珊之意，賀銀二十四兩。夜月甚佳，始於庭中晚飯。付饋禮物錢二十四千。

邸鈔：涂宗瀛奏特參庸劣不職河南候補知州查以鈞、蔣如淦，候補通判陳學灝，候補知縣王俊行、王榗等。詔分別革職、勒休、降補有差。

十二日己卯　晴陰相間，下午多陰。得弢夫書，即復。補作近日詩五首。雲門來，留共夜飯後去。錢笸仙來，庚午同年貴郎中賢來，新同年吕庶常佩芬來，均不晤。

五月七日引見養心殿是日甘雨如注恭紀

名場卌載號龐眉，身是宣皇老秀才。執戟久陪郎署列，揮豪今見御屏開。驪珠一串承恩舊，是日獨挂數珠。雉扇雙瞻映日回。似説宫中歌得雨，濟時誰繼衛公來。

紗袍一領是庚戌游泮宫時所製服之三十年矣引覲被雨題詩志之

藍紗一領製中單，恰稱青衿弟子員。千縷每循慈綫迹，卅齡還惹御鑪烟。芹香襲久痕猶在，柳汁彈來色不鮮。五十孤兒今釋褐，宫袍欲换倍潸然。

殿試賜出身後乞翰林院陳情還郎中本班五月九日得旨以原資敘用感恩述懷一首

丹陛除書下，郎曹許却回。逮親無薄禄，溷俗便凡才。眉批：此謂溷俗便爲凡才耳。流俗之論，以翰林爲清班，部曹爲俗吏，故此云云。而讀者不察，往往讀爲便安之便，屢以致問。不知便安之便豈能對無字，此由不知對偶虚實之故。白髮心逾短，青云眼倦開。一宦寧自擇，朝論恤衰頽。

敢薄承明選，清華讓少年。主恩容避席，吾意在歸田。魚麥平生夢，桑榆夕照天。任他三島地，百輩躡飛仙。今年得館選者九十二人。

答雲門見贈之作

蓬山路近又風迴，多子新詩鄭重來。幸有文章娱晚景，倍縁時事惜人材。置身自愛循良傳，緘口須防木石灾。指正月間上疏事。我已陳情君改外，暫時相聚且銜杯。

附原作：

桃李如云萬物春，南宫今喜貢儒珍。藝林自昔榮稽古，朝貴同聲賀得人。座主見來惟避席，房書傳出信無倫。少微移近文昌坐，未許江東有逸民。

十年執戟侍瑶京，郎署蕭然亦有情。公望豈緣金榜重，人間真覺玉堂輕。閑官自顧仍無恙，樸學從來肯近名。鸞鶴三霄齊悵望，蓬萊無福著先生。

邸鈔：上諭：御史王炳奏歸班進士分發人員補缺遲滯，請酌量疏通，著吏部議奏。

十三日庚辰　晨及午陰，午後雨，晡後少止，晚又雨。讀《易漢學》。剃頭。得雲門書，即復。以明日夏至，先祀故寓公。夜晴月出，肯夫來談。

近日英、法兩夷酋屢請釋崇厚出獄。總理各國事務諸臣商之北洋、南洋兩大臣，時南洋大臣、兩江總督劉坤一以將履任，請覲在都。皆以爲從其請則結歡於兩國，俄夷换約之事，可因之以求緩頰，於是總理衙門遂上疏請之。前日少詹事寶廷、黄體芳各具疏争。兩宫懿旨，以十四日命醇邸及諸王大臣、大學士、六部、九卿、翰詹科道會議。竊以爲此不難决者也。我討一有罪之臣，不特無與英、法兩夷事，亦無與俄夷事也。我之欲誅崇厚者，固以其顯違訓誡，陰擅國權，不計時事之安危，罔顧國家之成敗，非謂其傾心外附，賣國自利也。即殺百崇厚，何傷於俄人之一毛，何與於諸夷之大局？而狺狺不已，妄相申救，是將使我不得有其政刑。政刑不行，何以爲國？此即出彼兩夷島主之意，亦不外乎劫脅狎侮之兩端。所當明告以理，而拒絶之者也。况或出於酋使之欺詐，或由於崇厚之要結，外以嘗試，而内以挾制。一墮其計，國威喪盡，尚何有於結歡？而冀於虎狼猰㺄間憐弱肉以解紛乎？

邸鈔：詔：本日引見之已革雲貴總督張凱嵩，著以五品京堂候補。裕寬奏特參庸劣不職各員：廣東赤溪同知馮向華，直隸舉人。請以府經歷縣丞降補；陽江同知余祚馨、湖南舉人。博羅縣知縣德克津額、仁化縣知縣陳鴻，山東附監。均請勒令休致；長寧縣知縣藍瑾章，四川進士。請以教職用；封川縣知縣羅德綍江西進士。等，均請革職。從之。

十四日辛巳　巳初三刻十分夏至，五月中。晨日出，旋陰，上午微晴，午後晴。祀曾祖考妣、祖考妣、本生祖考妣、先考妣，肉肴六豆，菜肴六豆，羹一，冰梅糕一大盤，瓠絲餅一大盤，饅頭兩大盤，杏子兩大盤，酒三巡，飯再巡，清茗飲兩巡，晡後畢事，焚楮繦楮錁，收神位圖。雲門來。弢夫來。殷蕚庭來，不晤。夜偕梅卿、敦夫、雲門、弢夫小飲，招霞芬諸郎，三更始散。付饋食等錢四十千，族人王節婦錢十二千，霞芬車飯四千。

邸鈔：詹事府右中允承翰轉補左中允，工部主事鳳鳴甲戌庶常。補右中允。掌江西道御史朱以增升户科給事中。

十五日壬午　晨及午薄晴，多陰，午後晴，晡後雨，有雷，入夜雨稍止。張叔平給諫來，不晤。王廉生庶常來，于庶常式枚來，均不晤。王子裳約今晚飲聚寶，以雨辭之。是夕望，月蝕。四更後大雨如注，徹曉淋浪。

十六日癸未　晨大雨，上午稍止，涼甚。得雲門昨日《氏州第一》新詞。

十七日甲申　晨及午陰，午後晴。黄狀元思永來。汝翼、弢夫柬約二十日飲樂椿園。送房師林編修行卷板價二十四金，編修固讓，作書與之，迺受。雲門來。秦芝孫來辭行。得心雲昨日津門書，言已上輪船。得紱丈書，借日記，即復。作片致朱桂卿，索求《古録禮説》。得汪柳門侍講丁外艱之訃。雲南同年祁知縣徵祥來。

十八日乙酉　晴，午後間陰，晚陰，有風。作書致爽秋，饋以金橘脯一瓶，普洱茶一餅。午至敦夫館中小談。作書致姜仲白、秦芝孫送行。得紱丈書，即復。杭嘉湖道豐觀察豐紳泰來辭行。楊正甫庶常來。夜敦夫邀飲聚寶堂，道濘甚，比至已初更矣。更邀雲門、禔盦、弢夫，惟雲門來。余與敦夫招霞芬諸郎，二更後歸。夜一更後小雨，旋止，月出。比日小極無憀，讀書甚倦。因閱雲門《氐州》詞，忽觸綺語之想，倚聲久輟，聊復爲之。

三部樂 庚辰初夏，春明待榜，舊侶復集，官事多閑。偕禔盦諸君，會浙中五科同年於文昌歌院，合樂選舞，錦簇雲圍，玉漏屢添，玳筵未罷。亦計偕之勝事，期集之美談。儻入摭言，定傳韵賞。賦此紀事，并調禔盦。

京輦餘韶，倩細仗錦裝，更開花國。畫闌深院，難得珍叢都集。約珂里、仙侶霓裳，趁綺尊共醉，鈿板低拍。部頭進點，柘鼓清歌争發。羊車幾催密字，有押衙皂帽，代傳花葉。盡教語留紫燕，隊排銀鶻。恁伊州、一時舞徹。紅燭底、都忘墜月。珠繞翠匝，防擁髻、燈背愁絶。

換巢鸞鳳 調蕖城

客裏歡娛。恁縈情錦瑟，舊恨明珠。雷塘春去盡，霞嶠月來孤。金箏吹换小單于。勸人眼前相依玉壺。銀河淺，問幾日、鵲橋偷渡？ 延佇。燈幾炷。車轉細雷，人帶黄梅雨。鈿扇風輕，練裙香並，消受垂簾低語。争道秦青舊風流，泥人無恙靈和樹。應猜防，屧聲來、鶯燕知處。

十九日丙戌 黎明大雨，至午稍止，午後又密雨，晡後少止，傍晚復雨，入夜廉霁。雨窗凉晦，人事皆絶。偕敦夫、梅卿、陳子新戲擲采選圖。作書致子縝，寫昨詞兩闋及感懷二詩寄之。得爽秋書，贈揚州新刻《河嶽英靈集》一部。即復。

邸鈔：上諭：左宗棠、楊昌濬奏官軍剿辦番匪，擒獲首逆，全境肅清一摺。甘肅階州瓜子溝番匪古旦巴於上年五月間生子，適值地震之時，詭稱伊子爲活佛，煽惑番民，脅令各番族，哨聚爲亂。本年三月間，糾衆攻破西固州同所轄民堡，滋擾地方。經左宗棠等派總兵沈玉遂、道員劉璈等會同剿辦，迭次擊敗，將瓜子溝逆巢攻克，陣斬匪類多名。旋獲首犯古旦巴即勺羊任節等，訊明正法。並將逆子拏獲，地方一律肅清。辦理尚爲妥速。仍著左宗棠、楊昌濬督飭文武，將撫綏善後事宜妥爲經理，以靖邊疆。所有在事出力員弁，准其擇尤保奬。大學士載齡奏假期屆滿，病仍未痊，懇請開缺。詔再賞假兩月，安心調理，毋庸開缺。

二十日丁亥　晨密雨，上午漸霽，午晴，下午復陰。得弢夫、汝翼書，催飲樂椿園。午飯後答拜數客，道濘甚，不可行。晤嚴六谿、徐亞陶。至樂椿園，已逮晡矣。梅卿、桂卿、雲門、鐵香、禔盦俱已早至。敦夫今日其新門生觴之於此，亦已席散而來。酒行殆半，洗勺更飲。日旰歸。紱丈來，竹篔來，俱不值。作書致紱丈，得復。傍晚敦夫邀飲雲龢堂，諸君自鐵香、汝翼外皆集，夜一更酒半先歸。付車錢十一千。

二十一日戊子　終日陰涼。爲弢夫及管惠農、馬蔚林書團扇，即作書致弢夫，得復。某孝廉前日來，告以明早行，且乞去年所求書小楹帖。此人素行，爲鄉里所薄，余向不識之。昔年冬入都，自昵於子縝，因子縝以附於余。余惡其語言鄙陋，而以鄉人故，强客之。然知者無不歎訝，以余門無雜賓，何以有此客也！弢夫、雲門入都，屢勸余絶之。今年梅卿來，言之尤力。其近日所爲益可怪。敦夫最和易，與之習近，亦漸惡而遠之。蓋今之舉孝廉方正者，大率潦倒之庠序，奔競之市井，夤緣小吏，賄賂校官，求而得之，泯然不知廉耻爲何事。少知自好者，皆辭而不就。故余昔年日記，曾因安徽巡撫劾一孝廉方正行同無賴，而備言之，謂此科當亟廢也！吾鄉向來舉此者絶少，蓋人知自顧言行，風氣猶厚。同治恩詔，兩縣卒無應者。比年則以此爲藏納垢污之地。（此處塗抹）即此一事言之，世僞俗敝，日甚一日，可勝論哉！然余卒以周旋者已歲餘，不忍遽絶。今日檢其乞書絹幅十紙，爲書四幅，作書致之。換冷布窗。夜小雨。付冷布及紙筆等錢十二千。

邸鈔：詔：翰林院侍讀學士、前廣東學政吴寶恕照吏部議，降三級調用，不准抵銷。吴寶恕自乙亥任廣東學政，即以不潔聞。丙子學政瓜代時，衆謂其必不留，而竟得再任。去年御史鄧承修列款糾之，下兩廣督撫查辦。至是月十二日，廣東巡撫裕寬始奏至，稱被參考試草率、倍索供應棚規及關節賄賂、勒罰銀兩等款，或無其事，或係傳聞之誤。惟嘉應州民間私建已故地方官祠，興寧縣案首范彬等捐銀修理。吴寶恕既知其父吴斯樹添祀祠内，不行阻止，輒復前往行禮，殊屬不合。詔交部議處。

二十二日己丑　晴。作書致弢夫，乞代寫行卷履歷。雲門來。姜仲白再來辭行。梅卿邀同敦夫、雲門夜飲福興居，偕招霞芬。二更時邀諸君飲霞芬家。作片招竹筤、子裳、弢夫、褆盦，皆不至。雞三鳴始散，歸已天明矣。付霞芬酒局錢四十千，下賞十千，車錢十二千，霞車四千。剃頭。是日聞十四日會議後，内閣主稿，王大臣以下公疏皆同樞府及總理衙門之議。惇邸獨疏請速誅崇厚。其餘異議者，亦有數人。修撰王仁堪等十餘人復合疏争之，張之洞亦有疏，皆掌院爲之轉奏。醇親王具疏言崇厚不可赦，而英、法兩夷之請不可遽絶，請下明詔，暫緩崇厚之死，俟和議之成。於是前日兩宫懿旨，崇厚著暫免斬監候處分，仍行禁錮。如和議不成，即行處决。且詔李鴻章、左宗棠、張樹聲及東三省皆繕備戒嚴。贊善于蔭霖復疏劾李鴻章、沈桂芬、董恂、王文韶四人媚夷誤國，少年喜事者益紛紛矣。正論固不可無，而胸無一籌，徒爲訐直，亦非所宜也。

邸鈔：貝勒載治奏假期已滿，病仍未痊，請開去差使。詔賞假兩月，安心調理，毋庸開去差使。

二十三日庚寅　晴。得子縝四月十七日永州使院書，言試寶慶及永兩郡之士，無通經者，欲以許、鄭之學振興之。其詞甚偉。又寄詩一首，云：『思隨杖履集都門，花外琴書笑語温。卜宅湖塘分柘柳，采風瀟水長蘭蓀。千秋中壘傳經業，一曲霞川數醉痕。見説春城桃李艷，薰風何處不開尊？』得弢夫之弟清夫五月初金陵書，即作書致弢夫。得王芝仙四月二十一日甬上書，又二十六日賀余捷書，并其弟子詒事略及絶命時書疏。余自是月初聞子詒以禱母疾自沉事，不得其詳。今閲事略，言去年秋以父疾禱於城隍神，乞以身代，而父竟卒。今春母復病，復請代。四月五日，雨中遂懷疏自投月湖賀公祠前水中死。先題祠前衆樂亭柱云：『潄六道人歸真處。』又有小字兩行，記其出處年歲月日。子詒名繼穀，吾友杏泉教諭第四子，行六，故號潄六。紹興府學生員，卒時年二十九。其禱神疏及别兄弟兩書，深自引罪。處置後事，言簡意晐，切而益婉。事略又言其昔年及去年之冬，皆感異夢，密疏於神，可謂純孝格於精祇，澹定著於奇行者矣！夫毁不滅性，古哲恒言。至於絶行出人，豈得格以常理？凡遇此等事，而拘執經辭，謂非彝訓者，乃真非人類也！寧波知府宗君源瀚刻其題字於柱，又欲旌其奇孝於朝。衆論㬥疑，恐爲例阻。余謂其禱神之疏，明云：『塵世名利，固非本懷；身後毁譽，在所不計。』是可以知其本心。而表章榮飾，皆非其所安。愛之重之者，固不在此矣。咸豐辛酉，子詒之嫂孫氏以殉夫絶粒死。奇烈萃於一門，觀感並以千古。教諭九京，定爲含笑。而余於王氏父子，戚契至深。子詒才氣，尤過其諸兄。余之詩文，皆能熟誦。未曾識面，已隔泉塗。祝予之痛，何能已哉！得曉湖賀余捷音書，并七律三首。書中言近往攝麗水學官，不久即還，甚望余歸，得以晤語。天涯老友，思之愴然。作書致禔盦，并寫前日詞去。作書問繆小山疾。作書致秦芝孫送行，贈以紫豪筆兩枝，白摺卷十本，花箋兩篋。曾君表來。禔盦來。同年袁庶常鵬圖來，湯庶常繩和來，程主事禄來。新授浙江鹽運使惠君惠年來。

邸鈔：上諭：恭親王之嫡福晉薨逝，派總管内務府大臣師曾前往照料，一切喪儀照親王福晉例，官爲辦理。右春坊右中允周德潤升司經局洗馬。

二十四日辛卯　晨及上午多陰，午後晴，晡後雲合。作書致雲門，以團扇、摺扇各一柄，託其轉乞諸遲菊孝廉畫山水。王益吾祭酒來。吴介堂來。同年李主事作楨來，夏中書銜來，傅縣令爲霖來。得朱桂卿書，贈金誠齋《求古録禮説》一部，吴縣孫同知憙新刻，黄巖王士駿及王子莊、子裳諸君所校。凡《禮説》十五卷、《補遺》一卷、《鄉黨正義》一卷、附《校勘記》三卷。即復謝，犒使二千。誠齋字風薦，其書本二十卷，手寫定者十卷，道光庚戌陸立夫即陳碩甫所藏其子城編輯本十四卷，碩甫又從胡墨莊所録及《詁經精舍文集》中輯成一卷，又胡氏所録《鄉黨正義》一卷，合刻之江寧，其版遭寇旋燬，今孫君更據何氏鈔本及潘尚書所刻補遺一卷，刊成完書。而諸君復能悉心補校，致詳且慎，可謂有功經術矣。夜雨，二更後益密，雷電徹曉。付買裙袖等銀十兩。

二十五日壬辰　晨大雨，加巳日出，陰晴不定，下午復雨，晚虹見。終日閲金氏《禮説》。同年陳主事慶桂來，孫主事汝梅來。朱桂卿來。夜得詩三首。

答曉湖聞余得第寄詩勸歸之作三首

本無仙格注蓬瀛，廿載郎潛寂寂聲。羞以贄文隨後輩，何曾虚譽到公卿。蛾眉已老人猶忌，鷄口能容世亦争。潦倒科名真失笑，不圖知己尚關情。

故園弟妹念奔馳，屢信催歸未有期。三世諸親多在殯，百年過半尚無兒。微官投劾吾何戀，老境侵尋事可知。只惜君衰貧亦甚，青山虚想耦耕時。

霞川舊築已全虚，卜隱重翻《越絶書》。春雨花林宜水際，夕陽霜葉近山初。首丘終在湖塘地，息壤相從壽勝居。曉湖所居，名壽勝步。更約城東老孫綽。謂子九。歲寒圖畫入樵漁。

附原作：本三首，改爲二首。

荆山佳氣鬱連城，聖主從今識馬卿。天以仙才酬樂育，人緣經術重科名。卅年著述無真賞，一代文章有正聲。烟雨湖塘春已晚，挂冠何日遂歸耕。

老屋城西列綺楹，草堂亂後費經營。豈能花萼分樓住，定爲松楸拜表行。日下但高名士價，霞頭誰問舊家聲。出西郊外十里運河，皆名霞川。自霞川以西爲感聖湖。今郭外五里有村，曰霞頭，謂霞川之頭也。其實出郭門之直河，即是霞頭。明代霞頭，沈氏最盛，忠滑公錬自號青霞，兼霞頭之南青田湖以言也。炁伯附注。音書檢點頻翹望，寥落情懷託弟兄。

邸鈔：上諭：李鴻章奏臬司積勞病故，懇請優恤，並將事迹宣付史館，建立專祠一摺。直隸按察使丁壽昌在安徽帶練剿賊後，隨李鴻章剿辦粵、捻各匪，轉戰江蘇、浙江、湖北、河南、山東等省，所向有功。嗣於天津道任内辦理振務，實心實力，遺愛在民。升任臬司，勤慎供職。兹因積勞病故，殊堪憫恤。著照按察使積勞病故例從優賜恤，並將戰功政績宣付國史館立傳，准其於天津府建立專祠，以彰勞勩。以湖北安襄鄖荆道方大湜爲直隸按察使。

二十六日癸巳　晨雨，上午雨中間晴，下午晴陰埃𡋯。閲金氏《禮説》，其中亦多意必之談。雲門來，夜燒一鴨，留與敦夫小飲。是日得詩二首。

出榜後十日張子中同年自揚州馳書來賀以余久困名場謂當如彭南畇王樓村故事也時余已過殿試所對策頗爲時所傳誦都下同人亦多援此相待事後追感作詩寄子中二首

虚期佳話繼姜王，方丈仙人本渺茫。得第漫爲同輩重，上車羞逐少年狂。時文貶格猶難遇，吾道孤行豈可常。自有名山真事業，相期歸老課耕桑。

一官鹽筴滯揚州，手版衙參得自由。郭外烟花連畫舫，月中歌吹滿紅樓。雅書自守張曹學，國計誰居晏佶儔。君精六書五曹之學，以湖州人爲揚州鹽官，故以雅讓曹憲及包幼正爲比。曹，揚人；包，湖人也。多負故鄉荷芰好，道場山映霅溪流。

邸鈔：廣西梧州府徐延旭臨清，庚申。升湖北分巡安襄鄖荆道。

二十七日甲午　晨晴，上午間陰，傍午晴，下午晴，微陰。比日倦甚，屢思卧，讀《管》《吕》《淮南》諸子以自遣。同年金縣令毓麟來，王醉香庶常來，段庶常樹藩來，吴縣令樹德來。是日得詩二首。

吊王子詒秀才繼穀并唁其兄子獻有序

子詒，吾友杏泉第四子。少好學，善文辭，補紹興府學諸生。去年父病，禱於神，乞以身代，父竟卒。今年三月母復病，復以身禱，母少愈，遂賫疏自投寧波郡城月湖中死。實庚辰四月五日也，年二十九。

女貞一樹玉無瑕，子詒長嫂孫，以夫亡絶粒死。又茁陔蘭瑞應花。早有精誠通豁指，子詒皆以先一年之冬感異夢言二親有厄，皆於臘祭日密焚疏乞代。詎同孤憤蹈懷沙。奇才夙號張曾子，故里重題剡孝家。歸向娥江應感慟，救親無及祇投瓜。

潛寫從容絶命辭，孤行壹意不求知。臨命疏云：『晨昏侍奉，尚有諸昆。似續宗祧，已延弱息。塵世名利，固非本懷；身後毁譽，在所不計。得侍嚴親地下，亦有餘歡；惟願老母堂前，從兹無恙。湛湛月湖，寸心可鑒。神聽不遠，哀此愚忱！』九原自想趨庭樂，雨疏猶傷請代遲。竟使阿戎成死孝，須憐法護益難爲。昌黎已愧非人類，惭説文章是本師。子詒於余詩文，皆手鈔成誦。

二十八日乙未　晨及上午陰，傍午晴，午復陰，下午小雨。諸同年約今日才盛館合樂，宴出宰諸君。得弢夫書，從馬禮部暫取闈卷觀之，其中頗多誤字，即作復。雲門來。作書致伯寅尚書。閲《管子》及《鹽鐵論》。

二十九日丙申小盡　終日陰，晡後微見日景。得伯寅尚書書，即復。再得伯寅書，皆言王孝子請旌事，即復。三得尚書書，又復。弢夫來。剃頭。爽秋來，不晤，作書致之。復來，談至晚去。閲《鹽鐵論》。夜小雨。同年李庶常士鉁來，賀主事頎來。付姬人車錢九千。

邸鈔：以太常寺少卿張緒楷爲通政司副使。

六月丁酉朔　寅初二刻三分小暑，六月節。晨密雨，至午稍止，有風，甚涼，傍晚復雨。爲梅卿書册葉五紙，以遺蕭晦。雲門來，留共夜飯，敦夫燒一鴨。夜雨。印結局送來前月公費銀四十四兩。

初二日戊戌　終日陰雨，凉如深秋。龐省三按察來，由江北請覲入都者。禔盦書來。（此處塗抹）爲弢夫書扇，作書致之，得復。爲梅卿書册葉三紙。夜雨。

初三日己亥　晨密雨，至午稍止，下午霒陰。作復曉湖書，并寫近詩八首寄之。同年左庶常紹佐來，盧縣令慶雲來。得弢夫書，爲代寫會試行卷履歷，即復謝。晡後出門答客十一家，晤爽秋、介唐、肯夫及諸暨同年金琴舫，傍晚歸。夜二更又雨。

邸鈔：詔：以雨水過多，謹擇於初六日親詣大高殿祈晴，並命惇親王奕誴等分禱時應宫、昭顯等廟。

初四日庚子　晴熱蒸鬱，下午有驟雨。爲梅卿寫册葉三紙，并贈以五古兩首。王信甫來。得趙桐孫書，并和前所寄七律一首。其書昨日發自天津者，中有云：『身請詣曹，獨讓蓬壺一席；銜稱進士，不陳光範三書。』詣曹，用《漢書·蕭育傳》事，乃對簿之謂，與余事似不類。蓋此舉實無典故可以比例，故不得不借用也。閲金氏《求古録》。晚與敦夫、梅卿諸君小飲，微醉。

贈胡匡伯即送其下第還越二首

結交貴真意，取益先知方。識君始癸亥，聚散亦不常。庚午秋賦時，我久辭名場。二親已不逮，決計爲舍(□)〔藏〕。(□)〔君〕强挽之出，深言傾肺腸。一舉幸同捷，蘭臭彌相臧。我意豈重輕，君情胡可忘。自是試南省，五上公車章。我懶輒欲止，君亟促辦莊。綢繆定栖止，瑣屑籌餱糧。入或代負儋，出則眠連床。期勉勝骨肉，衰老資扶勖。我性褊且急，出語類木强。尤於執友間，劘切若不遑。君乃更畀遜，事我如兄行。金石喻此心，相得覺益彰。希彼古賢迹，用爲吾道光。

今年我登第，遲暮良自悲。君年少余九，又復失意歸。科名君自有，不須陳慰辭。得失何足較，所惜在别離。我留非得已，君歸殊足怡。椿萱尚未老，諸子成長時。大者已采芹，娶婦茁孫枝。其次皆入塾，梨栗相娱嬉。田墅連郡縣，僮指供奔馳。養親富暇日，讀書溢餘資。靈越好山水，春秋尤蔚奇。看花或撰杖，入林争褰衣。載酒遍僧寺，學釣分漁磯。此歸秋風始，猶及荷花期。鏡湖數十里，扁舟相逶迤。轉瞬采菱芡，黄菊開滿籬。遠近楓柏紅，籃轝隨所之。烟霞恣揮霍，興到輒賦詩。此樂胡可量，豈若金門羈。願君養以福，天倫葆所希。以視槐與棘，霄埃非等夷。

初五日辛丑　晴，熱甚。作復王芝仙書，并寄曉湖書封入，託阜康遞去。寫單約同人明晚飲豐樓，并作書致禔盦，作片致子蓴。管惠農約初七日飲。雲門來，留共夜飯後去。得禔盦復、子純復。閲《求古録禮説》。

初六日壬寅　晨及午晴，午後陰，晡後大風雨雷，傍晚晴，虹見。閲《求古録》。剃頭。雲門來，傍晚偕至豐樓。敦夫、竹篔、梅卿、子蓴俱來。夜雨復作，電睒滿空。二更後歸。付車錢十二千，酒保賞八千。

邸鈔：上諭：譚鍾麟奏蠹書朘剥小民，盡法處治，請將辦理糊塗之知縣革職一摺。浙江錢唐縣庫書何秉仁等平日包徵錢漕，勒折浮收，計贓逾萬。此次因清查荒熟，輒敢將缺額田賦攤入熟地，改派科則。雖未徵銀入手，而分給户管，勒令莊首具結，致四鄉百姓入城環訴。現經譚鍾麟提訊明確，將革書何秉仁即行正法，洵足以警奸蠹而安衆心。其餘書吏，分别情節輕重，另行懲辦。以後該縣錢糧，均由花户自封投櫃，不准書辦包征。從前徵收錢漕一切陋弊，悉予裁革，以蘇民困。准調石門縣知縣、署錢唐縣知縣陳國香江西拔貢。於本境荒産並未分晰查明，任聽書辦蒙混改派經征錢糧，書吏肆意侵漁，毫無覺察，昏瞶糊塗至於此極。僅予革職，不足蔽辜，著革職發往軍臺效力贖罪。書吏營私骫法，每令良法美意阻格不行，一縣如此，他縣恐亦難免。著譚鍾麟督飭各府州縣，振刷精神，勤求民隱，仍將境内荒熟分數認真清釐，不得縱容書吏舞弊，苛累小民，用副朝廷實事求是至意。右春坊右庶子洪鈞轉補左春坊左庶子，翰林院侍讀張之洞升右庶子。上諭：御史李振南奏條陳科場積弊亟應整頓一摺，著禮部議奏。另片奏殿試交卷遲逾，宜杜弊端，著禮部一併議奏。所條陳五事，爲早修號舍以嚴封固，嚴挑號軍以杜假冒，慎選謄録以工書寫，增高闈墻以防跨越，籤編進卷以免偏枯。自謄録一條外，皆瑣屑無當之談。近年場規雖極寬弛，未有先藏人於號舍，雜槍替於號軍，亦未有自外逾墻，交通進卷者。蓋不得防弊之道，徒以浮辭塞責耳。至言今年殿試有至二更始交卷者，此亦十餘年來皆然，且有至三更後者。是宜嚴究其弊，當請此後命監試王大臣在殿中收卷如朝考例，隨所交先後爲次分束入箱，不必派翰林官於中左門收卷，則其技自窮矣。

初七日癸卯　昧爽至旦大雨，辰巳間雨復甚，傍午稍止，午後晴。閲《求古録》。得季弟五月廿四日書。同年謝主事文翹來，楊縣令維培來。張叔平給事約初十日宴文昌館。管惠農邀晚飲，作片辭之。洗足。

初八日甲辰　晴熱。作復季弟書，并寫近日紀事詩五首示之。閲《求古録》。付同年孔廣鍾喪偶、陳麟書父憂幛分二千。

初九日乙巳　晨至午晴，午後陰，晡大雨，晡後日出，傍晚復小雨時作。奉新甘御史醴銘以父喪來赴，謝惺齋以其子婦喪來赴，俱送錢四千。作片致張叔平，辭明日之飲。王媪、楊媪之弟自鄉來，饋麵十斤，答以米三十斤。又以錢四千致其父，八十餘老人矣。四月初嘗來都門，甚望余捷音也。是日得詩一首。始食瓜。

書家書後示季弟五十韻

一昨得家書，覽之頞屢蹙。羸瘠念予季，衰替憫邦族。諸妹日貧辛，阿宜長録録。西郭一廛地，漸恐不我穀。惰窳半閑子，屠酤雜嚚俗。我歸尚無期，田宅本難復。感此彌鬱煩，寤寐如轉轂。姑效溺人笑，勉策跛者足。聊以寫夙懷，用爲來者告：我家本面城，有明始考卜。其地尤弗良，兵燹遂蕩覆。顧念先人遺，爲墟實心恧。常願宮以牆，於此置宗塾。半以藝果蔬，半以萃教讀。横河直河間，水香舊書屋。梅谿弦誦地，名氏遞賡續。其前有小池，通港爲屈曲。先當構影堂，環之一泓緑。置樓以藏書，沿池種修竹。南爲天香居，南祖所題目。本生王父居直河，在横河之南，故借用趙郡李氏南祖語。盆中桂絶奇，其趾僅容轂。高出重檐顛，廣布一庭馥。屢顧諸孫言，此樹世所獨。闌檻既幽深，几席絶塵黷。重擬建三楹，補種幾金粟。絳跗閣在東，丹甍亦連屬。大母持梵誦，經簾傍花矗。下植紅辛夷，其香比薝蔔。一磬裊篆烟，微風戛珠玉。仍當還舊觀，懷清媲高躅。先阯既克存，人材庶漸育。然後營城中，以處親五服。東西諸房宅，稍返近所鬻。毋使他姓滋，冀輯兄弟睦。余家西郭外大宅三，第一房與第五房世守之。太高祖母晚年徙居城中，遂分建大宅，上下兩岸凡七宅。而族祖長沙公亦開第上岸。今郭外皆爲焦土，第五房子姓已無幾人。常欲盡買其地，以直河之宅基礎尚全，擬建李氏義塾，課闔族子弟。横河兩宅及南一小宅，悉種蔬果，稍治樓廡，爲宴息之所，以環書塾。而城中下岸七宅，今最西一宅，鬻於新秦子弟徐姓。最東一宅頗華好，徐氏亦割質其半。擬悉返之。以西宅處直河，子姓以東宅之半，命僧慧居之。此願未知何日遂也。此事幸俱遂，始自謀薖軸。湖塘西跨橋，山水極麗矚。園籬取苟完，樓室不厭複。以此爲莬裘，繞舍課黍菽。再於南岸山，大爲首丘築。遠瞻漓渚峰，近眺項里麓。曾祖考妣葬漓渚金釵峰，先考妣葬項里鞍家山，皆去湖塘十里遠近間。闢壤相陰陽，嚮南就高燠。三世合諸親，塋位辨昭穆。一一具碑志，表碣隨所目。夾行樹松楸，間以楓槲樕。環兆待弟妹，先葬仲與叔。余亦結生壙，自比王官谷。前植桂與梅，芳草帶緑縟。其左置丙舍，開門見朝旭。千秋與萬歲，佳城聚骨肉。此願果畢完，死休真大福。

初十日丙午　晨晴，上午陰，午後雨數作，傍晚微見日景，晚雨漸密。爲雲門題《蘿谿老屋圖》撰記一首。作致子縝湖南書。寫敗蕉葉致敦夫、梅卿，約晚間烹鳧小飲。夜雨聲尤密，三更後稍止。

樊雲門庶常蘿谿老屋圖序

蘿谿老屋者，友人樊雲門庶常卜居之地也。雲門舊家岷蜀，世掌勛衛，中以建節，遂居夷陵，蓋至是四世矣。夷陵居荆蜀之交，當江流之曲，其西北，山水峻厲，形勢崎阻。西陵黄牛之峽，狼尾流頭之灘，稱險惡者皆在焉。緑蘿谿在郡治之東，觀其所述，巖澗清麗，景物豐秀，大有江南之意，足最楚北之奇。蓋處羈旅者，語鄉里而倍樂；憶游釣者，覺童丱之彌娛。故其言兒時之上冢，塾暇之出游。闕幘尋花，喜逢寒食；挾書聽鳥，多趁晚凉。指村巷以穿林，候夕陽而入郭。涉橋弄艑，時亂鷗鳧；射雉撈魚，見訶父老。有生之樂，極於斯時；來日之難，何知離别！洎乎鄉書一舉，人事遂多。吊孤影於鴒原，彈客懷於雁瑟。扁舟千里，疲驢獨轅。短褐欺霜，孤燈翦雨。渺渺對床之約，蕭蕭落葉之吟。莊舄益其鄉思，郢人流其哀唱。迨至金門通籍，玉堂假歸，比寧越之省親，陋馬卿之乘傳。一川魚鳥，争待歸船；十里管𥱢，猶趨舊社。然而承明嚴助，偏乏賜金；湖海元龍，依然作客。固亦錦衣之樂少，郵籖之感多。况乎賈誼萬言，已嫌年少；李飛一疏，遂落秘書。出辭蓬瀛之儔，抗顔風塵之吏。宜其眷下潠之薄田，懷臨河之舊序；比功名於上峽，識名字於秭歸。痼癖烟霞，流連圖畫矣！僕也廿年加長，愧乏知聞。十載論交，遂稱師弟。元言共會，遐賞皆同。而家籍稽陰，生富巖壑。曾於甲寅之歲，選勝西偏，由柯山越湖而南，有緑蘿禪院者，據立水之一山，峙戴石之孤脊。薜藶蒙密，竹樹幽深。下帶窄谿，間出村舍。桃李千百，春蒸綺霞；鐘魚兩三，晚出深翠。時抱微疾，樂此净區，遂偕叔弟勉齋，賃榻精廬，借廚香積，居於黄葉山房者，幾兩匝月焉。時則安仁奉母，正愛閑居；彦倫有妻，偏躭寂隱。亦嘗飼桑陰之牸犢，狎漁艇之鸕鷀。賦松子於樵童，時分敲火；乞柳枝於溪女，或誤投梭。方外傳其風流，勝侶相爲歌詠。而悲歡互代，日月不居。思邈未逢，盧生發湛水之想；僧謙遽隕，王微有告靈之文。自是迄今，滄桑百變。馬頭生角，空眄歸風；烏尾畢逋，尚無栖樹。客夢偶返，三宿不迷；山信屢傳，一墩故在。披君此畫，適符昔名。證香火之有因，訝鴻雪之偶合。所願飛鳧近集，即傍家山；種稻公田，足供陔饌。江水有誓，草堂可資。本非楚人，蓋僑越地。茆堂臨水，白頭娱扶杖之親；藥徑穿雲，青鞋作采芝之客。當與子賡蘭上之禊，放剡中之舟。寺有雲門，以印表德；村傳樊浦，樊浦、樊江，俱見放翁詩，今村野甚盛。即系名宗。禹穴藏書，煩禮堂之寫定；何山精舍，授都講以皋比。息壤之盟，其殆庶乎！

邸鈔：詔：烏里雅蘇臺將軍吉和留京當差；以烏里雅蘇臺參贊大臣杜嘎爾爲烏里雅蘇台將軍；以西寧辦事大臣喜昌賞副都統銜，爲烏里雅蘇臺參贊大臣。

十一日丁未　晴熱。閱仇實父《江南春霽圖》長卷。人物細密，景色妍净，頗可愛玩。後有許初題七律一首，黄姬水題七絶一首。同年洪户部勳來，餘姚人，丁丑進士，補殿試。盛庶常炳緯來，鄞人，蓉洲吏部之子。沈刑部曾植來，嘉興人，故工部侍郎、左都御史維鐈之孫，字子培。晤談。雲門來，談竟日，晚遂止宿。夜初更大雨雷電，頃許止，星見。付本司吏告起俸日期車錢三千，庚辰長班送同年名號譜等三千二百。

邸鈔：詔：太僕寺卿宗室福錕賞給副都統銜，爲西寧辦事大臣。以吉和署理正紅旗滿洲都統。

十二日戊申　晴，蒸溽彌甚。得殷萼庭片，以其妾病請醫。得肯夫書，約午飯。寫同年齒録履歷。午詣肯夫，與歙縣同年汪仲伊同席。汪君談律吕及醫學，頗有名理。晡後歸。始食西瓜。作書致萼庭，以汪仲伊言，凡孕者嘔瀉，取甘蔗汁和北沙參湯飲之立愈，即舉此告之也。得復，言今日已産一女矣，則此方不宜用。雲門來談，留共夜飯。惠運使惠年來辭行。同年顧庶常蓮來。有帖賈以孫過庭《書譜》及陳六謙《釋文》各一本來售，索值二十八金。付車錢八千。

十三日己酉　晴，上午後鬱熱之甚，微陰相間。始絺。弢夫來。閲常熟王東溆應奎《柳南隨筆》，乾隆間諸生也。短記瑣聞，兼及詩文，亦小有考證。凡《隨筆》六卷，《續筆》四卷。剃頭。雲門來。付李升工食錢十千，族人王節婦錢六千，西瓜錢六千。

邸鈔：漕運總督文彬卒。文彬，字質甫，滿洲人，壬子進士。詔：文彬老成練達，才識優長。由部員洊升漕督，於治河輓漕、籌防辦振諸事宣力有年，正資倚畀。遽聞溘逝，軫惜殊深。著加恩追贈太子少保銜，照漕運總督例賜恤。靈柩回籍時，沿途地方官司妥爲照料。伊長子延煜，俟百日孝滿後，由該旗帶領引見。　以四川按察使、前貴州巡撫黎培敬爲漕運總督，未到任以前，以江蘇布政使譚鈞培署理。

十四日庚戌　初伏。晴，午後微陰。以瓜及西瓜薦先。同年毛庶常澂來，字樨澥，四川人。姜庶常自駒來，字仲良，廣東人。俱晤談。作片致蓴庭，饋蓐房食物四事，得復。夜月頗佳。付賃屋銀六兩。

邸鈔：以湖南衡永郴桂道游百川爲四川按察使。

十五日辛亥　晴，微陰，下午多陰。雲門來。余久不謁客，須答拜者至三百餘家。今日天氣微陰，道濘稍平治，因與雲門、敦夫約晚出小飲。先擬答客十餘家，午倦不慘，遂亦中止。作復鍾慎齋書，復孫子九書，致三弟、五弟書，復族弟品芳、穎堂書。同年連庶常培基來。夜初更陰，有風甚快，旋月出，二更復陰，有零雨，三更後晴，月皎甚。

邸鈔：江南江寧府知府蔣啓勛升湖南衡永郴桂分巡道。湖北天門人，庚申進士。

十六日壬子　戌正三刻十四分大暑，六月中。晨晴，至午後陰，有急雨，晡後復晴。作書致内子，并發家書及致子九、慎齋書。同年謝主事啓華來，馮主事錫仁來，程知縣仁均來。夜聞史寶卿之訃，驚悼之甚。寶卿於五月四日來辭行，而余不知。旋聞其初七日出都。今日敦夫家書至，傳其凶耗，迺是月初六日所發，蓋計程廑得到家耳。寶卿沉潛好學，踽踽如畏。待朋友尤摯。與余同舉庚午鄉試，而以年輩之後，事余如師。前居京師問三四日，輒至殷殷叩學。余見時輩中謙退篤謹無逾之者。年僅三十五六，家甚貧，平生一介不取，又未有子，而中道淪委，深歎天道之難言也！庚午山會同舉者八人，已喪其二，悲哉！寶卿名慈濟，山陰酒務橋人，雲貴總督、左都御史漁村先生之從曾孫。得雲門書，送來《書譜》一部。

邸鈔：刑部郎中魁元授江蘇江寧府遺缺知府。

十七日癸丑　晴，晡後陰，大風，晚雨，夜初更密雨，有雷電，旋止，二更晴，月甚佳。得禔盦書，約夜飲，即復。作書致伯寅尚書，得復。作片致朱桂卿，爲殷蓴庭請診。同年郭庶常賡平來，董知縣敬安來，吕知縣元恩來。吕、董皆出敦夫房。晚詣天興居，赴禔盦之招，即如松館故址也。坐爲梅卿、敦夫、弢夫、雲門、桂卿。招霞芬，付以三月末夢局酒饌銀三十兩。二更後歸。付散藥等錢二十千，車錢五千。

十八日甲寅　晴，下午間陰。身熱不快，咳嗽，不食，多卧。趙心泉來。年餘不相見，須長及腹，皓如霜雪。言去秋又舉一子。年七十二矣！作片致蓴庭，得復。作書致雲門。作書致肯夫，得復。雲門來。同鄉曹知縣鑅來。同司王主事式曾來。同年薩庶常薩廉來，吴知縣兆基來，查主事毓琛來，王子裳來，葛主事詠裳來。

十九日乙卯　晴。以刻行卷而二三場無草，託人從禮部借朱卷，命升兒録出之。今日取校訖，以付梓人。得弢夫書（此處塗抹）。馬蔚林約廿二日飲。得爽秋書，并山谷生日詩，即復。作書致弢夫，得復。以朱卷還禮部。得肯夫書，招晚飲，即復辭。雲門來。余擬與敦夫諸君具呈都察院，爲王子詒請旌，屬雲門撰稟牘一通。徐户部承煜來。同年崔主事汝立來，查知縣蔭元來。

閱岳倦翁《桯史》。其『克敵弓』一條，謂本於种詵所上鳳皇弓，非即太祖之神臂弓，以《容齋三筆》爲誤。然洪氏親試詞科，用之入賦而得雋，所紀當得其實。倦翁或别存一説耳。

身熱，仍嘰。

邸鈔：吏部尚書萬青藜奏病痊銷假，請開去兼管順天府府尹差使。詔：萬青藜著開去兼管順天府府尹。浙江巡撫譚鍾麟奏天台縣民許治邦曾膺封職，生於乾隆三十五年，今年一百十一歲。去年八月長曾孫尊周孿生二子，次曾孫尊賢亦舉一子，五世同堂。先是同治十一年治邦百有三歲，前撫臣楊昌濬照例請旌。禮部議給坊銀，並『昇平人瑞』字樣。同治十二年五月十四日奉旨加恩賞給上用緞一匹，銀十兩，餘依議。今懇天恩從優旌表，以昭盛事。詔禮部議奏。

二十日丙辰　晨晴，加巳陰，傍午密雨，午後復雨，未後日復出，晡後陰。㪍夫來。禔盦來。雲門來。

邸鈔：命左都御史童華兼管順天府府尹事務。詔：户部尚書董恂毋庸在總理各國事務衙門行走。編修陳振瀛授江西撫州府知府。

二十一日丁巳　晴陰相間。病甚，發熱，咳嗽尤劇。作書致桂卿請診。龐省三按察饋銀八兩。桂卿來診。

王阮亭《香祖筆記》成於康熙癸未、甲申兩年官刑部尚書時。所記自論詩外，可觀者鮮。惟論陳子昂爲唐室罪人一條，最爲有識。其淺謬者，不特《四庫提要》所駁强解特健藥名義一條也。如謂方勺引劉中壘謂泥中、中露衛二邑名，此説甚新，不知毛、鄭説皆如此。謂馬永卿云李西臺書小詞『羅敷』作『羅紂』，後讀《漢書》昌邑王賀妻嚴羅紂，紂音敷。『羅敷』作『羅紂』，必有據依。不知《漢書·武五子傳》本作嚴羅紨，顔注：紨，音敷。並不作紂。李建中誤書作紂，馬永卿又誤記之耳。謂唐時郎官直宿，有『侍女新添五夜香』之句，侍女當是何色人。不知此乃東漢之制，唐時郎官與漢異，無有此事，詩家用漢事耳。謂段成式《諸皋記》天翁張堅竊據劉翁位一條，類於病狂。不知此乃南北諸朝時之寓言，爲曹、馬以來篡竊者發之。柯古此記，多用舊文耳。謂《詩話類編》載高適官兩浙觀察使，過清風嶺，題詩『前山月落一江水』句，駱賓王改『一』字爲『半』字，辨其詩語時代之非。不知唐豈有兩浙觀察使之官，即五字已可知其妄，不待更辯。而其最謬者，莫如唐修《隋書》不爲文中子立傳一條，謂仇俊卿《通史它石論》謂王凝次子劇劾貶侯君集，君集與長孫無忌善，因而惡及其祖。修史者畏無忌，不敢爲通立傳。此本於《文中子·關朗篇》，言通弟凝嘗爲御史，劾侯君集，而誤爲劇事。又謂通子凝，凝子福畤。真癡人説夢！通子福畤，福畤子劇，安得謂凝子？福畤於高宗咸亨三年壬申許敬宗死時方爲太常博士，駁敬宗之謚，而侯君集於太宗貞觀十七年癸卯已以謀反誅，乃其子劇先已劾貶侯君集，其荒謬不足辯。仇俊卿亦不知何人，《通史它石論》亦不知何書。觀其立名，可笑已甚。而阮亭以爲快論，可破千古之疑，是并新、舊《唐書》俱未寓目矣。

夜服紫菀、橘紅、栀皮、杏仁、石斛、鬱金、茯苓、通草湯。桂卿言余是胃欬氣火上逆，心脉甚虚，近有感冒，先治肺氣，以通上痹也。

二十二日戊午　昧爽密雨，至加巳有震雷，加午雨稍止，下午微晴，甚凉。仍患嗽，身熱少止，憊甚，服昨方。馬蔚林邀飲聚寶堂，辭之。桂卿約後明日飲聚寶，亦辭之。梅卿及陳子新約明日夜飲。雲門來。得禔盦書，以所繪戒壇小景團扇一柄爲贈，且題詩其上。以比年屢約爲西山之游，迄今不果，而禔盦已改官，將出都，故以寄情也。笠屐之侶漸散，烟霞之願尚虚，誦之慨然。作書復謝。夜嗽彌劇，罕寐。

邸鈔：以翰林院侍講學士朱逌然轉補侍讀學士，以左春坊左庶子洪鈞爲侍講學士。

二十三日己未　晨微有日景，終日霒陰，晡後小雨，即止。兩得紱丈書，即復。作片致桂卿，以明日景秋坪師生日，託其附致祝敬二金。夜偕胡、陳兩君及竹筼、汝翼、禔盦、敦夫、雲門小飲，招霞芬。初更密雨，二更晴，客亦散。仍服桂卿方。同年柳庶常芳來，沈庶常士鏻來，周知縣國琛來。付龍云齋刻同年齒録銀三兩，霞車四千，廚人賞四千。是日加巳地微震，夜雨螽。

二十四日庚申　中伏。晨晴，加巳陰，有微雨，下午晴。

《香祖筆記》有四事，爲寫出之，以證今日，亦『觚不觚』之類也。

阮亭云：京官舊例，各衙門稱謂有一定儀注。如翰詹稱老先生，吏部稱選君、印君，員外以下稱長官，科稱掌科，道稱道長是也。自康熙丙子後，各部司及中行評博無不稱老先生矣。按：今則翰林十三科以前之前輩稱後輩爲老先生，七科以前則稱後輩爲館丈，皆施之文字而不怪，所謂名不正而言不順者，無過於此，其餘則絶無此稱。各部掌印者，皆稱印君，然不以相呼及入文字。長官則從未聞也。

阮亭云：翰林故事，坊局已上，乃得用紅柬爲刺。編檢、庶常刺止用白，雖元旦賀壽等吉禮亦不用紅。不喻其義。案：今則編檢初轉坊局者，先須遍拜前輩，用一紅一白帖，謂之拜斷白帖，此後不用白刺。修撰以下，則皆用白。然惟相施於前輩，如非翰林則不用。於庶常之散館者，則初見用一紅一白，雖謁坐師、房師，亦止用白刺，曰某頓首拜，謂之拜斷稟帖。其坐師、房師之不由翰林者，則仍用紅帖，單書姓名近科，恐或致相形之絀。於坐師不問翰林與否，概用白刺，而爲師者亦靦然受之，其可笑已甚。余今年決計不入庶常，亦深惡此等事也。

阮亭云：宋故事，進士唱名，宰執從官侍立左右。有子弟與選者，唱名之後，必降階謝。康熙庚辰科選庶吉士，大學士王文靖公之孫，桐城張公敦復、禮部尚書韓公慕廬之子皆中式。及唱名，皆自陳奏，皆得邀恩入翰林，然不降階謝也。案：今則凡三品以上大員子弟，朝考後引見，例得碰頭。近年復停止，而軍機處别進牌子矣。

阮亭云：詹事府左右春坊、司經局皆東宫從官，雖居同署，而各有印信，不相統攝。今文移章奏，往往稱詹事府春坊者，謬也。亦如十三道御史，例不冠以都察院，今或稱都察院監察御史者，謬也。案：今則庶子、中允，由吏部開單請簡，而内閣票籤處擬旨進者，必曰詹事府左春坊左庶子、詹事府右春坊右庶子、詹事府左春坊左中允、詹事府右春坊右中允，尚存左右春坊之名。至贊善，例由吏部帶領引見，則旨中止曰詹事府左右贊善，并去春坊之名。滿缺庶子、中允，亦多由吏部擬定正陪帶領引見，旨中亦並無春坊字矣。惟洗馬，則旨中止曰司經局洗馬，不冠以詹事府也。定例，庶子得具摺謝恩，與翰林侍讀、侍講學士同。蓋始儕於京堂，亦不入京察保舉道府之列，而自洗馬以下，則京察由詹事舉劾。至大考引見，則少詹事以下皆由詹事帶領，是不得謂非統攝矣。

《柳南隨筆》中亦有一事及稱謂沿革，并寫出之。王東序云：明時搢紳，惟九卿稱老爺，詞林稱老爺，外任司道以上稱老爺，餘止稱爺，鄉稱老爹而已。今則内而九卿，外而司道以上，俱稱大老爺矣。自知府至知縣，俱稱太老爺矣。又舉人、貢生，俱稱相公，即國初猶然。今則並稱大爺矣。按：東序之言，爲乾隆二十年以前言之也。今則京官自五六品翰詹以上，外官自道以上，皆稱大人。自通判以上，皆稱大老爺。知縣稱太爺。咸豐以前已皆如此。近年知縣皆稱大老爺；雖微末如典史，亦稱老爺，或至稱太爺矣。舉人、貢生皆稱老爺。近則生員稱相公，或致怒矣。惟京官則郎中以下皆止稱老爺。修撰、編檢稱老爺，一得學差則稱大人，雖任滿歸而不改。近或得試差歸者亦稱之矣。給事、御史稱都老爺，大學士稱中堂，各省將軍稱將軍，有爵者公、侯、伯稱公爺、侯爺、伯爺，子、男稱爵爺，俱不敢止稱大人矣。京官無大老爺、太爺之稱者，以權任不屬，故諂媚不至也。都下以稱爺爲重，南中以稱爺爲輕。老爺之名，實起南宋，而《元史》始見之。爺者，父也。官稱大人始於《後漢書·烏桓傳》，其國有勇健能理決鬥訟者，推爲大人。而魏晉時匈奴遂有南北部大人之稱。中國則自漢至唐，皆以大人稱其父，亦或以稱其母，稱其翁姑。蓋至今而上下無不以父相事也。部屬稱長官曰大人，長官稱部屬曰老爺，是彼此以父相呼也。名不正則言不順，而京師至優伶亦稱相公，尤爲怪異矣。

邸鈔：詔：曾國荃來京陛見。山西布政使葆亨護理巡撫。鑲黄旗蒙古副都統景緒病故。以内閣學士耀年兼補鑲黄旗蒙古副都統。

二十五日辛酉　晴，微陰，頗佳。得仙居王月坡是月朔日書，并寄野朮四兩，《水道提綱》一部，番銀四圓。剃頭。下午詣敦夫齋中，即同至台州館訪子裳、弢夫、蔚林諸君。傍晚偕詣辛梅小坐。夜至聚寶堂，敦夫爲主人。余咳嗽憊甚，酒未半而歸。同年柏庶常錦林來，范庶常德鎔來，汪庶常受礽來，鄭貢士昌運來。子裳約二十七日飲聚寶堂，并乞題芙蓉秋水團扇。

邸鈔：掌河南道御史田翰墀選廣西梧州府知府。

二十六日壬戌　晴，上午間陰。寫單約諸同人飲，爲梅卿餞行。作片致張叔平。得雲門書，言昨游北花泡子，泛舟看荷花，甚有佳致，即復。肯夫饋湘中器物七事，受碑墨、詩箋、茶葉、竹筯四事，及所刻校士之牘名《湘英文扼》者一部，還其龍須草席、緑石研、楠木帽架三事，作書復謝，犒使六千。校闈藝四首，付手民。作書致弢夫，并辭子裳明日之招。雲門來。同年劉庶常名譽來，胡庶常連來，石庶常鳴韶來，宋主事秉謙來，盧知縣煦春來。是日爲皇上萬壽節，本在二十八日，以孟秋時享齋期，故定制今日受賀。上今年十歲矣。

二十七日癸亥　晨陰，上午後晴，酷暑，今夏第一日也。早起，坐庭中閲《水經注》及《説文·水部》注。肯夫再送席、硯及帽架來，即作小啓復謝，犒使二千。子裳催飲，作片辭之。敦夫饋龍井茶四瓶。得王子獻十五日甬上書。同年宋主事蔭培來，連中書文冲來，褚庶常成博來，周篔叔來。夜始換涼席。閱《隋書》藝術、東夷、西戎、北狄諸傳。付廣誼園中元楮鏹錢三千。

二十八日甲子　晴，酷暑不可當。作復陳書卿及其子皸堂書，託敦夫附寄歷下。兩作小札與敦夫，皆商王子詒請旌事。弢夫來。蕚庭饋西瓜六枚。閱《魏書》氐羌及西域諸國傳。竹篔來，張叔平來，雲門來，汝翼、弢夫來，禔盦來。夜置酒邀諸君及敦夫飲，并爲梅卿及陳子新餞行，招霞芬諸郎。是夕酷熱，初更忽雨，有風，少解蒸鬱。三更始散。得紱丈書，即復。付庖人賞錢十二千，點心錢四千，客車飯六千，霞車飯四千。

二十九日乙丑　晨晴，上午陰晴相間，午陰，旋大雨，有雷，下午日出，復陰，小雨時作，晚晴，有霞。作片致張叔平，得復。雲門書來，送閱昨賦兩詞。得朱桂卿書，送來張梅巖所寄五月廿二日杭州書。晚至聚寶堂，赴敦夫之招，夜一更後先歸。是日涼，夜可被薄綿。咳嗽甚苦，今昨尤劇。印結局送來是月公費銀三十三兩五錢。付車錢五千，霞芬車二千。

邸鈔：工部郎中林鳳官山東，拔貢。授山西平陽府知府。

三十日丙寅　晴，酷熱。咳嗽劇甚，不可支。陳玉泉催午飲，作片辭。作書致弢夫，催寫文字，得復。梅卿饋紈扇兩柄，其一繪朱松銀石，頗佳，作書復謝。料檢寄家錢物，作書致內子，附銀二十四兩，甌錦被裁連裹一事，澤衣四事，涂金簪一，紅緑布十丈，芥頭一瓿，冬菜一瓿。作書致三妹，附藕色湖縐繡花裙一事，金繡袖一雙，金繡踦襱一雙，紅緑鞋裁六尺，絨花二對，芥頭冬菜一瓿。又寄大妹金繡袖一雙，日本手巾兩方，絨花二對，芥頭冬菜一瓿。又寄二妹銀翠首飾三事，紅緑鞋裁四尺，絨花二對，芥頭冬菜一瓿。作書致季弟，附堆花佩飾五事，白銅方墨合一枚，有銘刻。又寄琳姑玉翠結枝花一對。寄潁唐弟婦金繡抹額一事，繡花手帕一方，絨花兩對。寄二弟之婦番銀四圓。寄僧慧之婦内賞紅藍表裏紬一副，絨花兩對。寄鳳妹絨花兩對。寄王氏甥婿杜秀才白銅墨合兩枚，有銘刻。又張姬寄其母番銀十圓，芥頭冬菜一瓿，又附藥物數事。俱手自封題，屏營逾晷。付賣花嫗裙銀四兩，又一腰六兩七錢，付輓袖銀二兩四錢，又一雙連跨襬銀三兩八錢，付佩件銀二兩二錢。

秋七月丁卯朔　晴。得張叔平書，即復。作書致伯寅尚書，爲同鄉乞所刻《小謨觴館集》《越三子集》，得復。作書致梅卿，饋食物，以寄家錢物兩篋託其附去。得弢夫書，即復。校闈中首藝及兩策，付手民。付王元賞錢十八千，馬升賞錢四千。

初二日戊辰　未初一刻四分立秋，七月節。晴。自前夕嗽疾小止，昨覺精神少佳，以作字過多，晚復疲劇，夜咳復甚。今日又不能支，畏凉多卧，忽忽若病。張叔平約初五日夜飲。雲門來，邀夜飲，辭之。剃頭。同年趙庶常曾重來，梁庶常鼎芬來，洪户部勛來，王主事器成來。庚午同年龐編修鴻文來。夜合校《漢》《魏書》西域傳。

初三日己巳　晨及午後晴，晡後陰。早起，送梅卿及陳子新南歸。雲門來，談竟日，至夜去。張叔平來。温棣花來。夜初更小雨，即止。朱桂卿約初六日飲聚寶堂，同司主事崔汝立等約明日飲福壽堂，不往。

邸鈔：通政司參議胡家玉以病奏請開缺。許之。編修龍湛霖升右春坊右中允。

初四日庚午　晴，酷暑。末伏。作書致張叔平，辭明日之飲。閱《舊唐書》回紇、吐蕃、南蠻、西南鑾等傳。

初五日辛未　晴，酷暑，午前少減。閲《癸巳類稿》。得紱丈書，即復。晡後始浴。

初六日壬申　晨陰，旋晴。得弢夫書，即復。託馬蔚林從禮部領得旗扁銀四兩，本二十四兩也，官吏折扣，僅此數矣！點閲《魏書》。雲門來。朱桂卿邀夜飲聚寶堂，辭之。同年王兵部邦鼎來，徐亞陶來，夜袁爽秋來，俱不晤。

邸鈔：掌陝西道御史戈靖升吏科給事中。

初七日癸酉　晨陰，上午雨，傍午微晴，終日陰。先君子生日，供饋特髡、鷄、魚等六豆，菜肴六豆，饅頭兩盤，冰雪糕一盤，西瓜一，時果四，新蓮子湯一巡，酒三巡，飯兩巡，清茗一巡，晡後畢事。鄧獻之來，言將歸楚中。作書致紱丈，饋食物。方勉夫來。

邸鈔：上諭：前有旨將崇厚暫免斬監候罪名，仍行監禁。諭令曾紀澤將應議條約妥慎辦理。兹據總理各國事務衙門接到曾紀澤電報，現在商辦一切，懇爲代奏施恩等語。崇厚著加恩即行開釋。該衙門知道。比聞俄夷兵船已由香港至長琦，舉朝失色，兩宫尤甚。遂有此詔。痛哉！

初八日甲戌　晴，風，驟凉。午詣敦夫齋頭小坐。作書致潘孺老。作書致爽秋，致雲門。爽秋來。雲門來。晚偕敦夫、雲門步至聚寶堂，邀竹篔共飲，敦夫爲主人，招霞芬，夜一更後歸。車中失去衣一包，共三領，止一晌耳。以此手擊俄夷，皆黑雲都、飛鶻隊也。新選嵊縣令潘庶常彬來。汪仲伊來。徐慤立來。寶森書坊來告其主肆李雨亭於昨日死。此人知書籍原流精惡，爲琉璃廠中第一，尤喜與士夫交，亦近日之陶五柳、朱文游也。余與之交有年，爲歎惜久之。自昨日釋崇厚之旨下，舉朝相慶，以爲從此可以無事。下至宂散士夫，亦欣欣相告，如獲更生。人心如此，尚何言哉！

初九日乙亥　晴，頗凉爽，有秋意。作書致伯寅尚書，爲昨已以王孝子繼穀事，偕敦夫、吳介唐諸君呈請都察院轉奏也，得復。再得鄭盦書，即復。作片致敦夫，以京錢十千、楮鏹一挂，致李雨亭之子成斂。午後出門答客五十餘家，晤余石生、沈子培、姚伯庸、謝星齋、周介夫、方勉夫、楊定旉，晚歸。是日聞侍講陳寶琛、編修廖壽豐、庶子張之洞各遞封奏，不知何所言也。又聞初三日少詹寶廷奏請急召左宗棠入參樞密，初六日已有詔趣之。廷議以曾國荃率總兵郭寶昌、記名提督劉某等駐山海關，命鮑超募萬人防東三省，亦未知其審也。得紱丈書。三得鄭盦書，并《越三子集》五册。作片致鄧鐵香。復紱丈、鄭盦書。孺老來，不值。付車錢十四千。

初十日丙子　晴，復熱甚。作書致雲門。剃頭。雲門來。晙夫來，偕共早飯。孺老來。鐵香來。作片致蓴庭，饋以蒸豚、雙鷄、頻婆果、饅頭。傍晚答拜數客。晚詣禔盦，賀其今日以江蘇同知驗放。即同至聚寶堂，偕敦夫、雲門共飲，晙夫爲主人，同招霞芬，夜一更後邀諸君飲霞芬家，四更後歸。肯夫來，不值。付霞芬酒局四十千，僕賞十千，車錢七千，霞車四千，客車三千。

十一日丁丑　晴，微陰，甚熱。肯夫來，久談。閱《聖武記》。汪仲伊來，又爲僕輩辭去，甚以欿然。鐵香來夜談，雲門亦來，至三更始散。

邸鈔：詔：雲南普洱鎮總兵左啓龍、永昌府知府周慶榕、臨安府知府許廷桂，均開缺送部引見。以武定直隸州知州劉毓珂升授臨安府知府。

十二日戊寅　晨陰，旋晴，午微陰，下午小雨，晡後有風，甚凉。是日慈安皇太后萬壽節。得子縝五月二十日衡陽舟中書，寄惠銀五十兩。楊定旉來，不晤。姬人輩赴蓴庭家湯餅筵。許仙坪來，久談。夜雨，有雷電。付車錢十千。

十三日己卯　晴，下午微陰，有雷，旋晴，微風，甚凉。得紱丈書，即復。閲《聖武記》。爲兩姬書團扇。紱丈饋醬鴨、餑餑，作書復謝。作書致禔龕，以鴨、餅轉饋之，得復。於禔龕所繪西山兩寺團扇上書絶句三首，即作書致雲門索和。作書致王可莊，乞書團扇。得史寶卿訃，以六月二日卒，年三十九，有二子：周美、尹美。姚伯庸來，不見。同年鄒知縣用中來。夜凉，月甚佳。

十四日庚辰　晴，陰，鬱暑。弢夫來，乞爲其大母林太淑人撰八十壽序。上午出門答客數家，晤繆小山、毛稺澥。午後詣龍源樓陸薌泉之招。下午偕敦夫、雲門至中和園觀劇。傍晚答拜數客。詣鄧獻之，不值。晤陳雲舫，晚歸。以明日中元節，祀故寓公。鐵香來，獻之來，俱不值。偕敦夫、雲門共飯，夜談。一更後月復佳。付車錢十千。

邸鈔：上諭：前因時事艱難，迭經諭令軍機大臣隨時匡弼，力戒因循。乃近來該大臣等辦事遲延，實難辭咎，著交各該衙門議處。

十五日辛巳　晨及午陰，午後微晴，旋陰。先君子忌日。以中元節，懸三代神位圖，供素饌十器，以肉肴四豆設先君子前，又南瓜餅一盤，西瓜兩盤，饅頭一盤，杏酪一巡，酒三巡，飯兩巡，清茗一巡。得紱丈書，即復。傍晚時有零雨，夜陰，五更時雨。是夕望。付果肴等錢二十千，楮鏹錢十千。

十六日壬午　晴，微陰。楊正甫來。汪仲伊來。朱桂卿來。弢夫來。得張叔平書，饋阿膠、菊紅，即復謝。付更夫孫福工食錢七千。

邸鈔：以通政司副使懷塔布爲太僕寺卿。以内閣侍讀學士胡聘之爲太常寺少卿。聘之旋丁父憂。

詔：貴州安順府知府汪炳璈開缺，送部引見。刑部郎中劉正品授安順府知府。上諭：御史文鐍奏内閣會議事件，請飭妥定章程，著該衙門議奏。

十七日癸未　晨晴，上午後多陰。閱《舊唐書》突厥諸傳。多卧，不快。弢夫來。獻之來。寫第五策，付手民。夜咳嗽復劇。

十八日甲申　寅初三刻六分處暑，七月中。晴，熱甚。作書致鄧獻之，約後日飲豐樓，并邀陳雲舫。寫單約敦夫、弢夫、雲門、桂卿飲豐樓。作復張子中揚州書。作書致王醉香，詢行期，并史寶卿致賻事。得雲門書。得醉香書。作書致秦鏡珊甘泉縣署，并以寄張子中書屬轉遞。得獻之書。雲門來。錢笣仙來，不晤。謝惺齋邀飲宴賓齋，辭之。作片致王醉香、朱少蓮，約後日飲豐樓。夜月甚佳，而比日小極，對客倦甚，殊少清趣。付李升豫支兩月工食錢二十千。

十九日乙酉　晨及午後晴，晡陰晦，大風，旋雨，有震雷，傍晚晴。感凉又病，自撰方藥服之。王醉香來。剃頭。陳雲舫來，不晤。得朱少蓮書，辭飲。是日甚鬱熱，雨後晚凉，光景可念。

二十日丙戌　晴，甚熱。病熱不憀，閱《聖武記》，困甐多卧，仍服昨藥。得紱丈書，即復。得桂卿書，并丸藥三方。傍晚詣豐樓，敦夫、雲門、弢夫、獻之、雲舫、醉香、桂卿先後至，招霞芬。夜二更散，敦夫邀同桂卿、雲門飲霞芬家。果脆酒濃，藏鉤送玉，歡情偶洽，宿疾如蠲。五更散歸，殘月彌綺。付車錢十千，酒保賞五千。

邸鈔：大學士載齡奏假滿未痊，懇請開缺。詔再賞假兩月，安心調理，毋庸開缺。

二十一日丁亥　晴。嗽劇病甚，閱雜書自遣。夜得雲門書，并題禔盦所繪西山團扇三絶句，即復。

邸鈔：詹事府右春坊右贊善劉廷枚轉左春坊左贊善，編修尹蕭怡升右贊善。署福建臺灣道、臺灣府知府張夢元實授臺灣道。

二十二日戊子　晴，晡後微陰。嗽日夜益劇，病甚。閲畢氏《續通鑑·元紀》。得雲門書，以近年詩一册送閲。獻之來，以近詩屬閲。作書問禔盦疾。夜嗽甚，數起小食。

二十三日己丑　晴陰相間，頗鬱熱。得禔盦書。作書致肯夫，得復。計明日爲仲弟五十生日矣，死生隔絶，老病獨存。庚午余壽其四十詩末章，以時客杭州，不得持一觴相樂，冀百年尚緩，十稔爲期。庶東西各半之時，具兄弟一筵之饌。故結句有云：『茀堂一尊酒，償兹離闊情。』豈謂此事遂不可得，觴豆之歡，藐然夢寐。因命家人治具，以寄永歎。作書致孺初，致爽秋，約明晚會食。作片致陳玉泉，約明夕小飲。得孺老復。玉泉來，俱以事辭飲也。雲門來，傍晚邀同敦夫、禔盦至聚寶堂小飲，招霞芬，夜二更歸。付車錢五千，霞車二千。

二十四日庚寅　晴，間陰。爲仲弟位，饋以肉肴四豆，菜肴四豆，菜羹一器，時果四盤，庶羞膍胵之屬四盤，乾果兩盤，蜜果兩盤，饅頭一大盤，瀹麪一巡加肉羹，杏酪一巡，酒三巡，飯再巡，清茗一巡。以其前婦陳及兩殤子祔。晡後畢事，焚楮泉兩挂。作書致子裳、弢夫，約晚飲。傍晚偕敦夫、爽秋、弢夫、雲門、禔盦小飲，招霞芬諸郎，夜三鼓始散。有小雨，五更密雨。

二十五日辛卯　晴陰埃䨲，晡有清景。比日嗽甚，時亦咯血。昨以饋饗致勞，今日起時，猶力疾洗滌器皿，料檢几案，加巳以後，忽患脅痛，小一呼吸，牽動不可忍。欲作一字請桂卿診，不能舉筆。蓋久嗽内振，筋絡多傷也。積瘁之身，備嘗百疾，或負債將畢，遂可歸休乎！遣人告雲門，爲致書桂卿。雲門來。桂卿來診，用疏絡順氣清金平木方。孺老來，不能見。晡食燕屑粥一小碗，小覺可支，即起坐庭中作書。寫桑柏儕尚書八十壽聯云：『生正獻鄉致七十政；稽皋陶壽蓋百餘年。』又爲獻之書聯及直幅各一。以壽聯及燭致桑尚書。晚服吕仙祠籤方藥。都中瑠璃廠吕仙祠方藥，極著靈譣。

余病胃咳，而虚在心氣，籖方即以治心者治咳。且云：『君乃聰明士，聰明却誤君。人生萬物首，何苦不斟心。』夜服桂卿方，能熟寐。五更又嗽，起食燕窩粥。有密雨至旦。

邸鈔：命文煜充崇文門正監督，穆騰阿充副監督。

二十六日壬辰　晨有雨，旋晴，終日埃𣋠，鬱熱。晨起吐淡俗作『痰』。升許，脅腹振痛。作書致雲門，致桂卿，俱得復。桂卿來診。仍服昨方。夜有小雨，旋晴。付季氏賃屋銀八兩。

二十七日癸巳　晴。雲門來。是日精神小佳，督童僕掃中廳之室，移置几案，分設書籍筆研，營營逾時，便覺小極。黄昏密雨，有雷電，旋霽。是日服旋福花加減湯。夜復咳嗽，而脅痛頗差。三更吃蓮子粥。

二十八日甲午　晴，甚熱。翁叔平師來。弢夫來。作書致桂卿，致雲門。剃頭。下午偕敦夫至慶樂園觀劇，傍晚歸。禔盦來，不值。雲門來夜談。付車錢七千，園樓坐錢八千，賞一千。

二十九日乙未　晴，下午微陰。

《文中子》之書，謬妄可笑，前人論之已詳。《四庫提要》謂其書爲福畤等所纂。當唐之初，明君碩輔，不可以虚名動；又老師宿儒，布列館閣，不可以空談惑。故其書不得行。唐末漸遠無徵，始得售其欺。後世聚徒講學，釀爲朋黨，實起於此。録其書以著儒風變古之漸，尤爲定論。近人俞理初云：《中説》，短書也。王凝父子，謂凝與福畤等。古稱叔姪亦曰父子，《後漢書・蔡邕傳》等可證。夸誕可憐人也。二語亦斷定。余謂此書所造事實之妄，不足復論。其言亦一無精實之理，其文亦十九支離可笑。宋人雖陋，何至稱重是書？蓋由其中如《周公篇》云：『劉炫見子，談六經，唱其端，終日不竭。子曰：「何其多也？」炫曰：「先儒異同，不可不述也。」子曰：「一以貫之可矣。爾以尼父爲多學而識之耶！」』此等議論，深便空疏不學之徒，爲伊川門下賤儒所深喜，故轉相表彰。至阮逸之注，尤陋。洪容齋謂即逸所僞撰，亦未嘗遍觀之言。如《事君篇》：『或問湘東王兄弟，子曰：「貪人也，其文繁。」』注以湘東王爲南齊世祖之子子建，與兄竟陵王子良、隨郡王子隆皆有集傳世。不知子建被殺時，年僅十三，安得有集？子良雖傳云有内外文筆數十卷，而云雖無文采，多有勸戒，内者謂釋典也。此湘東王自指梁元帝兄弟也。又《周公篇》：『太原府君曰：「温子昇何人也？」子曰：「險人也。智小謀大。」永安之事，同州府君常切齒焉，則有由也。」』注謂永安切齒事未詳。案：温子昇與孝莊帝密謀誅爾朱榮，嘗手抱詔書，遇榮詭對。《魏書》及《北史》本傳皆言之甚悉，而逸俱不能知，它可見矣。至子昇始終爲魏室忠臣，而通言如是，則亦其妄謬之一端。《魏相篇》云：『嚴子陵釣於湍石，爾朱榮控勒天下。故君子不貴得位。』以爾朱與子陵相衡，其支蔓牽綴，無聊可見。又如《周公篇》云：『《詩》《書》盛而秦世滅，非仲尼之罪也；虚玄長而晉室亂，非老莊之罪也；齋戒修而梁國亡，非釋迦之罪也。』秦焚《詩》《書》，何反云盛？以三句文例推之，『秦』爲『周』字之誤，顯然可見。而逸亦不能知，妄注云秦不用《詩》《書》致滅，則文義不可通，尚得謂其自撰自注耶？然容齋之識，高出王厚齋輩多矣。

爲張叔平書扇。得翁叔平師書，言進呈經策事，即復。作書致弢夫，贈以白菊花一瓶。

三十日丙申　晴，熱甚。得張叔平書、鄧獻之書，皆催書扇也。再爲張叔平扇作篆數十字。爲獻之書便面，又作七古一首，書團扇以贈之。雲門來。作片致陳玉泉。晚邀玉泉及敦夫、雲門飲聚寶堂，招霞芬。夜二更玉泉邀飲熙春堂，再招霞芬、秋菱，延入卧裏，密語殷勤。花近香濃，鏡開笑溢，畫屏雙影，紅燭三生，不勝老懷惆悵也。四更歸。爽秋來，獻之來，俱不值。作書致獻之，送還詩稿及屏聯雙箋。是晚出時先詣爽秋，堅明日天寧之約。又詣桂卿，不值，始赴酒家。付鄰廟僧地藏會香錢十千，車錢八千，酒保賞及霞車錢七千。印結局送來是月公費銀二十三兩五錢；又梅卿公費一分，臨行時言以爲贈者。

輓史寶卿二首

別爾甫經月，驚傳到訃音。美材偏不壽，造物果何心！猶幸南歸速，多應道暍侵。藐焉兩孤幼，成長竟誰任？

庚午同鄉舉，稽陰共九人。論年皆弟畜，惟子最情親。退讓行如畏，沉潛學獨真。相知言痛絶，追理一沾巾。今春君入都時，余病甚，告以不復應試。君昧然曰：『此事誠不足重輕。然君不得第，則天下學者心皆不平。』每理斯言，爲之腹痛。

庚辰七月二十四日爲亡仲弟五十生日以鷄黍奠之感賦

虛期尊酒對茆堂，見庚午仲弟四十生日詩。三載泉塗隔渺茫。雨夜對床空有約，天邊斷雁不成行。東西各半真奢願，魂魄相依儻異鄉。嬴得白頭兄一慟，更無兒女奠椒漿。

相見

相見無端別亦奇，碧城風月總迷離。虛聞青鳥傳佳訊，未有瑶華答好辭。燭影忽開金鎖入，漏聲偏恨玉窗遲。香濃花亞春三刻，白了劉郎幾鬢絲。

八月丁酉朔　晴，酷熱如伏中。得翁叔平師書。作書致季弟。午出城詣天寧寺，以今日與爽秋、雲門、孺初、鐵香、仙坪、右臣、雲舫期餞獻之也。集於山下聽事，竹樹妍静，炎歊滌除，所惜客好談詩，山憎俗狀耳。傍晚驅車至南灤都，人所謂南花泡子也。舊有亭，久破壞。數年前袁侍郎保恒葺小屋三間，爲庚戌同年消夏公宴地。而太湫隘，又不臨流，無足延憩。池分左右，其左少廣，周圍約里許。

荷花已老，略有餘紅。因偕仙坪、鐵香坐小舟泛之。水清可鑑，蕡藻交縈，其下出泉，魚游空際，夕陽返映，荷葉弄香，延緣葦間，足以清心洗俗矣。以迫曛暮，不克句留，匆匆及岸，遂即入城。陳玉泉來辭行，言明早登車，以於潛朮一匣爲贈。晚至邑館，送玉泉行。以致史寶卿賻銀四兩，致王孟調家賻銀十六兩，託玉泉附去。孟調柩以前月二十日前南歸，三月間秦秋伊與余爲之集資，屬吴介唐顧人啓殯，而涌金樓酒客任搬運者也。桑叔雅賻四金，已交秋伊轉寄。謝惺齋賻六金，周介甫賻二金，已交陳子新轉寄。今此十金，甲戌夏曾議爲之歸柩，余爲乞賻於仲彝、子縝者；又六金，余所賻也。卝歲貧交，廿年旅殯，及今歸骨，不得一奠壺漿，薄賻相詒，疚心何極！而實卿價面，僅隔兩月，亦已奄化，不謂新舊之雨，同茲鷄酒之奠。撫陰傷逝，流涕盈緘。以《水道提綱》一書、高麗參六枝贈玉泉，又以家書及致内子四金託寄。汪仲伊來。雲門來，不值。作書致雲門。付車錢十二千。

初二日戊戌　晴陰相間，酷熱。是日復小極，多卧。得紱丈書，饋石耳一匣，及梨膏、橘餅、松花卵，即復謝，反石耳。作書致爽秋，還《隋書》六册，借《新唐書》三册，得復。得雲門書，以昨夕託寫文字二首，今日即得也，復書謝之。竹篔來。弢夫來。雲門來。夜初更雲合，有電，旋大風，二更時小雨，三更密雨，大雷電，四更、五更大雨。

初三日己亥　申初三刻七分白露，八月節。晨雨，旋止，終日凉陰，下午微晴，晚晴甚艷。託敦夫代寫文字五首。作書致翁叔平師。有鄉人趙姓來，致二妹家書。傍午詣天寧寺，偕敦夫、汝翼、雲門、弢夫爲禔盦餞行，并邀王子裳爲客。集於塔射山房，招霞芬諸郎。輕陰罨樹，微陽在塔，西山一抹，貢碧呈鮮。與前日之集，凉燠頓殊，幽暢亦異。興寄標勝，别思俄盈。晡後酒闌，欲約同人泛舟釣魚臺，不果，傍晚歸。獻之來，不值。付車錢八千，霞車四千。

邸鈔：翰林院侍講陳寶琛轉侍讀，司經局洗馬周德潤升侍講。馮譽驥奏特參庸劣各員：陝西候補同知丁寶清，永壽縣知縣徐正㦤，安徽，拔貢。前署鄜州直隸州事、試用知縣劉淇，前署洛川縣事、候補知縣金壽，候補知縣鞠友蘭，盩厔縣教諭蕭承露，興安，舉人。渭南縣教諭李際清，同州，舉人。吴堡縣教諭袁錫慶，潼關，舉人。甘泉縣縣丞胡愷，候補縣丞遠有望，均請即行革職；醴泉縣知縣劉開第，甘肅，進士。文理尚優，請以教職銓選；同官縣知縣趙廷琪，山東，拔貢。榆林縣知縣余峻，湖北，舉人。均請勒令休致。從之。

初四日庚子　晴涼。寫闈中第四道策，付手民。肯夫來。雲門、竹篔邀夜飲聚寶堂，不往。

邸鈔：上諭：張樹聲奏大員庸弱廢弛，請予原品休致一摺。廣東按察使張銑，嗜好漸深，精神委頓；瓊州鎮總兵殷錫茂，人材委頓，器識庸闇：均著改爲勒令休致。上諭：左宗棠奏提臣患病，懇請開缺調理一摺。烏魯木齊提督博昌著開缺回旗調理。

初五日辛丑　晴，晡後有大風，傍晚陰。比日病甚，略讀一二頁書，或作百餘字，輒倦甚。今日卧讀《文心雕龍》以自遣。鄧獻之來辭行，復以册頁兩紙乞寫所贈詩，留之小食。作書致禔龕，饋以磨菌二斤，杏人五斤，頻婆果十枚，月餅三斤。雲門來。付磨菌等錢四十千，天寧錢、獻之錢十九千。

邸鈔：以甘肅記名提督金運昌爲烏魯木齊提督。以前廣東碣石鎮總兵彭玉爲瓊州鎮總兵。以河南開歸陳許道倪文蔚爲廣東按察使。上諭：張樹聲奏特參查辦黎匪謬妄欺飾之文武各官一摺。本年三月間，署崖州協副將李其昌、署崖州知州李宗光，擅派外委陳志泰前赴黎峒索取陋規，致陳志泰被戕，並不立時禀報，輒藉黎匪糾搶一案，朦混飾禀。又復捏詞委過，實屬貪劣謬妄。李其昌、李宗光均著即行革職，提省嚴訊確情，按律懲辦。

初六日壬寅　晴。讀《文心雕龍》。得禔盦書。獻之臨行走使來取詩册，作片致之。是日得詩四首。徐兵部慤立來，言其大父將葬，催撰志銘。剃頭。

八月朔日偕潘孺初袁爽秋兩户部鄧鐵香洪右臣陳雲舫三御史許仙坪樊雲門兩翰林集天寧寺餞鄧獻之還黄岡

祖帳西郊集，餘炎翳寺林。憂時須縱酒，傷老重分襟。室净香能定，山秋翠漸深。閲人隋塔在，千載幾登臨。

日暮復同至南濼偕仙坪鐵香泛舟用落日放船好爲起語

落日放船好，一泓秋可尋。渺然如世外，清絶見吾心。藻影浮空動，荷香入定深。艑摇魚躍際，都是故鄉音。

後一日再偕雲門及敦夫汝翼弢夫集寺之塔射山房餞敦叔

隔日期兹寺，長緣餞客來。秋陰殊昔望，山色向人開。遠樹收高榭，疏花出講臺。當筵眉黛落，相映手中杯。

酒散欲同泛釣魚臺下不果歸坐庭樹根看夕陽作

看山意未已，欲往泛漣漪。人事輒多阻，夕陽偏與期。歸來坐林下，正及晚晴時。一角明霞麗，多情映柳絲。四詩皆有文外獨絶之致，近人鮮可語矣。

邸鈔：河南南陽府知府任愷甘肅吏員。升開歸陳許河務兵巡道。

初七日癸卯　秋陰間晴。作書致雲門，約游釣魚臺。作書致桂卿，乞丸方。雲門來，午後同敦夫出廣寧門，經天寧寺、白云觀，騶卒不識道，迂行二三里始抵釣魚臺。地屬玉河鄉之池水村，亦曰花園村，去三里河西北里許。相近有圓通觀、圓覺寺，爲金主游幸處。金人王飛伯鬱嘗隱於此，見元遺山詩。乾隆三十八年濬治成湖，以受香山諸水。於湖之東口，置閘以蓄泄之。其下流由三里河達阜成門之護城河，至東便門入通惠河矣。湖中有泉涌出，堤岸周圍約二三里中，悉種蓮，較十刹海多幾倍之。近水爲稻田，堤外積土，隆然成山，迤邐相屬。西山修黛横翠，可接湖中。有船方篷施幔，放佛吴製。偕兩君招櫂人，携茗具，緩泛其中。山水清暉，怡然心曠。惜花時已過，荷葉亦大半摘去，枯篙萬柄，偶見田田一二晚花，紅鮮艷絶而已。買蓮子食之，甘脆殊絶。夕景銜崦，遂爾回舟，榜人采菱角一包以獻。循堤至釣魚臺行宫，列聖詣西陵駐蹕進茶處也。宫墻周里許，下有水栅，以通湖流。宫門面南，入門過橋，爲一養元齋，東向正廳五間，四廊四匝，又西爲瀟碧齋，中爲品字形，窗格瓏玲，波黎四照。又西過橋，登石山爲澄漪亭，亭中懸高宗御製詩云：『墻外爲湖墻内池，一般憑檻有澄漪。剔疏意在修渠政，何必瓶罍細較斯。』後題『乾隆壬寅仲春下澣題』。有二印，一曰『古稀天子之寶』，一曰『猶日孜孜』。亭後下山過橋，以橋已斷，仍由來徑。曲磴逶迤，老樹夾峙，水泉漲漲，略彴相望。宫後爲堵墻，如城下臨湖焉。由後門出，觀湖閘，漸已斷裂，尚可行人。時夕陽適開，循湖再過橋，登車入西直門，由老墻根出大街還寓。即至豐樓夜飲，敦夫爲主人，一更後歸。釣魚臺土人呼曰望湖樓。屬内務府奉宸苑。今額駙景壽掌之，有園丁三名：孟姓、俞姓。言同治十三年穆宗謁西陵，奉兩宫駐此，故丹雘猶新，黄簾尚捲，畫圖陳設，扃鐍依然。而鼎湖久成，翠華無望，徑蕪池蔓，漸就荒凉矣。船人徐姓。明年花時，當再游焉，故附記之。夜半後雨，四五更時益密。付舟錢十千，車錢十千。是日早起，補作詩三首。禔盦姬人來辭行。蓴庭饋節物。饋汝翼節物。

送王平子柩歸里

廿載荒郊殯，南歸始及期。妻孥貧益甚，烽火幸無知。黑海魂多恐，青山葬有時。尚憑文字力，宿諾愧稽遲。此事秦秋伊之力爲多，且謀爲之葬。與平子實未相識也。

病中雲門及朱桂卿同年福詵**見過**

臥床腒體不關身，帶孔移來衹隔旬。豈有精神辭李廣，頗傳恍惚過劉臻。時艱曲突焦頭日，天幸支離攘臂人。宮府正求醫國手，橫流何術濟斯民。

秋陰偕敦夫雲門泛舟釣魚臺下循堤至行宮而回

西便門西池水村，村中往往多泉源。裕陵親敕疏湖道，上承玉河環郭門。湖岸周圍二三里，中種芙渠雜菱藓。烟波遠過積水潭，澤物何如十刹海。我來已及秋之中，朱華落盡田田空。枯茄十萬颭風際，偶見一二搖殘紅。湖船六柱就花泊，萬疊西山挂篷角。惜哉不早三旬來，四面香風臥花幄。我生會稽烟水家，鏡湖花國古所誇。湖盡爲田花在岸，絶無畫舫能穿花。回舟更傍御堤去，寂寂行宮鎖烟樹。紅橋映帶清泉流，盡是先皇豫游處。金源遺事莫徘徊，伯業詩流等作埃。即今瀟碧澄漪地，幾見西巡翠輦來。行宮中有瀟碧軒、澄漪亭。

三里河道中二首

青林紅秫裏，時見野人家。一水曲相繞，沿堤蕎麥花。

群鳧白於雪，湖卧綠莎静。水碧與莎連，磯下見鳧影。

邸鈔：吏部右侍郎、江蘇學政夏同善卒。詔：夏同善學問優長，持躬恪謹，曾在毓慶宫行走。茲聞溘逝，軫惜殊深。加恩照侍郎例賜恤。伊子刑部候補主事夏敦復賞給舉人，一體會試；夏偕復俟及歲時由吏部帶領引見。以刑部左侍郎錢寶廉調補吏部右侍郎，以工部左侍郎孫詒經調補刑部左侍郎，以内閣學士孫家鼐爲工部左侍郎。命詹事府少詹事黄體芳爲江蘇學政。

初八日甲辰　終日密雨，傍晚漸霽，有風，甚涼。作書致李玉舟，以某君前日來爲霞芬索取酒債也。此輩惑溺，可謂不知人間羞耻事者矣。故屬玉舟轉爲余辭絶之，得復。作送禔盦改官吴中詩，即書團扇贈之。黄研芳來。作書致禔盦。

送羊敦叔比部改官吴中郡丞二首

薊門風雨及中秋，仙眷輕裝下桂舟。捧檄自欣迎養便，改官終較左遷優。曹司十載同憂處，仕宦三吴亦錦游。誰道蓴鱸歸意決，近來江海欲横流。

文字論交近十年，帝城花月每招延。才華合爲中朝惜，離别重添暮景憐。秋色津沽開海嶼，遠山松桂入吴天。五湖何日相追逐，眉黛清娱畫裏船。

邸鈔：詔：綏遠城將軍豐紳加恩在紫禁城騎馬。

初九日乙巳　晴，有風，甚涼。楊正甫來辭行，言明早登車。作書致紱丈，饋節物，得復。饋蕁庭節物。雲門來。弢夫來。爲正甫尊人書成年丈書扇，即作書致正甫送行。得禔盦復。

邸鈔：盛京禮部侍郎蘇勒布奏病難速痊，懇請開缺。許之。

初十日丙午　晴。雲門來。弢夫來。朱桂卿送丸方。作書致伯寅尚書，饋節物，得復。姬人詣禔盦家送行。得紱丈書，即復。敦夫饋酒兩瓮，𦠆脯一肩。爽秋來。蕁庭來。兩夕月甚佳。

邸鈔：以禮部左侍郎松森調補盛京禮部侍郎，以禮部右侍郎桂全轉補左侍郎，以内閣學士崇禮爲禮部右侍郎。右春坊右庶子張之洞轉左春坊左庶子，翰林院侍讀陳寶琛升右庶子。岑毓英奏查明庸劣不職貴州定番州知州胡耀鎧、會稽，監生。鎮寧州知州劉燕賓四川，附生。等五人，請革職及分别開缺另補。從之。

十一日丁未　晴，微熱。爲諸右臣書扇。糊中廳窗。得禔盦片，邀飲春蝠家。晡後呼車往。竹篔、敦夫、汝翼、雲門皆在，招霞芬。晚歸。得伯寅司寇書，惠月餅、玫瑰餅、蘋果、秋梨，即復謝，犒使四千。付車錢四千。

邸鈔：以山海關副都統姚田、江寧副都統富陞互調。

十二日戊申　陰，晡晴，復陰。得紱丈書，即復。午後入城，至新街口謁户部尚書景秋坪師晤談，送節敬二金。詣趙心泉晤談。謁翁叔平師，久談，送節敬，不收。詣麟芝庵師，不值，送節敬二金。答拜金忠甫，不值。謁禮部尚書徐蔭軒師，久談。傍晚出城詣禔盦送行，不值，晚歸。户部送來秋季俸銀十六兩，五品半奉四十兩。秋季應得二十兩，而書吏又侵扣其四。行年五十餘，今日始得此兩流之秩耳。禔盦來，不值，以白湖縐一匹及吴伯滔山水畫册一帙、書架二爲贈。付車錢十二千，族人王節婦錢十四千。

十三日己酉　晴。作書致禔盦，得復。爲霞芬書團扇。

閲錢唐羅鏡泉以智《七十二候表》。前有項梅侶名世、胡書農敬、姚伯昂元之三序。其書取時憲書及《夏小正》《月令》《時訓解》《吕氏春秋・十二月紀》《淮南・時則訓》《易緯通卦驗》、歷代史志，通爲之表。著其沿革同異，而博采諸家之説，以爲之注。於名物多所訂正，其考據詳覈，足與蔡鐵耕《蔡氏月令》並傳。鏡泉，錢唐諸生，爲阮文達詁經精舍中弟子，咸豐初卒。此書僅有寫本，昔年禔盦以見示，今來索還。爲書一跋歸之。

剃頭。得姜仲白書、族弟品芳書、内子書，皆初一日發。禔盦來。雲門來。晡後禔盦邀同雲門、敦夫詣霞芬家夜飲，月明酒釃，密坐藏鉤。更餘飲闌，佳興未已，余復命酒爲禔盦餞行。三更後歸，街月如畫。付霞芬此節左酒錢一百千，今夕酒錢四十千，賞其僕十千，車錢十千。

邸鈔：署四川提督建昌鎮總兵劉寶國告病開缺。以劉士奇爲四川建昌鎮總兵。以前雲南提督唐友耕署四川提督。上諭：昨日午門值班官兵有毆打太監以致遺失賫送物件情事。本日據岳林奏太監不服攔阻，與兵丁互相口角，請將兵丁交部審辦，並自請議處一摺。所奏情節不符。禁門重地，原應嚴密盤查。若太監賫送物件，並不詳細問明，輒行毆打，亦屬不成事體。著總管内務府大臣會同刑部提集護軍玉林等嚴行審訊。護軍統領岳林、章京隆昌、司鑰長立祥，著一併先行交部議處。

十四日庚戌　終日陰雨。寫單約禔盦、弢夫、敦夫、雲門明夕小飲。作片致敦夫，得復。得弢夫書，惠台絹一匹，檳榔葉扇一柄，及鯗鱶鯛脯，即復謝。作書致肯夫，饋以花糕、月餅、碧柰、青梨。作書致雲門。作書致弢夫，饋以月餅、碧柰。得雲門復、弢夫復。署中送來秋季養廉銀十二兩有奇。晚雨止。是夕子初望。送房師林編修節敬二金。付李升節賞十千，升兒八千，楊媪、王媪各八千，鮑僕、李英十千，禮使四千。岑福獻果餅四合，賞錢三十千。

十五日辛亥　晨陰，終日小雨時作。得伯寅尚書書，饋銀二十兩，即復謝，犒使八千。肯夫饋鯗脯、雙鷄。弢夫來。霞芬來叩節，予以銀二兩，賞其僕十千。是節付米錢二百二十二千，乾果錢一百三十六千，豐樓酒食錢一百千，石炭錢九十千，首飾錢七十三千又銀二兩七錢，寶森書銀五兩，松竹紙錢五十千，燈油錢四十四千，聚寶酒食錢二十七千，南物錢二十千，蒸餅錢十一千，司馬庖人酒食錢一百千，季氏賃屋銀六兩，王庖人酒食錢三十千。傍晚漸霽，偕禔盦、敦夫、弢夫、雲門小飲。夜月數見，二更客散，三更復雨。

十六日壬子　雨，下午漸密。閲《拜經樓藏書題跋記》。夜晴。

邸鈔：右春坊右中允龍湛霖轉補左春坊左中允，翰林院編修温紹棠升右中允。湛霖旋丁憂。

十七日癸丑　晨晴，上午後陰。先母忌日，供饋素饌十器，栗糕一，菜羹一，饅頭一盤，時果四盤，栗子湯一巡，酒三巡，飯再巡，清茗一巡，哺後畢事。作書致褆盦，問今日行不，得復，言改期十九日。殷蕚庭姬人來。傍晚晴，夜月出，殊皎。

邸鈔：以吏部稽勳司郎中白桓爲内閣侍讀學士。白桓，字建侯，順天通州人，刑部尚書鎔之孫。癸亥進士，掌文選司印，甚清强有聲，吏不敢爲私。其升郎中十四月，即有此擢，蓋宫廷亦知之也。然此人去，吏部則闒冗骫骳，無能任職者矣。

十八日甲寅　晴，大風，驟寒。作復趙桐孫天津書。作書致褆盦，以桐孫書託寄。校《舊唐書·文苑》《隱逸傳》。金忠甫來，不晤。作書約敦夫，同送褆盦行，不果。雲門來。

邸鈔：今日召見惇王、醇王、六部尚書、都察院左都御史及少詹事寶廷、左庶子張之洞。蓋近日西聖新病愈，始出臨朝，而樞廷壹力主和，外廷頗有異議。寶廷、之洞屢上封奏言戰守，事迄不決。其實俄夷有内釁，諸夷意亦不同。我之宿將勞臣，尚多在列，皆憤切思一戰，兵民奮厲，攘臂待命，及鋒而試，事甚可爲也。爲今計者，當急易樞臣，及斥罷大臣中最庸懦不職者，如萬青藜、董恂、文煜等若而人，疆臣中如李瀚章、劉坤一、李文敏、李明墀、彭祖賢、裕寛、慶裕、松林等若而人，籌餉於富商，罰鍰於貪吏，繕兵防海，嚴責諸督撫提鎮，取其尤泄沓者一二人置之重典，以戰爲守，以守爲和，無不濟矣。至俄夷去年所立條約，其利害余前已詳言之。要之，我之所患在貧，不竭其財，終堪立國。即或割地，而能善守，猶足自彊。乃利鈍之形，兩宫終未深知。而執政者鄙，自安簡賤。其下之一二書生，訐直自喜以沽名者，中實一無所見，而大言詷猲，以相號召，亦皆自圖便利而已。今日之洞不及赴對，尚書中惟徐、翁兩公略有論辨，而寶廷請再付廷議。於是下詔以二十日親郡王大臣、内閣、六部、九卿、翰詹科道集議和戰事以聞。

十九日乙卯　子正三刻十三分秋分，八月中。晨晴，上午後微陰，晡後陰。爲弢夫撰其祖母林太恭人八十壽序。孺初來。作書致弢夫，送壽序去，得復。雲門來。禔龕來。傍晚偕禔龕、敦夫、雲門詣聚寶堂，雲門爲主人，并邀弢夫及陸漁笙，招霞芬諸郎。夜一更後酒散，禔龕邀飲春蝠家話别，再招霞芬，三更歸。竹篔約明日夜飲。是日本以秋分祀三代，以數祭改卜社日。付製棉衣綢布等錢七十八千五百，付紙匠表糊客坐及廚房錢二十三千，付車錢八千。

二十日丙辰　晴，晡後陰。晨欲送禔龕行，以起少遲不果。得敦夫片，邀飲聚寶堂。弢夫來謝。早食蟹，覺不快。午後詣聚寶，即偕敦夫、雲門詣廣和樓觀侯紉珊部演劇。晚赴竹篔之招，偕汝翼、漁笙、桂卿、敦夫、雲門，招霞芬諸郎。比日藏鉤賭飲，無夕不醉。黄昏小雨，旋止，二更月出。三更後歸。付車錢十三千，霞車二千，同司掌印郎中廷愷賀分三千。

二十一日丁巳　晴。是日先聖生日。讀段氏《説文注》。同年廣東梁庶常鼎芬娶婦，送賀分四千。庶常年少有文，而少孤，丙子舉順天鄉試，出湖南龔中書鎮湘之房。龔有兄女，亦少孤，育於其舅王益吾祭酒，遂以字梁。今年會試，梁出祭酒房；而龔升宗人府主事，亦與分校，復以梁撥入龔房。今日成嘉禮，聞新人美而能詩，亦一時佳話也。雲門來夜談。謝惺齋約明日夜飲。付更夫穆升工食錢七千。

二十二日戊午　晴，比日稍熱。讀段氏《説文注》。繆小山來。剃頭。晚偕敦夫詣宴賓齋，赴惺齋之招，爲黄漱蘭少詹餞行。有吴介唐、周介甫等。飲大醉，夜二更後歸。三更後有雨，舊疾連動。

邸鈔：以鴻臚寺卿宗室載英爲通政司副使。以候補五品京堂張凱嵩爲通政司參議。周恒祺奏特參庸劣不職各員：山東臨淄縣知縣俞朝海、山陰，監生。樂安縣知縣疏繼廣、順天，監生。寧陽縣知縣高陞榮、山西，監生。益都縣縣丞王日華、嶧縣教諭蕭之楷，均請即行革職；即墨縣知縣鄭聲鏘、福建，進士。寧海州知州孫愷元、霑化縣知縣胡允超，直隸，舉人。均請分別以府經歷縣丞降補及以教職銓選；金鄉縣知縣周文冠，河南，監生。請開缺另行酌補。從之。

二十三日己未　社日。晴暖，下午微陰。祀曾祖考妣、祖考妣、本生祖考妣、先考妣，肉肴六豆，菜肴六豆，菜羹一器，栗糕一器，饅頭一盤，時果四盤，杏酪一巡，酒三巡，飯再巡，傍晚畢事。肯夫來。寫單約謝惺齋諸君廿五夜飲聚寶堂。肯夫約明日夜飲。買桂花兩盆，秋海棠四盆，香艷溢室。夜邀敦夫小飲。一更後任秋田來，共飯。二更後散。付肴饌酒果等錢三十四千，桂花錢十六千。

二十四日庚申　晨及上午晴，午微陰，下午陰。雲門來。鐵香來。陸漁笙來。晚赴肯夫飲，坐有笣仙、竹篔、陳書玉編修上虞人，名夢麟。及其館師朱孝廉，夜二更後歸。

是日二十一日會議公摺上，内閣主稿皆言待俄夷使臣布策至京，與之妥議。其條約中必不可從者，沮之；如不肯，則修戰備。而惇王、醇王、吏部尚書萬青藜、工部翁尚書、少詹事寶廷、庶子張之洞、御史洪良品、徐文洞各別具疏。禮部徐尚書及侍郎祁世長合具一疏。聞惇邸、徐、祁皆主戰，餘不知其詳。兩宮獨召見醇邸，亦未知所言何也。總之，近日所患，在内外隔絶，上下相蒙。兩宮深居，於條約之利害不能詳知。樞府諸臣自知力小任重，而不肯辭寵利，且自以爲嘗平粵匪、平捻匪、平回匪，遺大投艱，皆由其居中運籌，視外廷新進皆不更事，於是力持己見，回護前失，而忌人之才或出其上。頗聞其見言事之疏，無不嘻笑，嘗相謂曰：此輩以一無所知之人，而欲創千古未有之事。而言事者亦實大半無知妄言，章奏亦往往可笑，所以愈格而不能入也。西洋人《申報》言中國三品以上主和，三品以下主戰。其實三品以下士夫所大患者亦有兩端：一曰太不學，一曰太無識。其全無心肝者無論矣；即自命矯矯者，亦大率言不可戰，戰則必敗。不知用兵不能保無敗，敗而善持其後，乃始能勝，乃始能守。且以今日之地大，海口極多，處處受敵，謂必首尾周顧，無一損失，雖以唐太宗之神武，英、衛之沉勇，亦必不能。則惟力固其至要之地，使大局不可摇，而擇其利便，一大創之而已，亦不必思覆其島、攻其國也。或謂必多購鐵甲船，且開鐵路，用電綫，始可海洋相搏，遠近相救。不知此正西人之笑中國所謂舍其長而用其短，學其粗而攻其精也。今謀國者，動云書生不知兵，而書生又實不知兵。哀哉！

二十五日辛酉　晨晴，至午微陰，下午陰。閲《拜經樓藏書題跋記》。姬人輩詣殷蕚庭姬人飲。晡後詣黄漱蘭，賀其得江蘇學政，不值。詣施敏先小坐。詣梁星海、于晦若兩庶常，看星海新夫人，晚歸寓。即詣聚寶堂，邀謝惺齋、吴松堂、傅子蕁、周介甫、吴介唐、施敏先及敦夫飲，招霞芬，夜一更後歸。二更後風，三更小雨。付車錢十千，客車飯錢十千，酒保賞五千。

邸鈔：户部學習郎中王琛河南人，壬戌庶吉士。選吏部稽勳司郎中。

二十六日壬戌　晨及上午晴，下午陰。趙心泉來，仁和人沈晉蕃來，梁星海來，均不晤。得肯夫書。雲門來。晚詣聚寶堂，赴敦夫之飲，坐客皆同昨夕，招霞芬，夜二更歸。付車錢五千，霞車四千。

邸鈔：上諭：前據降調順天府府丞王家璧呈訴奉天考試經費一節，諭令潘斯濂確查具奏。兹據奏，此案王家璧因考試加提生息銀兩，致滋物議，實屬辦理不善。業經降調，著毋庸議。至銘安於王家璧加提息銀時，因礙難阻止，當即咨復飭司發領，前後咨奏，亦有不符。銘安著交部議處。

二十七日癸亥　晴熱有風。弢夫來。作片致敦夫、雲門，約偕弢夫觀黨靈芝演劇。讀《説文》段氏注。《心部》於憯、悽、恫、悲、惻、惜、愍、慇，皆訓痛也。段氏曰：憯者，痛之深者也。恫者，痛之專者也。悲者，痛之上騰者也。各從其聲而得之。今請申之曰：憯者，痛之深而如熸者也。悽者，痛之入微而凄其者也。恫者，痛之專達而洞洞乎者也。悲者，痛之舒長而不能已者也。惻者，痛之直而迫者也。惜者，痛之散而可寬藉者也。愍者，痛之公而漫漫然者也。慇者，痛之隱而不得泄者也。段氏謂《詩》之「憂心慇慇」，謂憂之切者也，亦此意。至於憂，則愁心見於顔面，本字作惪，从頁从心。較痛爲緩而彌久。怛則憯之輕而憯憯者，愴則愓之外見而倉皇者，皆視痛爲稍次也。愁者，惪之結者也。痛者，悲之踊者也。痛急而愁緩也。形聲非盡含義，而大率如此。

雲門來。下午偕敦夫同至大栅闌園樓，坐滿，足疲意倦，遂坐車歸。作書致伯寅，索其去年所刻小書兩種。而復書言近日窘甚，此不可解者也。其實余於此等書，定復不急耳。作書致肯夫，得復。是日得詩一首。

有感

一聞雷翥走艨艟，屢誤甘泉報舉烽。幾輩闕前誇鷙擊，有人橋上戲龍鍾。狴牢已見歸良嗣，狗國何曾敬郭鋒？一檄指揮諸將讐，不堪此手衹携筇。

二十八日甲子　晴。爽秋來，不晤。閲段氏《説文注》。殷蕚庭招飲，辭之。是日再得詩一首。

次日用前韵寄竹篔雲門

赫虒海上迅追鋒，瞬息戎機達九重。東去鐵營連黑水，西來玉節入甘松。輸情詎有中行説，約誓長依贊普鍾。與子且爲山澤侶，短衣射虎一相從。

二十九日乙丑小盡　晴，有風。剃頭。寫昨詩致雲門、竹篔。晚詣聚寶堂，赴吴介唐之招，坐客同前日，夜二更後歸。付車錢六千，霞車二千。

九月丙寅朔　晴，風。糊窗，易風門。爲弢夫書怡花箋六紙，即作書致之，得復。爲敦夫作《餐霞采芝曲引》。晚風止。雲門來夜談。

餐霞采芝曲引 雲門爲敦夫賦是曲，余爲之引。

今使抗層霄之志，游閬風之顛。丹霞曳其衣裾，金芝耀其首皃。解天孫之佩，用以纕衷；斛仙人之漿，遂以消渴。玉鑪龍麝，長添五夜之香；綾被鴛鴦，能織一梭之錦。極大蓬之春色，侍鈞天之帝居。自將吐棄烟花，塵埃粉黱。鄙曼聲於下里，醜弄姿於市皃。即不然，而天上携家，自憐樊媪；閨中玩婦，亦稱去高柔。效割肉於東方，分餉釵於阿杜。雖或敖游鶴市，賭逐羊車，亦祇等魚鳥之流連，助風雲之跌宕。迺以玉堂孤直，同太學之影妻；璅院分曹，學閉車之新婦。花磚顧其獨立，玉珂戛以寡龤。以故卯酒三升，輒思勸飲；月奉數斛，聊欲尋春。逢定子之當筵，臉霞勝綺；聽謇姐之轉曲，唾玉都香。姑射靈蹤，常生芝朮；赤城仙地，慣長桃花。想入握之柔荑，挹坐懷之迷迭。固已擬朝華於枕上，出車子於簾前。天半巫雲，娟娟欲下；巖中仙樂，泠泠共傳。餐秀色於朝飢，不煩雲母；熨芬吹於夜坐，小證明星。然而車幰才通，華幭已召。銀燭悵綺宵之短，金尊怨密坐之疏。而况人隔絳河，罕逢來雁；路遥洛浦，空託微波。縱窺朱鳥之窗，長誤金英之采。望遠山於眉色，未許通辭；注秋水以目成，何知饜足？歌以招之，敻哉思矣。勞人相和，芙蓉興擁檝之吟；作者知歸，烟霞佇采芝之侣。

初二日丁卯　晴，下午風。寫單約繆小山、陸漁笙、弢夫、子裳、汝翼、桂卿、敦夫、雲門明晚飲豐樓。作片致吴松堂，託穿朝珠。桑柏儕尚書之孫通判安病故來訃，送奠分四千。通判爲尚書長孫，早孤，今年四十矣，頗工時文，而竟不得一舉以殁，鄉人多惜之者。雲門來。傅子蓴來，催飲天興居。晚赴之，坐客皆同前日，招霞芬，夜二更歸。印結局送來前月公費銀四十五兩。付車錢五千，霞車二千。

初三日戊辰　晴熱。敦夫贈湖州兼豪筆一匣。作書致敦夫、雲門，約同閱市。得雲門書，言今日爲陳韞原編修作生日。陸漁笙辭飲。下午敦夫邀至毓興園觀拾珊部。晚詣豐樓，繆筱珊諸君畢至，招霞芬諸郎。夜二更酒畢，復飲霞芬家。用白傅『可憐九月初三夜，露似珍珠月似弓』語，以下句分韵賦詩，坐客六人，重一『似』字，戲代霞芬補之。四更始歸。付雲龢酒錢四十千，賞其僕十千，豐樓酒保賞五千，客車四千，車錢十二千，霞車二千，客車六千，更夫高升受庸錢八千，鼓詞五千。

九月初三夜集飲韓家潭朱霞精舍以露似珍珠月似弓爲韵余得露字

晚秋煦餘暘，嘉辰惜遥暮。微行遵城南，朱樓臨近路。清池不可見，鷫鴇自來去。孤悰暫爲歡，即眷儵成故。華月呈纖鉤，娟娟隔疏樹。芳筵啓軒幃，銀燭映階露。衣薰扇際分，鬟影尊前度。素心偶合并，紅顔豈長駐。留連壺箭添，惆悵鷄聲曙。

又代人作得似字

煜煜桂樹華，粲粲菊叢蕊。桂生詎云潔，菊開亦易委。所託云露滋，承藉始爲美。自惟蓮質輕，蓬心本無似。日夕望碧雲，開徑遲玉趾。幸陪言笑歡，良宵繼清晷。珍果自求甘，芳醑自慚旨。初月鑒薄幃，清風落横几。願爲筵上燭，明心奉君子。不作衣上香，因風辭玉體。

初四日己巳　晴暖如中春。昨夕少瞑，甚倦。閱陳簡莊經籍跋文。爽秋來。季士周來。得弢夫書，乞題吴滔所繪《緑楊春影圖》。雲門來。付縫人製女襖兩領錢六十六千，同仁堂丸藥錢二十三千；族人王節婦錢九千，絮一領，夾衣一領。

邸鈔：詔：盛京副都統謙德與山海關副都統富陞互調。

初五日庚午　卯正三刻六分寒露，九月節。晴，風，仍暖，傍晚風止。倦甚，不快。

簡莊謂盧刻《周易集解》，惠定宇臆改百六十餘處。如《豫卦》、《集解》於『豫』字皆作『逸』，本避代宗諱，而一概改之，可謂弗思之甚。案：《集解》於『亨』字皆作『開』，亦避肅宗諱也，今亦多改爲『亨』。但盧刻『豫』字，經文、《集解》皆缺筆作『豫』。疑惠氏別據一本，與簡莊所得影宋寫本不同。

邸鈔：以太常寺卿宗室敬信爲内閣學士，兼禮部侍郎銜。此人去年尚爲户部銀庫郎中，不一稔而至二品！聚寶堂酒肆主人也。

初六日辛未　晴熱。鄧鐵香約明日飲餘慶堂。吴松堂約明晚飲天興居。同司鄭思贊郎中、萬錫珩主事等約後日飲同興樓。敦夫約後日飲聚寶堂。竹篔來。松堂來。爲弢夫作《緑楊夢影圖》序。雲門來夜談，至三更去。得族弟國和禹州書。

王藻城水部緑楊夢影圖序

春女善懷，秋士多感。丹粉狀其媠嫿，烟花發其鬱伊。當秦嘉上計之年，正霍玉定情之日。真珠一斛，將欲量身；明月二分，修成並影。邗溝畫舫，證密誓於來潮；蜀岡軟輿，展新嬌於脩黛。方謂杏園得訊，先報紅樓；蕊榜首題，即迎翠幰。鏡簪花以雙笑，宫賜錦而分裁。釵樹催妝，屋貯金而不老；燭蓮却扇，堂署玉以如仙。迺以招鳳來鴞，呼盧得雉。羅横婁上，愁認掌中之身；盧儲不諧，頻負狀頭之許。玉璫緘札，遂斷來鴻；紅葉銜禽，竟隨逝水。晶機織字，誤李易於月中；銀漢多梁，盜玉清於天上。青山如在，別逢魚嶺之車；紫雲不停，空遺洛浦之佩。此王子蘗城所由追歡熨夢，倚恨成圖也。瓊花一現，何處吹簫；絮果三生，當年騎鶴。紅闌宛轉，猶留卍字之香；綠樹淒迷，絕望長干之塔。銀鑪罷麝，翠被孤鵷。久客成荼，長貧彌鬱。然而蘼蕪不逢於來徑，稿砧已隔於斜陽。一騎章台，莫歸柳氏；雙騶闕下，瞥睹張穠。落紅艷於鄰家，去燕鶯於春色。亦比之朝華既遺，懺枕上之明星；小杜遲來，話枝頭之青子矣。隋堤離恨，任藏楊柳之雅；台洞春蹤，不斷桃花之水。

邸鈔：今日召見惇王、恭王、醇王，尚書潘祖蔭、翁心存，以二十九日中旨發出二十四日專摺九疏交五人公閱，再詳議以聞，昨覆奏始上也。近日聞俄夷國主追回其使臣布策與曾紀澤定議條約，而又有追還不及之信。外廷上疏，和戰紛紜。吉林諸邊，一無備禦。宋慶駐營口，軍力甚弱。吳大澂與銘安亦頗相鉏鋙。喜昌受命赴吉林，而兵餉俱無所出，遷延不進。曾國荃駐山海關，立吉祥、福禄、如意三大營。鮑超已募勇萬餘人，將出關駐奉天。所恃者此兩軍而已。聞前日徐尚書有疏劾岐元、銘安，而薦崇綺、喜昌。樞府諸臣，模棱觀望。西聖以疾，久不聽政。杞人之憂，正未艾也。

初七日壬申　昧爽小雨，晨有雷，旋日出，復雨，上午陰，傍午晴，下午微陰，傍晚陰。是日暖甚。黄漱蘭來。爲弢夫書怡府箋兩番，并寫圖序。弢夫來。剃頭。傍晚詣爽秋小坐。即赴餘慶堂鐵香之招，坐爲仙坪、汝翼、孺初、弢夫、雲門，酒再行。上燈後赴吴松堂天興居之飲，坐客同初二之夕，招霞芬，夜一更後歸。付車錢七千，霞車二千，鼓詞二千。

邸鈔：記名總兵周有全補湖北鄖陽鎮總兵。劉玉成補雲南開化鎮總兵。原任總兵成俞卿、楊復東俱病故。

初八日癸酉　晴，有風，仍暖。得子縝中秋衡州書。雲門告今日往游香山。管惠農約明晚飲聚寶堂。施敏先約明晚飲天興居。作書致弢夫，得復。秦基、秦德埏等告其父鏡珊之訃。此人以八月四日死於甘泉縣任，而余兩次寄書，竟不一答。食言鄙詐，宜其死也。晚詣聚寶堂，赴敦夫之招。夜一更後復邀飲春蝠家，再招霞芬，三更後歸。付車錢八千，霞車二千，付買菊花四十本錢八千。汪柳門侍講素幛分錢五千，陳編修夢麟所集寄。

初九日甲戌　晴暖。施敏先約今日三慶園觀劇。是日和煦如暮春，南中亦難得，甚欲登臨一出，而山水不諧，笠屐多阻。爲此徵逐，聯遣寂廖。以重陽花糕祀先。下午偕敦夫詣三慶園。晚飲天興居，敏先爲主人，坐客同前夕。酒一行後先起，偕敦夫赴管惠農聚寶堂之飲，招霞芬。夜二更惠農復邀飲雲龢堂，招玉仙，三更後歸。于晦若、梁星海來，不值。付冬季石炭錢九十二千，車錢十一千，霞車二千，玉仙左酒錢十千。

庚辰重九作

年年衰病罷登高，酩酊相呼就菊螯。木葉西驅安息馬，霜花海淬赫連刀。時伊犁將軍金順貢馬疏至。伊犁，古烏孫國地，西與大宛、安息鄰。湖南提督鮑超募勇抵天津辦裝。生無濟勝摩雙足，老值時艱感二毛。秉燭且爲長夜飲，不須酒伴覓詩豪。

邸鈔：散秩大臣、世襲一等延恩侯朱誠端疏言昌平州明代陵寢，仰蒙皇恩，特賜侯爵以承春秋祭祀。向例屆期奏聞前往。今值秋祭之期，遵例往祭，見有開墾明堂，以至宮墻左右地畝十數餘頃，並有斫伐樹木情形。伏思曾祖朱紹美因失察砍伐樹株革職，枷號出缺。今不敢不據實奏聞。是否升科，理合請旨飭查。案：雍正二年封明代王裔朱之焕世襲一等侯，入正白旗漢軍。乾隆十四年定名延恩。上諭：誠端奏往昌平州致祭明陵，有開墾宮墻左右地畝十數餘頃，並有斫伐樹木情形。詢之地户，稱系現在升科等語。此項地畝是否應行開墾，著順天府督飭昌平州確切查明，據實具奏。

初十日乙亥　晴暖。王子裳約明晚飲聚寶堂。看人種菊花。比日如春，精神小佳，讀古文辭以自適。偶至宇文護母與護書，輒流涕廢書者再，竟不得終篇。嗚呼！先儒劉子嘗云：生平未嘗言及二親，以痛心之甚也。余鮮民了立，創鉅痛深。年甫壯時，遇家中嘉禮吉事，聞樂作，輒拊心飲泣。及客游後觀演劇，至悽苦事，尤不自勝。比丁先太恭人憂，荼酷彌甚。每至劇場聞哭泣聲，淚即承睫。此非永感之人，不能知也。然則余之偶逐尊俎間，龍鍾醞藉，固積慘之一隙，無謂之解嘲也。而世之聲華煊赫，腸肥腦滿者，猶執繩而疵議之，亦可謂無人心者哉！夜月甚佳。雲門自玉泉歸，來談，至三更去。

書北周書宇文護傳後十四韵

閑尋薩保周書傳，悽絶閻姬寄子辭。隔未九泉終可見，貴窮五等欲何施？三年備極人間養，八袠重看膝下兒。雨露十州傳肆赦，貂蟬百辟祝期頤。至尊下講家人禮，母后頻修叔姒儀。未見東朝謀玉珽，已營高冢隱金椎。追惟轉側他鄉苦，幸保從容晚節慈。差免掃墳嚴媪歎，不同乞命董親癡。論功詎可姬文匹，逼主常遭子孟疑。自惜負芒由寡學，竟令煮餅取殲夷。千秋留得斯文在，三復能生孝子思。須識皋魚披褐日，莫如温嶠絶裾時。倚閭無望嗟何及，列鼎雖豐事益悲。爲語南朝顧歡輩，不應偏廢蓼莪詩。

十一日丙子　晴。弢夫來，告十四日行。汝翼來。作書致竹篔。洗足。雲門來，晚同赴子裳之飲，招霞芬。夜一更後歸。付車錢五千，霞車四千，菊花五千。

十二日丁丑　晴。比日暖甚，不能衣棉。得雲門書，饋黄氏新造紅葉箋五十番，甚可愛玩。得竹篔書，送來其同縣葛氏墓志潤筆銀八十兩。得紱丈書，饋吴製半夏兩小合，橘餅一匣。復雲門書、竹篔書、紱丈書。晡後有風，傍晚止。

十三日戊寅　晴暖。得紱丈書，借日記，即復。弢夫來辭行。雲門來。下午偕敦夫詣台州館送弢夫行，即邀弢夫、惠農、汝翼同詣雲龢堂，爲弢夫餞行。雲門亦來。晡後飲，至黄昏後散。雲門邀飲聚寶堂，招霞芬、玉仙。二更飯後，惠農邀飲景慶堂，酒未行而歸。月明如晝。比日和煦，夜中露坐，如春二三月，亦僅遇也。付霞芬酒錢四十千，賞其僕十千，車飯四千，玉仙佐酒錢十千，車錢十千。

邸鈔：命吏部左侍郎邵亨豫爲武會試正考官，禮部右侍郎祁世長爲副考官。

十四日己卯　晴暖。是日復感凉，多嗽，身熱不快。鈔書自遣。夜月佳甚。雲門來，談至二更後去。

十五日庚辰　陰，午後微見日景，傍晚有澂雨，即止。身熱不悆，鈔《新唐書·隱逸》中王績、朱桃椎、秦系、張志和、陸羽、陸龜蒙六人傳，冀以烟霞去其痼疾，林泉疏其性靈也。景文文筆峭潔，於傳畸蹤逸格爲宜。六人曠放蕭寥，軼霄蜕滓，尤爲可述。而《舊書》不載桃椎等五人，績傳亦甚簡寂。景文補之，覺山水清靈，拂拂紙上。余夙所愛誦，今日因録入叢鈔，小加考證，勝懷栖託，彌挹清芬。施敏先來。餘杭同年褚庶常成博來，言新就婚於街之西鄰王氏。夜月望，初有暈，漸復清佳。

十六日辛巳　晴。

十七日壬午　晴。剃頭。家人以牲醴祀財神。得陳玉泉八月末里中書。得陶心雲六月末杭州書。陳雲舫來。王子裳來。下午答客十九家，惟晤錢笵仙一人。晚詣周介甫天興居之飲，坐客同重九之夕，招霞芬，夜二更歸。付車錢七千。升兒以娶婦歸，賞錢十千。順兒受庸錢四千。

十八日癸未　晨及上午晴，下午陰。内子生日。自昨夕嗽甚，不得瞑。今日憊甚，鈔書自遣。霞芬來。雲門來。敦夫邀夜飲壽春堂，招霞芬、玉仙。二更後歸，風起，三更後風益甚。

禮王世鐸，肅王隆懃，禮部尚書徐桐，禮部左侍郎桂全，工部右侍郎興廉，署工部右侍郎、左副都御史程祖誥，護軍統領恩全，散秩大臣德銘、希朗阿等，恭奉穆宗毅皇帝聖容、《實録》《聖訓》、册寶及續修玉牒赴盛京。先於初四日有旨，送至山海關，命盛京副都統謙德、署禮部侍郎綿宜，先期領兵至關迎奉。盛京將軍岐元等照舊例出郊跪接。昨日召見兩王及徐尚書，今日東華門外設采棚，以二十二日之早啓行。

邸鈔：左贊善劉廷枚升司經局洗馬。步軍統領衙門員外郎倭什鏗額授甘肅凉州府知府。原任知府黄崇禮，南陽人，庚戌進士，今年五月丁母憂，六月十六日服毒死。左宗棠疏稱，其因歸葬無資，過哀滅性，服毒以殉，事異經常，應毋庸議。

十九日甲申　晴，風，驟寒。書吕仙、陶朱公兩祠扁。移菊花置廳事。袁爽秋來。得禔盦初六日上海書。夜偕敦夫小飲，仍燒燭鈔書。

二十日乙酉　巳初二刻二分霜降，九月中。晴。楊定旉來。鈔《後漢書》左雄、周舉至孔融傳論十二首。作書致雲門。

邸鈔：體仁閣大學士載齡以病四請開缺。詔以大學士致仕，加恩賞食全俸。

二十一日丙戌　晨晴，上午微晴，多陰，午大風，黄霾，下午晴，風益横，入夜震撼，寒甚。得竹篔書，并吴縣馮林一中允《顯志堂文集》四册，中允之子申之刑部芳緝所詒也，即復。鈔《後漢書·儒林傳論》及《宋書》孔季恭、孔琳之等傳論。蔚宗、休文，皆良史也，諸論俱有深意。夜半後風漸止。

邸鈔：命吏部尚書靈桂管理光禄寺事務。都察院左都御史志和充武英殿總裁。刑部尚書文煜調補正紅旗滿洲都統。以前烏里雅蘇臺將軍額勒和布爲鑲白旗漢軍都統。署正紅旗滿洲都統、前烏里雅蘇臺將軍吉和補内大臣。皆載齡遺缺。以前浙江巡撫梅啓照爲内閣學士，兼禮部侍郎銜。貝勒載治奏病痊銷假，氣體尚弱，請量減差使。詔：載治開去御前行走帶領豹尾槍差使，並毋庸管理上虞備用處善撲營事務。

二十二日丁亥　晴，午後有風。爲平湖葛孝廉金烺撰其父壽芝郡丞肇基墓志銘。王廉生來。沈子培來。雲門來夜談。夜作文竟，三更始寢，復患咳嗽。付李升工食錢十千。是日加辰上謁太廟後，更衣詣東華門外綵棚，親送穆宗御容及册寶。

二十三日戊子　晴，稍和。菊花始盛開，時移就日景曬之。

閲馮林一《顯志堂集》。其中言考據者，祇《釋鷴》一首。碑志書事之文，筆力孱弱，敘次尤拙。惟論事諸篇，尚有可取。序記多近應酬，亦鮮可觀。蓋中允本以時文入手，中歲以後從事公牘，於古文本非所長。雖亦講經學，而根柢尤淺，故所就止此也。集爲其子所刻，首列諸序及祭文，皆蕪泛不體。吴雲一序尤劣。

作書致竹篔，并志銘，得復。付季士周賃屋銀六兩。汝翼、雲門約明晚飲。得楊定旉書。雲門來。

邸鈔：上諭：廣壽奏髎疾未愈，懇准在紫禁城内暫坐二人小椅一摺。向來滿洲賞馬大臣，年未至六十五歲，准令在紫禁城内乘坐小椅，原因年老足疾，加恩以示體恤。此外或出自特恩，非臣下所能自請。廣壽病未痊癒，本日已給予假期，乃率請乘坐小椅，殊屬冒昧，著傳旨申飭。

二十四日己丑　晴和。文奎齋刻字人刷印三場試卷六十本，頭場試卷八十本，俱連履歷，裝釘訖送來，先付銀十兩。大約刻資十五兩。裝印三場者，每本銀五分；頭場者，每本銀一分五釐：以是爲差。此科名故事，不敢違也。晡後出門答拜紱丈、季士周、陳雲舫、傅子蓴，送任秋田、朱偉軒兩同年行，俱不值。夜詣聚寶堂，赴汝翼、雲門之飲，晤竹篔、桂卿、慰農、子常、蔚林，招霞芬。夜二鼓時桂卿邀飲玉仙家，再招霞芬，三更後歸。任秋田來，不值。得紱丈書。付車錢八千，霞車二千。

二十五日庚寅　晴，午微有風，仍和。敦夫移榻劉鎸山師家。作書致内子，寄去家用銀二十兩有奇，内以四兩致張氏妹，二兩爲從弟楷婦羅氏楮奠，二兩爲從弟幹婦易氏楮奠。作書致季弟，寄去行卷八十本，又寄王氏妹織銀錦帶二丈四尺，寄内子印花被裁兩事，分詒諸親。俱交敦夫之僕李應，隨任秋田歸里。殷萼庭來。夜敦夫邀飲聚寶堂，晤汝翼、雲門、子裳，招霞芬、玉仙，一更後歸。付錦帶錢三十三千，被裁錢二十千五百，洋藍布錢二十三千，李英賞錢十四千，霞、玉車飯六千，車錢五千。

二十六日辛卯　晴和。剃頭。袁爽秋來。王子裳來。閲俞理初《癸巳存稿》。

二十七日壬辰　晴，上午有風，復寒。袁爽秋來，偕訪汝翼，不值。詣鐵香久談。晡過敦夫齋頭，小坐歸。雲門來。作復王月坡仙居書，并寄去近科殿試朝考卷五本。作復子縝長沙書。作致趙桐孫天津書。夜睡甚早。付丸藥錢十七千文，高升豫支兩月工食錢十四千。

邸鈔：翰林院侍講周德潤轉侍讀，司經局洗馬劉廷枚升侍講。

二十八日癸巳　晴。作致王子獻寧波書。修竈。寫單約子裳、桂卿、汝翼、管惠農、馬蔚林、楊定甹及敦夫、雲門明晚飲聚寶堂。梁星海來辭行。付吕仙祠扁錢十九千，修竈錢十七千。

邸鈔：鑲黄旗蒙古副都統成章病故。詔：成章由侍衛前在直隸、山東、河南、湖北、江南等省剿辦賊匪，甚爲得力。兹聞溘逝，軫惜殊深。加恩照副都統例賜恤。伊子恩特亨額，俟及歲時由宗人府帶領引見。

二十九日甲午　晴。作書致管惠農，以寄王月坡書託遞。作書致汝翼，以汝翼將赴天津，託其附致桐孫書。作書致王廉生，乞北齊趙郡王高叡碑。下午詣肯夫久談。詣林贊虞師，送行卷五本。詣謝愊齋、周介甫，俱晤談。晚詣聚寶堂，諸君畢至，梁星海亦來，主客共十人。招霞芬諸郎，亦得十人。酣飲至二鼓，子裳復邀飲綺春堂，主客止五人矣。再招霞芬、玉仙，三更後歸。付車錢十千，酒保賞六千，客車七千，玉車四千，鼓詞六千。

邸鈔：以宗人府理事官阿克丹爲鴻臚寺卿。刑部左侍郎松溎補鑲黄旗蒙古副都統。正黄旗滿洲副都統明瑶因病奏請開缺。許之。

三十日乙未　晴，大風，自晨至晡稍止，寒甚。徐兵部慤立柬請明日飲樂椿園，辭之。得王廉生書，并高叡碑。爲梁星海書楹聯，贈之句云：『珠襦甲帳妝樓記；鈿軸牙籤翰苑書。』以星海瀕行，索之甚力，故書此爲贈。且舉其新昏、館選二事，以助伸眉。又有擔水夫服役寓中七年，頗勤謹，前日持紙求書，亦爲寫楹帖贈之，還其紙。得馬蔚林片，還弢夫所借箋模，即復。印結局送來是月公費銀三十三兩。作片致謝愊齋。夜書先六世祖天山府君家訓楹聯云：『多積德，多讀書，多吃虧，以多爲貴；寡意氣，寡言語，寡嗜好，欲寡未能。』

冬十月丙申朔　晴，上午風復起，至晚不絶，甚寒。比又小感寒，咳嗽不快者數日。今日身熱而病，此王微所謂『民生安樂之事，心死久矣』，半夕安寢，便以自慶者也。作書致廉生。

鄉人錢榮組孝廉來，言其師范秀才寅家藏其先世蘅洲先生著述，如《家語證僞》《韵學考原》《今韵津》《廟制問答》《刑法表》諸書，稿本具在，近擬以活字版印行之。此甚可喜也。雲門來。

邸鈔：吏部右侍郎烏拉喜崇阿調補正黄旗滿洲副都統。正白旗蒙古副都統鍾泰調補正紅旗滿洲副都統。内閣學士桂昂補正白旗蒙古副都統。

初二日丁酉　晴，下午有風，傍晚止。祖母倪太恭人忌日，供饋素饌八器；又以初六日爲祖妣余太恭人忌日，并饋肉肴四豆，菜菌羹一，饅頭兩大盤，時果四盤，春餅一盤，酒三巡，飯再巡，茗飲一巡，傍晚畢事。得王氏妹前月二十日書，言已定水澄巷族人空宅儲峙器具，待余挈眷以歸。余違丘墓、去弟妹者十年，稽山之夢，一夕數度，而牽於賤累，困於行李，悠悠滄海，吾其濟乎！付肴饌等錢二十六千，棉冬鞋錢十九千，葦蕭菊花錢六千。

邸鈔：上諭：李明墀奏提督黄少春遵旨前赴浙江一摺。黄少春著署理浙江提督，並著迅赴署任，以重職守。上諭：御史徐文洞奏外省各捐阻礙常例，請飭部一律停止一摺，著户部議奏。文洞疏云：乾隆時常捐收數每年可得數百萬。自籌餉例出，現行常例亦准各省援請獎敘。捐生希圖便利，無復赴部捐納，常捐遂因此而絶。現在停止外捐，規復常例，雖日前已捐者多，數年以後亦必漸有起色。乃近來外捐常例中，封銜等項尚有漏未截止者，其端有三：一曰滇黔之餉彙捐，一曰福建之茶捐，一曰各省之工賑捐。查户部常例每銀百兩，連加子須交實銀一百一十餘兩。滇黔局以餉票抵捐，祇須交實銀十餘兩，除扣七釐公費及部飯匯費支銷外，所得實銀不過數兩。是該省多數兩之挹注，即部庫有百兩之虧損，其不便孰甚云云。上諭：都察院奏已革上駟院郎中德生遺抱以被參情屈赴該衙門呈訴一摺，著都察院堂官秉公查訊，據實具奏。德生呈稱前被管理上駟院事務大臣安興阿奏參隱匿國差兵丁額缺及私行補放牧丁兩事，皆蒙混具稿，意圖浮冒，革員並不知情，實屬冤抑云云。

初三日戊戌　晴，傍午後有風。鄧鐵香來。得雲門書，即復。得紱丈書，借日記。讀《漢書》貨殖、游俠、匈奴諸序贊，《後漢書》西羌、西域、南匈奴諸論。夜户部火，河南司廨舍十三間悉焚。

邸鈔：以内閣侍讀學士劉緒爲太常寺少卿。

初四日己亥　晴，午前後有風。雲門來，邀同竹筼至廣德樓聽春臺部，頗有佳劇。夜飲聚寶堂，敦夫亦來，招霞芬、玉仙，二更歸。謝惺齋來，管惠農來，俱不值。付車錢十千，霞、玉車六千。

初五日庚子　巳初初刻十一分立冬，十月節。晴陰相間，有風。聽事中菊花盛開，時時坐南窗下，啜茗對之。謝惺齋來。得紱丈書，索閱詩詞全集，即復。付更夫皮衣賞錢十千，順兒月支錢八千。

邸鈔：上諭：張樹聲奏運司不能勝任。廣東鹽運使何兆瀛著開缺送部引見。

初六日辛丑　晴。得陳晝卿九月十日山左書，告其子昌沂及子婦姚之喪，并見寄七絕六首。晝卿以舉業稱後，頗喜爲詩、古文，而未得門徑。昌沂嗜金石，學過其父。余與晝卿雖素識，而性趣不同，絶未往還。昌沂去年入都，頗依依於余。而年未四十，遽以瘵殁，可惜也。其婦以痛夫過哀，遂相繼卒。晝卿止一子，暮景可憐。書中言此後如垂念老友，時惠一書，以紓抑塞，庶幾天涯臭味不絶於兩間。誦之殊爲悽黯。作書致敦夫。閲錢心壺所刻《經苑》中《温公易説》。

邸鈔：張樹聲奏甄别貪劣不職各員：廣東候補道齊世熙，天津，監生。候補知府冒澄，如皋，監生。知府用試用同知童鎔，試用通判錢彝甫，嘉興，監生。候補知縣段鴻舉、湛命禄，試用知縣劉維楨、李青培，署香山縣事、徐聞縣知縣許肇元，湖南，監生。署翁源縣事、始興縣知縣王壽仁，廣西，舉人。候選訓導李耀章，候補鹽知事盧權、張鴻佐等，均請即行革職；試用通判周書中、候補同知張振鐸、潮陽縣知縣劉兆霖，湖北，舉人。石城縣知縣奎成，漢軍，貢生。候補知縣郭溶等八人，均請革職，永不敘用。從之。以江蘇候補道洪汝奎補授廣東鹽運使。汝奎，安徽人，甲辰舉人，以沈葆楨、劉坤一迭疏密保得之。

初七日壬寅　晴，上午微陰。得紱丈書，即復。劉仙洲夫人送菜把。陸漁笙柬約明夕宴安徽館。剃頭。敦夫來，并贈滬上花箋。作書致雲門。署中送秋冬兩季支俸米七石八斗文票來。雲門來，邀同敦夫詣米市胡衕便宜坊夜飲。一更後歸，頗醉甚。

邸鈔：以光禄寺卿文暉爲太常寺卿。

初八日癸卯　晴。閲《顯志堂集》。其諸記及與人書有關時事掌故者，多通達治體，熟於沿革，有用之書也。得肯夫書，借日記，即復。得鄉人陳泳七月初重慶書。余初不知爲何人，閲其書，乃陳子峰先生之子、余仲弟之婦弟也。以卑官需次蜀中，書來乞余道地。平生未見一面，未通一書，今聞余得第，遽爾相干，其情雖可惡，而念余骨肉之零落，追憶昔年親戚往還之密，離别滄桑之多，故爲之憮然。姬侍輩詣吕仙諸祠禱。傍晚詣惠農、子裳，不值。即詣安徽館，赴漁笙之飲，坐爲敦夫、雲門、竹篔、鄭小渟、潘伯馴，及鎮海知縣于萬川、富暨鄞人蔡某。酒半，偕竹篔、敦夫、雲門立月下小橋，看疏楊垂影，寥蕭清絶，賞詠久之。夜一更後歸。付車錢二十三千。

初九日甲辰　晴。馬蔚林來。王可莊來。

初十日乙巳　晴和。慈禧皇太后壽節。是日氣候過暖，頗覺不快。午坐南窗倚日讀書，躁悶彌甚。去一棉衣，方稍平適。哀彼凍人，不得一褐。我輩無事坐食，實國家之一蠹，偏過飽暖，宜其病也。蔚林約明日夜飲。雲門來。比日點讀《史記》，頗有校正。夜月佳甚。付糊房東洋緑花紙錢三十六千九百文，付李升工食錢十千。

十一日丙午　晴和。作書致雲門行卷三本。作書致敦夫，得復。雲門來。王子裳來。潘伯循來。陳藍洲署應城令，寄來銀十二兩，自朱某附來。敦夫來，傍晚偕子裳、雲門同詣聚寶堂，赴蔚林之約，招霞芬、玉仙。坐客及左黼者共二十人。室暖如春，杯勺流溢，夜二鼓時歸。月皎於晝，街巷洞明。得紱丈書。肯夫來，不值。

閲明内府本《廣韵》。前僅孫愐《唐韵序》一首，亦不載其論。其書於目録注同用者，皆連綴之，如『二冬』下即綴『三鍾』，但以魚尾隔之，不别提行。韵下注文，刊削甚多，如開卷『東』字下即删十之七八。而《廣韵》所最詳者氏姓，考據家所寶貴，此本芟削尤甚。如『東』下原本云『又姓，舜七友有東不訾。又漢複姓十三氏』，以下自東門、東郭至東方、東里，皆列數之。或并詳其得姓之故。而此本云舜之後有東不訾，又漢複姓，東方朔，謬誤蓋不可言。而近人頗有稱之者，謂澤存堂本多經毛斧季、張力臣等改竄，此本轉得其真。此亦如今之議抱經盧氏所校《釋文》，遠不若通志堂本者，皆眯目一孔，好爲大言，徒見其妄而已。

付文奎齋刻字人銀十兩五錢。龍云齋刻字人送同年齒録來。付車錢五千，霞、玉車四千。

十二日丁未　晴。自寫粤東所刻《古經解彙函》及《小學彙函》書跗。敦夫邀至廣德樓聽春臺部。是日旦脚一陣風演《武鄉渡瀘》劇，輪船夷鬼，爨演如荼，觀者數千人，地不容趾。傍晚散。敦夫復邀同雲門、子裳、惠農飲聚寶堂，招霞芬、玉仙，夜二鼓歸。月出微陰，旋復清綺。付表糊聽事錢三十二千，霞、玉車錢四千。

邸鈔：涂宗瀛奏參庸劣不職各員：河南南陽縣知縣吴樹勳，雲南、廪貢。前署淅川廳同知、捐納通判王豫揚，前署裕州知州、候補知州吴維祁，前署淮寧縣知縣楊麗堂，均請即行革職；滑縣知縣張鑑堂，陝西、進士。請開缺另補。從之。

十三日戊申　晴，下午微陰。作書致紱丈。肯夫來，久談。敦夫來。雲門來，夜同詣霞芬家飲，作片招竹篔、桂卿、子裳，均不至。主客三四人，美酒清談，彌復雋永。夜三更後歸。月初出時甚曚朧，旋復佳妍，歸時如晝。族人王節婦來，予以夾衣一領，錢十千。付霞芬酒錢四十千，賞其僕十千，車錢六千，客車三千。

十四日己酉　微晴，多陰。餘杭同年褚伯約庶常來，必欲借予著述一二種觀之。其請已至再，意似甚誠，不得已出詩及駢文各一帙付之，且約日見還。余書無副本，向不願以示人。日記尤所秘。而面淡口鈍，又不忍拂人，往往所執不堅，借去後輒甚悔之，至形之夢寐。蓋世無真識，其來借者，或以爲玩好，或私相剿竊，甚且記其憤世之語、閑情之作，以爲口實。而不肖之徒，射景吠聲，增加誣託，妖訛百出，誠處世之大戒也。張叔平來。沈子培來，久談，且送其行卷來。此君讀書極細心，又有識見，近日所罕覯也。其經文刻四首，皆博而有要。第五策言西北徼外諸國，鉤貫諸史，參證輿圖，辨音定方，具有心得，視余作爲精密矣。

邸鈔：上諭：文煜、穆騰阿奏棍徒販運私酒，傷斃差役，請飭嚴訊一摺。棍徒孫太占等販運私酒，經巡役王瑞等緝獲，膽敢中途攔奪，將王瑞搶去，復拒捕毆傷差役，實屬目無法紀。現獲之孫太占、孫春榮、朱福禮、趙二等犯，著刑部嚴訊究辦。至王瑞被搶身死，該城指揮何以先不相驗？遽行掩埋，遲延多日，始行會驗，難保不另有情弊。著巡視西城、南城御史查明據實參辦。十九日，兩城御史覆奏疏上。

有旨：王瑞身死，南城初次相驗，與西城會驗，情節參差。且與海巡方順所報毆傷斃命，亦有不符。著刑部詳細審訊，務得確情。上諭：劉坤一奏特參老病不能治事之運司，請予勒休一摺。兩淮鹽運使王溥著勒令休致。王溥，陝西韓城人，道光戊戌進士，任山西冀寧道十餘年，年八十餘矣。前吏部尚書毛昶熙服闋請安。

荀學齋日記乙集下

光緒六年十月十五日至光緒七年五月十五日（1880年11月17日—1881年6月11日）

光緒六年庚辰十月十五日庚戌　晴，午後微風。

點閱《三國志・烏丸鮮卑東夷傳》。注引魚豢《魏略・西戎傳》，其言西域諸國道里最詳，惜奪誤太多，無從校正。然其最詳者大秦一國，而此國境古今沿革，獨爲茫昧。班書僅於烏弋山離國下云西與犂軒、條支接，其下但言條支，不言犂軒，而條支亦小國，爲安息役屬。又稱條支善眩。而安息國下云以犂軒眩人獻於漢，是犂軒與條支實二而一者也。范書亦言條支爲安息役屬，置大將監領之。《魏略》亦云安息役屬條支，號爲安息西界。而范及魚氏並云大秦國一名犂軒。范作『鞬』字，通。魏收《魏書》謂波斯國古條支國，今西印度界中尚有波斯一國，號白頭回。而敖罕亦作浩罕，又作霍罕。國西之布哈爾哈，亦作『噶』。國，相傳以爲即古大秦，其地距葉爾羌四十驛，西北界俄羅斯。道光二十二年，或言其併滅敖罕之地，蓋非實也。范書《西域傳》皆本安帝時班勇所記，已盛誇大秦。孟堅爲勇之諸父，其撰《漢書》，在章帝時，相距匪遥，何以一無紀述？且所載宫室、制度、民物、技藝，語皆近夸，《魏略》尤極形容。而蔚宗云：桓帝延熹九年，其所表貢，並無珍異，疑傳者過焉。則已疑其説矣。又《魏略》言：從安息界乘船，凡渡大海六，乃到其國。考安息一國，今亦不知何地，或以爲即回教祖國默克『默』，亦作『墨』。等部。亦在西印度，則轉在布哈爾之西。而自伊犂以西，逾葱嶺至各回部，何處須渡大海？是其道里皆不合也。班書但言條支國臨西海。范書亦言大秦國以在海西，亦云海西國；且載自安息西南行八千里，乃渡海至大秦。魏收書云：大秦國從條支西渡海曲一萬里，從安息西界循海曲至四萬餘里。雖與魚略言稍殊，而皆云渡海，則在海外可知。今合諸書所記觀之，知大秦實即今歐羅巴洲大西洋諸國也。

魏收書云：其海傍出，猶勃海也。而東西與勃海相望，蓋自然之理。此正明言東西洋之別也。范書、魚略皆言：其王無常主，國有灾異，輒廢而更立賢人，受放者甘黜不怨。此正今法蘭西諸國王皆民建，廢立不常之事也。魚略言其別枝封小國，有驢分王，驢分即古西洋之羅馬大國，見於艾儒略等書，作羅汶，或作羅聞者是也。范書言：以石爲城郭，列置郵亭，皆堊塈之，宫室皆以水晶爲柱。此正如今西洋諸國之制。魚略言其宫室爲重屋，范書言其城邑周圜百餘里，又皆言其人民連屬，終無盜賊。今英、法諸國皆然。魚略言其別分諸國，如澤散、驢分、且蘭、賢督、汜復、干羅諸王，皆分治海中，不知里數。范書亦言其小國役屬者數十。此正知昔之羅馬强時，統一歐羅巴洲之地；今英、法諸大國，亦各役屬小國也。魚略言：其國有織成細布，用水羊毳，名曰海西布，或曰野蠶繭所作，范書亦云。又織成氍毹、毾㲪、罽帳之屬，皆好，其色鮮於海東諸國所作。此正如今西洋呢錦、洋布之屬。范書言：合會諸香，煎其汁以爲蘇合。魚略言：有草木十二種香。此正如今西洋之香水。魚略言：其常利得中國絲，以爲胡綾。此即今猶然。

魚略言：大秦道既從海北陸通，又循海而南，與交阯七郡外夷比。又有水道通益州、永昌，故永昌出異物。前世但論有水道，不知有陸道。案：范書已云從安息陸道繞海，北行出海，西至大秦。今西洋自地中海出印度北境，可由陸道至葱嶺東西諸路。而歐羅巴東境正當俄羅斯國都，皆陸道也。水道由緬甸通雲南，達安南，正其明證。魏收書所云『從條支西渡海曲一萬里』者，『曲』字涉下文而衍，此言其水道也；所云從安息西界循海曲至四萬餘里者，此即言其陸道也。

范書言：其人民皆長大平正，有類中國，故謂之大秦。魏收書言：其人端正長大，衣服車旗擬儀中國，故外域謂之大秦。案：自漢以來，所見諸夷國名，皆本其方言，略無文義。大秦必非當時國名，蓋其商賈之人，夸於中國，以漢承秦後，自謂大秦，以見其大於漢，猶今之稱泰西、稱大西洋也。范書言有飛橋數百里可渡海，亦其誇誕之言。至今猶然。

蓋西漢及東漢之初，商船不通，故言西域者，至條支、安息、今印度之境而止。范書云：前世漢使皆自烏弋以還，莫有至條支者。和帝永元九年，都護班超遣掾甘英窮西海，始抵條支，臨大海，欲度至大秦，而爲安息西界船人所勸止，終不知其國之何若。安、順以後，商貨忽通，產物奇異，故班勇所記以及華嶠《漢後書》、范書多用華書。魚豢、魏收之流，遂盛相夸美其國。蓋亦於漢、晉時爲盛，至南北朝後已衰，故《隋書》已不見。唐時爲拂菻國。《舊唐書·西戎傳》云：拂菻國一名大秦，在西海之上，東南與波斯接，地方萬餘里，列城四百，邑居連屬。其所載大率與《後漢書》《魏略》同。又云：王宮第二門樓中懸一大金稱，以金丸十二枚屬於衡端，以候十二時。爲一金人，大如人，立於側。每至一時，其金丸輒落，鏗然發聲引唱，豪釐無失。此即今西洋鐘表之制。拂菻蓋即佛郎機，今稱法蘭西。『拂』『佛』、『法』『菻』、『郎』『蘭』皆同音遞轉，『西』『機』其餘音。是則大秦爲今之歐羅巴洲諸國無疑也。

近人魏源《海國圖志》、徐繼畬《瀛寰志略》皆謂歐羅巴之意大里亞國即古之大秦，其說近矣。而未以諸書相證明，故世多不信。且意大里亞爲昔羅馬建都之地，蓋即《魏略》所云驢分王，僅大秦之別國，不若以歐羅巴全境該之。若徐星伯等，但據《漢書》犁靬一語，求之於西域諸國，遂以爲布哈爾即大秦，景響附會。核之今西域回部至印度之地，何處容此一大國？更何有如諸書所稱者乎？惟大秦蓋萌芽於周，《海國圖志》等書皆云羅馬崛起於周幽王時。興於秦，極盛於東漢之世，至晉以後漸衰。《唐書》所紀，亦多本魚、魏諸書，而云貞觀後大食强盛，遂爲臣屬。蓋唐時亦惟因其貢使間至，言貞觀、乾封、大足、開元時凡五貢。略有所聞，其商舶貿易往來，當已久絶，故究不知其國境所在。幸《魏略》言之最詳，得以疏通證明焉。羅馬衰後，分并不恒。至元以後，始復漸强。故明世大西洋商販富庶，珍物流溢。至今日而又極盛矣。機巧日出，侈麗滋生，瑰奇怪誕，不可思議，不可究詰，而其國亦内耗，俗亦日敝。日中則昃，月盈則食，理之常也。

雲門來。得敦夫書，即復。是夕望，夜月佳甚，秋中無此皎潔也。欲出賞之，裴回無侶，數步庭下，疏楊短籬，嫛婆清影，以詩一首紀之。仍燃燭讀書。作復張梅巖新城書，并寄行卷二本。

邸鈔：李鴻章奏東明縣霜降後黄河水長壞堤，水勢東趨，分别參辦。詔：即趕緊設法搶堵。所有被淹各處，有無損傷人口，應否撫恤，勘明辦理。防汛各員開州協副將張桂芳、東明縣知縣張宗沂等，均革職留任，在工效力。大順廣道劉盛藻摘去頂戴。新授廣東鹽運使洪汝奎調補兩淮鹽運使，前徐海河務道段起升廣東鹽運使。上諭：御史莫勒賡額奏考試恩監生，請仿照貢院别項考試辦理，及八旗文童府院接連考試，請明定章程各摺片，著禮部議奏。

十六日辛亥　晴，風。作書致雲門，得復。作書致桂卿，并行卷三本，又以寄梅巖書託其附致杭州，得復。剃頭。作書致紱丈，約十八日爲放翁補作生日，得復。作書致敦夫，得復。敦夫來。傍晚詣潘伯馴賈家胡衕新居，即詣鄧鐵香小坐。夜由南横街至廣和居，赴楊定旉之招，坐有敦夫及翰林江某、吕某。二更始散，月皎如昨。偕敦夫同車訪許竹篔香爐四巷新居，停其門首數刻，辭以已睡。遂由南北柳巷出莊家橋，至韓家潭霞芬家對飲，更招玉仙、月秋。明蟾透窗，銀燭增潔，垂簾密坐，倚酒濃薰。四更始歸，衢巷如畫，以詩一首紀之。付車錢八千。

邸鈔：詔：前吏部尚書毛昶熙仍在總理各國事務衙門行走。左宗棠奏甄别庸劣不職各員：甘肅前署安西直隸州知州、補用知府劉肇端，岷州知州胡爾昌，署敦煌縣知縣蔣其章，杭州進士。前署迪化直隸州知州、補用同知嚴金清，均請即行革職；西寧縣知縣朱鏡清，江蘇監生。請以府經歷縣丞降補。從之。

十七日壬子　晴。曾祖考忌日，上午供饋，肉肴七豆，菜肴三豆，魚羹肉滑火鍋一，饅頭一大盤，時果四盤，杏酪一巡，酒五巡，飯再巡，清茗一巡，晡後畢事。作書致儀徵嚴鹿谿，約明日小飲，得復。作書致雲門，致沈子培，俱約明日飲，得雲門復。夜月出，皎如前。

邸鈔：詹事府右春坊右贊善尹蕭怡轉補左春坊左贊善，編修梁仲衡安肅，戊辰。升右贊善。前廣東高廉道孫楫以知府用。

十八日癸丑　晴，有風，傍晚止。始服鼲鼠裘。得嚴六谿書，以疾辭飲，且贈新刻《姚惜抱尺牘》兩册，何子貞書石刻一通，即復還之。再得六谿片，以伊闕北魏石刻二十種爲贈，即復謝。作書致桂卿。得紱丈書，以風辭飲，即復。作書致鄧鐵香、張叔平，俱邀飲。作書致敦夫。子培來。鐵香來。敦夫來。雲門來。竹篔送來趙桐孫十一日天津復書，亦留之飲。霞芬來。月秋來。酒初行，桂卿來。夜更鼓動時方飯。叔平來。二更客散，月仍皎甚，以詩紀之。得吕庭芷昨日天津書。

邸鈔：詔：都察院左都御史志和加恩在紫禁城内騎馬。上諭：宗人府奏應封宗室業已當差，可否仍准入考一摺。應封宗室溥良、溥興，均准其一體考試，照例授職。上諭：李鴻章奏道員貪鄙不職，據實奏參一摺。直隸口北道玉珩著即行革職。前任口北道奎斌仍補原官。

十九日甲寅　晴。嚴鹿谿來。得張叔平書。作書致敦夫。得紱丈書，并昨招飲不至詩一首，即復。作書致伯寅尚書，以秋初偕敦夫等呈都察院爲王子詒請旌，久不得報。昨屬叔平詢之，京畿道傅御史覆言，早移咨禮部，被駁不行。此事余曾致書伯寅乞言之，都御史童、志兩君爲之專奏，不欲先咨禮部，又屬伯寅以告禮部徐尚書，它日旨下禮部，即爲准覆。伯寅皆力任之，而事竟不諧，可太息也。得伯寅復書，言曾屬童君專奏，不移禮部。如欲移者，先以相告。而數日後遇童君，則言已咨禮部。乃與徐尚書面言者一，致書者三，屬其上請，而事復如此，真不可解矣！童君鄞人，與王氏無仇。徐尚書喜誦佛言因果。何以好惡拂人之性，至於此邪！此舉余本以請旌非孝子意，不欲爲之，而子獻及寧波士夫皆意在表章，伯寅尚書亦有此議。不謂諸公之皆木人石心也！豈見余之名而忌之邪？抑以尚書言之切而疑之邪？即復。再得伯寅書，且屬重寫節略一紙，致署禮部李尚書詢之，即復。三得伯寅書。朱桂卿來辭行。比日聽事前迎春樹忽開三花，中庭桃李、丁香皆含萼，如欲放者。昨日雲門言，編修黄國瑾家杏花亦開。上海《申報》言蘇州諸郡桃李皆華。夜陰。作書至二更後，頗苦足冷。三更月出。

邸鈔：詔：恭親王之第四子命名載潢。

二十日乙卯　卯正初刻十二分小雪，十月中。晴，巳後有風。合校《後漢》《魏》《隋》《舊唐》西域、西戎、北狄諸傳，頗有所辨正。傍晚詣敦夫談，復與仙洲夫人語，上燈後歸。夜坐校書，頗寒。

二十一日丙辰　晨晴，上午陰，下午復晴。校注《後漢書·西域傳》。晡後答拜張叔平，送朱桂卿行，皆晤談。晚詣謝惺齋、周介甫談，夜歸。周介甫來，不晤。兩日來中庭墻陰迎春復開五花。

邸鈔：張樹聲奏廣東水師提督翟國彦舊傷復發，病勢漸增，懇請開缺。詔：翟國彦准其開缺，回籍調理。

二十二日丁巳　晴，下午陰，傍晚有風，晚大風，入夜益横。寫單約張叔平、陳同叔、李玉舟、朱桂卿、謝惺齋、周介甫及敦夫夜飲豐樓。作書致叔平，託代領南新倉奉米。作片致同叔。雲門來。夜詣豐樓，叔平、惺齋、介甫、敦甫相繼至，招霞芬、玉仙諸郎，至者十一人，飲至三更始散。徹夜大風。付客車錢九千五百，車錢六千，酒保賞五千五百，付文奎齋刻字鋪銀四兩，付季氏賃屋銀六兩。

邸鈔：以浙江提督吴長慶調補廣東水師提督。以前浙江提督黄少春補原官。少春本以召赴浙江，已報由湖南起程，先有旨署浙江提督，以長慶在直隸未赴任也。

二十三日戊午　晴，大風，寒甚。始服重裘。陳同叔來。作書致嚴菊泉師，并試卷三本。夜作書致桂卿，以致菊泉師書託附寄嘉興府學。夜風不絶。敦夫饋彘脯、醉魚，即復謝。始用火鑪。

邸鈔：右春坊右中允温紹棠轉補左春坊左中允，國子監司業錢桂森轉右中允。詔：倉場坐糧廳漢監督、户部郎中何桂芳，再留辦漕務一年，嗣後不得援以爲例。從倉場侍郎繼格等請也。

二十四日己未　晴，風漸止。李玉舟來。安徽人江編修澍畇來，乞撰壽序，辭之。夜作復四川德陽縣令陶蓮生搢綬書。兩日驟寒，硯凍，須近鑪火作字。

二十五日庚申　薄晴，多陰。作書致傅蓮舟泝中，并致陶令書及試卷各兩本，俱作書託傅子蓴附寄。作復吕定子天津書。夜戲和《曝書亭集》中藏鉤詞，并寫竹垞原詞，致敦夫。

邸鈔：上諭：御史鄔純嘏奏户部盤查寶泉局庫，當十大錢虧短甚鉅，所存制錢，以經費不足，未經盤查，難保必無虧短等語。此次户部盤查寶泉局庫，當十大錢有無虧短，是否未將制錢盤查，著户部據實具奏。原奏劾侍郎王文韶曾任監督，恐查有虧短，難免賠補，是以主令停止盤查。

二十六日辛酉　晴，晡有風。得朱桂卿書，告今日即行。作書致褚伯約，索還詩文集。作書致雲門。作書送桂卿南還。雲門來。作書致王廉生，詢行期。作書致嚴六谿，送試卷兩本。殷萼庭來。得廉生復，并試卷一本，合癸酉副榜、己卯鄉榜卷刻之，至一百數十番。云尚有七科合訂本，亦可謂好事矣。敦夫來夜談，其兄益夫今日邸鈔選平湖教諭。族人王節婦來，付以錢十六千。

邸鈔：理藩院尚書、鑲藍旗蒙古都統察杭阿卒，遞遺摺。詔：察杭阿老成練達，宣力有年。前因患病，給假調理。兹聞溘逝，軫惜殊深。加恩照尚書例賜恤，伊孫一品蔭生錫昭以郎中用。以都察院左都御史志和爲理藩院尚書。以吏部左侍郎、左翼總兵宗室麟書爲都察院左都御史。以吏部右侍郎烏勒喜崇阿轉補左侍郎，仍兼署禮部左侍郎。以兵部左侍郎宗室奎潤調補吏部右侍郎，仍兼署户部左侍郎。以内閣學士耀年爲兵部左侍郎。内大臣吉和補授鑲藍旗蒙古都統。

二十七日壬戌　晴，下午微陰。閲陸質《春秋集傳辨疑》。其書大半臆説，然其駁《左氏》固多妄，其駁《公》《穀》則頗近實，以《公》《穀》亦多臆説也。文筆峭簡，非宋以後所能。得嚴六谿書。雲門來，夜邀同敦夫飯便宜坊。初更敦夫邀飲壽春堂，招霞芬，三更歸。付丸藥錢十千，手鞱錢四千，車錢六千。剃頭。

邸鈔：上諭：富陞奏特參不顧體統之大臣，並自請嚴議一摺。此次禮親王世鐸等奉派前赴盛京恭行典禮。十月十二日，將軍岐元等在奉天府府尹衙署設席款待。乃盛京兵部侍郎綿宜起立離席，向禮親王世鐸笑語無節，甚至輕躁失儀，任意戲謔，實屬有玷官箴。綿宜著即行革職，以示懲儆。至賓主筵宴，亦酬酢之常。惟差務未竣，遽行宴會，亦有不合。禮親王世鐸、肅親王隆懃、禮部尚書徐桐、禮部侍郎桂全、工部侍郎興廉、署工部侍郎程祖誥、盛京將軍岐元、副都統富陞、盛京户部侍郎恩福、刑部侍郎啓秀、工部侍郎興恩、奉天府府尹松林、府丞潘斯濂，均交各該衙門議處。富陞因綿宜不顧體統，具摺糾參，乃豪無顧忌，竟敢將猥褻之詞，登諸奏牘，實屬冒昧糊塗，著再行交部議處。至所稱奉天風會，日以酒食游戲相徵逐，似此縱逸成風，安能盡心公事？嗣後該將軍等務當湔除積習，力矢勤慎，儻敢再蹈前轍，定行懲處不貸。先是護軍統領恩全恭送至山海關，先回京，於初九日覆命。綿宜、松林、副都統謙德自盛京至山海關迎護。二十二日，禮親王等自盛京奏報尊藏禮成。有旨均交部議敘。乃使者未歸，而今日劾疏至矣。以都察院左副都御史宗室寶森爲盛京兵部侍郎。以禮部右侍郎崇禮兼補左翼總兵。正紅旗蒙古副都統、承恩公照祥補鑲白旗滿洲副都統。内閣學士宗室敬信補正紅旗蒙古副都統。

二十八日癸亥　晴。起甚遲。印結局送來是月公費銀十二兩。比日讀《説文》，略校小徐《繫傳》。夜有風。

二十九日甲子小盡　晴，比日稍和。坐南窗校《説文繫傳》。得紱丈書，即復。作書致雲門，得復。晡後詣敦夫齋中，遇吴介唐，談至晚歸。

邸鈔：兩宫皇太后懿旨：醇親王奕譞管理神機營事務，佩帶印鑰。寶鋆並管理該營事務。伯彦訥謨祜毋庸管理。此以南苑大操事也。自八月初都統穆騰阿等赴南苑秋操，至是月二十一日回京。二十六日，聞伯彦訥謨祜奏請誅一已革驍騎校。或云伯王主操政過嚴，士多怨。此人以犯分革復求見，搜其衣中，有小刀，疑欲行刺，杖之垂斃，而後誅之。或云此人故刁悍，横於軍中，而爲朱邸所眷，恃此屢忤犯，故被誅。不能詳也。誅之次日，其母及妻子皆服毒死於伯王之門。醇邸以聞，始有此論矣。

左春坊左中允温紹棠升司經局洗馬。

十月十五夜步月籬下作

初冬茲夕望，氣暖秋中旬。皓月耀澄魄，玉照無纖塵。嘯侶絶芳躅，瑶抱孤莫因。幸有一弓地，俯仰寬如春。疏楊綴餘葉，瘦竹浮寒筠。清影在庭下，因風動微淪。階露久侵韤，籬枝時礙巾。寥賞悟能遠，静取景彌真。不知冰霜迫，惟覺天地親。當其獨往時，蕭然山水鄰。彈琴無與會，松桂思遥人。

十月十六夜偕敦夫對飲朱霞精舍看月

今夕亦復佳，心賞隨目涉。清輝固不減，瑶襟互成愜。銀燭啓蘭幌，紅窗掩瓊葉。瀲灧金尊開，迤邐晶屏疊。瓶花映鏡重，鑪薰展袖裛。静數銀壺箭，暗聽繡廊屧。茶香遞密語，酒霞泛紅靨。綺懷豈取盈，歡悰暫爲接。歸逢人早朝，籠燈指遥堞。

十月十八夜招鄧鐵香許竹筼及敦夫雲門飲寓齋送朱桂卿庶常福詵**沈子培比部**曾植**兩同年還秀州**

久客傷歲暮，拙宦思冬閑。言遲素心侣，共此尊俎間。南窗納晴日，殘菊横酒船。翠袖互捧觴，紅鑪近當筵。清談未知倦，素月生檐前。坐中朱與沈，得第歸故山。聚散亦偶爾，衰老彌自憐。廿年不得調，一第窮依然。湖鏡待霜曉，叢花候冬妍。猨鶴怨亦久，白頭未知還。安得一畝地，結屋依流泉。相招就菘韭，曝背終餘年。

十一月乙丑朔　晨陰，巳後晴，午後微陰。比日頗暖，徹鑪。周介甫來。謝惺齋來。是日得詩兩首。

詠史二首

捧日黄云宴慶成，無端一疏落華纓。差同兒女嗤臨汝，羞見獮猴舞列卿。故紙賽筵猶有獄，鐵槊横膝太無名。烏瓛吹笛偏同坐，舉酒吴宫想顧生。

貙劉五柞設和門，神策由來七校尊。虚説霍光搜挾刃，竟聞胡建劾穿垣。南軍日造黄龍艦，東府親持白虎旛。講武驪山原故事，銀刀組甲久承恩。

初二日丙寅　晴。巡倉李御史送來奉俗作『俸』。米七石八斗，每石約一百二十餘斤，尚潔白可食。謝惺齋送來胡□□九月分印結公費銀，此以曾君表等爲行年六十，得此斗升，而舉家色喜，可歎也。余與惺齋言之管局吏部馬主事，往反五六次，遷延兩月餘，始得三十金。以畀霞芬，霞芬索酒直也。雲門來，下午偕至廣德樓觀春臺部。傍晚雲門、敦夫邀飲聚寶堂，爲汝翼作生日，亦惑溺之波及矣。夜二更後余更設飲霞芬家，爲汝翼壽。三更後歸。族弟慧叔來，陳書玉來，俱不值。招霞芬、玉仙。是日聞竹篔被命出使日本，代何如璋還。竹篔以甲戌歲爲故相文文忠保舉堪使外洋人材，至此始得之。即可以侍講升用，且加二品頂戴。然坊局之選，得於鑿空；侍從之華，用以媚夷。饕無名之厚禄，被非分之服章。雖爲無識者所艷稱，終非志士所樂道。吾深爲竹篔惜之也。付霞芬酒錢四十千，賞其僕十千，車錢十二千，霞、玉車六千，客車四千，犒李使十千，謝使二千。

初三日丁卯　晴。外祖仁甫倪公生日，供饋十二豆，火鍋一，點心糕餅之屬四盤，時果四盤，粟子湯一巡，酒三巡，飯再巡，清茗一巡，祔以三舅、四舅，晡後畢事。外祖及外祖母忌日皆在此數日中，惟外祖母生日在五月。今年以病不克祭，止此一饋耳。作書致敦夫。敦夫來。周荇農閣學來，四五年不相見矣，頭須皓然，足疾未大愈，而精神矍鑠，可喜也。夜詣天興居，同鄉九人，消寒第一集也。謝惺齋年最長，爲主人。計九人中，惟施敏先年未四十，爲最少。其八人者，已四百餘歲矣。二更歸。付肴饌等錢二十六千，車錢六千。

邸鈔：兩宮皇太后懿旨：醇親王奕譞之第四子命名載洸。

初四日戊辰　晴，比日和煦如春。作書致敦夫，得復。作書致雲門。下午偕敦夫至廣德樓聽春臺部。晚邀敦夫飲聚寶堂，招霞芬、玉仙，夜一更後歸。付車錢八千，酒保賞三千，霞、玉車四千。

邸鈔：上諭：左宗棠奏遵旨來京陛見一摺。劉錦棠著署理欽差大臣督辦新疆軍務，所遺幫辦軍務，著張曜署理。楊昌濬著護理陝甘總督。以卸署西寧辦事大臣、陝西分巡延榆綏道李慎署甘肅布政使。上諭：户部奏盤查寶泉局庫情形，據實覆陳，並請將虧短錢文之監督等議處、書吏審訊各一摺。此次户部盤查寶泉局庫，業經該堂官飭屬詳細查明，所存制錢，已穿出六萬四千餘串。餘因錢制輕小，且有鏽結情形，難期通用，大致數目，尚不懸殊。該堂官公同商酌，飭令中止辦理，並無不合。至所短當十大錢，除借支各項應行扣還，溢支之款著落賠補外，尚虧短一萬四千六百餘串，實屬不成事體。該監督總司局務，該大使典守庫藏，咎實難辭。著將同治九年盤查該庫後歷任各該監督、大使交部先行分别議處。失察之歷任錢法堂侍郎，查取職名，交部察議。長敘、宜振亦有失察之咎，一併察議。書吏駱允元著交刑部審辦。以通政司參議張凱嵩爲内閣侍讀學士。

初五日己巳　晴。校注《乾隆紹興府志·選舉表》。得紱丈書，借日記，即復。得王子獻十月廿一日鄞縣書，并其弟子詒遺詩一册，又得曉湖書。雲門來。袁爽秋來。是日稍寒，夜有風。

邸鈔：以協辦大學士、工部尚書全慶爲大學士，管理工部事務。以吏部尚書宗室靈桂協辦大學士。以户科給事中朱以增爲順天府府丞。李宏謨病故。詔：初七日親詣大高殿祈雪，惇親王等分禱時應諸宫廟。

初六日庚午　丑初初刻八分大雪，十一月節。晴，有風，午後微陰。作書致張叔平，以王子詒請旌事也。終日校讀《孟子正義》，而又感微寒，頗咳嗽不快。夜寒，復用鑪。付綢錢二十五千，丸藥錢十八千九百。

邸鈔：以杭州將軍宗室瑞聯爲工部尚書。瑞聯以去年十一月由綏遠城將軍調杭州，今年九月始自綏遠城入覲，十月請假兩月，未幾而有此授。

初七日辛未　晴，風，寒甚。讀《孟子正義》。雲門來。夜赴汝翼聚寶堂之飲，招霞芬、玉仙，一更後歸。付石炭錢四十八千，車錢五千。

邸鈔：以鑲藍旗蒙古都統吉和爲杭州將軍，穆隆阿補鑲藍旗蒙古都統。

初八日壬申　晴。得雲門書。作書致敦夫。讀《孟子正義》。夜詣敦夫齋中談，一更後歸。遣李升至内城馬聚興帽店買本色貂冠一，江獺皮冠一，連緯纓，付銀十一兩三錢。余用一染貂冠十餘年矣，今冠制尚圜以高，而余庳以橢，其卷武之毛皆禿盡，見者多笑之。欲易之者已數年，未知此生尚能戴幾也。是日市中決囚，凡七人，絞一婦人。

邸鈔：以通政司副使宗室載英爲光禄寺卿。

初九日癸酉　晴。閲俞蔭甫《群經平義》。剃頭。作書致雲門，得復。得弢夫九月十九日江陰書。聞昨日晡時有人衣青布裘直入慈寧宫門，至體元宫西暖閣下，持烟筒吸烟時，慈禧皇太后將進膳，聞咳聲，問：『誰何？』應曰：『我。』内監執之，詢所來。曰：『自天上來。』『來何爲？』曰：『來放火。』此異事也。先是九月初，乾清宫徹凉棚，有火藥鋪席上，及藏引火具於架間者。有旨以内監交内務府慎刑司嚴鞫。尚未得實，今又有此事。其如陳持弓之犯銁盾，劉思廣之入含元邪？抑監豎之黠者，誘鄉愚以猲宫闈，冀緩其獄邪？抑門籍過弛，奸賈猾駔與宦寺市易，狃於出入邪？

初十日甲戌　晴。午出門詣桑柏儕尚書、王益吾祭酒，入城詣徐蔭軒尚書師、翁叔平尚書師、麟素文左都師、董尚書恂、王侍郎文韶、奎侍郎奎潤，皆送行卷也。祭酒以甲戌房薦，董以覆試閱卷、殿試讀卷，王以殿試讀卷，奎以知貢舉，故皆以師稱之。不執摯，惟各送門包錢三千。董、王、奎皆户部長官也。凡朝考得旨還原衙門者，例謁謝，故今并行之。諸公皆它出，獨見麟左都師，并晤錢辛伯中允於客次。又答拜陸漁笙、譚光禄廷彪、户部寶琛及毛尚書昶熙之子同司員外繩武。又詣吏部盛郎中植型同年，庶常炳緯之父也。出宣武門詣許昌德侍郎師，皆送行卷。答詣邑人錢蕃卿。黄昏還寓更衣，詣福興居，同鄉消寒第二集也。吴松堂爲主人。霞芬、玉仙來行酒，留之。夜二更歸，月色如畫。閱俞氏《群經平義》。付車錢十二千，門包錢十二千，霞、玉車錢六千。

邸鈔：詔：已故内閣侍讀學士、前四川總督曾望顔於陝西省城建立專祠，並將政績宣付史館立傳。從左宗棠請也。疏稱：曾望顔自咸豐七年任陝西巡撫時，髮捻糜爛，東南殆遍，秦中險固，得以僅存，漢回亦未肇衅。望顔視爲隱憂，修城繕械，力行保甲，晝地宵巡，燈柝相望，汰練標兵，備治守具。其後捻回雖衆，不敢薄城。迨大軍援剿，未嘗以城防分其兵力。又去陝西官錢局之積蠹，治南山北山之刀匪，擒磔其魁拜六、麥芒等於市。舉行社倉，賑撫蝗旱。其待屬吏甚嚴，僚左謁見，不敢仰視。下車即劾去墨吏數人。時人擬之包孝肅，呼爲閻羅。曾老在秦兩年，百廢俱興。及升四川總督，罷官後，生計蕭條。駱秉章與之同鄉素交，晚結姻親，分財以給。情素節激，然尤可想見云。

十一日乙亥　晴。得陳雲舫見贈五律二首，即復。下午入城，詣嘎嘎胡衕景儉卿尚書師，又詣白廟胡衕户部右侍郎長敘，皆送行卷。侍郎爲故太子太傅、陝甘總督莊毅公裕泰之子，同年庶常志鋭之季父也。又至甘井胡衕答拜同年庶常薩廉，故相穆彰阿之子也。第宅宏曠，朱漆剥墮，老木參差，夕陽黯淡。當日手握鈞軸，赫翕廿年，珠履蹤門，前後相藉，華轂擁路，昕宵不通。自天眷忽回，朝籍盡削，曳裾恩地，遂成故墟，儵忽三朝，蓋無過問。故相誤國之罪，久定綸言，華夏皆知，親愛莫諱。惟其引掖後進，道地孤寒，雖多在門墻，而不離文字。較之樹援植黨，傳法持權者，尚有間也。且其諸子皆久滯秀孝，待次卑官，無一登華要、躐上第者。今之館選有人，殆以報乎！又答詣王信甫。仍出宣武門詣繩匠胡衕謁李蘭孫尚書，以覆試閲卷也。如董、王諸公禮入見，久談，至夜出。不執摯而見，見且以夜，皆非禮，是余之過也。余初以諸公或言其偃蹇，故一投刺以塞責，意未必相見，故略其禮。然矯枉亦已過矣。夜月更佳，詣敦夫齋中談。付車錢七千，門包三千。

邸鈔：詔：禮親王世鐸等應得降三級調用處分，均加恩改爲降三級留任，不准抵銷。副都統富陞並照部議再降二級留任，准其抵銷。

十二日丙子　晴，午微有風。得李玉舟書，約明夕飲。雲門來，共午飯。後偕敦夫同詣廣德樓聽春臺部。晚雲門邀飲聚寶堂，招霞芬、玉仙，夜二更歸。王益吾祭酒來，不值。得秦澹如杭州書。得益吾書。

閲俞蔭甫《考工記世室重屋明堂考》。專駁鄭注，所謂言之成理，持之有故，似是而甚非者也。其謂四堂内爲五室；四堂各有内溜，皆注於太室中，而上爲重屋，以避沾濡。臆必之談，殆同兒戲。

是日購一羊裘，付銀十三兩。侍郎長敘以明日嫁女，送賀錢四千。明日，聖祖忌辰也。侍郎姻連帝室，而不避此禁，亦可怪矣。遣人至麟左都師處，再送行卷六本。付車錢八千，玉車二千。

邸鈔：上諭：内務府奏拏獲擅入宮内人犯，請派王大臣會同刑部審辦一摺。本月初八日，宮内拏獲劉振生一犯，著即解交刑部，派軍機大臣、總管内務府大臣，會同刑部嚴行審訊，定擬具奏。上諭：本年各直省辦理秋審人犯，經刑部由緩决改情實者，四川省多至五起。該督並臬司於秋讞重犯，未能詳審覈議，均著交部查明，分別議處。上諭：左宗棠奏甄別知縣一摺。甘肅安定縣知縣趙國棟、陝西，舉人。隴西縣知縣劉應龍，山東，進士。年力就衰，難期振作，均以原品休致。鎮番縣知縣范希廉、陝西，優貢。寧遠縣知縣王振遠，直隸，舉人。安化縣知縣李德成，直隸，舉人。性識迂拘，辦事竭蹷，均以府經歷縣丞降補。敦煌縣知縣李榮，陝西，舉人。人地不宜，開缺另補。上諭：左宗棠奏請將總兵開缺一摺。甘肅肅州鎮總兵章洪勝，人地不宜，著即開缺另補。所遺員缺著王仁和補授。左宗棠旋奏王仁和任洮州協副將，不能整頓營規，遇事張皇，難期勝任。十二月三十日，詔王仁和著即開缺，交楊昌濬察看，據實參奏。以周紹濂爲肅州鎮總兵。

十三日丁丑　晴。作書復王益吾，以稱謂之辨也。余甲戌會試，出益吾房，李高陽首中之。及填榜，以詩多兩韵，而是年穆宗於進呈卷不拆封，故尚書萬青藜等擅易之益吾，與李公終心痗也。故今年會試填榜時，益吾惟恐余之不得。及覆試，李公閲卷，以不置第一爲惜。余因稱情以報之，而益吾昨書深致愧謝。乃與言平生師友之事，報施之禮，以廣其意。作片致吴松堂，并銀二兩，屬其辦去年覃恩請封也。王益吾來，久談。晡後詣周荇農丈，適其小極，入内久談。以所著《兩漢書札記》中辨正地理者數條見商，并以《三國志札記》一册屬閲。荇丈已老病，而勤勤考據，志不少解，近日公卿中所無者也。出答詣數客。夜至聚寶堂，赴玉舟之飲，坐有敦夫及龎編修鴻文、詹鴻謨、俞□□兩禮部。招霞芬、玉仙。二更後歸，月皎於晝。付車錢七千，霞、玉車六千，付李升工食錢十千。

邸鈔：詔：十六日再詣大高殿祈雪，仍分命惇親王等禱時應諸宫廟。

十四日戊寅　晴。閲荇丈《三國志札記》，爲補正數條。雲門來。夜月佳甚。付高升兩月工食錢十四千，至明年正月訖。

十五日己卯　晨晴，上午後微陰，晡陰。許竹篔來，言約以明正月行，參贊、領事諸人尚未聘定也。此次總理衙門進單請簡者凡二十餘人，第一徐建寅，無錫人，第二徐同善，廣東駐防漢軍人，皆同知。第三許鈴身，而竹篔居第四。以後爲主事黄貽楫及李合肥所保道員薛福成、馬某等。建寅見爲德國欽差李鳳苞參贊，同善爲崇厚所舉，同善字公可，故紹興知府榮之子。鈴身屢被彈，故皆不用耳。閲俞蔭甫《詩經平義》。是夕望，夜時加子月蝕既。今年三食矣。太僕卿吴廷芬嫁女，送賀錢四千。

邸鈔：吴元炳奏特參庸劣不職各員：江蘇清河縣知縣玉亮，蒙古，監生。泰興縣知縣張興詩，歸安，舉人。候補知縣李萱慶，均請即行革職；江陰縣知縣李文耀，湖北，進士。請開缺，以簡缺另補。從之。

十六日庚辰　晴。校閲《史記・大宛列傳》。作書致荇丈，并還《三國志札記》。同司掌印郎中廷愷、霍順武、明保等五人約二十日會飲天福堂，辭之。夜月皎甚。

十七日辛巳　晴。祖妣倪太恭人生日，以將届冬至之祭，僅供菜肴五豆，饅頭兩大盤，蘆菔餅一盤，炸粉圓一盤，時果四色，蓮子湯一巡，酒三巡，飯再巡，清茗一巡。得紱丈書，即復。得荇丈書，并以《後漢書札記》一册屬閲。傍晚詣肯夫談。黄昏詣竹篔談。夜赴福興居，同鄉消寒會第三集也。婁秉恒爲主人。二更時歸，月皎如昨。付果饌等錢十五千，車錢六千。

邸鈔：上諭：擅入宫内人犯劉振生，供出係由神武門進内。宫禁森嚴，竟任令該犯走入。門禁懈弛已極，實堪痛恨。是日值班之護軍統領載鶴，交部嚴加議處。神武門值班之侍衛及内務府護軍統領，著查取職名，一併交部嚴加議處。其該班章京，著即革職。兵丁即行斥革。該犯進神武門後，所有經過之處，是日值班人等，均著查取職名，交部議處。上諭：翰林院侍講張楷奏户部盤查寶泉局庫覆奏含糊，請飭查辦一摺，著户部堂官明白回奏。

十八日壬午　晴。許仙坪來，尚卧，不晤。復荇丈書。雜校《史》《漢》諸傳。剃頭。

十九日癸未　晴。得梅卿九月三十日越中書。雲門來，晡時偕過敦夫齋中談。以明日冬至，祀故寓公。敦夫邀同雲門飲聚寶堂，晚徒步往，頗覺足罷。夜二更歸。付車錢五千，霞、玉車六千。

邸鈔：翰林院檢討王邦璽安福，乙丑。升國子監司業。

二十日甲申　酉正二刻十二分冬至，十一月中。晨至午晴陰相間，有風，下午晴。張姬病，不能治饋，改涓二十二日祀先。得族弟少梅十月五日廣州書。得雲門書，及和余感事七律一章。下午邀敦夫、雲門至三慶園聽春臺部。夜飲聚寶堂，二更後歸。兩日皆招霞芬、玉仙左飲。付園坐錢十五千，車錢八千五百，霞、玉車四千，酒保賞三千，熊油虎骨膏錢五千六百。

二十一日乙酉　晴，風，嚴寒。校閱《漢書》。付貂領錢三十一千五百六十文，水晶項連盤錢六千五百文。

邸鈔：上諭：張家驤奏河南武陟縣建立河神專祠，請釐正名號，著禮部議奏。以栗毓美爲道光間河臣，祠宜曰栗恭勤祠，或曰栗宫保祠，不宜稱栗大王也。

二十二日丙戌　晴。祀曾祖考妣、祖考妣、本生祖考妣、先考妣，祔以仲弟、叔弟，肉肴六豆，菜肴六豆，火鍋一器，餛飩兩盤，饅頭一盤，春餅一盤，時果四盤，杏酪一巡，酒再巡，飯再巡，逮闇畢事，焚金銀紙錢錁，收神位圖。寫單約同鄉謝惺齋等八人，後明日爲消寒會。奚奴頑劣，不受教約，凡三易單書之。是日鮮魚口火，自晨至午焚市肆二十餘家。付肴饌果酒等錢三十九千。

邸鈔：詔：二十四日復詣大高殿祈雪，仍命諸王、貝勒分禱時應諸宫廟。詔：授全慶體仁閣大學士。

二十三日丁亥　晴。閱俞蔭甫《左傳》《論語》《孟子》諸經《平義》。其中愜心者甚少。亦有强立新義，而仍與舊説無大異者。又有經注極明晳無疑義而故求曲説者。然穿穴證佐，皆有心思，終勝無本空談也。下午過敦夫齋中談。

二十四日戊子　晴，有風，晡止。鄧鐵香來。晚詣聚寶堂，同鄉消寒第四集也。余爲主人。夜二更後歸。雲門來。夜爲鐵香代擬一文字。付客車錢十二千，酒保賞五千，車錢五千。

邸鈔：以通政使司通政使鍾濂爲都察院左副都御史。以詹事府詹事慶麟爲内閣學士，兼禮部侍郎銜。

二十五日己丑　晨至巳晴，傍午後大風，間陰，下午仍晴，至晚風不絶。作書致鐵香。鐵香來。得紱丈書，即復。得肯夫書。雲門來夜談。

邸鈔：上諭：户部奏遵旨明白回奏一摺。據稱庫存制錢，多不如式，因事在咸豐七年以前，經手各員多已物故，是以聲請可否免究，並非含混模棱，置之不問。至疑爲私鑄，慮其抽换，可以信其必無。其原存制錢二十四萬八千餘串，此次盤過六萬餘串，計已四分之一。其餘壓積鏽結，約有四分之三。飭令中止，並非别有難言之隱。至將來變通改鑄，原存數目無難水落石出等語。覽奏尚爲明晰。所請簡派大臣再行盤查，著毋庸議。即著該部按照前奏認真辦理。此項錢文，如果實有虧短，現在盤查各堂官，自不得置身事外。

二十六日庚寅　晴，有風，寒甚。鐵香來。作書致肯夫。勘校荇丈《後漢書札記》，爲補注六條。新選户部陝西司員外郎、世襲一等男爵張蔭清來拜，前江南提督張忠武之子也。

邸鈔：右春坊右中允錢桂森轉左春坊左中允，左贊善尹蕭怡升右中允。

二十七日辛卯　晴。鐵香來。剃頭。陳雲舫來，不晤。作書致周荇翁，還《後漢書札記》。作書致肯夫，借《舊唐書校勘記》及《舊唐書逸文》，得復。同年龐編修鴻文來，以其尊人文恪公所撰《文廟祀典考》五十卷爲贈。卷首爲圖七，爲譜二，爲表二，戊寅歲新刻者也。夜過敦夫齋中談。

閱《舊唐書校勘記》，六十六卷，道光癸卯甘泉岑建功紹周刻《舊唐書》，屬句容陳卓人立、儀徵劉孟瞻文淇及其子伯山毓崧、江都羅茗香嗣琳，據沈東甫合鈔本、張登封宗泰《舊唐書考正》，及《册府元龜》《太平御覽》《文苑英華》《唐六典》《唐會要》《通鑑》《通典》《通考》《太平寰宇記》諸書參互成之。建功又取《御覽》諸書所載，有與今本不相附屬者，别爲《逸文》十二卷。阮文達爲之序。刻於道光戊申。今此本乃同治壬申定遠方濬頤所補刻者也。付帽合錢二十一千。

邸鈔：上諭：御史鄧承脩奏特參大臣婚嫁違制一摺。本月十三日係屬忌辰，户部右侍郎長敘之女於是日出嫁護理山西巡撫布政使葆亨之子，實屬有干功令。長敘、葆亨均著交部嚴加議處。上諭：軍機大臣等奏會審擅入宫内人犯，定擬請旨一摺。劉振生素患風疾，混入宫禁，語言狂悖，實屬罪無可逭，著照所擬，即行處絞。

二十八日壬辰　晴。閱岑紹周《舊唐書逸文》。作書致趙桐孫天津，又致鄉人長蘆運同沈永泉書，託桐孫轉寄。夜作致陳藍洲應城書；復胡梅卿越中書，屬其爲曉湖謀一館，并稍恤史寶卿家。又作復陳晝卿濟南書。

邸鈔：鑲紅旗蒙古副都統、鑲黄旗護軍統領榮全卒。詔：榮全由侍衛洊升副都統，咸豐年間曾在山東剿賊出力。嗣在新疆歷任領隊、辦事、參贊大臣，並署理伊犁將軍，辦理軍務。光緒二年來京供職。宣力有年，勤勞懋著。前因患病，請假調理。兹聞溘逝，軫惜殊深。加恩照都統例賜恤，並賞銀一千兩治喪，由廣儲司給發，以示優眷。詔：貝勒載瀅之第一子命名溥偉。掌廣西道御史彭世昌升户科給事中。

二十九日癸巳小盡　晴，比日稍和。印結局送來是月分公費銀二十二兩五錢。所刻另單言有工部主事夏震川，自夏間分部後，未曾報局，因不送公費。今以十月告假，資斧不給，向局索取九月分公費三十餘金。自言臨歧不潔，原非素心，以前概不復取。夏震川者，富陽人，本寠貧。甲戌會試中式，時年甫冠，以字劣不覆試。丙子覆試三等，丁丑殿試三甲，今年朝考二等。文辭陋甚，一無所知，而狂不可一世。其屢延試期，不過覬幸館選。其志趣亦可知。丁丑歲聞其往見張之洞，言欲求教。之洞詢以浙中師友何人。曰：無可友者。問：曾識俞蔭甫、汪謝城乎？曰：不識。問：曾識鍾子勤、黄元同、譚仲修諸人乎？曰：益不識。賓主嘿然，冰襟而出。出語人曰：吾今日見張之洞，固一字不識者也。杭人傳其行止之狂妄，京師人傳其筆札不通。衆惡之言，亦或過甚。即此兩事觀之，其人可想。今年九月，忽遞封奏，參樞臣十六款。工部堂官司不肯上。固争之，乃上。留中不報。震川大哭於工部曹中，遂告歸。其所言不知若何，亦可謂一節之士。即不取印結公費一事，較之同局諸先達侵冒争奪，公行無耻者，亦足爲中流一壺。然取此者，本非暮夜之金，出於非義。且既已染指，尚爲大言，而以不潔之名，輕犯衆怒，則亦仍是狂妄之故習。乃主局者不惟不怒，且刊行其語，廣播鄉人，亦可謂無是非之心、羞惡之心者矣。雲門來，以致陳藍洲書交之。作書致敦夫，以致陳晝卿書託轉寄。是日得詩三首，以二酬晝卿，以一酬雲舫，兩君同姓名者也。詩皆㝅爲之，以其事亦一時佳話，故存之。夜作致三妹書，附入致梅卿函中，屬其轉寄。

同鄉陳晝卿觀察錦**自濟南寄書告其子諸生昌沂夫婦之喪以所作烏啼曲見示并和余感遇詩六絶句酬以長句二首唁窮慰老情見乎辭**

驥子才名正軼塵，忽聞中道喪嘉賓。麻衣化蝶隨佳婦昌沂婦姚以哭夫絶粒亡。繡服垂魚對老親。

畫卿太夫人年垂九十，尚在堂。作宦難求千樹稅，著書還惜百年身。最憐嬴博哀號後，手疊詩筒寄故人。

成佛生天等是遲，名場桑海不堪思。來書言道光中同郡之士角逐名場，今存者惟君與余兩人。已無朝士貞元輩，幾見文章正始時。投杖西河新止淚，看花東野尚稱詩。風流依樣陳驚坐，同爲龍鍾一撚髭。湖北羅田人陳雲舫員外，與君同姓名，亦賦余得第詩爲贈

陳雲舫員外錦**賦二詩見贈奉酬一首**雲舫寓南下窪之東一古寺中。

覓句陳無已，禪關出每稀。貌如僧入定，官與世多違。佛火分綈案，龕花點綌衣。難忘三島事，欲挽李靈飛。君以癸亥翰林改官刑部，來詩以余今年不得館選爲惜，故戲及之。

邸鈔：上諭：午門值班護軍毆打太監一案，曾諭令刑部、内務府詳細審辦。現據訊明，定擬具奏。此案護軍玉林等於太監李三順奉使齎送物件，竟有攔阻毆打情事，已屬荒謬。該衙門擬以玉林從重發往吉林，充當苦差；祥福從重發往駐防當差；覺羅忠和從重折圈三年；並將岳林請旨交部議處：自係照例辦理。惟此次李三順齎送賞件，於該護軍等盤查攔阻，業經告知奉有懿旨，仍敢抗違不遵，藐玩已極！若非格外嚴辦，不足以示懲儆。玉林、祥福均著革去護軍，銷除本身旗檔，發往黑龍江充當苦差，遇赦不赦；忠和著革去護軍，改爲圈禁五年：均著照擬枷號加責。護軍統領岳林著再交部嚴加議處。至禁門理宜嚴肅，嗣後仍著實力稽查，不得因玉林等抗違獲罪，稍形懈弛。懔之。刑部獄已三上，中旨以爲輕，飭更審實。二十八日復執前議上，始有此諭云。

十二月甲午朔　晴，巳後風。作書并詩致雲舫，得復。以余詩有末二語，雲舫謂其前詩語誤，且

云嘗示洪右臣，以爲失言。因已寫寄，不及改，洪君可謂知余心者，而雲舫虚心，亦不可及。下午答拜龐絅堂，晤談。詣王益吾，不值。入城詣翁叔平師，亦不值。出城至廊房胡衕觀燈而歸。夜詣聚寶堂，赴雲門之飲，坐有孺初、鐵香、竹筼、汝翼、敦夫，二更後歸。付車錢八千。

初二日乙未　晴。得紱丈書，借日記，即復。晚詣衍慶堂，同鄉消寒第五集也。傅子蓴爲主人。夜二更歸。

閲《舊唐書逸文》，其所輯以《御覽》爲主，而附注諸書異同於下。然《御覽》誤字最多，凡與《唐會要》《册府元龜》互異者，皆以兩書爲長。自宜取其詳當者爲主，而附注它本異同，不必執定一書也。至其字之筆畫異同，如『並』作『竝』，『麒麟』作『騏驎』，『帕』作『帊』之類，亦不必一一悉出。付車錢五千。

邸鈔：詔：遴選光明殿道衆，於初四日在大高殿設壇祈雪，親詣拈香。派克勤郡王晉祺等八人分班住宿行禮。仍命惇親王等分禱時應諸宫廟。以光禄寺少卿劉錫鴻爲通政司參議。上諭：岑毓英奏請將浮收錢糧之知府議處訊辦一摺。貴州署都匀府知府、思南府知府陳廷棨，四川，監生。經徵地丁米折，輒以辦公不敷爲詞，每兩浮收銀六錢六分，並有糧書勒索票費情事，實屬任意朘削，罔恤民艱。僅予議處，不足示懲。陳廷棨著即行革職，查明實在浮收及勒索數目，全數追繳，以蘇民困，而警官邪。

初三日丙申　晴，下午微陰。作書致敦夫。得紱丈書，即復。有鄉人陳□□來，稱是孝廉方正來廷試者。此人以諸生，爲浙江布政司吏，招摇賄賂，人盡知之，而亦膺此選，掃地盡矣！拒之不見。敦夫來，雲門來，下午同至廣德樓聽春臺部。晚飲聚寶堂，敦夫爲主人，招霞芬、玉仙，夜二更歸。鐵香來，不值。付車錢八千，霞、玉車四千。是日付文奎齋刻字鋪銀四兩。付季氏賃屋銀六兩。付李升工食錢十千。

初四日丁酉　晴。閲俞蔭甫《春在堂隨筆》五卷。其中喜述與曾、李諸公及江浙顯官酬酢之語，頗爲世病。然其議論考據，亦自有可觀者。如記日本物茂卿所撰《論語徵》諸條，戴子高所擬《續皇清經解》書目，及考證新出漢、唐碑數條，皆有關實學。下午敦夫邀至廣德樓聽春臺部演《水簾洞》。夜雲門邀飲聚寶堂，招霞芬，一更後歸。鐵香來，不值。得紱丈書。夜以語言怒席姬，訶叱之，忽動肝疾，致歐血。此亦拱璧抵鼠矣。付族人王節母錢十六千，車錢八千，霞車六千。

邸鈔：詔：户部右侍郎長敘、山西布政使葆亨，均照吏部議，即行革職。

初五日戊戌　晨及上午陰晴相間，午後晴，晡後復陰。兩得紱丈書，言有孫蓮士之子，字子與，自秋間入京，寓學士嵩申家，持蓮士詩文集求序。此亦異事。蓮士止一子子宜，别無他子，且與嵩申家絶無因緣，不知其所從來。又云蓮士字右卿，嘗爲刺史、司馬，皆同囈語。是何詐僞至此術邪？

閲俞蔭甫《湖樓筆談》七卷。其書甚可觀，遠出《隨筆》之上。余昔年日記已論之。其談經二卷，喜爲新説，多不可訓。談《史》《漢》一卷，考證多密。談小學一卷，尤爲精致。談詩文一卷，亦多解頤之言。李升有姊喪，予以錢十二千。

邸鈔：以刑部右侍郎錫珍調補户部右侍郎，兼管錢法堂事務。以内閣學士宗室敬信爲刑部右侍郎。以前湖南巡撫衛榮光署理山西巡撫，即赴新任。以前安徽布政使紹諴爲山西布政使。詔：護軍統領載鶴，侍衛連壽、文秀、常壽、常元、常林、巴克唐阿、國成、奎恩、鍾福、德基、桂山，内務府護軍統領案：即包衣護軍統領也，正三品。八旗護軍統領，正二品。明禄，均照兵部議，即行革職。内務府副護軍參領案：即包衣副護軍參領也，從四品。裕祥等，均照部議革職留任。七年二月一日宗人府奏載鶴所兼奉恩將軍應否存留，詔准留。

初六日己亥　午初二刻十一分小寒，十二月節。晨陰，天色黄晦，巳後晴，風，感寒不快，咳嗽復劇。得紱丈書，言孫子與是滁州人，其父亦己酉拔貢，前誤以爲蓮士也，即復。夜風不止。

邸鈔：托倫布補授鑲藍旗護軍統領。錫祉補授鑲藍旗蒙古副都統。錫祉，姓李氏，内務府正白旗漢軍人。

初七日庚子　晴，有風。傷風嗽劇，時時咯血，終日不食，飲橄欖橘汁而已。晚覺少瘥。得紱丈書，即復。得陳雲舫書，録示近作寄書卿詩一首，感事四首，即復。夜取《湖樓筆談》，略爲加墨，附注其説經者數條，不敢自信所見之果是也。硜硜之意，期於墨守而已。

邸鈔：兩宫皇太后懿旨：午門值班兵丁毆打太監一案，護軍玉林等因藐抗獲咎，原屬罪有應得。惟念門禁至爲緊要，嗣後官兵等儻誤會此意，稍行瞻顧，關係匪輕。著革外加恩，玉林改爲杖一百，流二千里，照例折枷，枷滿鞭責發落。祥福改爲杖一百，鞭責發落。忠和改爲杖一百，實行責打，不准折罰錢糧，仍圈禁二年，圈滿後加責三十板。護軍統領岳林免其再行交部嚴議。太監李三順，著交慎刑司責打三十板。首領太監劉玉祥，罰去月銀六個月。至瘋犯劉振生，混入宫禁，已將該總管首領太監等分别摘頂、罰銀、斥革、責打、發遣，以示懲儆。仍著總管内務府大臣恪遵定制，將各該太監嚴行約束。禁門重門重地，如值班人等稍有疏懈，定當從嚴懲辦，决不寬貸。

初八日辛丑　晴。煮臘八粥供先。劉仙洲夫人饋臘八粥。紱丈饋臘八粥。雲門來。是日身熱稍退，而胃氣不動，頗苦喘逆。夜温《漢書》，咳嗽轉劇。殷蕚庭生日，饋以桃、麵。

邸鈔：劉坤一奏特參江安糧道師榮光，陝西，監生。久患風痹，情形委頓，請勒令休致；高淳縣知縣唐葆元、宿遷縣知縣舒朝冕，江西，進士。請分别革職開缺。從之。以内務府郎中俊啓爲上駟院卿。

初九日壬寅　晴，巳後風，至晚不絶。嗽甚脅痛，不能危坐閲書，入晚少可。雲門來。夜鄧鐵香來，不能見。作書致鐵香。作書致敦夫，辭明日消寒之飲。仍温《漢書》，頗有所考正，至三更後始止。痰涌嗽劇，徹曉不得瞑。余近年病益甚，醫者皆云心脉最虧，終年之嗽，亦由於此，多勸静攝，不復讀書。然余舍此，將何以爲生？一息尚存，不能輟也。

邸鈔：上諭：前據編修何金壽奏雲南東川府知府孔昭鈖被戕，總兵楊玉科知情同謀，並開設銀號，交通消弭等情。嗣經查明，楊玉科並無同謀主使交通營脱情事，惟開設銀號，罔利營私。經刑部奏明，交部議處。兹據兵部遵議具奏，廣東高州鎮總兵楊玉科著照部議降三級調用，其所兼二等男爵，照例折罰世職半俸九年，免其降調世職。　張富年補授江安糧道。

初十日癸卯　晨晴，巳後大風，多陰。咳甚喘逆，疲苦殊甚。敦夫來。鐵香來，久談。夜風少止。仍温《漢書》。夕嗽仍劇。

邸鈔：詔：十二日復親詣大高殿祈雪，仍命惇親王等禱時應諸宫廟。大高殿直宿行禮，諸王大臣仍敬謹將事。　莫雲成補授廣東高州鎮總兵。

十一日甲辰　晴。孺老來。咳嗽尚劇，仍温《漢書》。

邸鈔：以鴻臚寺卿阿克丹爲通政司副使。

十二日乙巳　晴。咳嗽少止。得族弟鼎銘南昌書并寄夏布衫裁兩事。得敦夫書，言牧莊次子出繼其從叔，縣試復得第一，甚爲欣然，即復敦夫。雲門來。夜月殊佳。爲姚恩衍撰墓志銘，以歲時已迫，爲此諛墓也。恩衍，嘉興人，官中書科中書，以孝子旌。夜王益吾來，以國史館列傳四册爲贈，門者辭以疾。

邸鈔：張樹聲奏廣西左江鎮總兵李起高以病請開缺。許之。

十三日丙午　晴。剃頭。寫姚志，作書致肯夫，屬轉交中書之父候選道文枏。得敦夫書，即復。閲《曝書亭集》。雲門來。夜月甚佳，雲門書來，欲覓一飲，余以疾未已，不敢出，乃約雲門、敦夫來夜談。二更始散。亦足以遣岑寂也。夜痔發。

邸鈔：張樹聲奏劾庸劣不職將備廣東參將馮開得、李新開，游擊王之福、韓徽、馮建章等十五人。詔分别革休有差。劉光裕補授廣西左江鎮總兵。譚鍾麟奏浙江提督黄少春丁憂。詔：該提督帶兵素稱得力，浙江營伍事宜，正資整頓，著改爲署任。

十四日丁未　晴，比日冬和如春。患痔。作書致敦夫、致雲門，以明日敦夫生日，本約今日出飲也。得敦夫復。長侍郎來，王信甫來，均不見。得雲門書，并貴筑黄子壽寄贈保定書局新刻何願船《朔方備乘表》六卷，内《北徼沿革表》載俄羅斯古今分域甚詳。今年會試第五道策題，多取諸此也。即復。傅子蓴來。雲門、敦夫來。夜月佳甚。閲《曝書亭集》。朱蓉生來，蓋以病愈入都者，爲門者辭去。

邸鈔：詔：雲南布政使升泰來京另候簡用。詹事府右春坊右贊善梁仲衡轉左春坊左贊善，編修李端棻貴筑，癸亥。升右贊善。端棻已爲御史。去年冬其叔父朝儀擢順天府府尹，回避仍爲編修。故事：給事中御史回避者，對品改郎中、員外郎。近年如王昕等，皆仍回翰林矣。

十五日戊申　晴，有風。痔不瘉，仍温《漢書》。雲門來。傍晚邀敦夫偕至聚寶堂飲，招霞芬。一更後邀兩君飲霞芬家，爲敦夫壽也。招玉仙。三更歸，月色如晝。付霞芬酒局錢四十千，犒其僕十千，客車四千，玉車二千，車錢八千。付同鄉范户部鴻謨喪妻奠分錢四千。

邸鈔：以貴州按察使吴德溥爲雲南布政使，以貴東兵備道易佩紳湖南，舉人。爲貴州按察使。以鴻臚寺少卿馮爾昌爲光禄寺少卿。

十六日己酉　晴，下午微陰。得仙居王月坡書。作片致馬蔚林。肯夫來。作書致敦夫。仍温《漢書》。得蔚林書。兩得敦夫書。夜月皎甚，是夕望。朱蓉生饋堯脯一肩，茶葉四瓶，作書復謝。聞汝翼昨夕病危甚，今日少愈。余以患痔，不得往看，甚念之。

十七日庚戌　晴，晡後微陰。得趙桐孫十三日天津書，并惠銀一流。馬蔚林來，乞王月坡所刻《痲證集成》，即作書贈之。案：『痲』字不見《玉篇》、《廣韵·九麻》始有之，曰風熱病也。京師謂之疹子。近年多風，而冬常暖，故此病盛行，往往致死。月坡言，江浙比來地氣似京師，患此者日多。其同邑老諸生朱載揚，有治痲專書，因爲校訂，刻之以行。謂其治法，與痘大異，宜散不宜發，忌辛熱寒凉之藥。然觀其方，亦有用麻黄、石膏者，恐亦不可盡信也。痲，江浙謂之瘄，吾越方言謂痘爲瘡子痲，爲瘄子，以瘄爲痘之餘，小兒患此者不以爲意。而載揚謂近來痲險於痘，蓋氣候變異，證亦不同矣。雲門來。王信甫來。夜得雲門書，惠余生日壽銀十二兩。

邸鈔：以太常寺卿文暉爲通政使司通政使。以詹事府少詹事寶廷爲詹事。刑部郎中謝鉞授山西蒲州府知府。本任知府穆緝香阿病故。

十八日辛亥　晨及上午晴，下午陰，晡後雪，晚止。閱《曝書亭集》。下午詣劉仙洲夫人，爲敦夫館事。詣雲門，不值。詣陳雲舫，晤談，與鐵香遇。答拜張蔭清員外，并辭其招飲。詣謝惺齋，賀其出守河中，不值。詣王益吾，久談，秉燭出。詣聚寶堂，同鄉消寒第七集也。吴介唐爲主人。夜二更歸。初更復雪，旋止，夜半風作，轉勁。付車錢六千。

邸鈔：詔：二十二日舉行三壇祈雪祀典，命禮親王世鐸祀天神壇，肅親王隆懃祀地祇壇，莊親王載勛祀太歲壇。是日仍親詣大高殿叩禱，並仍命惇親王等分禱時應諸宮廟。

十九日壬子　終日風陰，午後微見日景。先本生王父生日，供饋。得紱丈書，惠麵魚、蝦子、鰣魚、饅頭、大餅，即復謝，返蝦子、鰣魚，犒使兩千。得伯寅書，以徐蔭翁書送閱，尚以王孝子請旌事也，即復。得敦夫書，即復。雲門來。敦夫來。夜偕兩君小飲，談至二更散。夜晴，月出甚皎，四更後風止。

二十日癸丑　晴。謝惺齋來。作書問汝翼疾，饋以蘋果、百合、魚麵。評點近人經説文集，夜半不休，咳嗽復作。

邸鈔：詔：惠郡王奕詳之第二子命名載濟。

二十一日甲寅　寅正三刻十一分大寒，十二月中。晨至午陰，下午間晴。得敦夫書，約晚飲，即復。閱近人經説。剃頭。晡詣東小市金華館，答朱蓉生，不值。詣傅子尊小坐，晤其門人陸某，歸安人也。言其從兄心源，今夏以番銀八千餅盡買上海郁氏藏書，得精本甚多。通計所藏至二十餘萬卷矣。又言所刻《十萬卷樓叢書》，已得十餘種。去年新刻映宋槧《爾雅》單疏本，甚精工也。夜詣聚寶堂，赴敦夫之招。與雲門主客三人耳，招霞芬、玉仙。二更月出，雲門邀飲壽春堂，再招霞芬，三更後歸。得王益吾書。鐵香來，不值。四更具牲炙、果醴、糕黍，祀歲神及門行户井之神，報賽且祈福也。又以牲醴祀財神，求文章利市。五更畢事，作爆杖，天明始睡。付牲果、爆杖、燭紙等錢一百二十千，付車錢九千，霞、玉車四千。

二十二日乙卯　晴。睡過午始起。敦夫今日解館移邑邸，劉仙洲夫人治具請余共敦夫飲，雲門亦來談。晡後偕雲門視汝翼疾。傍晚詣鐵香，不值，即歸。陳雲舫來，不值。爲馮申之比部芳緝題《蕉館讀書圖》七律一首。申之，景亭中允之子也，在總理各國事務衙門行走。故有句云：『家傳差桀專門業，官領輶軒絶代書。』夜作書致趙桐孫，以近日開鐵路之議，中外紛紜也。先是十一月朔日，前直隸提督劉銘傳奉召入都陛見，陳開鐵路之策。詔付李鴻章議。學士張家驤首疏争之，言有三大弊，亦下其疏於合肥。近日合肥覆奏，力主劉策，言有九利。凡自京師開鐵路四：一達清江浦，一達漢口，一達漢中，一達盛京。先借洋款一千六百萬金，試行其事。十八日都察院合疏争之，侍講張楷疏陳九不利，御史洪良品疏陳五害。朝廷不能决也。桐孫久在合肥幕府，爲所重，故寓書詢之。略云：此事當國老謀，自非耳食者比。然開千古之未有，費既不貲，法四夷之不經，事將益拙。故不必持奠山川之高論，爲正疆界之迂談。而途既捷，則溝渠益廢而不修；道既開，則盜賊且從而思逞。業舟車者無所得食，則患甚於裁驛遞；設戍守者無以爲險，則禍烈於夷城池。故古之大臣不貪非常之功，不爲驚人之事。利不變法，權不害經。而况尚無必是之見，虛設或然之利。貸强鄰以啓戎心，冀减息以縣厚報乎！此誠達者所慎言，愚夫所搤掔也。又作書致許竹篔，以致桐孫書託轉寄。支紫藤架。付錢六十千。

二十三日丙辰　晴，嚴寒。校《史記》《漢書》西南夷傳、南越/粤傳，附正五條，皆前人所未言。夜祀竈。鐵香來。饋蓴庭歲物。

邸鈔：直隸冀州直隸州知州李秉衡奉天，監生。授永平府知府。本任知府桐澤丁憂。

二十四日丁巳　晴，午有風，晡止。得伯寅尚書書，惠銀三十兩，即復謝，犒使十千。

得楊惺吾十一月十九日日本書，言其國中古籍甚多，所見有唐人寫本《玉篇》，尚是孫强增加之舊，其次第與今本多不同，引《説文》尤備。又有釋慧琳《一切經音義》一百卷刻本，引證古籍，今不存者甚多，引《説文》并及從某從某聲，幾於無字不引，次及《字林》《字統》《三倉》《古今正字》《文字典説》

《開元文字音義》諸書。書成於唐元和間，其重刻序文謂周顯德時中土已佚，此本蓋得之契丹者。又有《續一切經音義》十卷，補慧琳所遺。又有隋杜臺卿《玉燭寶典》，隋楊見善《太素經》三十卷，皆鈔本。其餘秘笈尚多，隋、唐以下金石文字，亦美不勝收。彼國自撰之書，與中土可互證者尤夥。聞之神往，有懷鉛浮海之思。

雲門來，言明日赴保定。作書致敦夫，饋食物。得雲門書，即復。族人王節婦來，予以錢二十千，米十斤，及年糕角黍等物。夜作書致雲門，并詩一首。署吏送冬季養廉銀十六兩來，付車錢二千，春聯錢十千。

二十五日戊午　晴和。得敦夫書。得雲門書。袁爽秋以新作詠宅中竹七古一章送閱。書春聯。南海人梁君于渭來。作書致紱丈，饋食物，得復。敦夫來。夜作書致肯夫，得復。作書復爽秋。作書致竹篔，託催姚氏潤筆。

二十六日己未　晴。以《舊唐書校勘記》校《舊唐書》高祖、太宗諸記。得竹篔書。作書致伯寅尚書，饋歲物，得復。殷蓴庭饋歲物。汝翼饋歲物。以殷、陳兩家禮物饋劉仙洲夫人。夜姬人等治暖壽宴。得肯夫書，爲姚氏送潤筆銀五十兩。此文余本不肯爲，而勉徇之，以爲必有皕金之饋也，而止得此數，等於紙錢寓馬矣！即復肯夫，以慨名位不立，文亦因之以賤也。付岑福叩壽送桃、麵錢八千，庚辰長班年賞四千。

二十七日庚申　晴。余生日，叩天地祖宗。家人祀禄神。敦夫來。得伯寅尚書書，饋伊蒲饌一席，即復謝，犒使八千。汝翼饋桃、酒。殷蓴庭來，并饋桃、麵、酒、燭。肯夫來。朱蓉生來。夜邀敦夫小飲，招霞芬、玉仙兩郎。燃燈進酒，密坐温鑪，白髮紅顏，陶然一醉。夜分始散，主賓樂甚，以詞一闋紀之。是日付霞芬錢一百千，玉仙八十千。得陳桂芳參將肇慶書。付僕媪等叩壽錢二十四千。

邸鈔：命修撰王仁堪爲山西學政。黄玉堂丁憂。

二十八日辛酉　陰，微雪，下午間有日景。肯夫饋歲物。得竹篔書，饋銀魚、紫蟹。校《舊唐書》中宗、睿宗、玄宗紀及傳。付季氏賃屋銀六兩。梁上舍于渭來見。遣李升至許侍郎師家投賀刺，房師林編修家投賀刺，送節禮二金。夜有風。得沈永泉運同天津書，并銀十兩。

二十九日壬戌　晴，有風，午止。校《舊唐書·肅宗紀》及《皇后傳》。饋肯夫、汝翼兩家歲物。遣李升至翁尚書師、麟左都師家投賀刺，送節禮二金；徐尚書師家投賀刺。翁尚書還節敬及刺。剃頭。掃房室。移置書架几席，至夜分始畢，憊甚。

三十日癸亥　晴，有風，寒甚。遣李升至景尚書師家投賀刺，送節禮二金。霞芬、玉仙來叩歲，留之飲茗。予霞芬銀二兩，玉仙錢二十千，賞其僕各八千。校《舊唐書》志、傳。祀竈。祀故寓公。祀先。是日聞沈經笙協揆卒。沈公，吴江人，宛平籍，丁未進士。一生以廉謹聞，而柄國十四年，略無建豎。外爲避事，而内實持權，陰柔徇私，聲氣出寶公上。溘焉已没，所得幾何！付同茂米鋪錢一百七十一千，同興石炭錢一百五十四千，聚寶飯莊錢一百五十二千，豐樓酒館錢一百千，元興布鋪錢九十六千，廣厚、吉慶乾果錢一百三千，燈油錢八十千，賣花翠媪錢五十四千，松竹紙鋪錢四十千，西洋燈油銀一兩四錢，甜水錢二十千，文奎齋刻字銀二兩，其餘奇零市買錢約共百千。禮部書吏送會試録、登科録來，付錢八千。會試録即進呈録，二場經文：《易》藝、王懿榮。《書》藝、慈銘。《詩》藝、黄紹箕。《春秋》藝、汪宗沂。《禮記》藝；王懿榮。三場：第一問、慈銘。第二問、譚鑫振。第三問、黄紹箕。第四問、于式枚。第五問。沈曾植。付李升叩歲錢十五千，高升八千，順兒八千，王媪十千，楊媪十千。

燭影摇紅庚辰生日，鄭庵尚書饋香積饌，遂斟昔酒，與鮑鏡予編修夜飲，借花枝作酒籌。賦此寄尚書，並呈鏡予。

冬尾三朝，歲筵未辦椒花頌。蓬門猶説去是縣弧，白髮扶殘夢。剛聽雛尾噪楝，報尚書、銅盤饌擁。袖薰朝罷，禪侶分餐，催箋傳送。　破磨齋餘，蜜去梅看護經簾重。便思一醉泥金貂，笑發床頭瓮。燭蕊銀荷綴鳳，倩雙花、金尊對捧。願從今後，繡衮漁蓑，翠蛾長共。

臨江仙是日酒次懷雲門保陽。

五十二人霜在鬢，我生又過今年。貰裘一醉也陶然。畫蟬紗隱燭，藥玉酒行船。　那有後堂絲竹事，暫看花影便娟。舉杯今夕憶彭宣。戟門嚴臘鼓，霜劍拂吴箋。

邸鈔：浙江巡撫譚鍾麟奏光緒六年浙省滋生民數，男女共一千一百五十五萬七千七百六十七丁口。發往駐防當差覺羅忠和從重折圈三年，並將岳林請旨交部議處，自係照例辦理。惟此次李三順齎送賞件，於該護軍等盤查攔阻，業經告知奉有懿旨，仍敢抗違不遵，藐玩已極。若非格外嚴辦，不足以示懲儆。玉林、祥福均著革去護軍，銷除本身旗檔，發往黑龍江充當苦差，遇赦不赦；忠和著革去護軍，改爲圈禁五年；均著照擬枷號加責。護軍統領岳林著再交部嚴加議處。至禁門理宜嚴肅，嗣後仍著實力稽查，不得因玉林等抗違獲罪，稍形懈弛。懔之。刑部讞已三上，中旨以爲輕，飭更審實，二十八日復執前議上，始有此諭云。

光緒七年（一八八一）

光緒七年太歲在重光大荒落春正月在窒陬元日甲子　晴。余年五十三歲。早起叩竈神，叩先人，神坐前供湯圓子。校《舊唐書·郭子儀傳》一卷，取吉祥也。去臘都中四喜部新製《貴壽圖》，演汾陽見織女事。燈采絢爛，而色目不佳，科㸑俱惡，惜無以崑曲曼聲寫之者。即演其大曆初入朝，代宗詔宰相、僕射、度支、侍郎、京兆尹五人，各出錢三十萬共宴私第，内侍魚朝恩出羅錦二百匹爲纏頭費一事。魚龍百戲，盡可登場；珠翠千行，皆當選色。亦足令人色舞也。晡叩先人，供茗飲。族弟慧叔來。是日來賀者三十餘家。

初二日乙丑　晴，兩日甚寒。叩先人，供紗帽餡子。

校《舊唐書》睿宗諸子、讓皇帝等傳。案：讓皇諸子嗣，寧王琳謚曰景；漢中王瑀謚曰宣；而汝陽王爲嫡長子，官至特進，薨于天寶之世，不應無謚。蓋史之闕者多矣。琳與瑀之謚，幸於《唐會要》見之。

敦夫來。雲舫來。鐵香來。是日來賀者三十四家。

初三日丙寅　陰，微晴。叩先人，供水餃子。作書致敦夫。校《舊唐書・太宗紀》及《皇后傳》。是日來賀者二十七家。夜有風，睡甚遲。

邸鈔：宗人府右宗人、郡王銜貝勒載治卒。詔：載治秉性和平，持躬謹慎，歷蒙文宗、穆宗恩眷，迭派御前行走、内廷行走，補授宗人府右宗人、正白旗蒙古都統，均能恪恭將事，懋著勤勞。上年九月病痊，量予開去差使。近因偶患感冒，請假調理。遽聞溘逝，軫悼實深。賞給陀羅經被，派惠郡王奕詳帶領侍衛十員，代朕前往奠醊。派總管内務府大臣廣壽辦理喪事，一切事宜，官爲經理。加恩照郡王例賜恤。伊子溥淪承襲貝子，溥侗封爲二等鎮國將軍。其餘飾終典禮，各該衙門查例具奏。協辦大學士、兵部尚書沈桂芬卒。內閣擬謚文清、文勤、文端、文恪，旨出，謚文定。詔：沈桂芬清慎忠勤，老成端恪。由翰林洊升卿貳，外任封疆。同治年間入參樞務，擢任正卿。朕御極後，重加倚任，晉協綸扉，辦理一切事宜，均能殫心竭力，勞瘁不辭。前因偶患微疴，賞假調理。遽聞溘逝，震悼實深。著賞給陀羅經被，派貝勒載漪帶領侍衛十員，即日前往奠醊。加恩晉贈太子太傅，照大學士例賜恤，入祀賢良祠。賞銀二千兩治喪，由廣儲司給發。靈柩回籍時，沿途地方官妥爲照料。伊子文燾賞給舉人，伊孫一品蔭生錫珪賞給郎中，用示篤念藎臣至意。以鎮國公奕謨爲宗人府右宗人。理藩院尚書志和補正白旗蒙古都統。以前工部尚書李鴻藻爲兵部尚書。以吏部尚書萬青藜充翰林院掌院學士。刑部尚書潘祖蔭充國史館正總裁。工部尚書翁同龢管理國子監事務。

初四日丁卯　晨晴，午微陰，下午陰，有風。起甚遲。叩先人，供炒年糕及酒。校《舊唐書·高宗紀》《肅宗紀》《代宗紀》。得王益吾書，并庚辰會試第十六房同門卷一册，中刻于庶常式枚第五策，甚佳，即復。得敦夫書。是日來賀者二十一家。

初五日戊辰　夜子初初刻十二分立春，正月節。澹晴間陰，嚴寒。汝翼饋福橘十枚，即復謝。校《舊唐書·德宗紀》。入年五日，不見一人，而手不輟書，連晝達夜，蓋作蠅頭小字萬餘矣。亦可謂癡絶也！晚以酒肴祀先，且供春餅果羹。是日來賀者二十三家。夜大風。

邸鈔：上諭：盛京刑部侍郎啓秀奏局員迴護重案，酷刑斃命，請派大員查辦一摺。據稱奉天旗人李永智等因奸殺害工部六品官袁祥父子身死一案，前因犯供與呈詞情節歧異，經該侍郎駁令覆審讞，局委員意存迴護，酷刑致斃凶犯，捏報病故等語。案關旗民殺害職官，局員蒙混迴護，亟宜徹底根究，以成信讞。著將全案人證卷宗即行解京交刑部嚴訊確情，按律定擬具奏。另片奏，盛京刑部司員請復舊章，毋庸派與州縣官會審案件等語。嗣後奉省地方案件，除奏明會同刑部審辦外，其餘毋庸派令司員會審。

初六日己巳　晴，風。校《舊唐書·德宗紀》及《高祖諸子傳》。得紱丈書，借日記，即復。是日來賀者十一家。

初七日庚午　晴，嚴寒，滴水皆冰。作書致敦夫，饋肴饌三器，得復。兩得紱丈書，皆復。得陳玉泉去臘十六日蘇州書，即將其上伯寅尚書一函，更作書致尚書，得復。平生受人一語，無問戚疏，皆不宿於家，此亦自克之一事，不求人知者也。敦夫來。先像前供茗飲及年糕、角黍。校《舊唐書·憲宗紀》及裴垍、李吉甫等傳。是日來賀者十家。

邸鈔：上諭：照祥奏正藍旗護軍營署内庫存銀兩被竊，護軍增福受傷身死。請將值班護軍校等交部審訊，章京等分别議處，並自請議處等語。該庫值班護軍校德福等先行斥革，交刑部嚴訊確情。印務處值班章京空花翎續年等、護軍參領祥普等，一併交部，分别議處。照祥交部議處。即著步軍統領衙門、順天府、五城一體嚴拏凶犯，務獲究辦。

初八日辛未　晴，嚴寒，下午有風。校《舊唐書》憲宗、穆宗紀。剃頭。袁爽秋來。是日來賀者五家。先像前供蜜果糕及茗飲。

初九日壬申　晴，下午微陰。雜校《舊唐書》志、傳。劉仙洲夫人來。是日來賀者六家。

初十日癸酉　晴，寒威少減。袁爽秋來。午後出門答賀客八十餘家，南北兩城殆遍。叩劉鑴山師像，晤仙洲夫人。詣鐵香、肯夫、敦夫，皆不值。詣王益吾祭酒，晤談。詣族弟慧叔，不值。至東小市金華館訪朱蓉生、苗生兄弟，送以行卷兩本，不值。晚歸。校《舊唐書》楊綰、崔祐甫、祐甫子植、植從兄倰、常衮傳、僕固懷恩傳。是日來賀者四家。夜食麵飲酒，微醉，早睡。付劉僕、馮升茶錢六千，餘僕媪三千。

十一日甲戌　陰，大風。先妣生日，供饋菜肴七器。加肉肴三器，爲先君也。菜羹一，紗帽餡子點心兩盤，饅頭一盤，瀹麵一巡，蓮子湯一巡，時果四盤，酒三巡，飯再巡，茗飲再巡。先以點心五盤，十錦火鍋一，菜肴一及酒供曾祖考妣以下神坐。傍晚焚楮錢畢事。作書致紱丈，饋點心兩盤，素菜一器，得復。周介甫約十五日消寒第八集。作書致王益吾，得復。是日來賀者四家。夜晴，月甚皎。校《舊唐書·經籍志》。

邸鈔：上諭：前據潘祖蔭、翁同龢呈進已故孝廉方正、江蘇貢生陳奐所著《毛詩傳疏》一書，當交南書房翰林閱看。據稱陳奐於嘉慶、道光間積三十年之功，乃成此書。篤守毛氏，專力研求，無過之者。該貢生研精《詩》學，於毛亨詁訓頗能闡發，洵屬有裨經義。所進之書，即著留覽。上諭：翰林院侍讀周德潤奏各省孝廉方正請飭秉公保薦等語。各省遵保孝廉方正，自應采訪名實相符者，登諸薦剡。若如所奏徇情濫舉等弊，尚復成何事體！著各督撫加意訪求，秉公保薦。如無實在可保之人，即不得濫竽充數，以杜倖進。將此通諭知之。

十二日乙亥　晴，巳後有風。袁爽秋來，午後偕游廠市。自廠甸至火神廟，攤場不多，人物寥落，一無所得。惟以錢四千買得太平戚學標《鶴泉文鈔續集》而已。戚氏博學好辯，而無家法，文不能工，閑附考證，亦多臆決不近理。晚歸。校《北史》及《魏書》，以校《唐書》連涉及之也。是日來賀者三家。肯夫約明日晚飲。付銅帳間錢六千。

十三日丙子　晴。上午出門答客三十家，晤竹筤、孺初，西城殆遍矣。下午歸。王益吾來。雲門來。是日來賀者六家。夜叩先人，供蓮子湯。赴肯夫之招，坐有樓廣侯給事、連文冲中書，及周介甫、殷萼庭、錢念劬，二更後歸。付車錢三十千，付上燈供果茶餳餅等錢十五千。

邸鈔：上諭：奉天旗人李泳智等因奸殺害工部六品官袁祥父子身死一案，業經降旨交刑部訊辦。茲據啓秀奏，委員王爲瀓等於會驗凶犯李泳智屍身後，復稟請覆驗，矛盾翻覆，請將會驗各員歸案查辦等語。員外郎紹智、主事劉振唐、通判王爲瀓、知縣陳士芸，著一併歸案，聽候查辦。

十四日丁丑　晴，稍和煦。敦夫來，下午偕步至瑠璃廠閱市。於廟攤購吴荷屋《筠清館金石》五卷，諧價至三十千，尚不成。是書刻於道光壬寅，荷屋年已七十，而止有金無石，未知後有續刻否也。前年湖北楊惺吾又翻刻一本，余亦未見。於廟外攤市以錢二十千買一滲金宣鑪，頗佳。傍晚歸。李蘭孫師來。朱蓉生來。夜叩先人，供饅頭。得爽秋書，爲公餞竹篔事，即復。夜月佳甚。付宣德鑪錢二十千，又滲金小鑪錢八千，桃花草蟲瓷鍾一對錢六千。

十五日戊寅　晨及上巳晴，午後大風，間陰。得雲門書，并和去年送行詩一首。得敦夫書。下午入城，由宣武門進西長安門，過金鼇玉蝀橋，出東華門、東長安門、正陽門及城東西，共答客三十餘家，晚歸。樓譽普給事來。鄭賢坊御史來。夜燃燈叩先人，供湯圓子及肉肴四，菜肴四，火鍋一，酒再巡，飯再巡，一更畢。雲門來。夜風少止，月皎，寒甚。小放花爆。付肴饌錢十二千，粉圓子錢三千，付花爆錢二十八千五百，車錢十七千。

十六日己卯　晴，有風，嚴寒。校《舊唐書·良吏傳》及《酷吏傳》。夜叩先人，供炸圓子、炸混屯，仍放花爆。是夕望。

十七日庚辰　晨晴，上午後大風，竟日小止。雲門來。校《舊唐書·酷吏傳》。施敏先約二十日消寒第九集。夜叩先人，供炒年糕及茗飲。付族人王節婦錢十千，車錢一千，餅餌一包。

邸鈔：詔：二十一日於大高殿及覺生寺開壇祈雨，仍親詣大高殿拈香。派莊親王載勛、鎮國公溥芸等四人直大高殿，貝勒奕綑、輔國公溥豐等四人直覺生寺，俱分班上香行禮；并派肅親王隆懃詣覺生寺，惇親王詣時應宫，恭親王詣昭顯廟，惠郡王奕詳詣宣仁廟，貝勒載澂詣凝和廟，克勤郡王晉祺詣黑龍（壇）〔潭〕，分往拈香：俱先期齋宿。

十八日辛巳　晴，微風，甚寒。午祀先，肉肴六豆，菜肴六豆，火鍋一器，饅頭一盤，栗子湯一巡，酒再巡，飯再巡。晡後焚楮泉及錁鋌，收神位圖。施敏先兩致書，訂後日之飲，復辭之。得王益吾書。雲門來，爽秋來，俱以饋食，不晤。付肴饌錢二十一千，楮鋌等錢四千。

十九日壬午　晴。作書致雲門，致敦夫。下午詣敦夫齋中談。作書致爽秋，得復。得雲門書。

二十日癸未　戌初一刻一分雨水，正月中。晨及上午澹晴，下午陰。校《舊唐書·忠義傳》。雲門來。爽秋來。肯夫來。夜得雲門書；作書致爽秋，得復：皆爲餞竹質使日本事。作書致竹質。是夕席姬所娠復墮。

邸鈔：丁寶楨奏特參庸劣不職各員：四川南充縣知縣李璲，錢塘，監生。合州知州費兆鉞，武進，監生。峨邊廳通判楊銘屏，靈石，監生。屏山縣知縣瞿樹蔭，武進，優貢。候補知州湯似慈、候補知縣錢尊仁、候補同知趙席珍，均請即行革職；敘永廳同知吴之桐，固始，附貢。萬縣知縣糜獻珍，山西，舉人。鄰水縣知縣白鶴林，順天，監生。請分别另補、降補；江津縣知縣王煌，山西，舉人。請以原官休致。從之。詔：恩燾、玉山、盛啓俱賞給委散秩大臣。

二十一日甲申　晴。陳晝卿以母喪來赴，作書唁之。剃頭。爽秋來。以《太平廣記》校《舊唐書·酷吏傳》，以此傳多本於御史臺記，《廣記·酷暴門》所引較備也。夜五更時雪積半寸許。

二十二日乙酉　晴。作書致王益吾，薦一僕。得子縝去年長至日長沙書，言於岳州度歲。是日與敦夫合餞惺齋、竹篔，并請張叔平、朱蓉生、李玉舟及雲門。下午料檢酒茗燈燭之屬。晡後叔平來。傍晚蓉生來，玉舟來。黄昏設飲，并招玉仙諸郎。酒一行後，惺齋來。竹篔、雲門爲張之洞拉之與兩廣總督張樹聲之子貲郎某及湖州一貲郎張□□，赴許仙坪之飲，至酒闌始來。夜二更後散。付看席錢一百千，下賞及客車僕雜費薪酒等錢四十千，以上與敦夫對派。燈燭錢四千，玉車四千，李升二月工食錢十千。

二十三日丙戌　晴。爽秋來，不晤。是日起甚遲。校《舊唐書·忠義傳》。作書致爽秋。爽秋來。雲門來。是日聞西聖疾又甚篤，惇、恭、醇三王再被召入。先除夕聞疾已危甚，宫中皆儲備不虞。嗣聞稍瘥，有游幸御花園之事。今蓋又病也。

邸鈔：李瀚章奏湖北鄖陽鎮總兵周有全病故，請旨優恤。詔：周有全於咸豐年間統帶水師，分防蘄黄，克復小池口、九江等處，保全樊城巨鎮。在營二十餘年，戰功甚著。兹以積勞病故，殊堪憫惜。著照軍營立功後積勞病故例議恤，並將事迹宣付史館，准在立功省分建立專祠，以彰忠藎。周有全，江寧人，爲故湖北武昌府知府黄昌輔門丁，以軍功積官至湖北候補道。時昌輔亦以道員需次於鄂，怒言之督撫，乃改有全副將，領一營駐光化之老河口。昔年湖北禁小錢，其部兵乘間誣劫市人。有村氓負大錢數千過市，兵掠而質詐之。市人不平，群噪於有全所。有全遂報大府，言民變。光化小邑，無科名縉紳，有諸生某，其父以貢生得雜職，需次河南。於是邑人群控於大府，以諸生父子名居首。總督李瀚章竟殺之。此湖北人皆能言其詳者。二十八日侍講張楷疏請撤銷恤典，不許。以龔繼昌爲湖北鄖陽鎮總兵。

二十四日丁亥　陰。孺初來。朱蓉生來。傍晚出門答拜數客。黄昏至聚寶堂，赴爽秋、蓉生之飲，招霞芬、玉仙，夜二更歸。付車錢六千，霞、玉車四千，酒保賞二千。讀《説文段注》，作《説叟叜》一篇，《説娣》一篇。

邸鈔：詔：甘肅按察使史念祖來京另候簡用。以分巡平慶涇道魏光燾邵陽人，附監生。爲甘肅按察使。史念祖以去冬十一月來京陛見，近方出都，而即被此旨，聞左相國劾之也。

二十五日戊子　晨溦雨，旋大風，下午微見日景，晡後微晴，風竟日不止。始撤鑪。是日起甚遲。讀《説文段注》。夜有風。

邸鈔：御史李璠賨坻人，乙丑。選江西臨江府知府。本任知府海霈丁憂。李璠以河南道御史督理衙道，贓穢狼籍，聞其同官已有欲彈之者。

二十六日己丑　晴，下午微陰。讀《説文段注》。庚午同年文恒榮編修以喪偶來赴，送楮分。同司王式曾、楊典誥等約明日飲福隆堂，辭之。夜偕敦夫、雲門飲聚寶堂，又飲壽春堂，招玉仙，三更歸。

二十七日庚寅　晴，微陰。作片致爽秋，辭今日之飲。孺初來談，下午偕詣鐵香，談至晚，過對門視汝翼疾，即歸。校《舊唐書·文苑傳》數頁。

二十八日辛卯　晴，上午微陰。曉卧中疾動。作書致竹篔，慰其喪子，且詢行日。校《舊唐書·文苑·劉蕡傳》。

邸鈔：大學士左宗棠奉召至京。詔：二月初三日再親詣大高殿祈雨，仍命肅親王隆懃禱覺生寺，惇親王、恭親王等分禱時應諸宫廟，克勤郡王晉祺禱黑龍潭。以詹事府詹事寶廷爲内閣學士，兼禮部侍郎銜。上諭：御史萬培因奏考試官學漢教習，日久弊生，請查照成案，於鄉會試薦卷内挑取一摺，著禮部議奏。

二十九日壬辰小盡　大雪竟日，積五寸許。是日得雪可喜，而寒甚，焚香擁鑪，勘弁陽老人《絶妙好詞》，時時輟筆，瀹茗相對。此中静况，不可言説者也。得紱丈書，即復。夜得詞一首。

一枝春辛巳正月晦日，密雪入夜。時久苦晴，行宮太一齋禱甚虔。賦此志瑞。

暖入春旛，乍東風、蕙轉冰成酥雨。緗梅過了，又見亂霏香霧。琳宮磬度，正金籙、玉玉讀去聲。晨宵御。應艷道、瑶草琪花，近覆醮壇鵷鷺。如聞秀郊人語。笑聲來，勝似燈期簫鼓。鱗鱗翠瓦，漸造玉檐瓊宇。凉蟾借取，訝窗近、夜珠來處。還自檢、銀燭風簾，細商詞句。

邸鈔：詔：大學士左宗棠管理兵部事務，在軍機大臣上行走，並總理各國事務衙門行走。

二月癸巳朔　晴，微陰。校《絶妙好詞箋》。傍晚孺初、鐵香來，邀同爽秋夜飲宴賓齋，暢談至燭再見跋，二更後歸。付弄傀儡錢四千四百。

邸鈔：以山西巡撫曾國荃爲陝甘總督，詔即來京陛見。衛榮光實授山西巡撫。

初二日甲午　晴，間陰，大風，寒甚。點勘《絶妙好詞箋》。比日復用鑪火。昨聞竹篔又喪一女，作書慰之。晡後讀《公羊通義》。雲門來。夜同敦夫、雲門談，風少止。得竹篔書，言是夕幼子又殤。十日之間，連喪三子，可慘之甚。

初三日乙未　晴，傍晚有風，甚寒。讀《公羊通義》。剃頭。晡後讀《漢書》。付族人王節婦月費七千，傀儡戲錢四千七百。

初四日丙申　晴。校讀《絶妙好詞箋》。作書致雲門。印結局送來十二月、正月公費銀二十兩五錢。雲門來，贈朱碧微雲箋百番。夜雲門邀同竹篔、敦夫飲便宜坊，一更後歸。是日有風，嚴寒，以畏煤火，不敢擁鑪。枯對一編，耳創手瘃。思故鄉春事，已當山桃紅綻，野薺青齊，水活含烟，云輕帶岫。錦檣翠絡，多上東郭之船；歌管酒旗，争趁南鎮之市。而羈栖十稔，芴莫一官，辦莊乏資，涉笻無計。

清明先壟，又虚麥飯之澆；蒼茫故園，日寄蓬飛之夢而已。付賃屋銀六兩。

初五日丁酉　晨晴，上午後多陰，傍晚晴，嚴寒，冰冰。曾祖妣忌日，供饋肉肴七豆，菜肴三豆，火鍋一器，饅頭一大盤，梨、橘各一盤，蓮子湯一巡，酒五巡，飯再巡，茗飲一巡，春餅一盤，晡後畢事，焚楮泉。付肴饌等錢二十千。

邸鈔：以禮部主客司郎中宗室綿善爲鴻臚寺卿。

初六日戊戌　陰，下午間晴，傍晚有風，冱寒益甚。肯夫來。黄編修國瑾送來《畿輔通志海防圖》一册。鐵香來，久談。肯夫約明日飲。校讀《説文段注》。近因欲歸不得，意緒甚惡，故讀書無次，輟作不恒。是日酉初二刻十二分驚蟄，二月節。付傀儡戲錢六千六百。

初七日己亥　晴。竹篔來話别。雲門來，共午飯。晡後偕雲門詣敦夫小坐。傍晚詣鐵香談，復視汝翼疾。夜赴肯夫飲，坐有竹篔、惺齋、笣仙及梁枚庶常，談至三更歸。

初八日庚子　薄晴，間陰，晡後陰。作送竹篔使日本詩，以竹篔請之甚殷也。爽秋來。作書致雲門，得復。作書致孺初，得復。夜雪。竹篔來話别，即寫詩與之。

許竹篔以侍講賜二品服爲奉使日本大臣索詩爲别作長歌一章送之

聖清懷遠頓八紘，大瀛海内皆王程。皇華之選極侍從，特賜金紫銜東征。日本名見自唐始，隋稱日出處天子。夜郎笑漢夷俗然，墨屎誇譤匪所耻。我聞倭北接馬韓，蠻觸百餘山島間。通譯漢魏三十國，至今滅没同飛烟。吾妻鏡事略可録，天王系院代相續。文物差欲躋新羅，衣冠漸亦效華俗。狡爲邊患始有明，鯨魚跋浪吴會驚。朝鮮濟師幸告捷，舟山乞援終無成。方今外憂日孔棘，掎角大秦連漠北。東眈西睒相翕張，呿呷鮫龍覗弱食。中山歡斯千葉王，一朝驅縛可老羊。鐵艘出没黿鼉嶼，蜃涎碭碭擬菟浪。冲聖垂衣未親吏，兩宫宵旰軫邊事。中樞持重疆臣媮，緩急弛張屬之使。君在翰林稱敢言，榑桑指畫几案前。龍節拜奉璽書出，東風吹旆争花先。津沽春水竹箭迅，妙簡賓游盡才俊。古云隔海萬二千，破浪飆輪抵一瞬。對馬隱隱神山開，卷帆直過邪摩臺。男冠四花女屈紒，鼓角齊迓天人來。自來折衝在尊俎，松麈一揮落芒距。從容餘事及藝文，先唐佚書尚堪補。送君驂驪雪尚飛，薊門柳色未侵衣。三年會看鯷人貢，百輩朝衡隨弭歸。

初九日辛丑　晴，間陰。雲門來。孺初來。爽秋來。得紱丈片，借日記，即復。鐵香來夜談。比日寒甚，復擁鑪。更夫王升以是日受庸，付錢七千。

初十日壬寅　晴，少陰，多有風。是日小極不快。寫去年臘尾《燭影摇紅》詞分致伯寅尚書及敦夫。又寫《臨江仙》詞致雲門。余不喜作字，尤不耐自書所作，故懷人寄遠之篇，往往不致其人。今日小覺體中不舒，掩卷多暇，始寫詞分致，并作書致尚書。敦夫來，與之小飲。得尚書復、雲門復。

閲劉雲生錫鴻《英軺私記》一卷。雖辭筆冗俗，不如郭筠仙《使西紀程》之簡潔，而敘述甚詳。於所見機器、火器、鐵路、鐵船，皆深求其利弊，言之備悉。英人謀利之亟，講武之勤，以及收貧民、教童子，監獄之有法，工作之有程，國無廢人，人無棄物，皆能言其實。而風俗之陋，習尚之奢，君民不分，男女無別，亦俱言之不諱。至言中國外交之道，當據理直言，不可爲客氣之談，尤不可爲陰陽之論。凡自誇强大，不憚用兵，及中外一家、懷柔遠人等語，皆彼所共識，傳相姍笑。而或自相輕薄，詆華媚夷，至效其衣冠，習其禮節，尤彼所深鄙。此則持邦交者之至言，使四夷者之切戒，古今不易之理也。雲生，番禺人，以舉人貲郎，好爲大言，依託貴要，得薦副郭嵩燾侍郎使英吉利。半年後改爲使德國正使，其居德頗有口舌功。聞尚有《德軺私記》，當再借觀也。

邸鈔：上諭：御史鄧承脩奏周有全屢被參劾，並無戰功，竹帛馨香，未可濫膺，仍請撤銷等語。朝廷褒功予恤，一秉大公。周有全既迭經被人指摘，不洽輿情，所有將事迹宣付史館及建立專祠之處，著即撤銷。該總兵身歷戎行，亦尚著有勞績，仍著照軍營立功後積勞病故例議恤。李瀚章所請過優，亦有不合，著交部議處。詔：十二日再親詣大高殿祈雨，並分禱覺生寺，時應宫，昭顯、宣仁、凝和諸廟及黑龍潭。以光禄寺卿宗室載英爲太常寺卿。以翰林院侍講學士嵩申爲詹事府少詹事。翰林院侍講學士廖壽恒轉侍讀學士，鍾駿聲缺。左春坊左庶子張之洞升侍講學士。檢討周冠授河南開封府遺缺知府。本任開封府蔡賡良病故。

十一日癸卯　晴，微風，地潤。雲門來，下午偕詣敦夫館中談。比日貧甚，昨託敦夫向鄉人陸湘泉假百金，今日送來銀五十兩。得傅子尊片，送來蓮舟臘尾開封書，并寄銀八兩，即復謝。又暴富矣。夜雲門邀同敦夫飲聚寶堂，招霞芬、玉仙。玉仙近日有山西陽曲縣知縣汪守正之子某隨其父入都爲訾郎，以九千金爲之脱弟子籍。守正，錢唐監生，巧猾吏也。去年西朝不豫，各省大吏多薦屬員之知醫者入京，守正其一也。晉中久大祲，而守正囊橐之富如此。又近聞山西軍需報銷部費至十七萬金，不肖之司員及吏書錢儈朋而分之，饑殍膏血，以飽此輩，可憤絶也。二更飲霞芬家，霞芬贈皖中芋餳片兩苞。四更歸。付霞芬酒錢四十千，賞其僕十千，車錢八千，霞、玉車六千，客車四千。蔡備臣庶常喪婦賻分二千。

邸鈔：上諭：前據都察院代奏江西候補通判趙清韶敬陳管見一摺，當經寄諭周恒祺查奏。兹復據都察院奏，趙清韶再陳管見並據録呈諭旨二道，前旨係屬寄信，該員何從繕録？其另録一道竟屬捏造，殊堪詫異。趙清韶著先行革職，交刑部嚴訊具奏。趙清韶，山東聊城人，以江西試用巡檢加捐通判，解餉入京。

六年二月，請於山東淄川、栖霞、文登、寧海等縣開礦、開墾。兹復言日照、蒙陰、萊蕪皆有礦可開，且云捐銀五千兩備用。蓋無賴小人，以此爲嘗試者也。

十二日甲辰　晨及上午微晴，下午陰。校閲《絶妙好詞箋》。得雲門書，約觀文昌燈劇。洪右臣來，不晤。署中送春俸銀十六兩。付署中茶房節錢三千。

十三日乙巳　晴，風。作書致敦夫，還銀四兩，尚是去夏所借摯金也。剃頭。孺初來。爽秋來。傍晚孺初邀同敦夫、爽秋及張侍講楷飲宴賓齋，談至二更歸。大風。

十四日丙午　晴，傍午後風復作。讀《説文段注》。雲門來，傍晚偕詣敦夫齋中談。敦夫邀夜飲聚寶堂，招玉仙，三更歸。比夕有佳月，而寒尚甚，且多風。付車錢五千，玉車四千。

邸鈔：詔：大學士寶鋆、左宗棠、全慶於管理處所，均免帶領引見。上諭：刑部奏盛京工部六品官袁祥父子被戕身死一案，應將李永智屍身覆驗請旨辦理一摺。著派恩福、潘斯濂會同盛京將軍、奉天府府尹、盛京刑部侍郎，詳細驗明具奏。

十五日丁未　晴，午後有風。邑館春祭，不赴。校閲《絶妙好詞箋》。作書致雲門。傍晚敦夫來，以是日爲正花朝，宜作一小集。雲門不至，遂偕敦夫同車詣聚寶堂，并招玉仙飲，夜一更後歸。月皎於晝，今年第一佳夕也。付車錢五千，酒保賞三千，車飯三千，玉車二千。

十六日戊申　晴。得雲門書。晡詣才盛館同司團拜，演劇甚佳，燈戲尤可觀。接席連茵，則備諸惡狀耳。夜月益皎。至四更戲畢始歸。老子婆娑，興復不淺。惜無驅蠅之扇，幾成挂棘之衣。付席分錢十千，車錢十千。

邸鈔：以前順天府府丞王家璧爲鴻臚寺少卿。

十七日己酉　晴。鄧鐵香來。得紱丈書，還日記。雲門來。近患腰腹右半腫痛，牽引肝氣、疝氣諸病。是夕望。

邸鈔：貝子銜前任盛京將軍奕湘卒。詔：奕湘由委散秩大臣，荷累朝知遇之隆，歷任將軍、都統、尚書、内大臣。在盛京將軍任内，因病開缺，賞食半俸，加貝子銜，旋賞全俸。方冀克享遐齡，長承恩眷。兹聞溘逝，軫惜殊深。加恩賞給陀羅經被，派貝勒載漪帶領侍衛十員，即日前往奠醊。賞銀一千兩經理喪事，由廣儲司給發。照將軍例賜恤。伊子主事載卓賞給員外郎，伊孫溥慶賞給主事。

十八日庚戌　晴。爽秋來。夜陰。

十九日辛亥　晨晴，上午後多陰，午後間晴，晡後復陰。作《金人避諱考》一篇，《詩四始説》一篇。温柊花洗馬以兄喪來赴，送奠分四千。吴松堂約後明日飲，辭之。夜陰。付李升三月分工食錢十千。又以席姬小産滿月，賞王、楊媪錢十千。

邸鈔：詔：二十二日再親詣大高殿祈雨，仍命諸王、貝勒分禱覺生寺、時應宫、昭顯諸廟及黑龍潭。山東巡撫周恒祺奏按察使靈杰因病懇請開缺。許之。以兖曹沂兵備道潘駿文涇人，廩貢。爲山東按察使。駿文，故河督錫恩之子，以巧宦聞。

二十日壬子　晨薄晴，上午多陰，傍午後晴，微陰，傍晚復陰，有風。先祖考及節孝張太太忌日，上午供饋，肉肴六豆，菜肴四豆。又爲節孝設菜肴五豆。共設閩橘兩盤，梨兩盤，饅頭一大盤，蓮子湯一巡，酒三巡，飯再巡，晡後畢事。作書致汝翼，饋祭饌兩器及蘋果。饋劉仙洲夫人祭饌兩器。肯夫來。得汝翼復。雲門來。肯夫邀同雲門、敦夫飲便宜坊，夜談至二更散。復偕雲門過敦夫齋中談，至三更歸。四更始寢。是日温和，始有春意，不能衣重裘。彌念故園，春事殷盛，原隰錯繡，村落繪錦。

桃花燕子，時逢畫船；桑柘斜陽，多趁社劇。湖山之勝，何啻登仙。

邸鈔：山東濟南府知府黄大鶴升分巡兖沂曹濟道。

二十一日癸丑　戌初初刻春分，二月中。晴暖。讀段氏《毛詩小學》。腹氣增劇。得族弟品芳書，告乃翁十一叔於去年九月去世。曬衣臧裘。夜得肯夫書，借日記。

邸鈔：正藍旗護軍統領、三等承恩公照祥卒。慈禧皇太后異母兄也。詔：照祥由委散秩大臣、御前侍衛，歷任副都統、護軍統領，宣力有年，克勤厥職。前因感冒賞假。兹聞溘逝，悼惜殊深。加恩賞給陀羅經被，派貝勒載澂帶領侍衛十員，即日前往奠醊。賞銀二千兩經理喪事，由廣儲司給發。照都統例賜恤。伊子德善俟百日孝滿後承襲公爵。　理藩院郎中全志授山東濟南府遺缺知府。

二十二日甲寅　晴暖。得肯夫書，約過談。作書致雲門。讀《毛詩小學》。雲門來。肯夫來，暢談至晚，邀同雲門至便宜坊，已無坐處。又回至宴賓齋夜飲，清談彌永。二更始歸。

邸鈔：上諭：通政司參議劉錫鴻奏疆臣不堪倚任，臚款參劾各摺片。披覽所奏各節，殊堪詫異。其各省大吏，如有辦事乖方，或不勝任者，有言責諸臣，自應據實參奏。李鴻章久任封圻，深資倚畀。其平日辦事，原不能一無過失，朝廷隨時訓誡，亦未嘗稍有寬假。兹據劉錫鴻所陳各款，奏留藩司任道鎔入覲爲藐視綱紀，覆奏籌備餉需一疏爲藐抗朝廷，腹非諭旨，優保委員黄惠和等爲妄言欺謾等情，深文周内，已屬支離。至謂其跋扈不臣，儼然帝制，並以荒誕不經之詞，登諸奏牘，肆意傾陷，尤屬謬妄糊塗。朝廷於馭下聽言，一秉至公。似此信口誣衊，不可不予以懲處。劉錫鴻著交部嚴加議處。以德福補授正藍旗護軍統領。容貴調補鑲白旗滿洲副都統。載鶴賞給三品頂帶，署理正藍旗蒙古副都統。

二十三日乙卯　晴。剃頭。比日肝氣，兼内熱火發，腰腹重滯作痛。昨偶治《毛詩》，覺益疲。今日點閱俞理初《癸巳類稿》以自遣。周介甫約廿六日樂椿園公餞謝惺齋。張叔平約明夕才盛館觀燈劇，辭之。湖北人黄御史元善來。

邸鈔：貝勒銜固山貝子載容卒。詔：載容由散秩大臣，歷任宗人府左宗人、正黄旗蒙古都統、内大臣，克勤厥職。嗣於光緒三年因病准其開缺，賞食全俸。兹聞溘逝，軫惜殊深。著賞給陀羅經被，派載瀾帶領侍衛十員，即日前往奠醊。其餘飾終典禮，該衙門察例具奏。

二十四日丙辰　晴。校《舊唐書》郭孝恪、張儉、蘇定方、薛仁貴等傳一卷，劉仁軌、郝處俊、裴行儉及子光庭傳一卷，唐臨及孫紹、張文瓘及兄文琮等、徐有功傳一卷，高宗、中宗諸子傳一卷，裴炎、劉禕之、魏玄同、李昭德傳一卷。鉤校補正，以小字密書，頗費心力，至夜四更方罷。

二十五日丁巳　晴。得王益吾祭酒書，送來新刻嘉慶一朝《東華續録》五十卷，作書復謝，犒使二千。下午詣敦夫館中談。謝惺齋來辭行。

閲《東華續録》。故事：庶吉士散館列三等者歸原班銓選。己卯散館，强克捷子望泰、趙文哲孫棨皆列三等。特旨以克捷、文哲皆死王事，加恩，望泰、棨俱用内閣中書。吾鄉章知縣棨以丁丑庶常，是年散館三等，歸班十餘年後始選直隸沙河縣知縣。

邸鈔：以雲南臨元鎮總兵黄武賢爲雲南提督。本任雲南提督胡中和丁母憂。以翰林院侍讀學士貴恒爲詹事府詹事。工部郎中鄭錫敞直隸，監生。選甘肅平慶涇固道。工部漢郎中五缺，近年五監生踞之：潘駿猷、朱其煊、許景福、沈守廉及錫敞也。鑽營醜穢，靡所不爲。而駿猷、景福、錫敞爲尤甚。故駿猷先得道員，景福得知府，今錫敞繼得道員。冬官遂爲穢區，跕班跪安，轉相師法矣。

二十六日戊午　社日。晴暖。以凸花箋寫甲寅山居小詞一闋致肯夫。午出門答拜東鄰新授河南知府周檢討冠，新選寶應知縣梁庶常枚，湖州人。詣鐵香、雲門，皆不值。答詣黄御史元善，送謝愭齋行，並不值。晤周介甫，告以今日不克與餞，即歸。是日始澆花樹。敦夫來，以余腹氣久不悆，爲約其同年邵孝廉來診。作書致愭齋。夜詣豐樓，以是日約孺初、鐵香、肯夫、爽秋飲也。諸君已先至，暢談至二更後歸。付車錢九千四百，客車六千，酒保賞六千。

邸鈔：鄧榮升補雲南臨元鎮總兵。

二十七日己未　晴。春光甚美，讀書尤佳，而體中不舒，不能校讀。時時循行花樹，芟翦枯枝，拂拭萌芽，漸覺芳韶可玩。洗足。周介甫來。敦夫來。邵孝廉來，爲診脉定方。肯夫來。雲門來。夜偕敦夫、雲門飲聚寶堂，招玉仙。一更後復飲玉仙家，招霞芬，三更後歸。昨本以客中社日，鄉思無聊，欲借治聾之名，從霞芬一醉。而昨以嘯儔不得，今日復花葉乖違，遂爾替月招星，茗艼懷抱，人生飲啄，固有定也。付玉仙酒局錢四十千，賞其僕十千，車錢七千，客車三千，醫車八千，玉車二千。

二十八日庚申　晴，下午微陰。腹氣更劇，雜閲小學諸書。灑掃中廳書室，擬將移讀其間。令僕輩收裹春燈，至司天監買小曆本，亦可謂遲鈍不及事者矣。吴玉粟來。夜欲校《舊唐書》志傳一二篇，而腹滯益痛，卒不能下筆。早卧，令席姬按摩之。五更疾動。

邸鈔：上諭：曾國荃奏請將已故道員建立專祠，並將事迹宣付史館一摺。已故甘肅甘凉道李鶴章，於咸豐、同治年間剿辦髮、捻各逆，在安徽、江蘇、浙江等省屢立戰功，勞績卓著，加恩准於立功地方建立專祠，並將事迹宣付史館立傳，以彰勞勩。鶴章，鴻章弟也。由廩生從曾文正軍得官，後佐鴻章剿江浙之賊，頗有勞。又從文正剿捻匪。乞病歸，以去年十二月卒。

二十九日辛酉　晴暖，可單棉衣。水仙花已過，山桃將放，李花萼綻，丁香葉吐。課僕輩移西院榆葉梅一株，栽於中庭榹桃之旁，以避藤陰也。躬助畚臿，兼亦抱甕。印結局送來是月公費十一兩。直隸、江蘇、湖北、浙江、貴州久停分發，近日廣東、廣西、雲南、湖南、江西、福建亦皆請停。此事將絶，吾輩首陽之期至矣。有光禄寺署正吴淞以妻喪來訃。此人庚午同年，不知何省人也，從不往還，而憶甲戌之夏，吾浙蔣崇禮解元之死，寫單告賻，此君曾出二金，是可取也。送以奠分四千。

邸鈔：詔：三月初二日再親詣大高殿祈雨，仍派肅親王隆懃禱覺生寺，惇親王等分禱時應、昭顯諸宫廟，豫親王本格禱黑龍潭，貝勒載瀅、克勤郡王晉祺分禱清漪園、静明園龍神祠。詔：通政司參議劉錫鴻照吏部議即行革職。刑部郎中翁曾桂授湖南衡州府知府。本任知府劉燡丁憂。

三十日壬戌　晴暖。閲嘉慶朝《東華續録》，并揭櫫。以舊貂領向貨郎擔易新緑甆碗四，以敝羊裘易飯碗十。損所不需，易其所無。付賃屋銀六兩。黄昏大風，一更後止。

邸鈔：曾國荃奏病仍未痊，請假調理。詔：曾國荃賞假三月，就醫調治。一俟假滿，即行來京陛見。陝甘總督仍著楊昌濬護理。

三月癸亥朔　晴，下午微陰。榹桃花開，海棠始萌。讀《吕氏家塾讀詩記》。孺初、鐵香來夜談，二更後去。作書復族弟品芳，唁其丁父憂；又致季弟彦僑：各附寄會試行卷二十本。

邸鈔：上諭：恭鏜奏平反巨案，請旨分别辦理一摺。據稱同治三年烏魯木齊失陷，由於提標中軍參將索焕章首爲反謀，提督業布冲額毫無覺察。迨叛迹已著，勇丁朱小桂赴提督衙門喊報，業布冲額聽信索逆誣陷之言，謂朱小桂誑報軍情，立即處斬。未幾，索逆遂反，烏魯木齊及附近各城相繼淪陷等語。朱小桂被誣冤殺，自應即予平反。著照所請，交部加等議恤，并准其祔祀原任烏魯木齊都統平瑞專祠。索焕章之父索文原任甘肅提督。所得三代一品封典、太子少保銜、云騎尉世職，著一併褫革。業布冲額信任逆回，貽誤大局，並著將恤典撤銷。疏稱同治三年五月三日，索焕章先結玉門縣逆回楊春，襲陷庫車。二十五日，設伏襲敗烏魯木齊赴援喀喇沙爾之兵，於烏什達拉全軍皆没，庫爾喀喇烏蘇領隊大臣文永等皆死之。六月十日，復陷烏城南山之達阪城。而業布冲額信用益堅。十二日二更，迪化四關亂作。其黨守東門者開門納賊。業布冲額父子從索逆出城，其眷屬同時自焚，子亦自殺。業布冲額始不得已而自盡。九月三日，鞏寧城亦陷。上諭：岑毓英奏提督傷發身故，請旨賜恤一摺。貴州提督張文德，於咸豐年間隨剿粤匪，轉戰江南、浙江、福建各省，迭克城池，身受多傷。嗣補授貴州總兵，升任提督，剿除苗匪，整頓營規，宣力有年，功績卓著。兹因傷發身故，殊堪憫惜。加恩照提督例賜恤，並將事迹宣付國史館，准其祔祀貴州省城曾壁光專祠，以彰藎績。以貴州鎮遠鎮總兵羅孝連爲貴州提督，和耀曾補鎮遠鎮總兵。

初二日甲子　澹晴，輕陰。作復禔盦書，復陳玉泉書，各致試卷二本。兩君皆需次蘇州，託阜康銀號轉寄。得陶心雲二月十二日里中書。敦夫來。雲門來。夜陰，閱《舊唐書》，終夕罕瞑。

初三日乙丑　晴，有風。剃頭。雲門來。敦夫來。是日欲偕二君游城西南諸寺，且向廟市尋花，而日暖多塵，覓車不得。軟紅十丈，草緑未芽。遥想故鄉，莫窮麗矚，千鬟花笑，萬鏡波迴。溝塍粲其鏤金，城郭新如點黛。正不止錦鷁擁水，上河可圖；羽觴隨波，修禊成故也。下午偕至廣德樓聽春臺部。傍晚敦夫邀飲聚寶堂，招霞芬、玉仙，夜二更歸。肯夫來，袁爽初來，俱不值。是日柳荑緑見。

初四日丙寅　晴。迎春花開。上午詣敦夫齋中，小坐即歸。《易緯通卦驗》：立春楊柳樟。莊氏述祖《夏小正音義》：柳梯。梯也者，發孚也。下引之謂『樟』，即『梯』之誤。案：『梯』亦假借字，或作

『稊』者，後出字。本字作『荑』，亦作『苐』。荑爲茅之初生，引申爲凡草木葉之初生。

邸鈔：廣州漢軍副都統經文泰因病原品休致。以正紅旗滿洲副都統鍾泰調補廣州漢軍副都統，正黄旗漢軍副都統、侍郎錫珍調正紅旗滿洲副都統，海英補正黄旗漢軍副都統。右春坊右庶子陳寶琛轉左春坊左庶子，翰林院侍讀周德潤升右庶子。刑部郎中慶勳授湖北武昌府遺缺知府。本任知府陳建侯丁憂。

初五日丁卯　晨陰，午前後微晴，下午霡陰。陶在和自宜昌馳書來告，雲門尊人鑑庭總戎於二月十九日卒，屬告雲門即日奔喪。前日聞竹篔行抵上海，已丁父憂。今雲門復嬰斯變。二三知己，相踵銜恤，憮然形影，愴恨何已！詣敦夫齋中，以雲門今日在湖廣館爲周氏陪吊，屬敦夫促之歸寓。肯夫來。下午走唁雲門，於圓通觀晤肯夫、爽秋、黄再同、潘伯馴及張之洞，晚歸。是日有風，復寒。夜四更後雨。

初六日戊辰　晨小雨，加巳正午晴。夜子初一刻十一分清明，三月節。祭曾祖考妣、祖考妣、本生祖考妣、先考妣，肉肴、菜肴各六豆，菜羹一器，饅頭一盤，時果四盤，紅棗扁豆湯一巡，酒三巡，飯再巡，晡後畢事，焚紙錢。祀屋之故寓公。敦夫來。傍晚偕敦夫走視雲門，晤爽秋。夜歸，同敦夫小飲。一更後敦夫邀飲霞芬家，以客中過節，借花一醉也。并招玉仙，四更始歸。付肴饌等錢三十千，族人王節婦月費六千，楮鏹錢七千，車錢五千。

初七日己巳　晴，風甚寒，午後微陰相間。紫丁香吐萼，杏花將放，柳葉漸抽，欒枝、楔梅皆紅綻。閲玉函山房輯本小學諸書。其《開元文字音義》、《義雲章》、李商隱《李氏字略》三種有録無書，擬補輯之。

邸鈔：以詹事府少詹事嵩申爲光禄寺卿。以左春坊左庶子寶昌爲翰林院侍講學士。

初八日庚午　晴。李花始開。作致江西安仁陳訏堂師書，并寄會試卷六本。寄江敬所一本。又致王松谿書，致張玉珊書，各寄試卷二本。松谿卸署廬陵，玉珊攝篆奉新也。又復族弟小帆書，并試卷四本。敦夫來。夜詣敦夫館中小坐，以寄江西書件託敦夫屬潘伯馴交江西一幹員附去。閲《吕氏家塾讀詩記》卷二，未半倦甚，遂輟。夜半後大風，床屋震撼，不敢瞑。比日腰腹間痛止，而夕嗽又作。五更疾動。

邸鈔：上諭：御史徐克剛奏上駟院郎中廣善與上駟院卿尚宗瑞往來營私，蒙古王公呈進馬駝，索銀扣成，賄屬冒領。又各圈應領豆米，種種需索。物議沸騰，請旨查辦。著派寶鋆、毛昶熙確切查明，據實具奏。

初九日辛未　晴，風，終日狂甚，傍晚稍止。白丁香吐萼，杏花開。肯夫來，以方食辭之。敬書天山府君家訓楹聯寄品芳，以昔年十一叔屢請之也，故仍題十一叔屬書，追系以去年三月，并前兩緘，皆託管紹興鹽茶局知府常紱家人附去。撰雲門尊人鑑庭總戎輓聯云：『述祖繪麒麟，自束髮從戎，遍歷蠻烟瘴雨，百戰致旌麾，赢得謗書盈篋，定遠生還，空看苔卧緑槍，塵薶金甲，讓群兒熟胛封侯，灑淚湘天，未了枕戈遺恨在；傳家有熊驥，以立身爲教，分治朱武顧文，雙聲叶翁博，詎知珠樹偏凋，僧彌獨秀，剛喜玉堂香惹，花縣春生，待百里藝蘭視膳，驚心風木，尚遲奉檄訃音來。』即買白綾二丈，書致雲門。晡後詣肯夫談。晚至圓通觀視雲門，即偕敦夫歸。肯夫邀同敦夫、陳書玉編修及其館師朱孝廉夜飲便宜坊，吃燒鴨，二更歸。付車錢五千。

邸鈔：詔：十三日再親詣大高殿祈雨，仍派諸王、貝勒公分禱覺生寺、時應宫、昭顯諸廟、黑龍潭、白龍潭，清漪、靜明兩園龍神祠。

初十日壬申　晴，下午有疾風，旋止。爲敦夫撰雲門尊人輓聯，并書之，云：『係籍掌佽飛，殺賊立功，繼建和門旗鼓，乃世將道家所忌，歸去騎驢，閑招舊部漁樵，翠峽花前同一醉；感恩仍士伍，讀書教子，不求杜曲桑麻，幸文明武節兼施，和聲鳴鶴，詎料蓬山出入，靈椿天上已千秋。』爽秋來，談竟日。敦夫來，傍晚招同肯夫、書玉諸君飲便宜坊，仍吃燒鴨，夜二更後歸。付同年王吏部儆丁父憂幛分錢二千；庚午同年祥庶子麟、惲編修彥彬喪偶，鍾鸞藻縣令喪兄雨辰學士，幛分各一千。是日海棠見紅萼，山桃落盡。

十一日癸酉　晨晴陰相間，上午陰，有風，午風益大，微晴，下午晴，傍晚風小止。早起驚聞昨日時加戌慈安皇太后崩。東聖素無疾，自去年春，西聖久不豫，適俄夷要挾，諸夷覬變，恐猲百端。樞府疆臣，共爲異論，設疑譸幻，熒惑聖聰。內外群不逞之徒，謀使域外及開鐵路、造電綫諸怪詭不經之事，以猾夏媚夷、牟利辱國者，鼓脅劫制，訛言日起。東聖獨攬萬幾，晨夕憂勞，披覽封事，常至夜半。內斷聖心，召左恪靖入京，任以政事。鬼域游議，卒不能動。而勤政過甚，精力內瘁，微疾忽中，遽棄萬國。悲夫！得杜仲丹孝廉貴墀復書，以前日雲門聞訃，告哀於直隸方大湜按察，仲丹在方君幕，予爲致書屬其婉言乞賻也。今來書言，已送二百金，雲門可即奔喪矣。剃頭。敦夫來。作書致雲門，饋以蜜棗、核桃、糖炒米粉，得復。晚詣圓通觀視雲門，黃昏歸。夜風不止，月甚寒。

邸鈔：內宣慈安端裕康慶昭和莊敬皇太后遺詔，略云：予以薄德，祗承文宗顯皇帝册命，備位宮闈。迨穆宗毅皇帝寅紹丕基，今皇帝入纘大統，雖當時事多艱，旰宵勤政，然幸體氣素稱強健。本月初九日偶染微疴，不意初十日病勢陡重，延至戌時，神思漸散，遂至彌留。予年四十有五，母儀尊養，垂二十年，夫復何憾！第念皇帝遭兹大故，人主一身，關天下務，當勉節哀思，一以國事爲重。中外文武，恪共厥職。其喪服酌遵舊典，皇帝持服二十七日而除。大祀固不可疏，群祀亦不可輟。予向以儉約樸素爲宫壼先，飾終儀物，有可稍從儉約者，務惜物力，副予素願。故兹誥諭，其各遵行。上諭：朕入承大統，仰蒙大行慈安端裕康慶昭和莊敬皇太后顧復恩慈，於兹七載。承歡奉養，深荷慈愉。常見動履康强，旰宵勤政，私心慶慰，方冀期頤。初九日慈躬偶爾違和，當進湯藥調治，以爲即可就安。不意初十日痰涌氣塞，遂至大漸。遽於戌時，仙馭升遐。呼搶哀號，曷其有極。欽奉遺誥，喪服二十七日而除。朕心實所難安，仍穿孝百日，並素服滿二十七月，稍申哀悃。所有大喪禮儀，著派惇親王奕誴，恭親王奕訢，貝勒奕劻，御前大臣景壽，大學士寶鋆，協辦大學士、尚書靈桂，尚書恩承、翁同龢，敬謹管理，詳稽舊典，悉心核議。

十二日甲戌　晴，有風。杏花盛開，欒枝、柍梅亦有始花。比日小極，似感微寒。爲雲門書扇，即并其詩集還之。得敦夫書。得雲門書。閱《吕氏讀詩記》，始畢兩卷。晡後詣敦夫齋中小談。夜月出後偕敦夫詣圓通館視雲門，以雲門明早即行也。爽秋亦在，而張之洞復來，避之歸。月皎如晝，而寒。

十三日乙亥　晴，午後又風。得敦夫書。雲門以書案一，及杌子二，銅盆一，手鑪一，留寄余寓。而書案爲其觀中同居者陳編修理泰篡之去，云是彼物，亦衹得聽之而已。晡詣敦夫談，即歸。夜月，有霧。

邸鈔：詔：恭理喪儀王大臣照例穿孝百日外，親王銜多羅惠郡王奕詳，郡王銜多羅貝勒載澂，多羅貝勒載瀅，貝子銜鎮國公奕謨，禮親王世鐸，肅親王隆懃，莊親王載勛，科爾沁親王伯彦訥謨祜，多羅貝勒載漪，那爾蘇貝子銜科爾沁鎮國公棍楚克林沁，輔國公載濂，輔國將軍載瀾，前鋒統領熙拉布，和碩額駙、護軍統領扎拉豐阿，固倫額駙、副都統符珍、委散秩大臣載瀛、載津，軍機大臣左宗棠、李鴻藻、景廉、王文韶，總管内務府大臣廣壽、志和、師曾、廣順，毓慶宫行走孫家鼐、張家驤，南書房行走潘祖蔭、孫詒經、徐郙，亦著穿孝百日。其餘王大臣官員，均穿孝二十七日，釋服焚燬。慈禧端佑康頤昭豫莊誠皇太后懿旨：醇親王穿孝百日。詔：各直省將軍、督撫、都統、副都統、提鎮等，均有職守，不必奏請來京叩謁梓宫。

十四日丙子　晴，有風，晡後益甚。李花盛開，杏花、迎春漸落。得爽秋書，饋吐鐵一盎，甚佳，即復謝，犒使二千。有同鄉傅楣者來，固請見，予不知其人，辭之。既聞是節子之子，自閩來，它日當見之。是日疲甚，㔶自循行花樹，往往倦卧。蔡倩臣之婦朱喪來赴，送奠分四千。

邸鈔：鑲紅旗滿洲副都統安德告病開缺。以正白旗漢軍副都統德福調補鑲紅旗滿洲副都統，内閣學士銓林補正白旗漢軍副都統。編修施之博授雲南曲靖府知府。

十五日丁丑　晴。是日風獨少，春光極盛，而尚寒。紫丁香花開。作片紙致敦夫，約出游城西諸寺。孺初來，爽秋來，暢談至晚去。夜月如晝，李花明艷，似玉樹照庭。二更後月色益皎，携燭循視花下一周，賦五言古詩紀之。

三月十五夜月下看李花作

王母返瑶島，侍女駿素鸞。猶留一輪月，下照人間寒。九春此終望，皎臨天宇寬。清輝極淑景，遍覆千花妍。中庭一株李，瓊英耀簾前。皎潔互映發，風露交銀瀾。芳華凝良夜，拂拭當盛年。濯以圓靈鏡，矜彼婉孌顔。怳移玉樹至，壁帶琉璃懸。方今讖白柰，縞蔟群仙鬟。長樂耿孤照，玄霜失還丹。逝景不可駐，星斗漸已闌。惆悵階下雪，何厭終宵看。

邸鈔：詔：大行慈安端裕康慶昭和莊敬皇太后，母儀天下，垂慈訓政，至德徽音，遠邁前古。宜隆謚號，以表尊崇。著大學士、九卿會同敬謹詳議。

十六日戊寅　晨晴，上午風，下午黄霾，晡後陰，傍晚溦雨，黄昏雷電，有密雨。欒枝、楧梅盛開，海棠將放，紅萼如錦。敦夫來。朱蓉生來。傅子眉來，節子之兄子也，節子寄銀四兩爲贈。夜雨，旋止，二更月出，是夕望，三更月皎甚，五更又陰。

十七日己卯　晨及上午嫩陰，傍午後晴，有風。霞芬贈木香花兩盆，含蕊將放，風露在滴。作書報之，賞花使八千。王益吾祭酒來，言有選刻國朝古文之舉。作復族弟少梅書，復族姪恩圭書。兩人皆客粤東，一需次微官，一厠名幕客，俱沉淪轉側，貧不自聊，屢有書來，乞爲道地。余實無以應也，各勉以立品謹身、安貧守分而已。杏花一樹落盡，取甆盆清水養之，綴以雜英，亦自可玩。閲玉函山房所輯小學諸書。作書致敦夫，贈以吐鐵一小瓿。下午詣敦夫館中小坐。夕陽中看柳絲、金雀花、丁香，新葉翠黄間錯，相映益鮮，賞詠久之。敦夫來夜談。月出仍皎。製白布袍一領及帶。付錢十二千。

十八日庚辰　晴，下午有風，晚止。紫丁香盛開。有紅杏一株，稚幹晚花，禯艷尤絶，有大如杯者。欒枝亦競放，猩紅如滴。得雲門十六日津沽書，言已於是日上輪船。作書致黄再同，爲雲門送書去，且索保定志局所刻《朔方備乘圖説》，得復。作致吴碩卿廣州書，并試卷一本，與寄族人兩書，俱發協興昌輪船局遞去。作致堂伯硯香老人福州書，致及門孫子宜順昌書，各附試卷。作書致傅子眉，託附去，并約後明日夜飯。傍晚坐花下看夕陽中半開海棠。晚陰。看李花餘映極妍。各紀以詩。敦夫來。夜罕瞑。

三月十七日雨後嫩晴柳絲舒翠迎春競花丁香亦有新緑掩映夕陽中非畫所能到也以二十八字寫之

不須風露倩邊鸞，金碧春深咫尺間。記取小窗搴幔際，夕陽一角李家山。

霞芬饋木香花

細翦冰蘼屑麝胎，雙含風露落瓊瑰。分明洗硯匀牋側，長見籠香翠袖來。

夕陽時看半開海棠傍晚看李花欲落各賸以一絶

艷倚斜陽不自持，殢人紅萼最相思。漢宫恒滿燈千樹，曾照陳嬌未嫁時。

縞衣獨立更傷神，日暮能傳倩影真。幽恨臨風如欲絶，楚宫評泊息夫人。

十九日辛巳　晴，晡後有風，傍晚陰。昧爽起，偕敦夫入城，進東華門、協和門，出熙和門，詣慈寧宫赴大行慈安皇太后啓奠行禮。日加辰出城，詣逸梧祭酒，即歸。復出吊鍾雨辰學士之喪，送奠分六千。雨辰與予己丑同歲生，早得大魁，屢持文柄，清華通顯，駸駸八坐。而辛酉杭州之變，其尊人及夫人皆死難。今其長子先夭，僅遺一妾及兩幼子。今日見其繐帷慘黯，兩孤嘻笑。榮悴得失之間，何足道哉！敦夫來。鐵香來。付車錢六千。

二十日壬午　晨及上午嫩晴，午晴，下午有風，暖甚，晡微陰。海棠盛開，杏花半落，欒枝亦漸謝，碧桃紅萼始坼。是日加卯大行慈安皇太后梓宫奉移觀德殿，行安奠禮。作書致張叔平，索還王孝子繼穀遺詩，得復。作書致鐵香。得益吾祭酒書，借《國朝文述》，即復。作書致殷蕚庭，取《文述》。梳頭。敦夫來，晡後偕游慈仁寺看花。楧梅、紫丁香正盛，海棠、白丁香未華。晚至霞芬家小坐，即詣聚寶堂，邀傅子眉夜飯。一更後復過霞芬家，飲茗清談，三更後歸。是夜陰。付霞芬龍井茶、橘、蔗、炰粥等錢四十千，賞其僕十千，車錢十千，酒保賞五千，客車飯四千，慈仁寺僧茶二千。始食黃花魚。對門晉祠守廟人崔老，常爲予購花樹，今日死，以所藝夾竹桃一對詒予，賻以錢十二千。

邸鈔：上諭：李文敏奏前任江西玉山縣知縣黃壽祺、已故署宜黃縣知縣夏燮，前因虧短正雜各款，均經革職監追，查抄備抵。乃黃壽祺長子黃文枚、夏燮之子夏致搴，均服官他省，抗不完繳，實屬延玩。浙江海沙場鹽大使黃文枚、江蘇候補知縣夏致搴，均暫行革職，即著譚鍾麟、吴元炳委員解往江西，以憑勒追。夏燮，字嗛父，當塗舉人。父兄皆耆儒，承其家學，博涉經史，著書十餘種。昔年尚爲吉安、永寧縣令。卒後虧累。其所刻書版《聞悉録》，入江西布政司庫矣。

二十一日癸未　晨雨，上午陰，下午又雨，晡後晴，復寒。白丁香試花，碧桃將放，李花、紅杏俱落盡，新移榆梅始華。移設二内觿笥几案，料檢器物，陳庋書硯，各得其任，頗極勞擾。鐵香來。晚晴，坐庭下看海棠。

邸鈔：詔：恭上大行慈安端裕康慶昭和莊敬皇太后尊謚，曰孝貞慈安裕慶和敬儀天祚聖顯皇后。普祥峪萬年吉地曰普祥峪定東陵。户部郎中廷愷授福建福州府遺缺知府。

二十二日甲申　辰初初刻五分穀雨，三月中。竟日大風，晨薄晴，上午陰，午後間晴，多陰，頗寒。得紱丈書，借日記，即復。閲玉函山房所輯小學諸書。得秦秋伊去年長至後二日書。傅子眉來辭行。鐵香來。焚近年親故干乞諸書牘。同年王吏部儆爲太翁開吊，送奠分四千。

二十三日乙酉　晴，午後有風。木香花開，清芬盈室。閲玉函山房所輯小學諸書，其中誤字甚多，爲之小加勘正。傍晚坐中庭花下讀書，因之晚飯。付李升下月工食錢十千。

二十四日丙戌　晴，時有小風。白丁香盛開，紅碧桃、榆梅俱華，海棠漸謝，紫丁香老。霞芬來，約後明日極樂寺看花。得益吾祭酒書，還《文述》，即復，以《戊辰叢稿》一册借之。校閲惠氏《九經古義》。晡後詣敦夫齋中小談，且約明夜同入城赴觀德殿初祭。作書致殷蕚庭，還《文述》。夜大風。

二十五日丁亥　上午晴熱，下午微陰，晡後黄霾。得益吾祭酒書。敦夫來。洗足，换夾襪。作書致霞芬，屬其料簡廚餐。下午詣肯夫視其長郎病狀，因留久談，吃黄魚麵。錢�仙亦來。至晚始歸。庭中海棠尚盛，欒枝雖謝，猶有晚花，葉底深紅，彌可愛玩。今日未得端相一賞，暮年賃舍，能看幾回？悵歎久之。昨夜夢放貴州知府，邑邑之甚，如常年落第時。醒而思之，可發一笑。額外貲郎，未知幾時得調，望出守如登天然。則貪嗔之心，寐甚於覺矣。昔蕺山先生官行人時，夢升衛經歷，心甚不樂，遽然而覺，自以名心未盡，深自刻責。若余者，更何足以語此邪！夜初大風，旋止。二更假寐，三更後起，四更偕敦夫入城。

二十六日戊子　晴，暖甚，下午有大風，微陰。昧爽由北池子至景山，百官已集，車馬塞涂。下車入宫門，松柏竫深，亭榭隱見。疏星澹月，皓映周廬；丹仗黄麾，肅拱靈㡾。時加卯正，皇上御青帷輿，自東南來。是日换夏冠，上下皆戴藤冠去纓。辰初，孝貞顯皇后初祭行禮。諸王、貝勒、貝子公等，及恭理喪儀大臣、御前大臣、内大臣、軍機大臣、内務府大臣、毓慶宫、南書房行走諸臣皆在觀德殿門内。其餘自大學士以下，俱在殿門外。麾仗之後，李合肥方入覲，居首列焉。九叩畢，讀祝文，始起立焚紙。由殿中奉楮幣等，出禮部堂二人前導，後一人居中，奉祝版，恭理喪儀王大臣三人俠之行，侍衛、内監從者數十人，最後爲瀅貝勒之福晉，司奠爵，以青布帷障之而行。焚紙於宫門外。又半時許，再奠三叩出。當上至時，諸臣離立道左，皆延頸注目，或有嘻笑者。及俟再奠，跛倚譁語。合肥與一人言，至大笑失聲，此崔祐甫之譏常衮所不及料者矣。上午偕敦夫至小甜水井鎮海館陸漁笙處吃粥，復偕至賢良祠投刺於李合肥。以近日窘甚，冀其隨例有酬應也。午由地安門外繞十刹海過，見楊柳成行，湖波如鏡，睠顧久之。出西直門。是日有雲埃，不得見西山新翠。抵極樂寺，霞芬偕其婦已先至。海棠正好，梨花已苓。人影花光，侔鮮妃艷。遍游院宇，涉歷山池，亦是人生極樂矣。日景甫昳，風涼作陰。小啓華筵，緩下精饌。月秋繼至，密坐彌歡。於積悴幽憂中，營此一游，無怪嫛婗不置也。夕陽漸西，欲游五塔寺，以風不果，各折花數枝而歸。是日寺中海棠開至七八分，猩紅玉映，輕妍穠麗，並絶一時，非可言説。傍晚至家。趙桐孫來訪，不值。桐孫在合肥幕，隨入京者。適詣賢良祠時，不知其在彼也。付霞芬果肴錢百千，賞庖人十千，車僕八千。（敦夫亦如此數。漁笙先付車僕八千，餘尚未付。）付車錢十六千，飯二千，順兒三千。

邸鈔：詔：銘安奏伯都訥副都統雙福，人尚樸實，惟地方公事未能認真講求，難期振作。雙福著開缺，另候簡用。以黑龍江協領博棟阿爲伯都訥副都統。湖南巡撫李明墀奏請以候補道童大畇補授辰沅永靖兵備道。本任道陸增祥於去年十月告病。增祥，太倉人，庚戌狀元。大畇，字硯芸，山陰人，壬子進士。由户部陝西司郎中授湖南寶慶府知府，丁憂，再補沅州府知府，調長沙，復丁憂。以功擢道員。山東巡撫周恒祺奏按察使靈杰病故，臚陳歷官事迹，請旨賜恤。詔：靈杰平日尚能循分供職，並無異常勞績，所請賜恤，著毋庸議。

二十七日己丑　晴暖，薄陰，微風。紅碧桃盛開，迎春落盡。昨日從陸漁笙借得《南雷文約》，尚是舊版，已多漫滅處。余每勸鄉人有力者合《文約》《文定》刻之，而無聽者。越俗不好古，亦其一也。此書自丙辰閲一過，今二十六年矣。梨洲文鮮持擇，才情爛漫，時有近小説家者。望谿謂吴越間遺老尤放恣，蓋指是也。然本原深厚，隨在傾吐，皆至情至理之言，讀之饜心，昔人所謂『杜詩韓集愁來讀，似倩麻姑癢處搔』也。作書致桐孫，約其明日出城看慈仁寺丁香。夕陽中坐庭下看桃花、丁香，以佳茗左之。得桐孫復，以事辭。晚過敦夫，約明日同赴觀德殿大祭。

二十八日庚寅　薄晴，多陰。海棠亂落，霞片滿庭。讀《南雷文約》。作書致敦夫，約游慈仁寺。爽秋來。敦夫來。是日小極，游事復阻，丁香方盛，不得坐禪房一觀。又以客來，不得於緋桃花下句留返照，延企夕陰。佳賞多違，清詠遂闃。同司李鍾陽爲其尊人鐵梅侍郎開吊，送奠分四千。侍郎名嘉端，大興人，道光己丑翰林。咸豐初，由倉場侍郎出爲安徽巡撫，以事罷官。李合肥相國其丁未朝殿閲卷所取士也，故延主天津之問津書院。去年十二月卒，年七十五矣。近日詞林老宿，以上元温侍郎葆深、東陽李閣學品芳、鹽山孫侍郎葆元及侍郎爲靈光也。

二十九日辛卯小盡　晨及上午陰，午後澂雨，旋止，晡後小雨。桐孫來。爽秋來。得益吾祭酒書，即復。

魏默深《古微堂内集》三卷、《外集》七卷，前年戊寅始刻於揚州書局。《古微堂詩集》十卷，同治庚午刻於長沙。今日從爽秋借閲《内集》，卷一爲《默觚上》，皆分條説理，如子家語録之類。卷二爲《默觚中》，分學篇十三；卷三爲《默觚下》，分治篇十六：亦仍條繫説之。《外集》皆其雜文也。《詩集》分體編之，前有羅汝懷、郭嵩燾兩序，後有鄒漢池跋，漢勛之弟也。

是日緋桃、丁香花爛漫將落。錦霞照晚，得雨益鮮；瓊雪明空，含風增艷。閑庭客散，坐賞怡然。夜密雨，有電，微雷，二更後雨聲蕭瑟如秋時，五更檐溜益緊。久不聞此聲，倍難爲懷。補作前日游極樂寺詩。

暮春偕鏡予至極樂寺看海棠是日霞芬携其婦治具於此賦詩二首

鈿車相約鳳城西，千樹猩棠映玉溪。塔影遠從田水落，山光不礙寺墻低。似聞曲徑通鶯語，早有游蜂趁馬蹄。花雨一鍾齋杵動，午香吹到碧玻璃。

花外行廚花裏人，低枝時見罥紅巾。落英艷點弓鞋窄，纖朵嬌侵鈿額新。池上衣香經月醉，酒邊鬢影一家春。多情不奈東風劣，長爲羅裙碾麴塵。

夏四月壬辰朔　晨至午密雨，下午少疏，傍晚復雨。紫藤始花，晚桃漸謝，嫣紅滿地，時時拾之。

閲《古微堂外集》。默深爲經世之學，其文筆兀奡，在並時包慎伯、張石舟之上。此集卷一皆論經學、小學及諸序。卷二爲孔子、孟子年表、孟子年表考五首，及諸儒贊。卷三爲子、史諸書序。卷四爲碑志、銘、傳、書後。卷五爲籌河三篇。卷六爲各省河渠水利書議及史論。卷七爲論漕鹽海運諸文，其中如《明代食兵二政録敍》《海國圖志敘》《擬進呈元史新編序》《苗疆敕建傅巡撫祠碑銘》，最爲佳作。其餘議論多可取。而於經學實無所解，乃大言自矜，援西漢諸儒，託於微言大義，掊擊鄭、許，於乾嘉諸儒，痛詆不遺餘力，猖狂無忌，開口便錯。其史學亦甚疏，駁之不勝駁也。

夜雨。

初二日癸巳　終日寒雨，晡時略止。前日印結局送來公費銀十兩，今日以六兩付賃屋之直。

閲《古微堂外集》。自道光以來，經學之書充棟，諸儒考訂之密，無以復加。於是一二心思才智之士，苦其繁富，窮年莫殫，又自知必不能過之，乃創爲西漢之説，謂微言大義，汩於東京以後，張惶幽眇，恣臆妄言，攻擊康成，土苴沖遠，力詆乾隆諸大儒，以爲章句餖飣，名物繁碎，敝精神於無用。甚至謂海夷之禍、粵寇之亂，釀成於漢學。實則自便空疏，景附一二古書，寱語醉醬，欺誑愚俗。其所尊者，《逸周書》《竹書紀年》《春秋繁露》《尚書大傳》，或斷爛叢殘，或悠謬無徵，以爲此七十子之真傳，三代先秦之古誼。復捜求乾嘉諸儒所輯之《古易注》《今文尚書説》《三家詩考》，攘而秘之，以爲此微言大義所在也。又本武進莊氏存與之説，力尊《公羊》，扶翼《解詁》，卑《穀梁》爲輿皂，比《左氏》於盜賊。蓋幾於非聖無法，病狂喪心，而所看之書不過十餘部，所治之經不過三四種。較之爲宋學者，尚須守五子之語録，辨朱、陸之異同，用力尤簡，得名尤易。此人心學術之大憂，至今未已也。默深才粗而氣浮，心傲而神很，耻於學無所得，乃遁而附於常州莊氏。遂作《書古微》，謂馬、鄭之古文，與梅賾同作僞，而伏生、歐陽、夏侯之今文絶也。又作《詩古微》，謂毛公之《詩》傳，與鄭箋皆俗學，而齊、魯、韓之古誼亡也。於《説文》之轉注，謂部首所隸之字是轉注，而痛詈戴、段之説，并謂《説文》亦有俗誤，且集矢於許君。於《論語》，謂十篇中不及子思一字，是記者之疏。於《孟子》，謂其門人自樂正子外，皆不堪問，而孟子不敢斥，其七篇中不免迂妄之言。蓋臆决竅談，無待駁辨。兹姑舉其考據之謬者，略系於左。

治篇十五：光武之才，豈勝伯升；孫權之才，豈勝伯符；姚萇之才，豈勝姚泓？

案：姚萇兄爲姚襄，非姚泓。

又十六：司馬氏既言天下者景王之天下，吾身後大業，宜歸齊王攸。果能守此信，則平吴之後，傳位于皇弟齊王攸，而以長沙王乂爲太子，遹爲皇孫，令其遞傳至遹可也。不然，即及身立遹，而輔以攸、乂，亦可也。

案：宜歸攸者，昭私其少子之言，非武帝之言也。昭本欲以攸爲嗣，何曾等固争而止。及武帝立昭，與其后臨殁時，方深憂攸之不保，並無更傳于攸之言也。平吴者，武帝也。長沙王乂者，武帝之少子也。遹者，惠帝之子，武帝之孫也。既欲傳位于攸，何得又立乂爲太子、遹爲太孫？天下有此兒戲事乎？且遹爲惠帝子，武帝及身，何能舍惠帝而立遹？古今有此事乎？此似全不讀《晉書》者。

又：高洋滅拓跋之族，宇文周武帝滅高氏之族，隋楊堅復滅宇文之族，皆不旋踵，而天以逆子報之。

案：高洋無逆子，此文之疏駁也。洋之太子殷，於高氏爲最賢，而以與周天元、隋廣同被逆子之名，不太冤乎！

又：晉亡于莊、老，而漢以黃、老得之。秦亡于申、韓，而子產、孔明以申、韓治之。

案：漢之得天下者高帝，其刑法峻急而慘刻，非知黃、老者也。文景之治號爲休息，文帝尤長者，然亦間族人，未嘗言用黃、老也。惟曹參相齊，用蓋公治黃、老言。景帝、竇太后好黃、老，史文兩見而已。且莊、老與黃、老異，漢之用黃、老，清静無爲也。晉之尚老、莊，玄虛縱放也。孔明之治蜀也，以開誠布公爲要道，非用申、韓也。惟爲後主爲太子時，寫《申》《韓》《管子》《六韜》，此與昭烈之敕後主觀《六韜》《商君書》，皆見《先主傳》注引《諸葛亮集》。皆以後主柔弱，故令觀兵、刑、名、法之書，益其意智耳。子產雖有水懦不如火烈之言，亦迥與申、韓不同，且在申、韓前數百年，而云用申、韓，亦有語病。

《説文轉注釋例》：初、哉、首、基，可訓爲始，而始不可爲初、哉、首、基，烏在其爲考、老之互訓也？推之而弘、廓、宏、溥、介、純、夏、幠、龐、墳、嘏、丕、奕、洪、誕、戎、駿、假、京、碩、冢、箌、將、席可訓爲大，而大不可訓爲夏、幠等十餘字。賚、貢、錫、畀、予、貺可訓爲賜，而賜不可訓爲賚、貢、錫、畀。衎、豫、妉、般可訓爲樂，而樂不可訓爲衎、豫、妉、般。遹、遵、率、循、由、從可訓爲自，而自不可訓爲遹、遵、由、從云云。

案：《爾雅》一書，所以通經訓，博異名，本不爲六書而設。而六書中之轉注一門，因之以傳。戴氏、段氏以轉注、假借爲六書之用，以《爾雅》爲轉注之法，聖人不能易也。且即以「始」字言之：「始，初也。」見於《國策・秦策》「今日韓魏，孰與始强」高誘注及《呂覽・有始覽》「天地有始」注；「始，首也」，見於《論語》「泰伯師摯之始」鄭君注及皇侃《義疏》。蓋初、首者，始之互訓也；哉、基者，始之異名也。哉從才聲，才者始也，故假哉爲才，此即六書之假借也。基从土，墻之始也，故引申爲凡始之稱，此即六書之轉注也。其餘可以類推。至自之訓由、訓從，乃經籍之恒訓，見於《詩》箋、《三禮》注者，不可枚舉，何并忘之邪？

又：齊，禾麥吐穗上平也。部内只一齏字，即等齊之齊，當以齊入月部，而以齏爲「齊」之古文，則齊部可廢。朿，木芒也。部内只棗、棘二字。朿本从木，當入木部，而朿部可廢。𠅏即克字，肩也，古文作𠅏，並無相隸之字，應入合部，不當別立部。朩部只一枲字，麻部有𪎉、䵆、䵇三字，𣏟部有檾字，當以朩部、麻部併入𣏟部，不必別立部。垚，土高皃，堯字從之，當併入土部。

案：亝，上象形，下从二，二即土也。月是何字？許書有此部乎？齊即亝也，齏誼自別，何得爲齊之古文？合是何字？許書并無合部。朿入木部，則棗、棘二字將即附朿下乎？朩是象形單體字，不得反隸重朩之𣏟部。且枲字將即附朩下乎？麻入𣏟部，則𪎉等三字从麻者亦將即附麻下乎？垚入土部，則堯將附垚下乎？許書皆絶無此例也。

又：庚部、壬部，均無一字。然賡字从庚，妊、望、聖、任、袵、飪、紝等字从壬，何以不爲收入？此部中字之應收不收者也。

案：「賡」乃「續」之古文，安得入庚部？妊、任、飪、紝，皆以壬爲聲。默深方持錢氏塘之說，以許書鉤、笱入句部，糾、𠰥入丩部，合形從聲爲非，何以妊等可以聲爲部乎？望、聖下皆从王音挺，不从壬，此則并未識字矣。

《説文假借釋例》：舊本黄離，而假爲新舊之舊。

案：舊爲雖舊，即鵂鶹，非黄離。

又：《説文》中亦有俗體濫收者，如喿旁加口爲噪，尊旁加木爲樽，嗞字加口，此與『馬頭人爲長，人持十爲斗』何異？

案：許書並無噪字、樽字，不知默深所見何本。然爲火然，與嗞否義絶不相通。必加口方别，然之加口爲嗞，猶不之加口爲否也。嗞字經典仍假然爲之，猶否字亦多假不爲之也。

《孟子小記》：信陵君將五國之兵，大破秦師，使不聽魏王之召，咸陽必破，秦滅而各國必皆戴爲盟主。不數年，趙武靈王少長争國，李牧以讒死矣。

案：趙武靈王少長争國，在信陵將五國攻秦之前四十餘年。李牧死而趙亡，何以屬之武靈之世？此必誤記幽繆王遷與其兄代王嘉争國，而以爲武靈也。

《書古微序》：《後漢・杜林傳》言：林得桼書古文一卷。桼書竹簡，每簡一行，若四十五篇之書，竹簡必且盈車。乃謂僅止一卷，不足欺三尺孺子。

案：簡可編爲册，不能合爲卷。卷者，縑帛之類也。漢世簡縑並用，見《後漢書・宦者・蔡倫傳》。此云一卷，蓋本桼書竹簡，而以縑素寫之可知矣。默深未識卷、策之别耳。

又：東漢諸儒亦謂佚十六篇，絶無師説。夫東漢既自有桼書之本，力排今文之説，而自有其師説。則此佚十六篇何以今文無之者，古文亦無師説乎？十六篇既無師説，則其二十九篇之師説既不出於今文，又出自何人？

案：《後漢書・杜林傳》云：林得漆書《古文尚書》於西州，以授東海衛宏、濟南徐巡。《儒林傳》云：杜林傳《古文尚書》，同郡賈逵爲之作訓，馬融作傳，不言林所受之人。考《前書・儒林傳》云：孔安國以《古文尚書》授都尉朝，朝授膠東庸生，庸生名譚，見《後漢書》。庸生授清河胡常，常授虢徐敖，敖授平陵塗惲。而《後書・賈逵傳》云：逵父徽受《古文尚書》於塗惲，今本范書誤作『憚』。逵傳父業，是東西京古文相傳之正脉也。又《後書・儒林・孔僖傳》言：自安國以下世傳《古文尚書》，以至於僖。僖又傳其子季彦，季彦於安帝世舉孝廉，此尤古文之適嗣也。又《尹敏傳》言初習歐陽《尚書》，後受古文。《周防傳》言師事徐州刺史蓋豫，受《古文尚書》，皆在光武之世。又丁鴻本從桓榮受歐陽《尚書》；而《楊倫傳》云師事司徒丁鴻，習《古文尚書》。是東漢之初，古文師傳甚廣，皆出於安國。安國於十六篇無師説，諸儒慎守，不敢出入，無有如後世之以意説者也。林所得本以桼書之，故文字更真，諸儒寶愛而傳之。要惟考其經文，未嘗易其師説也。且東京諸儒，何嘗力排今文？鄭君嘗爲伏生《大傳》作注，其三禮注中，多用今文説。默深何足以語此乎？《經典釋文・敘録》云：今馬、鄭所注，並伏生所誦，非古文也。按：陸氏時，馬、鄭兩家注見存，言必無誤。是馬、鄭雖兼傳古文，而所注仍用今文之本。然則近儒之述鄭注《尚書》，必別爲古文者，説亦未確。

《書宋名臣言行録後》：紀文達不喜宋儒，其撰《四庫總目》云：兹録於安石、惠卿，皆節取；而劉安世氣節凛然，徒以嘗劾程子，遂不登一字。以私滅公，是用深濍。是説也，於兹録發之，于《元城語録》發之，于《盡言集》發之，又于宋如珪《名臣琬炎録》發之，于《清江三孔集》發之，于唐仲友《經世圖譜》發之。昌言抨闢，汔再汔四。昭昭國門可懸，南山不易矣。然未知文達所見何本也。兹録前集起宋初，後集起元祐，而劉公二十餘事在焉。文達殆徒睹董復亨《繁露園集》之瞽説，適愜其隱衷，而不暇檢原書，遂居爲奇貨。至《書目》于《慶元黨禁》，謂南宋亡于諸儒，不得委之侂胄；于《楊龜山集》，謂東林起于楊時，遂至再屋明社：則固無譏焉。

案：文達誠不喜宋儒，《書目》中於《通鑑綱目》《伊雒淵源録》《小學集注》等書，亦或有言之小過者，然皆循其終始，反覆折衷。雖至語録諸編，最爲蕪雜，亦深求其編輯之先後，去取之是非，未有不檢其書輕肆詆詰者。蓋《名臣言行録》傳刻者多，衆本雜出，《四庫》所收，或非足本。今考《提要》，於史部傳記類載《宋名臣言行録》，但云於安世不登一字，而載趙普、王安石、吕惠卿等，終所未喻，並無『以私滅公，是用深懣』之言。史部奏議類載《盡言集》，子部雜家類載《元城語録》，皆無是語。宋如珪《名臣琬炎録》，並無其書，蓋是杜大珪《名臣碑傳琬炎集》之誤。然《提要》惟以朱子之取安石、惠卿，例大珪之載及丁謂諸人，未嘗言安世也。亦見史部傳記類。《清江三孔集》，《提要》無一語及之。惟於孔平仲《珩璜新論》，略言平仲與安世、蘇軾皆不協於程子，未嘗及朱子之《言行録》也。亦見子部雜家類。至《慶元黨禁》，亦在傳記類。《提要》本高宗御題詩章，以趙汝愚爲開門揖盜，因謂黨禁諸人聲氣交通，賢奸雜糅，釀成門户，遂使小人乘其瑕隙，蘭艾同焚，國勢馴至於不振。《春秋》責備賢者，不能以敗亡之罪獨諉諸韓侂胄。其言最爲平允。《龜山集》，在集部别集類。《提要》謂時受學於程子，三傳而及朱子，開閩中道學之派，其東林書院存於無錫，又爲明季講授之宗，乃盛推其淵源廣遠，身繫學統，並無『再屋明社』之言。要之，官書自有體裁，况《四庫總目》稟承高廟睿鑒，朱子之學，國朝所尊，豈有任臆放言，攻擊先哲，如文士私家著書之比？默深亦未嘗喜宋學，集中偶有一二推闡理學之言，皆掇拾皮毛，裝點門面，以自附於真儒。而其譏彈朱子者，不可枚舉。此不過自知考據非其所能，嫉忌近世漢學諸家，乘間肆詈。學問自有公言，無取妄詆也。

《趙汝愚擁立寧宗論》：錢詹事大昕謂：汝愚此舉，冒險僥幸。萬一宫中有奉帝出門者，何以禦？幸而不勝，爲秦王從榮，猶可言也；不幸而竟勝，爲公子商臣，不可言也。夫秦王從榮之起兵討武三思也，兵從外入，其敗固宜。彼豈有中宗念欲退閑之旨，豈有皇太后之命乎？情事懸絶，比擬不倫。案：秦王從榮者，後唐明宗子也，事見《五代史》。討武三思者，唐中宗子節愍太子重俊也。節愍非欲代中宗者，錢氏自用五代史事。

以上皆其誤謬之顯然，而關繫鉅者，略條辨之。其餘文字之疏，引據之失，不及僂指。又詆諆先儒，指斥近獻，尤多違戾很愎之言，亦不足與辨。即此十四條，於經史之學，亦甚淺。所以斷斷及之者，以近日之一二自謂名士者，頗深憙其説而尊行之，以其易於欺人也。而此一二名士者，已爲世之所難得，故冀以祛其惑。且默深之文，亦實有不可磨滅者。其經世之學，議論多名通，其説理亦有精語。是集必傳於後，故抉其瑕以全其美，亦愛護古人之意也。

是日俸米食盡，始復買米食之。

初三日甲午　雨，至晡後稍止，晚晴，有霞。傍晚看桃花甚麗。

初四日乙未　晴。梳頭。敦夫來。

初五日丙申　晴。紫藤花盛開。夕陽中看桃花半落。兩日皆有詩紀之。

初六日丁酉　晨密雨，至上午稍止，傍午晴，微陰相間，下午晴。得紱丈書，饋蜜乳山茶糕一合，蒙古語曰水烏他也。圓如象棋子，紅碧相間，鏤花刻字，製作甚精。以性不近酪，作書復謝，附使還之。晡後詣敦夫館中小坐。閲魏默深《古微堂詩集》。付族人王節婦錢九千。補録前兩日詩。

雨後晚霞看桃花

積旱望雨殷，花時憂雨至。三日雨得晴，未損晚桃麗。西見紅霞明，遠落小窗外。窗外一樹桃，恰接晚天綺。隔以垂柳陰，新緑出紅際。甘雨雖滿缶，瓶粟不我繼。保此晚晴花，欣然自天地。

後二日夕陽中看桃花半落

時雨既得晴，裴回數花樹。晚桃開亦久，紅芳夏猶駐。漸見落英飛，時與游蜂遇。緩步惜蒼苔，曳杖延日暮。夕陽在花半，一角屋山露。淡淡茶烟縈，微微柳風度。睠此傾城姝，無言墜輕素。艷絶不可留，長記經行處。

邸鈔：以光禄寺少卿馮爾昌爲通政司參議。順天府府尹李朝儀卒。

初七日戊戌　終日輕陰，下午微有雨。

竟日坐紫藤花下閱《古微堂詩集》。卷一至卷三，皆五古，而冠以四言二首。卷四，皇朝樂府十八首，古樂府二十首，新樂府二十三首。卷五至卷七，皆七古。卷八五律。卷九，七律，而附以六言絶五首。卷十五，七言絶。默深詩非當行，而才力有餘，多超邁警卓之語。平生蹤跡半天下，嗜奇好游，故述山水者，多可當游記。近體亦時有性情風致之作。惟粗獷太甚，竟有不成詩者。七古尤無一合作。七律亦鮮可取。

作書致肯夫，得復。是日百官藤冠皆綴羽纓，换青紬袍褂。

初八日己亥　酉初三刻二分立夏，四月節。晨至午晴間微陰，下午陰。竟日坐藤花下閱書。兩日皆有詩紀之。得羊敦叔上巳後一日吴門書。同司郎孚馨爲其尊人蔚生按察靈杰開吊，宗室薌生協揆之兄也，送奠分四千。其喪在朝陽門外，遣僕往，不得其處而歸。夜有小雨。

邸鈔：以貴州巡撫岑毓英調補福建巡撫，即赴新任；以福建巡撫勒方錡調貴州巡撫，俟岑毓英到後再行赴任：均毋庸來京請訓。詔：庫倫辦事大臣奕榕來京當差，以烏里雅蘇臺參贊大臣喜昌調補庫倫掌印辦事大臣，以科布多幫辦大臣桂祥爲烏里雅蘇臺參贊大臣，以古城領隊大臣額爾慶額爲科布多幫辦大臣。以四川按察使游百川爲順天府府尹，未到任時，以内閣侍讀學士張凱嵩署理。以福建按察使鹿傳霖調補四川按察使。以臺灣兵備道張夢元天津，舉人。爲福建按察使。以甘肅補用道、前浙江台州府知府劉璈爲福建臺灣道，兼按察使銜。命翰林院侍讀學士朱逌然爲四川學政。陳懋侯丁憂。詔：浙江海門鎮總兵李新燕、廣東陽江鎮總兵宋聲平，均開缺送部引見。詔：福建汀漳龍道陳鴻翊、直隸河間府知府克什布、湖南岳州府知府張德容，均開缺送部引見。以前福建海壇鎮總兵貝錦泉浙江鎮海人。爲浙江海門鎮總兵，前廣東雷瓊鎮總兵黄廷彪廣東順德人。爲廣東陽江鎮總兵。吏部郎中聯興授分巡福建汀漳龍道。編修韋業祥授直隸河間府知府。御史文鐍授湖南岳州府知府。

初九日庚子　晨密雨，上午漸霽，下午晴。肯夫來，以昨得四川學政，欲具疏辭，屬爲擬稿。蓋以甫自湖南滿任歸，未與考差，忽有此授，故自陳讓也。余謂此雖故事所無，可以自行其意，成人之美。朋友宜先。即爲草奏一通致之。孺初來，偕坐藤花下久談。今日雨後花尤繁盛，嘯詠至晚。

初十日辛丑　晨微晴，上午陰，傍午密雨，至晡復晴，晡後驟雨如注，有迅雷，傍晚漸霽，晚大風，甚寒。趙桐孫來。肯夫來，言昨有鄉人在内廷者數輩來，力阻辭疏，謂不可上，今早已入内謝恩。得紱丈書，即復。翁知府曾桂妻喪來赴，送奠分四千。夜晴，有風。

邸鈔：詔：都統額勒和布爲朝鮮頒發大行慈安皇太后遺誥正使，户部右侍郎錫珍爲副使。

十一日壬寅　晴，風。敦夫來，爽秋來，傍晚偕兩君坐藤花下，吃藤花糕及瀹麵。得陳晝卿山左書，言須秋後扶輀歸里。閲《道古堂集》。比日頗寒。補録前日坐藤花下兩詩。

立夏前一日紫藤花盛開輕陰溦雨坐花下作

十年賃此舍，隙地皆種花。辛勤幾心力，償以三春華。花樹幸長成，白髮彌自嗟。西軒一朱藤，拂拭尤倍加。垂蔭幾盈畝，夭矯争龍蛇。縛架出檐外，葳蕤天半霞。纍纍萬紫瓊，因風被瓔珈。吹香及初夏，擢鮮殿春葩。輕陰照横几，碎英點烹茶。扶持紫雲立，不隨柳枝斜。清絶日宴坐，林幄如山家。何當圍朱闌，映以碧窗紗。花側一小舍，久廢不居，今夏擬稍修葺之，設矮闌、小窗、几榻，爲結夏之地。

立夏日澹晴間陰竟晝坐藤花下

兹辰入晴夏，清和不改昔。繁花羃曦景，細葉鏤烟隙。及此盛時花，安我暇時席。粉沾衣袂香，緑映壺甌碧。睠彼清風來，微覺晴暉隔。梅衕相公家，梁文莊公第在楊梅竹斜街清勤堂前，有藤花甚盛。乾隆後爲旅店，花今尚在。波寺詩老宅。朱竹垞寓海波寺街，有古藤，一時題詠甚多。二事皆吾浙文獻。至吴興戴菔塘太常《藤陰雜記》，言宣武門街右全浙會館，本海寧陳宗伯邦彦第，有藤花。今已無可考。咸以斯花名，觴詠萃裙屐。勝事豈有常，傳舍屢遷易。此坊盛文獻，王翁最耆碩。王漁洋、邵青門、施愚山、陸冰修、梁仲泉、翁覃谿皆嘗寓保安寺街，王寓有老梧，梁寓有奇石，翁寓有詩境軒，今皆不知其處。佳植偶見遺，風流遂澌斁。我今此宴譽，聊寄一朝適。無石堪横琴，無僮可共弈。擁書獨危坐，時聞莢墜幘。猶恐風雨至，彌覺芳陰惜。晼宴斜陽明，嫛婗碧雲夕。不聞鳥雀喧，那有客行迹。

十二日癸卯　晴，午後大風，晡後稍止。閲《道古堂集》。堇浦詩亦秀爽，而風格太卑，無一真際語。得紱丈書，即復。斜日時風小止，復設几藤花下。敦夫來。肯夫來。傍晚偕敦夫詣肯夫，適又它出。偕詣爽秋談。肯夫走使來邀，晚復往燃燭清言，嚴六谿亦來，夜二更歸。

十三日甲辰　晴，風。作書致雲門，爲肯夫邀之入蜀也。坐藤花下閱《水經注》。傍晚詣敦夫齋頭小坐。夜作書致肯夫。月甚佳。

邸鈔：户部右侍郎宜振以病奏請開缺。許之。宜振，漢軍楊氏，故總督鍾祥之子也，乙巳翰林，庸瑣無清名。

十四日乙巳　晴暖。得肯夫書。閱《水經·江水》篇注。梳頭。敦夫來。傍晚敦夫邀飲聚寶堂，聯步而往，招霞芬、玉仙，玉仙不至。夜二更歸，月色如晝。復坐藤花下，嘯詠久之。得爽秋書。孺初來。

邸鈔：以刑部左侍郎孫詒經調補户部右侍郎，兼錢法堂事務。以刑部右侍郎薛允升轉補刑部左侍郎。以宗人府府丞夏家鎬爲刑部右侍郎。

十五日丙午　晨晴，日出旋陰，上午薄晴，午有雨數點，下午微晴多陰，傍晚有夕照。兩日見楊花滿院，因風舞雪。今日已滅，尚時有飛英。李合肥相國饋別敬十二金，犒使二千。今日藤花極盛，香滿庭中，坐其下讀書。爽秋來，孺初來，同坐花下久談。傍晚爽秋邀同孺初、敦夫、鐵香飲便宜坊，吃燒鳧，夜一更後歸。益吾祭酒來，不值。夜露無月，藤花得露香甚。寂坐瞑聽，三更始寢。

邸鈔：兵部右侍郎朱智以病奏請開缺。許之。智字敏生，仁和人，咸豐辛亥舉人，入貲爲户部主事，直軍機至今。宦年五十餘，無子，乞歸。

十六日丁未　晴，晡後微陰，晚霞甚麗。益吾祭酒來。署中送來春俸米票七石八斗，米找銀二兩，賞役錢四千。夜月，初陰，旋復皎。

邸鈔：以内閣學士梅啓照爲兵部右侍郎。

十七日戊申　晴熱。兩日倦甚，閲書不多。晡後坐藤花下讀《水經》淹水至泿水諸篇注。晚洗足。夜月皎於晝，是夕望。獨坐藤花下，清幽入綺，瞑香静聞，有小詞紀之。

十八日己酉　晨至午微晴多陰，間有小雨，下午晴陰相間，有風。得紱丈書。陸漁笙來。敦夫來。新授湖南衡州太守翁曾桂來。新授福建福州太守廷愷來。夜二更有驟雨，旋止。月出如晝，有風灑然。鐵香來，談至三更後去。是日始聞街頭賣芍藥花，亦以詞紀之。

邸鈔：順承郡王慶恩卒。詔：派貝子毓橚帶領侍衛十員即日往奠，照例賜恤。詔：四品頂帶、署四川總督丁寶楨補授四川總督。内閣學士、順天學政徐致祥丁憂。命户部右侍郎孫詒經爲順天學政，以吏部左侍郎邵亨豫兼署户部右侍郎。命大理寺卿許庚身署理都察院左副都御史。本夏家鎬署。以降調阿勒楚喀副都統崇歡賞副都統銜，爲古城領隊大臣。以翰林院編修李用清爲廣東惠州府知府。

十九日庚戌　晴熱，下午微陰。

二十日辛亥　晴，熱甚，晡後微陰，鬱熇尤不可堪。兩日閲《續東華録》。得陳玉泉三月廿九日吴門書。晚陰，旋霽，熱甚。早睡，二更時似有雨。

邸鈔：翰林院侍講學士永順轉侍讀學士，右庶子祥麟升侍講學士。

二十一日壬子　晨及上午晴熱如昨，下午風，陰，時有小雨。作書致張叔平，託代領春夏俸米。得肯夫書，約夜飲。閲《續東華録》。敦夫來。傍晚偕敦夫詣肯夫飲，坐有錢笣仙、陳書玉、吴介唐及沈同知守謙。夜二更歸，時有小雨，二更後有密雨，凉可衣綿。

邸鈔：翰林院侍講劉廷枚轉侍讀，司經局洗馬温紹棠升侍講。

二十二日癸丑　晴，晡後陰。得子縝三月二十日常德試院書。閲《續東華録》。傍晚過敦夫齋中，小坐歸。付李升五月工食錢十千。

二十三日甲寅　晴，晡時微陰。兩日頗寒，蓋遠郊有雨。閲《續東華録》。得紱丈書，即復。夜陰。

二十四日乙卯　晨初初刻十二分小滿，四月中。晨密雨，至加巳稍止，終日陰晴不定，時有小雨。得紱丈書，即復。補録近作三詞。

賣花聲詠楊花

睡起静啼鴉。新緑窗紗。午風剛颭樹陰斜。瞥見捲簾晴日影，滿院楊花。　茵席任交加。莫更闌遮。東風此去又天涯。記取今年深樹底，今日吾家。

臨江仙四月望夜坐月藤花下

又是夏初今夕望，月黄剛上羅襟。夜凉誰與伴眠琴。簾前香澹澹，風外漏沉沉。　手種朱藤新滿架，緑扶花影深深。幾年鄉夢在山陰。誰知今夜月，别自有山林。

朝中措

一年無事爲花忙，赢得幾春光。賣到街頭紅藥鎮，看緑樹陰長。　桃先桃後，二月先開者山桃。《夏小正》正月：「梅杏杝桃則華。」傳曰：杝桃，山桃也。都人尚呼之，南中罕見。《爾雅》謂之褫桃。三月開者爲晚桃，都中呼碧桃，花尤穠艷，多千葉者。此是桃之正名。《詩》之「桃之夭夭」、《月令》之「桃始華」皆是也。潘岳《閑居賦》云：「三桃表櫻胡之别。」謂今晚桃及櫻桃、胡桃爲三，不數山桃。梅棠杏李，次第丁香。爲問先生日曆，只餘花事平章。

作書致伯寅尚書，得復。寫三詞致紱丈。吴介唐來。得紱丈書，并和楊花詞一闋，即復。晚見夕陽。黄昏詣敦夫，小談歸。

二十五日丙辰　晴，上午微陰，多風，下午風益横。得紱丈書，并和詞兩闋，再賦一詞報之。梳頭。再得紱丈書，并和今日一詞。敦夫來。吴介唐來。再賦一詞，寫致紱丈。夜風狂甚。

清平樂

雨餘天氣，槐影垂簾地。楊柳深深籠翠几，紅藥一枝簪髻。　茶烟細裊游絲，鳥啼日上階時。花下劇棋纔了，注香又和新詞。

錦堂春

庭院雀行悄悄，闌干樹影重重。狸奴睡足花磚午，閑撲柳絲風。　細數枝頭青子，趁人扇底飛蟲。嫩羅新試輕衫影，傍著小榴紅。

二十六日丁巳　晨晴，上午陰晴靉靆，復風，下午晴，風益甚，傍晚止。得紱丈書，又和昨《錦堂春》詞。閲《經義述聞》。爲人題《江南初夏仕女圖》詞一闋。作書致紱丈。下午詣敦夫小坐，即偕詣爽秋、介唐，俱不值。詣鐵香，亦不值。詣汝翼談，鐵香亦來，暢話至晚歸。夜陰。

清平樂題江南初夏仕女圖

玉鳬烟炷，已到花陰午。懶向鴛鴦尋繡譜，且教金籠鸚鵡。　薰衣熨畫都慵，棋殘還理絲桐。多少迎梅幽事，明窗一桁紗中。

二十七日戊午　晴。得紱丈書，復和昨《清平樂》詞，即復。爲肯夫書宋人詞三闋，及近詞兩闋，即作書致之，得復。作唁竹篔丁外艱書，并撰其尊人賓谷封翁輓聯云：『鄉里稱善人，早謝科名付兒輩；神仙正中壽，先持幢節返真曹。』以白綾一丈書之。爽秋來。以《舊唐書校勘記》及《逸文》還肯夫。

爲子縝書近詩詞各兩首。作致嚴菊泉師嘉興書，并附入竹篔函中寄去。作復子縝書。

二十八日己未　澮晴，微陰。作片致敦夫，寄子縝書去。閲《經義述聞》。下午答詣益吾祭酒，不值。詣傅子尊，知其長郎前月病殁平山縣署中，年三十三矣！慰之而出。詣吴松堂，賀其新選兩淮鹽經歷。詣孺初，久談。知其夫人殁於文昌里居。自誦輓聯云：『憐我憐卿四十六年，錯錯；何緣何果百千萬劫，休休。』蓋孺初儷德不純，頗無琴好。角張離别，久滯星霜。然其今日之言，曰：彼以不善事姑，故予深恨，久不念之。今聞其死，不覺悽愴者，以彼固嘗見吾父母者也。彼死，則知吾父母之聲音笑貌者，惟我而已，不能喻之我之子女也。悲哉！其言可謂絶痛矣！詣陳雲舫小坐。詣蔡偁臣及方勉夫。以蔡新喪偶，余欲託勉夫爲牧莊第二女作冰人也。俱不值。又答拜一二客而歸。晚詣敦夫館中小坐。是日金銀藤花開，即款冬也，夜静聞幽香清發。付車錢五千六百。

邸鈔：慈禧皇太后懿旨：前據左宗棠奏擬調各營先修水利，當諭醇親王奕譞酌核具奏。兹據奏稱興修水利一事，機不可失，事同創舉，請飭恭親王奕訢總司其事等語。畿輔水利，自雍正、乾隆年間興修後，歷年既久，地勢河道，今昔異形，旱潦無從蓄泄，關係民生，甚爲重大，自應即時籌辦。著派恭親王奕訢、醇親王奕譞會同左宗棠及直隸總督李鴻章、兼管順天府府尹童華等，妥議章程，奏明辦理。

上諭：銘安等奏請添設副都統及建造衙署各摺片。吉林琿春地方遼闊，向歸寧古塔副都統管轄，相距遥遠。該將軍等請添設大員，以資統率，係爲因地制宜。著照所請，添設琿春副都統一員。其應鑄關防並支給俸廉等項，改設官缺、建造衙署各節，均照所議辦理。以呼蘭副都統依克唐阿調補新設琿春副都統，以伯都訥副都統博棟阿調補呼蘭副都統，以前任西安副都統明春爲伯都訥副都統。

二十九日庚申　晴，傍晚有風。方勉夫來。閲丁儉卿《毛鄭詩釋》及《陸疏校正》。夜陰。

三十日辛酉　晴，晡後陰。本生祖考忌日，供饋肉肴六豆，菜肴四豆，冰雪梅糕一盤，脂桃饅頭一盤，時果四盤，蓮子湯一巡，酒四巡，飯再巡，茗飲再巡，晡後畢事，焚楮泉。印結局送來是月公費銀十五兩。得紱丈書，借日記。作書致敦夫，饋肉肴三豆，及酒、橘。以梅糕、饅頭饋仙洲夫人。是日午後忽身熱咽痛。

五月壬戌朔　上午多陰，午後雨，有風，旋止，晡後時有小雨。得紱丈書，還日記。作書問肯夫疾。蔡俌臣來，不晤。得肯夫書。是日身熱不快，少食。終日閲《續東華録》。黄昏微雨，夜晴。

邸鈔：翰林院侍讀學士英煦升詹事府少詹事。

初二日癸亥　晴，甚熱。身熱不止。作書致紱丈，得復。上午詣敦夫，談一時許歸。胡光甫來，不值。伯寅尚書饋節物，復書謝。作書饋肯夫節物。終日閲《毛詩稽古編》。夜作書致敦夫，託轉借銀二十四兩，爲過節之需，得復。

初三日甲子　晴。敦夫來。作書致伯寅尚書，饋節物。又致紱丈，饋節物。得尚書復。作書致爽秋，饋其第三郎彌月酒、麵、筆、粽。得復。再作書致爽秋，得復。得紱丈書，報饋節物，即復。得伯寅尚書書，惠銀二十兩，即復謝。蕚庭饋節物四種，受角黍，報以黄柑。蕚庭姬人饋張姬桃、麵。饋劉仙洲夫人節物。族人王節婦送紙摺角符數枚，報以京錢十五千及角黍。

邸鈔：前任户部右侍郎宜振卒。詔褒其辦事慎勤，克稱厥職，照侍郎例賜恤。

初四日乙丑　晴。張姬生日，吃麵。得肯夫書，惠銀五十兩，即復謝，犒使十二千。作書致敦夫，約明日午飲，得復。梳頭。陳雲舫來。汝翼饋節物。晡後詣肯夫談，晚歸。饋汝翼節物。得樓廣侯給事書，言王孝子繼穀事已彙案入奏，四月二十九日已得旨旌表，即復書謝。是日還各鋪債賒：同茂米錢九十八千，同興公石炭錢一百三十四千，賣花媪衣飾等銀九兩二錢、布錢六十九千，吉慶、廣厚乾果錢七十五千，燈油錢六十二千，豐樓酒食錢三十七千八百，聚賓酒食錢二十九千七百，寶森書坊銀二兩，松竹紙錢二十千，賃屋銀六兩。賦諸僕媪過節錢：李升十千，又生日錢三千；順兒、王媪、楊媪各六千，更夫四千，生日各二千。署吏送養廉銀九兩三錢來，此季衹六折也，賞以錢三千。

邸鈔：翰林院侍讀尚賢升詹事府左庶子，左春坊左中允承翰升右庶子。掌山西道御史孔憲𣪊升禮科給事中。熱河正總管巴克坦布升奉宸苑卿。

初五日丙寅　晨雨，上午陰，午晴。懸蒲艾於門，熏芷朮於室。采金銀藤花陰乾之。午飲，微醉。霞芬來，予以銀二兩，賞其僕十千。敦夫來，留晚飯小飲。

初六日丁卯　晴，頗凉。終日小極。爽秋來。

邸鈔：詔：新設呼倫貝爾副都統以薩克慎補授。

初七日戊辰　晨至下午晴，熱，鬱悶，晡後陰，旋雲合，有震雷密雨，晚霽，夜晴。作書致肯夫。作書致張叔平，得復。得益吾祭酒書。晡後詣敦夫，小坐歸。

初八日己巳　晴，晡後復陰，傍晚晴。有陳慶桂者來拜，不知何人也，不見。鐵香來。作書致敦夫，以期於後明日崇效寺合餞肯夫也。作書約肯夫，得復。

初九日庚午　晴。近日疲倦甚，不能讀書。以夏令入梅，濕疾復發。今日少覺清爽，偶取架上宋臨海林表民逢吉所編《赤城集》閲之。凡十八卷，皆輯台州掌故，文字大半冗漫，罕可讀者。文至南宋蕪雜已甚。平生不喜鄙薄古人，要亦不能爲違心之言也。表民當續其父（名師藏，號竹村居士，以布衣終）。詠道所編《天台詩集》，及陳壽老耆卿《赤城志》。此編所載，以洪适《分繡閣記》，尤袤《玉霄亭柱記》《節愛堂記》，唐仲友《中津橋碑》爲最佳。亥正二刻十四分芒種，五月節。

邸鈔：馮譽驥奏陝西漢中府知府齡椿短於才識，辦公竭蹶，請開缺送部引見。留壩廳同知宋㻋，長洲，監生。候補同知方清泰，平利縣知縣馮學成，仁和，監生。商南縣知縣王有容，河南，舉人。米脂縣知縣謝定成，山西，廩貢。候補知縣朱運還、楊達震等八人，庸劣不職，均請即行革職。澄城縣知縣陳駟門、湖北，進士。雒南縣知縣伊允楨，山東，進士。文理尚優，均請以教職選用。從之。

初十日辛未　晨陰，上午嫩晴，間陰，午晴，下午陰，悶熱甚。作書致肯夫。作書致敦夫。傍午坐車詣白紙坊崇效寺，以今日偕敦夫及吴介唐、陸漁笙餞肯夫也。諸君相系至，坐青豆禪房，觀拙庵和尚智朴《青松紅杏圖卷》。此卷以漁洋、竹垞、初白諸老題詩之故，後來觀者無不留名，疥蚓續貂，以希附驥。余觀之三度矣，竟未留一字也。詣西來閣下旁舍小憩，讀壁間所嵌唐王仲堪墓志。午飲於静觀堂，順治丁亥王孟津所題也。晡後散歸。傍晚漁笙邀同敦夫飲聚賓堂，招霞芬、月秋。夜一更後余邀兩君飲霞芬家，四更歸。付霞芬酒果錢四十千，賞其僕十千，崇效寺坐錢十二千，庖人賞十二千，車十七千。

十一日壬申　晴，微陰，熱甚，晚凉。陳書玉編修爲余評星命二紙，其言甚有理。然謂余自去年二月交申運以後，辛未庚共二十年爲一生大運，晚景彌佳，則不敢知也。作書復謝。作書致肯夫。周介甫來。王益吾來。晚月上，詣敦夫齋中小坐歸。夜四更時小雨，有雷。

十二日癸酉　晨晴，上午多陰，下午陰晦，有雷，小雨數作，傍晚晴。是日甚凉。夜復小雨，四更時有密雨，旋止。付更夫王升下月庸錢七千。

邸鈔：前山東兖州鎮總兵楊明海補江南狼山鎮總兵。本任總兵王吉病故，照軍營立功後病故例優恤。前紹興府知府奇臣補陝西漢中府知府。大學士左宗棠往涿州視河。

十三日甲戌　終日晴陰相間，甚凉。劉仙洲夫人饋雙凫、雙炙鷄及筍尖，受雙鷄、雙凫。以雙鷄及杏饋殷蕚庭。敦夫來，偕詣肯夫及胡光甫。晤光甫，久談，至晚歸。

《赤城集》載元祐中天台令鄭至道所作《劉阮洞記》，言洞在護國寺東北二里，斜行山谷，隱於榛莽。景祐中，寺僧明照采藥還，見金橋跨水，光采眩目，二女未笄，戲於水上。至道因植桃數百本，以追遺迹。由寺沿澗而上，名其澗曰鳴玉澗。澗東之塢曰桃花塢。塢北攢峰疊翠，左右迴擁。中有流水，隨山曲折。水盡有潭，清鑑毛髮，群山倒影，浮碧摇蕩。中有洞門，潛通山底，其深不測，即寺僧見金橋之地也。名其潭曰金潭。潭之南滸，水淺見沙，中有磐石三，不没者數寸，可坐以飲。自上流浮杯盤，必經三石之間，俯而掇之，如在几案，名曰會仙石。其上三峰鼎峙，峻極云漢。東曰雙女峰，西曰迎陽峰，中曰合翠峰。三峰之間，林麓疏曠，草木瑰異。左連瓊臺雙闕之山，右接石橋合澗之水，曰迷仙塢。自塢以出，至於迎陽峰之下，有巨石偃於山腹，廣袤數丈。寺僧因石爲址，構亭其上。前臨清泚，瓦影浮動，魚跳圓波，浮杯在目，名曰浮波亭。其文頗能狀泉石之勝。是集所載，涉台嶽者甚少，惟此約略言之。靈山麗景，髣髴在目，足令羈客悦魂，逸侣企踵。

十四日乙亥　終日密雨，入夜不絶。比苦熯乾，得此甚喜。

十五日丙子　晨雨，上午晴。庚辰同年知會，探花譚鑫振、庶吉士楊澍先俱病殁。兩君皆湖南人。譚年已四十餘，聞殁於杭州旅舍，其月日即去年小傳臚之日也。近科探花皆不利：乙丑楊霽出爲知府兩次，皆甫得而丁憂；辛未蕭山郁崑前殁；甲戌黄貽楫改主事；丁丑朱賡颺亦未散館而死。作書致紱丈，得復。爽秋來，偕過敦夫談。肯夫來辭行。張叔平來。

邸鈔：江蘇巡撫吴元炳丁生母張氏憂。以漕運總督黎培敬爲江蘇巡撫，以山東巡撫周恒祺爲漕運總督，以直隸布政使任道鎔爲山東巡撫，以廣西按察使崧駿爲直隸布政使，以前江西按察使國英爲廣西按察使。以前雲南布政使升泰賞給副都統銜，爲伊犁參贊大臣。

荀學齋日記丙集上

光緒七年五月十六日至十一月十七日(1881年6月12日—1882年1月6日)

光緒七年辛巳夏五月十六日丁丑　上午晴陰埃霾,下午陰,溦雨,傍晚大雨,入夜不止。竟日閲《續東華録》。

邸鈔:鴻臚寺少卿王家璧升光禄寺少卿。翰林院侍講裕德轉侍讀,編修宗室會章升侍講。編修潘衍棨、兵部郎中胡義質均記名以道府用。

十七日戊寅　陰晴餖飣,時有零雨。樓廣侯給諫來。得内子三月中書,并寄來龍眼一簍。敦夫來。

十八日己卯　晴,熱甚。得益吾祭酒書,即復。傅子蓴來。梳頭。比日閲《續東華録》,自乾隆十年至嘉慶二十年訖,已再過矣。

邸鈔:以詹事府詹事徐郙爲内閣學士,兼禮部侍郎銜。以大理寺少卿曾紀澤爲宗人府府丞。

十九日庚辰　熱甚。始换冷布窗。孺初來。晚詣敦夫齋中談。得王芝仙四月杪書。聞王眉叔病歿。眉叔少予一歲,未得鄉舉,貧悴以終。自去春得其一書,尚未作答。近方擬報之,而已遽判幽明。遲暮之年,故舊日落,如眉叔者,自丙寅歸里始識之。秣陵追答,無積嗛之未伸;朝歌敘亡,亦清游之良簡。徒以里社小集,時或流連;文字相詒,偶存篇牘。而斯人已逝,曩言莫賡。它日歸田,纍纍宿草；暮天絶雨，浪浪在衣。總角皆隔世之人，傾蓋半新鬼之録。蒼茫四顧，歎悵彌襟。眉叔名詒壽，山陰廪貢生，嘗署金華浦江訓導。其居在昌安門外。能詩詞駢文，著有《縵雅堂集》，近體、小令多有佳者。有女嫁東浦人諸生胡某，夫婦皆能詩。眉叔不知何日亡，未得其訃，蓋其子尚幼也。

二十日辛巳　晴，下午陰，晚有遠雷。吴松堂來。朱蓉生來。洗足。買鞋一雙，直十一千六百。

二十一日壬午　晴，傍晚陰。敦夫來。比日倦甚，閲書甚懶，時亦偃卧。今日欹枕，見窗外緑陰滿院，鳥啼人寂，略無一事，亦冗官之清福也。紀以一絶云：『紗窗小拓翠深深，一院無人盡緑陰。欹枕不聞朝事到，勝他巢許卧山林。』題曰『欹枕』。族人王節婦來丐，以米五斤。晡後熱悶，夜雲合，雷電，一更後雨作，有震霆，二更密雨，四更晴。

二十二日癸未　晨陰，上午霎靆，傍午後晴，鬱悶熱甚。是日復得詩三首，題曰『漫興』。得紱丈書，借《絶妙好詞箋》。寫兩詩致敦夫。寫三詩致紱庭丈。得敦夫書，言紹興科試，牧莊次子玉纉以縣試第一入學。

漫興三首

漫與心情懶自醫，不能絲竹不知棋。點朱數紙日平。過午，手引垂楊弄雪貍。

老來病濕怕黄梅，堆案經書懶更開。猶有榴花娱倦眼，數枝紅過短籬來。

車聲墻外走琅琅，涉淖衝泥有底忙。褦襶莫忘公等力，三朝高卧作貲郎。

邸鈔：慈禧皇太后懿旨：李鴻章奏覆陳直隸河道地勢情形節次辦法一摺。據稱近畿水利，關系國計民生，頻年逐漸經營，將各河擇要修濬。因需費繁鉅，未舉大工。考諸往昔成案，揆之目下情形，通盤籌畫，惟有次第酌辦等語。著恭親王奕訢、醇親王奕〈譞〉，會同左宗棠、李鴻章、童華等酌度情形，隨時妥商辦理。疏略言：近時河道積壞之久，凡永定、大清、滹沱、北運、南運五大河，又附麗五大河之六十餘支河，閘垻堤埝無一不壞，減河引河無一不塞。永定河底高於堤外民田數丈，而節宣西南路諸水之南泊、北泊，節宣西北路諸水之西淀、東淀，早被濁流填淤，或竟成民地。其河淀下游，則僅恃天津三岔口一綫海河迤邐出口，平時既不能暢消，秋令海潮頂托倒灌。自胸鬲腸腹以至尾閭，節節皆病。五大河中，以永定之害爲最深。蘆溝以上束於兩山之間，向無工程。其病實在蘆溝以下，須挑去二百餘里中泓一二丈之積沙，方能順軌。否則，以南堤爲北堤，而改河使南，另築南堤以障之，亦可安流弭節。二策勞費，皆不可計。若挑去全河極厚之積沙，自來無此辦法，亦無出沙堆積之處。若改南堤爲北堤，則固安、永清兩縣城近靠南岸，須議遷建。其大清、南運、北運，則須濬河築堤，修復閘垻、減河，統計工程，皆極煩鉅，萬無此財力。滹沱趨向無定，自來不設堤防。同治七年由槀城北徙，以文安大窪爲壑。其故道之難復，上游之難分，下游之難洩，前已疏陳其詳。東、西淀寬廣百數十里，淤泥厚極，人力難施云云。所言皆有據，而其餘亦不免故設難端也。

二十三日甲申　埃晵，熱悶，傍晚小雨，旋止，有風，頗凉。作書致敦夫。得紱丈書，還《絶妙好詞箋》，即復。得王氏妹及從弟詩舫五月六日書。余家諸妹固不知書，而詩舫輩亦俱不能作字，今來兩書皆不知何人所寫。其四子年皆三四十歲，游手冗食，而今日書中尚欲余爲買銅墨合銘刻之，真别有肺肝也。得紱丈書，惠蝦淞一器，即復謝。鄧鐵香來。寶森書坊送《嘯亭雜録》兩帙來，凡《雜録》八卷，《續録》二卷，禮親王昭槤著。《雜録》作於嘉慶末，《續録》至道光初。向止有寫本，去年夏，醇邸始屬侍郎耀年等校刻之，前有耀年序。晚雨，入夜益密，蕭颯如秋，頓凉，須綮衾。

邸鈔：上諭：都察院奏已革江蘇高淳縣知縣唐葆元，以參追冤抑等詞赴該衙門呈訴。據稱光緒五年五月間在高淳縣任内，因查辦前任命案，挾讎被匪搶劫洋錢四千圓有奇。曾將窩家及夥犯緝獲，該管知府擅放不辦。旋因交代欠款，即被參追，是以逃押來京瀝訴等語。該革員以在押勒追之員，潛行來京，具呈申訴，是否揑詞延宕，著兩江總督、江蘇巡撫確切查明，稟公核辦。唐葆元著該部解往備質。

二十四日乙酉　晴，微陰，晡後氣清以爽。外祖父母供饋，外祖母二十日生辰，今年以近夏至，故於今日補饋。燒䏾一，肉肴二，菜肴二，羹一，梅糕一，杏醬一，饅頭、片兒餑餑各一盤，蓮子湯一巡，杏子兩大盤，酒四巡，飯再巡，茗飲一巡。事畢後祀故寓公。

閲《嘯亭雜録》。所載國朝掌故極詳，間及名臣佚事，多譽少毁，不失忠厚之意。其中爵里字號間有誤者，而大致確實爲多。考國故者，莫備於是書矣。

二十五日丙戌　晴。申初二刻十三分夏至，五月中。懸神位圖，祀曾祖考妣、祖考妣、本生祖考妣、先考妣，祔以兩弟，肉肴三，菜肴五，梅糕一，瓠絲煎餅二盤，饅頭一大盤，麵一大盤，杏子兩大盤，芡實湯一巡，酒三巡，飯再巡，晡後畢事，焚楮泉，收神位圖。作書致敦夫，饋以瓠餅、梅糕、杏醬、蝦淞四小疊并酒一壺。以燖䏾、燖鷄、筍菌、菽乳饋劉仙洲夫人。作書致張叔平，屬轉催奉米。付肴饌等錢四十一千。

邸鈔：上諭：御史英俊奏内務府撥用部款請飭造册報銷一摺。據稱光緒元年内務府領用部款，並未造報，此次所領部庫銀兩，該衙門發出，多係京平。其具領之文，註明『原庫平』字樣等語。各項發款，絲豪皆關國帑，豈容稍有含混。著總管内務府大臣確查具奏。所有此次撥用銀兩及光緒元年領用之款，著一律造册報銷，以昭覈實。

二十六日丁亥　晴，日景甚烈，下午忽陰，有暴風，旋晴。得陶心雲四月二十日書，言王眉叔以二月十五日殁，其子繼其書局分校之席，蓋已爲諸生矣。又言其駢文六卷，去年友人已集貲刻之。吴介唐來。今日閲邸鈔，曉湖選龍泉訓導。龍泉在處州萬山中，地僻遠而瘠。曉湖貧老多病，使得選嘉、湖間一缺，山水清夷，遂其吟詠，尚足自娱，而得此荒陬，殊爲不怡也。稽查舊太倉御史徐克剛送交春奉米七石八斗，糙而粒黄。今年江蘇漕米甚劣，巡撫吴元炳託言失時，前日倉場侍郎已疏争矣。付車脚錢九千。

二十七日戊子　晨上午霒䨮，午晴，傍晚陰，晚雷，有風雨，旋止，夜晴。爲王孝子繼穀作詩序訖，即作書致子獻。孝子不必以文字傳，其詩又不能工，而寧波知府宗某必欲刻之，此亦畫蛇添足也。余實未嘗見孝子詩。甲戌之春，子獻爲余言，孝子於余詩皆能成誦，乞余爲書團扇，余因作一詩以詒之。今宗某爲作傳，言余極重其詩，亦不知何所見也。作書致敦夫，託轉寄子獻信，并屬代録詩序稿。付庖人司馬古來錢四十千，付李升六月工食錢十千。

二十八日己丑　晴，熱甚。

閲顧惟康《學詩詳説》。宋人解經，每以後世文法，繩改古人。朱子之迻《大學》《孝經》章句，分《中庸》章節，皆不免此病。其論《詩・關雎・序》，謂當於『風以動之，教以化之』下直接『然則《關雎》《麟趾》之化』句，以至於末爲小序，而自『詩者，志之所之也』至『是謂四始，詩之至也』爲大序。不知此篇爲《關雎》之序，即爲全《詩》之序，首尾貫串，包藴衆誼，古人文成法立，無可間然。故梁昭明以爲卜子全製，編入《文選》；陸元朗、孔冲遠皆以爲《詩》之綱領，無大小序之分，誠知言也。即舊説以自『用之邦國焉』以上爲小序，以自『風風也』以下爲大序，亦仍諸篇之例，以首一句爲小序，下爲大序，分而不分，文氣仍聯爲一也。蓋『風風也』，正承『風之始也』句，以下備言《詩》之教化、聲音及六義、四始之指，推言《詩》之至極。然後自『然則《關雎》《麟趾》之化』句以下，又歸本二《南》，以見二《南》之所以爲《風》始，而云《周南》《召南》『正始之道，王化之基』，下乃云『是以《關雎》樂得淑女以配君子』，又歸本

《關雎》本詩，以見《關雎》之所以爲《詩》始，而結之云『是《關雎》之義也』，正以明此篇爲《關雎》序。古人文法之密如此。朱子徒以兩『化』字可粘合，劈以接之，而不知『然則』二字語氣之不接。蓋上方云『風以動之，教以化之』，而下忽云『然則《關雎》《麟趾》之化，王者之風』，不特氣促詞迫，亦全無義理。此南宋以後古文家及近世時文家湊拍無聊、掉弄虛字之故智，豈秦漢以前所有乎？而《大序》又突以『詩者，志之所之也』句起，無根立論，此後世作詩文集序者脱頭文字，其末又以『詩之至也』句截然而止，無所歸宿，古人皆不任受也。蓋宋人文章委茶已極，而好以私臆裁量古人。豈知文從字順，亦談何容易邪？余不喜駁斥宋儒，而此等是非，自不可泯，聊一發之。惟康謂朱子説視舊説益爲允當，真村夫子之見矣。此書用力甚勤，亦頗平心求是，而不知古義，識解卑近，惟便於初學而已。

敦夫來。殷蕚庭來。黄昏有雷電，夜有小雨。付梳頭錢一千。

邸鈔：翰林院侍講學士寶昌轉侍讀學士，左春坊左庶子尚賢升侍講學士。丁寶楨奏三月間四川鹽源縣雨雹水發，壞民居七八百家，死者千餘人。四月間成都地微震。

二十九日庚寅　昧爽小雨，晨陰，上午時有雨，傍午晴，午後陰晦，雷雨，凉甚，晡後微晴，旋陰，晚霞甚麗。是日小盡。

宋人説《詩》，不知言外之指，故所作詩亦無漢魏以來比興諷諭之法。即如《漢廣》之詩云『之子于歸，言秣其馬』，鄭箋：『謙不敢斥其適己，於是子之嫁，我願秣其馬，致禮餼，示有意焉。』其義明白曲鬯。蓋上云『不可求思』之『求』，即《關雎》『寤寐求之』之『求』，其求游女與求淑女無異也。至不敢求而慕之無已，猶之『寤寐思服』也，乃不敢斥其歸己，而云其歸也，我願秣其馬，以致禮餼。此發乎情，止乎禮義，忠厚悦懌之至矣。而歐陽文忠更之云：『出游而歸，願秣其馬，猶古人言雖爲執鞭，猶欣慕焉。』此則韓冬郎詩之『自憐輸廄吏，餘暖在香韉』，爲香奩媟辭矣。朱子、呂成公皆從之，不可解也。嚴華谷謂秣馬指將來親迎之人，尤無謂。

邸鈔：吏部文選司郎中沈源深轉鴻臚寺少卿。右春坊右中允鳳鳴轉左春坊左中允，編修盛昱升右中允。

六月辛卯朔　晴，午微陰，氣爽，頗凉。閲《學詩詳説》。午後詣敦夫齋中談。印結局送來五月公費銀十六兩。敦夫來，偕詣袁爽秋。傍晚，敦夫邀同爽秋飲聚寳堂，招霞芬。夜二鼓時余邀飲霞芬家，四更後歸。付酒筵錢四十千，霞僕十千，霞車四千，車五千。自昨夕彗星見，今夕更明，起西北，至東北，長三丈許，色白。

初二日壬辰　晴。閲《學詩詳説》。擬今夏温《毛詩注疏》，以是日發篋。得爽秋書，以近所鈔得《夷舶入寇記》上下篇及《庚申北略》借閲，即復。《夷舶入寇記》傳是魏默深作，即《聖武記》目録所載之《道光征撫夷艘記》；或又云張亨父作。觀其文筆，殊沓拖，不及前記之敘次簡老，惟上下篇之論皆似默深所爲。上篇之論頗引《春秋公羊》義，亦默深家法。然其文過長，無廉悍横峭之勢，或出亨父手也。《庚申北略》不知何人所作，記咸豐庚申英夷入京師事。文拙俗而簡率，其事亦頗不覈，如云八月初八日閉城後米蔬皆不得入，二十九日夷酋巴雅里於安定門樓駕礮内向，居民盡爲灰燼，皆絶無其事。余時在都，知之最真耳。

邸鈔：詔：加恩溥耀，怡親王載敦子。賞給二等侍衛，載崞等九人賞給三等侍衛及四等侍衛，均在大門上行走。

初三日癸巳　晴，下午微陰。得紱丈書，即復。任秋田入都，送來季弟書、王氏妹書，皆四月二十外所發，并季弟所寄燕窩六兩、鯗脯一肩，鄭氏妹所寄鯗脯一肩，王氏妹所寄冰糖、玫瑰糖、龍眼肉、蓮子共一簍。又得孫子九去年九月中書，平景蓀花朝書并銀四兩，夏嗛父所撰《明通鑑》一部，言是十年前嗛父臨歿時以屬景蓀致予者也。作書謝秋田，犒使四千。得雲門五月六日宜昌書，言不能入蜀。晡後詣敦夫談，傍晚歸。付賃屋銀六兩。

邸鈔：以翰林侍講學士張之洞爲内閣學士，兼禮部侍郎銜。此以資深得之。詹事無人，少詹黃體芳、侍讀學士張家驤等資俸皆在之洞後。然故事超擢者，多論階而不計資。之洞以編修得司業兩年而躋二品，由己卯歲日本遊士有名竹添静一者，移書通商衙門，欲見侍郎殷兆鏞及之洞，主者以聞，宫中知其人，故屢擢云。山西巡撫衛榮光奏甄别庸劣不職各員：寧武府知府郝重慶山東，附貢。請以同知降選；趙城縣知縣王協一、陝西，附貢。蒲縣知縣托克托歡、滿洲，生員。岢嵐州知州吴光熊、湖南，監生。浮山縣知縣裴允莊、代理遼州事候補同知陳棟，均請即行革職；前署沁州事補用直隸州知州吉存、翼城縣知縣佛爾國、滿洲，進士。春興縣知縣王毓雯，山東，舉人。均請勒令休致；調補壽陽縣知縣石成峰，廣西，庶吉士。請開缺留省另補。從之。

初四日甲午　晴陰埃霾，下午多陰，鬱溽，極熱。

閲夏氏《明通鑑》。以元至正十二年太祖起事至二十七年爲前紀，四卷；自洪武元年至莊烈帝十七年四月爲紀，九十卷；以後紀三王事爲附記，六卷：共一百卷。首有義例二十六則，亦自爲考異。

任秋田來。敦夫來。作片致胡光甫。晚答拜陳書玉兄弟，即邀秋田、敦夫、光甫詣聚寶堂夜飲，招霞芬、玉仙。夜二鼓時敦夫邀飲霞芬家。初更溦雨，三更又雨，漸密，四更後歸，雨益甚，天明始睡。付酒保賞四千六百，車錢九千，客車三千四百，玉車二千。

初五日乙未　晨小雨，旋止，終日晴陰飳飣，鬱熱彌甚。閱《明通鑑》。得爽秋書，以近文一帙相商。其雅材好博，固一時難能之士，不可没也，即復。晚密雨，至夜一更止，晴，彗漸移於北。

初六日丙申　晴，熱甚。始服絺澤衣。閱《明通鑑》。夏氏此書用力甚勤，采取諸書，雖不甚博，而嘗得《明實録》，用以參校事迹之真僞、月日之先後，又博問通人，有所諮益，多著於説。其首有同治壬戌與朱蓮洋明經論修此書書，具見大恉。惟據《明史·黄子澄傳》『周王，燕王之母弟』一語及沈德符《萬曆野獲編》言解縉等重修《實録》，以懿文爲諸妃所生，成祖疑其故留罅漏，駭人聽聞。又李清《三垣筆記》言於南京太廟啓出碽妃一主，遂謂成祖本高麗碽妃所生，篡後自誣爲高后子，恐亦惡而甚之之詞，不足徵信。又如以元順帝爲瀛國公子，謂余應、權衡皆元末明初人，其言可信，此事予别有辨。皆非史體。以建文爲遜國遯荒，極辨朱竹垞諸説之非，而直載其爲僧行歷之事，俱可議也。

初七日丁酉　晴，晡陰，有風，急雨，即止，晡後晴，頗有爽氣。閱《明通鑑》。爽秋來談。夜微陰，有睒電，旋晴，彗見於正北，蓋入紫微垣矣。

初八日戊戌　晴，熱甚，傍晚尤鬱悶。作書致紱丈，餽玫瑰糖、桂花餳，得復。曬藥物。閱《明通鑑》。朱蓉生來。爽秋來。夜見彗出北方，漸高而稍短。

初九日己亥　晴，下午微陰，熱悶之極。閱《明通鑑》。梳頭。敦夫來。夜彗見如故。二更雲起，有風。

邸鈔：詔以彗星見於北方，因變修省，戒厲在廷諸臣及封疆大吏。大學士左宗棠自涿州視河還。

初十日庚子　晴，風，頗凉。閱《明通鑑》。得爽秋書，以夏初坐余寓齋藤花下五言古詩一首見詒，詩淵雅有古澤，即作復，且還其近文一册。再得爽秋書，即復。夜風，凉甚如秋，坐月下久之，須袷衣。彗星仍見。

十一日辛丑　晴凉，有風，上午時陰，下午微陰，頗悶。閲《明通鑑》。鄧鐵香來。得王子獻五月廿七日甬上書。得紱丈書。夜凉，月甚佳，彗如故。

十二日壬寅　巳初一刻六分小暑，六月節。晴，酷熱。作書復紱丈。爲鐵香草一文字，即作書致之。作致舍弟書。下午詣敦夫齋中談，傍晚歸。鐵香來。得沈曉湖三月廿九日書，催其詩序甚急。曉湖新選龍泉訓導。前日任秋田言，其地山川平遠，人烟周密，以鄰福建浦城，爲入閩衝涂，故商賈甚多，伎樂頗盛。學官有田，歲得米三百石，校官之缺甚美，浙中居第二三間。聞之甚慰。曉湖得此，可以終老。較之郎官月俸一囊，奚翅登天！此亦詩人之晚遇矣。是日始聞蟬聲，得《小暑聞蟬》詩一首。夜微雲。

邸鈔：詔：翰林院編修章洪鈞，候選道金福曾、袁保齡均調赴直隸差委。從李鴻章請也。

十三日癸卯　晴，有風，酷熱。作書致敦夫，餽以桂花糖一器，得復。是日歊乾，不能近筆硯。傍晚坐庭中，偶取平景蓀所寄賈琴巖詩文一册及其族祖平種瑶疇《耕烟草堂詩草》二卷閲之。琴巖學淺才弱，詩不能工，亦不多作；文規模桐城，稍勝於詩。種瑶爲故常州知府翰之弟，以貲爲丞簿，平生未嘗知其人。其詩雖根柢極淺，又不知聲韵律法，而頗有俊健語，乃遠勝琴巖也。

得樓廣侯書，乞閲會課卷。夜月出色紅，風亦歊熱，一更後有微雲，風來，稍凉。兩夕彗仍見。

邸鈔：上諭：詹事府左庶子陳寶琛奏星變陳言，請斥退大員一摺。所奏甚爲剴切，然亦不無過當之處。大學士寶鋆在軍機大臣上行走，宣力有年，襄辦諸事，尚無過失。陳寶琛謂其畏難巧卸，瞻徇情面，亦不能確有所指。惟既有此奏，自必平時與王大臣等商議諸事未能和衷共濟，致啓人言。該大學士受恩深重，精力尚健，自當恪矢公忠，勉圖報稱，不得稍涉懈怠。軍機大臣均有獻替之責，務宜竭精殫慮，力戒因循，共濟艱難，用副委任。吏部尚書萬青藜辦理部務有年，尚無貽誤，惟屢經被人指摘，衆望未孚，著開去翰林院掌院學士。都察院左副都御史程祖誥才具平庸，著以原品休致。寶琛疏并劾兩江總督劉坤一信用家丁，廣置姬妾，吸食鴉片，日旰始起，廢弛偷惰諸劣迹。詔令彭玉麟查辦。上諭：前據李明墀奏楊岳斌咨稱交卸陝甘督篆時，將已革道員王夢熊勸捐軍糧一案移交後任，迄今未請獎敘，懇飭查案給獎，當經諭令該撫咨行陝甘總督查明辦理。兹據内閣侍讀學士文碩奏，此案懸閣多年，左宗棠在任日久，有意積壓，並於奏到時未經檢舉，請量予示懲等語。各省督撫辦理事件，原應隨時速結，然遲延者亦所時有。文碩所稱左宗棠因與楊岳斌各持門户之見，有意積壓，回護彌縫，並楊岳斌係在籍紳士，應呈明湖南巡撫，不宜率用咨文，均屬任意吹求，措詞失當，所奏著毋庸議。以前吏部尚書毛昶熙充翰林院掌院學士。司經局洗馬葉大焯補原官。

十四日甲辰　晨至午後晴，晡陰，有雨數點，傍晚微晴，有風。是日酷熱鬱悶。閱近人經學諸書。遣李升以錢十一千五百買大幅草席一張，施之床；以錢七千買鷹毛大扇兩柄，賦兩姬：此消夏大賚也。爲樓廣侯閱文訖，作片致之。鐵香來。夜陰，時有濈雨。

十五日乙巳　晨陰，有濈雨，日加辰晴，酷暑益熾。始服葛褌。復紱丈書，以平疇《耕烟草堂詩》送閱。閱書爰雜，欲作詩，亦不成。夜初陰，一更後微有月。是夕酷熱不可當，達旦但卧揮扇。

邸鈔：以内閣學士徐郙署工部右侍郎，兼管錢法堂事務。本程祖誥署張澐卿缺，於是工部漢堂官三人皆狀元，亦僅見事也。尚書翁同龢，丙辰狀元；左侍郎孫家鼐，己未狀元；郙，壬戌狀元：皆江南人。以翰林院侍讀學士廖壽恒爲詹事府詹事。

十六日丙午　清晨微陰，加卯晴，酷熱如故。始用冰煎酸梅湯飲。辨色即起澆花。

紱丈來，還平種瑶《耕烟草堂詩鈔》二卷，因摘其佳句於此。五言如：『鳥聲答遠磬，漁夢栖孤汀。』《游鄂州洪山》。『亂山圍破屋，床上有峰巒。竹雨捎衾濕，松濤打枕寒。』《廣水驛夜雨》。『村郊兵燹後，瓦礫築烟墩。驛馬馱商槖，山猿卧縣門。設關依峻嶺，出峽近中原。群盜今如洗，時平識聖恩。』《由李家寨至武勝關》。『牙檣經水驛，刁斗壓花叢。』《滕王閣》。『樹空山轉月，波静棹飛烟。』《月夜游小雲栖》。『湖青無暝色，七十二峰秋。嶺曲藏官舍，松陰結寺樓。』《游洞庭山》。『静喧村郭分，蒼翠一氣貢。』《游虞山》。『江南棹江北，一夕判仙凡。兵堡支民柝，官旗補客帆。』《瓜州道中》。『楚山青未割，送過玉屏城。兄弟聯雙騎，黔滇第一程。』《玉屏縣》。『兩崖逼成峽，束月一弦勁。』《響琴峽》。『一鞭衆山起，四蹏破蒼烟。』《牟珠洞》。『千盤雲裏髻，一樹鏡中桃。』《小孤山》。『冷翠浮佛頂，暮烟墮鐘聲。』《青浦憑虚眺遠樓》。七言如：『門懸一塔瘦於筆，江涌數峰青到床。』《游鄂城七竹園》。『檻外濤聲來驟雨，尊前帆影落輕雲。』《黄鶴樓餞别》。『春水半篙漁艇活，夕陽一角寺樓晴。』《小河道中》。『偶栽黄菊開三徑，爲愛青山起一樓。』《里門秋思》。『枕上功名春夢裏，馬前山水夕陽時。』《將赴蘇州别鄔雪舫》。『出林小閣如延月，近郭空山不受雲。』《虎丘》。『夕陽影瘦扶高柳，秋雨聲粗點敗荷。』《移居》。『十里一橋河漸直，已知鄉路近臨安。』《自蘇杭回里》。『陡點一篙分白浪，絶無兩岸不青山。』《辰州道中》。『又看春事隨流水，漸覺秋山戀夕暉。』《五十初度》。『門外緑鋪鳩唤雨，巖前紅墜蝶馱花。』《摩泥道中》。『樹邊路繞羊腸險，巖頂雲從鳥道開。』《歸州》。『夜纜萊公樹柏鄉，朝開帆已入宜昌。詩人典郡清如許，爾雅臺邊柳數行。』《維舟宜昌贈陳西橋太守》。『巖浮塔影層雲活，樹漏湖光一掌寬。』《靈巖山》。『垂楊緑覆堤邊艇，老杏紅分樹裏家。』《山塘即景》。『春城柳鎖千家月，烟渚花飛一棹風。』《賈樓夜眺》。『江聲直入山中寺，帆影平臨樹杪樓。』《青溪道中》。『兩槳殘曛寒碧沼，一村晴雪粉紅山。』《探梅至跨塘》。『畢生汝竟成朝露，催老吾原近夕陽。麥飯一盂墳草緑，此心猶有幾年傷。』《哭德女》。『曲沼藕花雙鷺雪，平堤楊柳一蟬風。』《重登湖海樓》。皆秀健可誦。惟不能爲古詩，七古尤無一合作，七律亦無完善者。自所取之外，大率拙劣，亦有極惡者，蓋讀書太少，不免弇陋也。

賈琴巖詩惟《夜坐寄雪甌戲效其體》一聯云：『殘燈引飢鼠，壞壁聚寒蟲。』小小有致。

作書致敦夫，以平、賈兩集贈之。王益吾祭酒來。敦夫來。是夕望，夜熱不可當，室中灼甚，露坐久之。微陰，有風，達旦不得瞑。

十七日丁未　晨至午後晴，下午微陰，酷暑尤甚，晡後狂風大雨，有雷，傍晚霽，晚微陰。辨色即起。三日來酷熱爲近年未有，今日尤不能堪，幾與乙亥七月初無異。幸晡得快雨，炎威頓滌，晚涼可眠。

是日始剃頭，已及百日矣。剃頭本不在服制中，《大清律例》亦本無之。自國初來遭帝后之喪，惟京官百日不剃頭，以有百日與祭之禮也。外官無論滿漢大小，皆二十七日釋服即剃頭。雍正中，有漢軍佐領李斯琦以孝恭仁皇后之喪二十七日後剃頭，擬斬監候，旋釋之。乾隆十三年三月孝賢純皇后之喪，奉天錦州府知府金文醇於二十七日後剃頭。文醇故翰林，素不禮同城旗員，於是防禦某訐之於副都統，副都統亦故憾之，遂以聞。而山東巡撫阿里袞劾沂州營都司姜興漢貪婪諸款，有在國服內剃頭一語，其意亦不過以爲不應爲而爲，特數及之，非重劾也；内閣票本亦不及之。高宗謂貪婪罪輕，違國制罪重，當治其違制罪。於是與文醇俱被逮，論斬立決。時高宗眷后甚，哀悼逾恒。先是，以后喪至京時，大阿哥後封定親王。以哭臨不如儀，被嚴旨罰師傅諳達等俸。又以翰林院奏册文内有『皇妣』

字，清文繙爲『先太后』，革掌院學士、刑部尚書阿克敦職，下刑部獄治罪。又以刑部讞輕，尚書、侍郎俱革職留任，而改阿克敦爲斬監候。又以工部製册謚册寶粗陋，尚書哈達哈、趙宏恩，右侍郎三和、何國琮俱革職留任，左侍郎索柱、涂逢震俱降調。至是定制國恤百日内剃頭者立斬，載入《會典》《律例》，而諭各督撫等，凡見在剃頭已發覺者嚴參勿縱，未發者免究，旗人則概究不少貸。繼又密詔督撫，凡官員剃頭者，密上其名。時滿刑部尚書盛安，長厚君子人也。當金文醇獄上時，盛安爲左都御史，獨不肯署牘，諸大臣强之始署。及長刑部，召見日言金文醇之剃頭，沿漢人故習耳，且先請之上官而後剃，情可恕。高宗首肯之。及欲改擬斬候，同官恐獲罪，持不可。久之，或爲蜚語聞上。上召詰之，力援李斯琦例爲請。上大怒，下之獄，論斬監候，戍其子喀通阿於熱河披甲。此戊辰七月間事也。至閏七月，而南河總督周學健、湖廣總督塞楞額俱事發。時福州將軍新柱入都，道淮安，學健以巡河不見之，淮安官吏薄其餽。新柱怒，及見上，言學健以二十七日後剃頭，故不敢相見。而江蘇巡撫安寧，本内務府旗人，久在内廷供廝役，以后喪進奉不如旨，上怒，有旨責其僅飾浮文，全無哀敬，將嚴譴。中臣有與交關者報之，令其發學健事，可自贖。安寧遂劾學健及所屬官吏俱於后喪二十七日後剃頭，惟淮徐道定長一人不剃。遂逮學健下刑部獄，命管河大學士高斌籍其署中財物，江西巡撫開泰籍其家。未幾，而塞楞額及湖北巡撫彭樹葵、湖南巡撫楊錫紱各疏自陳及兩省文武官員均於二十七日後剃頭，請治罪。詔重責。塞楞額以滿洲大臣而所爲如此，更何論於漢員？逮下刑部獄，籍其家。彭樹葵、楊錫紱以順從總督薄其罪，僅革職留任，罰修直隸城工。并免學健逮問，發直隸城工效力。金文醇先已改斬監候，至是釋之，亦發直隸修城。旋賜塞楞額自盡。周學健復以開泰籍其家，得究沂曹道吴同仁致其弟學伋書，有薦舉謝二千金之語，兩淮鹽政藴著又劾其在任贓私狼籍，仍逮下獄，賜自盡。高斌以瞻徇，且給還其眷屬衣飾十八擔，嚴旨詰責，令其不必入京。兩江總督尹繼善先以不發學健剃頭革職留任。繼善疏言，河員内漢軍旗人亦有違制者，請察劾。詔勿問。楊錫紱旋以先請檢舉，免修城。安寧先解任入都，且查其家産，旋復用爲侍衛。此國恤百日剃頭之故事也。

十八日戊申　晴，頗凉，傍晚雲合風起，密雨，入夜不止。朱蓉生來。閲《北魏書》。晡後蓉生又偕爽秋來，留之小食，談至晚去。夜雨聲凄密如秋，三更後稍止。自五月後畏熱且辟蚊，不燃燭，久輟夜課。今日凉雨，燈火可親，理《北魏書》至夜分罷，家人聽鼓子彈詞説隋唐事猶未畢也。付鼓詞錢六千。

邸鈔：上諭：前據御史李士彬奏特參總兵萬重暄、王永勝貪劣各款，當經諭令彭玉麟查辦。兹據該侍郎查明具奏，江西水師統領、記名總兵萬重暄雖無扣勇減餉之事，收受節壽陋規亦無實據，唯出門乘轎所至，盛飾廚傳供帳，並有開局聚賭情事。江西南贛鎮總兵王永勝狎優飲酒，時令民間女子入署作工，雖非收買販鬻，而不知遠嫌，以致物議沸騰。已革知縣章澍聲名狼籍，與王永勝往來酬酢，聚飲觀劇，營務因以廢弛。江蘇候補道朱麟成，江西候補知府潘駿群，候補知縣楊春澤、陳長吉、張銘、李文同，已革知縣柯棨，試用通判顧長齡，管帶江西内河水師營官、記名總兵蕭福，均有入局聚賭之事。萬重暄、王永勝、蕭福均著革職，永不敘用；朱麟成、潘駿群、楊春澤、陳長吉、張銘、李文同、顧長齡著一併革職；章澍、柯棨均著勒令回籍：以儆官邪。兩江總督劉坤一、江西巡撫李文敏於所屬各員種種劣迹漫無覺察，均著交部議處。前迭經降旨諭令各省督撫整頓吏治營伍，如果認真考察，何至屬員有此藐法妄爲之事？嗣後務當破除情面，毋得稍涉徇隱，自干咎戾。

十九日己酉　晨陰，旋有小雨，加卯晴，上午多陰，時有霎靄，下午陰晴錯啓。是日孝貞顯皇后百日，皇上寅正詣觀德殿，行禮畢，至御座房更素服，清髮，至關帝廟拈香。作復平景蓀書。閲《北魏書》，訖《帝紀》。孺初來。晚雲合風起，又雨，黃昏甚密，初更即止，星見月出。

二十日庚戌　初伏。晨至午晴，下午陰。是日復炎熱。昨夜夢見孫子九老病卧床，今日寤後念之甚。子九去歲七十，曾欲爲文壽之，不果；今日欲賦一詩，亦不成。課庸以麻子末壅花，芟除枯枿。再於致季弟及景蓀書後各寫足數紙。夜晴，彗仍見。

邸鈔：以前江西九江鎮總兵程文炳爲江西南贛鎮總兵。吏科掌印給事中王立清授直隸保定府遺缺知府。本任知府馬繩武丁憂。後以正定府知府恭鈞調保定，立清補正定府。

二十一日辛亥　晴，酷暑蒸溽。是日補作詩及續完未成詩，共得古今體六首，依次寫之。洗足。爲季弟寫詩，又寫詩致敦夫，得復。

哭王眉叔

老來朋舊盡凋殘，又報王喬下玉棺。銜恤惟君勤問訊，讀書無日免飢寒。清才鄉里誰今繼，白首名場較我難。君少予一歲，嘗自言五十當得鄉舉，而竟不諭。有女傳詩兒識字，此心泉下定差安。

六月初一夜飲花下作

冰嚼文簟自生涼，小啓銅鋪作醉鄉。恰避明窗來素月，倍憐密坐勝紅妝。扇低酒併衣薰發，燭轉花添鬢影長。爲話唐宮今夕事，玉環一曲荔枝香。

後三夕再飲花下遇雨遂至曉即事十韵

朏月遲呈輝，曩襟喜暫聚。逭晝苦鬱攸，卜夕選尊俎。幽坊引犢轅，華燈展綺户。睡燕識屧聲，畫屏故延佇。隱隱花上星，晶簾照人語。玉映蕉衫鮮，霞張錦簟皻。醞藉河朔飲，旖旎濯枝雨。冰肌沁飣梨，明眸溢斟醑。静添銀漏水，已動曙街鼓。貽我紅栀花，懷香入風塵。

小暑聞蟬

玉衡指在未，城居始聞蟬。賃此半畝地，緑陰亦便娟。翩然不我棄，冠緌來周旋。肯惜數聲囀，爲我清心顔。徑蕪絶車馬，家貧無管弦。午風作幽弄，頓覺煩熱蠲。衹恐輕翼駛，頃刻鄰喬遷。須知此中樹，所灌皆清泉。下有曳杖翁，自闢山林天。盍來伴嘯詠，月照虚堂眠。

六月十五日酷暑中思故鄉村居用朱子是日詣水公庵雨作詩韵

病夫苦煩暑，陋室厭朱明。爲念江南村，樹樹凉蟬鳴。扁舟一出郭，便覺湖風生。山翠疑雨潑，田水如泉傾。臨流數柴扉，倒影有餘清。繞籬桑竹静，連棚瓜豆榮。日午飯牛畢，偃卧無它營。安得一頃地，解官事歸耕。

夢孫子九

老去孫陽卧草萊，虀鹽白髮苦相催。忘年交舊惟君在，久别音容有夢來。門巷平生猶髣髴，湖山夜色幾徘徊。何時里社同扶杖，百歲相看兩秀才。

二十二日壬子　晴，酷暑益熾。温《毛詩》，閲《正義》及《讀詩記》。今夏本擬理此一經注疏，以熱甚，且爲新得雜書數種所奪，今未知能了此業不耳。炳燭讀書，所得艱哉！再作書致平景蓀，論夏嗛父《明通鑑》。作書致族弟穎唐，爲公田進士餘款事。兩夕星朗，彗見益明，而少東移。夜熱甚，又爲蚤蚊所擾，徹旦罕瞑。

二十三日癸丑　晴，酷暑如故。作書致敦夫，約明日十剎海觀蓮，得復。作復陶心雲書、復沈曉湖書、復孫子九書，俱附入家書中。午後作薄荷緑豆飲子，分致敦夫。

邸鈔：上諭：户部奏查覆冒領恤賞人犯並通同舞弊之書吏，請飭交刑部嚴切追究一摺。禮部已革書吏朱澐，膽敢串通户部書吏孫永祥、朱鳳岐，捏造札付，盜用司印，冒領恤賞銀至一千餘兩，並據朱澐供稱，所用札付係盜用禮部堂印，實屬藐法已極。朱澐即朱慶雲、孫永祥、朱鳳岐均著交刑部嚴行審訊，從重懲辦，以儆奸宄。　右春坊右庶子承翰轉補左春坊左庶子，翰林院侍讀烏拉布升右庶子。編修姚協贊記名以道府用。

二十四日甲寅　晨輕陰，上午微陰間晴，午晴，酷熱如前。比日皆早起遲瞑。今日辨色興即入城，至新街口景秋坪師家拜壽，送禮銀二兩。即至十刹海，風露尚曉，荷花已開及半，紅艷殆絶，映以稻田，嫩緑可餐，沿堤柳陰，卓立如畫。朱門夾道，猶有半掩，然已見有華轂驕驄，簇擁水際，游女四五，繡屧縠袿，臨岸裴回者。緣湖入地安門，循景山至金鼇玉蝀橋，朱華尚少，薄陰漸開，宫觀曈曨，蒼翠欲滴。僕夫不識道，仍迂折繞景山路，過北池子，出東華門。上午出城，經聚寶堂，下車入飲，招霞芬、玉仙兩郎左觥，過午始歸。得竹篔是月嘉興書并嚴菊泉師初十日書。菊泉師言今年七十三，猶能於紅牋上作蠅頭楷書，每午飯後必行四五里，散步市中。余今年五十三，尚能燈下以朱筆細書，同人已詫爲希有，以視此老，真瞠乎後矣！　得敦夫書，饋醉魚、笋乾，作復謝之，還笋乾之半，仍送薄荷緑豆飲子。付車錢十千，姬人等車五千，霞、玉車四千，酒保賞四千，景門二千，鮑使四千。

邸鈔：大學士全慶奏請因病開缺。詔賞假兩月，安心調理。以太常寺少卿劉緒爲大理寺少卿。

二十五日乙卯　晨陰，有溦雨，終日微晴靉靆，鬱暑如故。早詣敦夫齋中談。是日覺不快，多卧。閲《嘯亭雜録》。剃頭。夜有風，微凉。五更疾動。付李升下月工食錢十千。

邸鈔：詔：以慈禧端佑康頤昭豫莊誠皇太后聖體大安，加恩醫士前山東濟東泰武臨道薛福辰、山西曲陽縣知縣汪守正、職員馬文植及太醫院諸官升賞有差；并以大學士李鴻章等保舉醫士，内閣學士寶廷奏請飭各省保薦醫士，内務府大臣恩承等帶領醫士，均交部從優議敘。　刑科掌印給事中王道源選河南糧鹽道。户部郎中王守愚選山西寧武府知府。

二十六日丙辰　晴，酷熱。閲《續東華録》嘉慶朝。得錢笣仙書，即復。作片致敦夫，送以酸梅冰飲子一壺。印結局送來是月公費銀十一兩二錢。是日見邸鈔，蕭山同年王蓉舫先生選奉化訓導，亦可慰老景矣。晚陰，有風，黄昏晦甚，驟雨，有雷，旋霽。付擴誼等瘞園中元楮泉五千。

二十七日丁巳　晴，上午間陰，酷暑益甚。閲《續東華録》。敦夫來。得紱丈書。夜晴，彗見如故，比日聞晝亦見。

二十八日戊午　丑正三刻一分大暑，六月中。晨晴陰相間，上午陰，傍午雨，至下午止，晡後晴。作書致紱丈。終日雜考國朝掌故。夜稍涼。付西瓜錢七千八百文。

二十九日己未　晴，酷暑。鐵香來。益吾祭酒來。袁爽秋來。詣敦夫齋頭久談。

邸鈔：詔：兵部尚書李鴻藻協辦大學士。上諭：都察院奏街道廳干預五城事務，請旨徹去差使一摺。京城鋪商貿易如有應行查辦之事，向由巡城御史覈辦。給事中孔憲瞉管理街道，輒即擬定章程，諭令鑪房商人遵辦，實屬任意干預，著徹去管理街道差使。街道御史自去年李璠狼籍索賄，致贓數萬，及其去也，市肆相賀。憲瞉繼之，貪穢彌甚，凡修造墻屋者，皆勒索之。都中鑪商二十六家，每家索銀四百兩。至被控而斥，臺綱掃地盡矣。

三十日庚申　埃𣋣，多陰。是日中伏。以瓜薦先，復用冰。傅子尊來。族弟慧叔來。

觀蓮節侵曉至十剎海看荷花入地安門書所見

晨赴尚書期，遂沿北湖去。冉冉紅蕖香，濯沐帶清露。花間數畦稻，新翠如欲雨。荷蓋相倚移，花光不能住。長堤輾芳塵，夾岸蔭高樹。朱扉猶半掩，略彴無人渡。誰何繡幰車，斑騅臨大路。高鬟曳輕容，明眸爲花妒。漸見朝旭升，驚起傍沙鷺。循湖入苑墻，遥指五雲處。朱輪早朝歸，無心與之遇。

秋七月辛酉朔　晨微陰，旋晴，酷暑甚烈。閲《癸巳存稿》。陸漁笙來。敦夫來，暢談。夜彗星仍見。

初二日壬戌　晨至午晴，下午多陰，酷暑如故。史忠正《復睿親王書》，近人考定以爲桐城何亮工所作。亮工乃大學士如寵之孫，以諸生入忠正幕。而彭躬庵《耻躬堂集》謂樂平王綱字乾維所爲，禮親王昭槤《嘯亭雜録》又以爲侯朝宗作，皆傳聞異辭。朝宗亦嘗在忠正幕，躬庵爲當時人。亮工與綱它無所見，疑未必能爲此文，惟朝宗文筆頗相似。王亮生《國朝文述》竟題爲何亮工，非傳疑之慎也。睿忠親王原書云出李舒章手，相傳無異詞，蓋當不謬。然原書簡嚴正大，遠勝荅書。蓋開國之辭直，亡國之辭枝，舒章《蓼齋集》中亦未有能及此作者也。

是晚凉陰，夜小雨，仍熱。付賃屋銀六兩。付西瓜錢十一千。

邸鈔：上諭：鑲白旗滿洲奏書吏朱慶雲等冒領恤賞銀兩案内工部候補筆帖式恒惠聞風潛逃，著步軍統領衙門、順天府、五城御史一體嚴拏務獲，交刑部歸案審辦。

初三日癸亥　晴，酷暑，晡後益甚。温《詩經》。剃頭，洗浴。夜雷電，大雨以風。初更雨止，見星，二更後復有雨。

初四日甲子　晨微陰，旋晴，終日酷暑。

温《詩經》，時有所得，寫出數條。《大雅·板》之詩曰：『携無曰益，牖民孔易。民之多辟，無自立辟。』箋疏以下，多不得其解。上云『天之牖民，如壎如篪，如璋如圭，如取如携』，皆喻其感應之速；而下句忽以『携』字連之，古人文義無此例也。『携無曰益』之『携』，當是『上』字之誤。古文『上』作『二』，而古於重文皆作『〻』。此詩承『天之牖民』，而曰『上無曰益，牖民孔易』。上者，君也。君之於民，無求多也，其牖民亦孔易也，善者民化之，不善者亦民化之，今民固多辟矣，無更立辟也。辟者，邪也。毛訓爲法，亦爲未審。而於『携無曰益』句無傳，蓋毛所見字猶作『上』，故不煩加釋，至鄭君時已誤作『携』之重文，遂曲解之耳。至難易、變易，古無二音，《吕氏讀詩記》引李氏説，謂多求於民，則牖民之道變易，蓋泥於韵而不知古音，説轉支離。然其解『無曰益』爲無多求於民，與朱子《集傳》兩『辟』字皆訓爲『邪』，均爲至確。若近儒段氏，謂上『辟』字本作『僻』，下字作『辟』者，非。今人俞蔭甫謂『益』即『隘』，『隘』與『阸』通，謂『如取如携』，無有所阻阸也，則卮言日出矣。

《桑柔》之詩曰：『好是稼穡，力民代食。稼穡維寶，代食維好。』兩『稼穡』字，毛、鄭本作『家嗇』，段氏玉裁、馬氏瑞辰皆主之，是也。惟『力民代食』，諸家説皆迂回。蓋力民，猶勞民也，言王惟好嗇斂於家之人，勞民力而代之食，下云『家嗇維寶，代食維好』，皆刺王之任貪病民也。下章所謂『貪人敗類』，首章所謂『捋採其劉，瘼此下民』，語意皆同。鄭箋『好是家嗇』爲居家吝嗇，毛傳『力民代食』爲無功者食天禄，義尚未盡。王肅妄於『無功』上加一『代』字，遂不成語。近人陳碩甫主王説，謂當作稼穡者，非也。顧惟康謂《韓詩外傳》載晉平公藏寶之臺燒事引『稼穡維寶』二語，亦正是戒聚斂之意，本作『家嗇』，後人以今詩改之，是也。

『進退維谷』，阮文達謂『谷』乃『穀』之假借。穀，善也，因上韵爲『不胥以穀』，故假『谷』字。此謬說也。『進退維谷』，正以朋友相譖，無可自明，前却俱窮，并林中之鹿之不若。《小雅》之『跼天蹐地』，《易》之『不能退，不能遂』，皆同此意。阮氏引《爾雅》『東風謂之谷風』，郭注『谷之言穀』，《書》『昧谷』，《周禮》注作『柳穀』爲比，不知谷之言穀，猶天顛也，日實也，同音相訓之例，不得用顛作天，用實作日也。昧谷、柳穀，古今文字，同音異字，非此之比。此詩作『谷』之義，傳箋甚明。《小宛》云『惴惴小心，如臨于谷』；漢晉六朝文字有云『若墜淵谷』『若墜冰谷』者，不可指數。《晉書・賀循傳》元帝嘗問其父齊被禍事，循流涕曰：『臣進退維谷。』可知古無異解。阮氏又引《晏子春秋》對叔向言『進不失忠，退不失行』，引此詩爲證。不知晏子此事，亦以齊衰晉亂，各憂其身，爲事惰君者之法，正喻其進退俱難。至引《韓詩外傳》，則載齊家石他、楚申鳴之死，兩引此詩，正與毛、鄭同義。阮氏孱傅其曲說，而云《詩》有此例。古人文字，有此苟且者乎？今市肆書『穀』作『谷』，書『薑』作『姜』，起於趙宋之世，而謂西周人避重韵者已爲之，亦厚誣古人矣。馬元伯以阮說爲確，好新之蔽也。

『既之陰女，反予來赫。』陰，猶隱也。《漢書・霍光傳贊》『陰妻邪謀』，顔注謂『不揚其過也』。赫者，顯相恐猲也，毛訓炙，鄭讀作嚇，其義相成。赫與陰爲反對之詞。『既之陰女，反予來赫』者，謂予既爲女隱，不揚其惡，而女反顯相鑠炙，更暴其過也。此承上指朋友言，謂女等貪殘敗類，闇冥之事，自極詭秘，予豈不知？『如彼飛蟲，時亦弋獲』者，飛蟲亦喻小人，言女所爲雖如飛蟲，倏忽變亂，然亦時有爲人弋獲者。箋義本如是。自宋儒以飛蟲爲芮伯自喻，以弋獲爲千慮一得，甚爲不辭。馬氏瑞辰說此詩最近是，惟以『陰』爲『諳悉』也，則尚未盡箋以『陰』爲『蔭』，失之。陳氏《毛詩疏》專違箋義，而此獨從鄭解，其說此章最迂曲，以『赫炙』爲『侵削』，尤非。

『涼曰不可，覆背善詈』，與『既之陰女，反予來赫』，詞意相成也。蓋始爲之隱，後薄言不可，而女反背極詈之也。『雖曰匪予，既作爾歌』者，匪同非，猶詈也；既，遂也，《廣雅·釋詁》：『遂，竟也。』《禮記·玉藻》注：『既，猶畢、竟也。』謂女雖非詈予，予遂爲爾作歌，不能復爲女隱也。與『予豈不知而作』語，遥相貫應。『既作爾歌』，與《卷阿》末章結句『維以遂歌』，文法正同。鄭箋及朱子《集傳》皆以『雖曰匪予』爲女雖言此非我所爲，而我已爲爾作歌，『既』字皆訓已然，近於不辭。《毛詩疏》訓『既』爲『終』，亦非。以爾爲指厲王，此誤沿《正義》説。

邸鈔：詔：孝貞顯皇后梓宫於八、九月間奉移普祥峪定東陵，著欽天監敬擇吉期具奏。詔：廣東在籍紳士、前署山西襄陵縣知縣朱次琦，講明正學，身體力行，比閭族黨，薰德善良；國子監學録銜舉人陳澧，持躬謹嚴，通經學道，出其門者，成就最衆：均著加恩賞給五品卿銜，以爲績學敦品者勸。從兩廣總督張樹聲等請也。案：此固優賢之曠典，然非故事也。朱次琦以進士爲知縣，陳澧僅舉人，八品虚銜。樹聲等原疏止請優加京銜，蓋冀朱得主事或員外銜，陳得内閣中書銜耳。階不稱官，斯爲過矣。詔：再嚴禁廣東奸民闈姓賭博，下刑部議加重罪名。亦從張樹聲等請也。詔：浙江温州鎮總兵吴鴻源年老衰病，准其開缺。以前福建汀州鎮總兵關鎮國爲浙江温州鎮總兵。詔：何璟等奏遵旨察看浙江温州府知府張盛藻，人尚明白，惟身體稍弱，難勝繁劇之任，著開缺，留於浙江另補。詔：已革江西通判趙清韶照刑部議發往軍臺效力贖罪，不准援減，以訊明所録諭旨兩道，據山東巡撫獲犯録供實，係轉相傳鈔，不知有捏造情節也。詔：禮部嚴定八旗童試頂替章程。以順天學政孫詒經奏，此次考試查出頂替四十四名也。

初五日乙丑　晴，酷熱蒸暑。

温《詩經》。馬元伯《毛詩傳箋通釋》云，《韓弈》詩『溥彼韓城，燕師所完』，《釋文》引王肅、孫毓並音燕，烏賢反，云北燕國。《潛夫論》：周宣王時有韓侯，其國近燕。《路史》云：北燕伯款亦姞姓，則燕與蹶父爲同姓，蹶父疑即北燕之君，入爲王卿士者。慈銘案：《左傳·宣公三年》，鄭穆公有賤妾曰燕姞，夢天使與己蘭曰：『余爲伯儵。余爾祖也。』杜注：姞，南燕姓；伯儵，南燕祖。若北燕爲召公之後，自是姬姓。揆王肅等意，以此燕爲北燕者，以韓地近北燕而非南燕，今順天府固安縣東南有韓侯城是也。若南燕，則爲今河南衛輝府延津縣地。《左傳·隱五年》，衛人以燕師伐鄭，注：南燕國，今東郡燕縣。《正義》引《世本》云：燕，姞姓。《漢書·地理志》東郡燕縣，今本『燕』上衍一『南』字。南燕國，姞姓，黄帝後，以地去漢之方城即今固安。遠，故以北燕當之耳。然南燕是姞，而北燕非姞，馬氏誤據《路史》而忘《左傳》，亦可謂疏矣。至梁山，傳箋皆主《禹貢》之梁山，鄭君更明言在馮翊夏陽，蓋皆以韓國後遷今陝西之韓城縣後爲晉所滅者，然此詩言『奄受北國』『其追其貊』，是宣王時韓尚未遷，則梁山自當從《水經·㶟水》篇注良鄉縣北有梁山，高梁水出焉，爲韓國鎮山之確證。陳氏《毛詩疏》以梁爲吕梁，尤臆説無稽。

《江漢》詩：『無曰予小子，召公是似。』『無』如『無念爾祖』之『無』。無者，語詞也，詩語皆如此。鄭箋及《正義》皆解爲『有無』字。陳氏《疏》引《韓詩外傳》以『予小子』爲宣王自稱，此《吕氏讀詩記》引李氏、陳氏説皆同，然皆曰『女無以我爲小子』，則更不辭。『予小子』，天子對祖考言之，三字合讀，不能分也。『無曰予小子，召公是似』者，言無亦曰予小子敢文武是似，女惟召公是似也。文不具者，古人省文簡質而語意已自足。

鄧鐵香饋荔支、糟魚，作小啓復謝，然果乾、魚敗矣。王益吾祭酒來夜談。夜有雹，三更後有微雨，昧爽復雨。

初六日丙寅　多陰，微凉，晡後晴。温《詩經》。是日鄭君生日，擬爲《關雎進賢説》一篇申鄭義，未成。

初七日丁卯　晴，下午多陰，傍晚大風，有雨，旋止。先君子生日，上午供饋肉肴六，菜肴四，菜羹一，時果四盤，西瓜四盤，新蓮子湯一巡，瀹茗一巡，饅頭一大盤，酒四巡，飯再巡，清茗兩巡。是日早饋，逮晡畢，以祭餘肴果四饋劉仙洲夫人。夜稍凉，有電。

初八日戊辰　晴，酷暑復熾。温《詩經》。敦夫來。

初九日己巳　晴，酷暑不可當。是日熱甚，不能治經，閲杜詩以逭炎景。

邸鈔：兵科給事中張道淵轉吏科掌印給事中。

初十日庚午　晴，酷暑鑠金。早起坐庭中，稍覺清爽。作書致敦夫，以十三日偕漁笙諸君醵飲消暑也，已定天寧寺塔射山房及釣魚臺徐姓湖船。得敦夫復。閲唐詩，少考小學，辨證諸書。錢秋舫自江右來，見其名刺名保衡，偶忘之，遂辭疾不見。是日傷風鼽涕。

十一日辛未　晴，晡後微陰，酷暑不可耐。傷風，身熱多涕。得敦夫書。剃頭。鄉人湖南知縣桑杰來。閲《廣韵》諸書。夜陰。

邸鈔：詔：以欽天監謹擇本年九月初九日孝貞顯皇后梓宫奉移普祥峪定東陵，十七日永遠奉安，所有應行典禮，各該衙門及直隸總督敬謹豫備。詔：九月初九日奉慈禧端佑康頤昭豫莊誠皇太后恭送孝貞顯皇后梓宫奉安，沿途毋庸另備御道。以宗人府府丞曾紀澤爲都察院左副都御史，未到任以前，以太常寺卿徐用儀署理。以左春坊左庶子陳寶琛爲翰林院侍講學士。薛福辰授廣東雷瓊道缺道。

十二日壬申　晨晴，終日多陰，時有零雨，午前鬱溽極熱，下午略晴，晡後稍凉，有風。上午詣敦夫談。得王子獻是月朔日書。再浴。是日鼽涕少止，而嗽甚多痰，覺中極。夜陰，卧堪帖席，而爲蚊蚤所擾，達旦不瞑。聞雨作就寐，疾動。

十三日癸酉　戌初初刻八分立秋，七月節。雨，加辰少止，加巳復密雨，有風，甚凉，午後漸霽，傍晚晴。晨起邀敦夫、介唐吃粥，後出西便門，赴釣魚潭。雨甚，車子以避流潦迂行，遂失道，回繞空郊高岸中至十餘里，直西而北，過一石橋，始緣土山出至湖邊。然禾黍青葱，時見山色，雨中野趣，塍水交流，非軟紅塵土中所易得也。既得至湖，荷花甚盛。沿堤東走，香韵襲人。至船步處，以篷漏積水滿倉，不可登，遂入釣魚臺行宫。冒雨度板橋二，欲登山亭，以磴滑不果。即出抵天寧寺，僅三里許耳。時已傍午，漁笙及陳書玉、任秋田、胡光甫、諸又塍俱早至。雨止天清，凉生山樹，徐命肴酌，雜進果餄。酒中遍行寺圃，花樹鮮濯，尚有殘滴，末利、竹桃尤極襛綻。穿僧厨，出循廊院，至西偏一舍，開窗臨野，山光滿屋，几席翠净，外映花樹。人生得此一間，便可終老。歎息久之，仍返塔射山房。飲畢復繞廊看西山，夕陽西傾，始散入城。敦夫邀同漁笙、光甫、書玉晚飲聚寶堂，招霞芬、玉仙左觴。夜一更後，漁笙復邀飲霞芬家，四更時歸。得禔盦六月朔日吴門書，并寄筆六枝，宋製陳皮四瓶；又女士趙采芝香山水畫扇兩事，禔盦之表妹也，年甫十二，而所作老成，居然有北苑家法。聞禔盦之姑素善繪事，幼承母教，故擅夙能，此亦林下之韵談，浙媛之勝事矣。付釣魚臺園丁賞三千，天寧寺茶傭賞四千，庖人賞十二千，車錢十五千。夜凉，需薄被。

十四日甲戌　微晴，多陰，新凉。咳嗽，痰中有血。以明日中元，先祀故寓公。錢秋舫來，言已改官江左，以海運入都。秋舫與余同入郡學，登鄉榜已三十一年，中進士亦已十七年，而補缺尚無期。至覓海運一差，蓋其人潦倒可想。秋舫本名楨，其官江西，以丙子鄉試分房携一南昌舉人入闈，其人癸酉磨勘被議者，病死闈中。巡撫惡之，故改江蘇。己卯浙江主考烏拉喜崇阿亦携癸酉江西解元入浙闈，病死。江西癸酉主試者即烏拉喜崇阿也。夜嗽甚，不能寐。四更後雨。

邸鈔：上諭：御史邵積誠奏此次孝貞顯皇后大事，工部郎中王慶鈞學習未久，派充幫總辦差使，人言嘖嘖，請量爲裁抑，以資造就等語。大員子弟在部當差，原可藉資歷練，惟王慶鈞到部未久，派充要差，致招物議，著工部堂官將該員幫總辦差使即行徹去。至所派總辦郎中景澧、素麟雖資格較深，仍著該堂官隨時察看，毋稍瞻徇。慶鈞，户部侍郎文韶之子也，童騃狂蕩。御史鄧承脩前以星變陳言劾大學士寶鋆及文韶，已言及之，特隱其名，亦不實指其幫總辦之差。其疏留中，而文韶竟不令其子引避，無耻甚矣。景澧，寶鋆之子；素麟，尚書景廉之從子也。

十五日乙亥　終日密雨，入夜不止，凉甚。先君子忌日，以中元節縣曾祖考妣、祖考妣、本生祖考妣、先考妣神位，供素饌十器，加燖鳧一，燒鳧一，蓮藕羹一，時果四盤，饅頭兩大盤，西瓜兩大盤，冰雪梅糕一大盤，蓮子湯一巡，酒再巡，飯再巡，晡畢事，焚楮泉紙錁。得紱丈書。夜一更後雨止，夜半晴，月出，將旦復陰。凉甚，去簟。

邸鈔：詔：以穆宗毅皇帝本紀告成，提調、總纂、纂修、協修、校對等官記名道府内閣侍讀興升、編修廖壽豐等專以道員用者十餘人；編修王貽清、胡勝、黄照等以應升缺出升用者十餘人；部屬升擢者十餘人；内閣中書以侍讀用者數十人，以主事用者數十人；筆帖式升主事者十餘人，升中書及同知、通判、知縣者數十人。從國史館總裁尚書景廉等請也。共百三十七人，越人無一與者，部屬中無一漢人。又光禄寺少卿愛濂僅加四品銜；内閣學士王之翰、徐致祥，學士陳寶琛僅優敘；餘皆躐級得之。

十六日丙子　晨晴，微陰，加辰後晴，晡後微陰，晚晴。得敦夫書。

閲夏嗛父《五服釋例》、吴鼎堂《詩小學》。兩書久庋閣，今日讀其序文及大略而已。夏書貫串，於禮服之學甚深。吴精於小學，惟喜自出新意，頗失之巧。

作復王子獻甬上書，即作片致敦夫轉寄。夜月望，初出皎甚，旋有微雲。四更復疾動。

十七日丁丑　晨晴，午後多陰。是日頗苦濕溽，憊甚。復閲唐詩。湖州人兵部主事傅雲龍來見，言其字曰懋元，所刻有《續彙刻書目》，近分纂《順天府志》，欲撰《方言考》二卷。今日以所作《補正程奂若説文古語考》二卷求閲。夜月出，仍皎甚，亦間雲掩。

十八日戊寅　晨陰，上午微雨，午後密雨數作，晡後微晴，旋復陰。補作十三日紀游詩及六月游十刹海詩，共得五首，以十刹海詩補綴六月之末。晡後詣敦夫齋中談。作片約錢秋舫、吴松堂後日夜飲。

七月十三日立秋雨中出西便門失道遍行玉河鄉野田中循土山出至釣魚臺湖邊看荷花欲登舟以積水不果小憩行宫外垣遂至天寧寺三首

昨夜梧葉動，曉起策輕騎。言經鳳城西，密雨兼秋至。斜行入畦間，青葱但一氣。高粱如人立，穈黍亦垂穗。時時見人家，葦籬出深翠。暫或烟霧開，西山露偏髻。不因岐路迷，安知塵外事。得賞非素期，涉趣由静致。隔隴聞鐘聲，緣之叩僧寺。

迂行七八里，陂陀見土山。昔當乾隆盛，大疏玉河泉。積之爲堆阜，歲久成林巒。嶂開全湖見，周匝菱與蓮。朱華裛雨肥，緑蓋迎風鮮。間露白菡萏，亭亭含孤妍。湖光合山色，上下一碧蓮。時見白鷺飛，點破蒼波烟。惜無吴娃手，蕩此六柱船。紅裙爲我醉，醉即花中眠。

離宫俯河邊，墻雉相次坒。中容數畝地，略具堂與室。喬樹歙緑陰，危磴學崇密。葦欲清池平，蘇隨板橋折。碧甍映微流，猶能照丹漆。園丁爲我言，穆皇昔駐蹕。簾懸尚望幸，鑪香已久閟。裹回翠華影，日午啼鳥寂。出門向東行，沿堤繡明瑟。林霏洹炊烟，下有人行迹。一塔銜馬前，童童出雲碧。遥颭松際旛，招我入香積。

天寧寺殿廡西偏一室極浄窗開山滿甚愛之用韋左司行寬禪師院詩韵題壁

花陰轉深廊，西窗俯叢竹。几席皆山光，清輝媚幽獨。静聞林外香，安得經時宿。

得秋舫書。鐵香來夜談。

十九日己卯　晨及上午晴，午後陰晴埃飳。袁爽秋來。錢秋舫來。剃頭。下午答拜客數人，俱不值，即歸。繆筱珊來。傍晚詣聚寶堂，邀敦夫、子蓴、秋舫、吴松堂夜飲，招霞芬、玉仙、月秋，二更後歸。是夜極鬱熱，月色微陰。付酒保賞五千，客車飯八千，車錢四千，霞、玉車四千，家中彈詞四千。

二十日庚辰　晴陰鬱溽，下午多陰。作書致益吾祭酒，索還詩文集，適得祭酒書，以所著《漢書補注》一卷屬閲，即於書尾作數行復之，並附前日游十刹海詩草一紙。作致翁叔平師書。工部曹司蠅鑽積蔑，風氣之壞甚於户曹。近日有山西人田丙公之子田某及浙人沈守廉等尤爲鯹殠之歸，翁長冬官，聲望頗損。王慶鈞事，論者皆歸咎之。余以今日六卿中翁與李、潘終爲賢者，惜其爲小人所累，不忍默然，故爲通問之書，略爲微辭之諷，分疏貢直，誠不自量，藉此酬知意，存忠厚，致瑱致怒，聽之而已。并以近作游釣魚臺詩稿二紙附之。余作古詩皆不起草，律詩則或起草。近得怡府角花大牋，喜其潤滑，每於此起草，往往不改一字，成即以分致人。性不耐煩，故爲人題卷軸等皆信筆書之，不留稿也。是日末伏。

二十一日辛巳　晴，微陰。閲《癸巳存稿》。得益吾祭酒書，還詩文集，并和游十刹海韵題拙集一首，即復謝。得紱丈書，還俞集，即復。西鄰張均甫户部文霖開吊，星伯侍郎之子也，送奠分四千。汝翼來。夜晴，星甚繁。付李升工食錢十千。

二十二日壬午　晨陰有霧，加巳日出，旋陰晦，傍午大雨，有雷，午稍霽，旋復雨，傍晚少止。昧爽即起，以是日與敦夫期再游釣魚臺也。晨過敦夫，即歸。霞芬來，玉仙來，共食粥。敦夫來。日加巳遂同出西便門，傍午抵釣魚臺。雨將至，亟登舟。中流雨作，荷花已少，萬葉飛舞，朱衣間出，紅艷益明。雨點漸喧，湖洄數四，榜人張青幔禦雨。湖風襲人，葛衣沁凉。玉色霞光，與花嫵媚。瀹茗葉，剥蓮子，香滿襟袖，鮮溢齒牙。雨止登岸，玉仙先反，余與敦夫、霞芬游白雲觀，觀長春真人像及瘿鉢，游甲子殿。雨復至，遂由天寧寺入廣寧門。午飲于便宜坊，頗醉，下午歸。付霞、玉車錢十六千，湖船錢十千，車錢十千。

邸鈔：上諭：管理街道御史阿克敦等奏職官恃符作梗，請旨從嚴懲處一摺。國子監助教朱榮清於伊戚劉姓修理房屋，堆擲磚土，阻礙水道，經邵曰濂飭役清理，輒即登門咆哮，並唆令劉姓婦女跟追辱詈，實屬恃符妄爲。朱榮清著交部嚴加議處。嗣後居民人等如有阻撓逞刁情事，即著該御史隨時懲辦。朱榮清，順天舉人，與邵曰濂同居羊肉胡衕，即保安寺之前街。兩人本素識，榮清又與曰濂弟友濂同年也。劉姓婦人者，榮清之妻母，年已七十餘，寡而無子，居大吉巷，與榮清居宅相接。比天雨屋圮，榮清爲修之。自去年李璠官街道後，凡修一墻圬一屋者，街道兵役皆詐錢。劉以邵鄰也，且與其母稔，不肯予錢被詐。劉詈之，曰濂素銜其繼母，因此泄恨云。榮清旋降四級調用。

二十三日癸未　晴間陰，溽暑如故。方勉夫來，周介甫來，俱不晤。漁笙、敦夫各送立秋日紀游詩來。夜微雨。

邸鈔：上諭：順天府奏大員重遇鹿鳴筵宴一摺。前任刑部尚書桑春榮服官中外四十餘年，勤勞夙著，現在年逾八秩，鄉舉再逢，洵爲熙朝盛事，加恩賞加太子少保銜，准其重赴鹿鳴筵宴，以示優眷耆臣至意。春榮，道光壬午舉人。

二十四日甲申　晨密雨，加巳止，午後陰晴埃⿱能日，鬱溽彌甚。閲《説文》。夜有雨。

二十五日乙酉　陰晴濕溽，晡忽大雨，鬱暑不堪。傅懋元來，以所作《順天志方言考序》乞閲，贈益母膏四小瓶及戴菔塘《藤陰雜記》。宗能徵來，蓋滌樓先生之子也。

《論語》『觚不觚，觚哉，觚哉』，此聖人歎當時字體之不正，與『必也正名』恉同也。觚者木簡也，其形方，古人所以書。見《文選·文賦》注。《急就章》云『急就奇觚與衆異』，《漢書》云『操觚之士』，《西京雜記》云『傅介子棄觚而歎』，《説文》『幡，書兒，拭觚布也』，觚爲書用，古之常語。春秋兵争，詐僞萌興，書字不正，多昧名義，故夫子欲正百事之名，而歎今之觚不復成觚，即言字不復成字也。公子陽生爲伯于陽，己亥爲三家渡河，當日簡牘滅裂可知。觚哉之歎，并言書策之不足據也，亦與及史闕文之歎相發明也。特言觚者，觚方也，方者法也。《太玄注》兩言『觚者，法也』，其誼蓋古名法相應。歎觚之亡，即歎法之亡也。若如漢注以禮飲受酒二升之觚言，則爵、觶、散、角之類多矣，何獨言觚？且當時禮器具存，尊壺不改，何獨有不觚之歎乎？

《左傳·昭公九年》『又飲外嬖嬖叔』，兩『嬖』字文不成義。《檀弓》作李調。竊意下『嬖』字當作『⿱辟乂』，《説文》：『⿱辟又，治也。』引《書》『有能俾⿱辟乂』，今《堯典》作『乂』，乂者，本乂『艸』字，古文假乂爲⿱辟乂也。⿱辟又叔爲調之字，調者治也，名字相應。『外嬖⿱辟乂叔』與外嬖梁五文法正同，因『⿱辟乂』字少見，遂亦誤爲『嬖』耳。『外嬖』對『内寵』言，當是近臣贄御之流，注謂『外都大夫』，亦非。

傍晚猛雨如注，歷一時許，始少止，夜大雨五六作。墻傾屋漏，危坐不瞑。

二十六日丙戌　晨陰，上午微見日，午後陰晴錯杲，晡密雨，有雷，旋止，濕溽益蒸，晚霞，微凉，夜晴。

閲王益吾祭酒《漢書補注·武五子傳》一卷，采取矜慎，體例甚善。其附己見亦俱精確，尤詳於輿地，張守節《史記正義》所長，即在此一事。又多采沈文起《漢書疏證》之説。此書聞稿本在上海郁氏，余尚未見。不知祭酒何從得之，晤時當詢之也。

邸鈔：翰林院侍講學士洪鈞轉侍讀學士，右春坊右庶子周德潤升侍講學士。

二十七日丁亥　晴凉，稍減濕溽。增校《武五子傳補注》四條。剃頭。得雲門宜昌書。孫鏡江同年來。作書致敦夫。印結局送來是月公費銀十五兩。

二十八日戊子　晴。雜校《漢書》。益吾祭酒來，久談，言近鈔得《日本外史》十二册，其國人賴襄所著者。

邸鈔：詔：兩江總督劉坤一來京陛見，以前兵部右侍郎彭玉麟署理兩江總督兼辦理通商事務大臣。詔：革江蘇候補道趙繼元職。以彭玉麟劾其嗜好素深，辦理兩江軍需總局，把持蒙蔽，劣迹昭著也。趙繼元者，安徽太湖人，嘉慶丙辰狀元文楷之孫，道光辛丑翰林畇之子，爲李肅毅之婦兄，戊辰庶吉士，改主事，捐升道員，其子曾重庚辰庶吉士。彭疏殊快人意。

二十九日己丑　巳初二刻八分處暑，七月中。小雨數作，晚雨漸密，甚凉。得爽秋書，并惠洱茶、徽墨，即復謝。午後詣敦夫齋中，久談。得紱丈書，即復。作片致施敏先，詢宗能徵行期，以敏先爲滁甫師外孫，宗君寓其家也。得爽秋書，言趙桐孫見署易州牧。得敏先復，言宗君已行。

三十日庚寅　晨雨，上午漸霽，午晴，下午多陰。雜校群書，隨所見爲之，無次第。繆筱珊來，久談，言章碩卿近在蜀刻書甚多。其入叢書者，有乾道《臨安志》、衢本《郡齋讀書志》、邵二雲《南江文集》、梁曜北《人表考》諸書。別行者有趙誠夫《水經注釋》、施北研《金史補遺》。近日方刻嘉泰《會稽志》。吾鄉好古勤事，無其匹也。敦夫來。得子縝沅州使院書，并近作《辰州道中》絶句三首，《慶清朝》詞一首，和余《清平樂》詞一首。近每日買夜來香十數朵，以水養之，置几案上。其香清絶似佛手柑，亦似桂，非僅夜中聞也。作詞一首媵之。

天香詠夜來香

此花蓋出自閩粵海外，不知本何名。葉似款冬而稍長，枝弱，蔓生。花五出，嫩緑如翦，無蕊而香甚。摘之，再宿則爲淡黄，香亦差減。幽馥清遠似佛手柑，似桂，亦似蘭，非末利、珠蘭等所能儷也。其色似林檎，似碧柰，亦似新茗芽。其香終日夕不散，非似夜合花、晚香玉止以夜者。厥品最上，稱名未宜。因以詠之。

匀翦青羅，細烘翠纈，繁英嫩蘸秋水。合是昭陽，點成碧唾，漫把夜來相字。沁檀孕麝，任抹麗、濃香都避。晨比芳蘭滴露，宵疑蜜去。梅含綺。　剛宜緑閨幽事。映窗紗、緩調螺子。碎蔟鈿釵梁上，幾經葱指。纔妒眉梢摘黛。更一宿、星星額黄似。恰道新凉，偷薰翠被。

閏月辛卯朔　晨陰，旋晴，終日微晴多陰。作書致益吾祭酒，爲陶心雲詢教習期滿事，得復。寫夜來香詞致紱丈，得復。爲敦夫、子縝、雲門各寫新詞。是日復得詞一首。夜微雨，有電，旋星見。

玉漏遲

暗蛩啼近牖，沉沉漸覺，池添宫漏。纔卷桃笙，已道枕函冰透。不奈天街旅櫄，碎打得、秋心僝僽。燈似豆，空階夜雨，愔愔來又。　回頭五十三年，消幾曲清歌，幾壺醇酒？白髮紅顏，事事總成孤負。天際輕陰未散，早過了、斜陽時候。歸去否？青山也如人瘦。

初二日壬辰　晨晴陰相間，上午至午後晴，晡密雨，有雷，傍晚復雨入夜。

閲張介侯《養素堂文集》。此書共兩帙三十五卷，去年春借之繆筱珊，粗閲一過，庋閣經年，頃將還之，因復緟覽。其學極博洽而未有家法，好刺新奇，其文之病亦在此，然淵雅實不可及也。集中解經者，惟《六馬説》一篇，據《月令》、《公羊説》、《王度記》、《石鼓文》、《王會解》、《荀子》、《漢書·禮樂志》注、《文選·西京賦》注、《白虎通》、《獨斷》諸書，證古制天子六馬，以申許難鄭，而駁近人姚姬傳、武虚谷等言六馬爲秦制之非，最爲詳悉；餘俱以臆見浮辭説經，多不可訓。它文則多可喜。其第三、第四兩卷，皆其所撰輯諸書之序，至四十二種，洵凉士之傑出矣。其文如《茂學篇》《釋衣篇》《鄭司農弟子録》《名字録》，尤考古之淵藪。《平襄侯姜伯約論》《建文帝君臣論》《游紫氣山在貴州玉屏縣城西。記》《梵浄山記》《龍關樓在四川屏山縣城東。銘》《羅睺山在四川銅梁縣城東。銘》《吊龍丘萇文》《譙國冼夫人論》，亦駢文之佳者。其第三十二卷，爲《魯齊晋秦楚宋鄭衛陳大夫名字釋》，國爲一篇；又《吴越萊大夫名字釋》一篇，《蔡曹郳紀大夫名字釋》一篇，《孔門弟子名字釋》一篇。其時尚未見王文簡《周秦名字解詁》之書，雖謹嚴不及，而亦時有獨見，可以參考也。介侯以乾隆甲寅舉陝甘鄉試，年止十四，嘉慶己未進士，由庶吉士改知縣，歷宰貴州之玉屏，四川之屏山、大足、銅梁，江西之永新、瀘谿，皆有治聲，可謂本末兼晐者矣。

近日科名之早者，盛推南皮張香濤，十五歲中解元。然香濤生於癸巳，至壬子實年十九。又番禺張研秋庶常鼎華，人言其丙辰歲廣東補行乙卯科鄉試中副榜，年十三；戊午中舉人，年十五；至丁丑始成進士，改庶常，今尚未散館。又臨桂劉給事曾，辛酉中舉人，年十六；癸亥入翰林，年十八，以三甲授檢討。丁丑翰林新建胡湘林、常熟翁斌孫、湖南周鑾詒，年皆未二十。胡以乙亥、丙子聯捷，翁、周皆丙子、丁丑聯捷，今皆留館。然劉以沉溺酒色，又吸洋烟，潦倒瘵死。胡、翁輩皆蚩愚佻薄，一無所知。是科名之辱，不足道也。

夜雨甚密，至二更後稍止，凉甚，須擁絮衾。

邸鈔：翰林院侍講宗室會章轉侍讀，右中允宗室盛昱升侍講。吏部郎中郅馨交軍機處記名以道府用，户部郎中張照南毋庸記名。前雲南臨安府知府許廷桂以同知用。張照南，甘肅人，癸丑進士。其人痿痹已兩年餘，今春京察覆帶及鴻少閣讀學引見，皆次居第一，而告病不赴。今不知何以强起也。

初三日癸巳　晴，晨及午有風，凉爽作秋。

閲《養素堂文集》。其《書廣韻後》謂《廣韻》引姓氏多舛，錢竹汀、武虚谷糾之未盡，因條舉三十七事。《書玉篇後》謂《玉篇》引經有與今本異者，足徵古人訓詁，因條舉四十五事。此二首最精確，惜其所駁姓氏，往往不載所徵引之書，於經文之異，亦未及疏通證明耳。又《書玉篇後》云：《法苑珠林》云梁顧野王，太學之大博慈銘案：當是太博，六朝唐人稱太學博士爲太博。也，周訪字原，出没不定。故《玉篇》序曰，有開春申君墓得其銘文，皆是隸字，春申是周末六國時人，隸文則非并吞之日也。今本無此序，此亦足以廣異聞。余嘗閲《法苑珠林》一過，未能舉出此條，讀書粗疏，甚愧前哲。

作片致孫鏡江。傅子蓴來，言初五日考御史六部，共送四十人，户部送八人，吾越送考者止子蓴一人。庚午同年廣東廖澤群編修廷相丁父憂，送奠分四千。付賃屋銀六兩。

邸鈔：以内閣侍讀學士白桓爲太常寺少卿。

初四日甲午　晴。作書問紱丈疾，饋以普洱白尖茶一餅，得復。午詣敦夫齋頭談。孫鏡江來。

敦夫來，偕之同詣袁爽秋、鄧鐵香、陳汝翼，俱不值。過吴介唐，小坐歸。近日有言太白晝見，日午視之甚明；有言客星入帝坐旁；有言舊彗至前月十七八後始漸隱，而新彗復出。比來多陰，又苦短視。今夕繁星朗甚，始見西方有星光長數尺，其柄近北而斜指南，其光無蓬勃之狀，而行甚疾，蓋天矢也。《史記·天官》言太白色白，五芒出，早爲月蝕，晚爲天矢，吸彗星。晉、隋志皆云，凡五星亂行，則爲天矢。彗孛北綫星，本有之天矢也。

初五日乙未　晴。午出答拜同年陳慶桂、鐵香、筱珊、鏡江，俱晤談。詣廣惠寺吊書玉厥儷之喪，送奠分四千。偕敦夫、笣仙、介唐、蔡嵩甫諸君久談。出詣孺初，詣王祭酒、傅子蓴，俱不值。晚歸鏡江處，閲初搨雲南爨太守寶子碑。付車錢六千。

邸鈔：新授陝甘總督曾國荃自長沙奏假期三月已滿，病勢未痊，懇即開缺。詔再賞假三月，安心調理。直隸津海關道鄭藻如出使米利堅國，代陳蘭彬回。山西陽曲縣知縣汪守正授江蘇揚州府知府。本任知府何金壽病故。守正，杭州監生，以醫進者。掌山西道御史周開銘選貴州思南府知府。前雲南廣南府知府廖修明選浙江温州府知府。廖修明前年被劾，送部引見而仍得知府，且反得優缺，蓋有大氣力者。

初六日丙申　晴。作書致王益吾，問其太夫人疾，得復。汝翼來。敦夫來。

初七日丁酉　晨及午霒陰，午後微見日，晡密雨，傍晚漸霽，夜晴。傅子蓴來，言試者三十三人，子蓴名在廿二。昨夜四更醒，忽覺胸懣不快，今早即發熱頭痛，不能食。下午益憊，卧，嘔吐。作書請汝翼診脉。夜服藥，仍鬱煩不寐。此病卒至，且感惡夢何爲者邪？今日爲閏七夕，自咸豐甲寅至今二十八年矣。其前爲道光癸卯，余年十五歲。爾時，先君子命賦五言八韵詩。余第七聯云：『庭屢陳瓜果，床頻望女牛。』先君子怒之曰：『此床中人病瘻者邪？』先君子以嘉慶戊辰七夕生，至道光乙巳於是夕感微疾，遂不食，然起居如常。十四日猶與慈銘論詩。十五日昧爽以慈銘方病瘧，俗有避瘧之説，命早食後游於本生王父直河宅中後圃。日嚮午，猶召兩弟督之學。日中病遂革。家人倉黄問，猶呼問曰：『二相公瘧發否？』對曰：『未也。』又曰：『莫令之知。』二相公者，家人以稱余者也。未幾遂逝。余奔赴，而目已瞑矣。終身創痛所不忍言，不肖無成，箕裘竟墜，及今老病，慚見先靈。今日本擬薄設牲鮮，逮闇而奠，乃忽遘末疾，卧床唫吚，不克將誠，聊書志痛。夜聽事坐具爲童僕遺艾繩火所焚。

邸鈔：上諭：御史丁鶴年奏内城茶園違禁演戲，請飭嚴禁一摺。據稱内城丁字街、十刹海等處，竟敢開設茶園，違禁演戲，殊屬不成事體，著步軍統領、八旗都統即行查明嚴禁，毋稍寬縱。十刹海演劇，恭邸子貝勒載澂爲之，以媚其外婦者，大喪甫過百日即設之，男女雜坐。内城效之者五六處，皆設女坐。近聞采飾爨演一無顧忌，載澂與所眷日微服往觀，惇邸欲掩執之。故恭邸諭旨，鶴年疏上，即日毁之。外城甫開茶園，一日亦罷。

初八日戊戌　晴，稍熱。病不愈，不食且嘔吐，作書請汝翼改方。殷蕚庭來，不晤。夜半後有雨。

邸鈔：詔：西安將軍克蒙額來京陛見，以成都將軍宗室恒訓調補西安將軍，以盛京將軍岐元調補成都將軍，以熱河都統崇綺爲盛京將軍兼奉天總督，以鑲白旗漢軍都統額勒和布調補熱河都統。

初九日己亥　晨陰晴相間，上午晴，忽雨至甚密，旋復日出，竟晝晴熱。疾少間，身尚熱，行步眩瞀，再作書致汝翼改方。作書致敦夫，得復。補作閏七夕詞。病中口苦，極思龍井茶不得，購之南物賈客鍾氏，再易無佳者。安得好事者餉我臘螺一斛耶？昨日閲《白虎通疏證》，覺甚勞。更取馮林一《顯志堂集》，閲其記事諸文。今日稍佳，復閲《白虎通疏證》，便耐尋討。得袁爽秋問疾書。夜甥飯一器，精神頓王。人非穀不養，先農之報何可忘哉！

賀新郎辛巳閏七夕，自甲寅至此二十七年矣。是日直雨卧病，寄感彌深。

兩度蘭秋首。恁家家、更番門樣，飣盤瓜鏤。共祝新歡相連愛，今歲穿針果又。看淺淺，銀河如舊。漫道兩回歸信準，問人間、置歷天知否？勞隔水，佇望久。　填河莫訴雛尼瘦。數從頭、星期幾閏，翠橋重構。二十七年雲烟過，憑月朱闌已朽。况吉慶、裁花羅袖。休説白頭無巧乞，便韶年、樂事何曾有。還卧聽，雨中漏。

邸鈔：上諭：吏部奏革員等盜賣捐案，請飭刑部提訊一節。已革工部主事黄河清與職員黄文瀚通同作弊，將捐納道員李逢盛捐案盜賣移奬，經李逢盛將黄河清信函呈由四川總督咨部核辦。該革員等朋比爲奸，盜捐舞弊，亟應徹底根究，著刑部迅速行提人證，確切嚴訊。此即昔年剃須傅粉應考軍機者也，以蒙捐革職。今年二月劉坤一稱其學識，奏留南洋差委。

初十日庚子　晴，微陰，熱溽。身尚微熱，而强飯復常，頗倦多卧。爽秋來問疾，不晤。敦夫來。胡光甫招飲聚寶堂，辭之。夜半雨作，五更大雨，有雷。

十一日辛丑　昧爽及晨大雨，加巳漸霽，終日陰晴埃𣆶。得紱丈書，以金橘餅、佛手片各一匣見惠，作書復謝，犒使二千。作書致爽秋，贈以藥數種，得復。得伯寅尚書書，惠龍井茶四瓶，作書復謝，犒使二千。得敦夫書。夜詣敦夫齋中小談。是晚天氣漸晴，微凉，有佳月。兩夕疾連動。

十二日壬寅　晴𣆶，微陰。陸漁笙來，敦夫來，偕留小食。剃頭。漁笙邀同敦夫午飲聚寶堂，招霞芬、玉仙、月秋，餔時歸。得孫鏡江同年書，贈打本、周劍、漢竟泉範、刀範四種，各裝一小幅，以所藏碑志數種屬題。汝翼來，敦夫來，留之㕣談，夜飯後歸。

邸鈔：以太僕寺卿吴廷芬爲宗人府府丞。司經局洗馬葉大焯升左春坊左庶子。都察院左都御史宗室麟書兼補鑲白旗漢軍都統。

十三日癸卯　晨陰，旋晴。得紱丈書，還日記，即復。作書復孫鏡江。夜月甚佳。

十四日甲辰　亥初二刻十一分白露，八月節。晴熱。比日復患濕，多卧。

閱鄒叔績《五韵論》。其大恉以陽、陰、去、上、入爲五音，不出顧亭林氏之説，而以上平爲陽，下平爲陰，屬商、角，上聲爲宫，去、入爲徵、羽，力闢前人以上平爲宫、下平爲商、上爲徵、去爲羽、入爲角之非，及守温字母之謬。

王益吾祭酒來。夜月佳甚。

邸鈔：大學士左宗棠奏病難速痊，懇請開缺。詔賞假一月，安心調理，毋庸開缺。户部郎中霍順武授浙江紹興府知府。本任知府恩綸丁憂。

十五日乙巳　晴熱。是日閏中元，祀先考妣，肉肴二，菜肴一，菜羹一，饅頭兩盤，月餅一盤，時果四盤，新栗湯一巡，酒三巡，飯再巡，清茗一巡，晡畢事，焚紙錁。作書致伯寅尚書，饋燖凫，得復。作片致殷萼庭，贈以《藤陰雜記》一部。作片致敦夫，招飲酒食蟹。敦夫來，偕詣汝翼，不值。詣吴介唐，小坐歸。得伯寅尚書書，再惠佳茗四瓶，作書復謝，并賦詩一章。是夕望，月微陰。

謝鄭盦尚書惠龍井茶用山谷謝李右丞送碾賜壑源揀茶詩韵

天目呼龍種蒼璧，瑶草滿山獨能識。盡吸黛緑含泉光，文君遠蛾秀可食。十年羈紲黄塵間，渴嘗苦井誠愁顔。密雲夢不到官局，粗梗濃薰出隔宿。頗如濁皚浮紅醅，亦疑蠟膏泛樺燭。公今文饒善别水，我愧季疪略涇渭。每聞鬥銙頭綱來，親封緑囊持送似。越甌翠色煎新湯，摜驅睡魔疏菜腸。松谿竹樹髣在面，化成碧唾猶生香。伐性除煩兩何有，有毀我者飲以酒。

邸鈔：詔：吏部郎中葉毓桐，員外郎魏邦翰、吴壽齡，户部郎中黄兆檉，員外郎光炘、惲寶楨，禮部郎中莊予楨、翟先籙，員外郎吴峋，兵部郎中王麟祥，刑部郎中李璲、苗穎章、汪正元，員外郎章耀廷、鄭訓承、李士琨，工部郎中朱儀訓，員外郎田國俊、程鼎芬，内閣侍讀王瓛，俱記名以御史用。此次不用者十二人，朱儀訓名在後，以相間用得之。上諭：譚鍾麟奏浙江臨海縣本年六月間突有匪徒十餘人持械入獄，劫逃重犯十九名，殊堪詫異。該地方官實屬玩泄已極。署臨海縣典史秦蔭墀著革職拏問；署臨海縣知縣楊崇敬著革職留任；署台州府知府陳乃瀚交部照例議處，仍勒限嚴緝，倘逾限不獲，即著從嚴參辦；湖州協副將、署台州協副將郭啓舉捏報越獄，希圖規避，著交部嚴加議處。

十六日丙午　晨晴，上午陰晴相間，午後陰。

閲汪剛木曰楨《江氏四聲切韵表補正》。江氏酷信守温三十六字母之學，謂七音不得稍有出入，而尚調停古音，以祈古今相濟。剛木則謂言等韵者，不必復言古音，而謂周、沈之配合四聲，天造地設，不容再出私意。其中糾正江説甚多，且改其所表之等次及入聲之分配，實自爲一家之書也。

作書致敦夫，贈以紅壽眉茶一瓶。鐵香來，久談。傍晚詣敦夫齋中，小坐歸。

十七日丁未　晨至午晴，下午陰。是日鬱熱，午後益甚。作書致伯寅尚書問紱丈疾，得復。比日復病濕，多卧。

再閲《夷舶入寇記》及《庚申北略》。余初以《入寇記》多支詞，似非默深所爲，頃觀其敘次語氣，亦與魏氏近，其上下兩論尤近出其手，蓋晚年才力稍遜，文筆漸頹唐，故不免夾雜，不及其前之俊悍耳。烏虖，使我今日幾爲左衽者，琦善之肉，真不足食。今其子如恭鏜、恭鍹、恭鈞等，尚儼然爲都統道府，而穆彰阿之子薩廉去年入翰林，奕經之孫溥嵲去年成進士，天道亦烏可論哉！

邸鈔：詔：四川布政使程豫、廣西布政使范梁均來京另候簡用。以四川按察使鹿傳霖爲四川布政使，以廣東按察使倪文蔚爲廣西布政使，以内閣侍讀學士張凱嵩爲四川按察使，以前江蘇按察使龔易圖爲廣東按察使。

十八日戊申　晨陰，上午微見日，傍午驟雨，不久止，午後又有雨，下午微晴，黄昏雷電，大雨以風，歷一時許始稍止。是日得寄子縝詩一首。作復子縝書、復雲門書。得爽秋書。夜一更後晴，月出甚皎，頓凉，可擁衾。

得子縝辰永道中書并辰州雜詩却寄

行盡瀘谿灘水間，高秋旌旆照江關。漢家銅柱窮三楚，此五代馬氏所立。使者瓊琚振百蠻。花桶肯輸鈴下贊，蘆笙迎吹馬頭山。白羊妙絶觀刀曲，君有永順營中觀苗王刀《慶清朝》詞，極工。早繡弓衣付犵鬟。

十九日己酉　晴。作復陶心雲書，即作片致敦夫，并以寄子縝、雲門兩書屬轉遞。作書復爽秋。得吴碩卿七月朔日廣州書，并寄銀十二兩。作書致繆筱珊，還《養素堂集》及《續黔書》，得復。夜作致李若農師順德書。

二十日庚戌　晴，午後微陰。上午詣敦夫齋中談。午祀火神，以前夕聽事遺炷得不炎上也。袁爽秋來。孺初來。作致廣東布政姚彦侍書，乞所刻《咫晉齋叢書》；又致按察新升廣西布政倪豹岑書，乞畫山水：俱託若農師轉致。作復吴碩卿書，亦封入若師函中。夜作書致鐵香，以寄若農師書件託覓妥人致廣州。閲《東華續録》。剃頭。

二十一日辛亥　晨晴，上午晴陰相間，下午多陰，傍晚雨。作書致伯寅尚書，得復。閲《東華續録》。秋海棠華。得伯寅尚書書，即復。作書致爽秋，還《夷舶入寇記》。洗足。任秋田來，敦夫來。雨作，留兩君夜飯。秋田止宿。夜雨止，二更西風，甚涼。

邸鈔：上諭：周恒祺奏耆紳重遇鹿鳴筵宴一摺。前廣東巡撫黄恩彤早年登第，由部曹洊任封圻，緣事革職，旋以同知選用，得有三品封典。現在年逾八旬，鄉舉再逢，洵屬藝林盛事。著加恩賞加二品銜，准其重赴鹿鳴筵宴，以惠耆年。恩彤，山東寧陽人。道光壬午舉人，丙戌進士。以刑部郎中爲庚子科廣西正考官，旋授江南鹽法道，歷遷廣東巡撫。丙午主試武闈，以奏請給年老武生符成梅把總虚銜，違例革職，賞六品頂戴，留粵差委。旋令來京，以同知選用，呈請養親回籍。後其子師誾官編修，請三品封。今年八十一歲。刑科給事中樓譽普轉刑科掌印給事中。

二十二日壬子　竟日霒陰，傍午暫晴。督童僕移設外廳、中廳床几，一車家具，藤穿足折，同狙公之賦芧，學老鼠之般虀，倚壁撦蝹，大有經濟。閲《續東華録》。袁爽秋來。

二十三日癸丑　晨及午晴，午後微陰，有風，凉甚。上午過爽秋，閲其新購總理衙門新譯《中俄交界圖》及天津鈔得吴大澂《經理寧古塔防務疏》，皆不佳；又見江寧翻刻《五禮通考》，亦不精，即歸。閲《續東華録》，略加朱識。付李升下月工食錢十千。

二十四日甲寅　晴。敦夫來。午詣益吾祭酒，不值。即詣乍子橋嵩雲草堂，偕敦夫、子蓴、介唐等七人集池北精舍，公餞吴松堂也。堂於丙子歲河南士夫構，爲宴集之地。池北精舍在西偏，本接待寺後院，近又新闢之者。朱闌一帶，外爲曲池，池旁疊石，有洞有磴，可登陟。池上有亭，四周皆波黎窗。池北爲堂三間，前後朱扉，高爽華敞，最爲佳處。繞闌垂楊四五株，高出於亭。精舍之北，有舞榭，其東爲屋。自門至北廳凡四重，堂廡周迴。北廳前有朱藤五六本，架以油碧而已。薄暮酒畢，買桂花兩盆而歸。付庖人賞十二千，草堂坐錢八千，茶二千，車飯九千，舁酒錢二千，車錢五千。

閏秋飲集嵩雲草堂池北精舍河南士大夫新築宴賞處也

勝地招邀萃羽觴，麗廔闌檻帶虛堂。清池水影先浮磴，高柳秋聲欲滿廊。雲物略存嵩少意，鐘魚猶接梵龕香。雙藤宰相風流歇，尚有寒松翠過墻。堂本接待寺地，對門爲松筠庵。康熙中，高念東侍郎寓此庵，馮益都相國過之，高賦詩有『户倚雙藤梵宇開，無人知是相公來』之句。

邸鈔：大學士全慶奏請開缺。詔再賞假一月。

二十五日乙卯　晴，有風，秋爽。寫詩詞自遣。孺初來。夜過敦夫齋頭談。

閏七月二十五日早起秋晴口占兩絶句

北牖晚桃合宿露，南檐高柳見朝陽。瓜藤豆蔓更番絶，猶有風情到海棠。

一叢瘦竹笋猶茁，幾樹晚榴花尚新。更向僧寮買山桂，鄰人不道此官貧。

邸鈔：命額駙公景壽充崇文門正監督，理藩院尚書志和充副監督。翰林院侍讀劉廷枚升右春坊右庶子，右春坊右中允尹蕭怡授貴州安順府知府。本任知府劉正品故。

二十六日丙辰　晨晴，上午陰，午後微晴多陰，傍晚晴，有霞甚麗，夜仍陰。

晚霞

手弄垂楊綫，回頭見晚霞。殷勤如有意，紅不到鄰家。

邸鈔：掌河南道御史邵曰濂升内閣侍讀學士。編修錫鈞升右中允。編修張鴻遠補陝西道御史。前雲南永昌府知府周慶裕以同知用。向例：郎中、給事中、御史升京堂者，先用京察一等記名之員，無記名者用一等，無一等者用二等。此次閣讀學引見給事中十二人及京畿道御史二人，無一等者，吏部取資深掌科馬相如、張觀準等四人居前，邵曰濂及御史李肇錫以在翰林時京察一等記名者次之。而馬相如等皆冀外擢，不願内轉，俱託病請假。曰濂引見居首，竟得之。然外議謂故事別衙門京察帶在本任者，不得壓本衙門資深之員，以吏部爲任意顛倒。又有言都察院堂官私曰濂得之者，不能詳也。然以京堂清秩，而部院之欲得外任及見據户、工二部權利者，皆託故規避，士流無恥，國法不行，相習成風，誠堪痛恨。曰濂入臺甫兩年，而得之擢，亦僅事也。

二十七日丁巳　晴，秋氣甚爽，下午微陰。比來窘甚。向不能治生，亦不以此爲意，釜塵屢積，常晏如也。今年頗自戚戚，入夜尤甚，蓋衰徵也。生理漸絶，暮氣已至，宣聖所云戒之在得者，非特言貨利者不知厭足，亦言安淡泊者將事營求，故苦節之士或白首而不貞，固窮之賢或暮景而致濫，史册所書不可殫述。學無真得，深以悚然。寫詩自適。作書問紱丈疾，以所寫近作三絶句致之。作書致敦夫。王益吾來。得紱丈復。近日新栗甚佳，連日粥食之，今日益以新雁頭米，香美尤絶。身爲廢材，加以窮老，而尚享兹口福，滋余之罪，是姬侍輩之過也。敦夫來夜談。新授紹興知府霍順武來拜。

二十八日戊午　秋社日。晨及午晴，下午多陰。傅默元來。孫鏡江來。敦夫來。鐵香來。傍晚偕敦夫詣胡光甫。夜敦夫邀同光甫、書玉飲聚寶堂，招霞芬、玉仙、月秋諸郎。一更後余邀敦夫、光甫飲霞芬家。以是日秋社，聊以點綴東京糕酒故事也。復招玉仙、月秋，果脆花濃，酒香粥美。四更始散，歸已鷄鳴。付霞芬酒局錢四十千，賞其僕十千，車錢六千，霞、玉車飯四千。是日得詩三首。

寄趙桐孫同年以郡守攝易州牧

喜聞旌旆出燕山，倒馬飛狐按部還。太守下行唐刺史，神京西扼宋金關。六陵佳氣趨朝側，泰陵、泰東陵、昌陵、昌西陵、慕陵、慕東陵皆在州境。兩易清流判牘閒。自古隗臺憑吊地，可令千載夕陽閑。

寄程雨亭攝守揚州

繁盛淮南第一城，擁麾五馬是專征。鬻鹽利害空殫策，爲政風流豈在名。翠柳萬行圍燕坐，紅樓十里入秋晴。須知吏静閭閻樂，只聽吹簫月夜聲。

寄朱肯夫學士入蜀按試建昌道諸州郡

近臣持節出蓬萊，又見瀟湘鐵網開。五月槐花臨首驛，雙江竹箭導離堆。山連越巂銅關壯，地入天彭玉壘迴。定爲朝廷求宰相，莫因作賦薦雄才。

二十九日己未　晨晴，微陰，上午微晴，旋有小雨，下午雨屢作。桂花盛開，香滿庭院，然已再華矣。作致肯夫寧遠書，即作書致光甫，屬其附入朱氏家報中寄去。得鏡江書，贈青田印石一方，即復謝。樓秉衡送來嵩雲草堂率資，即復。是日小盡。復得詩一首。夜有雨。

寄敦叔吴門時以試丞都知巡街

判襼金門一載餘，又催歸信到蓴鱸。潛郎白髮長三署，試吏丹旌近五湖。燈燭籠街牙隊出，笙歌罷月畫船孤。時虎阜山塘燈船久禁。料知聽事停騶暇，鬢影山光足自娱。君以侍姬自隨。

八月庚申朔　卯正三刻二分秋分，八月中。晴，午後微陰。作致趙桐孫書，致季弟書。介唐來，敦夫來。晚偕兩君詣便宜坊，介唐邀同光甫食燒鴨，小飲至夜一更歸。作致程雨亭揚州書。以近日貧甚，故致朱、趙、程三君書，冀有潤益也。

邸鈔：額魯特領隊大臣特爾慶阿患病開缺回旗。以副都統銜索倫總管圖瓦强阿爲塔爾巴哈台領隊大臣。上諭：御史李肇錫奏州縣宜多用正途，請飭妥議章程，並特旨内用人員選補班次，請酌量變通各摺片，著吏部議奏。其言特旨内用人員，專指一二品大員子弟之蔭生，謂未分部、未奏留以前，俱五缺選用一人，視各項選班爲優。惟奏留後，與捐納分部人員統較資深到班日期先後補用，未免偏枯。蓋意以逢迎大員，不知何所請託也。

初二日辛酉　晴。作致張子中揚州書，并封入致雨亭函中。雜校《文選》六朝文字。夜疾大動。

初三日壬戌　晨雷鳴，有急雨，旋止，上午陰晴不定，間有小雨，午後晴，有風自西，疾勁而凉，落葉滿庭。是日以疾發，憊甚，而精神殊爽，雜校《梁書》及《南史》。得敦夫書，饋楊梅燒酒一器，即復謝。得紱丈書。作書致紱丈，饋楊梅酒，得復。剃頭。桂花香甚，移置室中，金色四照，奇馨遠溢。校書勘史，無一塵務經心，先生雖貧，然如此閑福，京華豈有第二人邪？

初四日癸亥　晴。校《梁書》及《南史》。吴松堂來辭行。下午詣敦夫齋中，久談。是日得五絶四首。

雜占四絶句

朝來桂樹華，瓦盆置几閣。不知會稽山，紛紛幾開落。

經年不入署，吏告陪郊壇。爲問京師大，何處借朝冠。

北地多佳果，柰梨秋畢登。如何夜來夢，只食鏡湖菱。

晚從西鄰歸，米盡炊還待。笑看秋樹顛，尚有斜陽在。

眉批：此詩本作『昨買兩桂樹，移盆置几閣』。或謂四首皆不著色相，似以元本爲妙，誠知言也。余以詩當編年。前日七絶已云『更向僧寮買山桂』矣，故此言桂已華，自爲章法。自來詩家，鮮知之者。

初五日甲子　晴陰相間，西風陊葉。得紱丈書，即復。再得紱丈書，饋中秋節物，即復謝。作復羊辛楣吴門書，并寫近詩三紙與之。晡後晴，晚霞甚麗。閑步至保安寺門前，與敦夫遇，立談數語而歸。是日得詩四首。

傍門前看晚霞至保安寺與友人遇裏回而散

向晚人迹絶，閑庭遲暝意。忽見鄰樹間，紅霞一何綺。出門相追尋，行吟入蕭寺。漸覺庭院明，山色亦來至。兹景本偶值，心閑應以會。旋與素心遇，各道山居事。澄鮮秋水上，相映彌成麗。不見暮禽還，佇立鐘聲際。

雜興三絶句

幾日樵蘇漸斷青，炊烟長覺晚來停。西風大欲將人事，落葉蕭蕭夜滿庭。

郎吏進鋒日騁車，自慚朝謁十年疏。三間老屋風簾下，金粟堆頭照點書。

柳外寒蟬早罷鳴，豆籬悉螌有誰賡。獨憐絡緯瓜藤裏，猶占斜陽一兩聲。

邸鈔：上諭：前據御史邵積誠奏參福建道員葉永元等各款，並革員舒之翰潛往福建，出入將軍衙門，倚勢招摇，當諭令何璟、岑毓英查辦。兹據該督撫查明具奏，福建督糧道葉永元、鹽法道翁學本、候補道盛世豐、漳州府知府毓璋查明並無劣迹，仍著隨時留心察看，毋稍回護；龍巖州知州聯興蒙古，進士。才具平常，尚無貪劣實迹，惟信用家丁，精力漸衰，著勒令休致；署晉江縣知縣調補鳳山縣張星鍔四川峨眉人，辛未庶常。操守尚好，並無買妓爲妾事，惟不免恃才，身體亦弱，著徹任察看；福安縣知縣徐承禧六合，監生，知府鼐之子。前在長樂縣任内赴鄉催糧，有村民聚衆抗糧奪犯，並無毆官情事，現任福安尚無劣迹，如始終異轍，即行嚴參；臺灣縣知縣潘慶辰蕭山，監生。染患痰疾，辦事顢頇，家丁因而作弊，被參藉修神廟苛罰勒捐一事，應行徹底查究，著先行革職審訊。仍著該督撫懍遵前旨，破除情面，認真整頓，以肅吏治。已革道員舒之翰於穆圖善未到任以前，經李鴻章差往福建，穆圖善並未容留，亦無逗留干預各情。該革員業已銷差，即著毋庸置議。上諭：昨據刑部奏朝審人犯楊樹田臨時呼冤，當有旨派大學士會同刑部再行覆訊。茲據給事中戈靖奏請將此案飭交刑部會同都察院研鞫一摺，著仍交大學士會同刑部悉心審訊，總期無枉無縱，以成信讞。上諭：給事中戈靖奏鑲白旗蒙古佐領崇惠恃伊弟崇林充當理藩院蒙古庫倫領催，句通理藩院書吏高振廷等，與朱慶雲朋比爲奸，數年來冒領蒙古恤賞銀不下數萬兩，請清查究辦等語，事關官吏舞弊，亟應徹底查究，著理藩院堂官查明覆奏。上諭：戈靖奏户部廣東司書吏冒領恤銀一案，雖經該司郎中額勒精額查出，奏交刑部歸案，惟辦公草率，請徹去差使等語，著户部堂官查明覆奏。旋奏額勒精額平日遇事整頓，一切差使，均能實心經理，並非草率。詔毋庸議。兵部郎中胡義質升内閣侍讀學士。宗人府理事官奕杕以四五品京堂補用。

初六日乙丑　晴燠，午後忽陰，有急雨，旋霽，晡後又陰，有風雨，晚晴。寫詩自遣。作書致敦夫，饋午食。作酬王益吾詩。敦夫來。寫詩致伯寅尚書，得復。作書并詩致益吾。得伯寅尚書書，惠銀二十兩，即復謝。得益吾祭酒復。

酬王益吾祭酒見贈之作並問其太夫人起居

内翰春風領誦弦，辟雍清秩拜餐錢。西京獨擅三劉業，東觀新裁十帝篇。君撰《漢書補注》，又編國初天命以來十朝《續東華録》，俱已成。案：《東觀漢記》編自明帝時，至靈帝時凡三續，計光武至桓帝凡十帝焉。市過槐花猶夏課，秋高萱樹自長年。應知師氏循陔樂，多少何蕃乞養旋。

邸鈔：荆州將軍景豐卒。詔：景豐老成勤慎，由冠軍使洊升都統，調任將軍，宣力有年，克勤厥職。茲聞溘逝，軫惜殊深。著照將軍例賜恤，准其入城治喪，伊子福勒洪額賞給主事。景豐旋予謚恭勤。上諭：恩全奏拏獲闖入東長安門人犯，請旨交部一摺。御騾園當差宋順膽敢騎馬闖入東長安門，不服闌阻，實屬目無法紀，著交刑部從重治罪。東長安門與西長安門在大清門之左右，爲皇城南面三門。皇城中如東安、西安、地安諸門内，皆商民雜處，車馬通行；惟大清一門，以前朝正門，常閉不開。東長安、西長安門在東西兩旁，以通人行，凡以公事赴天安門、端門、午門及千步廊者皆由之，本曰長安左門、長安右門焉。

初七日丙寅 晴。閲嘉慶《東華續録》。夜偕敦夫詣汝翼，遇陳伯潛學士及鐵香，暢談至二更後歸。頗飢，不得食。

初八日丁卯 晴燠。閲嘉慶《東華續録》。是日奉米盡，復糴食。夜理《説文》。

邸鈔：吉林將軍銘安等奏吉林新設賓州廳撫民同知、五常廳撫民同知、敦化縣知縣三缺，并舊設理事三廳各員缺，請仿照奉天章程，由部揀發曾任實缺正途人員，不分滿漢，酌量補用。其向例由各部院筆帖式應升理事同通人員，請飭下吏部永遠停止揀發。詔吏部奏議。

初九日戊辰 晨晴，上午微陰，午後小雨，下午陰，晡後溦雨，傍晚又小雨，晚晴。閲嘉慶《東華續録》。殷蕚庭饋節物。饋汝翼、蕚庭及仙洲夫人節物。晚詣敦夫齋中，小坐歸。夜得王弢夫七月二十六日淮安書。署中送來秋季養廉銀十二兩。以八折，故止此數。

邸鈔：詔：本年九月初九日，朕奉慈禧端佑康頤昭豫莊誠皇太后恭送孝貞顯皇后梓宫奉移普祥峪定東陵，永遠奉安，業經降旨，令各該衙門敬謹豫備，嗣經大學士全慶，尚書萬青藜、志和、毛昶熙，翰林院侍講學士鈕玉庚、周德潤，侍講高萬鵬，國子監司業王邦璽，御史鄭溥元、李士彬、孫紀雲、蕭韶、丁鶴年先後陳奏，或稱慈輿未可遠涉郊坰，或謂朕亦未可暫離左右。本日復據王大臣等合詞籲懇，僉稱皇太后訓政勤勞，實係宗社之重，現在甫報大安，尚未復元，往返長途，復加傷感，於節勞調攝均非所宜；又以朕依侍慈闈，事事仰蒙調護，若暫疏定省，必致昕夕廑懷，請遵康熙二年聖祖仁皇帝成憲，停止恭送。情詞肫摯，出於至誠，披覽之餘，曷勝悽愴！敬念靈輦在道，永奠山陵，未獲躬親大事，夙夜煢煢，負疚何極！將來諏吉舉行恭謁典禮，再行侍奉皇太后，敬詣山陵，虔申誠悃。此次應派近支王恭代行禮及應行典禮，著各該衙門詳稽例案，酌議具奏。以察哈爾都統祥亨爲荆州將軍，以寧夏副都統謙禧爲察哈爾都統，以前庫倫辦事大臣奕榕爲寧夏副都統。

初十日己巳　晴，午前後陰。敦夫饋酒及鮝脯，作書復謝。作書饋紱丈節物，得復。爽秋來。作書致鄭盦，饋節物，得復。鄭盦饋節物，即復謝。夜疾復動。

十一日庚午　晨晴，上午後多陰。得孫鏡江書，屬題武梁祠新出下層畫像拓本，即復。作書致敦夫，邀食饅頭，不至。汝翼饋節物。得爽秋書，言婦病。敦夫來夜談。閱《嘯亭雜録》。夜風，有雹，徹旦罕瞑。

十二日辛未　西風，頓寒，終日霃陰，時有小雨。閱《嘯亭雜録》。作書問爽秋夫人疾，得復。仙洲夫人饋節物。饋肯夫夫人節物。得益吾祭酒書，贈聖廟禮器拓本，并和前日詩韵。夜詣敦夫齋中談。署中送來秋奉銀十六兩。缺五錢。

十三日壬申　終日陰寒，午後數雨。閱嘉慶《東華續録》。再作詩酬益吾。肯夫夫人饋節物。

益吾祭酒和詩見酬述其比年昆季子姪零落之感太夫人望孫之切情詞肫摯殆不自勝再賦詩二首冀廣其意兼道所懷

琳琅入手白華詞，采服春暉六學師。將見黄麻宣錦誥，新栽紅荔茁瓊枝。君新納一姬。天倫自古誰無缺，色養如君樂可知。爲語臯魚銜索苦，一生集蓼不堪思。

丱歲喬傾仰母賢，讀書踔厲氣無前。誰知髮白登科日，已過星終泣血年。顔駟三朝仍不調，商瞿一卷望誰傳。所期投老茆堂下，長傍青山好墓田。

邸鈔：詔：湖南巡撫李明墀、布政使崇福俱來京另候簡用。以內閣學士張之洞劾之，詔湖廣總督李瀚章查辦，今奏至也。以河南巡撫涂宗瀛調補湖南巡撫，即赴新任；以河東河道總督李鶴年爲河南巡撫；以新授貴州巡撫勒方錡爲河東河道總督；以貴州布政使林肇元賀縣，廪生。爲貴州巡撫；以陝西按察使沈應奎平湖，附生。爲貴州布政使；以直隸清河道葉伯英懷寧，廪生。爲陝西按察使；以湖北按察使龐際雲爲湖南布政使；以湖北鹽法武昌道蒯德標合肥，舉人。爲湖北按察使。李明墀者，江西德化人。其兄某，丁未進士，以知縣殉寇難，得雲騎尉世職，無子。明墀以弟襲，改捐主事，分户部。家本以商賈致富，既得户部，益夤緣貨利。與今侍郎王文韶等比而爲奸，復入貲捐升知府。咸豐之末擢湖南督糧道，自昵於巡撫毛鴻賓，鴻賓信任之。明墀官户部時，罪人肅順爲尚書，鴻賓因令明墀厚結肅順，未報而肅順敗。鴻賓遷兩廣總督，旋斥罷。明墀亦以憂歸。再起，官湖北，又昵於總督李瀚章。同治十年奏補漢黄德關道，再請，吏部再駁。適瀚章入覲，面請之，特旨許焉。不數年，至巡撫。崇福者，滿洲人，尤無賴。明墀帷薄不修，其陰事爲崇福所持，益貪穢相濟矣。

左宗棠奏病難即愈，仍懇開缺。詔再賞假兩月，毋庸開缺。左春坊左中允錢桂森升司經局洗馬。

十四日癸酉　晨晴，上午後多陰。得益吾祭酒書，饋銀二十兩，書云此非盜泉，不妨一勺，如或拒之，視非人類。此可感也。作書復謝。作書致敦夫，饋節物。剃頭。午後出門詣李協揆師鴻藻、許侍郎師應騤、房師林編修賀節，三君皆居繩匠胡衕也。入城詣景尚書師、麟左都師、翁尚書師、徐尚書師賀節。答拜紹興霍太守。答詣傅兵部雲麟，不值。晡後出城，詣益吾祭酒，久談。傍晚賀錢辛伯升洗馬，晤談，夜歸。得子蓴書，送來嵩雲草堂率資，即復。是日過十剎海，見稻田黄熟，柳堤翠深，彌有江南之思。過傅默元家，閉門草長，秋花滿院，知其人不俗。付景、翁、徐、李、麟、許、林、王八家門禮錢十六千，王使六千，車錢七千，送族人王節婦節錢十千及月餅。

十五日甲戌　晨陰，上午微雨，午後微晴，下午又微雨，晡後陰，晚微雨，旋月出。是夕加亥望，雨漸密。玉仙來叩節。霞芬來叩節。度節蕭然，焚香作字。益吾祭酒來，久談。是日付司馬廚子錢一百二十八千；石炭錢一百千；米錢四十千；乾果錢四十千；布錢四十二千；絨綫錢三十九千；酒錢三十一千；賣花翠嫗錢八十六千；香油錢六十二千；聚寶酒食錢六十千；玉仙錢七十千，賞其僕八千；霞芬銀二兩，賞其僕十千；寶森書錢二十千；松竹紙錢二十千；南客糟魚錢十二千；李升節賞十千；王嫗、李嫗各六千；福兒、更夫各五千；琳兒四千；水錢二十二千。夜半雨止，月晴。

邸鈔：掌湖廣道御史師長灼升刑科給事中。

十六日乙亥　午正二刻十分寒露，九月節。晴。作書約敦夫、秋田談。兩得秋田復，言敦夫入城未還。得紱丈書。閱乾隆《東華續録》。夜月皎甚。

十七日丙子　晴暖。先妣忌日，上午供饋，菜肴八豆，加特凫及魚翅、蟹羹，爲先君設也；肉餡、糖餡饅頭兩大盤，時果四盤，菜羹一，新栗湯一巡，酒三巡，飯再巡，清茗飲再巡，晡後畢事，焚楮泉。鮮民之痛，没世而已矣。邑館告二十二日秋祭。寫單約繆筱珊、孫鏡江、敦夫、介唐、秋田明日午飯。夜月仍皎。得筱珊書。

邸鈔：以三品卿銜督辦寧古塔事務吴大澂爲太僕寺卿。

十八日丁丑　晨陰，上午後晴，微陰。作片致鏡江、敦夫、秋田。閱《嘯亭雜録》。敦夫、秋田來，介唐來，鏡江來，筱珊來。晡後小飲，皆昨日祭餘也，談至夜散。

十九日戊寅　晨陰，上午後薄晴。閱乾隆《東華續録》。

二十日己卯　晨及午陰，午後微晴，晡後晴。閱乾隆《東華續録》。閱《嘯亭雜録》。

二十一日庚辰　霠陰，午後溦雨，晡後小雨，入夜寒。校《漢書·天文志》。許仙坪來，久談，至夜去。

二十二日辛巳　晴，上午有西風，甚寒。校《漢書·天文志》及《史記·天官書》《晉書·天文志》。比日頗小極，夜又咳欶。

二十三日壬午　晴。校《漢·天文志》訖。《史·天官書》多舛誤，不可理。更校《隋書·天文志》。計漢志是正二十餘條，又采前人説三十餘條，尚多脱誤。余老矣，入海量沙，何時已哉？鄧鐵香來，久談至夜去。傅懋元來。

二十四日癸未　晨至午陰，微見日景，午後微晴，晡後晴。校晉、隋《天文志》。再得紱丈書，借日記，作書致之。夜有風。

邸鈔：曾國荃再疏請開缺養病。國荃再賞假三月，應至十月二十四日方滿。此又張之洞有疏劾之，而薦譚鍾麟可任日督，蓋探政府意不喜國荃，而鍾麟爲恭邸私人也。廷寄遂詢國荃病狀，問其自揣能否赴任。時國荃已還湘鄉，回疏稱二子及一姪連喪，不能即赴。詔：陝甘總督曾國荃准其開缺，安心調理。一俟病愈，即來京陛見。以浙江巡撫譚鍾麟爲陝甘總督，以福建布政使陳士杰湖南桂陽州人，己酉拔貢。爲浙江巡撫，均即赴新任，毋庸來京請訓。楊昌濬實授甘肅布政使。詔：通政使司通政使劉錦棠實授欽差大臣，督辦新疆軍務。廣東提督張曜幫辦軍務。以江西按察使沈保靖江陰，戊午舉人。爲福建布政使，以廣東惠潮嘉道剛毅爲江西按察使，甘肅安肅道王必達臨桂，舉人。調補廣東惠潮嘉道，四川重慶府知府沈鋐烏程，辛亥舉人。升甘肅安肅道。古城領隊大臣崇歡奏父病未痊，請開缺侍養。許之。以已革三姓副都統勝安賞給頭等侍衛，爲古城領隊大臣。詔：九月初九日孝貞顯皇后梓宫奉移普祥峪定東陵，免所過大興、通州、三河、薊州、遵化五州縣今年錢糧及各項旗租，所經一帶地方凡有平毁麥苗者，每畝給銀一錢。

二十五日甲申　晴，午後有風。比日齒痛，今日身熱。得紱丈書，還日記。詣敦夫齋中小坐。邸鈔：武震選湖北武昌兼鹽法道山東甲。武震，乙丑進士。由主事改知四川巫山縣，以奉檄進天壇燈竿至京，報捐雙目道員，敘勞得選。

二十六日乙酉　晴。再校《漢·天文志》及《隋·天文志》。剃頭。晡後敦夫來，邀同陳書玉兄弟飲聚寶堂。夜復邀同胡光甫飲霞芬家，招玉仙，三更後歸。印結局送來兩月公費銀十六兩二錢。付賃屋銀六兩。

是日邸鈔：會稽教諭選錢唐舉人王彦起。蓋汪謝城已卒矣。謝城名曰楨，字剛木，烏程人，壬子舉人。承其母教，家富藏書，邃於校勘及音韵、律曆之學。亂後所儲悉燬，貧老無子，得吾邑學官以終。余居憂時，曾一二往還，聞其方撰《歷史朔日考》，未曾索觀。及入京師，音問遂絶。方思歸里，相與商析疑義，編輯古書，爲名山老伴。忽見徂謝，深以賫咨。海内學人，至今殆絶，不獨爲一人惜也。謝城所著書，見者甚鮮，即所刻《荔墻叢書》，亦僅見《四聲切韵表補正》《歷代長術輯要》《古今推步諸術考》等數種而已。又見四川進士戴賓周選敘州府教授。此君去年殿試三甲一百九十四名，爲孫山歸班改教者。

二十七日丙戌　晴。校注《史記·天官書》。付王媪工食銀五兩，付李升工食錢十千。楊媪來。庚辰同年工部王毓芝父喪，障分錢二千。

二十八日丁亥　晴。校注《史記·天官書》。買菊花四十二盆。王信甫來。施敏先來。付菊花錢十一千。

邸鈔：體仁閣大學士全慶奏病仍未痊，籲懇開缺。詔：全慶以大學士致仕，賞食全俸。　新授河東河道總督勒方錡奏患病未痊，懇請開缺。詔：勒方錡准其開缺調理。　以兵部右侍郎梅啓照爲河東河道總督；以内閣學士徐郙爲兵部右侍郎，仍兼署工部右侍郎。　翰林院侍講高萬鵬轉侍讀，前丁憂侍講張佩綸補原官。　御史丁鶴年授四川重慶府知府。丁鶴年，奉天漢軍人，由辛酉拔貢爲工部司官。故事，漢軍無送軍機章京者。倭文端以館客故，特送地之，遂入軍機。鶴年以員外郎改御史，無京察，無截取，而忽有此授，以河督李鶴年有疏薦之，實則前日阿政府指一疏之力也。

二十九日戊子　晴。　三日來和煦無風。　得趙桐孫十七日易州書，并和韵七律一首。　作片致錢笣仙，爲桐孫送書，得復。　詣敦夫齋頭小坐。　校《史記·天官書》訖。　芟秋柳之垂者。

邸鈔：上諭：銘安等奏部駁奏補通判與例不符，擬照章由奉天調補，並請旨查辦一摺。　前據銘安等奏請以鍾彦補授吉林長春廳理事通判，與例不符，經吏部奏明更正，並請將該將軍等議處，係照例辦理，惟措詞未免過當。　銘安等於部駁之案嘵嘵置辯，語多負氣，亦失大臣之體，所請查辦，著毋庸議。　至所奏長春廳通判一缺，吉林現無合例人員，擬照奏定章程由奉天曾任實缺州縣咨調請補，著吏部議奏。銘安劾奏吏部不肖司員與胥吏朋比爲奸，揣缺肥瘠或准或駁，而於此長春廳一缺，遂謂爲人擇缺，有意徇私，奏請加等議處，事關名節，請派員查辦。　其詞甚直。

三十日己丑　終日霒陰，上午有微雨，午及晡後微見日景。　易風門，糊窗壁。

《書·堯典》之『敬授人時』，本作『民時』，衛包所改，段懋堂氏論之詳矣。　且引《正義》所載《洪範》孔傳及《皋陶謨正義》以證唐初本尚作『民時』。　今又得一證云。　《隋書·天文志》言中宮六甲星『所以布政教而授人時』，《晉書·天文志》作『授農時』。　《隋志》成於高宗永徽時，《晉書》亦至高宗時始行，而一作『人』，一作『農』，可知當日所據《尚書》本尚作『民』，故史臣避諱，改之不一也。

《春秋元命包》説『刑』字曰：『荆，刀守井也。飲水之人，入井争水，陷於泉，刀守之，割其情也。』段氏謂其説不經。《説文》荆在井部。《易説》：井者，法也。以視《元命包》説，如摧枯拉朽。慈銘案：緯説自有所本。晉、隋《天文志》皆云東井八星，法令所取平也，王者用法平，則井星明。鉞一星，附井之前，主伺淫奢而斬之，故不欲其明，明與井齊，則用鉞於大臣。此即《元命包》説荆之意也。蓋陷入於泉，非專指水言，凡溺於名位貨利皆是也。井所以養人，無刀以守之則争，便利而不知止，遂陷於荆，此制字之本誼也。

聞昨日范郎中鴻謨被焚而斃。鴻謨，字次典，錢唐人。丙辰庶吉士，改户部主事。不飭言行，久踞山東司管利權，與書吏比納賄亡算。性喜狎游，日擁淫倡爲長夜之飲，所入悉耗於此。貌寢，輕侻無威儀。年已及耆，貪惑滋甚。今年鴻臚寺少卿暨内閣侍讀學士兩缺，皆次應簡補，而以京察記名外擢，且不肯一日去户部，故稱病不引見。堂官皆袒護之。前三日夜飲，歸已五更，醉甚，脱衣卧，裾接於檠燈，火延燒，至須眉皆盡，尚不覺。其僕破窗入，負之出，遍體焦爛。尚令人舁至所畜歌郎家，宛轉呼謈，三日而死。亦小人之戒矣。

九月庚寅朔　申初一刻七分霜降，九月中。晨及上午陰，傍午後晴，和煦如春。糊中廳仰塵，收石榴、夾竹桃於室中向明。作片問吴松堂行期及去年請誥軸事，復言交其戚俞則人它日送來。作書致王益吾祭酒。錢辛伯洗馬來。得益吾復。夜再校《晉・天文志》。付紙潢匠錢廿三千有奇。

初二日辛卯　晴暖，微潮，上午微陰。再校《隋・天文志》。

邸鈔：詔：協辦大學士靈桂稽察欽奉上諭事件處。詔：安徽徽寧池太廣道恭鎧勒令休致。以巡撫裕禄劾其沾染嗜好，乖戾任性，商民交怨，物議沸騰也。以候補道張蔭桓補徽寧池太廣道。

初三日壬辰　晨及午晴，下午陰。身微熱，不快。袁爽秋來。孫鏡江來，視新得聞憙長韓仁碑，字畫波磔，精神畢露，蓋國初拓本也。又廣西同年王舍人鵬運以登州新出土漢隸昌陽六字拓本乞題。夜雨，二更後漸密。聞前連三夕有光如睒電相嘘翕，司天以天笑入奏。

初四日癸巳　晨陰，溦雨，加巳晴。疾愈，能食。作書致爽秋。敦夫來。王益吾祭酒來。治《說文》。得爽秋書。

邸鈔：編修惲彦彬升右春坊右中允。

初五日甲午　晴暖如春三月。得紱丈書。敦夫來。剃頭。汝翼、敦夫、胡光甫來。光甫邀夜飲聚寶堂，招霞芬、玉仙。一更後復邀飲玉仙家，招霞芬。四更始歸。付車錢七千，霞、玉車四千。

初六日乙未　昧爽風起，晨及上午晴陰相間，風益甚，午後陰，晡後風止，晴，頓寒。得紱丈書，即復。閱《卷施(谷)〔閣〕集》。

邸鈔：上諭：彭玉麟先後陳奏請開兩江總督署缺並開巡閱江海差使各一摺。覽奏情詞懇切，自應俯如所請，准開兩江總督署缺。至該侍郎巡閱江海有年，不辭勞瘁，整頓水師，深資倚任，仍著照舊巡閱，毋許推諉。詔：兩江總督劉坤一著即開缺。以東閣大學士左宗棠爲兩江總督，兼充辦理通商事務大臣。劉坤一俟左宗棠到任後，交卸來京陛見。

初七日丙申　晴，有風。治《說文》。

邸鈔：上諭：前據給事中戈靖奏參理藩院官吏句通冒領恤賞等情，當經諭令理藩院查奏。兹據奏稱，將歷年所辦請領蒙古恤賞各案咨由户部查覆，竟有未經辦過之案，以印文印領赴部庫請領銀兩者，顯有句通捏造情弊。著刑部提訊朱慶雲，嚴切根究，如何與理藩院書吏句通舞弊，高振廷究係何人，務得確情，嚴拏懲辦。領催崇林著庫倫辦事大臣迅速解京歸案審訊。鑲白旗蒙古佐領崇惠著聽候傳訊。

初八日丁酉　晴和。早詣敦夫齋頭小坐。治《説文》。朱蓉生來。敦夫來夜談。

初九日戊戌　晴暖。以九日祀曾祖考妣以下，供重陽花糕、饅頭、頻果、石榴、牛乳、蒲桃、馬乳蒲桃及肉肴、菜肴各四，蓮子湯一巡，酒再巡，飯再巡。敦夫來。汝翼來。晡後偕敦夫、汝翼步行至南下窪子，過高廟，小憩龍泉寺。至龍樹寺，登看山樓，望西山夕陽。下入蒹葭簃，蘆花已白。暝色漸起，遂回，循野田微徑，仍由高廟還寓啜茗。敦夫邀至聚寶堂夜飲，招霞芬、玉仙。月出甚皎，一更後歸。是日得詩一首。付霞、玉車錢四千。

辛巳重九日偕敦夫汝翼兩編修游城南諸寺登龍樹寺看山樓晚飲酒家歸

芒鞋莫負菊畦香，踏遍城南選佛場。白有蘆花通野徑，紅隨楓樹倚斜陽。登樓自盡雲山美，過雁遥知驛路長。客裏猶憐陳鮑睦，相邀一醉是他鄉。

初十日己亥　晴暖如春中。治《説文》。作書致益吾祭酒，得復。料檢菊花，自親汲灌。再作書致益吾，辭其饋也。夜校日記。月甚佳。再得益吾祭酒書，贈十金，作書力辭之。余近日窘絶，殆不能舉火。祭酒詗知之，輟俸相餉。君子之交，其意甚摯，而辭尤婉。來自廉泉，非不可受，報以讓水，取其彌永耳。

邸鈔：詔：昨日道旁叩閽之已革工部員外郎王夢熊、馬甲志連均交刑部嚴行審記。

十一日庚子　晨小雨，旋成霧，上午微晴，午後晴暖如故。治《説文》。下午詣敦夫齋頭，晤陸漁笙、潘伯馴，遂談至晚歸。

邸鈔：吏部郎中博啓授山西蒲州府知府。本任知府謝鉞丁憂。刑部郎中苗穎章授四川順慶府知府。本任知府胡延夔故，謝惺齋丁繼母憂。胡延夔，山西繁峙籍，亦山陰人。丙辰進士，由禮部主事、軍機章京擢御史，授知府。

十二日辛丑　晴暖。治《説文》。比日營神菊花，頗損日力。作書致紱丈。作致伯寅尚書書，乞羅也，得復。今日甫得子縝八月十七日沅州書，言道中無可寄，俟九月初回長沙，當奉先生之饌。而見邸鈔，忽簡曹修撰爲湖南學政，駭訝之甚。詢之樞曹，知子縝已丁母憂。人生禍福真不可測也。再得伯寅司寇書，惠贈二十金，即復謝。作片致敦夫。夜飯後敦夫來，偕詣汝翼、鐵香，俱不值。順道過潘伯循，小坐而歸。月皎於晝。付庚辰同年王毓芝工部、錢錫晉刑部丁父憂幛分四千。錫晉，開封人，其父楙潤，壬子舉人，河南府教授。

邸鈔：上諭：都察院奏職婦駱張氏遣抱以伊夫駱基賢被人誣害、刑逼成招等詞，赴該衙門呈訴。已革江蘇同知駱基賢誘奸民女一案，前據譚鈞培審明，定擬奏請治罪。此次該職婦所控各情是否畏罪圖翻，砌詞妄控，著劉坤一提訊確情，據實具奏。駱基賢，閩人，無賴，爲上海洋行小厮，積金錢得官此。以先圖娶十四歲女子張愛寶爲妾，其兄不許。乃令其妻張與愛寶之嫂言，以愛寶爲義女，迎至其家，遂强奸之。事發治罪。而駱走使京控，陳寶琛欲爲具疏。汝翼以告余，余曰伯潛果上此疏，名節掃地矣。汝翼乃力止之，而令控於都察院，其呈詞亦寶琛所爲也。十年二月左宗棠始奏結。

命翰林院修撰曹鴻勛爲湖南學政。

十三日壬寅　晴暖如春。治《説文》。剃頭。作片致汝翼，致光甫，俱約過談。作片致敦夫，致鏡江，俱約夜飲。寫重九詩與敦夫。作書致鄭盦尚書。

光甫來，以其同邑王汾原先生煦所著《文選李注拾遺》二卷、《文選賸言》一卷稿本屬閱。汾原所著《小爾雅疏》《説文五翼》甚爲精確。此二書考訂亦實事求是，而援引未廣，所據亦非善本。其《賸言》中『枚乘《七發》越女侍前』一條，至不知鄭巴之即鄭旦，『干寶《晉紀總論》』一條，至以賈充之父逵謂即漢儒之賈景伯，可謂疏矣。後有其邑人錢世叙跋，言所撰尚有《文選七箋》二卷，與此二種多同，蓋其初撰本。光甫言其書已刻者尚有《國語釋問》，余亦未之見也。

敦夫來。傍晚偕二君同詣霞芬家看菊花。佳品十餘種，其名大紅寶珠、西子曉妝、紫虎須者三種最佳。啜茶而出。邀二君飲聚寶堂，招霞芬、玉仙、月秋諸郎。夜一更後復飲霞芬家。鏡江亦至。酒覈甚美，再招玉仙。三更後歸，月色奪晝。付霞芬酒局錢四十千，犒其僕十千，酒保賞三千，客車五千，霞、玉車四千，車錢七千。鏡江以舊拓宋碧玉版十三行一帖爲贈。是日得詩一首。

九月十三夜飲霞芬家賞菊是日暖甚月如春晝

爲典朝衣漉葛巾，未霜天氣撰蕭辰。深秋明月温於酒，綺閣黄花艷似人。小隔晶屏尤入畫，儻横蟬鬢倍宜春。江湖十載差無負，更放華燈照錦茵。

十四日癸卯　晨微陰，上午後晴暖如春暮。治《説文》。得伯寅尚書書，即復。再得尚書書，再復。午後聽事看菊花，晴日滿窗，手中書落，便熟眠榻上，至晡始醒。潘伯循來。傅子蓴來，留之夜飯，談至二更後去。風起，驟寒，夕月不朗。

十五日甲辰　晴，大風徹日夜，寒甚，驟冰。得紱丈書，即復。得陶心雲是月朔日書，言子縝太夫人以前月卒。鄧鐵香來。是夕望，月色寒甚，風不止。

十六日乙巳　申初初刻立冬，十月節。晴，上午微陰，又風，下午稍止。爲鄭盦尚書代擬應制七律十首，即寫致之。得鄭盦書，饋龍井茶十瓶。夜月皎甚。

十七日丙午　晨陰，上午後微晴，晡後霒陰欲雪。治《文選》。鐵香來夜談，二更後去。月甚皎。

十八日丁未　晴，有風，午微陰。內子生日，祀禄神。治《文選》。盛伯熙侍講來。付僕嫗叩壽錢七千。

十九日戊申　晨及上午微晴，午晴。閲《癸巳類稿·存稿》，有所檢覆也，隨筆附注數條。

邸鈔：詔：本月十七日孝貞顯皇后梓宮永遠奉安普祥峪定東陵，恭理喪儀王大臣惇親王奕（詔）〔誴〕等均賞加三級，禮、工二部，內務府堂官均賞加二級，餘加級有差。詔：十七日敬題孝貞顯皇后神主之大學士寶鋆、李鴻章加恩各賞給帶膝貂褂一件。詔：工部堂官承辦大事悉臻妥協，尚書翁同龢勤慎周詳，倍著勞勩，加恩賞太子少保銜；瑞聯等均交部議敍。詔：隨入地宮之惇親王奕誴，恭親王奕訢，禮親王世鐸，惠郡王奕詳，貝勒奕劻、載澂、載漪，固倫額駙公景壽，大學士寶鋆，協辦大學士、吏部尚書靈桂，尚書恩承、翁同龢均賞加二級。

二十日己酉　晴，稍和。菊花盛開，坐聽事南榮，晴日滿窗，讀書相對，亦閑居之一樂也。得張子中是月十一日揚州書，言閏七月末先有一書寄余，至今未達也。殷蕚庭饋益母膏及馬蘭大蘆菔一枚，復謝。自昨日痔發，夜頗劇，不能久坐。

邸鈔：詔：以普祥峪定東陵永遠奉安，加恩工部執事司員郎中素麟專以道員用，俟得道員後賞加二品頂帶。耆紳、曾鉌、沈守廉均在任，以道員即選，俟選缺後，耆紳加二品頂帶，沈守廉加按察使銜。景澧開缺以五品京堂候補郎中上行走。裕昆俟服闋簡放道員後，遇有應升之缺，開列在先。員外郎益齡、田國俊、程鼎芬均俟升郎中後以道員即選。陳欽銘以郎中即補，承恩以知府即選，並加鹽運使銜。曾鉌、田國俊等俱賞花翎。益齡加二品銜。二十八日工部又奏保襄辦人員加花翎三四品銜及升擢者七十餘人。另片奏王慶鈞加四品銜。禮部亦奏保司員四十三人，郎中延茂以五品京堂候補。

右春坊右中允惲彦彬轉左春坊左中允，左贊善梁仲衡升右中允。詔：甘肅寧夏府知府海容開缺，送部引見。以署總督布政使楊昌濬劾其玩視民瘼也。迪化州直隸州知州陶模升寧夏府知府。

二十一日庚戌　晴和。痔益劇，卧聽事菊花旁，向日看書。作片致汝翼、敦夫求方。得王松谿中秋日吉安書，言今年六月方卸廬陵縣任，計視篆二十月，脂膏未嘗潤也，寄銀二十四兩，由蔚長厚商人武姓送來。汝翼來。

二十二日辛亥　晨微陰，旋晴，和煦如春。是日巳正二刻孝貞顯皇后升祔太廟。鐵香邀晚飲，傍晚强行赴之。坐有仙坪、孺初、汝翼、爽秋，看菊花及日本刀，夜一更後歸。

二十三日壬子　晨小雨，上午微晴，午後晴。邑人户部主事徐鼎琛以父喪來訃。此子爲附學生時，余已入官數年。其父之補廩膳生，亦在余充貢入官之後。而此子以戊辰得進士後，忕矜日甚，視余蔑如矣。甲戌歲以邑館賃屋事又問罪於余。論其情理，今日不應吊也。以同邑故，賻以四千。

二十四日癸丑　晴和。入城詣麟芝盦師家，拜師母壽，送祝儀二金；又詣翁叔平師，賀得宫保；俱不值。詣朱文端相國家訪朱蓉生，小談。出城詣益吾祭酒，不值，晚歸。付車錢五千。

二十五日甲寅　曉雨，終日霒陰。剃頭。下午詣敦夫談，遇介唐。夜雨，二更後漸密。

二十六日乙卯　竟日陰雨，寒而潮濕。傅懋元來，殷蕚庭來，俱不晤。作復瓞夫江左使院書，復廣東參將陳子香肇慶書，俱作片託馬蔚林禮部轉寄。作致内子書，致三妹書。寄内子裹金搔頭一事，金錦帶一丈，蜜棗二斤，柰脯一苞，摩菌二斤，杏人一匣，佛手菜、玉堂菜一簍。寄三妹玉蝶絫花一對，裘金蟠螭搔頭一枝，裹金簪一枝，裹金荷花簽一枝，緑錦帶二丈，摩菌、杏人一匣。寄大妹金錦帶一丈，繡帊一方，摩菌一包，佛手菜、玉堂菜一簍。寄二妹裹金蟠螭搔頭一枝，佛手菜、玉堂菜一簍。寄季弟摩菌二斤，杏人一匣；穎唐弟婦紫玉頂花一朵；詩舫弟二子銅墨合各一枚。又寄内子銀四兩，仲弟婦銀二兩，張姬之母銀二兩，俱託陸薌泉之子傳奎帶去。夜雨漸密，滴聲達旦。

邸鈔：上諭：御史梁俊奏奉天、吉林兩省請仿照内地分發正途人員，以資治理一摺，著吏部議奏。

二十七日丙辰　晨小雨，及午陰，午後晴。作片致陸薌泉，饋其大郎食物兩合，并以書件交之。兩作片致敦夫，得復。益吾祭酒來。夜有風收濕，頓寒。

二十八日丁巳　晴寒，有風。印結局送來是月公費銀八兩五錢。湘潭人秦子質舍人炳直來。敦夫來，晡後偕至賈家胡衕詣潘伯馴、陳汝翼，晚歸。楊雪漁編修來，新自杭州至者；褚成博庶常來：均不值。

二十九日戊午　晴，甚寒，冰堅。坐聽事南榮，閲晉建寧太守《爨寳子碑》、北魏《鄭道忠碑》、北周《張端姑墓志》、梁《釋慧影造象記》。晴日滿室，古歡盎然。得王子獻八月二十三日書，并寄銀二十兩爲潤筆也。余近日屢欲爲其先人作墓志，尚未下筆。子獻傭書養母，僑寓甬江，清白束脩，僅足自給，重以戚誼，豈責所酬？忽有此詒，深用自愧。夜一更後益吾祭酒來，屬撰左湘陰七十壽文，浙撫陳俊卿所託也。夏初益吾曾爲劉通政錦棠乞撰壽左公文，潤筆百金，余以病謝。今止半價，又責期兩日，而諾之者，以祭酒中秋之贈不可不報耳。

邸鈔：詔：廣東廣州府知府佘培軒開缺另補。以總督張樹聲等奏其因病未經到任，現雖銷假，察看精神步履，難膺繁劇也。御史蕭韶授廣東廣州府遺缺知府。詔：候選道、雲南曲靖府知府陳彝，著兩江總督等飭令迅赴廣東差委。從張樹聲等請也。

三十日己未　晴。坐聽事南榮看碑帖，菊花尚盛，茗碗薰鑪，翠墨映之，彌覺嫵媚。許仙坪來。汝翼來。下午詣敦夫談，晚歸。夜撰左恪靖壽序。

冬十月庚申朔　午正初刻一分小雪，十月中。晴。上午撰序成，文極瓌偉，有西漢風，非湘陰所能識也。即作書致益吾。得紱丈書，即復。晡詣鄧鐵香，談頃許，即歸。得敦夫書，爲陳書玉邀夜飲聚寶堂。晚赴之，光甫亦在。招霞芬、玉仙，夜一更後歸。付李升綿袍錢七千，車錢四千，玉車二千。

初二日辛酉　晨晴，上午陰，下午晴。祖妣倪太恭人忌日，上午供饋，肉肴三豆，菜肴七豆，菜羹火鍋一，紗帽餡子、饅頭糖覈兩大盤，時果四盤，蓮子湯一巡，酒三巡，飯再巡，晡後畢事，焚紙錢。得子縝九月十四日長沙書，告其母樊太夫人訃，并惠銀三十兩。作書致敦夫。夜陰，三更後大風。

初三日壬戌　晴，大風，下午稍止，寒甚，冰壯。得益吾書。撰王杏泉墓志銘，至夜成，別存稿。作書復益吾。

初四日癸亥　晴。得雲門九月十五日漢陽書，言近得宜昌鹽釐局，薪水月三十金，稍足自給，寄余銀十二兩。寫墓志訖，即作書致子獻，由阜康錢賈寄鄞。傍晚詣敦夫齋中，小坐歸。

初五日甲子　晴，下午微陰。作復雲門書。剃頭。閱俞氏《古書疑義舉例》。付賃屋銀六兩，范郎中鴻謨開吊奠分四千。

初六日乙丑　晨及上午晴，午風起，微陰，下午陰。作復子縝書。閱《潛丘劄記》及《四書釋地》。姬人輩詣蘆溝橋，觀桑乾河冰，至晚歸。夜撰子縝太夫人輓聯，以綾一丈書之，云：『黼帨早傳經有犀奩伏女《尚書》掌家《孟子》夫人爲同縣樊先生廷枚女，先生著有《孟子注疏校補》《四書釋地補》等書。其兄廷簡有《尚書大傳》

輯本。佐熊丸官閣青燈果見聯題蕊榜歸奉緋魚上苑春濃先小宋；津粱久從宦記鷁舫零陵蘭膳故冶花釵夫人曾隨其翁仙槎先生永州太守任及夫子海琴先生興化太守任。又燕翼湘江畫篠豈期未御版輿遽驂玄鶴廣寒秋滿待如來。』付車錢十六千。

邸鈔：以詹事府詹事廖壽恒爲内閣學士，兼禮部侍郎銜。命編修張百熙爲山東學政。戴鴻慈丁憂。

初七日丙寅　晴。作片致敦夫，還去年所借四金并雲門所存十二金。敦夫來。得陸漁笙書，邀飲聚寶堂。答拜秦子質，不值。詣許仙坪并晤孺初，久談。詣益吾、雪漁，俱不值。晡後赴漁笙之招，酒已就闌。汝翼、雪漁及潘伯馴、諸又縢等旋去。惟敦夫、光甫留至晚，洗醆更酌，招霞芬、玉仙、月秋。夜月佳甚。一更後邀諸君飲霞芬家，再招玉仙、月秋，三更後歸。付霞芬酒局四十千，下賞十千，客車八千，霞車二千，車錢十一千。

初八日丁卯　晴。於中廳向南開窗，古謂之牖。上下皆以波黎爲之，移書案於下，以便歲寒映日讀書。同年蔡工部枚功來。夜讀古人詩文。付木工錢十九千。

初九日戊辰　晨陰，午後晴。閱毛氏《論語稽求篇》。得益吾祭酒書，即復。再得益吾書，以所鈔左相國《恪靖疏稿》八册屬校。晚霞甚麗，出門西行眺賞，至保安寺聞鐘聲而回。

初十日己巳　寒陰，傍晚晴。慈禧皇太后萬壽節。

校《恪靖疏稿》，自同治十年七月至十一年二月，共八册。其中惟《陳金積堡戰功》一疏，言回逆馬化隆創立新教，三世盤結，所據爲唐靈武、宋西夏及明河套全境，極言諸軍攻取之捷。又《陳軍饟奇絀》一疏，極言河南等省欠解協饟之膜視，及其轉運挹注之難。《撫綏諸番僧俗》一疏，言循化、洮岷、河州、西寧皆諸番連界，即古之枹罕，羌人生山谷，地産良馬，樸野善騎。土司楊元爲宋將楊業後裔，厲志殺賊，戰績甚偉，今加意撫諭，益爲我用，分命番族守槐樹諸關，斷逆回出路。此三疏爲可取也。

作書還益吾。晚詣敦夫齋中小坐。夜月甚皎。

十一日庚午　晴，寒甚。始著綿鞋。閲《潛丘劄記》。作書致鐵香，託代向海運倉領秋奉米。付更夫皮褂錢十千。福兒以是日罷。

十二日辛未　晴，微陰，寒甚，有風。校讀六朝文字。比夕月甚佳。

十三日壬申　陰寒，下午微見日景。得紱丈書，借日記，即復。得敦夫書，約十五日同飲客。校讀六朝文字。傅子蓴來夜談。是夕陰，閲《梁書》。始用火鑪。

十四日癸酉　晴。

《後漢書·巴郡南郡蠻傳》注引《代本》曰：廩君之先，故出巫誕《御覽》引《世本》作『蜑』，古無『蜑』字。也。又引《代本》曰：廩君使人操青縷以遺鹽神，曰嬰此即相宜，云疑當作子。與女俱生，宜將去。《御覽》引《世本》『宜將』上有『弗』字。惠氏棟謂『去』即『弆』字。鹽神受縷而嬰之，廩君即立陽石上應青縷而射之，中鹽神，鹽神死，天乃大開也。又傳文自『巴郡南郡蠻本有五姓』至『廩君於是君乎（鹽）〔夷〕城』凡二百有二字，章懷注云：此已上並見《代本》。所云《代本》即《世本》，章懷避太宗諱改之也。惠氏《補注》言《御覽》引《世本》文，大略相同。《世本》有傳有記，又有別録，見《新唐書·藝文志》，此當是傳記或別録之文，蓋本載有四裔事也。自來輯《世本》者，自明及國朝吳氏、雷氏、孫氏，皆不之及。嘉慶中江都秦氏嘉謨據洪氏詒孫輯本，更延顧千里氏補訂考正，較舊增十之六七，裒然成帙，而此尚見遺，蓋不知《代本》之即《世本》也。記之以見讀書之難。

作片致敦夫，得復。作書致益吾，借《粤雅堂叢書續編》，得復。孫鏡江來，以廣西同年王幼遐舍人鵬運新刻《白石道人詞》《山中白雲詞》《漱玉詞》及戈順卿《詞林正韻》共四種見詒。

閲宋理宗寶祐四年丙辰《登科録》。共五甲六百一人，末缺二十四人，後附一甲第一人廷對策，其格式皆與今《登科録》同。惟每人下有字，有小名、小字，且有號，有行第，有具慶下、亦作雙侍下、雙愛下。嚴侍下、慈侍下、偏侍下、蓋生母也。永感下，有生之月日時，有外氏某，有治某經或治賦幾舉，有兄弟幾人，有娶某氏，三代有官者皆書，本貫下有某鄉某里某爲户，皆較今爲詳，而亦有缺不具者。蓋今以有齒録及各人行卷，履歷詳之也。是科一甲第一名文天祥；第九名王應鳳，厚齋之弟，其下注：兄應麟，從事郎。而《宋史》言應麟是科爲覆考官，亦僅有事也。二甲第一名謝枋得，第二十七名陸秀夫。四甲第一百五名黄震。年四十四。五甲一百二十一名胡三省。其餘鮮表見者，而趙氏宗子至七十五人，皆貫玉牒所或宗正寺。又有趙與种、趙若琲、趙若琟、趙孟櫄、趙若琭、趙崇回四甲二百一名有趙崇回，字國老，第千六，曾祖不懦，祖善得，父汝訓，本貫玉牒所。此在四甲二百五名，字希道，小字回老，第四十，曾祖不枯，祖善晤，父汝隋，本貫慶元府。僅隔三名而姓名同，恐有誤字。趙崇淊、趙若玤等八人不言貫宗牒，而詳其名字及三代行次，實皆宗子也。當日偏安一隅，而進士之多如此。此外尚有特奏名及上舍釋褐者復數百人，皆一例稱登科。以今視之，轉難數倍。蓋科舉之冗濫、關防之瑣碎皆始於宋，而南渡以後尤甚也。此録以文、謝、陸三公傳，而黄、胡二公博洽爲南宋冠，名皆在四、五甲。文山年僅二十，東發年倍過之，名第後先，概不足據。且宋世《登科録》傳者惟此。及紹興戊辰，此以第一人傳，彼以五甲中有朱子而傳。人豈系乎科名哉？第四甲二百三十八名有王剛中，台州寧海人；第五甲三十四名又有王剛中，字子潛，吉州泰和人。此於孝宗初樞密王恭簡公剛中外，又有同姓名者二人，亦自來輯同姓名録者所未及也。夜月皎於晝，丑初初刻望，月食既。

邸鈔：以協辦大學士、吏部尚書宗室靈桂爲大學士，以刑部尚書文煜協辦大學士。以兵部尚書廣壽爲吏部尚書；以理藩院尚書志和爲兵部尚書；以都察院左都御史宗室麟書爲理藩院尚書；以吏部左侍郎烏拉喜崇阿爲左都御史；吏部右侍郎宗室奎潤轉左侍郎，仍兼署户部左侍郎；以户部右侍郎錫珍爲吏部右侍郎；以禮部右侍郎崇禮爲户部右侍郎；以内閣學士宗室寶廷爲禮部右侍郎。詔：理藩院尚書麟書、鑲藍旗蒙古都統穆隆阿、成都將軍岐元均加恩在紫禁城内騎馬。

十五日甲戌　晴。

閲褚搢升氏寅亮《儀禮管見》。分上、中、下三卷，而上卷又分爲六，中卷又分爲五，下卷又分爲六，仍如十七卷之數，故諸家序或稱爲三卷，或稱爲十七卷也。其書專明鄭注，務申古誼，於敖繼公《集説》之故與鄭違而實背經訓者，一一訂正，先摘録敖之妄改經文者四十二事，又冠以《笙詩有聲無詞辨》《拜下解》《旅酬考》《宫室廣修考》四篇，前有自序及王西莊序。褚氏於《士禮》肉貫髮梳，精心體會，可謂專門名家之學，驟讀之，不能得其要領。其中亦間有舍鄭從敖者，尤非黨護者比。然如謂大夫士有西房，大夫士無主，庶人妻衣用錦，外加禪縠，其名曰褧，爲文之太著，士妻緇衣纁袡，不爲文著，故外加者爲景，轉取鮮明。笙詩有詞，金奏九夏亦有辭，而九夏夫子删之。數説皆鄙意所未安也。九夏之亡，自以鄭君《周禮·鍾師》注謂此歌之大者，載在樂章，樂崩亦從而亡，其説最確。褚氏謂夫子當以無所關繫而删之，則臆説無稽。豈有樂之大歌，頌之族類，爲祭祀宴饗鐘鼓之所奏，而其詞轉無關繫者？至謂六笙之詩皆有詞，故夫子録之三百篇，至秦以後始亡，非本無詞，是也。

剃頭。晚偕敦夫詣聚寶堂，邀雪漁、汝翼、漁笙、光甫、書玉兄弟，雪漁以疾不至。招霞芬、玉仙、月秋。夜一更後敦夫邀飲月秋家，再招霞芬、玉仙，藏鉤分曹，屢負致醉。四更歸，醉甚，月皎，倍寒。付李甡兒受傭錢五千，車錢七千，霞車二千。

邸鈔：寶廷疏稱歷練未深，難勝卿貳，請收回禮部右侍郎之命。詔：寶廷遇事尚屬敢言，擢用侍郎，惟當勤慎供職，勉圖報稱，所請毋庸議。上諭：都察院奏浙江候補道王蔭樾遺抱以貪吏挾恨、唆衆毆官等詞呈訴。據稱上年三月間，譚鍾麟委赴嘉興縣查勘荒田，突遭毆辱，係該府縣許瑶光、廖安之暗中主使，嗣獲解數犯，臬司含糊釋放等語。此案業經譚鍾麟具奏，獲犯訊明擬結，該員呈訴各情是否屬實，著陳士杰秉公查明，據實具奏。詔：翰林院編修魯琪光等二十人俱記名以御史用。此次試者三十人，顧樹屏居首，韓文鈞、潘仕釗、張曾揚居末，引見用至二十名止。

十六日乙亥　卯正三刻十三分大雪，十一月節。晴。閲《儀禮管見》。終日坐新開窗下，擁鑪讀書，怡然自遠。

邸鈔：詔：浙江省城修復文瀾閣，紳士丁申、丁丙購藏遺書，漸復舊觀，著南書房翰林書『文瀾閣』扁額頒發，並著武英殿頒發《剿平粵匪方略》一部，主事丁申賞加四品銜。從譚鍾麟請也。

十七日丙子　晴，稍和。曾祖考忌日，供饋肉肴七豆，菜肴三豆，肉羹火鍋一器，饅頭兩大盤，春餅一盤，時果四盤，扁豆湯一巡，酒四巡，飯再巡，晡後畢事，焚楮泉。作書致益吾，還所借書，得復。夜讀《戰國策》。一更後有風。

十八日丁丑　晨雪，至午止，終日霒陰。校《戰國策》。同司余主事九穀爲子娶婦，送賀錢四千。夜頗患嗽。

邸鈔：□□□德慶補上駟院卿。編修廖壽豐擢浙江督糧道。

十九日戊寅　終日霒陰。校注《國策》終東周一卷，兼校《史記》。益吾祭酒來。得鄉人楊雲乘作霖蘇州書，并饋龍井茶四瓶，筆十二枝，墨八挺，由吴編修大衡附來。雲乘，曉湖之妹婿也。

二十日己卯　晨及上午陰，午微晴，午後晴，晡後復陰。有上虞梁湖人王□□來謁，見之，年僅二十餘，目斜視，而以舉孝廉方正入都。聞上虞已舉三人，此科之敝至於如是，豈止『父别居』『濁如泥』也。敦夫、光甫來談竟日。沈子培來。湖州張郡丞興書來。

二十一日庚辰　晴，微陰。雜閲諸子，揭籖識印。傍晚詣敦夫，不值。見街頭有婦人携兒乞食者，與之飯一碗，此次不虚出矣。鐵香、汝翼來夜談，至三鼓後去。圍鑪煮茗，風味不惡。益吾祭酒來，以前所作壽文潤筆百金見付，此周荇丈及祭酒言之陳中丞客，謂余文例價百金，故得此饋，可感也。得光甫片，約明日劇飲。

邸鈔：上諭：巡視東城御史阿彦泰、鄧承脩奏職官捏遞匿名書信，請飭究辦一摺。據稱商人侯治銘喊告韓大欠錢，韓大供係代鋪東户部郎中舒文借用，正將韓大押究，突有人赴鄧承修寓所投遞書函，稱係恒宅送來，拆閲並無姓名，情詞詭幻。經該御史獲訊，稱係舒宅傭工袁貴，主人舒文交給書信，令其飾説投遞等語。案關職官牽涉訟事，復捏遞匿名書函，虚實均應徹底根究。所有遞書人犯袁貴、鋪户韓大及全案人證，均著解交刑部嚴行審訊。郎中舒文著聽候傳質。

二十二日辛巳　晴。讀《韓非子》。光甫、敦夫來，邀至文昌館觀劇。晚飲聚寶堂，招霞芬、玉仙、月秋。夜一更後邀諸君飲霞芬家，再招諸郎。藏鉤賭飲，復大醉。四更歸。付霞芬酒局四十千，下賞十千，車錢八千，玉車四千，客車四千。付石炭錢四十千。

二十三日壬午　終日霒陰，晚微雪，夜稍密，皚皚積地。得益吾祭酒書，借《漢書》手校本十五册，即復。施敏先來，不晤。雜校群書。夜讀杜詩。近日心荒力弱，不耐寒苦，故讀書夌雜如是。

二十四日癸未　晨陰，上午晴陰相間，下午晴。作書致季弟，託湖塘酒客田姓附去，爲將來卜居事也。下午詣敦夫齋中，吴介唐亦來，久談，至晚歸。施敏先來，以京察事乞余爲道地也。敏先家世以貲爲官，未十歲捐納郎中，未冠選實缺刑部郎，今已十餘年。故事，捐納升遷京察與正途無異。嘉慶中葉後，遂擯不與。刑部尤嚴，雖舉人捐班不能得也。前年翁曾桂以京察列一等，此例遂開。敏先資深於翁，去年已列備一等，今年長官皆已註上考，旋又塗去之，敏先不能無觖望。余正告之曰：『君以三十許人，今冬明春即可選知府，何必逐翁氏餘臭，貽人口實？若以此争體面，則近之計典濁蛙糞蛆，人人皆知，尚何足道？且余之入資爲郎較君尤早數年，今又忝中進士，不特補缺無期，并尚不得幫主稿一差，豈能爲君謀京察者邪？况京察即一等未必記名，即記名未必便外擢。與其請託而冀非分不必得之簡授，何如退讓而待循次即得之選缺乎？』敏先憬然曰：『君言大是，吾不再謀之矣。』喜躍以去。次日敦夫告余曰：『昨見敏先言自越縵先生處來，聞其言論，覺胸中灑然，芥蔕盡去矣。』余每與人言，老者勸其退，少壯者戒其競進，無人肯聽之者，如袁爽秋輩且怫然見於辭色。敏先於余言未必誠服，而能爲此語，此今年京察中人所不能及者也。是日買冬季搢紳録及明年新曆，付錢五千。修佩表錢六千。

二十五日甲申　晴。讀《韓非子》。剃頭。下午步至虎坊橋訪益吾祭酒，不值。歸涂爲丐食者所窘，蓋見余龍鍾，冀行攘奪也。傍晚詣鐵香，小坐歸。傅子蓴來，不值。陳書玉饋冬笋、金橘，其母、夫人新至都也，犒使三千。付抗枕、抗墊錢十九千，李升工食錢十千。夜風，旋止。

二十六日乙酉　晴，風，嚴寒，今年第一日也。始衣鼲鼠裘加羊皮半臂。出門詣洪右臣，不值。訪龍主事繼棟，晤談。詣許仙坪、樓廣侯，俱不值。詣周荇農侍郎，久談。荇丈入冬病喘，衰狀可憐，而陳書滿案，丹黄不輟。吾曹素業，不能因性命忍須臾者也。答詣沈子培。子培以仁和勞季言《讀書雜識》及《唐御史臺精舍題名考》見贈。詣傅子蓴，不值。詣陳書玉兄弟，夜歸。得沈子培書，以陳蘭浦《東塾讀書記》、黎二樵《五百四峰堂詩鈔》爲贈。同年榜眼曹編修詒孫來，不值。

夜閲《東塾讀書記》，分《孝經》《論語》《孟子》《易》《書》《詩》《周禮》《儀禮》《春秋》《小學》《諸子》《三國志》《朱子書》各爲一卷。經無《禮記》，史止《三國》，蓋未成之書。其學折衷漢宋，實事求是，而獨不取《荀子》，蓋未知蘭陵之學者也。又其意實不滿宋學，而故爲門面之語，亦可不必。《朱子書》後又有《論西漢》數葉，編次頗無序。

邸鈔：慈禧端佑康頤昭豫莊誠皇太后懿旨：壽莊和碩公主晉封爲壽莊固倫公主，並賞坐黄轎；榮壽公主晉封爲榮壽固倫公主。杭州將軍吉和奏親老患病，請開缺回京。許之。以錦州副都統古尼音布爲杭州將軍，以鑲紅旗蒙古副都統珠爾遜保爲錦州副都統，以前哈密幫辦大臣德克吉訥爲鑲紅旗蒙古副都統。詔：降調直隸永平府知府李秉衡送部引見。刑部郎中福謙授直隸永平府知府。詔：以京察届期，誡諭各部院堂官，不得視爲故事，祇求一等如額，衰庸怠惰之員概列二三等，不肯據實參劾及才守平常遷就應選，務當精白乃心，秉公考核。將來查有瞻徇情面，濫保劣員，及應劾不劾等弊，惟各堂官是問。

二十七日丙戌　晴。

閲勞季言《讀書雜識》，共十二卷。季言，名格，仁和諸生，入貲爲訓導，以同治甲子歲卒，年四十五，無子。此書其兄青主檢及其友歸安丁寶書所編刻者也。季言之父笙士，爲臧在東氏弟子，嘗校刻歸安嚴修能元照《爾雅匡名》一書，著有《唐折衝府考》，未成，季言續完之。其學尤熟於唐代典故，所手校者有《元和姓纂》《大唐郊祀録》《北堂書鈔》《文苑英華》諸書，又鈔得《大唐類要》，爲曝書亭舊物。此書自卷一至卷六，皆雜校群籍，爲之補正，一書或不過一二條；卷七亦雜綴，而附以《唐杭州刺史考》；卷八爲《讀全唐文札記》；卷九、卷十爲《宋人世系考》；卷十一、十二亦雜考群書，頗乏倫次，蓋編纂之失。其學氾博無涯涘，强識過人，勤於搜采，不愧行秘書矣。又《唐御史臺精舍題名考》三卷，仁和趙星甫名鉞，嘉慶辛未庶吉士，官泰州知州。所創，季言足成之者。此外尚有《唐郎官石柱題名考》二十四卷，亦趙氏創稿而季言成之，已刊行，當與《唐折衝府考》并購之。

印結局送來是月分公費銀二十五兩。作書致益吾。作書致沈子培，得復。下午詣敦夫齋中談。傍晚見劉仙洲夫人，訂敦夫明年館事。孺初來，不值。仙洲夫人饋通州糟鴨。夜敦夫來，偕詣汝翼、鐵香，談至二更後歸，始飯。飯畢閱順德黎二樵簡《五百四峰堂詩鈔》。其詩幽折瘦秀，迥不猶人。二樵以繪事名，詩中皆畫境也。付白灰圓鑪錢七千，同鄉馬吏部文華爲子娶婦，賀錢四千，劉使二千，沈使二千。

二十八日丁亥　晴。益吾祭酒來。得紱丈書，即復。閱勞氏《讀書雜識》。

邸鈔：詔：前順天府府尹周家楣仍在總理各國事務衙門行走。詔：二品頂帶烏魯木齊都統恭鏜著以都統本任，賞給頭品頂帶。

補録二十六日：上諭：國子監司業王邦璽奏水患情形甚重，請飭查辦一摺。前據李文敏奏江西泰和、廬陵、吉水等縣本年七月間被水情形，業經飭屬，妥爲撫恤。兹據該司業奏稱，廬陵、吉水、泰和、永豐四縣七月十八、十九連日大雨，山水暴發，冲没田廬，淹斃人口無算，灾區甚廣，民間蕩析，離居病斃者又復不少。覽奏殊深軫念，著李文敏督飭所屬認真撫恤，毋任一夫失所，仍將現辦情形隨時奏明，以慰廑系，並將各該縣被灾處所據實查勘。浙江進士方儒棠選紹興府教授，廣東進士陳子驥選潮州府教授。二君皆去年同榜。方，寧波人，以知縣改教；陳，歸班改教者也。

二十九日戊子小盡　晨及午晴，下午多陰。許仙坪來，久談。閱勞氏《讀書雜識》。付賃屋銀八兩，謝惺齋母夫人及凌吏部忠鎮、汪刑部以莊之兄等幛分一千二百。

邸鈔：上諭：李鴻章奏永平府知府李秉衡前於冀州任内疏防刦案，四參限滿，吏部議以降一級調用，該員未到新任，輒將其前任加級改爲紀録，聲請開缺，與例章未符等語，著吏部明白回奏。詔：廣西候補知府吴熾昌迅赴直隸差委。從李鴻章請也。

十一月己丑朔　晨陰，有風，上午晴。

閲《東塾讀書記》中《春秋》《諸子》兩卷，其言皆極平實。惟謂《左傳》多後人增入語，取姚姬傳、吴起輩附益之説；謂荀子所謂學者止欲求勝前人，其《非十二子》中尤專攻子思、孟子：蓋其失甚矣。又謂荀子詆子游氏之言甚於子張、子夏氏，或以子思、孟子之學出於子游，則誣説游辭，不足與辨也。又閲《小學》一卷，雖簡而不枝。論三國一卷，西漢一卷，皆寥略，其標題止曰三國、曰西漢，殊非是。又閲《朱子》一卷。

新授浙江糧道廖穀士來拜。王耀紱來，上虞人，前日所記孝廉方正之父也，與余族有連爲中表親，今送其子入都者。以明日冬至，先祀竈及屋之故主。

初二日庚寅　子正二刻一分冬至，十一月中。晴。祀曾祖考妣、祖考妣、本生祖考妣、先考妣，早起懸神位圖，洗杯盤匕箸，肉肴九豆，菜肴六豆，菜羹火鍋一，笋肉糖果饅頭兩大盤，肉餡餛飩一大盤，糖餛飩兩盤，紗帽餡餅兩盤，時果四盤，金橘一盤，扁豆湯一巡，酒三巡，飯再巡，晡後畢事，焚楮泉。作書致敦夫，邀夜飲，得復。敦夫來夜談，則已飯矣。二更後風。

初三日辛卯　晴，有風，嚴寒。讀《水經注》，兼考《續漢書郡國志注》、錢獻之新斠注《漢書·地理志》《華陽國志》諸書。得龍松岑户部書，送其尊人翰臣布政《爾雅經注集證》《經籍舉要》諸書來，即復謝。寫單約嚴六谿、沈子培、孫鏡江及敦夫、光甫明晚飲聚寶堂。

邸鈔：上諭：吏部奏遵旨明白回奏一摺。直隸永平府知府李秉衡前在冀州任内疏防劫案，四參限滿，照例降一級調用，其冀州任内加級，於簡放知府後改爲紀録，係照章辦理。李秉衡著仍遵前旨送部引見。開缺湖南巡撫李明墀奏苗疆鳳皇、乾州、永綏三廳舊各設學額四名，保靖縣設學額二名，鄉試例中苗生舉人一名，未設廪增各額，向來歲科考取苗童，祇以附生爲認派保。近日人文日盛，苗生多有考列一等者，請仿照貴州苗學廪額例，鳳、乾、永三廳各設廪生二名，增生二名，保靖設廪、增各一名，五年一貢。詔下部議。護理陝甘總督布政使楊昌濬奏甘肅紳士補用道曹炯、總兵楊永魁等呈稱故陝甘總督琦善莅任三年，百廢具舉，實心實政，遺愛在民，懇請建立專祠。詔著照所請。

初四日壬辰　晴，下午微陰。得嚴鹿谿書，以疾辭飲，饋墨兩笏，其一曰『佛幌輕烟』，其背繪佛幌鑪香，頗可愛玩。出門詣張叔平給諫，不值。詣孺初，亦不值。詣徐叔鴻、殷萼庭。答拜蔡枚功、曹詒孫、王耀紱。傍晚詣益吾，暢談，觀其客葉姓所購宋板《魏書》。益吾邀明日飲廣和居，即邀其今日同詣聚寶堂飲。敦夫、光甫、鏡江、子培俱至，招霞芬、玉仙、月秋諸郎，夜二更後歸。付客車錢十一千，酒保賞五千，車錢八千。洪右臣來。

邸鈔：上諭：前據楊昌濬奏原任陝甘總督琦善莅任三載，整頓地方，甘省士民至今感其威惠，謹據紳士公呈，請在甘肅省城建立專祠，當經俯允所請。兹據翰林院侍講學士陳寶琛奏，琦善貽誤國事，厥咎甚重，其爲陝甘總督，辦理雍沙番族，率將無罪熟番濫行屠戮，逼供飾奏。文宗顯皇帝責其謬妄，革職遺戍。是琦善在甘有罪無功，不宜祠祀，請收回成命等語。所奏甚屬允當。琦善建祠之處，著即徹銷。楊昌濬據紳士呈詞率行具奏，著傳旨嚴行申飭。陳疏有云琦善爲禍國罪魁，至今天下雖婦人孺子無不疾首痛心，同聲唾駡，何以甘肅亂後殘黎思念及於數十年前之總督，臚列善政，欲報馨香？此不過因伊子恭鏜現官烏魯木齊都統耳。禮部例載，子孫官九卿，其祖父不得題請入祀名宦鄉賢。况專祠之建，尤爲大典。既無以報天下之人心，且恐招外邦之譏議，其所繫者非淺。詞甚激切。

初五日癸巳　陰。

閲龍氏所刻《爾雅經注》，附《音釋》一卷，《集證》三卷，皆翰臣所輯。《集證》引用者，自《經典釋文》至宋翔鳳《過庭録》共二十一種，皆習見之書，務在簡明，不取博辯也。間下己意，亦甚謹嚴。又采同時山東人潘澤農克溥説數條，頗有新意，而根據殊確。龍氏此書成於道光戊申任湖北學政時，自言就正於潘，潘時爲興國州知州，不言其爲山左何郡縣人，亦不知其所著更有何書也。

作片致敦夫，贈以《經籍舉要》一册。晚赴益吾祭酒廣和居之招，坐有徐叔鴻、錢笣仙、繆筱珊、瞿子九學士鴻禨、張度諸人。夜大風，二更歸後風稍止，晴。

邸鈔：詹事府右春坊右贊善李端棻轉左春坊左贊善，編修陳學棻安陸，壬戌。升右贊善。

初六日甲午　晴。敦夫來。朱蓉生來，偶與論《論語》皇侃《義疏》。蓉生甚疑其僞，謂文辭多近鄙俗，甚類日本人文法，間有似六朝者，殆彼國有佚存六朝人著述，因參雜爲之。余謂其書與《釋文》所引不合者，孫頤谷已舉其『子行三軍，則誰與』音餘，『子温而厲』『子』上有『君』字兩條，然《釋文》引皇本共五條，其三條皆合，『曾是以爲孝乎』，皇云：曾，嘗也。『子疾，子路請禱』，皇本作『子疾病』。『德行』以下，皇别爲一章。又『患不知也』，俗本作『患己不知人也』，今皇本正同俗本。則似非全僞也。

邸鈔：詔授靈桂體仁閣大學士。

初七日乙未　上午陰，下午晴。嚴六谿來。敦夫來，光甫來，下午偕至文昌館觀劇，傍晚歸。閲俞蔭甫《論語平義》。俞氏熟於音詁，善於比例，故説經多解頤。惟《論語》之文平實簡嚴，誤文既少，舊解亦多確實，俞氏喜出新意，往往轉失支離。二卷中惟言『由，誨女知之乎』之『知』當讀『志』，有《荀子·子道篇》及《韓詩外傳》可據。『喪，與其易也，寧戚』，『戚』當讀『慼』，有《南史·顧憲之傳》可據。《雍也》篇『今也則亡，未聞好學者也』，『亡』字涉《先進》篇而衍，有《釋文》引或本可據。餘鮮可述。至解『君子懷德』四句，以君子、小人爲在上、在下之稱，『懷』字訓歸，言君子歸於德，則小人懷其鄉土，若歸於刑，則小人歸它國之有惠者，則皇疏引李充已有此説，且亦引《老子》『鄰國相望』『不相往來』之文。然謂君子歸於德，歸於刑，終屬不辭也。

邸鈔：詔：初九日親詣大高殿祈雪，諸王、貝勒分禱時應諸宫廟。

初八日丙申　晴，有風，下午稍止。外祖母孫太恭人忌日，外祖父倪公以前四日忌日，今日并供饋，祔以三舅、四舅，肉肴六器，菜肴四器，火鍋一，時果四盤，饅頭一盤，春餅一盤，酒四巡，飯再巡，茗飲再巡，傍晚畢事，焚楮泉兩挂。孫生咸壽來，樓廣侯來，俱不見。以祭肴三豆饋劉仙洲夫人。

初九日丁酉　晴。剃頭。爲孫鏡江跋中殿第廿八等四石拓本一通，永寧紅崖刻字釋文一通，爲臨桂同年王右遐舍人跋昌陽石拓本一通，即作書致鏡江，并前詒十三行帖還之。得益吾書，還《漢書》十四册，并以宋槧《魏書》五册借校，即復。殷萼庭來。夜校《魏書·崔浩傳》一卷。月甚佳。

跋昌陽石文

右八分書曰『昌陽矍矍陽宫』六字，徑約慮虒尺八寸，山左碑賈云新出自登州城外土中者。昌陽，兩漢《志》皆屬東萊郡，縣以昌水得名，地在今登州府城外昌山南。矍字，觀者皆讀爲『嚴』，而細審右旁，實無字畫，疑是『阜』古文『𠪚』之變體，然無所據也。班《志》東萊郡下載祠祀最多。《史記・封禪書》所稱八神，其陰主、陽主、月主、日主四神祠，皆在所屬縣。又有松林萊君祠、百枝萊王祠等名。《史》之陽主，即班《志》所謂日祠也。昌陽雖不言有祠，而新莽改縣曰夙敬亭。夙者，早也。蓋其地或亦有日祠，故有陽宮之稱，《史》偶遺也。然則𠩺𠩺或爲崇嚴之意，或即『巖巖』之省文耳。臨桂同年王舍人鵬運以此屬題，聊以意説之。

初十日戊戌　晴，晡陰。孫鏡江來。蔡嵩甫學正賡年來。校《魏書・李順家世傳》一卷。同姓名之有書在辨別時地，不致溷淆，故必其時代略同，名位不遠，如漢之兩陳咸、宋之三李定，易相亂者，方著於録。近人取各史附傳及世系表中凡士庶雜流，皆兼載之。識者謂户口册中名氏同者不知其幾，斗筲何算，言誠是也。然亦有不可概論者。即以今日言之，同鄉有兩王鵬運，一廣西籍，官内閣中書，一順天籍，官刑部主事，皆舉人，皆祖籍會稽，同時爲京官。前日邸鈔有教習王開運遞封奏，初以爲湖南王壬秋也，今日知爲江西人，亦皆舉人也。九月間見邸鈔，楊昌濬奏已革道員王夢熊被控避匿事，次日邸鈔又有已革員外郎王夢熊叩閽。四月間有陳慶桂來投刺，以爲是鄉人曾任廣西右江道者，大興籍，舉人。後知是庚辰同年，廣東人。此則載之不勝載，亦辨之不勝辨矣。

邸鈔：上諭：劉坤一奏革員訊供刁狡，請旨刑訊，並將原審各員分别解任，調省查辦一摺。已革參將胡金傳承緝江寧省城三牌樓地方命案，妄拏教供，刑逼定案，業將曲學如、僧紹宗處决。現經劉坤一另獲凶犯周五、沈鮑洪，供認謀殺朱彪不諱，並訊出從前胡金傳嚇賄眼綫，教串各節，衆供確鑿可據。該革員猶敢架詞嘵辯，堅不吐實，殊屬刁狡。即著劉坤一嚴行刑訊，務令水落石出，以成信讞。所有此案之原審官兩淮鹽運使洪汝奎、淮安府知府孫雲錦均著解任，並撤調署沭陽縣知縣嚴堃、署清河縣知縣丁仁澤、候補同知單之珩到省聽候查辦。此三年十二月間事也。時總督沈文肅、洪汝奎總辦營務處，胡金傳營中緝捕弁也。朱彪實以同夥妒奸相殺死。營弁强逼市兒方小庚爲眼綫，以誣寺僧紹宗及曲學如等，妄言死者爲販猪客民薛春芳、紹宗等以謀財殺死。時孫雲錦署江寧府，與汝奎等鍛鍊其獄，遂殺紹宗、學如。坤一此奏，語多支離，猶回護前讞也。

十一日己亥　晴。得張子中閏七月廿八日書，並寄銀六兩。去年七月余致秦鏡珊書，屬其延子中入署課諸子，而秦旋物故。今年程雨亭之署揚守也，以運使洪汝奎之力。子中乞余致書雨亭，爲道地鹽務一差，余因循未果，而洪已去任矣。子中此書託錢唐吳學士福年之子某附至京，久不見投。前日孫鏡江以告，余昨屬鏡江轉取其書，今始來耳。下午詣敦夫齋中談，傍晚歸。敦夫來。光甫來。夜月皎甚。光甫邀同敦夫飲聚寶堂。一更後敦夫邀飲霞芬家，招玉仙，二更後歸。校《魏書》司馬休之、楚之等傳一卷。是日聞學士鈕□□以瘵死。□□本吾郡城諸善衖人，其父游幕山東，遂入大興籍。甫逾冠，入翰林，大考前列，擢庶子，主考山東，又視學其地。佻儇不學，貪慕酒色，日逐狎游，唱簧腔坊曲皆呼爲小鈕兒。今死時年止三十九，亦少年得意者之戒也。

邸鈔：以詹事府詹事貴恒爲内閣學士，兼禮部侍郎銜；以詹事府少詹事黄體芳爲詹事。以順天府府丞朱以增調補奉天府府丞兼學政。潘斯濂病故。

十二日庚子　晴。

校《魏書》刁雍、王慧龍等傳一卷，兼校《北史》《宋書》《晉書》。慧龍之爲太原王愉孫，蓋無可疑。觀其生一男一女，遂絶房室，布衣蔬食，不參吉事，且作《祭伍子胥文》以寄意，及臨殁乞葬河内之言，此豈假託貴門一時苟且者？乃魏收系之曰：自云太原晉陽人。既爲其元孫松年所訴，復激怒時主，鞭配松年。今傳中有云魯宗之子軌歸國，云慧龍是王愉家豎僧彬所通生，蓋又松年被罪後誣加之詞。

其前既云慧龍與僧彬北詣襄陽，魯宗之資給慧龍，送之渡江，假使非真，何以資送？其後又云慧龍卒後，吏人將士，於墓所起佛寺，圖慧龍及僧彬象贊之。前後矛盾，不符已甚，其爲醜詆無稽可知。夫以慧龍志節如斯，而任情污衊，收之穢史，誠可惡也。《北史》盡削此等語，可稱卓識。至《晉書・王愉傳》後，但云子孫十餘人，皆伏法，不載姓名。其後有愉子綏傳，云拜荆州刺史，坐父愉事，與弟納並被誅，而慧龍父散騎侍郎緝之名不見。又愉傳言愉之誅以潛結司州刺史温詳謀作亂。而《宋書・武帝紀》言綏以高祖起自布衣，甚相凌忽，又以桓氏甥，有自疑之志，遂被誅。又王諶謂其兄謐亦曰：王駒無罪而誅，此是翦除勝己，以絶人望。駒，愉小字也。是潛結謀亂之言，亦劉裕所誣，非其實事，此皆《晉書》之疏也。《安帝紀》亦止言劉裕誅王愉、王綏等，不云愉等謀亂。

陳書玉來。敦夫來。

十三日辛丑　晴。

校《魏書》敦煌宣公李寶家傳一卷，兼校《北史》。魏世隴西李氏，人才實勝趙郡，而魏伯起作史時，趙郡之希宗爲齊文宣后父，故於趙郡多爲佳傳。其論有曰：宗族扶疏，人位盛顯，李雖舊族，其世唯新。贊美之如此。隴西以爲魏孝莊帝外戚彧與義，邕又豫誅爾朱榮之謀，高氏借榮而起，《魏書》於榮多怨辭，伯起揣摩時旨，又素爲神儁所輕，故於隴西諸傳，多致不滿。其傳末云，李氏自初入魏，人位兼舉，因冲寵遇，遂爲當世盛門，而仁義吉凶，情禮淺薄，期功之服，殆無慘容，相視窘乏，不加拯濟，識者以此貶之。而於承傳言其以爵讓弟茂，於產之傳言其撫訓諸弟，愛友篤至，皆互相矛盾，此其信口抑揚，所以爲穢史也。冲之名德宗臣，而譏其見寵文明太后；彧之忠勇奮發，而詆爲輕薄無行。見《外戚傳》。故《通鑑》皆不取之。神儁學行風流，當官守正，人倫歸重，魏世一人，而譏其典選無稱，不持檢度，褻狎少年，求婚相閲，其卒也，但載贈官而不舉其謚，神儁官至侍中、驃騎大將軍、儀同三司、開國公，贈都督三州軍事、左僕射、司徒公，必非無謚者。皆有意貶之。

作書致敦夫，饋以蒸䰞一器，得復。沈子培來，言海寧有孫僧某，去年得明翻元大德本《越絶書》。余欲借之，不可得也，當與繆筱珊謀之。夜月皎於晝，亦不寒。

十四日壬寅　晨及午晴，午後微陰，晡復晴。張（此處塗抹）來，仙洲夫人之弟也，歸安人，今日言蘭儲侍郎其叔祖也，仲甫舍人其從祖伯父也，其父名震，以貲爲刑部員外郎，改廣西知州。孺初來。昨夢游餘杭大滌洞天，時正夕陽，與一二人同行，由一大寺旁入山徑，放佛靈隱之達韜光也。其徑甚曲，凡十餘轉，所見各異，或奇石四繞，嵌岈若門，或翠蒨列眉，山在屋上，或竹樹層疊，谿流潺潺，或精舍回闌，茶烟交午，每轉益高，其上不窮，意甚樂之。以暮色已起，同行者言恐上無宿處，裴回而醒，覺蒼紫烟嵐終日在睫，不能去也。夜月佳甚。

邸鈔：新授江蘇巡撫黎培敬奏病仍未痊，懇請開缺。詔：黎培敬准其開缺調理。以山西巡撫衛榮光調補江蘇巡撫，即赴新任。以内閣學士張之洞爲山西巡撫。

十五日癸卯　晨陰，上午晴陰相間，下午晴，晡復陰。校《魏書》陸俟家傳一卷、源賀家傳一卷，兼校《北史》。晚詣敦夫齋中談。楊雪漁來。夜初陰，二更月出，是夕望。

邸鈔：上諭：已革提督李世忠從前稔惡多端，跡其生平罪狀，原應立予刑誅，迭經法外施仁，未加顯戮。同治年間在江蘇揚州府滋事，欽奉諭旨，交地方官嚴加管束，倘別滋事端，即著從嚴治罪。該革員如果斂迹守法，朝廷務崇寬大，亦不追其既往，乃據裕禄奏該革員怙惡不悛，凶暴恣肆，擅捉貢生吴廷鑑等，誣以行搶，横加毆辱，凡有見聞，同深切齒，是其狼子野心，不知感恩畏法，種種妄爲，若不從嚴懲辦，無以肅法紀而儆凶頑。現已令裕禄將李世忠正法，足昭炯戒。該革員罪由自取，與其舊部人等全無干涉，並著該撫明白宣諭，俾咸知朝廷用法一秉大公至意。

十六日甲辰　酉初二刻一分小寒，十二月節。晨陰，上午薄晴多陰，下午晴陰相間。比日頗温，不宜鑪火。牙齦浮腫，不能食。作復張子中書。又致程雨亭書，爲子中言也，託湖塘酒客田姓附去。夜月微雲。校《魏書》薛辯、寇讚、酈範等傳一卷。

邸鈔：詔：十八日再親詣大高殿祈雪，仍分命親王、貝勒禱時應諸宫廟。上諭：本日楊昌濬奏遵保川兵援甘出力員弁一摺，已將前四川川北鎮總兵鶴齡交部照軍營立功後病故例從優議恤，單開各員分别照請交議矣。鶴齡病故多年，楊昌濬未經查明，率請給奬，殊屬疏忽，著交部議處。

十七日乙巳　晨陰，旋晴，下午微陰，晡後陰。祖妣倪太恭人生日，供饋肉肴四器，菜肴六器，火鍋一，饅頭一盤，春餅一盤，麵一盤，扁豆湯一巡，時果四盤，酒三巡，飯再巡，清茗飲再巡，晡後畢事。得紱丈書，借日記。得益吾祭酒書，以《漢書補注》一卷屬閲，即復。夜初陰，一更後大風作寒，二更月出，風稍止。校《魏書》嚴棱、毛脩之、唐和、劉休賓、房法壽等傳。

邸鈔：前任刑部左侍郎黄鈺卒。詔：黄鈺由翰林入直南書房，洊升卿貳，供職勤慎。兹聞溘逝，軫惜殊深。加恩照侍郎例賜恤。

荀學齋日記丙集下

光緒七年十一月十八日至光緒八年四月三十日(1882年1月7日—1882年6月15日)

光緒七年辛巳冬十一月十八日丙午　晴寒。敦夫來，偕詣文昌館聽曲，傍晚歸。王信甫來，不值。得紱丈書，借夏氏《明通鑑》。此書久不檢理，今日始遍寫書籤甲乙及某帝紀，先以首十册借之。

十九日丁未　晴。校《魏書》房伯玉、崇吉、士達、景伯、景先、景遠傳及羅結、伊馛、苟頹、薛虎子等傳一卷。房景先《五經疑問》十四篇，雖頗淺近，亦有意理；薛虎子徐州所上屯田、減賦二疏，甚切邊計：《北史》概芟之，非也。同年徐亞陶來。得王信甫書，約明日午飲。得紱丈書，還《明通鑑》十册，再以後三十册借之。署中告送倉監督，注不願。

二十日戊申　晴，有風。剃頭。作書辭信甫飲。同年黄狀元思永來。同鄉新分兵部員外徐友蘭來。(此處塗抹)夜飯後敦夫來，偕詣鐵香、汝翼，圍鑪暢談，至二更後歸。寒月半街，映燈清絶。

二十一日己酉　晴。得益吾祭酒書，即復。得紱丈書，還《明通鑑》三十册，即復。校《魏書》韋闐、韋珍、蘇湛、杜銓、裴駿、裴修、裴宣、辛紹先、辛祥、辛少雍、辛穆、辛子馥、柳崇等傳一卷，竇瑾、許彦、李訢傳一卷，盧玄、盧度世、盧淵、盧義僖家傳一卷，兼校《北史》。讀盧氏家傳云，房崇吉母傅氏，度世繼外祖母兄之子婦也，兖州刺史申纂妻賈氏，崇吉之姑女也，皆亡破軍途，老病憔悴，而度世推計中表，致其恭《北史》作『供』。竊意恭恤乃敬恤之謂。恤。每覲見傅氏，跪問起居，隨時奉送衣被食物，亦存賑當作『振』，此據《北史》。《魏書》誤作『販』。賈氏，供其服膳。青州既陷，諸崔墜落，多所收贖。及淵、衵等，並循父風，遠親疏屬，敘爲尊行長者，莫不畢拜致敬，閨門之禮，爲世所推，謙退簡約，不與世競。父母亡後，同居共財，自祖至孫，家内百口。在洛時有饑年，無以自贍，然尊卑怡穆，豐儉同之。親從昆弟，常旦省謁諸父，出坐別室，至暮乃入。朝府之外，不妄交游。其相勖以禮如此。淵兄弟亡，及道將卒後，家風衰損，子孫多非法，帷薄混穢，爲論者所鄙。往復其言，爲之三歎。國無常治，家無恒理，君子之澤，五世而斬。象賢之堂構，紹之甚難；不肖之箕裘，墜之甚易。如漢之萬石，梁之馬蕃，唐之花樹，皆不數傳而隕。房、杜辛勤作門户，一世而敗；柳氏家法，乃育賊璨。是以達人哲士，懔懔畢生，整暗室之衣冠，戒惰容於妻子，片言無苟，小節必矜，凡以觀法子孫，導迎善氣。觀盧氏之所爲，尊行者疏親必拜，遭亂者敬禮無愆，長者家風，誠可尚也，以之式俗，百世當原。而伯起必備著不才，發揚中冓，可謂聞善若驚，聞惡若崩者矣，小人不樂成人之美，所以爲穢史也。今日所校尚有可觀感者數事，并列於後。

寇治兄弟並孝友敦睦，白首同居。父亡雖久，而猶於平生所處堂宇，備設帷帳几杖，以時節開堂列拜，垂淚陳薦，若宗廟然。吉凶之事，必先啓告，遠出行反亦如之。《寇讚傳》。案：此即《禮》下室之遺制也。時南朝臧榮緒著《適寢論》，亦同此意，實良法也。竊謂凡士夫家室宇稍寬者，皆宜仿而行之，陳設常御衣物及平生所愛，更代則易。

房景伯性淳和，涉獵經史，諸弟宗之，如事嚴親。及弟妓誤。此當是弟之名。《北史》亦誤。亡，蔬食終喪，期不内御，憂毁之容，有如居重。其次弟景先亡，其幼弟景遠期年哭臨，亦不内寢。鄉里爲之語曰：『有義有禮，房家兄弟。』及母亡，景伯居喪，不食鹽菜，因此遂爲水病，積年不愈。景先沉敏方正，事兄恭謹，出告反面，晨昏參省，側立移時，兄亦危坐，相敬如對賓客。兄曾寢疾，景先侍湯藥，衣冠不解，形容毁瘁，親友見者莫不哀之。《房法壽傳》。

裴修愛育孤姪，同於己子，及將異居，奴婢、田宅悉推與之。《裴駿傳》。

裴安祖少而聰慧，年八九歲就師，講《詩》至《鹿鳴》篇，語諸兄云：『鹿雖禽獸，得食相呼，而况人也。』自此之後，未曾獨食。同上。

辛紹先丁父憂，三年口不甘味，頭不櫛沐，髮遂落盡，故常著垂裙皂帽。孫少雍少聰穎，尤爲祖父紹先所愛。紹先性嗜羊肝，常呼少雍共食。及紹先卒，少雍終身不食羊肝。少雍妻王氏有德義，與其從子懷仁兄弟同居，懷仁等事之甚謹。閨門禮讓，人無比焉。士大夫以此稱美。《辛紹先傳》。

右五事皆人倫之極則也。士夫家當書此類作屏風，非特教家子弟，亦可令内外姻黨觀之。

陳書玉約明日夜飲。是日復落一齒，浮生未盡，口食將窮。

邸鈔：上諭：前據劉坤一奏江寧三牌樓地方一案，訊有革員胡金傳妄拏教供，隨同問官喝令用刑逼認情事，當經降旨將胡金傳嚴行刑訊，並將問官洪汝奎等解任查辦。兹據御史李郁華奏問官冤殺無辜，督臣意存袒護等語，究竟胡金傳如何私與問官刑訊，其妄拏教供，洪汝奎等有無授意情弊，著劉坤一秉公研訊。前奏所稱洪汝奎以案情重大，禀請另派大員覆訊，是否有案可憑，著確切查明，於定案時據實覆奏，毋稍徇隱，自干咎戾。

二十二日庚戌　晨及午晴，午後多陰，嚴寒。是日欲作《宋斗城升城考》，以寓中書多不備，不成。閲王伯厚氏《通鑑地理通釋》。潘孺初來，袁爽秋來，談至夜去。是日閲邸鈔，前日給事中張道淵請定專祠年限片奏有云，近來如黎培敬爲賀長齡奏請傳謚，楊昌濬爲琦善奏請建祠，不惟是非顛倒，功罪不分，直是明知故爲，欺罔君上，若再漫無限制，將來數十年後必至妄殺無辜，如已革提督成禄、已革總兵李有恒且有誇張功績、捏詞爲之奏請者。其言可謂痛快。

二十三日辛亥　晴，午後有風。寫單約孺初、鐵香、仙坪、書玉、敦夫及張（此處塗抹）、王霞西後日飲聚寶堂。作書致鐵香。晡詣王益吾暢談，見其客葉姓所購林和靖硯，有和靖小象在硯背，又硯側題識三行，言殿直丁君所贈。硯角有李天生藏識，硯匣有潘稼堂題識。然和靖識語甚凡近，且自刻象其背，似非高士風流也。又有『五雲深處是三台』一硯，云是東坡物，端石，甚溫潤。面有三白點，所謂三台也。其物云皆得之吾鄉倪署正壎。署正爲前任順天東路廳同知烒本名步洲，會稽人，嘉慶己卯舉人。之子，浮沉胥吏，輕躁不學，而頗好古，三十年來日裴回舊攤小肆間，摩挲骨董，出入販賣。家甚貧，亦藉此自潤。頗能辨識真贋，爲都人所推。一事能嫥，亦足流譽士夫矣。傍晚赴書玉之招，笹仙、敦夫、介唐、光甫、伯馴諸君已早至，夜飲至一更後散。余邀光甫、敦夫諸君飲霞芬家，招玉仙。四更歸。得爽秋見懷七言絶句一首。付霞芬酒局錢四十千，賞其僕十千，車錢十千，客車三千。

二十四日壬子　晴。

校《魏書》高允傳一卷，李靈、崔鑒兩家傳一卷。高傳，汲本誤字最多，宋本頗足諟正。高允《徵士頌》有云：『祖根運會，克光厥猷。仰緣朝恩，俯因德友。功雖後建，禄實先受。班同舊臣，位並群后。』以『猷』讀上聲，與『友』『受』『後』爲韵。

和爽秋絶句，寫致之。是日冬暄頗美，心亦甚閑，欲出詣人談，無可詣而止。得爽秋書，即復。舊僕岑福來告其父喪，給以錢六千。

二十五日癸丑　晴。

校《魏書》尉元、慕容白曜傳一卷。白曜功高冤死，本傳載其被誅事甚略。幸有太和中成淹追理一表，稍著其坐獄之由，詞氣抑揚，文采甚壯，魏代之佳疏也。《北史》芟之，非是。又校韓茂、皮豹子、皮喜傳。

晚詣聚寶堂，仙坪、孺初及王耀紱、張（此處塗抹）已先在，鐵香、叔平、光甫繼至。飲至夜二更歸。得益吾書，即復。同年黄慎之修撰爲婦樊開吊，送奠分四千。陳文鋭吏部爲從父開吊，送奠分二千。付酒保賞四千，客車錢十二千，車錢四千。

邸鈔：上諭：御史陳啓泰奏大員骫法徇私，請予罷斥一摺。據稱本年秋間兵部出有題缺郎中，以鄧天符擬補，吏部尚書萬青藜以其婿季邦楨急於得缺，授意司員妄稱鄧天符不合新章，經兵部引案駁回，遷延不覆，迨兵部續有缺出，季邦楨有缺可補，始援案照准等語。吏部辦理此案，何以前後兩歧，是否萬青藜有背公徇私情弊，著都察院堂官查明，據實具奏。陳疏痛劾萬青藜辜恩怙惡，貪劣衆著。近數月來，銘安以鍾彦一案，李鴻章以李秉衡一案，皆瀝情陳訴部中，雖牽合例文，飾辭卸過，而司員之妄肆詆誣，書吏之勒索贓費，則皆信而有徵。又云視聖旨爲具文，等部務爲兒戲。詞甚激切。上諭：前據涂宗瀛奏斬犯胡體安臨刑呼冤一案，日久未據訊結。兹據御史陳啓泰奏，風聞承審各員有夤緣新任撫臣，意在避重就輕，串令該犯誣認爲從，如有不承，擬即監斃滅口等語。人命出入，所關至重，著李鶴年迅將此案秉公訊結，務成信讞，毋稍瞻徇。大學士寶鋆奏病尚未痊，再行請假，並請將事務派員署理。詔賞假一月，所管鑲藍旗滿洲都統著瑞聯署理。以内閣侍讀學士胡義質爲順天府府丞。以記名總兵蔡標補雲南開化鎮總兵。劉玉成在廣東告病。前江西廣饒九南道文惠授江西吉南贛寧道。本任蔣繼洙告病。前陝西鹽法鳳邠道方鼎録選甘肅平慶涇固道。本任鄭錫敞丁憂。

二十六日甲寅　晴，比日稍温。印結局送來是月公費銀十五兩。海運倉送來奉米七石八斗，止得八百三十斤，付車錢八千。

校《魏書》封敕文、吕羅漢、孔伯恭傳，又趙逸、胡方回、胡叟、宋繇、張湛傳。讀《胡叟傳》，覺箕潁風流，去人不遠，然其人宜入之《隱逸》，《魏書》作《逸士》。雖賜散勳散爵，未嘗一日仕。魏收以其與趙逸等俱自它國來，遂以同傳，然叟未嘗受姚氏及沮渠氏官也。密雲巖邑，有此寓公，黍谷鮑丘，跂懷芳躅。

邸鈔：詔：二十九日大高殿開壇祈雪，親詣拈香，仍命親王、貝勒分禱時應諸宫廟。

二十七日乙卯　晨陰，旋晴，上午復陰，下午微晴。

校《魏書》宗欽、段承根、闞駰、劉昞、趙柔、索敞、陰仲達等傳。宗欽贈高允詩云：『味老思冲，玩易體復。』以《復卦》之『復』讀去聲，與『茂』『秀』『宙』爲韵。段承根贈李寶詩云：『衢交問鼎，路盈訪⿱彌土。』『⿱彌土』即『壐』字，『壐』本從土作『壐』，《説文》入土部，此詩讀作『獮』，與『緬』『踐』『揃』爲韵，皆可以徵古音。《劉昞《北史》稱其字延明，避唐世祖諱。傳》云李暠好尚文典，書史穿落者，親自補治；又云沮渠蒙遜令昞專管注記，築陸沈館於西苑，躬往禮焉。《趙逸傳》云神䴥三年三月上巳，世祖幸白虎殿，命百寮賦詩，逸製詩序。《胡方回傳》云爲赫連屈丐即夏世祖勃勃。《統萬城銘》《蛇祠碑》諸文，頗行於世。皆可想見霸朝文事斐然之美，立國一隅，必有與也。《趙柔傳》云隴西王源賀采佛經幽旨，作《祇洹精舍圖偈》六卷，柔爲之注解，亦足見禿髮家風，文采照人。暠補治書史事，蒙遜築陸沈館事，《晉書·載記》及《十六國春秋》皆失采。方回爲《統萬城銘》事，《載記》以爲其父義周所作。魏太武上巳賦詩，又《晉書·凉武昭王李玄盛傳》亦載玄盛居酒泉，上巳日宴於曲水，命群寮賦詩而親爲之序。此兩事《月令輯要》俱未及收。

傳懋元來。得王鼎丞山西冀寧道任中書，惠銀十二兩。比日頗患咳嗽。

邸鈔：上諭：烏拉喜崇阿等奏交查吏部一案，應否回避，聲明請旨一摺。烏拉喜崇阿、許庚身、徐用儀均著准其回避。烏拉喜崇阿以任吏部侍郎時，曾同畫稿，許、徐以與季邦楨同在軍機處行走，故皆引避。　署浙江提督黄少春奏假期將滿，請開缺養親。許之。

二十八日丙辰　晴，和煦如春。

偶閲吾鄉陳士莊先生棻《同姓名譜》李姓兩册，采取極多，而舛謬不可勝言。即以北魏一朝論，隴西之李冲、李茂，范陽之李訢，頓丘之李嶷、李獎、李構，皆誤分爲兩人。而李崇不知北魏有二，一字繼長，頓丘人，有傳；一范陽人，即訢之父，見《訢傳》。　李肅不知東漢有二，一桓帝時南郡太守，見《桓帝紀》及《南蠻傳》；一獻帝時騎都尉，見《董卓傳》。止載後一人。　李暠不知有東漢兩人，一魏郡人，爲大司農，見《蘇不韋傳》；一下邳人，爲汝南太守，見《單超傳》。皆桓帝時人。　李恂不知有東漢之武威太守，安定人，范書有傳。　李充不知有北魏之中散大夫，字德廣，隴西人，見《北史·敘傳》。　李平不知有南唐誅死之衛尉卿。本姓楊，名訥，馬、陸兩《唐書》皆有傳。　馬紀傳及陸傳俱作衛尉卿、知司農寺事，惟陸紀作户部侍郎。　甚至不知唐初有凉王李軌，而以爲司竹園盜；不知唐芙蓉人鏡下及第之李固言，而以爲李固同名。　至於明永樂、洪、宣間有順天順義人李慶，字德孚，由監生歷官左都御史，工部、兵部尚書，加太子少保，征交阯戰没，而誤分爲兩人，云一兵尚，一刑尚。　成化間有順天香河人李（太）〔泰〕，此與先大夫同姓名，謹依《後漢書》書郭（太）〔泰〕、鄭（太）〔泰〕例。　字文通，正統十三年進士，歷官翰林院侍講學士、少詹事、詹事，卒贈禮部左侍郎，而亦誤分兩人，云一詹事，一翰學。　此類蓋不可數。　然如晉有兩李矩，一山陽人，有傳；一江夏人，充之父，見《充傳》。　北魏有兩李構，一趙郡人，華之子，見《李靈傳》；一頓丘人，獎之子，見《李平傳》《北齊書》有傳，稱名士。　有兩李熙，一趙郡人，封元氏子；一唐高祖之高祖，後追尊爲獻祖宣皇帝。　皆已枚舉無遺，其搜羅亦云勤矣。

作書致益吾祭酒，還宋槧《魏書》五册，得復。傍晚視敦夫疾，饋以雉膾一器。

二十九日丁巳　晴，微陰，仍和。作復王鼎丞書，付其家丁。鄧鐵香來。傅子尊來，留共夜飯後去。

讀《南齊書》高逸、孝義傳。余最喜讀南北朝時兩流之傳，以其際暴君接踵，亂臣代出，天地睢刺，非此則人道幾乎熄也。然諸史《隱逸傳》中，亦鮮全節，蕭齊世促，完美尤難。而褚伯玉、臧榮緒、劉虯、庾易、宗測諸人，絶意人寰，嚼然雲表。臧、劉兩子，實兼孝義。榮緒母喪之後，著《適寢論》，掃灑堂宇，置筵設席，朔望拜薦甘珍。靈預母亡之後，逢外祖忌日，生徒輟講，閉門垂泣，此事不載《虯傳》中，見《梁書·孝義·韓懷明傳》。此二事可以補禮經之未及，垂永感之恒規。正不獨庚子陳經，著尊聖之盛典；雲香導磬，想精梵之高蹤耳。

夜嗽更甚。二更後大風。

三十日戊午　晴，間有風，仍不甚寒。閲王益吾祭酒《漢書補注·司馬遷傳》一卷。采輯極詳，已附著鄙説三條，今日又附識七條。近來病嗽，夜不能久寐。今日憊甚，幾不能閲書。老至血衰，精華盡矣，悲夫。

《司馬遷傳》談爲太史公。案：太史公自是當時官府通稱，固非官名，亦非尊加，如後世之稱史氏，亦未嘗有此官名也。東漢稱尚書曰大尚書，《隸釋》：《祝睦碑》曰『拜大尚書』。《隸續》：劉寬碑陰有『大尚書河南張祗』。尚書郎曰郎官，亦皆非官名所有。魏晉稱中書令曰令君，唐稱御史曰端公，皆不必爲尊官也。

『陰陽之術大詳而衆忌諱。』案：『詳』，《史記》作『祥』，『詳』之通假字也。《易》『視履考祥』，《釋文》

本或作『詳』，《孟子》『申詳』，《檀弓》亦作『祥』，《説文繫傳》『祥之言詳也』。

『名家使人儉而善失真。』梁曜北《史記志疑》以『儉』字爲未的，引《評林》董份説爲『檢』字之誤。案：董、梁説是也。名家出於禮，不得云使人儉，且與上『墨者儉』義相犯，蓋檢即斂也。《孟子》『狗彘食人食而不知檢』，趙注：檢，斂也。班《書·食貨志》作『不知斂』。名家以繩墨檢察人，使各約束於禮而不得肆，故曰『使人檢而善失真』。

『有法無法，因時爲業；有度無度，因物興舍。』王懷祖氏謂『興』當從《史記》作『與』，與上『爲』字相對，是也。至『舍』字，《史記》作『合』，是『舍』之形誤。此文『法』『業』爲韵，『度』『舍』爲韵。『舍』古音如『舒』，故『余』『悆』字皆從『舍』省聲。《詩·何人斯》以『舍』與『車』『盱』韵。《易·乾》《文言》以『舍』與『下』韵，『下』古音如『户』也。『聖人不巧，時變爲守』，『巧』古音如『朽』，與『守』爲韵。

邸鈔：以江南福山鎮總兵歐陽利見爲浙江提督，□□□陳海鵬爲福山鎮總兵。户部郎中戴霖祥授廣西慶遠府知府。霖祥，大庾人，故相均元曾孫，道光己酉拔貢。

十二月己未朔　巳正三刻大寒，十二月中。晴和。剃頭。

近人番禺陳蘭浦澧《東塾讀書記》云，莊四年紀侯大去其國，《公羊》以爲賢齊襄公復九世之讎，此蓋有激而言，未可爲《公羊》病也。下文『公及齊人狩于郜』，《公羊》以爲譏與讎狩，讎者無時，焉可與通？可見《公羊》深惡魯莊公不復讎，遂以爲賢齊襄公復讎，故云襄公事祖禰之心盡矣。九世安得云禰？明譏魯莊公忘其禰也。慈銘案：此真善讀《公羊》者，然猶未盡也。莊九年，公及齊師戰于乾時，我師敗績。《公羊》云，内不言敗，此其言敗何？伐敗也。曷爲伐敗？復讎也。何注：復讎以死敗爲榮，故録之。此復讎乎大國。曷爲使微者？公也。公則曷爲不言公？不與公復讎也。曷爲不與公復讎？復讎者在下也。何注：時實（今本此下衍『不能』二字。）爲納子糾伐齊，諸大夫以爲不如以復讎伐之，於是以復讎伐之，非誠心至意，故不與也。則《公羊》於此事不啻反覆言之深切著明矣。夫敗而猶爲榮，何况能復？以名復者猶足録，何况以實伐者誇大也。亦解詁文。其復既非以實，又以致敗，而猶誇大之，其責臣子之復讎，言至痛而意至切矣。劭公解『在下』爲『臣下』之『下』，是也，以莊公一生絶無讎齊之心也。近儒孔㢲軒氏解『在下』爲『在後』，以爲不於襄公而於桓公之世，非也。復讎論世，則與大九世復讎之説相矛盾矣，與『百世可也』之語益相戾矣。陳氏此説，非特善説《公羊》，亦甚有功名教，故爲申釋之。扶經植義，後之君子或有取焉。

是日復咯血。敦夫來。

邸鈔：以詹事府少詹事英煦爲詹事。

初二日庚申　晨及午晴，下午陰。得益吾祭酒書，還《漢書》十册。得紱丈書，即復。作書致益吾，并還《漢書補注》司馬子長傳一卷，得復。傍晚詣鐵香，赴消寒第一集，孺初、仙坪、叔平、雲舫、爽秋、張仲模侍講先後至，談燕甚樂。夜微雪，二更歸。頗醉，早寢，旋醒，遂徹旦不瞑。傭媪楊奔其舅喪，給以銀一兩。

邸鈔：上諭：上月三十日夜慈寧宮前殿及大佛堂瓦上失去銅鍊八挂，並有遺棄木杆在地及揭去瓦片情形。宮禁森嚴，竟有竊賊混入，該官兵等所司何事！迭經降旨，嚴申門禁，竟敢視爲具文，怠玩至於此極，實堪痛恨。著前鋒統領、護軍統領、總管内務府大臣查明值班官弁兵丁，嚴行參辦，該處總管首領太監交總管内務府大臣嚴訊，並著步軍統領衙門、順天府、五城一體嚴緝賊犯，務獲究辦。聞賊皆携兵器入，失寳物頗夥。

初三日辛酉　晨微陰，上午晴，午微陰，下午晴。上午入署赴京察過堂，到已遲矣。偕孺初俱待補點，裴回廊廡，閲盡變相，被鷄狗之聒吠，受鬼物之揶揄，可歎也。午前歸，車中賦一詩，寫致爽秋。下午詣敦夫談，晡還舖。敦夫饋酒一瓮，煑脯一肩，蓮子一匣，即復謝。夜閲《東塾讀書記》，早睡。付車錢六千，鮑使四千。

辛巳十二月三日赴署過京察歸書感

游戲紅塵又一回，昆明難認劫前灰。并無長柄胡盧問，常見春風燕麥開。夾筆空誇雙足力，溺河誰記一錢才。自慚蕭育真男子，下下虚經九考來。

初四日壬戌　晴，下午微陰。得爽初書。作片致敦夫，約閑寫冬晴。得紱丈書，示所作《陸九芝封翁長元吳三縣題名記序》，即復。下午過敦夫齋中談，晡後歸。繆筱山來談，至傍晚去。晚詣聚寳堂，赴王霞西之約，坐客甚衆。夜一更後，光甫邀同書玉兄弟飲玉仙家，且邀敦夫。二更後始命酒，招霞芬、月秋，藏鉤行令賭醉，極歡，四更後歸。付車錢七千。

初五日癸亥　晨陰，傍午微晴，下午晴，微陰。比日暖如春中。洗足。得紱丈書。付季士周賃屋六金。夜有風。

初六日甲子　晴，上午大風，下午少止。同年瞿子九學士鴻禨來，今年僅三十一。其庚午、辛未聯捷時，甫冠耳；乙亥大考第二，由編修擢學士，爲河南主考時年二十五，亦近日之早達者矣。然恭謹好學，詩文俱有法度。己卯任河南學政日丁母憂，人生缺陷不能無也。作書致殷蕚庭，借《邵青門集》，止《箧稿》《旅稿》，即還之。

青門文以李忠肅公邦華、盧忠烈公象昇兩傳爲最佳，李傳在《旅稿》，盧傳在《賸稿》也。《青門旅稿》序云，己未客都門，寓保安寺街，與阮亭先生衡宇相對，愚山先生相距數十武，案：愚山寓宣城會館，在鐵門，雖與保安寺街近，然南北相距亦半里許。此云數十武，蓋愚山亦嘗寓此街。陸冰修僅隔一墻，偶一相思，率爾造訪。其年寓稍遠，隔日輒相見。常月夜偕諸君扣阮亭門，坐梧樹下，茗碗清談達曙。案：己未爲康熙十八年，時漁洋官户部郎中，愚山以前任江西參議道，與其年皆來試鴻博，當日風流觴集，茶烟相望，令人艷想。余居此街七年，連衡對宇者，皆貲郎閑子、市井下流，梧樹清陰，亦不知所在。每至日暮，晚霞在天，樹色四接，裵回閑步，輒留連門巷，放佛清芬琴烏之音，猶若去人未遠也。

向寶森堂取嘉定瞿氏新刻宋本《管子》閱之。本黄蕘圃所藏，於嘉慶甲子購之都門者。每半葉十二行，行廿四字，前有大宋甲申楊忱序，後有紹興己未張嵲記。以己未推之，甲申蓋孝宗隆興二年也。模刻頗工。末附瞿氏書目一首，考證異於趙文毅本者凡一百六十五條。

夜有風，二更後稍止。

邸鈔：詔：初九日再親詣大高殿祈雪。

初七日乙丑　晴。

益都趙韞退按察進美《詠畫竹》云：『記得君山古廟前，沙鷗如雪水如天。數叢惟在蒼崖下，風雨纔晴便有烟。』李武曾良年評云：『佳處不可言傳。』蓋以寄意蕭寥，取神遺跡耳，然詩中無事在也。余前夢歸越中，負郭有山，蒼翠矗起，屋隨山爲高下，其外大湖，烟水萬頃，遠見青山如髮。醒而記之，得一絶，云：『繞郭湖光萬頃烟，樓臺都似鏡中懸。分明一髮青山外，著我孤舟暮雨邊。』惝怳迷離，而其境如繪，似較清止詩有實際，後人必有能辨之者。

下午偕敦夫詣文昌館觀劇。晡後詣光甫，不值。偕敦夫回寓廬，擁鑪啜茗，至夜去。

初八日丙寅　晴。煮臘八粥，祀先人。劉仙洲夫人饋臘八粥。以粥詒汝翼。徐壽蘅師來，新以服闋入都者，久談，至傍晚去。殷蕚庭生日，饋以桃、麵。晚作送張薌濤巡撫山西詩，并與書云：『積疢蠖居，罕通人事，長者車轍，此用《史記·陳平傳》語。長者，謂達官貴人也。亦不相關。小人之言，中於肺腑，室邇人遠，良以憮然。旌節將行，私衷難已，率成四韵，聊附贈言。廿載交情，匪辭可罄。不宣。』夜作懷楊雲乘吳門詩，并致書言近狀，以駢語行之，稍長，不録。書託吳大衡編修寄去。

鄉人楊雲乘布衣作霖**自吳門致書道懷却寄兼謝其佳茶筆墨之饋**

山條水葉罷耕耘，塵外蕭然愛古薰。冰雪自聯詩眷屬，雲乘爲沈曉湖妹婿。風泉間助佛聲聞。雲乘耳聾。埋名橋下皋通廡，託興城頭鄧尉雲。清絶點茶研墨事，每拈斑管輒思君。

送張孝達閣學巡撫山西

主恩持節莅嚴關，暫輟承明鳳閣班。春動旌旗恒嶽驛，花迎鼓角晉祠山。北都雄鎮青天上，内翰清名白水間。榮遇儒臣推第一，待看經術起時艱。

邸鈔：命理藩院尚書麟書、刑部左侍郎薛允升馳驛前往江蘇查辦事件，隨帶司員一併馳驛。以翰林院侍讀學士張家驤爲詹事府少詹事。詔：二品銜直隸津海關道鄭藻如著開缺，以四品京堂候補。藻如出使美、秘、日各國，代陳蘭彬回。詔：黑龍江都統文緒署理黑龍江將軍。廣西鬱林州直隸州知州何昭然升廣西南寧府知府。

初九日丁卯　晨陰，上午間晴，下午陰。答詣徐壽蘅侍郎、瞿子九、蔡嵩甫、殷蕚庭，俱不值，即歸。室中書倒，整比數時。陳書玉來。傍晚詣沈子培、楊雪漁，俱晤談。晚赴許仙坪消寒第二集，孺初、鐵香、雲舫諸君已早至，仲模侍講、叔平給諫、兩張君後來，觥籌賭飲，盡醉極歡。酒罷，復縱談至四鼓始歸。夜微月，四更後雪，至曉積一寸餘。頭番上瑞，甚可喜也。付車錢十千。

邸鈔：黑龍江將軍定安奏病勢增劇，籲懇開缺。詔：定安准其開缺，回旗調理。上諭：御史清漪奏庫差年滿，不行呈報，請旨飭查一摺。據稱内務府廣儲司銀庫員外郎曾潤、文霈到任已逾三年，並不照例呈報，每遇各處領款，扣成抑勒。著總管内務府大臣確切查明，據實具奏。十二日廣壽等覆奏，曾潤、文珮因現屆清查六庫之年，援案奏留稽核；至銀庫放款，無從舞弊。詔毋庸議。

初十日戊辰　陰，午微晴。

偶閲馮登府《金石綜例》四卷。自黄梨洲氏《金石要例》出後，文之義法，已括其凡，爲碑版者，謹守不渝，即爲定則。朱竹垞氏欲緝《隸釋》《隸續》所載爲例，以補潘、王、黄三家之缺，意在存古，實爲好奇，可以取廣見聞，不必定爲義法。於是馮氏及梁曜北、郭頻伽等皆掇拾瑣碎，分綴奇零，例愈廣而愈繁，采愈多而愈惑。蓋漢代碑碣，不重文章，魏齊石刻，多出村野，名字月日，信手而書，年號官稱，亦間致錯，至於子姓所敘，詳略失宜，得氏溯張柳之星，方外有公薨之號，其爲鄙繆，不可勝言。馮氏等皆非能文之人，又不甚通史學。如此書有『書前官名』一條云，楊著曾拜思善侯相，而碑額及《楊震碑》止書高陽令，聞拜後即以兄憂去官，故仍書前官。韓仁遷槐里令，而銘額書聞憙長，古金石例也。案：漢縣有大小令長之别，以長遷令爲美擢。凡侯國多小縣，侯國相即小縣長也。楊著先已爲定潁侯相，擢拜議郎，始遷高陽令，以母疾去官，服終後，復辟公府，舉治劇，爲思善侯相。定潁、思善皆小縣，著又未至思善，故仍稱高陽令，以秩尊且實任也。韓仁遷槐里令，未聞命已卒於聞憙長，其碑乃司隸校尉嘉其聞憙治縣之績，移河南尹，爲之立碑，自應稱聞憙長，皆文字一定之例。馮氏未聞官制。其它如以西魏文帝大統之號爲魏孝文帝太和之號，以金章宗泰和之號爲宋，其史學可知矣。

益吾祭酒來。張薌濤來辭行。

夜閱陳樸園喬樅《詩經四家異文考》。依經次耆拾諸書所引異文，不分别何家，間附考證，蓋其述魯、齊、韓《詩》遺説之緒餘也。其《魯詩遺説考》六卷，《齊詩遺説考》四卷，《韓詩遺説考》五卷，不知已刻否，惜不得讀之。

十一日己巳　晴。

都中酒令，有於『口』字外加二筆各成一字者，凡三十字，又篆文八字，其事最雅，且有益於小學，爲記出之：司、台、叺、見《龍龕手鏡》，即『呻』字。又，漢隸『以』字亦如此。叨、召、卟、占、兄、号、《説文》『嘑号』本字，今作『啼號』。加、另、見《玉篇》，音骿。另，别也。叮、古、叶、只、可、叵、右、佀、古『信』字。同、石、二字皆非从口，借用之。叩、叩、本从邑，見《説文》邑部，云京兆藍田鄉。《玉篇》作邔。《廣韻》在上聲四十五厚。隸變邑旁成阝。句、叫、吪、見《類篇》，从匕，即古『化』字，音化，開口貌也。亦見《集韻》去聲四十禡。叱、音昌栗切，亦作尺栗反，呵也。此正音正義。又音七，聲也。見《莊子釋文》。今俗書作『叱』，與『叱』混。台、叭、見《玉篇》，普八切，聲也。《類篇》同。㕣。又篆文八字：同、召、吅、后、向、听、笑貌，今以『听』爲俗『聽』字。吒、即『叱吒』之『吒』，亦作『咤』。咼。

字有重性貤繆至不可詰者，如另字本『冎』之隸也，『冎』爲剔人肉置其骨，音古瓦切。『咼』字从冎爲音，『咼』在口部，音苦媧切，口戾不正也，即今俗『歪』字。《玉篇》以『咼』爲即『冎』字，其謬一也。『别』字从冎，本作『𠛬』，隸作『别』，其後轉寫作『别』，从口下力。《玉篇》口部遂有『另』字，云『音骿。另，别也』，其謬二也。骿，《説文》作『髀』，在冎部，云别也，讀若罷，孫愐音府移切。《玉篇》《音補解切》《龍龕手鏡》遂入卑部，出『髀』『骿』二字，云『髀』俗『骿』正，不知『咼』即『冎』之譌，『另』即『冎』之變，而强分正俗，其謬三也。『𢐗』以『卑』爲聲，智光不知偏旁聲義之别，其書出入淆亂，不勝枚舉，固不足怪。『另』即『冎』字，本無從力之『另』字。《玉篇》是宋人增益者謬收，其云音𢐗另，蓋當時俗間有此語。然『另』字究不知何音，韵書皆不收，而今人讀若零，去聲，不知何本，其謬四也。《龍龕手鏡》一書，所收蕪濫訛繆，多不可訓，而口部獨以爲『另』即『冎』字，『冎』即『冎』字，可知宋以前尚無『另』字訓别之説也。其𢐗下亦祇云音彼，相分解也，並無𢐗另之語。

閲《詩四家異文考》。夜月甚佳，早睡。庚辰同年公製李合肥相國明年六十壽幛，以庶吉士經世之伯父也，付錢二千五百。付修佩表及易銅機錢十一千。

十二日庚午　晴，晨有風。得同鄉武狀元陳參將桂芬冬至日端州書。得益吾祭酒書，還《魏書》。爽秋來。光甫來。夜月佳甚，過敦夫齋頭，偕詣陳汝翼，談至二更歸。星月澄耀，清而不寒，擬賦詩紀之。

十三日辛未　晴。作片致光甫，約十五日爲敦夫作生日，得復。復王祭酒書。得爽秋書，以所作《送孺初歸粤》五古二首相商。詩騷雅有骨格，意味亦長，佳作也，惟次首用江韵，近僻有未穩處，復書告之。得紱丈書，即復。

孫鏡江來，以武梁祠近出孔子擊磬及程嬰杵臼兩畫象拓本見贈。夫子擊磬象所畫六人，其二有榜，一曰孔子，一曰荷蕢，而有二人跽伏夫子前，其左方題詞則云：『何匧見《説文》匚部，云田器，蓋『莜』之古文。杖『丈』字通。人，養性守真。子路從後問見，夫子答以二字上半俱模糊。「勤體煞漢隸殺或作煞，《白虎通》亦如此。鷄爲黍」。子路拱立，無辭□語。』此字左缺。乃與畫不相值，不可解也。其『荷蕢』作『何饋』，『何』本字，『饋』借字。

鐵香來。夜月更皎，補昨詩兩首。

十二月十二夜月皎甚偕敦夫近步歸保安寺街二首

歸踏滿街月，閑門星斗斜。犬聲聞隔巷，樹影似山家。地僻猶餘雪，霜嚴早噤鴉。漸聽更柝緊，始覺住京華。

王邵論詩地，邵子湘《青門旅稿》自序言，己未歲寓保安寺街，與阮亭先生僅隔一墻。風流已渺然。履綦思蘚迹，門巷幾茶烟。郎署清吟暇，阮亭時亦爲户部郎中。康熙極盛年。料如今夜月，梧影落華箋。

十四日壬申　晨陰，巳後晴。作片致光甫、書玉兄弟。作片致鐵香，借以石鼓拓本。午坐聽事南榮，負日剃頭，不需鑪火。作片並寫昨兩詩致敦夫，得復。閱《廣雅疏證》。夜月皎如昨。得益吾書，即復，并寫致昨詩。

邸鈔：前翰林院侍講學士瞿鴻禨補原官。

十五日癸酉　晨微陰，上午後晴。得益吾祭酒書，見示《冬夜訪張治秋編修千佛庵論詩》五古，極老成，即復。敦夫來，光甫來，午後偕詣文昌館樓，并邀書玉兄弟觀劇，聽余紫雲歌《五花》一曲，盡妍妙之致。傍晚歸。得趙桐孫易州書，饋歲銀十六兩。夜光甫邀同敦夫、書玉兄弟飲聚寶堂，招霞芬、玉仙。二更邀諸君飲霞芬家，再招玉仙，藏鉤賭飲。是夕望，初夜有雲，二更後月出，皎潔奪晝。霞芬燃燈，廊廡内外通明，清煇綺映，裵回庭院，四更始歸。賦詞紀之，徹旦不瞑。付霞芬酒局四十千，賞其僕十千，文昌樓坐十千，車錢七千，客車五千。

宴清都辛巳臘月望夜，偕同鄉翰苑鳳池數公飲朱霞精舍，燃燈賭月，將旦立春。

綺幔籠雕檻。晶屏隔、蜜梅花下香淺。金鑪麝火，煎茶細語，暗催壺箭。當頭璧月還滿，問今歲、尊前幾見。況畫廊、兩兩華燈，媚紅剛映人面。回眸又是春來，旛摇綵蝶，釵蔟珠燕。遥知鏡裏，銀蟾對影，黛眉先展。分明語近香遠，更玉笋、藏鉤送暖。莫管他、錦帳蘭熏，消停翠醆。

十六日甲戌　卯初初刻二分立春，明年正月節。晴和。得敦夫書，以今日與光甫、秋田、書玉兄弟約再觀劇，且續昨日之飲。書春勝語。閲陳喬樅《禮堂經説》中《萬乘千乘考》。馬蔚林來。午後詣文昌樓觀演《貴壽圖》燈山星漢之劇。國恤未期，廣場屢集，窮涂作達，積慘暫歡，老有童心，世無我病，然亦僅可爲知者道耳。晚再赴聚寶堂之飲，招霞芬、玉仙。敦夫復欲邀飲壽春，諸君意以今日宜春，豫爲余壽，其情甚可感。余頗小極，力辭之。夜二更歸，月色如昨。肯夫夫人饋燕皃燖肉、百合年糕，即以轉饋紱丈。得紱丈書。付霞、玉車飯錢八千，車錢六千。張仲模侍講來，不晤。

兩日在文昌館，見吾鄉鍾□□之女三四人，年皆及笄，靴足巾額爲男子服，而耳飾珠翠，面傅脂粉，雜坐樓梯之側，駢肩擁背，皆屠酤也。時或對鏡撩髮，褰裳露絝，姚態百出，衆人指目，坦不爲意。此亦人妖矣。吾鄉婦女習操作，而畏見人，雖胥吏之家、商販之户，久居異地，不改土風。京都百司，吏多越産，或已閲十餘世，無有效滿洲妝束者。今年重九日潘孺老及袁爽秋偕游天寧寺，歸爲余言，見女子數人弓足鬟結，著短繡襦，上被貝絡，紅幝不裙，炫冶之甚，詢之寺僧，云鍾家女。余謂□□内雖狡詐，外自矯飾，家法不應至是。今日其子亦與諸女來，秋田方館其家，其弟子也竟來謁語，方相顧駭然。□□雖家世爲吏，然廣場市劇，改服群坐，倡妓賤流，未敢爲之，深可歎也。

邸鈔：詔：二十日舉行三壇祈雪祀典，派禮親王世鐸祀天神壇，肅親王隆懃祀地祇壇，惠郡王奕詳祀太歲壇。是日仍親詣大高殿叩禱，惇親王奕誴等仍分禱時應諸宮廟。詔：恩承現在穿孝，吏部尚書廣壽兼署禮部尚書，左翼總兵崇禮署理步軍統領。恩承母許氏年一百四歲，亦近來盛事也。以翰林院侍讀學士永順爲詹事府少詹事。 上諭：翰林院侍講學士尚賢奏敬陳鄉會試事宜酌擬四條一摺，著該部議奏。所奏皆請廣應試之途，如郡君、縣君、額駙、世襲騎都尉、雲騎尉、捐納到省人員，皆請仍准鄉會試。又謂新章凡軍興捐款減成監生，須赴部補足給照，方准鄉試，恐寒士措資不易，人才屈抑，請免補繳，尤爲可笑。以二三金所得之監生，而尚恐有遺賢之恨，真别有肺腸也。

十七日乙亥　晴。張子騰少詹送來黄漱蘭詹事江陰書，并饋歲銀二十兩，此事可感。余與詹事略無交款，其行也，無杯酒之餞，蓋同聲相應，氣類未孤也。 一溢之潤，勝百朋矣。 作復趙桐孫易州書。 晡後過敦夫齋中談。 有貓污案頭書，洗滌熯乾，致焦數葉，爲之煩怒不已。 此雖小事，亦不能治心之諭也。 夜月復佳。 比夕嗽甚，不得瞑。

邸鈔：慈禧端佑康頤昭豫莊誠皇太后懿旨：恭親王奕訢之子載潢賞給不入八分輔國公，醇親王奕譞之子載洸賞給奉恩輔國公。 上諭：前據御史陳啓泰奏吏部於查核兵部擬補郎中一缺，前後兩歧，尚書萬青藜骫法徇私等情，當諭令都察院堂官查奏。 兹據童華等覆奏，於原參萬青藜授意司員，各堂官争之不得，及萬青藜袖出一稿各節，並未逐款查明，聲敘殊屬含混，著童華等再行確切詳查，據實具奏。 大理寺卿恩霙奏病難速痊，懇請開缺調理。 許之。

十八日丙子　晴。 作復黄少詹書。 爲傅懋元《程氏説文古語考補正》題辭。 比日新授廣西慶遠府戴霖祥、新授江西吉南贛道文惠皆來拜，不知所由，蓋户部同寮也。 下午賀瞿子九補學士，答拜鄉人徐友蘭，詣益吾祭酒，答拜黄修撰思永，即歸。 晚詣張仲牧侍講，赴消寒第三集。 張叔平以病先歸，仙屏以腹疾後至。 夜飲於蘄水館。 余以與敦夫諸君有約，未及酒闌，驅車詣聚寶堂，門已閉矣。 遂至上虞館訪書玉兄弟，敦夫、光甫已久待，即偕飲月秋家，招霞芬、玉仙，探籌行酒，四更始歸。付玉仙左酒錢六十千，車錢十千。

邸鈔：上諭：寶鋆奏瀝陳愚悃，請開軍機大臣、翰林院掌院學士差使一摺。寶鋆宣力有年，精神尚健，當此時事多艱，正宜勉圖報稱，著俟假滿後，即行入直，毋庸開去差使。

十九日丁丑　晴。本生祖考藴山公生日，供饋，晡後畢事。得益吾書，贈止嗽枇杷葉梨棗蓮蜜方，即復。馬蔚林來。殷蕚庭來。瞿子九來。作書致書玉，饋以祭餘燖鳧、蒸鷄、燔肉、海參四器。晚過敦夫齋中，即歸。

夜閲《晉書》。勞季言謂《周處傳》中弱冠爲鄉里所患及入吴尋二陸事，采自《世説》。以《處傳》及《陸機傳》考之，處長於機二十五歲，知小説妄傳，非事實也。此真善讀書者。因此并可證世傳陸機所撰《周處碑》亦僞作。

邸鈔：上諭：刑部奏審明迭竊宫殿銅鍊寶匣等物賊犯，按律從重定擬一摺。此案袁大馬、袁立兒、王五膽敢糾夥迭竊宫殿銅鍊寶匣等物，罔不畏法，至於此極；徐志祥身充太監，輒敢吸食鴉片，復招引竊賊，肆竊宫禁，實屬罪不容誅；連毛兒、大胡於禁城重地，肆行出入偷竊；侯善祥知情銷贓，亦屬異常藐法，亟應從嚴懲辦。袁大馬、袁立兒、王五均著處斬，徐志祥依擬應斬，著即行正法，連毛兒、大胡、侯善祥均著依擬斬監候，以肅法紀。其在逃之韓老西等，仍著步軍統領衙門、順天府、五城一體嚴拏務獲。所有拏獲此案各員弁，著從優奬勵。其在内值班之前鋒統領、護軍統領、總管内務府大臣，平日漫無覺察，所司何事，著各該衙門查取職名，照例議處。慈禧端佑康頤昭豫莊誠皇太后懿旨：前據内閣侍讀學士文碩奏門禁宜嚴，並變通大臣進班章程各摺片，著醇親王奕譞會同御前大臣等妥議具奏。詔：麟書、薛允升現在出差，瑞聯兼署理藩院尚書，祁世長兼署刑部左侍郎。

二十日戊寅　晴。得紱丈書，饋節物，犒使三千。王霞西來，以其父舉人振綱詩文集求閲，其所爲甚鄙陋。沈子培來。饋蓴庭節物。聞嘉興錢湘吟侍郎昨日病卒。湘吟癸亥任湖南學政時，固請余同行，余諾而不果，聞其頗以爲憾。此次入都以後，僅通一刺，以其位漸通顯，遂不復往。去年、今年皆先來賀年，余始報之。其年僅長於余，忽以徂謝，雖非交契，亦可念也。

邸鈔：以詹事府詹事黄體芳爲内閣學士，兼禮部侍郎銜。以鴻臚寺少卿沈源深爲内閣侍讀學士。

二十一日己卯　晴。得益吾書，屬題《明妃抱子圖》，即復。敦夫來。譚研孫來，自江右服闋入都者。閲《晉書》。補寫日記。是日封印。作書致敦夫，饋節物，得復。夜陰。

二十二日庚辰　終日陰，傍午微見日。掃房室塵。敦夫來。夜爲益吾題圖，即作書致之。

送入我門來王逸梧祭酒母鮑太夫人高年就養，望切含飴，一日見左浣香女史所繪《明妃抱子圖》，兒白如瓠，甚喜之，命祭酒徵題詞。余亦念深暮㸦，因譜此調，當張仙禖祝同讖宜男也。

蓮炬千行，花釵九樹，蓬瀛壽母堂開。燕燕嬌飛，新傍荔紅栽。似聞舞綵銀尊側，有仕女屏風十幅裁。啓金萱笑口，佳兒如雪，幾日投懷。　休道漢宮畫錯，燕支倸時種就，珠玉盈胎。繞膝名王，郭落錦毾㲪。須知大鼻驢王穜，上。有龍鳳丰姿虎豹才。趁東風爆竹，磊棋弄蠟，送入門來。

邸鈔：上諭：吏部右侍郎錢寶廉，由翰林洊擢卿貳，謹慎老成，克稱厥職。兹聞溘逝，軫惜殊深。加恩照侍郎例賜恤。寶廉字平玉，號湘吟，嘉興人，道光庚戌進士。

二十三日辛巳　晴。剃頭。爲孫鏡江題金石舊拓本三事。

跋舊搨比干銅盤銘

此搨紙墨甚舊，字畫渾厚，頗與各家所模詰曲細折者不同。叔茀得之苕中，書賈以爲宋搨也。此銘真僞，聚訟紛紜。然不特比干無據，篆法茂密，姿致亦必非三代物。銘凡四句十六字，其首四字，舊釋作『左林右泉』，或作『右林左泉』。今按弟三字作『』，古人『右』作『』，『左』作『』，此从作偏旁，則爲『左』字無疑。下已有『工』形，是借左助字爲之，亦非三代文字之一證。其首二字及弟二句釋作『前岡後道』，四字惟『道』字略具『』形，餘不敢質矣。後二句釋作『萬世之齡，於馬是𡧍』，字畫皆尚可辨。古無『齡』字，或假『軨』假『令』爲之。此文作『』，左似上作『止』，下象古文『』形，右明作『令』，可知秦漢間已有『齡』字，《禮記》『與我九齡』，不必穿鑿曲説，然即此更可證非比干時字矣。舊釋作『靈』，謂『靈』『齡』通借，亦是一説。或釋作『寧』作『藏』，蓋不識字，『於』字古文象烏形，亦可放佛；或釋作『兹』，亦謬也。然玩此二語，豈殷周人語邪？要之，此銘自是秦漢人所爲。此本蓋宋政和間鳳翔新出土時所拓，不特非明萬曆間重刻本，亦非元延祐間臨模本，是亦可寶也。

跋舊拓武梁祠嗾獒圖

此象在王陵見漢使下方，義士范瞶左方，右畫殿屋下一人，榜題『靈公』。後立一人，似侍臣。柱下一犬，上有榜字，已磨滅。殿外一人作踆犬狀，上有榜，亦曼患，蓋題『彌明』二字也。左人祇存半身，作攲斜狀，有榜題曰『靈輒趙宣孟』，蓋畫輒抱盾上車象也。諸家無著録者。近日山東碑賈來，始有此象。旁刻『庚午補入』四字，云同治九年始出土。然同年孫叔茀吏部兒時得此圖於其外家章氏，已云舊搨難得，紙墨亦甚古。其石與上方左方並無斷裂痕，人物車馬俱有生氣，與黄氏小蓬萊閣所模唐搨相似，豈明以前本相連，至國朝斷落薶没，故諸家皆不之見，近又出土邪？其右殿柱有題字二行曰：『宣孟晉卿，餔輒翳桑。靈公憑怒，伏甲嗾獒。車右提明，⿺走乍犬絶項。靈輒乘盾，爰發甲中。』凡三十二字。憑者，盛也，厚也。⿺走乍蓋即『趍』之異文，或即『⿺走厥』字。⿺走厥者，蹶也。『⿺走乍犬絶項』及『靈輒乘盾，爰發甲中』皆用《公羊傳》語。《公羊》云：『祁彌明逆而踆之，絶其頷。』何氏解詁：以足逆蹋曰踆。頷，口也。案：頷，《説文》作『顉』，云低頭也，《左傳》『頷之而已』，杜注：頷，摇頭也。是絶頷者，絶其頭，即絶項也，不當訓口。《公羊》云：『有起於甲中者，抱趙盾而乘之。』此所云乘盾也。惟《公羊》無靈輒之名，又翳桑作暴桑，提彌明作祁彌明，此皆用《左氏傳》。漢世重《公羊》，東京以《左氏》爲古學，此能參用之，亦經師佳證也。乘作『乗』，與『桒』字祇争一筆。此文『卿』『桒』爲韻，『怒』从『奴』聲，古音如『呶』，與『獒』爲韻；『項』从『工』聲，古音如『貢』，與『中』爲韻。『⿺走乍』或亦即『迮』字。迮者，迫也。《左傳》『桓子咋謂林楚』，『咋』即『迮』字之借，《考工記》亦借『祚』，杜注云暫者非，从走與从辵一也。

跋梁釋慧影造象

此象同治戊辰元旦石門人李嘉福始得之於吴門。北朝造象甚夥，南朝惟齊永明元年一石，論者猶疑其僞，亦祇寥寥數字耳。此象背文云：『梁中大同元年太歲丙寅十一月五日，比丘釋慧影奉爲亡父亡母并及七世久遠出家師僧并及自身，廣及六道田生、一切眷屬，咸同斯福。』凡五十四字，記辭詳雅，字有漢魏八分遺意，較永明象記鋒棱秀出者迥不相侔。蕭梁象教最盛，得此足傲北土。田者，衆也，故『玄田爲畜』，足徵古誼。中大同之號起於丙寅四月，至次年丁卯四月即改元太清，時武帝方再捨身同泰寺，未幾而侯景變作，然則奉佛之效何如邪！

作書致鏡江。得王益吾書。夜祀竈，燃爆鞭。三更後報賽歲神、禄神及門、行、户、井、中霤之神，焚爆杖一千。五更畢事，達旦始睡。付燭爆、紙馬等錢四十八千五百，鷄、𩾃、豚、魚等錢二十三千。

邸鈔：以禮部右侍郎祁世長調補吏部右侍郎，仍兼署刑部左侍郎。以大理寺卿許庚身爲禮部右侍郎。以前順天府府丞周家楣署都察院左副都御史。

二十四日壬午　晴。劉仙洲夫人饋節物。錢孝廉榮祖來。得伯寅尚書書，惠銀三十兩，即復謝，犒使八千。饋肯夫夫人節物。作書致伯寅尚書，饋節物，得復。汝翼饋節物。饋汝翼節物。鄧鐵香來夜談。署吏送來冬季養廉銀十六兩。

邸鈔：上諭：前據順天府府尹游百川呈進已故户部主事郝懿行所著書四種，當交南書房翰林閲看。據稱郝懿行學問淵博，經術湛深，嘉慶年間海内推重，所著《春秋比》《春秋説略》《爾雅義疏》《山海經箋疏》各書，精博邃密，足資考證。所進之書即著留覽。

二十五日癸未　晴。得伯寅尚書書，屬代擬應制詠物七律十三首，下午成，即作書送去，得復。再得尚書書，饋節物，受其三，即復謝。饋仙洲夫人節物。

二十六日甲申　陰，傍午微見日。作書致敦夫。殷萼庭饋節物。孫鏡江來。敦夫、光甫、秋田來，談至晚，姬人等爲余治暖壽筵，即留三君共飲，二更後去。夜晴星見，五更微雪。

邸鈔：詔：大學士靈桂充文淵閣領閣事，協辦大學士、兵部尚書李鴻藻，兵部尚書志和俱充經筵講官，内閣學士貴恒充文淵閣直閣事。上諭：童華等奏遵旨再行確查，據實覆奏一摺。據稱吏部於鄧天符擬補郎中一案，經承辦司員回明，各堂公同照章議駁，旋因兵部援案咨查，復經查出已故户部郎中汪朝棠准補之案，與鄧天符請補題缺事同一律，回堂援案照准，萬青藜實無授意司員，各堂官争之不得，及袖出一稿之事等語。此案既據逐款查明，即著毋庸置議。承辦司員於初次議駁之時，未能查出成案，率行定稿，實屬疏漏，著查取職名，照例議處。並著吏部將各項補缺章程詳加釐定，務歸畫一，毋得辦理兩歧。上諭：左宗棠奏遵旨查辦事件，先行覆陳大概情形一摺。湖北候補道楊宗濂著先行革職，聽候查辦。湖北漢黃德道何維鍵著即開缺，送部引見。湖北候補知府李謙，著彭祖賢察看甄別。其餘應查事件，仍著左宗棠詳細查明具奏。上諭：李鶴年奏現審案犯大概情形，請派員覆訊一摺。所有斬犯胡體洝臨刑呼冤一案，著派梅啓照會同李鶴年訊明具奏。禮部左侍郎殷兆鏞奏病仍未痊，懇請開缺。許之。以工部右侍郎張澐卿調補禮部左侍郎，未到任時，以兵部右侍郎徐郙兼署。以內閣學士孫毓汶爲工部右侍郎，兼管錢法堂事務，未到任時，以太常寺卿徐用儀署理。徐用儀所署都察院左副都御史，以詹事府少詹事張家驤署理。

二十七日乙酉　晴，午前後微陰。余生日，叩拜先人。殷蕚庭饋酒、燭、桃、麵。汝翼饋燭及麵十斤。汝翼來。敦夫來。

讀劉氏《論語正義》。其解告朔餼羊，必用駢枝之説，以告朔爲即班朔，不信鄭注牲生曰餼，而必以爲饋客之餼，已屬强辨。至俞蔭甫又謂告朔與告月異，吉月當作告月，別造一典故矣。

二十八日丙戌　晴，午後微風。得伯寅尚書書，再饋銀二十兩，即復謝，犒使六千。剃頭。遣李升至景、麟、翁、徐四尚書師家投刺，各不送節敬。下午詣房師林贊虞編修家，親投刺，送節禮二金。又詣李高陽協揆師，投刺，不送節禮。至邑館，訪敦夫、秋田，皆它出。詣繆筱珊，坐清漪閣久談。清漪閣臨南下窪平野，朱茮堂漕督爲朱野雲所題者也。詣譚研孫，知遘疾已數日。詣汝翼、鐵香，俱不值，遂歸。得書玉書，饋彘脯、山貍，即復謝。作書問益吾祭酒疾，得復，言未愈。閲《論語正義》。付李升等叩壽錢二十二千，岑福送桃、麵賞錢八千，刻字鋪送門簿、門封錢六千。付賃屋銀六兩。付族人王節母錢十四千及年糕、羊肉。

邸鈔：詔：明年正月初三日仍親詣大高殿叩禱雪澤，再派禮親王世鐸等恭祀天神、地祇、太歲三壇，惇親王奕誴等分禱時應諸宫廟。

二十九日丁亥　歲除日。晴。作書致汝翼。祀竈。霞芬來，予以銀十兩，叩歲二兩，賞其僕十千。朱蓉生來。玉仙來。祀故寓公。夜祀先，肉肴六豆，菜肴八豆，年糕一盤，角黍一盤，饅頭一盤，時果四盤，扁豆紅棗湯一巡，酒三巡，飯再巡，一更畢事，飲屠蘇酒。付米錢二百三十七千八百，石炭錢二百十六千五百，乾果錢一百九十六千又廿千七百，賣花媪銀七兩五錢，聚寶堂酒食錢一百二十千，又豐樓四十千，布鋪銀四兩八錢，寶森堂書鋪銀四兩，松竹齋紙鋪錢四十千，燈油錢八十四千，糕麵鋪錢二十千，銀飾鋪銀三兩，甜水錢十八千，苦水錢十二千，絨綫錢十三千，李升年賞錢十五千，王媪、楊媪各十一千，更夫七千，升兒六千，洋甃供合錢二十三千，庚辰長班三千，庚午長班二千，全浙館、浙紹鄉祠、山會邑館長班各二千，看街兵役二千。自昨夜有風，今日午後漸止，至夕星宇清宴。

光緒八年（一八八二）

光緒八年太歲在玄黓敦牂春正月在終陬元日戊子　晴，微陰，稍寒。司天言風從艮地起，主人壽年豐。余年五十四歲。早起放爆杖，以湯圓子供先，拜竈神，叩拜先人，書勝語。午飯後出門閑步，迎喜神，歷東南近坊，至賈家胡同南口，觀寶樹堂前春喜燈而回。汝翼來，今年功令不賀歲，街市寂静無車馬，衹宜我輩閑談耳。讀《論語正義》。偕家人戲擲采選圖四周，余三得狀元。喜入新年聞吉語，老夫還發少年狂。

初二日己丑　丑初初刻五分雨水，正月中。晴，上午甚寒，午稍和。早起覽鏡，見數日來鬑須添白十餘莖，既然以詩紀之。作書致益吾祭酒，遣人問譚研孫疾。叩先像，供炒年糕及酒、茗。益吾祭酒來。爽秋來。沈子培來。是日已漸有賀年者。詣西鄰劉宅，拜雋山師像。得紱丈書，即復。家人聽演傀儡戲，至晚罷。夜飲酒，醉甚。一更後風。付人偶戲錢八千。

正月二日覽鏡見鬢須添白十餘莖感賦

老來覽鏡輒經月，忽覺吴鹽新滿鬉。獨爲冰霜先變色，須知天地本無私。人生見此猶爲幸，世事方殷惜我衰。何物春風偏不到，衹應爾與鬢邊絲。

初三日庚寅　晴，大風，午後益甚，嚴寒。紱丈挈其次郎來，年十三矣，杖舄欣然，南榮小坐，設食而去。叩先像，供肉、菜餃子及清茗。得紱丈書，即復。

邸鈔：上諭：烏拉喜崇阿奏謝入座次序恩一摺。本年侍衛處奏請定朝班坐次，並無烏拉喜崇阿銜名，該左都御史具摺謝恩，實屬錯誤，著交部議處。

初四日辛卯　大風，晴寒。叩先像，供肉、笋、紗帽餡子及清茗。光甫來。錢榮祖來。得紱丈書，即復。

閱善化何鏡海應祺《守默齋雜著》及《詩集》共四册，去年平景蓀所寄者也。應祺以監生從曾文正軍中，得官後爲文正所斥，需次江西，嘗署吉南贛寧道，後改廣東，又署惠潮嘉道，旋卒。頗以古文自負，而不知學。前二册爲《江西忠義録》，自張文毅芾至江西士民，人各爲傳，巡撫沈文肅葆楨、劉坤一等設局采訪。其稿創之夏嗛父，而應祺繼之。文雖不工，足備參考。一册爲雜文，其中有王壯武鑫傳，敘戰功甚詳，云其事實得之壯武之兄動，蓋可信也。文亦頗有筆力，惜用字無根柢，多不如法。詩亦微有才情，惟太淺俗耳。

夜風不止。

初五日壬辰　晴。出門答拜二十餘客。詣紱丈、鄭盦尚書、徐壽蘅師、周荇農丈，俱請見，皆它出興勝寺。訪光甫，久談，餔時歸。敦夫來，霞芬來，俱不值。爲投刺貴人，而失新年人面，可一哂也。夜祀先，供栗子湯一巡，肴饌七豆，酒一巡，飯再巡，越俗謂了新年茶飯也。作書致敦夫。付車錢六千，林兒卯年五千。

初六日癸巳　晴。作書致許仙屏。鐵香來，久談。敦夫來。

陳恭甫先生《左海經辨》中有《説文經字考》一首，補竹汀錢氏《答問》所遺也。江都李氏刻入《小學類編》，祇從《學海堂經解》本録出，未及考陳氏原書。《經解》本多誤字，轉刻又有誤者，寓中亦無原刻《左海》諸書，今日據《説文》各書爲之是正三十九處，并改正《經解》本别爲附注十條。陳氏古義湛深，然不及錢氏所舉之密。蓋錢氏惟舉僻字以曉世之疑《説文》者，陳氏則習見如『西』『但』『豐』『匆』『豈』『萊』等字，重文如『訊』之古文『[illegible]』，『弃』之古文『[illegible]』，『糟』之籒文『[illegible]』，『皃』之或文『[illegible]』『[illegible]』等字，本易曉者亦兼載之。又如『𠪚』本讀如『卷』，大徐本云古文以爲『醜』字，小徐本『醜』作『䰕』，蓋『醜』實誤字，而陳氏謂『𠪚』即《易》『獲匪其醜』之『醜』。駔，大小徐本俱云牡馬也，近儒段氏注以『牡』爲『壯』字之誤，蓋『騭』下云『牡馬』，與《爾雅》同。『駔』，古字通『奘』，故有駔儈之訓，其字又不與『騭』相次。段氏據『牙牡齒』改『壯齒』之例，改爲『壯馬』，其説是也。而陳氏謂『駔』即《爾雅》『牝曰騇』之『騇』，皆考之未審也。今年讀書，惟此一事耳。

初七日甲午　晴，大風，午後少止。得敦夫書。卯先像，以人日，供饅頭茗飲。下午步游廠市，人物甚繁。至火神廟閲書，無可觀者。晤楊定甹、蔡嵩甫及徐亞陶、孫鏡江、龐絅堂諸同年，餔時顧車歸。

陳氏《經字考》云，『摯』即《詩》『如輊如軒』之『輊』。案：『摯』當作『輂』。《車部》：輂，抵也，从車執聲，陟利切。小徐《繫傳》引潘岳曰『如輂如軒』。考今本《文選・射雉賦》作『如轋如軒』。《説文》無『輊』及『轋』。《集韵》六至陟利紐云，輂，《説文》『抵』也，或作『輊』『輖』『蟄』『轋』，通作『摯』。云通作『摯』者，《考工記》『大車之轅摯』，又『平地既節軒摯之任』，鄭注：摯，輖也。《釋文》『輖』音『周』，或竹二反。《周禮》多故書，故『軒輊』字作『摯』，古文假借也。正字作輂，抵者不進，即前重之謂。懋堂段氏《説文》『鷙』下注云，車之前重曰輂，馬重曰鷙，其音義一也。楚金引潘賦作如輂，蓋所見唐季《文選》本有作『輂』者。李善注引《詩》『如輊如軒』，亦以今《毛詩》本釋之，古本及三家或有作『輂』也。

《論語》『井有仁焉』，自來注説家皆不得其解。『井』讀如『驅而納諸罟擭陷阱之中』之『阱』，省借作『井』。井者，法也，刑也。『刑』字从井。『井有仁焉』者，謂若明知其事干犯罪法，而中有仁道，其從之也者，謂忘身以殉之，如尾生之信，專諸、聶政之勇。《孟子》趙注所謂藉交報仇，後世朱家、劇孟任俠之流皆是也。故夫子答以君子可逝不可陷，可欺不可罔，『陷』正與『阱』對。逝者如夫子之見陽貨，應不狃、佛肸之召，可以一往而不可輕身從之，蓋其人求親於我，或有向善之心，故往以試之，若見其不義，則決然舍去，所謂可欺不可罔也。經文本甚明白，後儒泥於『井』字，遂多生異説。俞蔭甫欲翻漢宋舊注，乃謂井中有仁道，此據劉氏《正義》。俞氏《平義》駁孔注仁人墮井之説，而解爲於井之中而有仁焉，蓋意以井中有爲仁之道，而語不分明，劉氏爲添補『道』字。夫井中何以有仁道？更不辭矣。又云『逝』當讀『折』，謂殺身成仁。夫『逝』訓往，與『從』字相應，若摧折則已陷矣；且殺身亦不得謂之折也。

初八日乙未　晴，上午微陰。是日寓廬無一人，晴旭滿院。

閲汪剛木《歷代長術輯要》及《古今推步諸術考》，歎其用心之密。平生於此事未嘗問津，六十將至，日戴天而不知天之高，良可愧也。剛木爲吾邑校官，家居時，略一往還，未相款密，去秋邸鈔見已出缺，蓋已作古人。逝者如斯，碩果將盡。其《二十四史月日考》不知已刻否，當寄書平景蓀一問之。

鐵香來。付姬人輩車錢十七千，犒賞錢十二千。

初九日丙申　晴。馬蔚林來。汝翼來。贊虞編修來。作書致紱丈。作片致敦夫。剃頭。敦夫來，下午偕游廠市，遇陸漁笙，同至火神廟。晚獨回，至廠甸，遇霞芬，遂歸。先像前供合子、餃及茗飲。

邸鈔：詔：湖南候補道、現辦陝甘後路糧臺王嘉敏，甘肅儘先補用道周崇傅，著劉錦棠、譚鍾麟飭令迅往江南，交左宗棠差遣。從宗棠請也。

初十日丁酉　陰，午前後薄晴。以京錢四十五千購《兩漢金石記》，江西新印本也，末册《隸釋急就章注》已曼患。余於甲子購得初印本，直僅十餘千，出都後失去。癸酉於廟市復購一本，更佳，帙面紬紙，裝潢精絶，價銀四兩，嗣以其書間有識語，標舉筆畫，等之法帖，又素不憙覃谿之學，遂屬寶森書坊轉賣。近頗思之，以覃谿於碑帖，終屬專門，此書不可無也。今本視昔本，不啻康瓠之於寶鼎，而價銀亦幾三兩矣。作片致書玉，饋燕凫。作書致敦夫。夜雪。

十一日戊戌　雪，至午後止，積五六寸許。先妣生日，暫收三代神位圖，洗滌几案、器皿，午供饋，肉肴四豆，菜肴六豆，果羹一，菜羹一，紗帽餡子、饅頭等點心四盤，春餅一盤，時果四盤，蓮子湯一巡，瀹麵一巡，酒三巡，飯再巡，茗飲再巡，祔以兩弟，傍晚畢事，焚楮泉兩挂。有俞某送來己卯穆宗祔廟覃恩所請先祖側室張節孝恭人誥命一軸，此前年託吴松堂所辦者，今始得之，犒其使二千。得敦夫書，約明日夜飲，即復。寫單約孺初、仙坪諸君十四日作消寒四集。夜仍敬懸神位圖，供點心四盤。寫書頭，擲采選。

邸鈔：詔：維慶回京當差。内閣侍讀學士鄂禮賞給副都統銜，爲駐藏幫辦大臣。張樹聲等奏特參庸劣各員：廣東補用知府周錡請以同知降補；惠州府海防通判程學基，江西，監生。前署大埔縣知縣虞淑範、署合浦縣知縣毓麟、遂溪縣知縣賴焕辰，江西，進士。試用知縣張正暈等十人請即行革職；候補州判李可立浮佻無耻，行止有虧，請革職永不敘用。從之。革職中有巡檢魯□□，鄉之無賴魯□□之兄也。

十二日己亥　晴，甚寒。陸漁笙來。閱《兩漢金石記》。聞初六日成禄死於獄，尚書毛昶熙、吏部侍郎邵亨豫皆病甚。晚詣聚寶堂赴敦夫、光甫之招，夜一更後歸。付車錢四千。

十三日庚子　晴，下午薄陰。閱《兩漢金石記》。鐵香來。閱薛氏《鐘鼎款識》，阮儀徵刻本，亦有誤字。夜點燈叩先像，供紅棗銀杏湯。

邸鈔：詔：以京師得雪，十七日親詣大高殿拈香報謝，仍派禮親王世鐸詣天神、地祇、太歲三壇，惇親王奕誴等詣時應諸廟同申報謝。大高殿諷經即行徹壇。

十四日辛丑　晴。昨以躬督童僕掃雪壅花竹，少覺勞勩，夜遂疾動，今日憊甚，欲游廠市，不果。爲人擬條陳鹽捐之弊、洋使之費兩奏片。鐵香來。作片致敦夫，得復。季士周來。晚赴聚寶堂爲消寒第四集，仲模、孺初、鐵香、爽秋、叔平、雲舫、仙坪先後至，夜二更散。月甚佳。仙坪來。先像前供清茗飲。是日張佩綸奏劾萬青藜、董恂、童華諸人；鐵香疏言關税侵蝕，請派清望重臣通查：俱不見邸鈔。付聚寶下賞錢十千，客車飯十二千，車錢五千。

十五日壬寅　晴。剃頭。下午答拜數客，即游廠市，都人士女車馬填塞，幾不得行。至火神廟，遇胡光甫、蔡嵩甫，遍歷攤肆，至晚始歸。益吾祭酒來。爽秋來。夜燃燈祀先。敦夫來。夜飯後詣上虞館。敦夫邀同光甫、松甫、書玉兄弟飲壽春堂，四鼓始歸。是夕月皎於晝，澄宇無風，元夜上瑞也。

十六日癸卯　晴。爽秋爲高麗使臣金秉善乞題其母朴氏《世講圖》，圖名既甚不經，敘次尤極可笑，蓋彼國人士，近日荒陋較甚中朝矣。往時張香濤、吴清卿諸人噉名嗜異，喜與高麗人往還，余嘗笑之。今日纖夫小人如龍繼棟、黄國瑾等，出於黔桂邊徼，羨吴、張所爲，冀以惡札流布海外，爲之光價，尤可嗤也。因致書爽秋，還之。得益吾書，以所著《漢書補注》一卷屬閲，即復。得爽秋書。劉仙洲夫人四十生日，饋以酒、燭、桃、麵。寫單約汝翼、書玉兄弟、光甫、敦夫、介唐、秋田、漁笙燕九節夜飲。作片致敦夫、漁笙。是日不快。夜燃燈叩先像，供茗飲，小放花爆。是夕望夜。子初二刻一分驚蟄，二月節。月皎如昨。是日始徹鑪。

十七日甲辰　晴，有風。讀《淮南子》。作片致敦夫，爲劉宅上館事，得復。是日見山桃綻紅，丁香吐緑，裵回樹下，芟枯柱斜，花事將興，勞勞曷已？夜叩先像，供㲋脯、粽、炒年糕及茗飲。事畢，月皎如晝。坐車赴聚寶堂，爽秋爲消寒第五集，諸君早至，酒已行矣。縱談至二更後散歸。是日坐次談戊午科場之獄，有兩事可入《前定録》，爲記出之。

武陟毛尚書昶熙，由道光乙巳翰林至給事中，未嘗得一試差。戊午七月已捐俸截取道員矣，八月派順天鄉試監試官。初派内監試，以同考官有編修上書房張桐新結兒女姻，未過帖也，毛以迴避事詢之主考、監臨，皆不知，乃咨吏部。吏部言例文無之，惟某科亦有似此者，以内監試調外監試，可如故事行，不奏請也。於是初派外監試御史尹耕雲調内，而毛調外。未幾，提調府丞蔣達與監臨府尹梁同新鬨，於初十日出闈，即以毛爲提調，蔣旋革職，即擢毛府丞至今官，而尹以是年關節事發，坐失察降二級，調用光祿寺署正，遂偃蹇十餘年，始以保舉得河南道員，又數年補河陝汝道，旋卒於任矣。編修浦安與刑部學習主事羅鴻譯之交通關節，由於兵部主事李鶴齡。其造此謀者肇慶舉人龍某，鴻譯同郡也。鴻譯騃豎，不知書，亦無心問場屋，其祖某任四川夔州知府，饒於財，龍與同鄉京官皆沾丐之。戊午八月之初，龍語羅必入試，我爲若覓關節，可操券中也。時科場積弊，以此事爲酬應，凡主考、同考親故皆遍給之，亦不必果驗也，甚或有内憎其人及避嫌恐出其門者，反以此爲識而黜之，廣坐官廷公言不諱。時香山何總督璟方爲御史，龍與同鄉，最習也，欲以屬之。一日凡四詣何，不值。乃詣李，告以故。李亦肇慶人也，以癸丑庶常改官，方記名軍機章京，素喜事，次日簡同考官浦，與李同年也，遂居間爲關節，竟得中。及事發，有旨交步軍統領衙門傳羅質訊，羅謀之龍。龍本昏狂，以此爲細故也，語羅但直言之，無它慮。羅如其教，敘供甚悉。及浦、李赴質，已無能置一辭矣。羅、浦、李皆伏法。龍幸免，數年爲江西知縣，以事自縊死。而何外擢道員，今爲閩浙總督。前一事毛尚書親爲，陸漁笙言之。後一事孺初時居瓊州館，與李爲辛亥同年，皆目見之。

邸鈔：上諭：御史鄧承修奏請飭查關税侵蝕，以裕國用一摺。前據户部奏各省關税有餘之處，除徵解足額外，應令各就徵收實在情形，按年溢解，當諭令該督撫、監督等核實辦理。兹據該御史奏稱，關税侵蝕之弊日增月益，不可數計，吏胥僕役中飽巨萬，殊屬不成事體。著管理關務之督撫、監督等各就徵收實在情形，和盤託出，遵照部章，於正額盈餘外，按年溢解。朝廷意存寬大，亦不追其既往，經此次嚴諭飭查後，如再有掩飾回護情弊，別經發覺，惟該督撫、監督等是問。懔之。

十八日乙巳　晴，下午微陰。祭曾祖考妣、祖考妣、本生祖考妣、先考妣，肉肴六豆，菜肴六豆，菜羹一，杏酪一巡，饅頭一盤，春餅一盤，酒再巡，飯再巡，祔以兩弟，下午畢事，焚楮錠楮錁，收神位圖。

汝翼來。陸漁笙來。作片致敦夫，得復。讀《淮南子》。

十九日丙午　晴。任秋田來。得雲門去年十二月十五日宜昌書。作片致敦夫，得復。讀《鹽鐵論》。敦夫來。晚詣聚寶堂期諸君飲，惟汝翼不至。一更飯後復飲霞芬家，賓主鮮歡，聊存燕九故事而已。四更歸。付霞芬酒局錢四十千，犒其僕十千，客車五千，車錢五千，聚寶下賞四千，客車飯七千。

二十日丁未　晴。讀《鹽鐵論》。劉仙洲夫人、殷蕚庭姬人皆饋蜜供。敦夫今日到館，劉宅請飲，辭之。下午詣鐵香談，汝翼亦來，傍晚歸。

二十一日戊申　晨陰，已微晴，午晴，午後大風。讀《鹽鐵論》。得紱丈書，約明日午飲。

二十二日己酉　晴，午風甚和。上午赴紱丈之招，坐有徐亞陶、嚴六谿及陸九芝封翁，鳳石修撰之父也，精於醫學，年六十五，癯而甚健。午後飯畢，詣譚研孫，不晤，遂歸。得敦夫書，言近日又患牙腫。下午詣敦夫談，又詣六谿揚州館，詣光甫興勝寺，俱晤談。答拜季士周、陳雲舫，俱不值。詣益吾祭酒，久談。晚詣聚寶堂赴雲舫消寒第六集，仙屏、孺初、爽秋已先至，夜一更後歸。傅子蓴來，不晤。付車錢十一千六百。

邸鈔：詔：雲南補用道沈壽榕准其暫緩引見。坐補迤西道陳席珍、前任大理府知府李衍綬，著吏部查明，飭令前赴雲南差委，李衍綬並准其留於雲南補用。從劉長佑、杜瑞聯請也。丁寶楨奏特參庸劣各員：四川天全州知州胡圻，會稽，監生。候補知縣王基寅、龔鼎壽，候補同知熊錫恩均請即行革職；欒至縣知縣胡書雲江蘇，舉人。年力就衰，請勒令休致。從之。

二十三日庚戌　晴和，下午稍寒。閱俞理初《癸巳類稿》。得陳藍洲去年十一月初四日書，并寄白銅鏨花水烟筒一具。光甫來，陳芝仙來，敦夫來，下午偕三君戲擲采選圖，至夜二更散去。

邸鈔：□□□□周馥補授直隸津海關道。

二十四日辛亥　晴，微陰，有風，稍寒。校益吾《漢書補注》嚴助、主父偃、朱買臣、吾丘壽王、徐樂傳一卷，附識六條，不具録，即作書還之。作書致陳書玉，饋以蜜供果一坐。

邸鈔：上諭：朕奉慈禧端佑康頤昭豫莊誠皇太后懿旨，三載考績，爲國家激揚大典，中外滿漢諸臣，有能恪共職守，勞績最著者，允宜特加甄敘，其有平庸衰老者，亦難曲予優容。兹當京察届期，吏部開單題請，詳加披閱。恭親王首贊樞廷，殫心輔弼，機宜妥協，懋著勳勞，著交宗人府從優議敘。大學士寶鋆，協辦大學士、兵部尚書、調任吏部尚書李鴻藻，户部尚書景廉，署户部尚書、左侍郎王文韶同心贊畫，克慎克勤，均著交部議敘。大學士、直隸總督李鴻章任事實心，才猷閎遠；大學士、兩江總督左宗棠勳績夙著，勞瘁不辭；前兵部右侍郎彭玉麟巡閲長江水師，宣力有年，任勞任怨：均著交部從優議敘。吏部尚書萬青藜屢被參奏，衆望不孚，户部尚書董恂年力就衰，均著開缺。都察院左都御史童華在上書房行走有年，精力未衰，惟辦事不無疏懈，著開缺，以侍郎候補，仍在上書房行走。兵部右侍郎恩麟、理藩院右侍郎鐵祺才具平庸，均著以原品休致。餘俱照舊供職。恩麟，滿洲人，曾任甘肅布政使，被劾罷。鐵祺，蒙古人，癸亥翰林。

以兵部尚書李鴻藻調補吏部尚書；以前工部右侍郎閻敬銘爲户部尚書，即行來京供職，未到任以前，以户部左侍郎王文韶署理；以前吏部尚書毛昶熙爲兵部尚書；以兵部左侍郎許應騤兼署户部左侍郎，兼管三庫事務；以倉場侍郎畢道遠爲都察院左都御史，兼管順天府府尹；以順天府府尹游百川爲倉場侍郎；以丁憂起復順天府府尹周家楣爲順天府府尹，仍兼署都察院左副都御史。游百川以給事中二年餘至今官，與張之洞以編修不及三年至巡撫，皆近世之僅見者。張有文學，以上疏受特知，然亦内有奥援。游山東人，頗木强，雖由翰林起家，而不知書，聞具操守，頗廉潔，然亦太速化矣。漕運總督周恒祺奏假期已滿，病仍未痊，懇請開缺。許之。以廣西巡撫慶裕爲漕運總督，以廣西布政使倪文蔚爲廣西巡撫，以湖北安襄鄖荆道徐延旭爲廣西布政使。倪文蔚以壬子庶常改刑部主事，浮湛幕府二十年，壬申始補郎中，旋出爲荆州知府，至庚辰四月始擢開歸道，不一年至巡撫。徐山東人，庚申即用知縣。以西寧辦事大臣宗室福錕爲兵部右侍郎，未到任以前，以吏部右侍郎錫珍兼署。以内閣學士岳林爲理藩院右侍郎。以陝西延榆綏道李慎加副都統銜，爲西寧辦事大臣。李慎，漢軍人，癸丑進士，吏部主事。以馬蘭鎮總兵景瑞爲正黄旗滿洲副都統、正紅旗護軍統領。恩麟缺。以内閣學士宗室桂昂爲馬蘭鎮總兵，兼總管内務府大臣。内閣學士貴恒補正白旗蒙古副都統，桂昂缺。前駐藏幫辦大臣維慶補正紅旗漢軍副都統。鐵祺缺。

上諭：御史邵積誠奏請飭禁止接遞匿名書信等語。匿名揭帖，例禁綦嚴，若如所奏，近來投遞匿名書信，不一而足，甚至刊刻成書，以絶無根據之詞，肆口誣衊，顛倒是非，淆亂觀聽，於朝政大有關係，著五城御史出示嚴禁。嗣後如有向京員私宅投遞匿名書信者，即將來人送交刑部嚴行究辦，以警刁風。此蓋爲近日有《江淮貳臣傳》痛詆洪汝奎及《續虞初志》痛斥李士周事發也。李士周者，廣東化州人，庚午、辛未聯捷進士，官吏部主事，頗不持士行，漁小利，爲其鄉論所不予。去年十二月忽有刻《續虞初志》者，其文三首，一曰《書陳道事》，一曰《虎夢記》，一曰《記梁某口述》。陳道、梁某，皆粵東貲郎，所記皆李劫脅詐財事。《虎夢記》則備述李之賣友無行，并及其帷薄，醜詆毒詈無不至。其書徧布於士友。或云其同鄉同年同官區德霖倩人爲之，而編修潘寶鐄刻之也。

二十五日壬子　晨陰，旋晴，午前微寒。得紱丈書，屬寫拙作漢碑跋尾兩通，此老可謂好學矣。閲《癸巳類稿》。嚴六谿來。爽秋來，晚偕過敦夫齋中談，即歸。是日手芟丁香枯枝，復移設中廳床几書架，春氣漸暖，頗覺小極。是日買桌一，付錢十七千。

邸鈔：李鴻藻充武英殿總裁。萬青藜缺。

二十六日癸丑　晨陰，巳後晴，春光殊麗。讀《鹽鐵論》。汝翼來，談至晚去。是日换鼲鼠裘。

二十七日甲寅　晨陰，上午晴，大風，午後黄霾，風益甚，晡後陰，傍晚風小止。讀《廣雅疏證》。剃頭。印結局送來是月公費銀十二兩。

二十八日乙卯　晴，薄陰。讀《廣雅疏證》。傅子尊來。

邸鈔：詔：此次京察引見三品以下京堂各員，均照舊供職。翰林院侍講學士祥麟轉侍讀學士，左春坊左庶子承翰升侍講學士。理藩院郎中佛爾恭額授陝西延榆綏道，翰林院編修黄彭年授湖北安襄鄖荆道。黄彭年者，貴筑人，乙巳進士，以編修乞假，謁合肥督相，延修《畿輔通志》。忽有此授，非故事也。德福補武備院卿。

二十九日丙辰小盡　晨陰，上午薄晴，午後陰曀黄霾。爲雲門寫己卯看花詩兩紙。沈子培來。讀《廣雅疏證》。此書浩博精密，更在邵、郝兩家《爾雅》之上，畢世鑽研，不能盡也。

邸鈔：上諭：廣壽等奏驗看月官，查有冒名頂替情弊，請飭部訊辦一摺。捐納府經歷吴璟、縣丞張日焜、從九品徐福疇，經廣壽等查詢，各該員履歷均不相符，顯係冒名頂替，著刑部訊明，照例懲辦。吴璟、徐福疇皆浙江人，出結官爲户部主事桂恩祺、刑部員外郎鄭訓承。凡佐雜小吏驗看，十九頂冒，相習爲故，亦以微末入都，資斧多艱，群焉置之，不過問也。至監生雜流捐納官職，出結之官，例有識認一結，視其品級高下爲差百餘金至數千金，皆商賈包攬，貲郎競争，關説分肥。科甲稍自愛者，無肯爲之。定例，身家不清及頂替匿喪諸弊，有發覺者，識認官皆革職；而雖刀乾没，莫以爲意。桂恩祺不知何許人，浙中此姓甚少，惟寧波市井有之，此人蓋亦駔儈下流，或胥吏子弟，無足怪者。鄭訓承，湖州進士，年已老矣，何苦出此，廉耻道喪，此亦一端也。余前後官京師二十年，未嘗出一結，浙人能學余者，惟歸安錢禮部振常耳。此次驗看月官有禮部侍郎寶廷，忽詢問履歷，吴、徐所對皆謬，遂有此事，亦可謂小人之不幸矣。

後鷄鳴歌有序

咸豐辛酉之冬，曾作《鷄鳴歌》，悲時在位，見幾之不早也。今復爲是歌，故題曰後。時光緒壬午春正月也。

君不見眉州相公最恭慎，密緘自署臣安進。異代同姓誰最賢，涎想堂餐摸堂印。廿年尹京鑄横去。財，馴長六官斟斗魁。耐彈差不及劉吉，蹩躠道上瞻三台。又不見深源虚負俗流譽，生意婆娑比枯樹。盲人瞎馬夜半行，咄咄經年不能去。時過那有風雲來，尚戀芻豆群駑駘。畢生已愧太倉鼠，鐘鳴漏盡胡爲哉。黄頷少年氣何盛，對仗彈文讀之竟。采藿虚驚猛虎來，掃箨奚煩疾風勁。嗚呼，七十致仕稱懸車，進退以禮綽有餘。朝廷大臣養廉耻，奚待新進來驅除。罷官屢問蒙正泣，誰似敏中稱耐職。悠悠坐令時主輕，伏床熨衣亦何及。腷腷膊膊將五更，何不高卧聽鷄鳴。

二月丁巳朔　晴，下午微陰。閲《癸巳類稿》。作書致敦夫，以今日中和節，約作小飲。山桃花開。山桃者，《小正》之杝桃，《爾雅》之榹桃也。敦夫來。得益吾書并《漢書補注》一卷。傍晚詣傅子蓴，不值。即詣聚寶堂赴敦夫之飲，偕敦夫、光甫，招霞芬、玉仙，夜一更後歸。再得益吾書。是夕微陰。付霞車、玉車及己車各四千，付李升工食錢十千。

初二日戊午　春社日。上午薄晴，有風，甚寒，下午晴。閲《癸巳類稿》。令童僕斫柳枝三分栽之，春分斫柳無不活也。

初三日己未　子正三刻四分春分，二月中。上午晴，下午陰。是日有風，寒如昨。身微熱，不快。

益吾祭酒來，夜談甚久。是日賦《後鷄鳴歌》，係於前月之末。

邸鈔：廣西左江道周星譽升廣東鹽運使，户科給事中彭世昌授廣西左江道。本任廣東運使段超病故。廣東潮州府知府張聯桂升惠潮嘉兵備道。本授惠潮嘉道王必達未至任卒。上諭：御史英俊奏風聞户部已滿書吏韓士傑即韓仲敏、孫際昌即孫春圃把持庫務，每至收發餉銀，刁難勒索，請飭查究等語。庫儲重地，豈容蠹役盤踞把持，藉端勒索？著管理三庫事務大臣查明究辦。韓士傑、孫際昌皆紹興人，積資巨萬，罪狀昭著，此曹子即當收殺，何復考爲！上諭：詹事府右庶子劉廷枚奏蘇省首邑文廟不戒於火，請將典守各官參處，並停止派捐，籌款興建一摺。上年十一月間江蘇長洲元和縣文廟失火，業經譚鈞培具奏，該管各官看守不慎，未能即時撲救，均難辭咎，著江蘇巡撫查明參奏，交部議處，並著籌款迅即興修，毋庸派捐，以重祀典而免擾累。

初四日庚申　晴。閲《癸巳類稿》。是日身微熱，不快，畏寒。夜賦《吁嗟行》。

邸鈔：上諭：古尼音布奏呈進書函，請旨查辦一摺。據稱本月初二日有自稱侍衛慶良至伊寓所投遞職銜名帖，並留書信一封，拆係奏底，以國服期内爲其兩孫娶婦，具摺參劾，並面稱具摺之人不可明言，伊已留緩，必須酬謝了事各情，請旨查辦等語。案關擅擬奏底，希圖挾制訛索，此風斷不可長，著刑部查傳侍衛慶良，嚴行訊究，務期水落石出，按律懲辦，以儆刁風。古尼音布自請查辦之處，並著刑部於定案時聲明請旨。

吁嗟行

吁嗟，高昌巧言高安佞，千里之草風不競。誰何健者出里儒，寒氈雪映甘棠湖。讀書所得媚世術，毋乃姓里羞江都。國運中艱餉需急，百萬轉軍竭膏血。誰知仰屋廿載餘，自爲司農作金穴。和戎大邸開海西，侏離上坐斑闌衣。王公呫囁獨迎笑，俯眉進酌金留犁。赫赫潮溝董世子，織襖打稽五都市。爰書數尺名捕亡，日入西曹夜北里。忽聞告密緹囊投，魯公罪狀出蔡攸。都坐瞪眙却不理，眼看膝上生戈矛。可憐瓜葛尚如此，龍鍾夜行不知止。七八十翁何所求，爲汝檮杌作馬牛。詔書先奪貉隸職，繼罷文昌聽嚴劾。徒令年少相誇張，書生大破銅山賊。此與前作皆忠厚之詞，使若輩讀之，當一哭也。

初五日辛酉　晴，晡後陰，傍晚復晴。曾祖妣忌日，上午供饋，肉肴七豆，菜肴四豆，菜羹一，饅頭一盤，春餅一盤，時果四盤，扁豆湯一巡，酒四巡，飯再巡，茗飲一巡，晡畢事，焚楮泉。殷萼庭來，不見。張叔平邀消寒第七集，飲聚寶堂，不往。是日身熱，小極，早睡。署中告初九日關帝廟陪祀，付職名條錢二千。

補録昨日邸鈔：上諭：前據裕禄奏調道員高崇基差委，當經降旨允准。兹據張之洞奏稱，該員前在山西知縣任内，尚有經手未完事件，請飭前往清理，著李鴻章飭令該員迅赴山西，俟經手事結，再赴安徽聽候差委。上諭：張之洞奏請調員差委翰林院編修王文錦，著發往山西差遣委用；降調知府李秉衡，著俟引見後，再降諭旨。

初六日壬戌　晴和，晡後稍寒，傍晚陰，黄昏雨。吴介唐來。閲《癸巳存稿》。敦夫來。夜詣聚寶堂赴介唐之招，一更後歸。夜更餘大風起，徹旦有聲。付車錢四千。

初七日癸亥　晴，大風徹晝夜。唇齶浮腫，身微熱。閲《癸巳存稿》。得介唐書，言何達夫定遠緝盜事，即復。作致雲門書。

邸鈔：詔：再申嚴門禁，凡紫禁城内，命該管大臣及神機營分地嚴巡，並上城巡察官役人等各佩帶腰牌；西苑、三海等處嚴禁閑人來往；紫禁城外圍各門、各朱車栅闌每日下五旗分地專管。總管内務府大臣，遵例每日一人輪班宿署，不得以司員代班，並令三院卿一體進班；文武職值班大臣，查照舊章指定奏派。各衙門公所開具官役清册，諮報景運門，以備稽查。内務府各官所值房，並各太監他坦等處官役、蘇拉人等，核定人數，開具清册，報明内務府、景運門，每日由内務府官員會同三旗該班兵役前往查點。前鋒護軍各營值班弁兵，命該統領詳加查察，汰弱留强，嚴禁包攬替班各弊，酌加津貼，以示體恤。如奉行不力，致有匪徒混迹及盜竊案件，即將該管大臣等及所屬官兵分別嚴懲；神機營官兵協巡不力，亦從重懲辦，並嚴定前鋒統領、護軍統領、總管内務府大臣處分。從王大臣等奏請也。

初八日甲子　晴，仍大風，比日寒甚，復冰。閲《癸巳類稿》。浮腫，齒齦俱牽痛。夜風不止。付臨桂王幼遐同年尊人霞軒觀察奠分四千。觀察名必達，祖籍會稽，癸卯舉人，由知縣至安肅道，調惠潮嘉道，未赴，卒於平涼。

邸鈔：吉林將軍銘安奏增設民官，升改府廳各事宜。請照光緒六年十二月原奏，將吉林廳理事同知升爲吉林府知府，照熱河承德府、奉天昌圖府之例，管詞訟錢糧各事，并照昌圖府之例，由外揀員升補，請飭部於滿漢曾任實缺正途出身知府内揀發二員來吉，酌量奏補。其界址東至張廣才嶺，接敦化縣界二百里；東南至樺樹子荒界，外接官山；西南至太陽川，接伊通州界二百餘里；西至石頭河子，接伊通州界二百五十里，南北至小河臺，接長春廳界二百一十里，北至法特哈邊門，接伯都訥界二百一十里；東北至舒蘭荒耘字四牌，接五常廳界。吉林原徵賦額不過五萬兩有奇，今須劃出石頭河子、小河臺迤西迤南地丁銀米歸新設伊通州經徵，約數二萬零五百兩有奇；查圍場邊荒現出放地約十萬晌，每晌收大租錢六百、小租錢六十，應請歸吉林府征收。原設吉林巡檢一缺升爲府司獄，管司獄事；學正一缺升爲教授；伯都訥廳理事同知改爲撫民同知，加理事銜。該廳前駐該城，光緒二年二月間前署將軍穆圖善等請移設孤榆樹屯，應請另建衙署監獄，發給工料實銀。並將孤榆樹屯原設分防巡檢一員改爲兼司獄事，管理監獄；伯都訥城原設管獄巡檢一員作爲分防巡檢。長春廳理事通判，原奏請升爲撫民同知，今請改爲撫民通判，加理事銜。農安地當衝要，生聚日繁，添設分防照磨一員，歸長春廳統屬。靠山屯地方，原奏請設分防經歷一員，今查民户無多，該廳可以兼顧，毋庸添設。又雙城堡地方，在吉林東北四百八十里，爲省城門户，本拉林舊地，嘉慶年間移撥京旗，設立村屯，劃歸堡者，東西相距一百三十里，南北相距七十里，四面仍皆拉林界。現在堡城商賈雲集，户口繁多，較拉林爲盛，應設立撫民通判一員，名曰雙城廳，另設巡檢兼司獄事一員，管理監獄，訓導一員。拉林統歸雙城廳管轄，分設巡檢一員。其雙城堡原設總管一缺即請裁徹，改設協領一員，專司緝捕及一切旗務。除雙城、拉林土税一項照新設賓州五常各廳，仍由旗署徵解，其餘租税、詞訟、命盜案件，均歸民官管理。其地界東至阿勒楚喀之古城店，接賓州廳界；東南至五常堡之莫勒恩河，接五常廳界；南、西均至拉林河，接伯都訥廳界；北至黑龍江之松花江，接呼蘭廳界。又伊通河在吉林西二百八十里，爲省城最要咽喉，實吉、黑兩省之通衢，長、吉兩廳之門户，前山後河，中有大道，東西五里，南北三里，商賈雲集，居民櫛比，勢極當衝，請設立知州一員，名曰伊通州，屬吉林府管轄。該州舊有吉林分防巡檢一員，改爲吏目，管理監獄；添設訓導一員。其迤南一百六十里之磨盤山，東西寬三里，南北長五里，前通當石河，至輝發河入大江，後靠椅子等山，局勢寬平，居圍荒之適中，應分設巡檢一員，歸州統屬。其地界正南至小伊通河七十里，接奉天界；正西至威遠堡門二百七十里，接奉天界；東南至那爾叫嶺三百四十里，接吉林界；西南至黑瞎子背嶺三十里，接奉天界；西北至二十家子邊壕，接奉天界；正東至石頭河子五十里，東北至小河臺邊壕一百三十里，均與吉林分界。凡同知、通判、知州各員，均由揀發各員，不論滿漢，酌量補用。其設立城垣、衙署、學校、弁兵章程，另繕清單，恭呈御覽。各官應發廉俸、役食勇糧及修建各項工程，均請照數概發實銀。并請旨飭部鑄造關防印信鈐記，迅即頒發。其寧古塔、三姓、琿春等處應設民官，當致函督辦寧古塔等處事宜，太僕寺卿吴大澂就近體察情形，妥商定擬，再行另摺奏聞。先派試用通判陳治赴雙城堡，試用知州彭明道赴伊通，劃定城衙基址，豫爲經營，俟奉到部覆，再請試署，均請飭部迅速議覆施行。詔下部議。

又請給吉林旗員協領以下隨缺地畝。疏言吉林自咸豐二年征調頻仍，官弁兵丁效命疆場者十居七八，生還故里者十僅二三，其户口之彫零、室家之窮苦，有不忍形諸奏牘者。協領應領俸銀一百三十兩，扣成折放僅得實銀六十五兩，以下以次遞減。地處邊垂，異常瘠苦。查奉天旗員甲兵，均有隨缺地畝；雙城堡自嘉慶、咸豐年間，先後給總管以下官兵隨缺地畝；伯都訥自道光年間，給副都統以下官兵隨缺地畝；三姓地方於光緒六年奏請，給副都統以下官兵隨缺地畝。現在伊通等處開放生荒上中之田，人皆呈領，其餘近山磽薄之地，請撥作隨缺官田。除各城副都統前已奏蒙賞給津貼外，所有吉林十旗烏拉、伊通、額穆赫索羅、寧古塔、琿春、阿勒楚喀、拉林、五常堡等處旗員，擬援雙城堡成案，撥給隨缺地畝每員協領八十晌，佐領五十晌，防禦四十晌，驍騎校三十晌，筆帖式五十晌，領催前鋒二十晌。其額設甲兵爲數太多，恐不敷撥，俟荒地放竣，設法矜恤。詔并下部議。

初九日乙丑　晴和。席姬二十歲生日，予以錢三十千，爲之張燭治麪。朱蓉生來，敦夫來，介唐來，鐵香來，汝翼來，俱留久談，吃麪。示席姬詩一首。

席姬生日戲作俳體示之

汝生在癸亥，我已爲貲郎。及今二十稔，額外猶潛藏。自汝入我門，積歲亦閱五。兩次徵夢蘭，所任皆不舉。我日在西崦，汝年方嫁時。我謝孔明德，汝擅黄家姿。勉循游房日，庶幾上叟辭。今年歲在壬，仲春日初九。爲汝設帨辰，門垂嫩黄柳。灼灼山桃花，來映玉缸酒。陳吴及朱鮑，交契四翰林。嶺南鄧御史，我亦稱同心。今日適俱來，同吃玉塵飯。或者充閭喜，以此慰如願。中婦倍汝年，其生端四日。明年季秋中，大婦開七秩。待汝歲周甲，女君百歲齊。我亦九十四，駘背看鷄皮。

初十日丙寅　晨及午晴，下午陰曀有風，復寒。得敦夫書，示舊藏《聖教序》。閱《經義叢鈔》。比日浮腫及鼻，蓋風火浮游也。去冬旱乾，人多腫疾。夜有雨。

邸鈔：吉林將軍銘安奏請裁吉林刑司部員，添設分巡吉伯阿等處道員一缺。疏言同治三年前署將軍皂保奏請吉林仿照熱河設立刑司例，由刑部揀發正途出身漢郎中或員外郎一員，科甲出身主事一員，滿郎中一員，專理刑名。現在各處添設民官，地方公事數倍於前，宜照奉天省垣添設驛巡道之例，於吉省設首道一缺，名曰分巡吉伯阿等處地方道，管轄吉林一府，伯都訥、長春、賓州、五常、雙城五廳，伊通一州，作爲最要之缺，由正途出身人員，不論滿漢，請旨簡放，酌定養廉銀三千兩，俸銀一百五十兩。其刑司部員即請裁撤。詔下部議。

十一日丁卯　晨小雨，終日霿陰，地氣蒸溽。唇齦腫甚，不便言食。閱《經義叢鈔》。

十二日戊辰　晨霧，上午陰，午微晴，下午薄晴。唇腫益甚，自撰方藥服之。袁爽秋來。署中送來春季奉銀十六兩。閲《大戴禮》。是日花朝，庭中迎春、紫丁香俱試花。

邸鈔：兵部尚書毛昶熙卒，遺疏入。内閣初擬謚文靖、文達、文勤、文敏。其家欲得文靖，内閣侍讀王瓛，毛之鄉人，主之。大學士寶鋆改文達第一以進，遂得旨。國朝謚文達者裘曰脩、紀昀、阮元三公，今可謂續貂矣。毛字煦初，武陟人，侍郎樹棠子，乙巳進士。詔：毛昶熙學問優長，老成練達，由翰林、御史洊陟京卿，督辦河南剿匪事宜，旋擢尚書，充翰林院掌院學士，在總理各國事務衙門行走，宣力有年，均能恪盡厥職。兹聞溘逝，悼惜殊深。加恩追贈太子少保銜，賞給陀羅經被，派貝勒載漪帶領侍衛十員即日往奠，照尚書例賜恤，伊子繩恩賞給員外郎，伊孫慈望賞給舉人，其靈柩回籍時沿途地方官妥爲照料，用示篤念藎臣至意。　以前閩浙總督張之萬爲兵部尚書。命禮部尚書徐桐充翰林院掌院學士。以翰林院侍講學士周德潤轉補侍讀學士，左春坊左庶子葉大焯升侍講學士。兵部郎中謙貴授廣東潮州府遺缺知府。詔：山西河東道江人鏡開缺，交吏部帶領引見。此以去冬御史李映疏劾也。人鏡，安徽舉人，以中書直軍機，素以奔競名。上諭：給事中孔憲瑴奏督撫奏調隔省人員，請飭禁止一摺。各督撫奏調隔省人員，原爲深知其才，藉資得力起見，若如所奏，恐啓徇私夤緣之漸流弊，亦不可不防。嗣後各督撫於隔省人員，毋得濫行奏調，以杜取巧。其疏甚佳。上諭：給事中孔憲瑴奏巡視中城給事中師長灼、伊子師岱及家人馬祥等，在外招摇舞弊。上年十一月間，家人黄大、商二訛索被毆一案，株連二十餘人，馬祥從中串説，索銀入手，始將原案移送南城。其審訊案件，往往將司坊原供印文塗改燬銷，押放人犯不批卷尾，亦不會商滿員，畸輕畸重，顛倒任情。本年高雲川在步軍統領衙門控告彭俊三，案内有師魯生逼索等情。師魯生即係師岱。中城練勇局新派哨官二名，係師岱得錢五百千，師長灼聽從添入。又中城指揮張得先卑鄙不職，日在師長灼私宅，與家人交結，唆令訛詐生事等語，著都察院堂官秉公認真查明，據實覆奏。

十三日己巳　晨陰，上午後晴，傍晚微陰。唇腫益劇，作書致汝翼，以昨方乞改，得復。作書致敦夫，得復。讀《大戴禮》。海寧馬清渠縣令枚自江右來，送交張玉珊去年十二月朔書，并寄銀八兩。服藥。夜月殊佳。比夕常陰，不得月也。是日剃頭。

邸鈔：上諭：刑部奏請將供詞閃鑠、恃符狡展之侍衛暫行革訊，花翎侍衛兼公中佐領慶良著暫行革職，嚴訊究辦。

十四日庚午　晨至午晴，午後微陰，晡後陰，傍晚小雨，入夜數作，復止。讀《大戴禮》。敦夫來。益吾祭酒來。爽秋來。是日上唇突起，北地人謂之雷公風，幾不能食，改服三香茶橘甘朴湯，且以井底泥時時拭之，夜始少瘥。

邸鈔：上諭：前據御史秦鍾簡奏四川官運鹽局虧款甚鉅，曾令委署人員捐銀填補，現任藩司鹿傳霖有接任不接庫之事，當諭令鹿傳霖據實具奏。兹據奏稱，前藩司程豫任内委署州縣雖多，鹽局人員實因辦事得力，未聞有捐銀填補虧款之事。官運局奏明借撥藩、鹽兩庫款項僅未還銀十萬兩，原參虧挪藩庫銀兩，該藩司接任不接庫一節，尤屬虚誣。此次盤查，該局調閱帳簿，款目相符等語。該御史所奏即著毋庸置議。仍著丁寶楨督飭局員核實經理，毋任滋弊，至委署州縣並當秉公遴選，不得稍有瞻徇，用副委任。

十五日辛未　竟日輕陰，下午微見日景。唇腫小愈，仍服藥。讀《吕氏春秋》。以今日春序正中，浙湖花朝日也。攝痾寂居，頗思閑寫，得五言古詩一首。得紱丈書，即復，并寫詩寄和。得王子獻正月廿九甬上書及曉湖十月初七夜括州書。折庭中花數枝致敦夫，并書一絶句去。再得紱丈書并和詩，即復。晡後詣敦夫，傍晚同詣吴介唐，不值，即歸。夜陰無月。作片致敦夫，簡清明之游。

攝疴十餘日不出矣連日輕陰花朝前有小雨賦詩簡同志

愛閑耽微疾，廛市常閉門。瑶琴久不理，素書亦偶温。賃人一畝宫，朝夕視花樹。山桃開已殘，絲柳長堪度。朝見李蕊白，夕看杏萼紅。輕陰兩番雨，已過花朝風。故山不能歸，春事倏已老。白髮惜流光，常恐花開早。何時值尊酒，曳杖撰嘉辰。婆娑好花下，怡然天地春。

折庭中花致敦夫媵以一絶

一枝金雀一枝桃，更有丁香紫上梢。客思春陰無遺處，送君聊與度花朝。

邸鈔：詔：此次京察一等覆帶引見各員，除恩興、王瑺，皆内閣侍讀。錢桂森、洗馬。姚協贊、丁振鐸、崔國因、劉傳福、陳文騄、吴錫璋、皆編修。黄自元、檢討。載命、宗人府副理事官。富華、陳維周、皆吏部員外郎。鳳山、福趾、良培、李德洞、皆户部員外郎。溥顧、户部顔料庫員外郎。桂霖、禮部員外郎。季邦楨、兵部員外郎。裕彬、刑部郎中。耆紳、文光、皆工部郎中。玉春、理藩院郎中。慶秀、理藩院員外郎。和寶、吏科給事中。黄元善、掌陜西道御史，巡視西城。恩霖、太僕寺右司員外郎。景祥、步軍統領衙門郎中。琦瑋、理藩院員外郎。奎昌兵部員外郎。二人皆大通橋倉監督。奎昌漢監督。毋庸記名外，宗人府理事官宗室奕杕本以四五品京堂用。以四五品京堂補用；户部員外郎宗室松安本以五品京堂用。仍以五品京堂補用；禮部郎中延茂本候補五品京堂，漢軍進士。仍以五品京堂候補；編修潘衍鋆、户部郎中額勒精額、工部郎中素麟本係專用道員，均交軍機處記名，仍專以道員用；内閣侍讀額勒恒額、劉湝焴，翰林院侍讀高萬鵬，戊辰，城固。侍講聯元、戊辰，滿洲。張楷，辛未，蘄水。編修劉海鼇、戊辰，雲陽。許振禕、癸亥，奉新。魯琪光、戊辰，南豐。朱文鏡、辛未，漢軍。胡勝、甲戌，寶坻。陸繼煇、辛未，太倉。顧樹屏，戊辰，江西廣豐。檢討鄭賢坊，戊辰，鎮海。内翻書房章京、理藩院員外郎慶熙，吏部郎中郅馨，員外郎嵩崑、盛植型，丙辰，鎮海。户部郎中恒齡、壬戌。繼良、徐承煜、漢軍，拔貢。李希蓮，庚申，平定。員外郎光炘，癸亥，桐城。銀庫郎中增貴，禮部郎中豐紳泰，兵部郎中誠勳、王麟祥，己未，榮河。員外郎常灝，刑部郎中吉昌、吉順、穆特亨額、胡清瑞、□□，襄城。濮文暹、乙丑，溧陽。劉志沂、癸丑，臨川。孫堪，丙辰，清苑。工部郎中曾鉌、朱其煊，員外郎益齡、成桂，理藩院郎中存振、崇絢，員外郎達冲阿，掌京畿道御史松林、傅大章，庚申，豐城。巡視西城御史莫勒賡額，御史嵩林，街道御史李士彬，乙丑，蘄水。通州中倉監督，户部員外郎文英，均記名以道府用；奏事處行走、内務府郎中惠志記名以關差道府用。

十六日壬申　晨陰，上午後晴，竟日大風。迎春花盛開。爲順天李敘江書扇面。此君本名璜綸，庚午順天解元。是科榜發後，第二名查佐清，涇縣人，第一藝、第三藝皆成文。第十八名王振銖，豐潤人，其第三藝與查佐清全同。俱以磨勘剿襲成文斥革。李君第三藝《禹稷顔子易地則皆然》，文中比有襲吴殳舫侍郎所選《小題拾芥》中文十餘句，亟投牒禮部自陳，亦被黜。然其人實能文者也。後更名伊沆，復入學爲諸生，今年已四十餘。與吴介唐同館於達子營申氏，極慕余書，前日因介唐轉乞書扇，自稱後學，其詞甚恭，故爲之書。即作片致介唐。孺初來。得紱丈書。作書致爽秋。夜月甚佳。

讀《春秋繁露》第七十七《循天之道》篇，校正數條，附記於此。

『是故東方生而西方成，東方和生北方之所起，而西方和成南方之所養長，起之不至於和之所不能生，養長之不至於和之所不能成。』案：兩『長』字本皆『養』字下校者旁記字，蓋一本作『長』也。上云北方之中，用合陰而物始動於下；南方之中，用合陽而養始美於上。謂冬至物動於下，夏至物所養美於上。此云『東方和生北方之所起』者，謂至春分而物之動者始發生也；云『西方和成南方之所養』者，謂至秋分而物之長者始成就也。故下云『起之不至於和之所不能生』，謂不至春分中和之處，物雖起不能生也」，云『長之不至於和之所不能成』，謂不至秋分中和之處，物雖長不能成也。以文義論，兩『養』字皆作『長』字爲勝。故校者記之。而後人誤并連寫，遂不可讀矣。

『高臺多陽，廣室多陰，遠天地之和也，故人弗爲，適中而已矣。法人八尺，四尺其中也。』案：『法人八尺』上有脱文。《尚書大傳·多士》曰士堂廣三雉三分，廣以二爲内，五分内以一爲高。鄭注：雉，長三丈。高，穹高也。然則古人宫室以士制言之，高一丈二尺。此云『法人八尺，四尺其中也』，謂宫室高於人四尺，僅一身之中，使不遠天也。

『是故君子甚愛氣而游於房，以體天也。氣不傷於以盛通，而傷於不時、天并。不與陰陽俱往來，謂之不時；恣其欲而不顧天數，謂之天并。』案：『盛通』上當有『時』字，『以時盛通』，與下『不時天并』句對。『天并』當作『夭并』，『夭并』與『盛通』反對爲文，以形近訛作『天并』。

夜風徹旦。是夕丑初望。

邸鈔：鑲黄旗蒙古都統穆騰阿奏假期已滿，病仍未痊，懇請開缺。詔准其開缺，安心調理。該都統年届七旬，管理神機營等處事務歷有年所，前在各路軍營打仗著有勞績，加恩賞食全俸。以前西安將軍克蒙額爲鑲黄旗蒙古都統。河南河南府知府唐咸仰升山西河東道。上諭：太僕寺少卿鍾佩賢奏督撫奏調京員體制未協，並指調他省人員沿習成風，請飭禁止各摺片，自係爲嚴防流弊起見。嗣後各督撫不得再行奏調翰林部屬等官，用符定制。至隔省人員，業經申諭，不得濫行奏調。如果委用需人，原可遵照舊章奏請揀發，毋得紛紛指名奏調，以杜夤緣而肅政體。上諭：御史陳啓泰奏各省考試不列等人員，請嚴定限期，勒令回籍等語，著吏部議奏。

十七日癸酉　晴，風，至下午稍止。讀《春秋繁露》。下午詣敦夫齋中談。李叔江來。夜月甚佳。

比日仍服藥。

十八日甲戌　卯初一刻清明，三月節。晴，午有風，下午稍止，驟暖。得伯寅尚書書，即復。再得尚書書。胡光甫、陳芝泉來，敦夫來，下午偕游南下窪城隍廟。游人甚盛，貨儈百集，喧雜不能駐足，遂西游慈仁寺。丁香諸花尚未開，坐樹下久之。入憩禪室，觀近時重摹九蓮菩薩像。像本在城外慈壽寺，此同治丁卯董研樵、雲舫兄弟倩人臨模，以施寺中者也。又游善果寺，在慈仁寺西北半里許，本唐之唐安寺也。《日下舊聞》諸書皆言建於南梁，然爾時自屬北朝，何以系之蕭氏？且唐安之名，必非在唐前。寺極宏敞，後有藏經樓，前有羅漢山。周繞天王殿之東西兩廡，雕塐生動，依山設景，俱本釋典，傳是明代內官姚某所爲，今尚塐有太監姚公像，不知何人也。寺已屬白紙坊，蓋坊之北起於此寺矣。傍晚出寺，循廣寧門大街而東。書玉兄弟邀晚飲聚寶堂。夜光甫邀飲玉仙家，四更歸。三得伯寅尚書書。汝翼來，不值。付車錢十一千，兩寺茶錢四千。

邸鈔：以詹事府詹事英煦爲大理寺卿。右春坊右庶子烏拉布轉補左春坊左庶子，國子監司業良貴升右庶子。禮部郎中延茂升鴻臚寺少卿。刑部員外郎陳錦補江南道御史，編修譚承祖補浙江道御史。徐建寅發往直隸，交李鴻章差遣委用。建寅不知何許人，久在上海機器局，捐納候選郎中，保舉堪使外國。後丁寶楨調至山東機器局，復保薦之。詔送部引見。至天津，出使德國大臣李鳳苞奏調爲二等參贊，以病由法蘭西歸。曾紀澤令其賚俄國新換約本進京，加捐候選道，復保加三品銜。李鴻章復疏請録用，故有此旨。

十九日乙亥　晴，下午微陰，復有風。杏花盛開。讀《春秋繁露》。晚詣福隆堂，赴孺初消寒第八集。夜二更歸，大風。

二十日丙子　晴，晡後陰。祖考鏡齋府君忌日，又節孝張太太忌日，并設清明之祭，敬懸三代神海棠兩樹，一花甚少，一以衰謝。坐樹下啜茗而出，入城再過崇效寺，以苻老六金付寺僧，復索圖卷題三絶句於尾。出寺蒼然，日久落矣。黄昏歸。付車錢四千。

夜閲顧校《韓非子》，明趙文毅刻本。乃過臨惠松崖氏校本，而惠氏又過臨孱守老人馮已蒼本。兩家俱有校補增入處，朱筆蓋顧臨惠語，墨筆乃顧語也。據卷二及卷二十後顧氏有三跋，皆言未見宋本，時爲丁巳六月，在所作《識誤》始乙丑終丙子者之前。惟今《識誤》序中不言及馮、惠兩本，蓋既見宋槧，遂略之耳。惠氏頗稱趙刻之善，顧氏《識誤》序中極詆趙本，亦由惠氏未見宋刻，不知趙本之多以臆改也。今録惠、顧兩家跋語於後。

惠跋

文毅此書，從宋本校刻，舊版缺者，此皆有之，可謂善本。故馮已蒼校《韓子》，兼用趙本。癸酉四月校畢書。松崖。在第二卷後。

馮已蒼曰，借葉林宗道藏本及秦季公又元齋校本對過，癸酉四月校臨。松崖。在第二十卷後。

顧跋

《韓子》訛舛殊甚，宋本弗得一見。孱守老人曾用以校第三一卷，是當時已無全豹矣。又用葉林宗道藏本、秦季公校本及趙此刻校張鼎文本，而惠松崖先生復用此刻校臨，今兩本皆爲周薌巖收藏。丁巳夏六月借録一過，用松崖先生本爲主，評閲語悉著之。惟張本雖缺和氏、奸劫、説林、六微等處，而字句頗多長於此刻者，松崖先生略而未及，今一一補入。道藏本宜善而校出者亦未詳盡。秦本最劣，不足用，讀者詳焉。澗蘋顧廣圻記於士禮居。在第二卷後。

凡文有複出而張鼎文本少數字，皆脱爾。二十三日覆校一過畢。馮稱迂評者，蓋凌氏刻本多臆改，不足據也。澗蕢又記。

九月十八日，從綬階袁氏借正統十年刻本《道藏》勘過，其本與張鼎文刻本多合，而與孱守老人所據葉林宗道藏本大不相同，故不復一一標出，當俟得見葉原書時再定之。澗蕢又記。俱在第二十卷後。

惠氏經學，東南大宗，而此書過臨馮校，不增一語，雖評文字者亦一一録之。前輩虚心好學，不可及也。

壬午三月三日偕周荇農閣學徐壽蘅侍郎王益吾祭酒陳汝翼朱鼎甫兩編修禊飲崇效寺題拙公青松紅杏圖卷後六首

清游重憶十年前，破寺楸花四月天。今日新修木蘭院，僧貧猶乞畫叉錢。

祭酒時名賈馬儔，翰林才調盡風流。彦倫孝穆皆耆舊，我亦看花過白頭。

芍藥新栽替牡丹，棗花無復詠攢攢。休教更話金源事，塵畫明昌問聖安。寺東北半里許爲聖安寺，舊有金章宗李宸妃象。

元碣都無况李唐，猶傳白紙舊時坊。閣黎興廢關何事，今日今年作禊堂。徐星伯云《永樂大典》引《析津志》言，寺爲唐幽州節度使劉濟捨宅所建；而《日下舊聞》諸書俱不載，僅言元至正時賜額崇效，亦不言其始何名。今寺中惟有明碑二，言寺創於貞觀時，蓋誤也。元明時白紙坊最大，北至善果寺，西至天寧寺，皆其地。今惟此處稱白紙坊而已。

巾拂難招雪塢師，朱王風調更誰知。曇花聖壽俱塵劫，祇有斜陽似昔時。曇花、聖壽皆寺名，在崇效旁近，乾隆中尚存，今迷其處。

故鄉鏡水若耶邊，多少湔裙士女船。可識柳湖車馬影，暮衝歸鳥出林烟。聖安寺地名東柳湖村，宋漫堂有宿柳湖僧舍詩，即指聖安寺也。蓋昔時此地皆多水，故有湖名。荇老言二十餘年前到此，尚有一水通小橋。今橋久圮，其斷石猶存。

修禊次日荇老以六金屬轉畀寺僧裝圖卷日落時復過寺再書二絶句圖尾

好事廬山周續之，賣文乞與畫圖資。耳鳴却笑李居士，來趁鐘聲補寫詩。

才過穀雨日初長，特出南西訪海棠。爲愛嚴維誦詩句，再來此地看斜陽。是日有揚州人嚴六谿過訪，言今晨入寺見圖卷中余昨題詩，有『衹有斜陽似昔時』七字，諷誦不已，因約至花之寺看海棠，遂於晡後出右安門，獨游而反。右安門俗呼南西門。

邸鈔：郎中熙敬升内閣侍讀學士。右中允錫鈞升司經局洗馬。

初五日辛卯　晴。得徐壽蘅師書，以和余崇效寺詩韵四絶句見示，并屬寫昨詩。寫詩并作書致荇丈。寫詩并作書致壽翁。陳汝翼來。夜得荇丈書，并和昨絶句七首韵見示，手書精整，詩注小字極工，七十老人所難得也，即復。

初六日壬辰　晴暖，下午微陰。紫藤花盛開。作片致敦夫，爲汝翼約公餞陸漁笙也。敦夫來。閲顧校《韓非子》。得荇丈書，又示前日詣崇效寺車中作七律一首，其頸聯云『沿塍路曲微藏寺，撲面山多欲入城』，佳句也。蜀人葉更端大起來，新選廣東長寧縣者，與益吾祭酒故交，今寓祭酒家，好骨董書畫，其名字可謂絶奇矣。作和荇丈韵詩，即寫致之。

修禊次日夕陽時出郭獨游花之寺日落復至崇效寺用荇農閣學訪崇效寺詩韵

雨後沙塍似水平，暮春初試袷衣輕。人從新緑來穿樹，馬帶斜陽又出城。花裏茶烟知客到，林邊村落覺山清。閑官似此真忙甚，日向僧寮挈榼行。

邸鈔：前據林肇元奏請加貴州永遠中額八名，當經部議，與新章不符，改爲加廣一次〈文〉武中額各十四名。兹復據該撫奏稱，貴州紳團丁勇欠餉銀數至四百三十餘萬，同治十三年未定新章之前，援案仍請加廣文武鄉試永遠中額八名。加恩著照請，貴州文武鄉試各再加永遠中額八名，自光緒壬午科爲始，用示嘉惠士林至意。

初七日癸巳　晴，午後間陰。閱顧校《韓非子》。敦夫來，下午偕至文昌館聽曲，晚歸。夜得荇丈書，以所藏東坡墨竹詩跋真蹟手卷屬題，且示所作疊城字韵詩，即復。

邸鈔：上諭：前因給事中孔憲瑴奏參巡視中城給事中師長灼各款，當經諭令都察院堂官查明具奏。兹據奏稱，師長灼因案得賄及辦事顛倒任意各節，均查無其事，惟於伊子師岱及家人等在外招摇，結交司坊官、説合公事等情，未能覺察，並移送案件遲延，實難辭咎等語。刑科給事中師長灼著交部照例議處；刑部候補主事師岱行止不端，物議沸騰，著即行革職；指揮張得先任意刑訊，累及無辜，謬妄已極，僅予議處，尚屬輕縱，著即革職；副指揮高楓、吏目李春榮與張得先同堂訊案，聽從濫刑，亦屬顢頇，均交部議處。上諭：御史洪良品奏考試孝廉方正弊竇甚多，請飭嚴行覆試一摺。孝廉方正係朝廷特設之科，膺是選者宜如何束身自愛，以期名實相符，若如所奏，竟有品行不端，甚至臨場舞弊，殊屬不成事體。應如何詳定章程，嚴行覆試，著吏部妥議具奏。

初八日甲午　晴。藤花極盛，設几坐其下讀書。陸漁笙來。敦夫來。作書致荇丈，還顧校《韓非子》，略言宋明刻之優劣及所校異同。

閱蘇文忠墨竹畫詩卷。以極厚紙爲之，寬約二尺，長至五丈許，竹僅十餘竿，大葉横掃，蒼勁如鐵，而風趣横生，逸氣四出，真奇筆也。其後書『斯人定何人，游戲得自在』一詩，後有跋云：『故人文與可爲道師王執中作墨竹，且謂執中勿使他人書字，待蘇子瞻來，令作詩其側。與可既歿八年，而軾始還朝，見之，乃賦是詩。今羅浮鄧道師乞余吟與可畫一卷，並求寫此詩於上。援筆應之，似與與可用筆頗合，安得起故人使見之也？元符元年七月廿日，東坡居士蘇軾記。』下有『子瞻』一印，『東坡居士』一印，皆陽文。其書字行楷，約寸餘，筆法俊逸，力透紙背。後有黄大癡、貢南湖、方正學題詩三首。黄云：『一片湘雲濕未乾，春風吹下玉琅玕。强扶殘醉揮吟筆，簾帳蕭蕭翠雨寒。』下題：『至正十二年八月六日，仲權以東坡公墨竹見示，敬賦此詩。大癡學人黄公望。』貢云：『玉堂罷直獨歸遲，墨瀋將秋入硯池。坐到夜深清不寐，瑣窗涼影碧參差。』末題：『貢性之。』方云：『内翰何年寫畫圖，眼中驚見鳳毛孤。一枝潤帶江南雨，遂使眉山草木枯。』末題：『後學方孝孺拜觀因題。』黄、貢皆行楷書。貢書稍大，而瘦硬鋒出，無少欹隨，可想見高蹈山陰躬耕風節；正學字徑寸許，端楷凝重，尤肖其人：皆平生僅見者也。圖前有『真賞』一印，『直指繡衣御史之章』一印，『信公真賞』一印，『神品』一印，『孫氏承恩』一印，『錢吉家藏子孫世寶之』一印，書後有『都尉耿信公書畫之章』一印，『希直』一印，題詩後有『耿會侯鑑定書畫之章』一印，又有『錢吉』一印。

是日傍晚坐藤花下，書五古一首於後，夜即作書還荇丈。

爲周荇老題東坡爲羅浮鄧道士守安臨文與可墨竹真蹟

長公所畫竹，鬱如蒼松姿。粗幹雜大葉，間亦横小枝。飽喫黎耑飯，追寫還朝詩。畫於元符元年，時在儋州。畫後又書元豐十年還朝時，爲道士王執中題文與可墨竹詩一首。守安爾何人，得此大法施。平。琅玕十餘丈，永爲雲笈資。羅浮本仙宅，光怪照海湄。瑶花與琪草，匿采不敢奇。至今八百年，神物常護持。湘中老承旨，文采動四夷。退食偶有獲，珍若餐瓊糜。私幸此得所，子孫永寶之。我慨今之士，儕輩耻相師。又或擅微藝，矜秘呈須眉。名位稍貴重，下士無由窺。公乃臨老可，又肯道士貽。吐舌出三疊，斯語非吾欺。對此發三歎，今人安可爲。

邸鈔：上諭：劉錦棠奏查明營員互揭，請旨革職一摺。記名提督、巴里坤鎮總兵席大成，以專閫大員，竟敢私挪兵餉，派弁送回原籍，實屬違例營私；留甘補用總兵、巴里坤鎮標中軍游擊柳臣玖，始則任聽席大成擅挪，旋因席大成以抗公不辦等情禀參，輒復列款禀揭，並失察稿書私收錢文，於兵丁缺額虚懸不補，又不按季册報，居心殊屬巧詐。席大成、柳臣玖著即一併革職。以記名提督徐占彪爲甘肅巴里坤鎮總兵。以江西九江鎮總兵章合才、江南淮揚鎮總兵朱淮森互調。以詹事府少詹事張家驤爲詹事。詔：丁憂在籍陝西候補道周漢，著涂宗瀛飭令迅赴新疆軍營交劉錦棠差遣。從錦棠請也。

初九日乙未　晴，微陰。藤花下讀書，香艷襲人，落英偶見，柳絮交飛，几席皆堪入畫。荇丈來，言益吾母夫人病危甚。作片致敦夫，得復，且惠羊豪四管，復辭之。得王子獻二月十一日甬上書并其弟王孝子遺詩四十册。荇丈以唐畫北齊校書圖卷屬題。孺初來，爽秋來，坐花下茗話，至晚去。

邸鈔：上諭：大學士直隸總督李鴻章、湖廣總督李瀚章之母李氏秉性淑慎，教子義方，今以疾終，深堪軫惻。朝廷優禮大臣，推恩賢母。靈柩回籍時，著沿途地方官妥爲照料，到籍後賜祭一壇，以昭恩眷。上諭：大學士、直隸總督李鴻章現丁母憂，本應聽其終制，以遂孝思。惟念李鴻章久任畿疆，籌辦一切事宜，甚爲繁鉅，該督悉心經畫，諸臻妥協，深資倚任，且駐防直隸各營皆其舊部，歷年督率訓練，用成勁旅，近復添練北洋水師，規模創始，未可遽易生手，各國通商事務該督經理有年，情形尤爲熟悉，朝廷再四思維，不得不權宜辦理。李鴻章著以大學士署理直隸總督，俟穿孝百日後，即行回任。

際此時艱，該督當以國事爲重，勉抑哀思，力圖報稱，以慰伊母教忠之志，有厚望焉。以湖南巡撫涂宗瀛爲湖廣總督，以前福建巡撫卞寶第爲湖南巡撫。詔：翰林院修撰梁耀樞、陸潤庠均在南書房行走。

初十日丙申　晨晴陰相間，上午輕陰，午後小雨，下午有風，晡後晴。得紱丈書，即復。作書致荇丈，問益吾太夫人病，以益吾詣定東陵行禮未歸，荇翁日爲視疾用藥也。作書致張叔平，作片致樓廣侯，俱送王孝子遺詩去，以兩君經營請旌事也。剃頭。再得紱丈書，再復。兩日柳花滿院，常如飛雪，微風盪漾，緑陰交加，亦春深佳境也。藤花香甚，坐席繽紛。閲張月霄《愛日精廬藏書志》。作片致王霞西，還其父詩文集。此人及其子受豫賄得舉孝廉方正，前日廷試又賄倩禮部主事詹鴻謨爲之。近之舉此者，皆無賴士井，凡入試者，替冒公行，習以爲常。此人父子詭鄙委瑣，尤可惡也。并以《孝經》一卷予之。張仲模來。魯芝友來。晚詣敦夫齋頭談。夜月殊佳，坐藤花下。

邸鈔：太常寺卿載英因病奏請開缺。許之。

十一日丁酉　晴熱，下午風，晡後狂甚，天陰。視益吾太夫人疾。晤荇丈及陳伯平侍御、李少軒編修、祁子和侍郎。晡詣且園，與敦夫、汝翼、秋田、朱蓉生、諸又塍公餞漁笙也。到時已遲，主賓皆倦。園既衰替，花樹鮮存，又值大風，塵塊滿目，酒行數匝，逮晚而歸。復冒風出詣興勝寺，偕光甫、敦夫、秋田茗話。夜初更邀三子飲霞芬家，更招玉仙，藏鉤十餘次，霞芬醉甚。淡月在窗，酒香溢坐，四鼓始歸。付霞芬酒局四十千，下賞十千，客車二千，園廚賞十千，車錢十一千，飯二千。

十二日戊戌　晴，大風，下午稍止。陳伯平啓泰來。晚視益吾太夫人疾，晤徐壽蘅侍郎、龔主事鎮湘、彭比部某，夜初更歸。月色甚佳。

十三日己亥　晴，乾熇，有夏意，下午大風。作書致紱丈，饋猪膏、桂花糖、包子。秋田來，約今日觀劇。下午詣益吾祭酒家問疾。光甫來。晡詣天和館赴秋田之招，敦夫、光甫、介唐、婁秉衡俱已至。天氣鬱熱，戲亦不佳。晚詣聚寶堂，招霞芬、玉仙，夜二更時歸。風不止。付車錢七千，玉車四千。嚴六谿來，不值。

十四日庚子　晴。得紱丈書，約明日法源寺看牡丹，即復。鐵香來，坐藤花下談，至晚去。夜月甚佳。

邸鈔：上諭：李鴻章奏瀝陳下情，仍懇開缺終制一摺，情詞懇切，覽奏良用惻然。朝廷以孝治天下，本不忍重違所請，强人子以所難，惟念李鴻章久任畿疆，值此時勢艱難，一切措置機宜動關全局，實非尋常疆事可比。雍正、乾隆年間大臣如孫嘉淦、朱軾、嵇曾筠、蔣炳、于敏中等皆奉特旨，在任守制，近今如曾國藩、胡林翼亦皆奪情起用。李鴻章惟當仰體朝廷不得已之苦衷，勉抑哀思，仍遵前旨，俟穿孝百日後，即回署任，毋得再行固辭。

十五日辛丑　晨及午晴，午後薄陰，晡後陰，傍晚有小雨，旋晴。午飯後赴法源寺紱丈之招，坐於方丈禪室。牡丹百餘本，分栽庭之左右，花已半謝，而香色正盛。亦有未開者，叢竹映之，間以雜花，窗檻疏明，頗稱麗矚。寺僧方開壇傳戒，游女成群，齋鉢皆滿。下午略游前後院而出。詣傅子蓴繩匠胡同新寓，不值。答拜陳伯平，晤談。答詣鍾西筠，不值，晡後歸。付車錢六千。夜月下坐藤陰，有風，微寒。

邸鈔：以詹事府少詹事永順爲詹事。工科給事中唐樹楠轉禮科掌印給事中。馬相如丁憂。

十六日壬寅　晴，輕寒，午後稍熱。擬條陳孝廉方正積弊請廢此科疏。益吾祭酒家來告其太夫人今日寅刻卒。得紱丈書，示前日紀游七絶四首。鐵香來。雲南同年張舍人士鏸娶婦，送賀錢四千。傍晚詣王祭酒家送歛，晤壽蘅師、陳伯平諸君，夜歸。作法源寺看牡丹詩和紱丈。是夕望。

三月十五日潘紱庭丈招同嚴六谿法源寺看牡丹絶句六首

看到藤花興已闌，羸驂懶復逐長安。忽然一紙消揺叟，約向禪房餞牡丹。

傑閣丁香四照中，緑陰千丈擁琳宫。别開曲徑藏春塢，暖約雕闌一面風。

錫杖經壇振法儀，珠旛高傍梵輪飛。諳鑪香到雲窗外，千色花光上衲衣。寺僧方開壇傳戒。

隨意迴廊曳杖行，經樓百尺俯花晴。朱闌縹緲諸天上，鐘鼓都疑下界聲。

鴿隊鐘魚散午齋，幢幢花影静香臺。十年不赴朝參客，有底忙時飯後來。余到寺時已過午齋。

薜荔墻環一徑深，漸聽鈴語入風林。苔階寂歷斜陽下，閑向山門看竹陰。

十七日癸卯　晨風晴，下午微陰，是日稍寒。早過敦夫齋中談。兩姬詣朝陽門外東嶽廟焚香。敦夫來。作書并詩致紱丈，得復。校讀邵氏《爾雅正義》。付車錢二十千。

十八日甲辰　終日輕陰，上午有溦雨，下午薄晴。令圬人修墻屋。鄧鐵香來。沈子培來。是日春盡矣，凉陰甚佳，欲約伴游法源、天寧兩寺看牡丹，爲送春之飲，以小極且有客來，遂不果。校讀邵氏《爾雅正義》。邵氏此書頗有脱文，蓋校刻之誤，今日略是正之。付石灰錢十五千，麻筋錢十二千，圬人工食錢十八千。夜子初二刻五分立夏，四月節。

邸鈔：以太常寺卿徐用儀爲大理寺卿。次日詔仍在軍機章京上行走。近年理卿仍爲章京者朱學勤、朱智、許庚身及用儀凡四人，皆浙産也。詔：廣東碣石鎮總兵劉光明、福建汀州鎮總兵朱德明均開缺，送部引見。詔：廣東雷州府知府段錫林、貴州鎮遠府知府祥明均開缺，送部引見。上諭：前因御史葉蔭昉奏河南學政廖壽恒歲試各屬，於欠考生員斥革甚多，苛刻士類，及難免書吏索費開復各情，當諭令李鶴年查奏。旋經該撫查明欠考情形，據實覆奏，並請旨可否飭部援照湖北成案，將上年咨革文武各生概予開復，業經諭令該部議奏。茲據内閣侍讀學士文碩奏參言官挾私妄奏，撫臣查覆瞻徇等語，著都察院會同禮部、兵部查明具奏。葉蔭昉奏稱廖壽恒歲試各屬，凡生員欠考三次以上者，一律斥革，通省至數千計。李鶴年覆奏稱，廖壽恒因上年六月接禮部札，開定例生員欠考三次以外，均應斥革，嗣後一律斥革報部，概不准藉詞蒙請開復。廖壽恒因將欠考多至六次以上及十餘次者，共斥革文生四百三十七名，武生一千一百六名。今請飭部照湘北成案，概予開復。文碩疏言廖壽恒於奉部文之復，始擇其尤者黜之，已失之寬縱姑息；言官挾私妄奏，撫臣首鼠調停。其詞甚直。

十九日乙巳　晴，下午陰，夜四更小雨。

雜校《廣韵》中氏姓及洪輯《元和姓纂》、秦輯《世本》諸書，謬誤甚多，略出數條。

《廣韵》『二十三魂孫』下云：漢複姓二十三氏，《左傳》秦大夫逢孫氏，云云。何氏《姓苑》有經孫、新孫、古孫、牟孫、室孫、長孫、叔孫等氏，望稱河南之者，是虜姓也。案：此所舉自逢孫至《姓苑》所舉七氏，共二十四氏，而叔孫、長孫已見前，云叔孫氏出魯桓公，又齊大夫長孫修，是皆所謂漢複姓也。『等氏』二字，當在『室孫』之下，『長孫、叔孫』四字，當在『望稱河南之』『之』字之下。《後魏書·官氏志》：獻帝次兄拓拔氏，後改爲長孫氏；叔父之允曰乙旃氏，後改爲叔孫氏。凡代北姓，皆孝文遷洛後所改。太和中詔代北人並爲河南洛陽人，故望稱河南。《元和姓纂》『三十六養』云：長孫，河南洛陽。後魏獻帝拓拔與憐七分其國，兄弟各統領之。第三兄爲拓拔氏，案：今本『拓拔』誤爲『長孫』。孝文帝以嵩宗室之長，改爲長孫氏。又『一屋』云：叔孫，河南。後魏獻帝命叔父之後爲乙旃氏，後改爲叔孫氏。王氏應麟《姓氏急就章》云：長孫氏，齊長孫修，又後魏虜姓拓拔氏改。叔孫氏，魯公子牙之後，又後魏虜姓乙旃氏改。皆可據以訂正者也。自逢孫至《姓苑》所舉室孫，共二十二氏，『三』亦筆畫之誤耳。

《姓纂》『長孫』下云：道武時有上黨王長孫道、北平王長孫嵩、上黨靖王道生。後魏司空旃，旃生觀，爲殿中尚書。案：『上黨王長孫道』六字當衍。《魏書》北平宣王長孫嵩生安王頹，頹生簡王敦，敦生慎公道，道生悦。又嵩從子上黨靖王道生。嵩當道武時，位司徒，封公，太武時進王，遷太尉。道生當太武時，位司空，封王。是道武時無上黨王長孫道也。道爲嵩之曾孫，當宣武、孝明時，由嗣北平王例降爲公，非道武時上黨王也。道生爲司空，其子抗官少卿，未襲爵卒。抗，《姓纂》與《新唐書・宰相世系表》俱作『旃』，未知孰是。至《姓纂》『後魏司空』四字乃屬上『道生』讀，惟『空』下脱一『生』字耳。又道武時尚有盧鄉武公長孫肥，《姓纂》失載。

《姓纂》『一屋叔』下云：叔牙今本誤作『叔子』。之後，孫叔仲彭生亥，亥生帶，帶生叔仲職今本『叔仲職』上又衍一『仲』字。及寅，代爲魯大夫。案：杜氏《春秋釋例・世族譜》叔牙孫叔仲惠伯名彭生；惠伯孫昭伯名帶，即叔仲虺；昭伯子穆子名小昭伯，孫定伯名志。《禮・檀弓》正義引《世本》云：僖叔牙生武仲休，休生惠伯彭生，今本皆脱『生』字。彭生生皮，爲叔仲氏。是此當於『之後』下補『叔牙』二字，『彭生』下補『彭生生』三字，曰叔牙孫叔仲彭生，彭生生亥，傳寫誤脱也。武仲休與公孫戴伯兹爲兄弟，兹子莊叔得臣始稱叔孫氏，休子惠伯始稱叔仲氏。《姓纂》及《世族譜》俱失載。武仲休一代，亥與皮爲兄弟。鄭君《檀弓》注以叔仲衍爲皮弟，以子柳、子碩爲皮子，當必有據。而昭伯爲亥子，亦可補《世族譜》之缺。帶之字虺，《莊子》『即且甘帶』，帶者蛇也，故帶以虺爲字。叔仲職疑即定伯志，蓋本當作『帶生小，小生職及寅』。職、志字同義，或名志而字職耳。《左傳正義》於叔仲氏獨略而弗言，鄭樵《通志・氏族略》乃云惠伯亦公孫兹子，其謬甚矣。

邸鈔：前刑部尚書都統皂保，前杭州將軍、一等英誠公連成皆遞遺摺。詔：前任正紅旗蒙古都統皂保由翰林洊陟正卿，管理旗務，宣力有年，無曠厥職，嗣因患病開缺調理。兹聞溘逝，軫惜殊深。加恩照都統例賜恤。

二十日丙午　晨小雨，終日陰，夜又小雨，三更月出。得紱丈書，借日記。得伯寅尚書，以山左人丁艮善新校刊宋監本《説文》屬閲，即汲古閣所仿底本也。

《左傳》襄二十五年『九世之卿族』杜注：甯氏出自衛武公，及喜九世。考古人世數皆連祖言之。杜氏《世族譜》云：武公曾孫甯跪文仲，跪孫莊子速以下武子俞、成子相、惠子殖、悼子喜，俱不言世數。然武子以下，《左傳》杜注皆言其系，惟成十四年甯惠子無系。而《國語》韋注云：甯莊子，甯穆仲静之子；甯速則文仲之子，爲穆仲。甯莊子當衛懿公時，而《左傳》莊六年衛放甯跪于秦，雷氏學淇謂當是文仲。以時代言之，跪當惠公初，速當懿公末，祖孫代仕，亦事之恒。哀四年又有衛甯跪救范氏，蓋悼子之疏族。《世族譜》雜人内亦有甯跪，當即指此人。《姓纂》『四十六徑甯』下云：衛武公生季亹，食采於甯。弟頃叔生跪，跪孫速生武子俞，俞生殖，殖生悼子喜，九世卿族。案：如《姓纂》，則跪爲武公孫，與杜氏言曾孫不合。古無弟承兄之采邑爲氏者。且頃叔爲季亹弟，亦是公子，何得蒙兄之氏？蓋『弟』字上有脱文，頃叔當是季亹之子，或『弟』是『生』之誤，則跪爲武公曾孫。杜氏於成二年甯相注云：甯，俞子。於十四年惠子注云『甯殖』。疑殖是相弟，故《姓纂》謂俞生殖，當有據也。如此則武公至喜，正合九世。洪氏瑩、秦氏嘉謨皆以殖爲相子，離武公數之爲九世，非也。甯氏、孫氏，同出武公。《左傳》成十四年正義引《世本》云：孫氏出於武公，至林父八世。《新唐書・宰相世系表》云：武公和生公子惠孫，惠孫生耳，爲衛上卿，食采於戚。《詩》『從孫子仲』，毛傳：公孫文仲也。秦氏疑耳即公孫文仲，故《詩》稱孫氏。生武仲乙，以王父字爲氏，生昭子炎，炎生莊子紇，紇生宣子鰌，鰌生桓子良夫，良夫生文子林父。《姓纂》『二十三魂』云：武公生惠孫，惠孫生耳，耳生武仲，以王父字爲氏，元孫良夫。世數皆同，蓋皆出於《世本》。是所云八世，亦連武公數之。《世族譜》云：孫莊子級，武公三世孫；昭子，武公四世孫。雷氏學淇謂『三』是『五』字之誤，是也。『級』『紇』字形音俱相近，未知誰是。孫莊子見《左傳》哀二十六年，與甯武子並稱，靖成公之難。甯跪之被放，亦是忠於黔牟，與二公子同心。是孫、甯並公族世臣，功在社稷。獻殤之難，兩族俱亡，故太叔文子謂九世之卿族一舉而滅之者，亦並孫氏言之。孫與甯本一也，喜欲納獻公則必仇孫氏，孫亡而甯與之俱亡也。殖與林父爲輩行，喜與嘉、蒯等爲輩行，武公至嘉等亦九世也。

此上當别出題目，曰『《左傳》九世之卿族解』。

剃頭。作書復紱丈、鄭盦喬梓。晡後詣敦夫齋中談。傍晚詣益吾，即其苦次唁之。晚赴敦夫聚寶堂之招，坐有鄰人張雲階及書玉、光甫、資泉。夜二更敦夫復邀飲霞芬家，招玉仙，四更歸。天明始睡。付車錢六千。

二十一日丁未　晴。六谿來。光甫來。介唐來。敦夫來。午後光甫邀同介唐、敦夫、書玉兄弟文昌館聽演曲，晚歸。光甫復邀飲聚寶堂，招霞芬、玉仙，夜二更歸。付車錢四千，霞車二千。子蓴來，不值。

二十二日戊申　晴，傍午大風，至晚止。書玉饋醉蚶、醩魚，作書復謝。始食櫻桃。以蚶、魚並薦先。校《元和姓纂》。

二十三日己酉　晴，清和無風。瓶中芍藥花開。校《左傳正義》卷第六十一卷。再校《元和姓纂》。下午肝氣痛，卧少時。得鍾西筠書，乞寫扇。晚飯上階時，忽傾跌，傷脅及膝、踝。夜仍校《姓纂》。

二十四日庚戌　晴。晨起復校《姓纂》，跋數語訖。爲鄭盦撰《重刊宋監本説文解字序》。得雲門即復。

是月九日、十日書。作書并序致鄭盦尚書，得復。再得鄭盦書，惠銀二十兩，即復謝。三得鄭盦書，

爲荇翁題《北齊校書圖》。圖是絹本，横卷，長七尺許，廣一尺餘，右一人坐胡床脱帽，長髯緋衣，執筆題卷，山谷跋所謂若中書省官長者也，一吏對立持卷，一吏旁立吮筆，侍女二人，又一人背立觀書。中設榻，一人坐而一手執筆，一手持卷，旁立侍女二人，前列酒、果、琴及投壺矢。一人對坐而飲，一人側背坐，挾卷題字。一人坐榻邊欲逃酒，對坐者手持之，一童子踞逃酒者掖下，爲之著靴。四人皆縠衣袒裼，有須。榻左立侍女三人，一奉琴几，一持投壺之壺，一挈酒瓶，左立兩馬，奚奴二人，又一吏執鞭作立竢狀。後有范文穆、郭見義、陸渭南三跋，韓南澗、謝□□兩詩。范云：右《北齊校書圖》，世傳出於閻立本。魯直《畫記》登載甚詳，尚欠對榻七人，當是逸去其半也。諸人皆鉛槧文儒，然已著靴坐胡床，風俗之移久矣。石湖居士題韓詩爲七言柏梁體長歌，頗健麗，惟通首用『魚』『虞』『模』韵，末四句忽用『真』韵，爲可議。後有長跋，言齊文宣天保七年詔樊遜校定群書供皇太子事。末題『淳熙八年正月庚申潁川韓元吉』，題下有『潁川郡侯『朱文一印。陸云：『高齊以夷虜遺種盜據中原，其所爲皆虜政也，雖强飾以稽古禮文之事，如犬着方山冠，而諸君子乃挾書從之游，塵壒膻腥，污我筆硯，余但見其可耻耳。淳熙八年九月廿日陸游識。』此用縮臨。謝詩爲七言柏梁體八句，末題『淳熙十六年八月十日臨江謝諤書』。

題舊畫北齊校書圖有序

圖見山谷題跋。傳出唐閻立本，南宋割去其半。有范石湖、陸放翁跋，韓南澗題詩。今藏長沙周閣學壽昌家。

揮豪挾策坐滿堂，或啖酒果據胡床。奚奴立馬待廡下，高鬟紅袖侍兩行。鮮卑鄴下何天子，殺戮不飛九龍死。起本盜賊終滅亡，何取羶腥列青史。大犧人螭所不如，獨親儒雅知重書。先啓祕府校墜籍，終開文林羅群儒。孝謙建議捊遺闕，一十一人各勤職。入室應招許散愁，負笈還尋馬敬德。青綾御食漢臺郎，女史親添五夜香。滿袖花釵傳請客，隔窗宫燭照披裳。唐宋相沿稱故事，馬子三臺亦堪記。入盤曾黜邪蒿名，作讖悲聞正道字。嗚呼，文宣甚暴何謚文，講經就傅彌勤勤。濟南實得漢家質，惜哉不得長爲君。宋人事金謂金父，紙上前朝概呼虜。圖後范、陸諸公跋皆斥爲虜政。穢史虛標勃海宗，當時自習鮮卑語。藁燃蝟破徒忽忽，鷹封郡君狗儀同。獨仗一事重儒力，得與周魏稱齊蹤。絹素流傳特健藥，對榻俄空半已割。山谷跋有對榻七人，石湖跋言已逸去其半。長幅猶題南澗詩，真蹟難求涪叟跋。争言粉本閻文貞，右相丹青聊戲評。人生擇術自當慎，伏池舐筆良可輕。

荇老謂此詩不特爲此圖增重千古，直爲高齊一洗腥穢，真絶作也，令人百讀不厭。老輩虛心如此，録其言以志愧。『文宣甚暴何謚文』等八句，寫此時增入，題圖所無也。『文宣』七字用祖珽語。

邸鈔：上諭：李鴻章奏瀆陳愚悃，籲懇收回成命，准予開缺終制一摺。披覽之餘，深爲軫惻。在李鴻章陳情固請，原爲人子之至情，而朝廷廑念疆事倚任需人，實出於必不得已，然若仍令照常供職，度李鴻章之心，終必不安，亦非所以示體恤。李鴻章著開大學士、署直隸總督之缺，俟穿孝百日後，駐劄天津，督率所部各營認真訓練，並署辦理通商事務大臣。該大臣開缺留營，揆之金革無避之義，亦不背於禮經，此係曲鑒其懇切之忱，從權酌辦，俾得忠孝兩全，各無遺憾，當亦天下所共諒。該大臣其仰體宵旰之勞，自念責任之重，勉圖報稱，宏濟艱難，以副厚望。並著派軍機大臣、署户部尚書王文韶前往天津，剴切宣諭慰勉，俾知朕意，毋許再行固請。上諭：駐藏幫辦大臣鄂禮奏病難速愈，請開缺調理一摺。鄂禮前因修墓患病，兩次請假，假滿後自應迅速赴任，以重職守，乃遽請開缺，殊屬非是，若仍責令前往，亦難期得力。鄂禮著開缺，交部議處。以四川成潼龍綿茂道崇綱爲副都統銜駐藏幫辦大臣，就近馳驛前往。翰林院侍讀高萬鵬授湖南常德府知府，御史莫勒賡額授貴州鎮遠府知府。以□□□李占椿爲福建汀州鎮總兵，署湖北鄖陽鎮總兵鄧萬林爲廣東碣石鎮總兵。上諭：御史俊義奏請整頓官學一摺。國家設立八旗官學，原以培養人材，該教習等宜如何實心督課。若如所奏，近來各官學學生並不入學肄業，教習、助教亦不認真教督，尚復成何事體！著國子監堂官嚴飭各該學教習、助教盡心訓誨，該堂官務當隨時稽察，認真整頓，用副朝廷教育人材至意。

二十五日辛亥　晨晴，上午陰，有小雨，下午晴陰相間，有溦雨，晡後晴。敦夫來。作《交阯交州名始考》。得荇丈書，以文信公家書手蹟屬題。梁于渭來，不見。傍晚過敦夫齋中談。傅子蓴片約明日午飯。陳伯平侍御約廿八日飲樂椿花園。

邸鈔：上諭：吏部奏遵議調補知府與例未符，聲明請旨一摺。福建臺灣府知府員缺，唯其以周懋琦調補，嗣後不得援以爲例。周懋琦，錢唐監生，以軍功得官至臺灣府知府，光緒二年以人地不宜調補福寧，今復調臺灣。四川龍安府知府王祖源升成潼龍綿茂道。王祖源，山東福山拔貢，入貲，由兵部主事選龍安府知府，忽有此授，蓋以張之洞之婦翁故。前廣東高廉道孫楫選廣東雷州府知府。孫楫，山東濟寧進士，初由給事中授惠潮嘉道，丁憂，復授高廉道，爲巡撫裕寬劾罷，今又選雷州。額駙景壽謝賞公主府第恩。

二十六日壬子　晴熱。敦夫來，午偕詣廣和居赴子蓴飲。下午介唐邀同敦夫至文昌館聽曲，晚歸。

邸鈔：編修治麟升國子監司業。刑部郎中宗培、員外郎瑞霖均交軍機處記名以道府用。宗培、瑞霖均隨尚書麟書、侍郎薛允升讞獄江寧，以京察一等補引見者。

二十七日癸丑　昧爽雷雨，上午雨稍止，午大雨，下午少止。校《隋書》《北史》誠節、孝義等傳。夜半後有驟雨。疾大動。

邸鈔：溥泰謝襲公爵恩。

二十八日甲寅　晴陰蒸溽。校《隋書》《北史》儒林、文苑等傳。作書致陳伯平，辭飲。鍾西筠來，爽秋來，均不見。鐵香來。印結局送來二月、三月公費銀八兩。夜風雨時作。

二十九日乙卯小盡　晨小雨，有雹，午後晴，微陰，頗寒。得汝翼書。

讀文信國家書手蹟，凡九條，皆言兵機及託覓其女環娘、柳娘事。其首已殘闕，末題『天祥皇恐拜筆，十月八日發』，後有一峰跋云『是空坑敗後致所知者之書』。一峰無姓名，有印記云『冰蘗』，蓋宋逸民也。本知不足齋鮑氏所藏，有蔣心餘、王西莊、梁山舟、王韓城、張芑堂及以文諸家跋，朱吉人方藹跋，趙味辛等題詩。所云十月八日者，蓋景炎二年丁丑、元世祖至元十四年也。行草書從容流美，有晉人風，而規畫周詳，絶無顛沛倉卒之狀，可想見成仁正氣。

雨後微溽，焚香坐對，久之。汝翼來。敦夫來。陸漁笙來，言以初三日行。傅子蓴爲其長男炳濤開吊，送奠分十二千。上虞連文冲中書喪偶，送奠分四千。剃頭。鐵香來，屬代擬一文字。晚詣敦夫齋中小談。鐵香來。夜邀敦夫、光甫、梓泉飲霞芬家，爲餞春也，并招玉仙，四更始歸。付賃屋銀六兩。付霞芬酒果錢四十千，下賞十千，客車三千，車錢六千。

點絳唇兩日輕陰，柳花如織，寫以小詞。

過了花時，垂楊滿院飛晴雪。緑陰如羃，點點東風跡。　午夢初回，却道餘寒積。茶烟直，湘波簾隙，暫放斜陽碧。

柳梢青春暮讀書藤花柳陰下即事。

滿院朱藤，一庭垂柳，同做花穠。小設方床，略安横几，前後東風。　攤書閑對珍叢，看墜莢、時時點紅。乍换青緗，又疑粉指，印滿行中。

解蹀躞壬午三月三十夜飲霞芬家餞春。

又是一平。年春盡，蘭夜尋歌館。綺窗圍坐，分曹賭銀盞。取次密語藏鉤，願連一握纖荑，搦來長暖。　玳筵畔，常怕鬢絲人見。輕紈約歌扇，斷紅雙臉，還留好花看。漫道禁住鐘聲，奈他紅燭尊前，比春還短。

夏四月丙辰朔　晴。申刻日有食之，至酉正始復。葉更端來，以益吾祭酒所撰其母鮑太淑人年譜屬商定。祭酒曾祖、祖父皆諸生而貧，至太翁貧益甚，以筆舌自給，有兩兄，皆析居，不能養母。太翁與淑人獨力侍奉，生四子一女，祭酒其第三子也。伯子將補諸生而夭，仲子已補廩生，又早卒。太翁之兩兄亦卒，無後，復迎其兩寡嫂同居，而太翁亦卒。蓋淑人之艱窶無不備，至冬月猶葛衣。及祭酒入翰林，而季子亦以諸生得官，不久復卒。近年祭酒迎養京師，擢官典試，色養甚隆，而祭酒連殤子女，其女兄亦早寡無子。觀其所述單悴之况，爲之感涕。然太淑人壽至七十有四，親見祭酒揚歷清華，優遊茵鼎，較之我母劬勞一生，未見寸報，所謂九淵之下尚有天衢矣。祭酒乞撰墓志，故先述其略。爽秋來。撰益吾太夫人輓聯，以綾二丈書之，曰：『茹蘗補彤編，溯一生晝荻劬勞，合六堂胄子笙詩，同斟壽斝；含飴盼黄壤，願此後藝蘭蕃衍，繼三世國師家法，追慰親心。』作書致葉更端。傍晚詣敦夫齋中小談。是日頗小極，多卧，夜早睡而不寐。得鄭盦尚書書，即復。

邸鈔：禮部尚書恩承奏病難速痊，懇請開缺。詔賞假一月，毋庸開缺。

初二日丁巳　晴，上午後大風竟日。金銀藤花開，榴花開。上午答拜餘姚邵友濂觀察，已行矣。詣益吾祭酒家吊。晤桑叔雅，與言劉鐫山師家莊田事，託其料檢。晤陳伯平、朱蓉生、汝翼、龐絅堂諸君。下午答詣鄉人張宗灝，入城送陸漁笙行，遇敦夫，同歸。作致寧夏太守陶子方模書，託漁笙寄去，以漁笙此行先試涇州平凉及寧夏也，并以行卷屬轉寄施均甫於阿克蘇城。鐵香來。付車錢六千。

邸鈔：上諭：御史鄧承修奏特參步軍統領衙門妄差番役，强劫衣冠一摺。據稱三月二十八日突有官差數十人持械闖入鎮平會館，稱係步軍統領衙門番役，奉有密旨拏人，立將舉人古銘猷攢毆多傷，用大鎖鐵鍊捉拏入城，厲禁拷打等語。步軍統領衙門雖有緝捕之責，何得妄拏無辜？况係衣冠士子，尤不應擅行毆辱。該番役因何鎖拏舉人古銘猷，既經厲禁拷打，該衙門堂司各官有無聞見，著步軍統領迅即查明，據實具奏，毋得回護掩飾，稍涉含混。近日御史宗室載彩奏京師有著名綽號光棍數人，聚賭包娼，請飭查拏。有旨下步軍統領衙門訪拏。古銘猷者，廣東鎮平人，久居虎坊橋會館。其弟某落魄無行，日逐市井，酗酒淫博。載彩疏中首及之。銘猷亦不持士行。前日步軍番役拏其弟不獲，遂强捉銘猷去。以詹事府詹事張家驤爲内閣學士，兼禮部侍郎銜。

初三日戊午　晨微陰，上午晴，復大風。校《南史》王氏家傳及《宋》《齊》《梁書》。

初四日己未　晴，上午後復大風。比日寒如春中，可著重棉。雜校《南》《北史》。傍晚約敦夫詣爽秋談，夜同過鐵香，并邀汝翼共話。至三更後歸，始夜飯。

初五日庚申　未初初刻小滿，四月中。晴，午後有風。鐵香來。爲胡梅卿撰其尊人七十雙壽頌，即書於泥金横幅，并松竹齋新製紅地飛白牋四匣，作書致之，託張雲生由寧波轉寄。嚴六谿來，不晤。得紱丈書，即復。過敦夫齋中小談。六谿再來，以李梅生育所繪《焦山圖》見贈，甚超秀可喜，作書復謝。得六谿書，即復。夜苦咳嗽。

初六日辛酉　晴熱。撰合肥相國李太夫人輓聯，以綾書之，云：『槐鼎熊茵甲第雙迎武韓國；鞠衣蜜印養堂專祭定夫人。』上語用《舊唐書・李光弼傳》語，李母韓國太夫人李氏，而顔魯公臨淮武穆王碑言，太夫人爲大將軍武楷固之女，蓋以同姓諱之也，與今事適合。下語用《晉書・列女傳》虞潭母武昌侯太夫人孫氏事。余與敦夫、介唐、光甫、爽秋合送素幛輓聯，報其去年十二金之贈也。幛題『帝問起居』四字。作書致爽秋，得復。作片致敦夫。兩得六谿片，言浴佛日故事，即復。製箱篋三事藏書畫，付錢三十千。合肥公分十二千。

邸鈔：掌京畿道御史傅大章升工科給事中。吉林將軍銘安奏請於寧古塔城添設巡道一缺，曰分巡寧、姓、琿地方兵備道；又添設合蘭廳撫民同知一缺，加理事銜；於琿春添設琿春府知府一缺；於三姓添設三姓廳撫民同知一缺，加理事銜；於寧古塔城東南五百四十里萬鹿溝地方設立綏芬縣知縣一缺，加理事通判銜，建城署於北山下，前臨綏芬河，後當萬鹿溝口，與琿春以三岔口南分水大嶺爲界；琿春府設照磨管司獄事一缺；合蘭廳、三姓廳各設巡檢管司獄事一缺；綏芬縣設巡檢管典史事一缺。詔該部速議具奏。

初七日壬戌　晴熱，下午熇熯異常，有風，微陰。爲鄭盦尚書撰宋某《周易卦變圖考序》、静濤相國柏葰《薛箖山館詩鈔序》，即作書致之，得復。得朱蓉生書，即復。六谿來。讀《易漢學》。晚過敦夫齋中談。剃頭。付司馬廚子錢二百千。

初八日癸亥　上午薄晴，傍午風起，晴，午後風益甚，晡後漸陰，晚雨，有雷。讀《易漢學》，略校訛誤。得紱丈書，商一文字，即復。鐵香來，傍晚偕過敦夫，即同詣汝翼視疾，汝翼近咯血也。晚雨作，亟歸，至達子營，雨驟至，趨反，頗喘困，老尚頑劇如少年。郭林宗、王令明遇雨風度，去人遠矣。夜雨數作，即止。

初九日甲子　晴。得紱丈書，惠煮豆一盤，風味甚佳，即復謝。是日雨後微潮，焚香臨文信國手書。光甫來。敦夫來。得李若農師粤東書，告其母徐太夫人赴，并去年見復一書，太夫人今年八十八矣。光甫邀同敦夫夜飲聚寶堂，招霞芬、玉仙，二更歸。付玉車四千，霞車三千，車錢四千五百。

初十日乙丑　晨及午微晴多陰，午後有風雨，晡後晴。是日小極。作片致朱蓉生，送若師太夫人訃去，得復。

邸鈔：上諭：廣壽奏舊疾未痊，懇再賞假，並請派署差使一摺。廣壽著再賞假一月，吏部尚書著麟書兼署，其所署禮部尚書著烏勒喜崇阿暫行署理，總管内務府印鑰著志和暫行佩帶。上諭：翰林院侍講學士陳寶琛奏參侍郎崇禮自任左翼總兵及署步軍統領，於地面搶竊各案賊盗多未捕獲，近復縱容番役妄拏舉人古銘猷，辱及士類。其在户部，於錢法堂事務漫不經心。監督邵承瀚聲名甚劣，去冬被人控告，崇禮仍復委任阿縱。御史鄧承修奏崇禮於古銘猷一案覆奏欺飾，請嚴加懲處。翰林院侍講張佩綸奏給事中師長灼龍鍾昏瞶，此次古銘猷被拏，有伊子師岱勾結番役，刼毆洩憤情事，應將此案番役盡行送部訊辦各一摺，著派大學士會同刑部查明具奏。　以通政司副使阿克丹爲光禄寺卿。

十一日丙寅　晴熱。金忠甫來。

爲荇翁題文信國墨蹟，即作書并手卷還之。得益吾祭酒書，即復。信國手書作寸許行草，兹節録數條：『一，唐仁臣不測有申述，宜速應之，或渠得章貢捷剳，宜即率二謝兵馳入城，與之共守。』『一，徐妳同柳娘在劉千户下，傳佺已親案此下當脱一『見』字。之，但虜榜不載，想徐妳託以爲别人女，不直指爲吾女也。徐妳有夫，此項可託其夫往贖，幸圖之。』『一，環娘十歲，虜中既無名，想亦在民間，此項須遍剳永豐諸隅物色，方有出場。』『一，黄州周都統死於瑞金，可惜可惜。』『一，在瑞金時賤體一病，甚可憂，入汀以來幸已勿藥。』以上縮臨略得放佛而已。其云唐仁臣者，見明泰和尹文和公直《信國祠記》，有唐仁在祔祀幕僚内，此作仁臣，蓋其字也。又書中屢言民章，民章爲劉子俊字，後從信國至潮陽五坡嶺被執，自稱信國爲元人所烹者。其云黄州周都統，不知何人，蓋當時從義殉身湮没者多矣。一峰跋謂此書在空坑敗後，後爲尹氏所藏。明人鄭少谷謂此書有兩本，一見之於吴門，述空坑兵敗事甚詳，其後大略相同，蓋此是真本，脱去前幅耳。王西莊跋疑爲臨安亡後所作，鮑以文據信國所作紀年録辨正之，是也。張芑堂、朱吉人皆詳言之。

文信國空坑敗後致人書真蹟爲荇農閣學題有序

書所言凡九事，其首已殘闕。舊楮淡墨，作行草書。乾隆中爲鮑氏知不足齋所藏，後入内府，有『嘉慶御賞』及『石渠寶笈』『寶笈三編』諸印。今在長沙周氏。

嗚呼信國不可作，文章在世猶日星。此卷淡墨數行字，真氣蟠作蛟螭形。空坑一敗不復振，展轉江嶠驅贛汀。猶圖再引五更識，區畫兵事重丁寧。國有塊肉寄海上，家已卵覆悲伶仃。柳娘環娘盡嬌稚，草間百死求嫈娯。其餘處分若暇豫，催援止亂存朝廷。犯者必誅死者惜，儼然正笏持典刑。末署十月八日發，景炎二年歲在丁。首幅缺蝕後完備，餘力凛凛寒芒青。科名如公始不愧，莫儔夢炎真鼠蜓。賴有公及陳参政，爲宋一洗龍頭腥。嗚呼，公之生也與雲降，没乘大風歸帝庭。此特殘札豈留意，歷劫呵護神猶靈。焚香申紙三太息，想見雲車風馬空中經。

晚詣鐵香、汝翼小談，乘月歸。

邸鈔：浙江巡撫陳士杰奏特參庸劣各員：浙江候補同知祝師紳、義烏縣知縣盧璲采、湖北，進士。泰順縣知縣袁績慶、順天，附貢。新昌縣知縣劉庭芬、江西，廩貢。臨安縣知縣孫維仁、江蘇，監生。前署孝豐縣事候補知縣吴鑾、烏程縣教諭孫惟溶、山陰，舉人。安吉縣教諭沈祖同，寧波，舉人。均請即行革職；秀水縣知縣黄兆槐、江西，進士。青田縣知縣陳樹庭，江西，舉人。均請改以教職選用；海寧州知州楊春池、江蘇，監生。天台縣知縣李觀璧，河南，廩貢。均請降爲府經歷，留浙補用。從之。右春坊右庶子劉廷枚轉左春坊左庶子，翰林院侍讀何如璋升右春坊右庶子。都統銜鑲黄旗滿洲副都統、管理神機營熙拉布卒。詔旨褒惜，照都統例賜恤，賞銀一千兩治喪。

十二日丁卯　晴熱。得益吾祭酒書。補作游慈仁長椿寺詩。夜月殊佳。

仲春二十九日偕鄧鐵香嚴鹿谿袁爽秋看花至慈仁寺觀近人所模九蓮菩薩畫像晚入長椿寺觀明孝純劉太后繪象爲長歌紀之

長安二月多好花，鳳城日日走鈿車。疲羸亦結下澤隊，尋春輒入空王家。城西多結勝朝寺，半出慈寧内宫賜。鐘簴分鐫阿監名，經函細塹畏吾字。慈仁敕住周吉祥，茂陵布金爲渭陽。修羅内出百軸畫，毗盧高閣凌風翔。至今金碧盡銷蝕，補種雙松亦無色。猶有隙地供栽花，廟市不開作香國。禪房小炷旃檀烟，低眉繪象天人姸。不跨慈壽九頭鳳，魚籃來結楊枝緣。阜成門外八里莊慈壽寺有九蓮菩薩畫像，同治丁卯友人洪洞董雲舫、研樵兄弟訪得重裝，別模一幅付慈仁寺，身被瓔珞，蹋紅蓮花。然諸書皆言慈壽寺有搨像菩薩跨九首金鳳，傳是孝定李太后夢中所見菩薩授經者，未嘗言有畫像，亦不即指跨鳳爲李后也。慈仁寺有窑變觀音，亦李后所敇奉。夕陽漸上娑羅樹，驅車更踏槐街路。長椿佛牓猶艷霞，慈聖當年賜衣處。水齋不作齋庫空，滲金寶塔鈴語風。青蓮九朵亦塵化，猶有一軸囊緘紅。萬佛袈裟紅錦紐，傳是思陵孝純后。此用僖公成風文例。智上已無菩薩題，毗盧猶認辟支首。當年私祭娘娘墳，遺恨千秋堯母門。差勝沈婆空遣使，遠慚韋后見稱尊。遺像淒凉求不得，畫裏春暉渺難即。月額頻煩指懿妃，金容仿佛傳瀛國。可憐麾仗列千官，迎導旛幢跽問安。不見珠衣御長樂，并無翬翟納金棺。至尊哀慟撫靈御，六宫雨泣陳尊袝。入夢猶言解菜來，隊泉終見牽裾去。吊古蒼茫起暮烟，丹青俗語定虛傳。武清新樂各家世，莫使文殊誤普賢。長椿寺藏有戴毗盧帽紅錦袈裟女像一軸，是莊烈帝母孝純劉太后，朱竹垞、吳穀人言之甚詳。其九朵青蓮花捧一牌書九蓮菩薩者，《御定日下舊聞考》已云不存。今劉后像是乾隆中蔣清容、王□□，嘉慶初查有圻所重褾，皆有籤識，而朱、吳所云智上菩薩及崇禎庚辰恭繪字俱無之，寺僧遂誤指爲九蓮菩薩像。蔣氏《忠雅堂詩集》、戴菔塘《藤陰雜記》皆因之。道光末有題籤者直云孝定李太后，又別模一軸懸方丈室，無不稱曰九蓮矣。故詳辨之。

邸鈔：上諭：通政司參議嵩溥奏知縣隱匿重案，請飭查辦一摺。據稱直隸豐潤縣所屬孫唐兒莊民人孫世才將伊父孫宗德斫傷斃命，伊兄孫世有往救，亦被戳傷身死，知縣吳積鋆規避處分，勒令鄰佑地保私行和息，具結完案等語。逆倫重案，所奏如果屬實，亟應從嚴參辦，著直隸總督確切查明，據實具奏。六月間張樹聲奏孫世才於縣獄自縊死。

十三日戊辰　晴，熱甚。

閲馬氏玉函山房所輯《易》學諸書。其於《子夏易傳》，據劉歆以爲子夏、韓嬰同作，荀勖以爲丁寬作，阮孝緒並列韓嬰、丁寬，遂並輯爲三種，分題《子夏易傳》《丁氏易傳》《韓氏易傳》而一字不易，古今有此體例乎？蓋近儒臧氏庸謂子夏當是韓嬰之字；宋人趙氏汝楳《周易輯聞》已有此説。崔氏應榴謂《漢書·儒林傳》鄧彭祖字子夏，傳梁丘《易》，有鄧氏之學，則《子夏易傳》當是鄧作：其説皆有據。馬氏既未能深考，而貪多務博，緟複支離，其所輯往往犯此病也。

敦夫來。作書致金忠甫，爲若農師賻事。寫單約敦夫、介唐、子蓴、光甫、書玉兄弟、秋田飲。

十四日己巳　晴，微陰，傍晚陰。小極，點閲畢氏《續通鑑》。敦夫明日考差，作片送以食物。敦夫來。夜微月，少涼，始食枇杷。洗足。

邸鈔：詔：曾國荃署理兩廣總督，即赴新任，毋庸來京陛見。詔：錫珍調補鑲黄旗滿洲副都統，明秀調補正紅旗滿洲副都統，和琨補授鑲紅旗漢軍副都統，奕謨補授左翼前鋒統領，敬信管理火器營事務，德銘補授奉宸苑卿。皆熙拉布缺。

十五日庚午　晨陰，上午微晴，午澹晴，下午晴熱。閲錢氏《答問》。作書致汝翼，饋以枇杷廿二枚。汝翼以病今日不入試也，得復。作書致光甫，約夜作結夏之飲。吾曹老矣，不與黄頷少年同喫紅綾餅餤，乘此佳月，覓旗亭酒伴，作櫻笋小筵，亦可嗤耳。荇農丈來。剃頭。下午腹中忽不快，身微熱，夜月頗佳，竟不能出。

邸鈔：浙江巡撫陳士杰奏在籍内閣學士李品芳於去年十一月病卒。品芳字春皋，東陽人，道光辛巳舉人，癸未進士。湖南巡撫涂宗瀛奏辰沅永靖道童大畇於去年十一月病故，請以候補道裴蔭森補辰沅永靖道。大畇，山陰人，壬子進士。蔭森，阜寧人，庚申進士。上諭：張樹聲奏請派員幫辦水師事宜，並請加卿銜以示優異一摺。幫辦大員及賞加卿銜向係出自特旨，非臣下所得擅請。張樹聲所請派翰林院侍講張佩綸赴津幫辦北洋水師事宜，仿照吴大澂賞加卿銜之處，著毋庸議。群兒相貴，何時已乎？張佩綸與樹聲之子訾郎某交甚狎，故有此請。佩綸遂不與考差以待旨，不意其不行也。

十六日辛未　晴熱鬱悶，下午微陰，晚雲合，輕雷小雨，旋止。作片詢敦夫試事。閱雷介庵《經説》。施敏先來。敦夫來。秋田來。傍晚詣林贊虞房師，唁其夫人之喪。晚詣益吾祭酒廬中談，晤陳伯平。夜至聚寶堂，子蓴、書玉兄弟、敦夫、秋田、介堂、光甫已俱至矣。飲酒中，霞芬來。二更後邀諸君飲霞芬家，招玉仙，四更後歸。五更雨作，滴歷至曉。付霞芬酒局錢四十千，下賞十千，聚寶酒保賞四千，客車八千，雲龢客車三千，車錢八千。

十七日壬申　雨，至午稍止，下午微晴，蒸溽。介唐來。金忠甫來。爽秋來。鐵香來。得紱丈書，即復。是日早起，胸腹悶甚，上午歐吐，服靈寶丹，少止，竟日不食。夜甥食，不快。是夕望。

邸鈔：上諭：前據張樹聲奏調侍講張佩綸，未允所請。玆據翰林院侍講學士陳寶琛奏，張樹聲擅調近臣，實屬冒昧，請照例議處等語，張樹聲著交部議處。狐埋狐搰，不已甚乎！陳與佩綸互相唱和久矣，此疏以掩外人耳目也，然太難爲樹聲父子矣。

十八日癸酉　晴，熱甚。焚香讀《易》。光甫來。午後光甫邀至會元堂，偕敦夫、介唐、書玉、秋田諸君聽曲。日晚復邀飲聚寶堂，招霞芬、玉仙，夜二更歸。朱蓉生來。得施敏先書，約飲。付車錢八千，玉車四千。陸鳳石修撰嫁女，送禮錢四千。

十九日甲戌　微晴，靉靆。得益吾書，催撰墓志。陳伯平來，久談。午後詣敦夫齋中，小坐歸，始飯。傍晚晴涼，坐庭中讀《易》。得羊辛楣三月二日吴門書，并寄新刻《四六叢話》一部，言近充書局提調。書玉來。殷萼庭來。

邸鈔：予告大學士全慶卒。全慶字雲甫，號小汀，葉赫那拉氏，正白旗滿洲人，兵部尚書謚恭勤那清安子，道光九年翰林。詔褒其學問優長，老成恪慎，兹聞溘逝，軫悼殊深。賞給陀羅經被，派輔國公載濂帶領侍衛十員即日往奠，晉贈太子太保，照大學士例賜恤，入祀賢良祠，伊子吏部郎中麟祥賞加四品銜。全慶旋予謚文恪。左中允惲彦彬升司經局洗馬。

二十日乙亥　晴陰相間，下午多陰，傍晚凉爽。閲《蛾術編》。朱蓉生來，久談。晚赴施敏先廣和居之飲，夜一更後歸。閲《曉讀書齋初録》《二録》。

邸鈔：正黄旗蒙古副都統、鑾儀衛鑾儀使、鎮國公奕佩卒。上諭：國子監奏八旗官學情形酌擬變通辦理一摺，著該部議奏。上諭：侍郎錫珍奏請簡派大員整頓八旗學校一摺，著吏部會同國子監妥議具奏。　吏科給事中戈靖轉掌印給事中。

二十一日丙子　寅正二刻三分芒種，五月節。終日凉陰，午前後微晴。撰王祭酒母鮑太淑人墓志銘，别存稿。下午唁瞿子九學士丁父憂。晤徐壽蘅師，久談。適許仙坪來，遂談過餔時。仙坪言其鄉人傅給事大章昨午後無疾而卒，年六十九矣。近日都中多疾病，達官尤多也。傍晚詣陳伯平談。詣孺初，問其疾。又詣陳雲舫、張仲模、吴介唐而歸。夜雨，寫王母志文。付車錢五千。署吏送春季俸米票來。

二十二日丁丑　晨及午雨數作，午微晴，下午又雨，晡後微晴，晚晴。作書致益吾并志銘。得子縝四月八日書，并惠銀二十兩。子縝居憂，以脩脯所得分潤及我，可感也。鐵香來。陳雲舫來。向例臺中各道堂期每月一日，惟江南道每月五日，又河南道署别在都察院衙門外，沿明制以河南爲總攝各道也。撰瞿子九尊人春陔年丈輓聯，云：『卅載溯興廉，盛年早謝朝班，蓬島金蓮看後耀；以辛亥舉人官刑部主事。一編傳却掃，它日兼資國史，零陵銀管續先賢。』著有《揚州記》十餘册，寇亂時由湘寓揚也，專志兵興以來朝野事。即以屈眴布書致子九。

二十三日戊寅　晴爽如秋，上午有風，凉甚。閲《癸巳類稿》。剃頭。爲鍾西耘書扇。同房進士吴樹棻等知會房師林編修夫人饒宜人公祭，幛分錢十六千，付之。以六十老人而與烏瓛家兒祭黄頷少年之妻，呼爲師母，且聽乳臭指摩，咄咄怪事也。得益吾書。下午詣譚研孫、龐絅堂，俱晤談。詣錢辛伯，不值。詣荇丈，久談。歸家小食。詣施敏先，不值。夜詣廣和居赴周介甫之飲，二更歸。付車錢六千。

二十四日己卯　晴，午後大風。作書并一文字致陳伯平。張姬詣殷蕚庭家，赴湯餅筵，送紅緑縐紗各一兩。閲《癸巳類稿》及《魏書·釋老志》《宋書·夷蠻傳》，考一佛事典故也。

書玉送來敦叔所寄《四六叢話》一部，乾隆中烏程孫松友梅所輯，凡三十三卷，附《選詩叢話》一卷，捋集各家之説，如宋人《苕谿漁隱叢話》例也。胡元任仔亦居湖州，故以苕谿名書，其體本之阮閎休閲《詩話總龜》。而孫氏此書序例未嘗及之，其論四六，推重歐、蘇而薄徐、庾，其序以駢行之，亦不工，蓋非深知此事者矣。康熙時有歸安人吴景旭，字旦生，著《歷代詩話》八十卷，體例亦與此書相似。此書第三卷《論騷》、第四卷《論賦》，吴氏乙集六卷《論楚詞》、丙集九卷《論賦》，而序例亦不引及吴氏。

二十五日庚辰　晴凉，有風。得陳伯平書。閲《鮚埼亭外集》。作片致陳書玉，得復，爲廿九日天寧寺公餞錢笣仙事。敦夫來。晚陳伯平來，久談，至夜一更後去。

二十六日辛巳　晴，午前後微陰，有風，晡後陰。以八分書題書畫箑，付手民刻之。得紱丈書，即復。閱《蛾術編》。是日試孝廉方正於保和殿。向例試於天安門下，此次以御史洪良品等言其弊，有旨覆試，吏部調停其事，遂合未及試者三十餘人廷試之，不覈對前次試卷筆蹟，以持國體爲辭。余嘗謂凡不欲深求此事者，其居心亦本無此四字者也。晚詣敦夫齋中談。付賃屋銀六兩。

邸鈔：以太僕寺卿懷塔布爲太常寺卿。以翰林院侍讀學士寶昌爲詹事府少詹事。武備院卿德福兼補鑾儀衛鑾儀使。侍郎寶廷補正黄旗蒙古副都統。

二十七日壬午　晴。閱益吾祭酒《漢書補注》嚴、終、王、賈卷，附識兩條，即作書致之，得復。林編修爲其夫人開吊，送奠銀二兩。胡光甫、陳資泉來，留午飯，久談。得紱丈書，即復。龐絅堂來。楊雪漁來。

二十八日癸未　晴，熱甚。閱《癸巳類稿》。午詣敦夫齋中小談。得鄭盦尚書書，饋銀三十兩，即復謝，犒使十千。

再得鄭盦書，以禮烈親王克勤馬圖卷屬題詩。克勤者，華言棗騮也，惟黑尾青鬉爲異。馬本無圖，嘉慶初，其嗣王屬張船山仿宋摹唐昭陵六馬中特勒驃圖補畫爲卷，有翁覃谿、法時帆、吴穀人、吴蘭雪、湯敦甫、張皋文、陳恭甫、金朗甫、聶蓉峰兄弟及質郡王綿慶等題詩，鮑覺生爲之賦，翁、法、二吴、陳、湯、質郡王詩皆七古。法用翁韵，蘭雪前後兩首，皋文七律六首，皆佳。趙味辛題五言長律，亦佳。

陳資泉來。爽秋來。晚敦夫招飲聚寶堂，夜赴之，招霞芬、玉仙，二更歸。葉更端來。印結局送來公費銀二十兩。同邑顧輔卿家相來，以江西縣令解餉入都者。

二十九日甲申　晴，熱甚，下午微陰，傍晚陰。題克勤馬圖七古一章，即作書致鄭盦，得復。作片致敦夫，約夜談。午詣鐵香小坐。詣上虞館，偕書玉兄弟、介唐、介夫、蔡松甫同餞笸仙也。諸君俱已至，合飲暢談，晡後始散。詣益吾談。晚歸，雲合，有雨數點。付兩日車錢十千四百，公餞錢二十四千。

三十日乙酉　晴，熱甚，傍晚微陰。本生祖考藴山府君忌日，上午供饋，燖鳧一，肉肴五，菜肴四，冰雪梅糕一，枇杷、杏子兩大盤，饅頭一盤，酒四巡，扁豆茶一巡，飯再巡，茗飲再巡，晡後畢事。作片致敦夫、光甫。得何鏡山二月下旬閩中書。作書致紱丈，饋節物，得復。敦夫、光甫來，留共夜飯。一更後出飲霞芬家，招玉仙，藏鈎賭酒，分曹不競，四更始歸。今日先忌，故至夜時加子始出飲，以敦夫諸君盼翼辰滇黔使音先有約也。付饋食錢二十六千，霞芬酒果錢四十千，下賞十千，玉仙左飲錢六十千，車錢七千，客車二千。

邸鈔：上諭：前因御史徐克剛奏參裕禄信任劣幕及局員，彌縫軍需銷款，濫膺保薦各節，當諭令孫毓汶查明具奏。兹據孫毓汶奏，逐款查明，均無其事，即著毋庸置議。已革道員裕庚辦理局務，致招物議，著裕禄即行飭令回旗，不准逗留。